제9판

# 장학과 수업 리더십

## SuperVision and Instructional Leadership:
### A Developmental Approach, 9/E

Carl D. Glickman · Stephen P. Gordon · Jovita M. Ross-Gordon    지음

정제영 · 강태훈 · 김성기 · 김왕준 · 류성창 · 박주형
신혜숙 · 이주연 · 이희숙 · 정성수 · 주현준 · 홍창남    옮김

**PEARSON**    아카데미프레스

SuperVision and Instructional Leadership: A Developmental Approach, 9/E
by Carl D. Glickman, Stephen P. Gordon, Jovita M. Ross-Gordon

Authorized translation from the English language edition, entitled SUPERVISION AND
INSTRUCTIONAL LEADERSHIP: A DEVELOPMENTAL APPROACH, 9th Edition by CLICKMAN,
CARL D.; GORDON, STEPHEN P.; ROSS-GORDON, JOVITA M., published by Pearson Education,
Inc, Copyright © 2014

KOREAN language edition published by PEARSON EDUCATION KOREA and ACADEMY PRESS,
Copyright © 2016

**Pearson**
is an imprint of

이 책의 한국어판 저작권은 피어슨 에듀케이션 코리아와의 독점계약으로 아카데미프레스에 있습니다.
저작권법에 의해 한국 내에서 보호를 받는 저작물이므로 무단전재와 무단 복제를 금합니다.

# 역자 서문

교육환경은 급속도로 변화하고 있고, 교육의 변화에 대한 기대도 높아지고 있다. 스마트 기술의 발달로 인해 기존의 교육내용과 방법에 대해 심대한 변화가 필요하다는 요구가 높아지고 있다. 교육을 혁신하기 위한 다양한 방안들이 제안되고 있지만 학교교육을 변화시킬 수 있는 본질적인 힘은 교사가 가지고 있고, 교사를 변화시키는 중요한 요인 중의 하나가 장학이라고 할 수 있다.

장학이라는 용어가 내포하고 있는 전통적인 이미지는 매우 관료적이고, 보수적이며, 결과 평가 중심이라는 것에 치중되어 있다. 하지만 장학(獎學)의 본래 한자 의미는 학습을 장려하고 권면하는 것이다. 이는 결국 학생의 학습을 최대한 보장하기 위한 목적으로 장학이 이루어져야 함을 의미한다. 새로운 장학(SuperVision)은 새롭다기보다는 오히려 장학의 본질을 추구하는 것이라 할 수 있다. 장학의 본질을 추구하는 것은 학생의 학습이 제대로 이루어지도록 학습 환경을 조성해 주는 것을 의미하는데, 학교에서의 학습 환경은 교사의 영향하에 있기 때문에 장학의 본질을 추구한다는 것은 결국 교사를 위한 지원에 초점을 둔다는 것을 의미한다고 할 수 있다.

이 책은 교사가 되려는 교원양성기관의 학생, 교육행정, 교육과정, 교육평가 등 교육학 전공의 대학원생, 현장의 교사, 교육행정기관의 장학담당자들이 꼭 한 번 읽어 보아야 할 내용을 담고 있다. 이 책은 교육의 목적과 장학의 방향을 설정하는 것에서 시작하여 장학담당자가 갖추어야 할 지식과 기술을 폭넓게 다루고 있다. 특히 전통적인 장학의 이미지를 바꾸는 새로운 장학의 방향을 제시하고 있다. 또한 다양한 장학의 기법에 대해서도 근거하고 있는 이론 및 구체적인 예시들과 함께 제시하고 있어 장학의 이론과 실제에 대한 독자의 이해를 돕는다. 마지막으로 제시하고 있는 다양성에 대한 내용은 우리의 교육 현실에도 많은 시사점을 주고 있다. 교육격차가 심화되고 다문화 가정이 늘어나는 추세에 있는 우리나라의 상황에 비추어 볼 때 교육의 내용과 방법은 학습자 개인의 특성을 반영하여 다양하게 이루어져야 하기 때문이다.

처음에 번역을 시작할 때에는 그 동안 장학에 대해 공부했던 것들을 다시 한 번 정리해 보자는 뜻에서 마음이 가벼웠었다. 특히 항상 긍정적인 에너지를 채워주는 교육학 전공의 선배님, 친구, 후배님들과 함께 공부할 수 있다는 즐거운 마음도 함께하였다. 하지만 번역을 시작하고 2년이 지난 지금 그 과정을 반추해 보면 장학에 대해 학문적 탐구가 많이 부족했음을 다시 한 번 절감하게 된 시간들이었다. 그리고 장학과 교원의 전문성 계발은 내가 교육학자로서 앞으로 더 많은 공부를 해야 할 중요한 부분이라는 것을 새삼 느끼게 된 귀중한 시간이었다.

이 책을 함께 번역해 주신 교수님과 박사님들은 나의 가장 소중한 학문적 동지들이다. 처음에 함께 번역 작업을 하자고 제안하였을 때 흔쾌히 승낙하고 참여해 주신 강태훈 교수님, 김성기 교수님, 김왕준 교수님, 류성창 교수님, 박주형 교수님, 신혜숙 교수님, 이주연 박사님, 이희숙 교수님, 정성수 교수님, 주현준 교수님, 홍창남 교수님께 진심으로 감사의 말씀을 드린다. 2년의 시간 동안 묵묵히 지원해 주신 아카데미프레스의 홍진기 대표님과 꼼꼼한 교정과정을 함께 해주신 직원분들께도 감사의 말씀을 드린다. 많은 연구에 참여하여 헌신적으로 도움을 주는 박사과정의 선미숙 선생과 이 책이 나오기까지 많은 도움을 준 석사과정의 정민지 선생과 장수연 선생, 대학원 지도학생들에게도 감사의 마음을 전한다.

2016년 2월
역자를 대표하여 정제영

# 저자 서문

제9판은 8판까지 다루어 왔던 장학과 수업 리더십에 대한 종합적 접근을 그대로 유지하면서 새롭게 많은 내용을 추가하였다. 제1부(1장)에서는 협력적 접근 방법에 기반하여 새로운 장학(SuperVision)의 개념을 설명하고, 학교교육에서 장학은 반드시 민주주의에 바탕을 둔 교육적 목적을 지향해야 한다는 것을 논의한다.

제2부에서는 성공적인 장학담당자가 되기 위해 필요한 지식을 살펴본다. 2장에서는 교수와 학습의 과정을 개선하는 데 많은 장벽을 가지고 있는 전통적인 학교 환경을 살펴보고, 3장에서는 지속적인 개선의 가능성을 갖고 있는 역동적인 학교의 특징에 대해 살펴본다. 4장에서는 성공적인 장학을 위해 필수적으로 필요한 성인학습과 교사의 발달 과정에 대해 살펴보고, 5장에서는 교사들의 수업과 교육 철학에 대한 이해, 새로운 장학의 이해를 돕기 위해서 장학담당자가 갖추어야 할 교육 신념에 대해 살펴본다.

제3부는 성공적인 장학을 위해 장학담당자가 갖추어야 할 대인관계 역량에 관한 내용이다. 6장에서는 장학담당자들의 성공적인 장학활동을 위해 교사들의 행동을 이해하고, 다른 사람들이 그 교사의 행동을 어떻게 인식하고 있는지, 그리고 교사들이 변화를 받아들이려 하는지에 대해 조사하는 과정에 대해 살펴본다. 7장에서 11장까지는 장학담당자들이 갖추어야 할 대인관계 역량에 대해 세부적으로 살펴본다. 매우 성공적인 장학담당자가 되기 위해서는 교사들과 인간관계를 형성하는 새로운 방식을 활용할 수 있는 능력이 필요하고, 개별 교사나 그룹에 맞는 최적의 접근 방법을 선택하고 적용할 수 있어야 한다. 또한 장학담당자는 교사가 더 높은 수준의 발달, 헌신, 전문성을 갖출 수 있도록 촉진하는 대인관계 역량을 갖추어야 한다.

제4부에서는 성공적인 장학을 위해 장학담당자에게 필요한 기술적 역량에 대해 설

명한다. 12장에서는 장학담당자가 교사들의 개인적인 요구사항을 파악하고 전문적인 책무성을 제고하는 동시에 교사들과 다른 교육자들이 조직의 요구를 파악하고 조직의 변화를 위한 계획을 수립하는 데 필요한 평가와 기획의 능력을 살펴본다. 13장에서는 장학담당자들이 관찰의 기술을 활용하여 양적, 질적 자료를 수집하고 교사와 함께 자료를 해석하여 활용하는 것에 대해 설명한다. 14장에서는 성공적인 장학담당자가 갖추어야 할 프로그램 평가와 교사 평가 기술을 설명한다. 교사에 대한 형성평가와 총괄평가가 모두 필요하지만 장학담당자에게는 두 가지 평가 방식 가운데 형성평가에 좀 더 초점을 맞추어 장학활동을 진행하기를 제안한다.

　제5부는 장학담당자가 활용할 수 있는 5가지 장학의 기법들과 수업 리더십에 대해 살펴본다. 15장에서는 임상장학과 동료코칭 등 교실에서 개별 교사들에게 직접적으로 지원해 주는 방식에 대해 살펴본다. 16장에서는 교사들의 집단 발달을 지원하기 위해 각자의 역할을 이해하고, 문제가 있는 교사를 상대하고, 집단적 갈등을 해결하고, 생산적인 회의를 지원하는 내용을 다루게 된다. 17장에서는 교사의 전문성을 효과적으로 신장하기 위해 전문성 신장의 3단계 모형을 적용하여 전문성 신장의 방식을 선택하고, 적용하고, 통합하는 과정을 교사들과 함께 진행하는 과정을 살펴본다. 18장에서는 교육과정 개발을 위해서 교육과정의 목적, 내용, 조직, 방법 등에 대해 교사와 함께 결정해 나가는 과정을 설명한다. 19장에서는 공유하는 의사결정 구조의 틀 안에서 요구조사, 중점 영역의 설정, 실행계획 수립, 장학활동 수행, 결과 평가의 순환과정을 통해 네 가지 장학의 기법을 통합적으로 수행하는 실행연구에 대해 살펴본다.

　제6부에서는 우리가 장학담당자들이 교수·학습 활동을 개선하는 과정에서 핵심이라고 여기는 수업 장학과 일반적으로 연결되지 않는다고 생각하는 세 가지 문화적 과업에 대해 제안하고자 한다. 20장에서는 변화를 촉진하기 위해서 카오스 이론, 포스트모더니즘, 교육변화 이론과 같이 변화를 설명하는 대안적인 이론들을 살펴본다. 특히 교사의 개인적 변화와 수업 활동의 변화에 대한 논의를 포함한다. 21장에서는 최근에 더 중요하게 다루어지고 있는 문제인 다양성에 대해 다루는데, 문화적으로 잘 대응하는 수업과 학교들에서도 발생하는 문제들이라고 할 수 있는 교육기회의 격차와 학업성취도 격차에 대해 살펴보고, 그 원인이 되는 사회적 불평등과 문화적 충돌에 대응하는 방식에 대해 논의한다. 22장에서는 문화적 과업으로 공동체를 형성하는 것에 대해 살펴보는데, 학교 내부적으로는 민주주의를 고양하고, 도덕성을 높이고, 전문적인 학습을 지원하고, 연구를 활성화하는 것을 통해 공동체를 형성하고, 학교 밖으로는 더 큰 사회적 공동체에서 학교가 수행해야 할 역할에 대해 살펴본다.

## 제9판에 새롭게 추가된 사항

제9판은 다음과 같은 특징을 가진다.

- 독자들이 내용을 읽는 동안 생각해볼 수 있도록 각 장의 첫 부분에 핵심적인 질문 제시
- 각 장의 내용을 다시 한 번 정리할 수 있도록 마지막 부분에 성찰과제 제시
- 장학담당자들과 교사들을 위한 새로운 수업 리더십의 역할에 대한 논의(1장)
- 학교문화 안의 문화에 대한 설명(2장)
- 완전히 새롭게 추가된 "역동적 학교"(3장)
- 전문적인 교사들에 대한 선행연구(5장)
- 360도 피드백에 대한 설명(6장)
- 지시적 통제 장학, 지시적 정보제공 장학, 협력적 장학, 비지시적 장학을 실습하기 위한 역할극(7, 8, 9, 10장)
- 교실 관찰을 고양하기 위한 기술에 대한 설명(13장)
- 교실 관찰 결과에 대한 협력적인 검토에 대한 논의(13장)
- 집단 역할을 이해하기 위한 역할극(16장)
- 협력적인 집단들을 학교 개선에 참여시키기 위한 방안(16장)
- 대안적인 집단 과정의 방식인 대화에 대한 논의(16장)
- 전문성 신장 과정들에 대한 평가를 위한 새로운 평가도구 제시(17장)
- "이해중심 교육과정"을 적용하는 교육과정 단위 개발에 대한 개요(18장)
- 성공적인 실행연구의 특징에 관한 검토(19장)

## 이 책을 활용하여 강의하시는 교수님들께

수업을 시작하기에 앞서서 각 장의 첫 부분에 제시되어 있는 핵심적인 질문들에 대해 학생들에게 먼저 질문을 하기를 권한다. 이를 통해 학생들이 강의시간 동안에 핵심적인 질문들에 대해 반성적인 사고를 지속하도록 하는 것이다. 강의 이후에는 각 장에서 스스로 생각한 것을 공유하도록 하거나 토론을 하도록 하는 것이 좋을 것이다.

각 장의 마지막 부분에 제시되어 있는 성찰 과제는 수업 이후에 과제물로 수행하거나 소그룹 활동을 통해 수업 중에 토론주제로 활용할 수 있다.

각 장의 내용은 학문적 활용, 학교 현장 적용, 개발 활동 등에 활용할 수 있다. 학문적 활용은 더 많은 이론과 연구 지식을 탐구하는 대학원생들에게 적합하다. 학교 현장 적용은 학교나 다른 교육현장에서 적용할 수 있다. 프로그램이나 전문성 신장 활동은 전문적 환경에 있는 장학담당자에게 필요할 것이다. 장학담당자가 아닌 학생들에게는 개인적 흥미, 상황, 필요에 따라 학문적 활용과 현장 적용의 비중을 달리 적용하는 것도 좋을 것이다. 주기적으로 학생들에게 각 장과 관련된 하나의 학문적 활동이나 현장 적용 중에서 하나를 선택하여 과제로 수행하도록 하는 것도 좋을 것이다. 다음 수업을 시작하기 전에 짧은 시간이라도 설정하여 학생들의 활동 결과를 공유하도록 하는 것도 매우 유용할 것이다.

프로그램이나 전문성 계발 활동은 한 학기나 추가 학점을 부여하는 프로젝트로 적용할 수 있다. 한 학기의 과제로 활용하기 위해서는 첫 번째 수업에서 각 장에 제시되어 있는 모든 개발 활동을 살펴보도록 하고 난 이후에 학생이 직접 선택하도록 하는 것이 좋을 것이다.

이 책에는 학생들이 직접 수행할 수 있는 다양한 활동들을 제시하여 선택의 폭을 넓혀 놓았다. 강의자도 역시 본인의 전문적 지식과 경험에 따라 다양한 내용을 스스로 선택할 수 있도록 구성하였다. 이 책은 이론적 모형에 제시되어 있는 장학이론들을 순서대로 구성하였지만 교수자의 관점에 따라서 더 적합한 순서로 수업을 진행할 수도 있을 것이다. 또한 다양한 활동에 대해서도 교수자가 탄력적으로 활용하고 선택하기를 바란다.

## 감사의 글

이 책의 저술에 기여한 모든 사람들에게 감사를 표하는 것은 불가능하다. 우리는 1980년대 초반 Glickman과 함께 직접 정보를 제공하는 장학을 개발하고 장학 분야에서 학술적으로 주도적인 영향력을 발휘하고 있는 동료 Edward Pajak에게 감사를 표하고 싶다. 학교 현장의 관계자들, 대학원 학생들, 동료 교수들 모두는 연구의 환경, 협력적 지원, 장학에 대한 민주적 방식과 발달적 접근에 대한 현장 연구 등 저술을 위한 환경을 제공해 주었다.

특히 이 책의 다양하고 새로운 주제에 대해 광범위하게 조사한 박사과정 조교인 Kenyatta Dawson과 교정의 과정을 훌륭하게 도와준 박사과정 조교인 Rachel Solis에게 감사를 표한다.

우리는 이번 제9판의 내용을 검토해준 Wright State University의 W. Grant Hambright와 Coppin State University의 Theresa Harris, Indiana University of PA의 Crystal Machado, 그리고 University of St. Francis의 Stephen F. Midlock에게 감사를 표한다.

# 차례

## 제2부  지식

## 제3부  대인관계 역량

## 제4부  기술적 역량

## 제6부  장학의 문화적 과업

제1부

도입

# 제1장

# 성공적인 학교를 만드는 새로운 장학

**정제영**_이화여자대학교 교육학과 교수

## ➤ 이 장에서 생각해 볼 문제

**1.** 이 장에서는 매우 다른 특징을 갖는 Finnie Tyler 고등학교, Germando 초등학교, Progress 중학교 등 세 학교의 모습을 보여준다. 이 학교들과 유사한 환경의 학교에서 가르치거나 학교 상황을 관찰해 본 경험이 있는가? 만약 그렇다면, 학교의 환경이 교사와 학생에게 어떤 영향을 주었다고 생각하는가?

**2.** 당신은 수업 장학에 대한 저자의 개념 중에서 어떤 점이 새롭다고 느껴지는가? 당신은 저자가 생각하는 수업 장학의 모습과 아이디어에 동의하는가?

**3.** 교사들은 저자가 정의한 수업 장학을 수행할 수 있다고 생각하는가? 교사들은 저자가 제시한 수업 장학을 수행해야 한다고 생각하는가?

**4.** [그림 1.1]에서 제시된 리더 교사의 역할을 수행해 본 경험이 있는가? 당신이 일하는 학교 또는 다른 학교에서 교사에게 새로운 역할을 부여한다면 시행하기에 가장 좋은 규칙은 무엇이라고 생각하는가?

**5.** 저자는 이 책 전체의 구성과 범위를 보여주는 [그림 1.2]를 제시하고 있다. 그림에서 제시된 내용 중에서 당신이 특히 관심이 있는 주제는 무엇인가?

우선 우리가 학교 방문단이 되어 미국의 실제 학교 속으로 들어가 보자. 첫 번째 학교는 도시 저소득층 가정의 학생이 많이 다니고 있는 학생 수 1,200명 규모의 Tyler 고등학교이다. 현관에 들어서면 학생들이 서성이고 있고, 남학생과 여학생들이 무리를 지어 얘기를 하고 있고, 어떤 남녀 학생들은 손을 잡거나 로맨틱한 상황을 연출하고 있는 모습도 보인다. 수업을 알리는 종이 울리면 학생들은 허둥지둥 다음 수업이 있는 교실로 들어간다. 우선 교무실로 들어가서 교장에게 우리 방문자를 소개한다. 교장은 우리를 환영하는 말씀을 하시고, 학교의 여러 곳을 이동하면서 소개를 해주신다. 학교의 모든 구성원들은 우리의 방문에 대해 공지를 받고 방문단이 학교를 둘러보러 다닌다는 사실을 이미 알고 있다. 교장은 Tyler 고등학교가 학생들에게 즐거움을 주는 공간이라는 점을 강조한다. 방문단은 학교를 소개하는 안내지도를 들고 학교의 곳곳을 둘러보러 다닌다.

Tyler 고등학교에 대한 교장의 설명은 정확하다: 학생들은 수업시간에 아무런 제약 없이 서로 친하게 대화하고 행복해 보인다. 교사들은 학생들과 격의 없이 농담을 주고받는다. 교사 휴게실에서 웃음소리가 흘러나온다. 어떤 교사들은 방문단에게 학교의 교직원들이 금요일마다 방과 후에 인근 피자집에서 자연스럽게 어울리는 사교 모임을 가지는 것에 대해서도 자랑을 한다.

Tyler 고등학교에 있는 교실 상황은 서로 상당히 다르다; 일부 교사들은 방문단에게 본인들이 잘 가르치고 있다고 말하였지만 실제는 조금 다른 모습이다. 대부분의 교사들은 강의하고, 질문하고, 학생 스스로 학습하도록 하면서 교실 앞에 서 있다. 일부 교사들은 학생들이 혼자나 소집단에서 학습하도록 하는 등 구조화된 수준이 낮은 교수-학습 활동을 하고 있다. 이 경우에는 서두르지 않는 느긋한 분위기에서 이루어진다. 학생들은 가벼운 마음으로 학습을 하고, 수업도 정각에 시작하지 않는다. 같은 교과의 교사들은 동일한 교과서를 사용하고 있지만, 마음대로 가르치는 과정에서 자율성을 갖고 있다고 인식한다.

Tyler 고등학교에서 7년간 근무한 교사는 이렇게 요약한다. "우리는 이상적인 학교 상황이라고 생각한다. 우리는 서로 좋아하고, 행정직원들은 교사의 일에 간섭하지 않는다. 나의 경우에는 일 년에 한 번 정도 수업을 공개한다. 나는 한 달에 한 번 교사회의에 참석하고 다른 교사들을 사랑하며, 학교에서 모두와 함께 행복하게 생활하고 있다. 학생들에게 학습 부담을 많이 부과하지 않으며, 학교는 생활하기에 좋은 공간이기 때문에 학생들에게도 좋은 곳이다. 나는 다른 학교로 옮겨서 근무하고 싶은 생각이 전혀 없다."

이제 교외의 부유한 지역에 위치한 600명 정원의 Germando 초등학교로 들어가 보자. 방문단은 학교의 표지판을 따라 교무실로 들어간다. 몇 명의 학생들만이 교실 문옆에 있는 벽을 마주보고 서 있을 뿐 현관은 텅 비어서 고요하다. 교실의 문들은 모두 닫혀 있다. 교장실에는 2명의 학생이 울면서 곧 시작될 교장과의 면담을 걱정스럽게 기다리고 있다. 교장은 방문단을 환영하면서 학교 방문 계획서를 건네준다. 여교장은 방문단에게 수업시간 중에는 절대 교실에 들어가서는 안 된다고 경고한다. "나는 방문단 여러분께서 우리 학교의 엄격한 규율을 잘 느끼게 되실 것이라 기대합니다. 우리 학교의 교사와 학생들은 학교의 규칙을 어기면 어떤 결과가 있을 것인지에 대해 잘 이해하고 있습니다. 교사는 학교에서 가르치는 역할을 하고, 나는 교사들이 잘 가르치고 있는지를 확인하는 역할을 합니다."라고 설명한다.

중앙 홀에서 나와 아래로 이동하면서, 우리는 교실들이 모두 똑같이 운영되고 있다는 사실을 발견하고 놀라워한다. 모든 교실에서 책상들은 똑바로 줄 맞춰져 있고, 교사들은 앞에 서 있으며, 학교 규칙은 칠판의 오른쪽에 게시되어 있다. 첫 번째 쉬는 시간에 학생들은 모두 운동장으로 몰려간다. 교사 휴게실에는 두 명의 교사만이 있다. 한 사람은 뜨개질을 하고, 다른 한 사람은 커피를 준비하고 있다. 나머지 교사들은 교실에 남아서 쉬는 시간을 보내고 있다.

쉬는 시간이 끝나고 수업이 시작된다. 방문단은 같은 학년의 교사들이 동일한 교과서를 사용할 뿐 아니라 모두 같은 페이지의 내용으로 수업의 진도를 맞추고 있음을 확인한다. 방문단 안내를 맡은 교사는 학교의 교육과정이 정해져 있으며, 매일 이루어지는 모든 수업에 대해 교장이 관리한다고 설명한다. 학년도가 시작하는 8월의 첫 교사회의에서 교장은 학교에서 정한 수업의 자료와 진도, 매 시간의 수업 내용에 대해 설명한 바 있다고 언급한다. 교장이 어떻게 수업을 관리하는지에 대한 질문에 대해 "교장은 2주에 한 번씩 교사들의 연구실을 방문하여 주간 계획의 진행상황에 대해 확인하고 있다."고 대답한다.

교실에 들어가니 학생들은 조용하지만 지쳐 보인다. 대부분의 학생들은 수업에 집중하고 있고, 일부 학생들은 벌을 받고 있다. 교사들은 매우 사무적으로 보이는데, 일부는 학생들에게 따뜻하게 대하는 것으로 보이지만 그렇지 않은 교사들도 있다. 방문단은 세 명의 교사들과 각각 따로 면담을 하고 방문일정을 마친다. Germando 초등학교에서 가르치는 것은 일을 하는 것으로 인식되고 있다. 교사들은 본인의 의사와 상관없이 교장이 정한 규칙에 따라야 한다. 교사들은 수업의 내용이나 방법에 대해 약간의 변화도 줄 수 없으며, 학교에서 정한 교육계획에 따라 수업을 진행해야 한다. 그리고 지난해에는 학교의 교육계획에 따르지 않은 교사가 사표를 제출하도록 요구받았던 사례도 들을 수 있었다.

Tyler 고등학교와 Germando 초등학교의 사례는 실제 학교에서 이루어지고 있는 상황을 묘사한 것이다. 어떤 학교가 성공적인 학교라고 할 수 있을까? 학생들의 출석률, 학습 태도, 학업 성취도가 높은 학교는 어디일까? 두 학교 모두 성공적인 학교라고 말하기 어렵고, 오히려 모두 학교 효과성이 높지 않은 학교 사례라고 할 수 있다. 성공적으로 운영되는 학교는 앞의 두 사례와 매우 다른 상황이라고 할 수 있다. Tyler 고등학교는 수업에 대한 장학이 거의 이루어지지 않는 반면에 Germando 초등학교는 장학이 너무 과도하게 이루어지고 있다. 이 책에서 제시하고자 하는 수업 장학의 관점에서 보면 두 학교 모두 효과적인 수업 장학이 이루어지지 않고 있다고 평가할 수 있다. Tyler 고등학교는 교사들의 요구에 충실하게 학교운영이 이루어지는 반면에 Germando 초등학교는 교장이 설정한 교육목표에 충실하게 운영이 이루어지고 있다. 하지만 성공적인 학교는 조직 구성원들의 요구를 반영한 학교 조직의 목표에 따라 운영이 이루어진다. 두 학교의 사례는 극단적으로 상반된 모습을 보여주고 있다. Tyler 고등학교와 Germando 초등학교는 매우 상반된 상황으로 볼 수도 있지만 매우 유사한 측면도 있다는 점을 추후에 설명하고자 한다.

학교 방문단이 도착한 마지막 학교는 Progress 중학교이다. 우선 교무실로 들어가니 직원이 현재 진행 중인 수업시간을 마친 후에 교장과 면담을 할 수 있다고 설명한다. 현재 교장은 Simmons 교사가 동료교사를 위해 코칭 프로그램에 참여하는 동안에 Simmons 교사의 수업을 대신하고 있기 때문이다. 우리는 교사들이 수업이 없는 시간에 휴식을 취하는 교사 휴게실에서 기다리라고 안내받는다. 교사 휴게실에서 음료수를 마시며 교장을 기다리는 동안, 우리는 교사들이 현재 계획 중인 교과 통합 수업에 대해 열띤 토론을 하는 것을 듣게 된다. 교사들은 통합 수업이 이루어지는 단원과 관련하여 대안적인 교수방식과 평가 전략에 대해 브레인스토밍을 하며, 이러한 전략들이 수업의 주제와 어떻게 연계될 수 있는지에 대해 토론한다.

수업시간이 끝나고 쉬는 시간이 되자 교장이 와서 학교를 둘러보자고 제안한다. 학교를 둘러보는 동안 방문단은 교실의 환경이 학습활동 중심으로 꾸며져 있고, 따뜻하며, 학생을 지원하는 데 초점이 맞추어져 있음을 확인한다. 일부 교실에서는 학생들이 탐구활동을 하고 있는 모습이 보인다. 다른 교실에서는 학생 간 협동학습이 이루어지고 있다. 어떤 교사는 높은 수준의 질문을 통해 수업에서 다루고 있는 주제에 대한 학생들의 참여를 독려하고, 도전의식을 길러주고 있다. 모든 교실의 공통점은 학생들이 적극적으로 학습활동에 참여한다는 것이다. 교사들은 학생의 수행 결과에 대해 개인적으로 피드백을 주고, 부족한 내용에 대해 보충학습을 할 수 있도록 특별히 배려한다.

방과 후 우리는 교사들이 구성한 학교리더십위원회(school leadership council)에 참여한다. 위원회에서는 교사들이 제안한 실행연구에 대해 논의하고 있다. 연구에서 제안된 내용은 교육과정과 수업의 개선에 초점이 맞추어져 있다. 위원회에서 논의되는 내용은 제안된 실행연구들의 내용이 구성원들의 합의로 정해진 학교의 비전(vision), 미션(mission), 목표(goals)에 부합하는지에 관한 것이다. 토론은 매우 진지하고 열띤 분위기에서 진행된다. 교장은 위원회의 구성원으로 투표에 참여하지만 의사결정은 다수결로 이루어지고 위원회의 결정에 대해서는 교장도 거부할 수 없다.

Germando 초등학교는 의존적이고 위계적이며 교사의 전문성 계발이 개별적으로 이루어지는 매우 *관료적 학교(conventional school)*의 사례이다. Tyler 고등학교는 친밀한 사회적 관계를 중심으로 교사의 전문성 계발이 개별적으로 이루어지는 *방임적 학교(congenial school)*의 사례이다. 이 두 학교는 공통적으로 교사들의 공식적인 전문성 계발이 이루어지지 않고 있다는 특징을 갖고 있다. Progress 중학교는 학교 차원에서 목표의식을 갖고 교수-학습 활동을 개선해 가는 *협력적 학교(collegial school)*의 사례이다. 학교를 개선하는 데 필수적이라고 할 수 있는 다른 견해에 대한 수용, 학생을 위한 신중한 교육적 결정 과정, 더 나은 결정을 위한 참여와 토론 등을 통해 결과적으로 교사들의 전문성 계발이 이루어지는 것이다.

협력적 학교는 민주주의 사회에서 학교교육의 기본적인 책무성이라고 할 수 있는 학생들의 교육적 성장을 지향한다. 협력적 학교는 항상 교수와 학습의 과정에 대해 구성원들이 지속적으로 학습하고, 학교교육의 우선순위를 설정하며, 내부의 변화를 위한 자원 배분에 대해 공동의 의사결정을 하고, 학생의 학습에 미친 효과를 평가한다(Sergiovanni, 2006). 성공적인 학교는 (1) 미션, 비전, 목표와 같은 학습의 약속을 명확하게 설정하고, (2) 민주적인 의사결정 과정을 통해 결정한 학교 수준의 헌장(charter)이 있고, (3) 교육적인 의사결정을 뒷받침하기 위한 실증적인 실행연구 등의 비판적인 학습 과정이 있다(Glickman, 1993, 2003). 성공적인 학교는 교직원들이 공유할 수 있는 학교의 목적과 방향을 설정하고, "수업을 혁신하는 장학(SuperVision)"을 통해 학교를 창조적이고 민주적으로 개선하는 연구를 진행한다.

## 1. 새로운 장학: 새로운 패러다임을 위한 새로운 이름

학교에 따라서 조직의 특징이 관료적이거나, 방임적이거나, 협력적일 수 있다. 장학의 역사를 살펴보면, 장학은 오랫동안 교사들의 교수 활동을 통제하고 관리하는 전통적인 패러다임 속에서 이루어져 왔다(Nolan & Hoover, 2010; Sullivan & Glanz, 2009). 미국을 포함하여 세계적으로 가장 많이 운영되는 관료적 학교 유형과 보편적이지는 않지만 지역에 따라 존재하는 방임적 학교의 유형을 *성공적인 학교 모형으로 볼 수 있는 협력적 학교의 유형으로 변화시키는 것을 장학의 새로운 패러다임으로 제시하고자 한 다.* 새로운 장학의 관점은 다음의 내용을 포함하고 있다(Gordon, 1997: 116; Fellon & Barnett, 2009; Kohm & Nance, 2009; Snow-Gerono, 2008).

1. 교사들과 공식적으로 지정된 장학담당자의 관계는 위계적이지 않고, 수평적 관계에 가깝다.
2. 장학은 공식적으로 지정된 장학담당자뿐 아니라 동료교사의 역할이기도 하다.
3. 교사들은 정해진 규정을 준수하는 것보다 교사로서 전문적 성장과 변화에 관심을 갖는다.
4. 교사회의는 교육과정을 개선하기 위해 서로 협력하는 과정이다.
5. 교사는 계속 진행되는 반성적 탐구활동에 능동적으로 참여한다.

장학을 위한 협력적 접근은 다음과 같은 특징을 갖고 있다.

교사들 사이에 교육 리더십을 공유하고, 코칭과 성찰, 협력적 연구, 다양한 현장연구팀, 교육 문제의 해결을 위한 탐구과정을 포함한다. 협력적 장학은 문제에 대한 비판과 개선을 위한 지시를 중심으로 하는 전통적 장학과 달리 교사가 참여하는 학습 공동체의 운영을 통해 학생들의 교육 문제를 해결하기 위한 대안에 관심을 가지고 전문적인 지원을 수행하는 것이다(Gordon, 1995; Printy, Marks, & Bowers, 2009).

협력적 장학은 전통적 장학과 극명한 차이를 나타낸다(Zepeda, 2005).

전통적 장학의 역할이 감독과 통제였다는 사실을 고려해 볼 때, 교사들이 동료 간의 협력관계와 장학을 동일시하기 어려운 것은 당연하다. 교사들에게 '장학'이라는 단어를 듣고 연상되는 단어를 말하라고 할 때, 답변하는 단어들은 아래에 제시된 것과 같이 부정적인 것이 대부분이다(Gordon, 1997: 118).

| 통제 | 지시 |
| --- | --- |
| 단계적인, 점진적인 | 나와는 상관없는 |
| 창의성 부족 | 시간 낭비 |
| 자유로운 선택의 부족 | 제한하기 |
| 평가 | 규칙들 |

| | |
|---|---|
| 부정적인 | 시시한 구경거리 |
| 실재하지 않는 것 | 독재자 |
| 시키는 대로 하는 것 | 겁을 주는 |
| 지루한 | 끊임없이 지켜보는 |
| 서류작업 | 불안 |
| 관료 | 보스(boss) |
| 수업 모니터링 | 스트레스 |
| 시험을 위한 가이드라인 | 구체적인 수업 계획에 필요한 |
| 권위 | 행정적인 세부관리 |
| 비현실적인 | 윽! |

장학의 사전적 정의는 "감시하다", "지시하다", "감독하다", "관리하다" 등이다. 전통적 장학은 대부분 교사를 통제하고 관리하는 수단으로 활용되었다. 초임교사나 경력이 많은 교사들이 학교를 떠나는 이유 중의 하나는 교직에 대한 과도한 외부의 통제라고 할 수 있다(Lavié, 2006). 새로운 장학(SuperVision)은 이 책에서 강조하고 있는 협력적 장학을 표현하는 적절한 용어라고 생각한다. 새로운 장학(SuperVision)은 공식적으로 지정된 장학담당자, 교사 그리고 학교 공동체의 구성원들이 학교에서 무엇을 가르칠 수 있고, 무엇을 가르쳐야 하는지, 학생들은 무엇을 학습할 수 있고, 어떤 것을 학습해야 하는지에 대해 협력적으로 개발해 나가는 과정을 의미한다. 새로운 장학(SuperVision)은 학생의 학업 성취를 보장하면서 민주사회의 구성원으로 성장하도록 교육하는 학교교육의 이상을 실현시킬 수 있도록 구성원이 함께 협력해 가는 것을 의미한다(Lavié, 2006).

## 2. 성공적인 학교를 만드는 장학의 구심력

장학은 성공적인 학교를 만들기 위한 '접착제(glue)'에 비유할 수 있다. 장학은 학교에서 다양하게 이루어지는 교수와 학습활동이 하나의 목표를 향할 수 있도록 응집력을 발휘하는 활동이다. 학교의 동일한 물리적 여건에서 다양한 사회경제적 배경을 갖춘 학생들을 대상으로 여러 학년의 다양한 교과 활동이 이루어지기 위해서는 교사들이 협력을 통해 일관성 있는 공동의 목표를 달성할 수 있도록 하는 구심점이 필요하다. 장학은 교사들이 가지고 있는 개인적 수준의 이상과 요구들이 학교 수준의 목표와 연결되도록 하는 구심력을 발휘하는 역할을 수행해야 한다.

효과적인 장학이 이루어지기 위해서는 기본적으로 지식, 대인관계 역량, 그리고 기술적 역량이 필요하다. 이러한 역량은 교사들에 대한 직접적인 지원, 교육과정 개발, 교사들의 학습공동체 운영, 실행연구 등을 통해 구현된다. 학교의 변화를 유도하고, 다양한 관점을 수용하며, 학습공동체를 형성하는 문화적 접근 등을 통해, 장학은 학교 수준의 목표와 교사의 개인적 요구 사이의 간격을 좁히면서 학교교육의 구심점 역할을 하게 되는 것이다.

## 3. 장학의 책임은 누구에게 있는가?

수업 장학(instructional supervision)은 *교수와 학습활동이 개선될 수 있도록 지원하는* 것을 의미한다. 이 관점에서 보면 공식적으로 지정된 장학담당자들뿐 아니라 교사들도 장학과 수업 리더십의 역량을 갖추고 그 과정에 참여해야 한다[1]. 아래 사례에서 볼 수 있듯이 모든 교원이 수업 장학에 참여할 수 있다.

경력이 많은 초등학교 교사인 Mark Zelchack은 초임교사를 위한 멘토로 임명되었다. 학기 초에 Mark는 학교에 새로 부임한 초임교사들에게 학교, 교육과정, 새로운 교사의 역할에 대해 오리엔테이션을 실시하였다. Mark는 초임교사의 교실을 정기적으로 방문하여 멘티 교사와 회의를 하고, 협력적으로 설계한 교수 개선 계획을 실행할 수 있도록 돕는다.

Jane Simmons는 교장이다. Jane은 최근 자원봉사 교사모임과 함께 임상장학 프로그램을 운영하고 있다. 전통적인 임상적 장학의 과정으로 Jane은 우선 교사들과 사전회의를 개최하였다. 사전회의에서 그들은 교사들의 수업 개선 계획에 대해 논의하였다. 사전회의에서는 Jane이 수업을 관찰하면서 수집해야 하는 자료에 대해 토론하였다. 수업 관찰과 자료 수집 후에는 사후회의를 개최하여 수집된 자료에 대해 공유하였다. 사후회의는 수집된 자료를 무비판적으로 해석하고 교사들의 수업을 개선하기 위한 목표를 설정하고, 목표를 달성하기 위한 전략을 함께 만드는 것을 목적으로 운영된다.

Michele Carver는 부장교사이다. Michele은 동료교사의 수업을 개선하기 위한 목적으로

---

1) 역주: 저자는 수업 장학(instructional supervision)과 수업 리더십(instructional leadership)을 같은 의미로 사용하고 있음.

하루에 세 시간씩 수업부담을 경감받았다. Michele은 동료교사들에게 협동학습과 수업 역량에 관한 전문성 계발 프로그램을 소개하고, 수업을 개선하기 위해 노력하는 동료교 사들에게 전문적 코칭을 제공하였다. 최근 Michele은 학교의 수업 개선위원회 회장으로 선출되었다.

Briget Myers는 초등학교 1학년 교사이다. 그녀는 세 명으로 구성된 협력적 동료장학팀의 구성원이다. 이번 주에 Briget은 자신의 1학년 학생들에게 성공적으로 도입한 언어교육 프로그램 전략을 시행하고자 하는 동료교사 두 명의 수업을 관찰하기로 예정되어 있다. Briget은 수업의 관찰을 통해 동료교사들에게 유용한 관찰자료를 제공하는 동시에 본인 의 수업에서 활용할 수 있는 개선된 수업전략을 만들기 위한 아이디어를 얻을 수 있을 것 으로 기대하고 있다.

위에 제시된 교원들은 자신이 소속된 학교에서 다양한 역할을 수행하고 있다. 하지 만 교원들은 근무시간 중에서 일정 시간을 할애하여 학교수준의 장학활동에 참여하고 있다. 장학은 교수와 학습활동을 향상하기 위해 이루어지는 교원들의 일상적 활동으로 이해할 수 있다. 이러한 관점은 수업 역량을 향상하기 위한 처방보다는 과정을 중시하 는 것으로 볼 수 있다. 학교 조직 안에서 모든 교원들은 장학과정에 참여할 수 있고, 또 참여해야 한다고 할 수 있다.

## 장학담당자와 교원의 새로운 역할(New Roles for Supervisors and Teachers)

이 장에서 우리는 장학담당자와 교사가 협력적 관계를 형성해야 하고, 장학은 장학담 당자뿐만 아니라 모든 교원의 참여가 필요하며, 교사들은 수업 역량을 높이기 위해 협 동해야 한다는 것을 강조하였다. 하지만 이러한 관점이 실현되기 위해서는 장학담당자 와 교사들이 협력적 장학에 대한 인식을 새롭게 해야 할 필요가 있다.

많은 장학담당자들은 장학활동을 통해 본인이 학교에서 '위대한 영웅'이 되어야 하 는 것으로 인식하고 있다. Bogotch(2002: 148)는 이러한 현상에 대해 "장학담당자들이 자신의 교육적 신념과 이상을 집요하게 강요하고 자신과 생각이 다른 사람들을 제외시 키는 외고집의 활동"을 하고 있다고 설명한다. 교육의 실질적인 주체로서 교사가 장학 활동에 충분히 참여하도록 하기 위해서는 장학담당자들의 영웅적 개인주의에서 공동 으로 참여하는 협력적 관점으로 전환할 필요가 있다. Furman(2004: 222)은 이러한 '소 통의 리더십(communal leadership)'에 대해 "일부가 참여하는 위원회 중심에서 전체가 참여하는 공동체로의 전환"이 필요하다고 강조하였다. 수업 장학을 위해서 소통의 리더십을 적용한다면 장학담당자가 교사들과 협력적 연구, 의견의 반영, 교수학습 활동에 대한 비전의 공유, 수업 개선 전략의 협의, 지속적인 개선을 위한 평가 방법 등에 대해 실천하는 공동체의 조력자가 되어야 한다는 것을 의미한다. 소통하는 장학은 모든 교원들이 참여하여 학생들의 학습 효과를 높이기 위한 수업 개선이 본인들의 기본적인 책무성이라는 점을 인식하도록 하는 것을 전제조건으로 한다.

Hart(1995)는 수업 장학의 관점은 왜 장학담당자들이 교사를 지도하는 것을 넘어서 교사들이 참여하도록 해야 하는가에 대해 교사 리더십(teacher leadership)의 관점에서 이유를 제시하고 있다.

1. 민주적 학교와 민주적 교육을 확대해야 한다.
2. 학교는 교사들의 풍부한 경험과 전문지식을 활용해야 한다.
3. 학교가 높은 전문성을 갖춘 교사를 모집하고 유지할 수 있도록 지원해야 한다.
4. 교사들이 교육과정과 수업을 혁신하는 과정에 참여하도록 하여 그러한 변화를 잘 수용하도록 한다.
5. 교사들의 전문성이 발현될 수 있도록 환경을 개선해야 한다.

Hart의 논의는 매우 중요하다고 보이지만, 역사적으로 장학의 과정을 살펴보면 교육과정과 수업의 개선을 논의하는 과정에 교사들의 적극적인 참여는 이루어지지 않았다. Kohm과 Nance(2009: 72)는 학교의 중요한 의사결정에 교사들이 배제되는 경우 "교사들은 학교에서 문제가 발생하였을 때 자신과 무관하다고 인식하고, 문제의 해결도 다른 사람들의 역할"이라고 인식하게 된다고 지적한다. 전통적인 장학에 익숙한 교사들에게 협력적 장학의 관점으로 인식의 전환이 이루어지기 위해서는 학교에서 이루어지는 수업의 장단점을 파악하고 이를 최상의 상황으로 개선하기 위한 계획 및 실행의 과정에서 본인들의 아이디어가 반영될 수 있다는 점을 이해할 수 있도록 소통의 방식을 전환하는 것이 우선적으로 필요하다. 학교 구성원 중에서 소수가 참여하여 이상적인 수업 개선 계획을 수립하는 것이 아니라 학교 수준과 교실 수준에서 실질적인 개선이 이루어질 수 있도록 학교 모든 교원이 참여하여 논의해야 한다. 모든 교원이 참여하여 학교의 비전을 만드는 과정은 구성원들의 서로 다른 생각과 의견을 포용하고 수용할 수 있도록 유연함과 부드러움을 필요로 한다.

학교 수준에서 협력적 비전을 만들었다면, 원하는 교사들을 중심으로 실질적 변화를 위한 역할을 담당하도록 할 필요가 있다. 이러한 수업 개선 활동은 개인적 역할과

| | |
|---|---|
| • 동료 코치(상호간의 코칭) | • 실행연구자 |
| • 전문가 코치(집중적인 일방적 도움) | • 교사 관리자(교생교사 지도) |
| • 교육과정 개발자 | • 수업 평가자 |
| • 멘토 | • 수업 개선팀 구성원 |
| • 직원 개발자 | • 전문적 학습공동체 운영 |
| • 교수팀 리더 | • 기술적 관리자 |
| • 재능이 있는 조정자 | • 글쓰기 지원자 |
| • 수업 개선팀 리더 | • 학교의 대표 |

[그림 1.1] 수업 개선을 위한 리더 교사의 일반적인 역할

팀의 역할로 구분할 수 있으며, 이러한 수업 개선 활동을 통해 교수-학습과정이 학교의 비전에 맞추어지도록 하고, 학교 수준에서 일관된 수업 개선이 이루어질 수 있도록 운영하는 것이 중요하다.

Gordon(2011)의 연구에서 제시된 리더 교사의 일반적인 역할을 [그림 1.1]에 제시하였다. 학교의 비전과 수업 개선의 목표뿐 아니라 개별 교사들의 관심과 전문성에 따라 수업 개선이 이루어져야 한다. 처음에 리더 교사로서 자원한 사람들의 경험이 협력적 관계를 통해 긍정적인 결과를 가져오게 되면 다른 교사들로 확산이 가능하다. 소통적 리더십의 근본적인 목표는 학교의 모든 교원이 리더 교사의 경험을 하고, 학교 수준의 의사결정에 적극적으로 참여하도록 하는 것이다.

리더 교사는 대인관계 역량과 수업 전문성뿐만 아니라 장학을 위한 기술적 과업과 문화적 과업을 제대로 수행할 수 있도록 오랫동안 전문성을 개발하기 위한 노력을 기울여야 한다. 장학담당자의 경우에는 교사들이 공식적 회의나 비공식적인 토론을 통해 학교의 미션, 조정, 수업 리더십에 대해 지속적으로 대화할 수 있도록 노력해야 한다 (Mangin, 2007). 교사들의 참여를 지속적으로 유지하기 위해서는 장학담당자의 관리 역량과 적극적인 지원이 필수적이라고 할 수 있다.

## 4. 장학이 추구하는 도덕적 가치

장학활동을 통해 추구하고자 하는 도덕적 가치를 설정하기 위해서는 다음 두 가지 질문에 답해야 한다.

1. 우리가 바라는 사회는 어떤 모습의 사회인가?
2. 우리가 바라는 사회를 지향하기 위해 장학이 촉진해야 하는 교육환경은 무엇인가?

만약 첫 번째 질문의 답에 민주주의 사회가 포함된다면, 두 번째 질문의 대답에는 반드시 학생들이 민주주의 사회의 구성원으로 성장할 수 있는 교육 환경을 만드는 것이 포함되어야 할 것이다. 첫 번째 질문에 우리가 원하는 민주주의 사회의 거울이 되는 학교를 창조하는 것을 포함한다면 두 번째 답변도 더 구체적인 답을 정해야 할 것이다.

이 책에서는 새로운 장학의 목적을 '민주주의를 더욱 촉진하는 교육을 운영하는 것'으로 설정하고자 한다(Glickman, 2003; Lavié, 2006). 이러한 목적을 달성하기 위해서는 우리 스스로를 단지 사범대학 학생, 초등학교 1학년 교사, 고등학교 수학교사, 중학교 상담가, 행정직원, 고등학교의 교장 등 현재의 모습으로 한정해서는 안 된다. 우리의 몸은 현재의 위치에 있지만 우리의 정신은 더 높은 곳을 지향해야 한다. 교원은 민주주의 정신을 수호하는 봉사자이다. 교원이 하고 있는 역할은 실제 하는 일 이상으로 훨씬 위대한 민주주의 가치를 수호해 가는 일이다(Glickman, 1998; Lavié, 2006).

민주주의 사회 질서를 수호하는 교육의 역할에 대해 인식을 새롭게 하는 것은 많은 교사, 학부모, 행정가 등의 학교 공동체 구성원들 모두의 인식을 새롭게 하는 데 도움을 줄 수 있다. 하지만 많은 사람들은 교육의 중요성에 대한 인식이 부족한 것이 사실이다. 민주주의의 가치를 수호하는 공교육의 역할은 아무리 강조해도 지나치지 않다(Glickman, 1998). 우리는 현재 존재하고 앞으로 사라지겠지만 우리가 민주주의를 계승하고 또 정신을 이어갈 수 있도록 학교교육을 운영해 가기 위해 학생들에게 정의롭고 민주적인 사회의 정신을 제대로 교육시키는 것은 매우 중요한 일이다.

## 5. 이 책의 구성

[그림 1.2]는 이 책의 범위와 구성을 보여준다. 학생의 학습을 촉진하기 위한 장학의 역할을 수행하기 위해서는 지식, 대인관계 역량, 기술적 역량을 갖추어야 하며, 기술적 과업으로는 직접적 지원, 집단 발달, 전문성 신장, 교육과정 개발, 실행연구를 수행할 수 있어야 한다. 또한 문화적 과업으로는 변화 촉진, 다양성 인정, 공동체 형성을 수행해야 한다. 이를 통해 학교 수준의 목표와 교사 개인 수준의 목표를 통합하는 과정으로 수업이 진행되도록 해야 한다. 장학담당자가 교사들이 강력한 통제체제를 넘어서 자율

적이고 전문적인 업무 수행의 여지를 만들어 줄 때 학교는 학습을 위한 역동적인 환경을 만들어 낼 수 있다.

협력적 장학을 촉진하기 위해서 장학을 담당하는 사람은 몇 가지 전제조건이 되는 역량을 갖추어야 한다. 첫째, 학교교육과 장학에 대한 지식을 지녀야 한다. 장학담당자는 학교와 교사의 관계에 대해 표준적인 모형을 설정하고 현재 학교의 모습을 평가해 보아야 한다. 전통적인 학교에서 이루어지고 있는 일반적인 상황을 개선하기 위해서 성인 학습자로서 교사의 학습과 전문성 계발에 대해 이해해야 한다. 둘째, 대인관계 역량이다. 장학담당자는 대인관계가 본인뿐만 아니라 교사 집단에 어떻게 영향을 미치는지 이해해야 한다. 나아가 더 긍정적이고 변화 지향적인 관계를 촉진하기 위해 활용할 수 있는 대인관계 역량을 갖출 수 있도록 노력해야 한다. 셋째, 장학담당자는 계획, 관찰, 평가 그리고 수업 개선 전략 등을 이끌어 가는 기술적 역량을 갖추어야 한다. 지식, 대인관계 역량, 기술적 역량은 협력적 장학이 잘 수행되기 위해 상호보완적으로 작용하는 기본적인 사항들이다.

장학담당자는 교사들의 수업을 평가하고 개선하는 등의 명확한 교육적 과업을 가지고 있다. 장학담당자들은 교사들이 학생의 성공적인 학습을 위해 전문적인 역량을 높이는 구체적인 내용을 장학의 계획 단계에 반영할 필요가 있다. 교사의 전문적 역량을 높이기 위한 기술적 과업은 직접적 지원, 집단 발달, 전문성 신장, 교육과정 개발, 실행연구 등이다. 직접적 지원은 장학담당자가 교실 수업 과정에서 교사와 함께 지속적으로 참여하고 관찰하면서 도움을 주는 것이다. 집단 발달은 교사들이 함께 모여서 학교 수준의 교육적 의사결정을 함께하며 모두의 전문적 역량을 높이는 과정이다. 전문성 신장은 학교 안팎의 여러 가지 자원을 활용하여 교사들에게 학습 기회를 제공하는 것이다. 교육과정 개발은 교실 수업의 내용, 계획, 자료를 함께 작성하고 검토하는 과정이다. 실행연구는 학교의 교육 목표 달성을 높이기 위해 교사들의 학교와 교실 상황에 대해 체계적인 연구를 진행하는 것이다.

학교의 발전과 교사의 발달을 모두 추구하는 문화적 과업은 변화 촉진, 다양성 인정, 공동체 형성 등이다. 변화 촉진은 학교 환경의 급격한 변화에 맞춰서 학교와 교사의 역량을 높이고 혁신하는 것을 의미한다. 다양성 인정은 다양성에 따른 형평성을 보장하기 위한 학교와 교사 수준의 다양한 대응방식을 마련하는 것이다. 공동체 형성은 민주주의, 도덕적 행동, 전문적 학습, 연구 등을 통해 학교와 공동체의 발전을 위한 협력적 노력을 이끌어 내는 것을 의미한다.

교사들이 지원적이면서 도전적인 환경에서 전문적 역량을 높이는 가장 좋은 방법을 이해하도록 함으로써, 장학담당자는 학교 수준의 목표와 교사 개인 수준의 요구를 일치시키는 노력을 해야 한다. 교사 개인의 요구 수준을 넘어서 학교 수준의 조직적 목표를 이해하고 합치시킴으로써 학교의 효과를 높일 수 있다는 것은 이미 입증된 사실이다.

[그림 1.2]는 이 책의 구성에 대해 요약적으로 제시하고 있다. 제2부에서는 장학에 필요한 핵심적인 지식에 대해 살펴볼 것이다. 제3부에서는 대인관계 역량을 다룰 것이다. 제4부에서는 장학담당자에게 필요로 하는 기술적 역량을 설명할 것이고, 제5부에서는 지식과 기술을 장학의 기술적 과업으로 적용하는 것에 대해 논의할 것이다. 마지막으로 제6부에서는 장학의 문화적 과업을 소개하고, 학교, 수업, 학습을 개선하기 위해 장학이 학교 수준의 목표와 개인 수준의 요구들을 어떻게 통합할 수 있는지에 대해 논의하고자 한다.

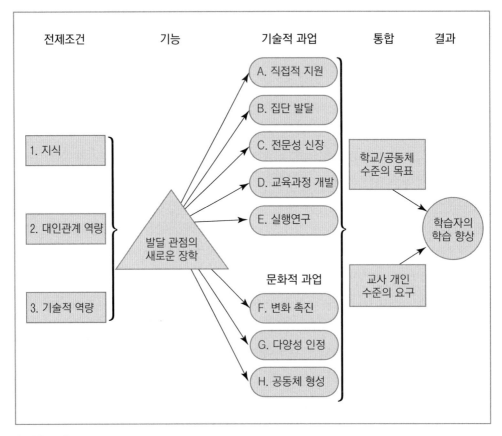

[그림 1.2] 장학과 성공적 학교

## 성찰과제

본인이 최근 한 학교의 교장으로 임명되었다고 가정해 보자. 당신은 교육청의 담당자와 면담하는 과정에서 교장으로서 협력적 장학을 할 것이라고 설명하였다. 교장 취임 몇 주 전에 해당 학교의 학업성취도 평가 결과 성취 수준이 미달인 학생의 비율이 매우 높은 학교라는 전화를 받게 되었다. 교육청 담당자는 협력적 장학에는 동의하지만 해당 학교가 그런 협력적 분위기를 만들기에 적합하지 않다는 의견을 제시하였다. 오히려 학업성취도 평가의 결과를 향상시키기 위해 교실 수업에 대한 모니터링과 관리가 더 필요할 것이라고 제언하였다. 당신은 협력적 장학에 대한 신념을 갖고 있지만 교육청과의 갈등을 초래하는 것을 원하지도 않는다. 학교의 교장으로서 당신은 교육청 담당자의 우려에 대해 어떻게 대응할 것인가? 당신이 교장으로서 선택해야 할 학교 장학 운영의 방법에 대해 생각해 보자.

## 참고문헌

Bogotch, I. E. (2002). Educational leadership and social justice: Practice into theory. *Journal of School Leadership*, 12, 138-156.

Fallon, G., & Barnett, J. (2009). Impacts of school organizational restructuring into a collaborative setting on the nature of emerging forms of collegiality. *International Journal of Education Policy and Leadership*, 4(9), 1-13.

Furman, G. C. (2004). The ethic of community. *Journal of Educational Administration*.

Glickman, C.D. (1998). *Revolutionizing America's schools*. San Francisco, CA: Jossey-Bass.

Glickman, C.D. (2003). *Holding sacred ground: Courageous leadership for democratic schools*. San Francisco, CA: Jossey-Bass.

Gordon, S. P. (Ed.). (1995, April). *Newsletter of the Instructional Supervision Special Interest Group of the American Educational Research Association*.

Gordon S. P. (1997). Has the field of supervision evolved to a point that it should be called something else? Yes. In J. Glanz & R. F. Neville (Eds.), *Educational supervision: Perspectives, issues, and controversies* (pp. 114-123). Norwood, MA: Christopher-Gordon.

Gordon, S. P. (2011, November). *Teacher leaders in 1990 and 2011: The perceptions of attributes of effective teacher leaders as well as problems, support, and benefits associated with teacher leadership*. Paper presented at the annual convention of The University Council for Educational Administration, Pittsburgh, PA.

Hart, A. W. I. (1995). Reconceiving school leadership: Emergent views. *The Elementary School Journal*, 96(1), 9-28.

Kohm, B., Nance, B. (2009). Creating collaborative cultures. *Educational Leadership*, 67(2), 67-72.

Laviè J. M. (2006). Academic discourses on school-based teacher collaboration: Revisiting the arguments. *Educational Administration Quarterly*, 42(5), 773-805.

Mangin M. M. (2007). Facilitating elementary principals' support for instructional teacher leadership. *Educational Administration Quarterly*, 43(3), 319-357.

Nolan, J., & Hoover, L. A. (2010). *Teacher supervision and evaluation: Theory into practice*. (3rd ed.) New York, NY: Wiley.

Printy, S. M., Marks, H. M., & Bowers, A. J. (2009). Integrated leadership: How principals and teachers share transformational and instructional influence. *Journal of School Leadership*, 19, 504-532.

Sergiovanni, T. J. (2006). Getting practical: Enhancing collegiality and intrinsic motivation. In T. J. Sergiovanni (Ed.), *Rethinking leadership: A collection of articles* (pp. 120-144). Thousand Oaks, CA: Corwin Press.

Snow-Gerono, J. L. (2008). Locating supervision — A reflective framework for negotiating tensions within conceptual and procedural foci for teacher development. *Teaching and Teacher Education*, 24, 1502-1515.

Sullivan, S., & Glanz, J. (2009). *Supervision that improves teaching and learning: Strategies and techniques*. Thousand Oaks, CA: Corwin Press.

Zepeda, S. J. (2005). Standards of collegiality and collaboration: Enhancing teaching and learning (pp. 63-75). In S. P. Gordon (Ed.), *Standards for instructional supervision: Enhancing teaching and learning* (pp. 63-75). Larchmont, NY: Eye on Education.

# 제2부

# 지식

제2부에서는 효과적인 장학을 위해 장학담당자들이 사전에 알아두어야 할 지식에 대해 살펴본다. 2장에서는 일반적으로 학교가 왜 효과적이지 못한지에 대한 비관적인 내용을 다룬다. 효과적이지 못한 이유는 교직 경력과 학교 환경의 요인으로 귀결된다. 3장에서는 희망적인 내용으로 지속적으로 개선이 이루어지는 역동적인 학교의 특징에 대해 살펴볼 것이다. 4장에서는 장학과 관련되어 있는 성인학습과 교사의 발달 과정에 대해 설명할 것이다. 5장에서는 장학 활동의 토대가 되는 장학과 교육에 대한 신념들에 대해 살펴볼 것이다. 학교에 대한 비관적인 관점을 극복하고 낙관적인 변화를 현실로 만들기 위해서는 매우 어려운 문제들을 해결해야 한다. 현재 이루어지고 있는 장학 활동을 개선하기 위한 연구를 진행하는 동안에 우리는 즐거움, 분노, 분함, 희망, 의견 충돌 등의 반응들을 경험하게 될 것이다.

# 제2장

# 기준: 전통적 학교의 모습

**정제영**_이화여자대학교 교육학과 교수

> ## ➤ 이 장에서 생각해 볼 문제

**1.** 교사의 고립 문제는 어떤 방법으로 해결할 수 있는가?

**2.** 교사로 부임받은 첫 해에 겪게 되는 문제는 무엇인가? 부임한 첫 해에 접하게 되는 문제는 누구에게 도움을 받을 수 있는가?

**3.** 교육환경이 어려운 학교에서 우수한 교사를 초빙하기 위한 방법은 무엇인가?

**4.** 학교 내에서 교사 간 갈등이 있거나 따돌림당하는 교사가 있다면 무엇 때문인가? 갈등이나 따돌림의 책임은 누구에게 있는가?

**5.** 전통적 학교에서는 문제가 발생할 때 문제의 원인을 밝혀서 해결하기보다는 우선 "피해자를 비난"하는 문화가 있다고 지적되고 있는데, 이러한 예로는 어떤 것들이 있는가?

학교와 교사, 그리고 리더십에 대한 역사적 관점을 제대로 이해하기 위한 노력이 필요하다. 우리가 수업 개선을 진정으로 원한다면 전통적인 학교의 문화에 대해서 이해해야 할 것이다.

## 1. 학교의 문화와 업무 환경

조직의 가치, 신화, 의례와 행사, 상징, 영웅, 신적인 존재, 그리고 이야기꾼들은 주로 문학에서 잘 표현된다(Bolman & Deal, 2002). 문학적 표현들은 외부와 단절되어 살아가는 공동체에 대한 인류학적 연구에 적절한 표현들이다. 그렇지만 이러한 표현들만으로 전문적 관점에서 공동체의 '문화'를 설명하는 데에는 한계를 갖는다. 문화의 개념은 공동체의 고유한 역사와 사례들을 포함하여 구성원들의 공동체 공간인 학교를 이해하는 데 도움을 줄 수 있다. 업무 공간으로서 학교가 가지고 있는 특정한 가치들을 이해하게 되면, 학교가 현상을 유지하는 조직이 아니라 학생들의 학습 개선을 위해 혁신을 추구하는 조직으로 변화하는 데 도움을 줄 수 있다.

같은 학교구(school district)에 속해 있는 두 학교의 교사가 각각 어떻게 자신들의 학교를 바라보고 있는지 비교해 보자. Meadow Valley 중학교에서는 교사들이 첫 수업 시작 15분 전에 출근하고 마지막 수업 종료 후 15분 후에 퇴근하도록 되어 있다. 어떤 교사가 지정된 시간보다 일찍 출근하거나 퇴근시간을 넘어서 남아있게 되면 다른 교사들이 좋지 않은 시선을 보내서 견디기 어려운 상황이 발생하기 때문에 어쩔 수 없이 출퇴근 시간을 맞추게 된다. 정해진 시간보다 더 일하기 위해서는 학교의 근무시간이라고 이해되고 있는 '보이지 않는 기준(unspoken norm)'을 위반해야 하는 것이다. 그러나 2.5킬로미터 떨어진 다른 중학교에서는 근무시간의 기준이 다르다. Mountain View 중학교에서는 교사들이 첫 수업 시작 45분 전에 모여서 커피를 함께 마시고, 자료를 분석하고, 학생들의 문제를 공유한다. 학교의 마지막 수업을 마친 후에도 1시간 정도는 각자의 교실에 남아서 학생 개별지도를 하고, 학부모와 통화를 하고, 다음 날의 수업을 확인하는 일을 열심히 한다. 만약에 한 교사가 정해진 시간보다 늦게 출근하고 일찍 퇴근하면 다른 교사들이 이상하게 쳐다볼 것이고, 해당 교사는 본인이 기준을 위반한 것으로 생각하게 될 것이다.

앞의 두 학교의 교사들은 동일한 학교구에서 일하고 있지만 해당 학교에서 업무에 대한 기대는 상당히 다르다는 것을 알 수 있다. 이러한 차이는 왜 발생하게 되는가? 학교가 가지고 있는 기준(enduring norm)은 어떻게 형성되는가? 이러한 질문은 교사들의 저항을 최소화하면서 학생들의 학습 효과를 높이는 학교의 목표를 달성하기 위해 학교가 어떻게 개입해야 하는지를 이해하는 데 매우 중요하다.

## 2. 단일학급학교의 유산

현재 학교의 교육환경을 논의하기에 앞서서 오랜 역사를 갖고 있는 단일학급학교 (One-Room Schoolhouse)에 대한 이해가 필요하다. 서구 민주주의의 역사를 이해하기 위해서는 영국의 대헌장(Magna Carta)을 우선적으로 이해해야 하는 것과 같은 이치이 다. 많은 사람들이 갖고 있는 학교에 대한 신념과 기대는 단일학급학교의 목가적인 풍 경과 참나무로 만들어진 학교를 바탕으로 하고 있다. 교사는 전교생의 수업, 건물의 유 지, 난로 등 전열기구 관리, 학교의 청소 등 학교의 모든 일에 대해 책임을 안고 있다. 초창기 학교의 교사들은 하는 일에 비해서 영예로운 직업이고, 비록 받는 보수는 적지 만 목회자와 같은 성스러운 직업으로 인식되었다.

McMillan과 Price(2005)는 미국의 서부 개척시대 교사들의 작업환경을 다음과 같이 묘사하였다.

서부 개척시대의 교실은 반지하의 형태였고, 가구도 거의 없었다. 단일학급학교는 5세에 서 22세까지 다양한 연령대의 학생들이 20명 내외 다니고 있었다. 교사는 본인의 교육과 정에 학부모가 보내주는 책과 자료를 추가로 활용하여 수업을 운영하였다. 서부 개척시 대의 여교사들은 재정의 부족, 건물 등 시설의 부족, 학생 수급의 문제, 인정의 부족 등의 문제를 안고 있었지만 고귀한 직업의식을 유지해 갔다. 지나치게 과밀한 교실, 낮은 수준 의 보수, 부족한 자원, 재정의 부족 등의 문제를 안고 있지만 고귀한 직업의식을 유지하 고 있는 현대의 학교 모습과 유사하다는 점은 매우 흥미로운 부분이다(McMillan & Price, 2005: 146).

단일학급학교에서는 교실 내에서 이루어지는 모든 일에 대해 교사가 독립적으로 책임을 지고 있었다. 단일학급학교에서는 교사가 계획하는 교육과정과 수업이 학교수 준의 목표가 되었기 때문에 조직의 목표가 자연스럽게 실현되었다. 현대에 이르러 학 교에 많은 교실이 있는 대규모화가 이루어졌음에도 불구하고 많은 학교에는 단일학급 학교에 있었던 교사의 독립, 고립, 수업의 사유화의 유산이 그대로 남아있다. 물리적으 로 단일학급학교가 아님에도 불구하고, 학교의 복도를 사이에 두고 단일학급학교처럼 운영되는 상황이 발생하고 있는 것이다. 교실에 있는 교사들은 여전히 단일학급학교의 전통에 따라 독립된 교실 수업을 운영하고 있으며, 눈에 보이는 단일학급학교가 이미 사라졌음에도 학교 안에는 여러 개의 단일학급학교가 운영되고 있는 것이다.

교실이 교사의 사유 공간이 되는 현상은 학교수준의 기준을 개선하는 연구에서 개선해야 하는 대상으로 지목되고 있다. 많은 연구에서는 학생들의 학업성취도 향상을 위해 교사들 간의 학습공동체를 형성하는 문화적 접근이 필요하다는 주장이 제기되고 있다(DuFour, 2011: 59).

미국 서부 개척시대의 단일학급학교는 '교사 간 단절과 고립된 일상, 심리적 딜레마, 초임교사들의 부적절한 적응 과정, 불공평한 상황, 경력개발의 부족, 전문적인 협의와 대화의 부족, 학교수준의 의사결정 과정의 비민주성, 기술과 문화의 공유 부족, 그리고 보수성 등의 특징적인 전통을 형성하였다. 많은 교사들은 이런 특징들을 학교문화의 한 부분으로 받아들이고, 교직원의 대부분이 이러한 문화를 자연스럽게 받아들이고 있다. 하지만 학교문화를 새롭게 혁신하기 위해서는 학교, 학생, 수업에 대해 인식하고 있는 공유된 신념과 목표의식이 과연 올바른 것인지에 대한 문제 제기가 필요하다. 현재의 학교에 남아있는 단일학급학교의 전통에 대해 살펴보자.

## 고립(Isolation)

DuFour(2011)는 학교에서 나타나는 교사의 개인주의와 고립 현상에 대해 다음과 같이 설명하고 있다.

> 학교에서 교사들은 다른 사람들과 단절되어 고립된 활동을 한다. 교사는 교실에서 이루어지는 수업을 다른 교사의 수업 전략이나 아이디어와는 단절된 개인적인 영역으로 이해하고 있고, 수업과정에 동료교사나 교장의 참여보다는 혼자 하는 것을 선호한다. 교사의 수업은 전문성과 자율성이라는 가치로 포장되어 있고, 공동의 논의나 분석의 대상이 되는 것을 꺼린다. 학교차원에서도 교사들이 협력하여 수업을 개선하는 일에 대해 특별히 지원하고 있지는 않다. 학교의 거대한 조직은 새로운 변화를 추구하기보다는 현상을 유지하는 데 초점을 맞추고 있다(DuFour, 2011: 57).

교실은 구조적으로 폐쇄적인 형태이기 때문에 장학을 하거나, 다른 교사의 피드백을 받거나 협력적으로 수업을 진행하기 어려운 환경이다. 일상적으로 교사는 출근하여 수업하기 전, 쉬는 시간과 점심시간, 수업 후 퇴근하는 과정에서 다른 교사와 만나거나 대화하게 된다. 학교에서 근무하는 동안 다른 교사를 만나서 대화를 나눌 기회가 적고, 다른 교사가 교실에서 어떻게 수업을 진행하는지에 대해서는 거의 모르는 상황이라고 할 수 있다.

교사 간의 물리적 단절은 심리적 고립으로 연결된다. 고립된 문화에 대해 교사들은 불만스럽고, 지루해할 수도 있고, 개인적인 불안감이나 문제에 대해 스스로 해결해야 하는 상황에 놓이게 된다(Chang, 2009: 193).

오랜 기간 동안 심리적인 고립을 경험한 교사들은 본인의 업무 영역을 교실, 학생, 수업으로 한정해서 보는 경향이 생긴다. 교사의 심리적 고립이 처음에는 스스로의 선택에 의한 것은 아니지만 시간이 흐르면 상황에 적응하고 당연한 문화로 받아들이게 된다(Brooks, Hughes, & Brooks, 2008). 나중에는 교사 간의 전문적인 대화나 수업 장학을 위한 협력의 기회를 거부하는 상황에 이르게 된다.

## 심리적 딜레마와 좌절감(Psychological Dilemma and Frustration)

교사의 업무는 끊임없는 감정노동이라고 표현할 수 있다. 교사들의 수업을 관찰해 보면, 몇 가지 질문을 하고, 학생이 좋은 대답을 하면 미소 지으며, 집중하지 않는 학생들에게 얼굴을 찌푸리고, 떠드는 학생에게 주의를 주고, 학생의 주의집중을 위해 여러 가지 지시적 언어를 활용하고 나서야 수업을 시작하게 된다. 교사들은 평소 수업 시간 중에 수많은 심리적 변화를 초래하는 감정노동을 하게 된다(Grayson & Alvarez, 2008). 수업 중에 활용되는 '쳐다보기, 어깨를 으쓱하기, 여러 가지 주의를 주는 용어' 등은 교사와 학생 간에 약속되어 있거나 상호 이해하는 의사표현의 방식이라고 할 수 있다.

미국의 초등학교 교사들은 평균적으로 매일 6시간 30분 동안 약 25~35명의 학생들을 상대하게 된다. 중등학교 교사들은 50분 단위의 수업으로 5~7교시 동안 약 100~150명의 학생을 만나게 된다. 교사는 학생과의 인간적 상호작용을 통해 가르치고, 관리하고, 훈육하고, 강화하고, 사회화시키는 일을 교실 안에서 수행하게 된다. 이러한 복잡한 업무에서 일어나는 끊임없는 심리적 의사결정 과정에서 부담을 줄이기 위해 학생 수의 감축을 요구하게 된다(Chang, 2009).

교실 안에 있는 학생들은 두통, 호흡기 질병, 골절과 같은 신체적 문제를 안고 학교에 온다. 최근에는 더욱 심각한 질병을 갖고 학교에 오는 학생들이 늘어나고 있다. 때로는 자폐증, ADHD, 태아 알콜 증후군 등의 문제를 안고 있는 학생들의 학교 적응도 담당하게 된다. 교실의 교육환경이 악화되어 사업가, 법률가, 의사라면 견디지 못할 수준의 작은 공간에서 일하게 되는데, 때로는 30명을 위해 설계된 교실에 45명의 학생들이 수업을 받는 경우도 있다. 교육예산의 감축, 건물의 노후화 등은 학생들의 학습에 직접적인 영향을 미치는 학교의 교육환경을 더욱 악화시키는 요인이라고 할 수 있다(Garrett, 2006: 12).

제한되고 통제되어 있는 학교 환경에서 과도한 감정노동으로 인해 학생들의 다양한 요구에 반응하는 데 어려움을 느끼게 되면 교사들은 자기보호 본능에 의해 교실의 상황에 대해 민감도를 낮추는 방법으로 대응하게 된다. 학생들이 교실에서 경험하는 수업은 교사들이 학교 밖에서 생활하는 일상과 유사하게 된다. 어떤 과학교사는 20분간 수업을 하고, 10분간 질의응답을 하고, 20분 동안 자율학습을 하도록 한다. 어떤 초등학교 교사는 15분씩 역할이 바뀌는 3개의 독서 집단을 운영하는데, 각 집단은 큰소리로 읽고, 교사의 질문에 대답하고, 학습지를 작성하는 과업을 수행한다. 교실에서 일어나는 수업을 일상화(routinization)함으로써 교사는 수백 가지의 의사결정을 해야 하는 수고에서 벗어나게 된다. 교사는 수업의 일상화를 통해 학생을 가르치는 직무에서 받게 되는 심리적인 스트레스를 감소시키고, 학생들의 개별적인 요구에 대해 무시해야 하는 심리적 갈등을 회피하게 된다. 수업에서 직면하는 상황은 임상심리학의 상담과 유사하지만 교사들은 공장에서 물건을 만드는 과정처럼 환경을 바꾸어 버리는 것이다.

## 교직경력의 일상(Routine of the Teaching Career)

정부의 가이드라인, 교육청의 정책, 학교수준의 행정적인 지침과 정책에 의해 교사의 일상이 정해지게 된다. 모든 교사들은 학생들이 등교하기 전에 학교에 출근해야 하고, 학교의 수업이 모두 종료된 후에 퇴근을 해야 한다. 초등학교 교사는 수업시간뿐 아니라 점심시간과 휴식시간에 대해서도 정해진 규칙에 따라야 한다. 일주일에 정해진 과목별 수업시간을 준수해야 한다. 담임교사는 정해진 학생들을 할당받아서 학기의 모든 수업일 동안 책임을 지게 된다. 휴식시간과 점심시간, 다른 교사가 담당하는 교과활동 시간을 제외하고 담임을 맡은 교실에 있어야 한다. 교실을 벗어나서도 할당된 점심시간, 학생의 휴식시간 등에 대한 책임이 부과된다. 중학교와 고등학교의 교사는 양상은 다르지만 초등학교와 유사한 책임을 지고 있다. 중등학교의 교사는 정해진 교과에 대해 4개에서 7개 학급의 수업을 담당하게 된다. 수업에 대한 책임 이외에도 교실 밖의 급식실, 화장실, 현관 등의 지도와 관리 업무도 담당하게 된다.

모든 교사는 자신의 시간을 갖거나 학생에 대해 파악하고 이해하는 시간이 따로 정해져 있지 않다. 다른 전문직의 경우에는 자신을 홍보하는 간판을 달거나, 고객과 시간

약속을 조정하거나, 평일에도 휴가를 낼 수 있지만 교사는 그렇지 못하다. 교사가 자신의 사적인 일로 인해 비서를 통해 하루의 일정을 비우는 것은 상상하기 어렵다. 평일에 학교는 계속 운영되고, 학생은 매일 등교하며, 매 시간 수업 종이 울리고, 교사는 정해져 있는 업무를 수행해야 한다.

교사들은 자신에게 할당된 수업시간 중에, 막혀있는 교실 안에서 수업내용을 조정할 수 있다. 하지만 학교에 정해져 있는 수업시간은 준수해야 한다. 수업의 시작 시간과 마치는 시간, 가르치는 학생의 수, 수업을 하는 장소, 그리고 부과된 업무들은 모두 기준이 설정되어 있으며, 그 안에서 교사는 일부의 조정권을 갖고 있다. 교사의 일상을 살펴보면 전문직의 일상보다는 공장에서 일하는 일상과 더 닮아있다. 학교의 현관에 출근과 퇴근시간을 기록하는 시계는 없지만 보이지 않는 시계는 존재한다. Chang(2009: 193)은 교사의 일상은 반성적 고찰을 할 시간이 거의 없고, 하루하루 책임을 수행하는 일상만이 존재한다고 지적하였다.

## 초임교사의 학교 적응에 대한 무관심(Inadequate Induction of Beginning Teachers)[1]

교직은 최소한의 현장 경험을 가진 초보자가 무거운 책임감을 부여받고 도전적인 업무를 수행하게 되는 직업이다. 많은 초임교사들은 충분하지 않은 열악한 자원, 어려운 과제들, 분명치 않은 기대, 동료교사의 방관적 태도, 현실에 직면하는 고난 등으로 인해 학교에 적응하는 데 어려움을 겪게 된다(Anhorn, 2008; Colley, 2002; Gordon & Maxey, 2000; Johnson & Kardos, 2002; McCann & Johannesen, 2004). 초임교사들이 겪게 되는 어려움은 학교의 특징을 파악하는 데 도움이 될 것이다.

**열악한 자원(Inadequate Resources)** 어떤 교사가 학교를 떠나게 되면 그 교사가 쓰다가 남겨둔 물건들은 학교의 공공재산으로 환수되는데, 유용한 교육자료 뿐 아니라 책상, 탁자, 의자 등 모든 집기가 이에 해당된다. 남은 교사들은 가장 유용한 물건들을 모두 나누어 가지게 되며, 더 좋은 자리를 확보하기 위해 경쟁이 생기기도 한다. 초임교사가 학교에 발령받아서 오면 가장 비선호하는 자리에 가장 좋지 않은 집기를 제공받게 된다.

**어려운 과제(Difficult Work Assignments)** 문제가 있는 학생이나 학업성취도 수준이

---

1) Stephen P. Gordon & Susan Maxey(2000). *How to help beginning teachers succeed* (2nd ed.). pp. 1-8 에서 인용함.

낮은 학생 집단은 가장 새로 온 초임교사의 몫이 된다. 게다가 가장 어렵고 흥미도가 떨어지는 수업도 초임교사에게 할당되는 경우가 많다(Angelle, 2006; Johnson, 2001; Stansbury, 2001). 초임교사들은 기존의 경력이 있는 교사에 비해 더 많은 행정업무와 수업이 부과되는 경우가 많다(Birkeland & Johnson, 2002; Imig & Imig, 2006)

**명확하지 않은 기대(Unclear Expectations)** 초임교사들은 전문직으로서 본인들에게 무엇을 기대하고 있는지 혼란스러워하게 된다(Johnson & Kardos, 2002; Maistre & Paré, 2010). 교장, 동료교사, 학부모, 학생들은 초임교사에게 상반되는 요구들을 하는 경우가 많아서 초임교사로서는 매우 혼란스러운 상황에 직면하게 되는 것이다.

**경력 있는 교사들의 방관자적 태도(Sink-or-Swim Mentality)** 다양한 이유로 인해 초임교사들은 도움을 받기 어려운 상황에 놓이게 된다. 교장과 경험이 풍부한 교사들은 교직 초년생들이 반드시 통과해야 하는 시험과정에 있다고 생각한다. 경험이 풍부한 주변의 동료교사들은 초임교사에게 도움을 주지 않는다. 본인들이 겪었던 초임교사 시절의 어려움을 새로 온 교사들도 당연히 거쳐야 할 과정이라고 생각한다. 새끼 사자들에게 고난을 부여하는 어미 사자처럼 교사로서 살아남기 위해서 강인함을 길러야 한다는 것이다. 어떤 교사들은 학교에 뿌리박혀 있는 문화인 개인주의와 사생활 보호의 관점에서 초임교사를 돕지 않는 경우도 있다.

초임교사들도 학급경영이나 수업 상황의 문제가 있을 때, 교장이나 동료교사에게 도움을 요청하는 것을 주저하게 된다. 학교 문화의 특성상 초임교사에게도 동료교사들과 동일한 책임이 부과되고 있는 수평적 관계가 형성되어 있기 때문이다. 초임교사들은 동료교사에게 본인의 문제에 관해 도움을 요청하면 전문성이 부족하다고 인식될 것을 두려워한다. 결과적으로 초임교사들은 본인이 고민하고 있는 문제들을 숨기려고 애를 쓰는 상황이 발생하게 된다(Cherubini, 2009).

**학교 현실에 대한 충격(Reality Shock)** Veenman(1984: 143)은 초임교사가 경험하는 '현실의 충격'을 "초임교사가 교실에서 학생들과의 가혹하고 무례한 상황을 겪게 됨에 따라, 교원 양성기간 동안 가지고 있던 학교에 대한 좋은 이미지가 붕괴되는 과정"으로 표현한다. 초임교사는 학교와 교실에 대한 이상적인 이미지를 가지고 교직에 입직하게 된다. 하지만 입직 후에는 학급경영의 문제, 학습장애를 갖고 있는 학생들, 학교 환경의 어려움 등으로 인해 이상적인 학교의 이미지는 금방 무너지게 된다. 초임교사들은 교직의 가혹한 상황에 적응할 준비가 되어있지 않기 때문에 자존심에 상처를 받고 본인이 보유한 전문성을 발휘하기 어려운 상황에 빠지게 된다(Chubbuck, Clift, & Alland, 2001).

**학교 환경의 어려움(Effects of Environmental Difficulties)** 학교 환경의 어려움은 초임교사들에게 상당한 스트레스를 유발하고, 신체적인 문제와 정서적인 문제를 초래할 수 있다. 초임교사들은 첫 해부터 자기 자신에 대한 부정적 태도로 시작하여, 수업과 교직에 대한 부정적 인식, 심지어 학생에 대한 부정적 태도를 갖게 될 위험에 빠지게 된다(Gordon & Maxey, 2000; Mitchell, Reilly, & Logue, 2009; Sherff, Ollis, & Rosencrans, 2006). 미국의 경우 15%의 교사는 입직 2년 이내에 교사를 그만두고(Darling-Hammond, 2006), 과반수의 교사들은 입직 7년 이내에 교사를 그만두는 현상이 나타나고 있다(Imig & Imig, 2006; Ingersoll & Smith, 2003). 객관적으로 보기에 가장 유능한 교사가 더 빨리 그만두는 상황도 발생한다(Fantilli & McDougall, 2009; Feiman-Nemser, 2003). 초임교사 시절의 부정적인 경험으로 인해 남아있는 교사들은 학교에서 살아남기 위해 단순한 교수방법을 고수하게 되고, 교직생활 중에 경험하게 되는 다양한 실험과 변화에 대해서는 저항하는 경향을 보이게 된다(Gordon & Maxey, 2000; Hoy & Spero, 2005).

## 형평성의 문제(Inequity)

학교에서는 교육의 형평성과 관련하여 다양한 문제가 발생하고 있다. 미국의 경우 초임교사들이 저소득층 지역의 학교에 집중되어 있는 것도 문제가 된다. 저소득 지역에 있는 학교에는 교육에 필요한 자원이 더 부족한 경향이 있다. 저소득 지역의 경우에는 학교의 시설도 낙후되어 있고, 학생의 건강 문제나 안전사고도 더 많이 나타난다. 저소득 지역의 경우에는 학생 수도 많고 학급 수도 많은 편이다. 수업에 필요한 자료도 저소득층 지역의 학교는 더욱 부실할 가능성이 높다. 저소득층 지역의 학교에 있는 교사들은 전공 교과 이외의 과목을 담당하는 경우도 있다(Achinstein, Ogawa, & Speiglman, 2004; Haycock & Hanushek, 2010; Ingersoll, 2002). 초임교사들은 본인의 전문성을 인정받을 때까지 저소득층 지역의 학교에 머물게 되는 경향이 있다. 저소득층 지역의 학교들은 학업성취도 수준이 낮은 학생을 가르치기 어려운 것이 문제라고 지적하고 있지만 실제로 경험과 전문성이 높은 교사들을 채용하고 유지하기 위한 자원이 충분하지 못한 것이 더 중요한 문제라고 할 수 있다.

저소득층, 소수 인종이나 민족, 위기에 있는 학생들이 일반적인 학교에 있을 때 여러 가지 문제가 발생할 수 있다. 저소득층 학생 중에서 높은 비율의 학생들은 정규학습의 과정보다는 보충수업을 진행하는 과정에 배치되게 된다(Gomez & Futrell, 2008;

Lleras, 2008). 학교에서 교육과정을 계획하거나 수업 자료를 선택하고 수업을 준비할 때 소수 인종이나 민족의 학생을 배려하는 경우는 매우 드물다(Rios et al., 2009). 때로는 무의식적으로 혹은 공공연하게 인종차별이 이루어지는 경우도 있다는 것이다. 학교에 존재하는 형평성의 문제를 교사들이 인식하는 것은 결코 쉬운 일이 아니다. 하지만 형평성의 문제가 학교에 존재하고 있다는 사실을 인정하는 것은 형평성을 높이기 위해서 반드시 필요하다.

## 분화되지 않은 경력 단계(Unstaged Career)

전문직으로 분류되는 의사, 변호사, 기술자, 그리고 과학자들은 직업인으로 완전한 권한과 책임을 수행하기 전에 견습기간, 인턴십 등 오랜 기간의 수련기간을 거치게 된다. 전문직은 대부분 오랜 수련과 평가의 과정을 거치는 데 비해 교직은 이런 과정이 생략되어 있기 때문에 전문직으로 인정받는 데 한계를 보여준다. 수련의 과정을 통해 높은 단계에 있는 전문가로부터 평가와 인정을 받게 되면 다음 단계의 직무를 수행할 수 있는 자격을 갖추게 되고, 더 도전적인 일을 하면서 그에 상응하는 보수도 받게 되며, 낮은 단계에 있는 수련자들에 대해 평가할 수 있는 자격도 부여받게 된다. 예를 들어 미국에서 법률가가 되기 위해서는 로스쿨을 졸업하고 변호사 시험(Bar exam)을 통과한 후에 서기, 법률 보좌관, 법률 사무소의 하급 직원 등을 거쳐야 한다. 법률 사무소 등에서 일과 연구를 통해 능력을 검증받은 이후에 변호사, 검사 등 독립적인 법률가로 활동을 하게 된다.

교직의 경우에는 교사가 되는 과정에서 자격증을 받은 후에 별도의 실무 수련의 과정이 없다. 대학에서 교육학 관련 강의를 수강하고, 일정기간 동안 교육실습을 하고, 대학을 졸업하면서 교사 자격증을 부여받는다. 그 이후에 교사로서 입직하게 되면 자신의 독자적인 공간인 교실에 들어가게 되는 것이다. 교사가 된 이후에는 전문성의 신장에 따라 상위 교사자격을 부여받지 않게 되고, 20년 경력의 교사와 초임교사는 별다른 차이 없이 동일한 교실 공간에서, 같은 수의 학생을 대상으로 동일한 책임을 부여받게 된다. 교사의 보수는 전문성이나 역량의 차이와 상관없이 경력에 따라 동일하게 높아지게 된다.

## 수업에 대한 대화 부족(Lack of Dialogue about Instruction)

일반적으로 교사들은 서로 만나서 수업에 관하여 대화를 나누지 않는다(Kohm &

Nance, 2009). 반면에 성공적인 학교에서는 교사들이 수업과정에서의 문제 해결, 활동 중심 접근 등에 대해 끊임없이 대화를 나눈다(David, 2009). 수업에 대한 교사 간 대화는 교사들의 위원회 회의, 워크숍, 관찰과 컨퍼런스, 교사회의, 그리고 비공식 행사 등의 방식으로 이루어진다. 성공적인 학교에서의 교사 간 대화는 주로 수업과 학생들의 학습에 대한 것이다. 반면에 일반적인 학교에서도 교사 간 대화가 이루어지긴 하지만 교육활동보다는 학생, 학부모, 행정가, 지역사회, 학교 행사 등 사회적 관계에 관한 것이 주를 이룬다.

대다수의 학교에서 교사로서의 핵심적인 직무라고 할 수 있는 교육과정과 수업에 대해 교사 간에 진지하게 자주 대화를 나누는 것은 드문 일이고, 수업에 대한 대화를 나누는 시간이 미리 정해져 있지 않다. 교사 회의에서는 일방적으로 정보를 전달하거나, 학교의 관심사나 직면한 문제의 해결 방법 논의, 학교 일정과 지역의 교육정책 전달, 방과후 활동에 대한 책임 공유, 학교 시설의 유지와 보수 등 수업 이외의 주제에 대해 주로 논의를 하게 된다.

공립학교는 동질적인 고객인 학생들에게 특정한 서비스를 제공할 책임을 가지고 있는 교사들이 서비스의 개선을 위한 논의는 거의 하지 않는 독특한 전문가 집단으로 구성되어 있다. 이러한 대화의 단절은 고립, 사적 영역의 보호, 수업의 전문성 단계의 미구분 등 단일학급학교의 전통과 관련이 깊다.

## 학교수준의 교육과정과 수업에 대한 결정과정에의 참여 부족
(Lack of Involvement in Schoolwide Curriculum and Instructional Decisions)

수업 시간 중에 서로 볼 수 없고, 서로의 수업에 대해 말하지 않으며, 밀폐된 교실에서 수업을 진행하는 상황에서, 교사들이 다른 수업에 대한 의사결정에 참여할 기회, 시간, 기대를 받지 못하는 것은 당연하다고 할 수 있다. 대부분의 학교에서 학생을 가르치는 것에 대해 교사들이 가지고 있는 경험, 지식, 지혜를 공유하지 않는 것은 일반화되어 있다고 할 수 있다.

학교교육에서 높은 성취를 나타내는 유럽과 아시아 국가들의 학교와 대조적으로, 공장과 같은 미국의 학교들은 교육과정을 개발하고, 수업을 계획하고, 수업전략에 대해 서로 관찰하고 논의하며, 학생의 수행에 대해 올바른 평가를 하는 등 학생들의 학습이 잘 이루어질 수 있도록 하는 방법에 대해 교사들이 참여하는 시간을 거의 제공하지 않고 있다(Darling-Hammond, 2006: 302).

## 공유된 기술 문화의 부족(Lack of a Shared Technical Culture)

공유된 기술 문화는 조직 내에서 공동의 목적, 전문지식, 문제의 분석과 해결 등을 구성원들이 공유할 수 있도록 해준다. 기술 문화는 고도화된 업무수행 표준의 활용과 기술적 언어를 활용한 의사소통을 가능하게 해준다. 외과의사팀이 심장이식수술을 하는 것을 가정해 보면, 팀원들은 심혈관에 대해서 고도의 지식을 갖추고 있고, 수술 과정에서 적용되는 최첨단 수술의 절차를 공유하고 있다. 수술의 목적과 함께 목적을 달성하기 위한 기술적 방법에 대해서도 명확하게 공유하고 있어야 한다. 수술을 계획하고 실행하는 과정에서 외과의사들은 비전문가들이 이해할 수 없는 복잡하고 기술적인 언어를 활용하여 의사소통을 한다. 외과의사들은 수술에 활용하는 기술과 환자의 상태에 대해 정확하게 의사소통을 해야 하고, 수술과정에서 문제가 발생하면 서로의 전문적 지식을 총동원하여 문제를 해결해 낸다. 수술의 성공 확률이 확실하지는 않지만 외과의사팀의 공유된 기술 문화는 환자의 회복 확률을 높이는 데 기여하게 된다.

전문직 공동체와는 달리 다수의 학교에서는 교사들 간에 공유된 기술 문화를 형성하지 못하고 있다. 고립, 대화의 부족, 초임교사에 대한 방관, 학교수준의 의사결정 과정에 참여 부족 등은 교사들이 전문적 기술 문화를 공유하는 데 장애요인이 된다고 할 수 있다. 수업의 개선을 위한 전문적 기술 문화의 공유가 이루어지지 않는 대신에 목표에 대한 불명확성, 효과적인 수업의 결정요인에 대한 불확실성, 독특한 수업과 애매한 평가 등이 학교의 특징으로 제시되고 있다.

## 보수적 특성(Conservatism)

기술 문화의 공유 부족과 결과의 불확실성은 교사의 보수적 특성을 강화시킨다. 교사 중심의 수업은 교사의 보수적 특성을 잘 보여주는 사례이다.

> 교사 중심 수업 모형에서, 수업이 이루어지는 학습의 과정은 교사가 통제하게 된다. 이 과정에서 교사는 학습자를 "대상으로", 그리고 학습자를 "위해서" 무언가 해야 할 필요가 있다는 가정이 존재한다(Schuh, 2004: 834).

보수적 특성을 반영한 수업은 전통적 교수법에 의존하는 것과 동시에 다음의 특징을 갖고 있다.

- 장기적인 교육목표보다 단기적인 교육목표에 대한 강조
- 모든 학생들의 계속적인 성장보다는 개별적인 수업, 학생, 그리고 프로젝트의 성공에 대한 만족
- 교육연구보다 개인적인 경험에 대한 의존
- 동료교사들과의 협력 방식과 수준에 대한 제한
- 교육과정 또는 교육적인 혁신에 대한 무의식적 저항

교사의 보수적 특성은 전통적인 학교 환경에서 발견되는 고립과 심리적 딜레마로 인해 생겨난다고 할 수 있다. 전통적인 학교에서 나타나는 문제들의 근본적 원인이라고 할 수 있는 보수적 특성은 다른 문제들의 해결을 저해하는 주요인이기도 하다.

## 3. 학교 문화 안의 문화

학교의 문제에 대한 지적들은 학교의 일반적인 문화에 대해 잘 설명해 주고 있다. 일반적인 학교의 문화가 존재하는 반면에 지역사회의 특징, 학생과 교사 등 구성원들의 특징에 따라 독특한 학교 문화가 형성된 경우도 있다. 또한 학교 안에는 여러 가지 다른 종류의 문화가 존재하기도 하는데, 다양한 하위문화에는 긍정적인 측면도 있지만 전통적인 학교의 관습, 표준, 구조로 인해 하위문화 간 갈등이 발생하기도 하고 일부는 고립되기도 한다.

- 모든 학교에는 성인 문화와 학생 문화가 구분되어 존재한다. 전통적인 학교에서 교사 중심 수업은 학교 밖의 학생들의 삶, 학생의 흥미, 그리고 학생이 학습과정에 활발히 참여해야 한다는 요구 등을 무시하는 경향이 있다. 학생 문화에 대한 고려와 이해가 부족하게 되면 '교사-학생 관계'를 저해할 수 있고 교수-학습의 질을 낮추는 원인이 되기도 한다.
- 모든 학교의 학생 내부에 서로 다른 이질적인 문화가 존재한다. 서로 다른 문화들은 인종 또는 사회경제적 지위에 근거할 수 있다. 하지만 인종과 계층 면에서 동질적인 학교에서도, 성별, 성적 지향, 종교 등의 차이가 존재한다. 이 책의 21장은 다양한 문화에 초점을 맞추고 있지만, 여기에서는 전통적인 학교가 서로 다른 학생 문화의 요구에 응하고 이해하는 것을 강조하거나 다른 문화의 학생이 함께 학습하도록 돕지 않는다는 것을 강조하고자 한다. 특정한 하위의 학생 문화를

무시하는 것은 소속한 학생들에게 그들이 학교로부터 환영받지 못하고 있다는 느낌으로 이어질 수 있고, 학생의 불만, 학생과 학생 관계, 학생과 교사 관계에서 갈등을 유발할 수 있으며, 이러한 상황은 학생과 교사 모두에게 부정적인 교육환경으로 이어질 수 있다.

● 교사들도 학교 안의 다양한 문화적 집단에 속한다. 다른 전공교과팀, 수업관련 팀, 그리고 학년팀은 집단의 구성원들끼리는 서로 협력하지만 다른 집단의 교사들로부터는 고립되면서 학교 안의 전문적인 집단으로 운영될 수 있다. 한정된 자원의 시대에서, 다른 전공교과팀은 이용 가능한 한정된 자원에 대해서는 경쟁자가 될 수 있고, 이 경우 집단 사이의 갈등을 초래할 수 있다. 다른 연령 집단 또는 다른 경력 단계의 교사들은 학교라는 큰 공동체로부터 그들 스스로를 구분짓는 집단에 함께 참여할지도 모른다. 소집단의 교사들이 함께 일하는 것은 교수와 학습을 개선하는 데 크게 기여할 수 있다. 하지만 소규모 교사 집단이 서로 단절적으로 운영되고 개별 집단을 학교전체보다 더 중요한 것으로 여기게 되면 학교수준에서 전체 동료 간 협력관계 또는 학교전체의 개선의 가능성은 점차 낮아지게 된다.

모든 학교들은 다양한 문화와 하위문화를 포함한다. 전통적인 장학의 문제는 모든 교사들을 똑같이 대하고 교사들에게 모든 학생을 똑같이 대할 것을 기대하면서, 이러한 다른 문화들을 무시하는 경향이 있다는 것이다. 이는 교육적 개선을 위한 집단행동을 저해하는 문화적 충돌의 문제로 이어진다. 학교 내에 존재하는 다양한 문화적 상황에 대한 올바른 접근 방법은 문화를 이해하고, 서로 다른 문화적 충돌을 연계하고, 공동의 목적이라고 할 수 있는 교수-학습 활동의 개선을 위해 함께 협력하는 것이다. 3장에서는 성공적으로 운영되는 학교에서 구성원들이 공동으로 목표를 설정하고, 이를 달성하기 위해 협력을 강화해 나가는 방법에 대해 살펴볼 것이다.

## 4. 책임 소재 파악하기와 구조적 긴장

학교 개혁과 학생의 학습에 대해 연구하는 학자들은 단순히 높은 표준을 설정하고 높은 부담을 부여함으로써 교육을 개선할 수는 없다는 점을 분명하게 설명하고 있다. 하지만 정책 입안자들은 이러한 부분에 대해서는 경청하려 하지 않는다. 일반적으로 발표되는 교육정책에서 학교 문화를 개선하거나 업무 환경 중심으로 학교를 바꾸고자 하는 경우는 거의 없다. 따라서 이 장에서 제시된 문제들을 해결하기 위한 정책은 거의 드물다. 해결되지 않은 문제들은 확정된 교육개혁이나 전문적인 의사결정에 참여하는 등의 과정에서 오히려 학교의 교육상황을 악화시키는 원인이 되기도 한다.

현재의 학교는 외재적 보상이 있기는 하지만 최고의 교사나 교육을 고민하는 교사를 위한 공간이 아니기 때문에 학교가 최고의 교사들을 위한 공간이 되도록 변화시켜야 한다. 기존의 장학은 교사들이 제자리를 지키는 통제 수단의 역할을 했지만, 새로운 수업 장학은 교사들 상호 간의 협력과 집단행동의 목표를 설정하는 중요한 역할을 수행할 수 있다. 모든 학생들의 교육적 요구에 맞추기 위한 학교교육의 목표를 추구하기 위해서 교사들이 함께 협력하도록 해야 하고, 학교의 목표에 맞지 않게 문제를 일으키는 교사에 대해서는 지속적으로 개선하도록 해야 한다. 이것은 문제의 책임을 명확하게 하는 것이고 학교 조직의 구조적인 긴장감을 유지하는 것이다.

## 성찰과제

당신은 한 번도 방문해 본 적이 없는 학교의 업무 환경을 평가하는 팀의 리더 역할을 부여받았다고 가정해 보자. 학교를 방문하는 일주일 동안 교장과 교사, 학생과 학부모를 만나고, 학교시설에 대해 점검하고, 전체 교사회의와 다양한 교사집단 회의에 참석하고, 학교의 서류들을 살펴보게 될 것이다.

- 업무 환경을 평가하기 위해 교장, 교사, 학생과 학부모를 대상으로 어떤 질문을 해야 하는가?
- 평가팀은 학교시설에 대한 점검과 다양한 회의 참석의 과정에서 어떤 부분에 초점을 맞추어야 하는가?
- 평가팀은 학교의 다양한 서류 중에서 어떤 자료를 중점적으로 수집하여 검토해야 하는가?

## 참고문헌

Achinstein, B., Ogawa, R., & Speiglman, A. (2004). Are we creating separate and unequal tracks of teachers? The effects of state policy, local conditions, and teacher characteristics on new teacher socialization. *American Educational Research Journal*, 41(3), 557-603.

Angelle, P. (2006). Instructional leadership and monitoring: Increasing teacher intent to stay through socialization. *NASSP Bulletin*, 90, 318-334.

Anhorn, R. (2008). The profession that eats its young. *Delta Kappa Gamma Bulletin*, 16. pp. 15-26.

Birkeland, S., & Johnson, S. M. (2002). What keeps new teachers in the swim? *Journal of Staff Development*, 23(4), 18-21.

Bolman, L. G., & Deal, T. E. (2002), Leading with soul and spirit, *School Administrator*, 59(2), 21-26.

Brooks, J., Hughes, R., & Brooks, M. (2008). Fear and trembling in the American high school: Educational reform and teacher alienation. *Educational Policy*, 22(1), 45-62.

Chang, M. L. (2009). An appraisal perspective of teacher burnout: Examining the emotional work of teachers. *Educational Psychology Review*, 21(3), 193-218.

Cherubini, L. (2009). Reconciling the tensions of new teachers' socialisation into school culture: A review of the research. *Issues in Educational Research*, 19(2), 83-99.

Chubbuck, S. M., Clift, R. T., & Alland, J. (2001). Playing it safe as a novice teacher: Implications for programs for new teachers. *Journal of Teacher Education*, 52(5), 365-376.

Colley, A. C. (2002). What can principals do about new teacher attrition? *Principal*, 81(4), 22-24.

Darling-Hammond, L. (2006). Constructing 21st century teacher education. *Journal of Teacher Education*, 57(3), 300-314.

David, J. (2009). Collaborative inquiry. *Educational Leadership*, 66(4).

DuFour, R. (2011). Work together, but only if you want to. *Phi Delta Kappan*, 92(5), 57-61.

Fantilli, R. D., & McDougall, D. E. (2009). A study of novice teachers: Challenges and supports in the first years. *Teaching and Teacher Education*, 25(6), 814-825.

Feiman-Nemser, S. (2003). What new teachers need to learn. *Educational Leadership*, 60(8), 25-29.

Garrett, J. L. (2006). Across the threshold, *Kappa Delta Pi Record*, 43(1), 12-13.

Gomez, J., & Futrell, M. H. (2008). How tracking creates a poverty of learning. *Educational Leadership*, 65(8), 74-78.

Gordon, S. P., & Maxey, S. (2000). *How to help beginning teachers succeed*. Alexandria, VA: Association for Supervision and Curriculum Development.

Grayson, J. L., & Alvarez, H. K. (2008). School climate factors relating to teacher burnout: A mediator model. *Teaching and Teacher Education*, 24(5), 1349-1363.

Haycock, K., & Hanushek, E. (2010). An effective teacher in every classroom. *Education Next*, 10(3), 46-52.

Hoy, A. W, & Spero, R. B. (2005). Changes in teacher efficacy during the early years of teaching: A comparison of four measures. *Teaching and Teacher Education*, 21(4), 343-356.

Imig, D. G., & Imig, S. R. (2006). What do beginning teachers need to know? An essay. *Journal of Teacher Education*, 57(3), 286-291.

Ingersoll, R. M. (2002). Deprofessionalizing the teaching profession: The problem of out-of-field teaching. *Educational Horizons*, 80(1), 28-31.

Ingersoll, R., & Smith, T. (2003). The wrong solution to the teacher shortage. *Educational Leadership*, 60(8), 30-33.

Johnson, H. R. (2001). Administrators and mentors: Keys in the success of beginning teachers. *Journal of Instructional Psychology*, 28(1), 44-49.

Johnson, S. M. & Kardos, S. M. (2002). Keeping new teachers in mind. *Educational Leadership*, 59(6), 12-16.

Kohm, B., & Nance, B. (2009). Creating collaborative cultures. *Educational Leadership*, 67(2).

Lleras, C. (2008). Race, racial concentration, and the dynamics of educational inequality across urban and suburban schools. *American Educational Research Journal, 45*(4), 886-912.

Maistre, C. L., Paré, A. (2010). Whatever it takes: How beginning teachers learn to survive. *Teaching and Teacher Education, 26*(3), 559-564.

McMillan, S., & Price, M. A. (2005). A representative journey of teachers perceptions of self: A readers' theater. In J. Brophy & S. Pinnegar (Eds)., *Learning from research on teaching: Perspective, methodology, and representation* (Advances in research on teaching, Volume 11) (pp. 137-169). Bingley, UK: Emerald Group Publishing Limited.

McCann, T. M., & Johannesen, L. (2004). Why do teachers cry? *Clearing House, 77*(4), 138-145.

Mitchell, S. N., Reilly, R. C., & Logue, M. E. (2009). Benefits of collaborative action research for the beginning teacher. *Teaching and Teacher Education, 25*(2), 344-349.

Rios, F., Bath, D., Foster, A., Maaka, M., Michelli, N., & Urban, E. (2009). *Inequities in public education*. Seattle, WA: Institute for Education Inquiry.

Sherff, L., Ollis, J., & Rosencrans, L. (2006). Starting the journey together: A teacher educator and her "students" navigate their first semester in the secondary English classroom. *Issues in Teacher Education, 15*(2), 43-59.

Schuh, K. (2004). Learner-centered principles in teacher-centered practices? *Teaching and Teacher Education, 20*(8), 833-846.

Stansbury, K. (2001). What new teachers need. *Leadership, 30*(3), 18-21.

Veenman, S. (1984). Perceived problems of beginning teachers. *Review of Educational Research, 54*(2), 143-178.

# 제3장

# 역동적 학교

**정성수**_대구교육대학교 교육학과 교수

## ➤ 이 장에서 생각해 볼 문제

**1.** 2장에서 설명한 전통적 학교의 환경과 비교하여 역동적 학교의 환경은 이번 장에서 어떻게 설명되고 있는가?

**2.** 당신은 교사, 학교 리더와 부모가 학교의 개선 노력의 기저가 되는 "개인을 넘어선 조직 수준의 유인(cause beyond oneself)"을 공유하는 학교가 친숙한가?

**3.** 저자들은 긍정적인 학습 분위기의 특성을 네 가지 범주로 나누었다: 안전한 환경, 도덕적 기풍, 관계와 권한부여. 긍정적인 학습 분위기를 다룬 부분을 읽고, 본인이 일하거나 잘 알고 있는 학교를 생각해 보자. 당신은 네 가지 범주 각각에 대해 그 학교에 어떤 점수를 줄 것인가? 최저점은 1점이고 최고점은 10점이다. 만약 당신이 네 가지 범주 중 비교적 낮은 점수를 준 영역이 있다면, 그 학교는 낮은 영역을 개선하기 위해 어떤 변화를 해야 할까?

**4.** 당신이 친숙하지 않은 학교를 일주일 정도 방문한다면, 그 학교가 진정한 교육과정, 진정한 교수법과 진정한 평가를 시행하고 있는지를 판단하기 위해 어떠한 지표를 찾아볼 것인가?

**5.** 데이터, 반영(reflection)과 실행(action) 사이의 관계는 어떠한가? 학교의 개선 노력을 위해 이 세 가지 요소들이 필요한지를 생각해 보자.

2장에서 설명한 전통적 학교의 특성들은 정적인 시스템을 나타낸다. 정적인 조직들은 성장이나 발전을 할 수 없고, 변화하는 환경에 적응할 수 없다. 인구지리학적, 기술적 및 지정학적인 측면에서 우리가 경험하고 있는 빠른 변화를 고려해 볼 때, 정적인 시스템을 유지하는 학교들은 오늘날과 미래의 세상에서 학생을 교육하는 데 점점 더 큰 어려움에 직면하게 될 것이다. 전통적이고 정적인 학교와는 달리, 역동적 학교는 학생들, 공동체, 사회의 발전하는 요구들을 충족하기 위해서 지속적인 변화에 대한 수용력을 가지고 있다.

저자들은 다양한 방식으로 역동적 학교를 정의하고 있다. Rallis와 Goldring(2000)은 역동적 학교의 교장에게 요구되는 역할에 초점을 두고 있는데, 조력자(facilitator), 균형을 맞추는 사람(balancer), 기수(flag bearer), 가교자(bridger), 탐구자(inquirer), 학습자(learner), 리더 등으로 교장의 역할을 제시하였다. Carr, Herman과 Harris(2005)는 역동적 학교를 만들기 위한 협업 프로세스로서 멘토링(mentoring), 코칭(coaching), 스터디 그룹(study group) 등을 제안하였다. Rallis와 그의 동료들은 역동적 학교의 윤리적 정책에 초점을 두었는데 포용(inclusion), 이민자, 영어 학습자, 모든 아이들을 고려하기 및 학교폭력과 같은 주제들을 언급하고 있다. Edwards와 Chapman(2009)은 여섯 가지 "역동적 학교의 기둥"을 제안하였는데 의사소통과 관계(relationship), 리더십과 권한부여(empowerment), 계획과 평가, 협업(collaboration), 책무성(accountability)과 책임감(responsibility), 일관성(consistency)과 중복성(redundancy) 등이 그것이다.

역동적 학교의 모델은 역동적 시스템의 일반적인 설명으로 시작된다. 우리는 역동적 시스템을 성공적인 학교에 관한 연구와 이론을 설명하기 위한 프레임워크로 사용한다. 역동적 시스템은 기존의 어떤 방식에서 시스템이 실행되게 만드는 에너지에 의해 작동된다. 역동적 시스템의 실행은 무작위로 행해지는 것이 아니라 의도적으로 행해지는 것이다. 역동적인 사회 시스템의 에너지는 구성원들이 공동의 목적을 위한 실행을 하게 그들을 동기부여하고 이끌어 준다. 즉, 역동적 시스템은 상호작용을 한다. 역동적 시스템이 완전하게 작동이 될 때 그 시스템 안에서 서로 다른 힘들과 구조들 및 프로세스가 일관된 방식으로 상호작용을 하는데, 역동적 시스템이 균형을 유지할 수 있게 만든다. 좀 더 복잡한 역동적 시스템은 지속적인 성장과 발전을 위한 수용력을 가지고 있다. 가장 복잡한 시스템은 그들의 외부 환경과 상호작용을 하고, 변화하는 환경에 적응하기 위한 피드백 고리를 사용하며, 그들의 환경과 상호 간의 적응에 관여하게 된다.

역동적 학교는 역동적 시스템이다. 그렇다면 어떤 교육적 요인들이 역동적 학교를 특징지을 수 있는가? 이 장에서는 그 질문에 답하려고 한다. 우리가 이 장에서 소개하는 역동적 학교의 여러 특성들은 이 책의 후반부에서 좀 더 구체적으로 언급된다.

# 1. 공유 리더십, 협조, 협업

리더십을 공유하는 장학담당자는 수업을 향상시키기 위한 지식과 기술이 학교 공동체 전반에 걸쳐 널리 분포되어 있다는 것을 이해하고 있다(Watson & Scribner, 2007). 공유된 의사결정은 더 좋은 결정을 내리게 하고, 그러한 결정들이 실행될 가능성을 높인다. 공유된 수업 리더십(shared instruction leadership)은 리더십 활동에 참여하는 교사들을 위한 시간과 자원을 제공할 뿐만 아니라, 교사들을 수업과 관련성이 적은 관료적인 업무로부터 벗어나게 하는 관리자를 포함한다.

공유된 수업 리더십은 수업을 향상시키기 위해 함께 일하는 교사 집단을 만드는 장학담당자로 구성된다. 동료 코칭 팀(peer coaching team), 전문가 학습 공동체(professional learning communities), 실행연구 팀(action research team), 스터디 그룹(study group)과 교육과정 개발 팀(curriculum development team) 등은 교사 리더십 팀(teacher leadership team)의 좋은 예이다. 리더십 팀의 장점 중의 하나는 Watson과 Scribner(2007: 257)에 의해 설명된 상호간의 영향력이다. "개개인들은 교사 리더십이 발휘되는 상황에서 시너지를 경험하게 된다. 왜냐하면 각각의 개인은 혁신적인 생각들을 발전시키는 과정에서 다른 사람들로부터 무엇인가를 얻기 때문이다." 교사들의 협업을 촉진시키려는 장학담당자는 모든 협업이 공식적인 구조 안에서 행해지는 것이 아니라는 사실을 명심할 필요가 있다. 즉, 많은 부분은 비공식적으로 이루어진다(Goddard, Goddard, & Tschanen-Moran, 2007). 그래서 공식적이거나 비공식적 협업 모두는 권장되고 지지되어야 한다.

공유 리더십과 협업은 1장에서 소개한 협력적 학교 문화(collegial school culture)로 가는 연결통로이다. 협력적 문화에서 교사들은 그들의 모든 동료들이 더 좋은 교사가 되기 위해 돕고 모든 학생들이 성장하고 발전하게 만들기 위해 공동의 책임을 가지고 있다. 상호 지지 외에도, 전문적 공동체는 공유된 가치, 학생의 학습에 관한 공동의 관심, 교육과정과 교수법 개발에서의 협업, 실행안(practice) 공유 및 사색적인 대화를 포함한다(Wahlstrom & Louis, 2008: 463). 동료 간의 협조는 고립과 전통적 학교 문화의 개인주의를 대체한다. 협력적 문화에서는 교사들의 "에너지, 창의적 생각, 효율성과 호의는 증가되고, 변화를 방해하는 냉소와 수동성은 감소된다(Kohm & Nance, 2009: 68). Fullan(2000: 582)은 "전문적 공동체의 발전은 개선을 위한 중요한 요소가 될 것임은 틀림없다. 전문적 공동체의 발전이 일어나면, 문화와 구조 모두에서 더 깊은 변화가 이루어지게 될 것이다"라고 주장한다.

## 2. 개인을 넘어선 조직 수준의 유인

성공적인 학교의 특성 중 하나는 "개인을 넘어선 조직 수준의 유인(a cause beyond oneself)"이다. 역동적인 학교의 교사들은 단순히 그들의 업무를 교실 안에서 해야 되는 일로 여기지 않고, 자신들의 업무를 학생들을 가르치기 위해서 다른 사람과 함께 일하는 더 큰 목적의 한 부분으로 여긴다. 그래서 "개인을 넘어선 조직 수준의 유인"은 공유된 믿음과 핵심 가치에 기반한 공동의 목적이다. 우리는 이러한 공동의 목적을 학교의 비전으로 말할 수 있다. 이렇게 언급하기 위해서는 학교 비전의 발달에 무엇이 들어가는지를 정확하게 이해해야 한다. 우리가 언급하는 비전의 유형은 한 장학담당자가 학교 공동체의 구성원들에게 "주주가 되어라"라고 확신시키는 것이 아니고, 하루짜리 수련회에서 교사들에 의해 작성되는 문서 또한 아니다. 진짜로 공유된 비전은 앞에서 논의한 공유 리더십, 협업과 동료 간의 협조를 통해 시간이 지남에 따라 발전한다.

각각의 학교는 자신이 봉사하는 독특한 공동체와의 상호작용 속에서 학생, 성인과 교육적 요구들의 독특한 혼합물이다. 그렇기 때문에 각각의 학교들은 그들 자신의 비전을 발전시켜야 한다. 하지만, 최종적으로 학교의 공동의 목적은 모든 학교의 보편적인 목적, 즉 학생들의 학습과 연계되어야 한다. Gajda와 Koliba(2008: 139)는 "학교 기반 공동체가 형성해야 하는 가장 중요한 조직의 실행안은 학생의 성취도, 관여 및 성과 측면에서 보편적이고 공정한 향상을 달성하기 위해 필요한 체계적인 검토와 교수법의 개선에 관한 것이다"라는 말로 그 개념을 잘 설명하고 있다. 학생 수, 능력과 교육적 욕구는 시간이 지남에 따라 변한다. 공유 리더십, 협업과 동료 간의 협조를 통해서 역동적 학교들은 내부적 변화와 외부적 변화에 적응할 수 있는 수용력을 발전시킨다.

학교 발전은 학교가 서비스를 제공하고 있는 더 큰 공동체의 발전과 불가분하게 엮여 있기 때문에, 역동적 학교는 *학교-지역사회 발전(school-community development)*을 그들 비전의 일부로 만든다. 개인을 넘어선 조직 수준의 유인은 그 학교의 한계를 뛰어넘는 능력 발휘로 연결된다. 상호 간의 적응과 상호 간의 발전은 시간이 지남에 따라 공동의 목적이 진화하게 만드는 지속적이고 쌍방향의 의사소통 및 피드백과 함께 공동의 목적에 근간을 둔다.

## 3. 전문성 신장

PK-12(유초중등교육) 과정[1] 교육기관에서 전문성 신장은 역사적으로 비효과적이었다. 하지만 효과적인 전문성 신장은 역동적 학교에 중요한 요소이다. 역동적 학교에서 전문성 신장은 학교의 비전에 초점을 맞추고, 앞에서 논의한 공유 리더십, 협업과 동료 간의 협조와 통합된다. 효과적인 전문성 신장은 직무 속에 내포되어 있고, 지속되는 것이다. 즉, 학습 활동을 계획하고, 실행하고 평가하는 데 교사들을 참여시키며, 새로 배운 내용이 교실에 적용될 수 있도록 팔로우업(follow-up)을 제공한다(Gordon, 2004).

초임교사들을 위한 지원 프로그램은 학교의 전문성 신장 프로그램에서 중요한 요소이다. 효과적인 지원 프로그램은 학교와 지역사회 공동체가 연계된 예비교육(orientation)을 포함하고, 더 나아가 예비교육을 뛰어넘는 것을 포함하고 있는데, 1년에서 3년 동안 지속적인 지원을 제공한다. 초임교사들을 위한 지원은 다양한 형태로 이루어져 있는데, 초임교사의 멘토로서 경력교사 배정, 기술 훈련, 지원 세미나 등의 방식이 포함된다. 초임교사들은 자신들의 수업을 관찰해서 피드백해 주는 멘토 교사를 배정받는 것이 가장 강력한 지원 형태라고 보고한다(Wang, Odell, & Schwille, 2008). 초임교사 지원 프로그램에 관한 15개의 사례 연구를 검토한 후에, Ingersoll과 Strong(2011)은 지원 프로그램은 초임교사들의 이직 방지, 교수법의 개선, 학생들의 향상된 성취도를 보이는 결과를 낳았음을 밝히고 있다. 초임교사들을 지원해 주는 프로그램은 또한 새로운 교사들이 역동적 학교와 연결된 공유 리더십, 협업, 동료 간의 협조 및 공동의 목적에 동화되게 할 수 있다.

학교는 경력 개발 지원을 초임교사들에게 한정할 필요가 없다. 교사들은 성인기, 생애주기 단계, 전이 사건(transition event) 및 역할 발달(role development)을 거치면서, 사회문화적 배경과 성인 학습 스타일의 영향을 받게 된다. 차별화된 전문성 신장은 다른 경력 단계에 있고 다른 학습 욕구를 가진 교사들에게 다른 형태의 지원을 제공한다.

4장에서는 성인과 교사의 발달에 대해 포괄적인 논의를 하고, 17장에서는 초임교사 지원 프로그램의 설명을 포함한 전문성 신장에 관한 총괄적인 논의를 제공한다.

---

1) 역주: 'PK-12 과정'은 미국의 유치원 이전(Pre-K), 유치원(K), 초·중등교육(12)을 의미함.

# 4. 긍정적인 학습 분위기

역동적 학교는 모든 학생을 위해 긍정적인 학습 분위기를 제공한다. 긍정적인 학습 분위기는 여러 가지 특성을 지닌다(Allaodi, 2010; Cohen, 2007; Cohen, McCabe, Michelli, & Pickeral, 2009; Doll, 2010; Marshall, 2004). 우리는 그러한 특성들을 네 가지의 범주로 나누었는데 안전한 환경(safe environment), 도덕적 기풍(moral tone), 관계(relationship), 권한부여(empowerment)가 그것이다.

*안전한 환경*: 긍정적인 학습 분위기 속에서 학생들은 신체적으로나 정서적으로 안전함을 느낀다. 따라서, 학교의 시설은 깨끗하게 잘 관리되어 있다. 긍정적이고 적극적인 규율 기법이 사용되고, 학교폭력 방지 제도가 시행되고 엄격하게 지켜지고 있으며, 어른들은 학생들의 행동을 살피고 도움을 제공할 수 있게 학교 도처에 배치되어 있다.

*도덕적 기풍*: 긍정적인 학습 분위기에서, 어른들은 학생들을 돌보고 학생들의 성공을 위해 깊이 헌신한다. 학생들은 존중받고, 공정하게 대우받는다. 어른들은 학생들의 말에 귀를 기울이고, 그들의 관심사를 중요하게 받아들인다. 학생들은 교사들에 의해 고유한 개인사, 욕구 및 관심을 지닌 인격체로 받아들여지고, 서로를 돌보고 도와야 하는 상호 간의 의무를 지닌 학습자 공동체의 일원으로 받아들여진다.

*관계*: 긍정적인 학습 분위기에 있는 학생들은 또래집단, 선생님 및 학교의 리더와의 관계를 발전시킨다. 즉, 학생들은 학교와 연결되어 있다고 느끼며, 학생들은 환영을 받고 소속감을 가지게 된다. 긍정적인 학습 분위기에 공헌하는 관계는 학교의 장벽을 뛰어넘는다. 즉, 학교와 가족의 관계, 학교와 공동체의 관계를 포함한다. 역동적 학교의 학생들은 학교를 가족과 공동체에 연결시킨다.

*권한부여*: 우리는 이 범주에 자기효능감을 포함한 다양한 요소들을 포함시킨다. Doll(2010: 13)에 의하면 효능 기대치(efficacy expectation)는 높은 성과를 내는 학교의 사회적, 심리적 분위기를 성숙시킨다. 자기효능감은 자신들이 맡은 업무를 성공적으로 해낼 것이라는 개인의 믿음을 말한다. 즉, 자기효능감은 종종 자기충족적 예언(self-fulfilling prophecy)이 된다. 자기효능감과 성취는 순환될 수 있다. 이른 성취는 자기효능감을 높일 수 있다. 이어서 자기효능감은 더 높은 수준의 성취를 이끌 수 있다. 학생들이 그들의 학습 환경, 그들이 배우는 것 그리고 그들이 어떻게 배울 수 있는지에 관한 결정에 참여하도록 하는 것은 학생들의 권한부여를 발전

시킬 수 있다. 학생들이 그들 자신의 학습에 대한 결정에 참여하도록 하는 것은 학습을 좀 더 의미 있게 만들 뿐만 아니라 학생의 책임감과 자율성을 발전시키는 데 도움을 줄 수 있다. 학생들의 권한부여를 용이하게 만드는 다른 방법은 학습 프로세스가 진행되는 동안이나 학습을 입증하는 과정에서 학생들이 자신들의 창의성을 표현하도록 만드는 것이다.

## 5. 진정한 교육과정, 교수법, 평가

교육과정은 효과적인 학교와 학교 개선 연구에서 "빠진 고리(missing link)"이다. 대부분의 연구는 효과적인 학교나 개선된 학교를 측정하기 위한 기준으로 표준화된 시험 점수를 사용하고 있다. 즉, 학교 교육과정에 대한 고려나 시험에 의한 학습의 측정이 가치 있는 것인지에 대한 고려 없이 연구가 진행되고 있다. 마찬가지로, 최근 학교에서 규정된 내용을 가르치고, 학생들을 그 시험에 준비시키는 것에 초점을 두고 있으며, 학생들이 배우는 내용의 가치를 평가하거나 교육과정을 개선하는 것에는 관심을 두고 있지 않다. 이러한 맥락에서, 현재의 실행안(practice)은 이해가 된다. 외부의 규정된 기준과 전국 단위의 성취도 평가는 학교에 이미 만들어진 교육과정을 제공한다. 하지만 PK-12 과정 교육자들이 외부에서 규정한 교육과정이 지역의 교육과정을 대체하는 것을 방관할 때, 그들은 매우 중요한 도덕적 결정에 참여해야 하는 그들의 책임을 다하지 못하는 것이다: *학생들은 무엇을 배워야 하는가?* 만약 각 학교가 그들의 고유한 맥락을 유지하고, 소수 민족의 학생과 가족을 위한 서비스를 제공한다면, 최소한 학교 교육과정의 일부는 지역적 맥락과 지역 공동체에 맞게 이루어져야 한다. 게다가, Starratt(2007)는 학교의 교육과정은 자기이해로 향하는 학생들의 여정과 통합되어야 할 필요가 있다고 주장한다.

> … 젊은 사람들은 온전하게 되고, 실제적인 것이 되고, 숨김 없이, 대신 학습자들은 자기인식(self-definition)과 자기헌신(self-commitment)의 여정으로부터 분리된 교육과정에서 올바른 답을 찾기 위한 공부를 하게 된다(Starratt, 2007: 172).

지역 공동체와 학생 개개인들의 요구를 충족하는 진정한 교육과정을 발전시키기 위한 핵심은 보편적으로 외부에서 규정한 내용을 포함하지 않는 높은 수준의 학습을 말하는데, 이는 외부에서 규정한 과정을 포함할 뿐만 아니라 그것을 뛰어넘는 포괄적인 교육과정을 개발하는 것이다.

Newmann(1996)에 의해 발전되고 최근 여러 학자들(Dennis & O'Hair, 2010; Preus, 2012)에 의해 더 많은 연구가 진행된 진정한 교수법의 개념은 교수법뿐만 아니라 교육과정과 평가에도 적용될 수 있는 네 가지 원리를 포함한다.

*고차원의 사고력(higher-order thinking)*: 고차원의 사고력을 바탕으로 학생들은 구별하고, 통합하고, 가설을 세우면서 새로운 의미를 만들어 낸다.

*깊이 있는 지식(deep knowledge)*: 학생들은 깊이 있는 지식을 얻기 위해, 그 주제에 대해 다양한 관점에서 관계와 상호작용을 발견하면서, 복잡한 주제를 깊이 있게 조사한다.

*실질적인 대화(substantive conversation)*: 학생들과 교사들 간에 또는 학생들 사이에서 공유된 지식과 의미를 이끄는 실제적인 대화가 있다.

*새로운 지식의 관련성(connection of new knowledge)*: 새로운 지식을 학생들의 학교 밖 생활에 연결시킨다.

참된 진정한 평가는 학생들이 새로 배운 지식을 학교 밖의 세상과 가상의 외부 세상에 적용할 수 있게 하는 것을 포함한다. 문제 기반 학습, 프로젝트 중심 학습, 서비스 학습, 포트폴리오, 프레젠테이션과 성과 등이 진정한 평가를 위해 사용될 수 있다.

진정한 교육과정과, 진정한 교수법 및 진정한 평가는 서로 깊게 연관되어 있다. 학생들이 무엇을 배우고, 그것을 어떻게 배우며 그들의 학습이 어떻게 평가되는지에 대한 경계는 좀 더 일관성 있는 학습 설계에서 희미해지고 있다.

## 6. 민주주의

민주적인 학교를 옹호하는 사람들은 민주적인 학교 공동체는 학생들에게 민주적인 시민의식을 준비시키고, 지속되는 학교 개선을 촉진하고, 학생들의 성장을 도모하며 향상된 학생 학습의 결과를 낳는다고 주장한다. 여기에서 우리는 민주적인 공동체가 학교, 교사 및 학생의 발달을 어떻게 가능하게 하는지에 대해 간략하게 소개할 것이다. 민주적인 학교에 관한 좀 더 깊이 있는 논의는 후반부에 진행될 것이다.

Gordon과 Boone(2012)이 언급한 약한 민주주의와 강한 민주주의를 구분함으로써 민주적 공동체의 논의를 시작하고자 한다. 약한 민주주의는 표면적인 수준에서 작동하고 주로 개인의 사생활과 다수결의 원칙에 관심이 있다. 반대로 강한 민주주의는 사회적 도덕성, 자유 탐구(open inquiry)와 상호의존성에 관심을 둔다. Furman과 Starratt(2002)의 민주적 공동체에 관한 정의는 강한 민주주의를 반영한다.

> 민주적 공동체는 과정중심이고 도덕적인 성격을 가지고 있다. 민주적 공동체는 지역이나 세계적인 관심사에 관해서 공익을 위한 자유 탐구의 참여적 과정을 제정하는 것이다. 민주적 공동체는 개인의 가치와 공동체의 사회적 가치를 인식하고 있는 사회적 도덕성이 길잡이가 된다(하지만 일시적이다). 또, 차이를 인정하고, 궁극적이고 실용적인 상호의존성을 이해한다(Furman & Starratt, 2002: 116).

Gordon과 Boone(2012)에 의해 논의된 강한 민주주의의 세 가지 특징은 포함, 통합, 내재화이다.

포함(inclusion): 모든 집단이 토론, 탐구, 의사결정과 서비스에 참여하는 것이다. 즉, 다른 문화를 지닌 집단뿐만 아니라 교사들, 교육 전문가들, 학생들, 학부모들, 공동체 집단과 다른 시각을 지닌 집단을 참여시키는 것이다.

통합(integration): 학교 생활의 모든 측면에 포함되어 있는 민주주의를 의미한다.

> 교실에서 갈등이 발생하거나 심각한 규율 문제가 생겼을 때, 학급 회의를 요청하는 선생님의 행위는 통합적인 민주주의가 아니다. 학생과 학생들 간에 또는 학생들 사이에서 일상적인 상호작용의 일부이고, 전반적인 교실 분위기 속에서 눈에 띄며, 교육 과정, 수업, 학습 및 학생 평가 전반에 포함되어 있는 민주주의가 통합적인 민주주의이다(Gordon & Boone, 2012: 51-52).

내재화(internalization): 민주주의는 학교 문화와 뒤섞일 때 내재화된다. 민주주의는 하나의 가정이다. 즉 사람과 상황을 다루는 습관적인 방식이고, 삶의 방식이 된다.

민주적 공동체는 학교, 교사와 학생의 성장과 발전을 위한 능력을 향상시키고, 지속적인 학교 개선에 필수적이다(Mallory & Reavis, 2007: 10). 민주적 공동체는 교사들의 지속적인 팀학습을 기대하는 학교 리더들과 동료교사들에 대한 교사들의 신뢰를 예상한다(Kensler, Caskie, Barber, & White, 2009). 민주적 공동체에 몰입하는 학교의 학생들은 일관되게 대조 집단의 학생들보다 표준화된 테스트와 다른 성취도 평가에서 더 높은 성취도를 보였다(Glickman, 1993, 1998).

민주주의는 역동적 학교의 필수적인 요소이다; 민주주의가 없다면, 학교 공동체와 구성원 개개인은 최적의 도덕적 발달, 사회적 발달과 지적 발달을 경험할 수 없다.

19장에서는 민주적 원리에 기초한 학교 거버넌스를 위한 모델을 소개하고, 22장에서는 민주적 공동체에 대해 보다 깊이 있는 논의가 이루어진다.

# 7. 탐구

넓은 범위에서, 탐구는 집중할 영역을 규정하고 그 영역과 관련된 데이터를 모으고 분석하고, 그 데이터를 반영하고 실행 계획을 세우고 실행하며, 계획된 실행을 평가하는 것을 반복하는 주기(cycle)로 볼 수 있다. 탐구는 개인이나 집단 또는 학교수준에서 일어날 수 있지만 협력적 탐구(collaborative inquiry)는 특별히 역동적 학교의 강력한 속성이다. Gajda와 Koliba(2008: 145)는 탐구의 실행 요소가 필수적이라고 강조하였다. 교사 팀과 구성원들이 그들의 결정을 실행하지 않는다면, 탐구 주기는 다음 단계로 가는 것을 멈추게 되고 학교 개선은 불안정해지게 된다.

탐구는 다양한 형태로 일어날 수 있다. 최근, 실행연구(action research)는 학교에서 가장 대중적인 탐구의 형태이다. 전통적인 교육 연구는 학교를 개선하기 위한 행동과는 동떨어져서 행해지는 경향이 있지만 실행연구는 전통적 연구와는 다르다.

협업 실행연구는 전통적 연구에서 다루지 않았던 다양한 방식으로 연구와 실행을 통합한다. 첫째, 실행연구는 문제 탐색을 그 문제의 해결방법과 통합시킨다. 둘째, 실행연구에서는 연구자들과 실행가(action-taker)가 동일하다. 이것은 학습자와 교육 환경을 가장 잘 아는 사람이 그 연구에서 그들의 지식과 관심사를 포함시킬 수 있고, 실행을 위한 연구에 함축되어 있는 결과를 도출하는 데 중심적인 역할을 한다는 것이다. 셋째, 연구와 실행은 같은 맥락에서 일어나는데, 연구는 직접적으로 정보를 주고 실행을 타당하게 할 수 있음을 의미한다(Gordon, 2008: 3-4).

장학담당자들은 실행연구의 목적과 단계에 관한 전문성 신장과 데이터 수집, 데이터 분석, 계획 수립 및 문제해결 기술들을 포함한 프로세스를 달성하는 데 필요한 기술들을 제공함으로써, 교사들이 협업 실행연구를 하는 데 도움을 줄 수 있다. 장학담당자들은 실행연구를 잘 모르는 교사들의 모임을 만들거나 초기 실행연구 동아리에 있는 교사들을 돕기 위해 외부의 "중요한 친구"를 소개할 수도 있다. 교사들의 협업 형태는 다양하기 때문에, 장학담당자들이 협업 실행연구에 참여하고 있는 교사들에게 제공할 수 있는 가장 중요한 지원은 그 연구에 참여하는 데 필요한 시간을 주는 것이다.

일반적으로, 학교에서 실행연구를 수행하는 사람은 교사이지만, 학생들도 참여할 수 있다. 학생들은 개인 실행연구를 수행하거나 교실 또는 학교 수준의 협업 실행연구를 수행할 수도 있다. 예를 들어, Preble과 Taylor(2009)는 학교 분위기를 개선하기 위한 협업 실행연구에서 학생의 참여를 보고한다. 학생들은 성인과 학생을 조사하는 것을 돕고 데이터를 검토하고, 문제 영역을 규명하고, 교사진에 대한 평가 결과를 제시하고, 개선 계획을 개발하고 실행하기 위해 교사 및 행정가들과 함께 일을 하였다. 학교 분위기는 참여한 학교의 2/3에서 개선되었고, 개선된 분위기를 보인 학교의 학업 성취도는 학교 분위기가 개선되지 않은 학교보다 더 많이 향상되었다.

탐구 과정의 궁극적인 목표는 학교를 탐구적인 문화로 발전시키는 것이다. '탐구적인 문화' 속에서, 탐구는 데이터를 수집하고, 사색적인 대화를 하고, 교사의 수업과 학생들의 학습을 개선시키는 주기를 가진 하나의 삶의 방식이 된다. 학교 수준에서 탐구는 깊이 있는 생각, 실행과 의사소통을 수반하는 지속적이고, 비선형이고, 반복적인 것이다. 학교 개선 계획은 그들의 진전을 확인하고, 우선순위를 다시 논의하기 위해 항상 팀을 모으고 평가하고 정보를 퍼뜨리는 일상적인 프로세스가 된다(Earl & Katz, 2006: 108).

19장에서 실행연구의 포괄적인 논의를 제공하고, 22장에서는 공동체를 형성하는 맥락에서 탐구에 대해 언급한다.


## 8. 문화 민감성

역동적 학교는 문화에 민감하다. 역동적 학교는 다양한 문화를 존중하고 환영한다. 그리고 모든 학생들의 이익을 위해 다양한 문화 자산을 활용한다. 문화에 민감한 학교에서 근무하는 성인들은 모든 학생들을 진심으로 돌보고, 학생들과의 개인적인 관계를 발전시키고, 다른 문화를 가진 학생들 간에 긍정적인 관계를 촉진시킨다. 역동적 학교는 모든 학생들이 성공할 수 있다고 믿는다. 이러한 학교들은 능력의 한계(ability track)를 두지 않고, 모든 학생들이 기초 기술을 익힐 뿐만 아니라 더 높은 단계의 학습을 수행할 수 있다고 여긴다.

문화 민감성은 역동적 학교에서는 교육과정을 통해 통합되어 있다. 교육과정은 가치, 관습, 다양한 학생과 그들의 가족들이 사용하는 언어를 포함하고 있다. 다른 문화를 가진 장학담당자와 교사 및 학생들은 각각의 서로 다른 문화와 가족 그리고 학교 밖의 삶에 대해 배운다. 학생들은 사회적 이슈에 대해 다른 문화를 가진 집단의 관점에 대해 배우게 되고 학생들은 서비스 학습과 사회적 실행 프로젝트에 참여하게 된다.

문화에 민감한 학교의 교사들은 그들 자신의 문화적 배경뿐만 아니라 그들이 가르치고 있는 학생들의 문화와 교실에서 다루어져야 할 필요가 있는 문화적 이슈에 대한 이해를 하고 있다. 교사들은 학생들의 교실 밖의 삶에 대해 학생들과 대화를 나누고, 학생들이 말하는 것에 귀를 기울이고, 학생들의 관심사를 진심으로 받아들인다. 역동적 학교의 교사들은 학생들을 위해 높은 기대를 키우고 유지한다. 문화에 민감한 교사들은 지속적으로 교실에서의 대화, 학부모 상담 그리고 공동체 방문의 방법을 사용한다. 이는 교사들이 학생들의 문화를 더 잘 이해하기 위한 것이고, 학생을 가르치는 데 있어 그 이해를 바탕으로 하기 위한 것이다. 또, 문화에 민감한 교사들은 부모들에게 학교에서 그들의 자녀의 진전에 대해 지속적으로 정보를 제공하고, 발생한 문제를 해결하기 위해 부모들과 협력한다.

역동적 학교는 학생들의 진전을 측정하고 학습문제를 진단하기 위해 문화적으로 민감한 평가를 사용한다. 학생들에게는 다양한 기회가 주어지고, 학습의 효과를 입증할 수 있는 대안들이 제공된다. 초점은 학생들의 학습을 돕기 위한 평가에 관한 것이지 학생들을 교정하기 위한 것이 아니다. 즉, 학생들의 순위를 매기거나 학생들의 학습 발달과 사회적 발달에 실제적으로는 해를 끼칠 수 있는 학생들의 교정에 초점을 두지 않는다.

다양성을 추구하는 장학담당자의 업무는 21장에서 다룬다. 성취도 차이, 문화적 충격, 문화 민감성 및 다른 문화를 지닌 집단을 위한 탐구의 내용이 포함된다.

## 9. 파트너십과 네트워크

몇 년 전, 저자 중 한 명은 미국 교육부 및 국가적으로 인정받는 전문가들에 의해 모범적인 전문성 계발 프로그램(professional development program)을 지닌 학교로 인식된 미국 전역의 14개 학교를 방문하였다. 저자는 이 학교들이 해당 학교의 발전을 돕는 외부의 파트너를 가지고 있다는 사실에 놀랐다. 즉, 이 학교들은 중재기구(intermediate units), 기업(business), 비영리 재단(nonprofit foundations), 국가 네트워크(national network)가 포함된 파트너십을 발전시켰다. 가장 빈도가 높은 파트너는 근교의 칼리

지와 대학이다. 14개의 역동적 학교와 파트너십 간의 연계는 결코 무시할 수 없는 것이었으며, 저자는 파트너십이 가지는 힘의 신봉자가 되었다.

학교와 가장 가까운 파트너인 *가정-학교(parent-school) 파트너십*에서부터 논의를 시작해 보자. Price-Mitchell(2009: 13)은 우리가 "부모 관여(parent involvement)"라고 언급했던 것이 지금의 가정-학교 파트너십이라고 주장하였다. 이는 교육에 있어서 "공유되고 동등한 가치의 역할"을 의미한다. Auerbach(2010: 734)는 가장 높은 수준의 가정-학교 파트너십을 "진정한 파트너십(authentic partnership)"이라 부르고 관계 형성, 대화 및 사회적으로 민주적인 학교의 일부로서 권력을 공유하는 것을 가치 있게 여기는 교육자들, 가족들 및 지역사회 간의 상호적 존중 제휴(mutually respectful alliances)로 정의하였다.

우리는 가정-학교 파트너십에서 부모의 참여가 그들의 아이들의 학업 성취도를 향상시킨다는 사실을 알고 있다(Anderson & Minke, 2007; Auerbach, 2010; DePlanty, Coulter-Kern & Duchane, 2007). 그렇다면 어떤 상황이 진정한 파트너십을 형성하는 데 필요한가? 학교가 부모들을 학교에 초대하고 부모의 참여를 독려한다면 부모들은 좀 더 파트너십에 참여하게 될 것이다. 파트너십은 구체적이고 명확한 목적을 지니고 있다. 부모들은 파트너십 활동에 직접적으로 참여한다(Auerbach, 2010; Green, Walker, Hoover-Dempsey, & Sandler, 2007). 가장 생산적인 가정-학교 파트너십에서는 교육자와 부모가 상호 관계를 발전시키고, 교육자들은 부모들을 아이들의 학습을 도울 수 있는 자원으로 인식하며, 교육자들은 부모로부터 배우게 된다(Biggam, 2003). 즉, 부모들은 학습자와 리더 공동체에서 완전한 구성원이 되는 것이다(Price-Mitchel, 2009).

*학교-지역사회(school-community) 파트너십*은 부모와의 협업을 포함하면서, 그 이상으로 지역사회로부터 다른 이해관계자를 포함한다. Sanders(2001: 20)는 학교-지역사회 파트너십을 학생들의 사회적, 감성적, 신체적 및 지적인 발달을 도모하기 위해 구축된 학교, 지역사회 구성원, 조직과 기업 간의 연계로 정의하였다. 학교-지역사회 협력은 넓고 때로는 겹쳐지는 세가지 목적이 있는데 모든 것은 학생의 학습과 연결되어 있다. 즉, (1) 학교 개선(school improvement), (2) 지역사회와 학생들의 상호작용, 학생들의 공동체에 대한 봉사, 공동체로부터의 학습, (3) 지역사회 발달(community development)이 그것이다. 이 중에서 가장 마지막 목적인 지역사회 발달이 가장 명확하게 학생들의 학습에 영향을 미친다. 왜냐하면, 학생들은 지역사회 공동체의 구성원이고, 지역사회와 학교 발전은 밀접하게 관련되어 있기 때문이다. 일반적으로 다른 요인 없이는 또 다른 요인이 일어날 수가 없다.

학교-지역사회 파트너십 모델은 Anderson-Butcher와 동료들(2010)에 의해 제시되었다. 그 모델은 학교 밖의 자원과 지원을 강조하면서, 학생들의 건강한 발달과 학업 성취를 촉진하기 위해 교육자, 사회 복지사, 공동체 봉사 단체, 이웃 및 다른 이해관계 자들 사이의 협업을 요구한다. 다른 집단의 대표들로 구성된 팀은 학생의 성취도와 다른 데이터를 분석하고, 학교와 학생의 성공 장애요인을 규명하고, 학교 개선 우선순위를 설정하고, 외부 프로그램과 봉사활동을 실시하며, 프로그램 진전에 관한 피드백을 제공하기 위해 지속적인 데이터를 수집한다. 방과후 프로그램, 봉사 학습(service learning), 가족 참여 및 지원, 건강 및 사회 서비스와 그 밖의 서비스를 관리할 때, 권한과 책임은 프로젝트 팀에 분배되어 있다. 학교-지역사회 파트너십과 협업의 다른 예들은 22장에서 제시된다.

*지역구-학교(district-school) 파트너십*에 대해 논의해 보자. 지역구-학교 파트너십이 다소 생소할 수도 있지만 학교는 지역구의 한 부분이지 않은가? 즉, 학교는 교육위원회 아래에 있으며 조직도에서 중심을 차지하는 기구이다. 다만, 지역구와 학교의 관계에 대한 개념이 다소 문제가 될 수 있다. 가장 적극적인 교장 중의 한 사람이면서 우리 시대의 공공 지식인의 한 사람인 Deborah Meier(2009: 24)는 우리들에게 "학교 선거구(constituency)에 부여된 힘과 중앙 시스템에 부여된 힘의 불균형이 너무 크다"고 경고하였다. 결국, 교장들은 그들 자신의 선거구의 주민보다 공무원들에게 훨씬 더 책무성을 가지게 되는 결과를 초래한다. 이러한 힘의 불균형 관계를 위한 해결책은 좀 더 균형 있게 권한이 분산되어 차별화된 의사결정 책임을 가지는 지역구-학교 파트너십을 발전시키는 것이다. Glickman(1993)은 다음과 같은 역할을 교육위원회(school board)와 지역구에 제안한다.

> 교육위원회의 역할은 위원회의 정책을 만들고, 이러한 목표를 달성하기 위한 학교의 능력을 지원하기 위한 자원을 제공하는 것이다. 위원회와 지역구 둘 모두는 교수와 학습에 관한 지역구의 핵심 신념을 정의하는 것이다. 또, 교육받는 학생의 목표와 목적을 정의하는 것이고, 학교가 그들의 업무를 어떻게 완수할 수 있을지를 생각할 수 있게 하기 위해 재원, 기술적 서비스와 상담을 제공한다. 그리고 진전이 이루어지고 있는지를 판단한다 (Glickman, 1993: 112).

교육위원회, 지역구 리더와 개별 학교의 대표들(교육자, 부모와 다른 공동체의 구성원들을 포함)은 지역구-학교 파트너십의 구체적인 내용을 알아볼 필요가 있다. 또한 어떤 의사결정 권한과 책임을 지역구와 학교에 할당하고 공유할 것인지에 대해 협력하여 결정할 필요가 있다. 하지만, 지역구-학교 파트너십은 학교가 다음과 같은 자신들의 의사결정을 하는 데 좋은 조직적인 감각과 교육적인 감각을 만든다.

- 지역구에 의해 요구되는 결과를 뛰어넘는 교육과정
- 학생 조직
- 교육 프로그램
- 학사 일정
- 학교 규율 정책
- 교육 자원 및 지역구와 협상한 기금의 한도 내에서 구매하고 사용되는 재료
- 학교 기반의 전문성 신장
- 학생 평가
- 지역구와 협상한 인력 예산의 범위 내에서 행정가, 교사, 교육 전문가 및 지원 인력의 결합과 균형
- 교사와 다른 전문가의 평가

물론 진정한 파트너십에서 학교 자율성의 정도는 지역구와 학교 간의 협력적인 협상으로 이루어진다. 어떤 학교들은 좀 더 자율적이기를 원하거나 준비가 되어 있을 수 있지만, 그렇지 않은 학교들도 있다. 하지만, 파트너십이 지향하는 것은 학교의 자율성을 향상시키는 것이고, 특히 교육과정, 교수법, 학생 평가의 영역이 학교의 자율성을 지향하고 있다. 만약 우리가 언급한 파트너십의 유형에서 지역구가 큰 힘을 포기하는 것처럼 보인다면, 그것은 지역구가 힘의 대부분을 가지고 있기 때문이다. 진정한 학교-지역구 파트너십의 장점은 학생의 학습 개선을 위해 지역구와 학교에 동일하게 적용된다는 것이다.

*학교-대학(school-university)* 파트너십은 자신들을 새롭게 하기 위해 학교와 대학에 기회를 제공한다. 대학은 학교-대학 파트너십에서 "상급자 파트너"가 되어서는 안 되고 동등한 파트너가 되어야 한다. Myran, Crum과 Clayton(2010)은 학교-대학 파트너십을 위해 네 가지 사항을 추천한다.

- 변혁적 성장에 초점을 둔 학교 개선을 위한 발달적이고 반복적이며 부가적인 접근
- 이론과 실제의 균형
- 파트너 간의 명확하고, 효과적인 의사소통
- 수업 리더십에 중점

학교-대학 파트너십의 참여를 기반으로, Kamler와 동료들(2009)은 세 가지 영역에

서 파트너십 조정자들에 의해 밝혀진 교훈을 설명하였다.

협력(Collaborations): 파트너십의 요구사항을 인식하고 언급하며, 문제가 발생했을 때 중재함으로써 관심을 가지고 있음을 보여주어야 한다. 팔로우업뿐만 아니라 참여자들에게 즉각적인 반응을 보여줌으로써 탄력(momentum)을 유지하여야 한다. 협력 학습을 위한 기회가 제공되어야 한다.

협상(Negotiations): 파트너십의 비전을 유지하는 동안 타협을 이루는 것이 필요하다.

의사결정(Decision making): 신뢰를 발전시키고 데이터에 기반한 유연성(flexibility)을 실행하기 위해 공유된 의사결정을 사용하여야 한다.

학교-대학 파트너십은 무수히 많다. 교사를 위한 교수법 프로그램, 협력 실행연구, 학교 개선 프로젝트와 전문성 신장 프로그램 등이 이에 해당한다. 모든 파트너십에서 그러하듯이, 학교-대학 파트너십에서도 각각의 파트너들은 혜택을 받아야 한다. 대학의 혜택은 교수들이 파트너십에 참여한 경험을 바탕으로 연구물을 발간할 수 있는 기회를 제공받는 것이다. 하지만 진정한 파트너십에서는 대학 연구가 학교, 교사 또는 학생의 발달보다 우선되어서는 안 된다.

아마도 가장 통합된 학교-대학 파트너십은 전문성 신장 학교(PDS: Professional Development School)일 것이다. 많은 사람들이 교사 준비 과정에서 전문성 신장 학교를 언급하지만, 포괄적으로 전문성 신장 학교를 이해하면 전문성 신장 학교는 다섯 가지 목적을 가지고 있다. 그 중 네 가지는 학교의 발전과 재직 중인 교사들에게 도움이 된다(Gordon, 2004: 118).

1. 학교-대학 협업을 통해 학교와 교사 준비 프로그램을 동시에 재구조화하기
2. 예비교사의 학문적 경험과 임상 경험의 통합과 개선
3. 재직교사의 지속적인 전문성 신장
4. 교수법과 학습에 관한 지식을 향상시키고 실행을 증진시키기 위한 연구와 발달
5. 전문성 신장과 학교 개선의 모델로 활용하기 위한 모범 학교 만들기

전문성 신장 학교는 장학과 수업 리더십과 반드시 연관되는 것은 아니지만, 장학과 수업 리더십은 파트너 학교에서 교수법과 학습을 향상시키기 위한 막대한 잠재력을 가지고 있어, 연관되어야 한다.

학교-기업(school-business) 파트너십은 각각의 파트너에게 상호적으로 혜택을 줄 수 있지만, 이 파트너십에서는 특히 학생, 가족과 공동체를 보호하기 위한 원칙들이 제정되어야 한다. 우리가 믿고 있는 원칙 중에 첫 번째는 학교는 학교의 상업화의 대가로 기업으로부터 자원을 받아서는 안 된다는 것이다. Engein(2003)에 의해 제시된 실용적인 원리들은 공통의 가치, 모든 수준에서 기업과 학교 조직의 파트너십을 위한 지원, 학교와 기업에 유익한 목표, 구체적인 목표와 성공의 측정방법, 명확하게 정의된 역할과 책임, 상호작용과 상호 간의 문화를 이해하기 위한 학교와 기업에서의 통합된 활동 등을 포함하고 있다.

기업 파트너에 의해 주어진 서비스는 단순히 학교에 자원을 제공하는 것 이상이다. 서비스에는 교사와 학생을 위한 기업의 현장 경험이 포함된다. 여기에는 근로자 따라 다니기(shadowing worker), 인턴십 또는 비즈니스에 관련된 학습에 초점을 둔 단기 근로(summer job), 멘토링, 학생들의 학교 밖 요구 사항을 위해 학생을 돕기, 학교 교육과정을 위한 제안 제공하기 등이 포함된다(Sammon & Becton, 2001). 구체적이고 창의적인 학교-기업 파트너십의 예로 Harpole과 그의 동료(2010)가 설명한 "조선소의 과학(Science on the shipyard)"이 있다. 교사들은 파트너 선박회사에서 여름 인턴으로 일을 하고, 전기 배선, 용접 및 부착과 같은 일들을 직접 해 볼 뿐만 아니라 어떻게 수학, 과학이 배를 만드는 기술에 적용되는지에 대해 훈련을 받게 되고, 교실로 가지고 갈 수 있는 배와 관련된 물건을 만든다. 교사들은 학생들이 학습하게 할 수 있는 방법을 개발하고 과학, 수학과 기술을 실제 프로젝트에 적용하기 위해 인턴십에서 그들이 개발한 기술들을 사용하였다.

네트워크는 지역적, 국가적 또는 국제적으로 연결될 수 있다. 네트워크는 명확하고 단일의 집중 영역을 가지고 있지만, 보통 중요한 우선사항에 대한 전문적인 토론을 통해서 집중 영역과 관련된 다양한 활동을 촉진시키기도 한다. 네트워크는 학교와 교육자 개인들로 구성될 수 있다. 네트워크 조직과 구조는 유동적이고, 변하는 환경과 구성원에 적응을 잘 하는 경향이 있다. 네트워크가 집중하는 것은 특정한 학업관련 주제, 역할(장학담당자, 교사, 부모), 프로세스(실행연구, 전문성 신장), 관심(사회적 정의, 초임교사 지원), 또는 학습을 위한 접근법(협동 학습, 학생 탐구) 등이 될 수 있다. 네트워크는 온라인 방식으로만 구성될 수 있고, 일 년에 한 번이나 6개월에 한 번 대면 미팅이 있는 온라인 방식으로 구성되거나 정기적인 대면 미팅 방식으로 이루어질 수도 있다.

네트워크는 구성원들이 자원, 경험과 혁신적인 아이디어를 공유하기 때문에, 협업과 동료 간의 협조뿐만 아니라 개인의 전문성 성장을 촉진한다. 네트워크의 구성원들은 지역의 교육 환경을 뛰어넘어 그들의 시각을 확장하고, 네트워크를 통해 지역적, 국가적 또는 국제적 리더십 기회가 주어지기도 한다. 경계와 기회의 확장은 교육자와 학교의 권한부여(empowerment)를 발전시킬 수 있다.

네트워크는 구성원들 간의 공동의 목적을 고취시키고, 구성원이 힘을 가지고 협업을 통해 이루어진 공동의 목적은 네트워크의 지원 없이 일어날 수 없는 긍정적인 교육의 변화를 이끌 수 있다. 마지막으로, 네트워크는 구성원들의 성취도를 인식하고 공동의 성과를 축하한다.

우리는 다섯 가지 유형의 파트너십을 설명했고, 네트워크를 별도로 설명하였지만, 가장 역동적인 학교는 다양한 파트너를 가졌고, 다양한 네트워크에 속해 있다. 하지만, 중요한 것은 적절한지를 판단하는 것이다. 여기서 우리는 '한 가지 파트너십에서 다양한 파트너'를 가진 학교에 관해 언급하였다. 학교의 시각에서, 공통의 중심을 가진 다양한 네트워크를 설명하였다. 학교의 시각에서 네트워크의 중심은 학교의 "개인을 넘어선 조직 수준의 유인"이다.

다양한 파트너(공동체, 대학, 기업 등)의 경우, 다양한 파트너의 비전을 화합시키고, 파트너십의 목적과 각 파트너의 역할을 명확히 하고, 파트너들 간 지속적인 의사소통을 하기 위해서 추가적인 시간과 노력이 필요하다. 학교의 개선을 위해 다양한 파트너를 조정하는 것은 어려운 일이다. 하지만, 이해관계자에 의한 협동과 지속적인 노력은 역동적 학교를 발전시키고 유지하는 데 가장 좋은 접근 방법이다.

이 장의 초반에 논의한 역동적 시스템에서, 가장 복잡한 역동적 시스템은 상호작용을 하고 그들의 외부 환경과 상호 적응에 관여하는 것이다. 파트너십과 네트워크는 역동적 학교가 상호작용을 통한 지속적인 개선과 외부의 이해관계자들과 상호 적응을 위한 능력을 어떻게 향상시키는지를 보여주는 뛰어난 예이다.

## 성찰과제

본인이 근무를 하고 있거나 친밀한 학교에서 학교 전반의 요구사항을 규명해 보자. 본인이 규명한 요구사항을 충족시키기 위해 학교와 최소한 두 가지의 외부 파트너를 포함한 어떤 유형의 파트너십이 학교를 도울 수 있을까?

- 누가 파트너가 될 것인가?
- 파트너십의 목적은 무엇인가?
- 각각의 파트너들의 공헌은 무엇인가?
- 파트너들 간의 의사소통과 조정을 위하여 어떤 구조가 구축되어야 하는가?
- 각각의 파트너는 어떤 혜택을 받는가?

# 참고문헌

Allodi, M. W. (2010). Goals and values in school: A model developed for describing, evaluating, and changing the social climate of learning environments. *Social Psychology of Education, 13,* 207-235.

Anderson-Butcher, D., Lawson, H. A., Iachini, A., Flaspohler, P., Bean, J., & Wade-Mdivianian, R. (2010). Emergent evidence in support of a common collaboration model for school improvement. *Children & Schools, 32,* 160-171.

Anderson, K. J., & Minke, K. M. (2007). Parent involvement in education: Toward an understanding of parents' decision making. *Journal of Educational Research, 100,* 311-323.

Auerbach, S. (2010). Beyond coffee with the principal: Toward leadership for authentic school-family partnerships. *Journal of School Leadership, 20,* 728-757.

Biggam, S. (2003). Making the most of parent partnerships to strengthen literacy development: Lessons from John and Janet Poeton and recent research. *New England Reading Association Journal, 39*(3), 24-27.

Carr, J. F., Herman, N., & Harris, D. E. (2005). *Creating dynamic schools through mentoring, coaching, and collaboration.* Alexandria, VA: ASCD.

Cohen, J. (2007). Evaluating and improving school improvement: *Creating a climate for learning. Independent School, 67*(1), 18-26.

Cohen, J., McCabe, E., Michelli, N. M., & Pickeral, T. (2009) School climate: Research, policy, practice, and teacher education. *Teacher College Record, 111*(1), 180-213.

Dennis, J., & O'Hair, M. J. (2010). Overcoming obstacles in using authentic instruction: A comparative case study of high school math & science teachers. *American Secondary Education, 38*(2), 4-22.

DePlanty, J., Coulter-Kern, R., & Duchane, K. A. (2007). Perceptions of parent involvement in academic achievement. *Journal of Educational Research, 100,* 361-368.

Doll, B. (2010). Positive school climate. *Principal Leadership, 11*(4), 12-16.

Earl, L. M., & Katz, S. (2006). *Leading schools in a data-rich world.* Thousand Oaks, CA: Corwin Press.

Edwards, S. W., & Chapman, P. E. (2009). *Six pillars of dynamic schools.* Alexandria, VA: Educational Research Service.

Engein, J. T. (2003). The funding challenge. *Principal Leadership, 3*(5). Retrieved from http://www.nassp.org/tabid/3788/default.aspx?topic=46778

Fullan, M. (2000). The three stories of educational reform. *Phi Delta Kappan, 81,* 581-584.

Furman, G. C., & Starratt, R. J. (2004). Leadership for democratic community in schools. In J. Murphy (Ed.), *The educational leadership callenge: Redefining leadership for the 21st century: 101st yearbook of the National Society for the Study of Education* (pp. 105-133). Chicago, IL: University of Chicago Press.

Gajda, R., & Koliba, C. J. (2008). Evaluating and improving the quality of teacher collaboration: A field-tested framework for secondary school leaders. *NASSP Bulletin, 92*(2), 133-153.

Glickman, C. D. (1993). *Renewing America's schools: A guide for school-based action.* San Francisco: CA: Jossey-Bass.

Glickman, C. D. (1998). Revolution, education, and the practice of democracy. *The Educational Forum, 63*(1), 16-22.

Goddard, Y. L, Goddard, R. D., & TschannenMoran, M. (2007). A theoretical and empirical investigation of teacher collaboration for school improvement and student achievement in public elementary schools. *Teacher's College Record, 109*(4), 877-896.

Gordon, S. P. (2004). *Professional development for school improvement: Empowering learning communities.* Boston, MA: Allyn & Bacon.

Gordon, S. P. (2008). Introduction: The power of collaborative action research. In S. P. Gordon, (Ed.), *Collaborative action research: Developing professional learning communities* (pp. 1-12). New York, NY: Teachers College Press.

Gordon, S. P., & Boone, M. (2012, August). Conflicting models and the future of leadership preparation: A call for integration. A paper presented at the annual meeting of the National Council of Professors of Educational Administration, Kansa City, MO.

Green, C. L., Walker, J. M. T., Hoover-Dempsey, K. V., & Sandler, H. (2007). Parents motivations for involvement in children's education: An empirical test of a theoretical model of parental involvement. *Journal of Educational Psychology, 99,* 532-544.

Harpole, S. H., Kerley, L. H., Silvernail, D. L., Kinard, F., & Brooks, P. (2010). Science on the sihpyard. *Science Teacher, 77*(4), 48-52.

Ingersoll, R. M., & Strong, M. (2011). The impact of induction and mentoring programs for beginning teachers: A critical review of the research. *Review of Educational Research, 81*(2), 201-233.

Kamler, E., Szpara, M., Dornisch, M., Goubeaud, K., Levine, G., & Brechtel, S. (2009). Realities of a school-university partnership: Focus on leadership. *Journal of School Leadership, 19*(1), 81-117.

Kensler, L. W., Barber, M. E., & White, G. P., Caskie, G. I. L., & White G. P. (2009). The ecology of democratic learning communities: Faculty trust and continuos learning in public middle school. *Journal of School Leadership, 19,* 697-735.

Kohm, B., & Nance, B. (2009) Creating collaborative cultures. *Educational Leadership, 67*(2), 67-72.

Mallory, B. J., & Reavis, C. (2007). Planning for school improvement: Closing the gap of culture with democratic principles. *Educational Planning, 16*(2), 8-18.

Marshall, M. L. (2004). *Examining school climate: Defining factors and educational influence.* Georgia State University Center for School Safety, School Climate, and Classroom Management. Retrieved from http://education.gsu.edu/schoolsafety/

Meier, D. (2009). What I've learned. In C. D. Glickman (Ed.). *Those who dared* (pp. 9-19). New York, NY: Teachers College Press.

Myran, S., Crum, K. S., & Clayton, J. (2010). Four pillars of effective university-school partnerships: Implications for educational planning. *Educational Planning, 19*(2), 46-60.

Newmann, F. M., & Associates, (1996). *Authentic achievement: Restructuring schools for intellectual quality.* San Francisco, CA: Jossey-Bass.

Preble, B., & Taylor, L. (2009). School climate through students' eyes. *Educational Leadership, 66*(4), 35-40.

Preus, B. (2012). Authentic instruction for 21st century learning: Higher order thinking in an inclusive school. *American Secondary Education, 40*(3), 59-79.

Price-Mitchell, M. (2009). Boundary dynamics: Implications for building parent-school partnerships. *The School Community Journal, 19*(2), 9-26.

Printy, S. M., Marks, G. H. M., & Bowers, A. J. (2009). Integrated leadership: How principals and teachers share transformational and instructional influence. *Journal of School Leadership,*

*19*(5), 504-532.

Rallis, S. F., & Golding, E. G. (2000). *Principals of dynamic schools: Taking charge of change.* Thousand Oaks, CA: Corwin Press.

Rallis, S. F., Rossman, G. B., Cobb, C. D., Reagan., T. G., & Kuntz, A. (2008). *Leading dynamic schools: How to create and implement ethical policies.* Thousand Oaks, CA: Corwin Press.

Sammon, G., & Becton, M. (2001, February). Principles of partnerships. *Principal Leadership, 1*(6). Retrieved from http://massp.org/Content.aspx?Topic=48923

Sanders, M. G. (2001). The role of "community" in comprehensive school, family, and community programmes. *The Elementary School Journal, 102,* 19-34.

Starratt, R. J. (2007). Leading a community of learners: Learning to be moral by engaging the morality of learning. *Educational Management Administration & Leadership, 35,* 165-183.

Walstrom, K. L., & Louis, K. S. (2008). How teachers experience principal leadership: The roles of professional community, trust, efficacy, and shared responsibility. *Educational Administration Quarterly, 44*(4), 548-495.

Wang, J., Odell, S. J., & Schwille, S. A. (2008). Effects of teacher induction on beginning teachers' teaching: A critical review of the literature. *Journal of Teacher Education, 59*(2), 132-152.

Watson, S. T., & Scribner, J. P. (2007). Beyond distributed leadership: Collaborating, interaction, and emergent reciprocal influence. *Journal of School Leadership, 17,* 443-468.

# 제4장

# 학교에서의 성인 발달과 교사 발달

**주현준**_ 대구교육대학교 교육학과 교수
**정성수**_ 대구교육대학교 교육학과 교수

> **이 장에서 생각해 볼 문제**

**1.** 다음 용어의 개념에 대해 생각해 보자.

성인교육학(Andragogy)
전환 학습(Transformative Learning)
자기주도적 학습(Self-Directed Learning)
경험 학습(Experiential Learning)
상황 인지(Situated Cognition)
비공식 학습(Informal Learning)

**2.** 성인학습자의 사고가 미성인학습자의 사고와 어떤 차이가 있다고 생각하는가? 이러한 차이점은 무엇 때문이라고 생각하는가?

**3.** 두 명의 교사가 동일한 문제 상황을 극복하기 위해 현저하게 다른 방식으로 접근하기도 한다. 성인 발달이 이러한 차이를 어떤 방식으로 설명할 것이라고 생각하는가?

**4.** 성인 발달에 관한 다양한 모형을 학습하면서 자신의 경험에 비추어 공감되는 모형은 무엇인가?

**5.** 성인 발달에 관한 지식이 장학과 교사의 전문성 계발에 적용되는 것을 어떻게 생각하는가?

이 장에서는 발달이라는 틀에서 장학의 핵심적인 개념과 실제를 소개한다. 지금까지 우리는 성공적인 학교에서 나타난 협동적이고, 사려 깊고, 자율적인 교직원과 실패한 학교가 보여준 고립되고, 경솔하며, 무기력한 교직원의 경계를 정의하는 데 확신이 없었다. '어떻게 교사가 역량을 갖춘 성인으로 성장할 수 있는가'에 관한 지식은 장학담당자가 교사를 지도할 때 필요한 원리이다. 이 지도 원리는 교사 개인 또는 교사 집단을 진정한 전문가로 만들기 위한 장학담당자의 지혜, 권한, 통제 방법을 찾는 것이다. 장학담당자는 교사가 어떻게 변화하는지를 이해하고, 교사의 성장과 수업 개선(instructional improvement)을 자극하기 위해 적절한 수준에서 직접적으로 지원하기, 전문성 신장, 교육과정 개발, 집단 발달, 실행연구(action research) 등의 계획을 세울 수 있다.

성인학습과 성인 발달에 관한 연구는 매우 왕성하게 수행되었다. 우리는 성인학습에 관한 많은 연구 가운데 장학과 장학담당자에게 직접 적용가능한 성인 발달과 교사 발달 지식을 추출하기 위해 노력해 왔다. 이에 대해 더 자세한 내용을 확인하고 싶다면 인용된 참고문헌을 찾아보기 바란다. 성인들과 함께 일하는 사람들에게 있어 인간 성장과 관련된 쉽게 이용가능하고 잠재적으로 풍부한 지식의 사용은 매우 가치 있는 것이다. 성공적인 학교를 만들기 위해서 장학은 반드시 변화하는 성인으로서의 교사에게 반응해야 한다.

## 1. 학습자로서 성인

수업 개선(instructional improvement)은 교사가 학생, 학습 내용, 교수법에 관한 의사결정 능력을 향상시킬 때 발생한다. 교사의 의사결정 능력 향상은 대체로 성인학습의 광범위한 과정이다. 따라서 성인학습에 관한 연구와 이론은 수업 장학을 위한 지식 기반으로 중요한 구성요소이다.

### 지능과 지혜(Intelligence and Wisdom)

다음의 기본적인 두 가지 질문은 성인의 학습능력에 관한 많은 초기 연구들을 이끌었다. 나이가 들어감에 따라 학습 능력은 소멸되는가? 성인과 아동의 학습 과정에는 차이가 있는가? Thorndike(1928)는 '성인학습은 젊은 시절에 반드시 최고점에 이르는 것이 아니고, 최고점에 도달한 이후에 급격하게 줄어드는 것도 아니다'라는 당시의 보편적 주장을 믿었던 학자 중 한 명이다.

　Horn과 Cattell(1967)은 지능의 두 가지 범주로 유동성 지능과 결정적 지능을 확인하였다. *유동성 지능(fluid intelligence)*은 생리학적이고 신경학적인 능력에 크게 의존한 것으로서 초기에 절정에 이르는데, 이는 젊은 사람들이 왜 빠른 통찰이 요구되는 과업, 단기간 기억, 복잡한 상호작용에 뛰어난지를 설명해 준다(Klauer & Phye, 2008; Merriam, Caffarella, & Baumgartner, 2007). 반면 *결정적 지능(crystallized intelligence)*은 판단, 지식, 경험 등을 필요로 하는 시간제한이 없이 측정하여 평가되는 것으로서 교육과 경험으로부터 훨씬 더 큰 영향을 받는다. 그러므로 결정적 지능을 측정할 경우에는 연륜이 있는 사람들이 유리하다. Zimprich, Allenmand와 Dellenbach(2009)는 중년과 노년기 사람들의 경험에 대한 개방성과 결정적 지능 및 유동적 지능의 관계를 조사하였다. 연구 결과, 경험에 대한 개방성과 결정적 지능 간에는 전반적으로 높은 관련성이 나타났고, 개방성의 구성요소 중 하나인 지적인 활동에 대한 관심은 결정적 지능과 유동적 지능 모두와 높은 관련성을 드러냈다.

　지능에 관한 최근 이론에서는 지능이 다양한 요소 또는 요인으로 구성된다는 개념을 확장하였다. 이 책을 읽는 대부분의 독자들은 Howard Gardner(1999)의 다중지능에 익숙할 것이다. Gardner는 처음으로 일곱 가지 형태의 지능(언어 지능, 논리-수리 지능, 음악 지능, 공간 지능, 신체-운동 지능, 자성 지능, 대인관계 지능)을 주장하였다. 그 이후 그는 자연친화 지능을 추가하였고 다른 형태의 지능이 있을 것이라고 주장하였다. Gardner의 아이디어 역시 장학과 관련이 있다. 장학담당자는 교사들의 수업 향상을 도울 때 개별 교사들의 학습 활동에서 나타난 강점을 확인하고 이용할 수 있어야 한다. 또한 장학담당자는 교사들이 학습 전략 레퍼토리(repertoire)를 점차적으로 넓힐 수 있도록 도울 수 있어야 한다.

　Sternberg도 교사의 인지에 관한 사고에 도움을 주는 지능 이론을 주장하였다 (Sternberg, 1998; Sternberg, Kaufman, & Grigorenko, 2008). 이것은 세 가지 하위이론들로 구성되기 때문에 소위 *지능의 삼원이론(triarchic theory of intelligence)*이라고 불린다. 첫 번째 하위이론은 인지의 과정을 다룬 *요소 이론(componential)*이다. 이 이론은 전통적으로 지적 능력을 이해하기 위한 노력의 하나로 논의되었다. 두 번째 하위요인은 정신적 구성요소뿐만 아니라 정신적 구성요소가 적용되는 경험의 수준까지 고려하는 것을 평가하는 *경험 이론(experiential)*이다. Sternberg는 초보자와 전문가 간 차이점에 착안하여 경험은 일상적인 상황에 자동적으로 반응하는 능력과 처음으로 마주하는 상황을 효과적으로 다루는 능력을 모두 증진시킨다고 주장하였다. 따라서 초임교사는 경력교사보다 다른 형태의 장학이 필요한 것으로 보았다.

두 가지 하위이론이 보편적인 과정을 다루는 반면, Sternberg의 세 번째 하위이론은 사회적으로 영향을 받는 능력을 다룬 *상황(맥락) 이론(contextual)*이다. 개인은 환경에 적응하고, 환경을 형성하고 또는 다른 환경을 선택하면서 삶의 도전에 대응한다. 모든 사람들은 문화적 환경 안에서 적절하고 지적인 행동을 생각하게 된다. '상황(맥락) 이론'은 교사가 도전적인 상황을 어떻게 다루고 있는가를 살펴볼 때 중요하다. 일부 교사들은 분명히 학교나 학급의 환경을 변화시키거나 적응하는 데 다른 교사들보다 더 뛰어난 능력을 가지고 있다. 적절한 장학을 통해서 교사는 변화와 적응에 필요한 전략을 넓히는 데 도움을 받을 수 있다. 이는 일종의 실제적인 지능이다. 현실 세계에서의 문제 확인과 해결을 통해 성인 지능을 입증하는 데 충분한 관심이 부족하였다고 보았던 Sternberg와 일부 이론가들은 실제적 지능에 매료되었다.

Sternberg(2001)와 일부 이론가들은 '지혜'로 언급되는 지능의 특별한 형태를 탐구하였다. Sternberg는 *지혜 균형이론(balance theory of wisdom)*에서 지혜를 개인적인 관심, 대인 간 관심, 개인 외적인 관심의 균형에 관련된 실제적인 지능의 형태로 보았다. 예를 들어, 이 이론에 따르면 지혜로운 교사는 불편한 학교 환경에 순응할 것인지를 결정함에 있어서 자신의 관심과 가족의 관심을 고려한다. Bassett(2005)는 지혜의 성격을 정서적, 정신적, 관계적 영역을 넘나드는 것으로 묘사하였다. Johnson(2005)은 이러한 Bassett(2005)의 묘사를 인용하면서 지혜가 정서적, 정신적, 관계적 영역의 움직임과 성장을 촉진한다고 추측하였다. Bassett는 훈련에 관한 다양한 문헌을 참고하고 "공개적으로 구별(나이 차이 등)"된 네 명의 사람들을 면담한 근거이론 연구를 수행하였다. 그는 지혜의 네 가지 측면을 구별(인지적 측면), 존경(정서적 측면), 참여(활동적 측면), 변혁(성찰적 측면)으로 지목하면서 *발현적 지혜(emergent wisdom)*를 주장하였다.

## 성인학습의 이론들(Theories of Adult Learning)

'성인이 계속 학습할 수 있는가'에 관한 연구가 증가함에 따라 '성인의 학습이 아동의 학습과 어떻게 다른가'에 관심을 갖게 되었다. 성인 교육자들이 이 질문에 대한 답을 찾고자 함에 따라 최근 십여 년간 전반적인 성인학습은 특별한 이목을 끄는 이론들에 초점을 두었다. 성인학습에 관한 문헌을 연대기적으로 살펴보면 개요에서 제시한 심리적 지향(Knowles, 1980; Tough, 1971)으로부터 사회문화적 지향(Hansman, 2008; Hayes & Flannery, 2000)으로의 이동이 더 자세하게 드러난다.

**성인교육학(Andragogy)**  Malcolm Knowles에 의해 대중화된 성인교육학 이론은 최근 성인학습 분야에서 가장 잘 알려진 이론 중 하나이다. Knowles(1980)는 성인학습에 관한 네 가지 기본 가정을 다음과 같이 제시하였다.

1. 성인들은 자기주도적이고자 하는 정신적 욕구를 가지고 있다.
2. 성인들은 학습 상황에서 도출해야 할 것을 포괄적인 경험으로부터 가져온다.
3. 성인들의 학습 준비는 성인 발달 과업과 관련되어 종종 발생하는 실제 삶의 문제를 해결하기 위해 필요한 것에 영향을 받는다.
4. 성인들은 즉각적인 지식 적용을 원하는 학습을 지향하여, 실행(performance)에 초점을 둔다.

그 이후 Knowles는 성인학습이 주로 '직관적으로 동기화된다'는 다섯 번째 가정을 추가하였다(Knowles, 1984). 성인 교육 이론은 이러한 가정들이 어느 정도 사실인지(Tennant, 1986), 자기주도성은 성인학습자의 실제적 선호인지 아니면 바람직한 선호인지(Brookfield, 2009), 성인 교육이 적용되거나 적용되지 않는 조건은 무엇인지(Rachal, 2002), 가정의 문화적 본질(Sandlin, 2005) 등 제기된 질문 공세를 받으면서 더 이상 과거처럼 무비판적인 동의를 얻지는 못하였다. Knowles 자신도 1997년 사망하기 전에 학습자로서 성인과 아동의 차이는 엄격하게 양분되기보다 상황과 정도의 문제라는 것을 인정하였다. 그럼에도 불구하고, 성인 교육 이론은 여전히 성인학습에 관한 사고를 광범위하게 조언하는 것으로 인정받고 있다(Merriam, 2008; Rose, Jeris, & Smith, 2005).

**자기주도적 학습(Self-Directed Learning)**  자기주도적 학습은 성인 교육에서 가장 도전적인 가정들 중 하나로 출현했지만, 성인의 자기주도적 학습에 관한 이론과 연구의 뚜렷한 구분은 점진적으로 발달해 왔다. Allen Tough(1971)는 최초로 '성인은 가르쳐 주는 사람 없이 일상의 한 부분으로 체제적 학습을 한다'고 묘사하여 널리 인정받았다. 이 주제에 관한 과거 연구들은 성인의 자기주도적 학습을 도처에서 확인할 수 있음을 증명하였고, 수많은 자기주도적 학습 모형과 그것을 측정할 수 있는 몇 가지 도구를 개발하는 데 기여하였다(Eneau, 2008; Merriam, 2008).

자기주도성은 성인학습을 위한 목적으로서, 학습이 발생되는 과정으로서, 지속적이고 상황적인 학습자의 성격으로서, 학급에서 학생의 학습을 통제하는 교수 모델로서 대안적으로 개념화되었다(Merriam, Caffarella, & Baumgartner, 2007). 자기주도적 학습 개념은 발달 장학을 통해 교사의 성장과 발달을 함양하려는 사람들에게 시사하는 바가 크다. 장학은 장학 활동과 교사의 자기주도 준비를 조화시켜 자기주도적 학습을 함양시켜야 한다.

모든 성인이 동일하게 자기주도적 학습에 대해 준비된 것이 아니고, 모든 상황에서 개인들이 동일하게 자기주도적 학습이 준비되는 것이 아님을 인식하는 것은 중요하다. 배경 지식과 자신감 정도와 같은 변인들은 성인들의 학습 노력에 필요한 지원 수준을 결정하는 데 영향을 미친다(Pratt, 1988). Grow(1991)는 '교수자가 그들의 교수 방법을 성인학습자의 자기주도 단계에 맞출 것을 권장한 것과 같이 효과적인 장학담당자는 교사의 맥락에서 자기주도적 준비 정도에 맞추어 자신의 장학 유형을 적용해야 한다'고 하였다.

**전환 학습(Transformational Learning)**  성인교육학 또는 자기주도적 학습 이론이 성인의 학습을 대표하는 유일한 이론인지에 의문을 갖는 사람들에게 Jack Mezirow(2000)가 제안하고 수정한 전환 학습 이론은 매력적인 대안이다. 실제로 Talyor(2007)는 전환 학습에 관한 최근 연구를 비판적으로 검토하여 전환 학습이 성인교육학을 성인 교육 분야의 철학적 상징으로 대치시켰다는 결론에 이르렀다. 이 이론은 대학에 재입학한 여성에 관한 Mezirow의 연구로부터 도출되었다. 그는 전환 학습의 개념을 다음과 같이 정의하였다.

> 전환 학습은 우리가 행동하는 데 더 적합하고 진실된 것을 증명하는 신념과 견해를 생성하기 위해 당연히 여기는 준거 틀(의미 관점, 마음의 습관, 사고방식)을 포괄적, 차별적, 개방적, 감정적으로 변화시키는 역량과 반성적으로 변형시키는 과정에 관한 것이다(Talyor, 2007: 7-8).

Kegan(2009)은 이러한 준거 틀에 기본적인 이동이 발생하지 않는 잠재적으로 중요한 변화를 경험한다는 것을 추가함으로써, 전환 학습을 정보 학습과 대조하여 설명하였다. Merriam(2004)은 비교적 높은 수준의 인지 발달이 전환 학습에 핵심이라 할 수 있는 경험에 대한 비판적인 성찰의 전제 조건임을 주장하였다. 반대로 Erickson(2007)은 전환 학습이 비록 발달 단계에 영향을 받는 과정의 본질이지만 발달 과정이 다른 성인학습자에게도 가능하다고 제안하였다.

전환에 대한 시각은 본래 Mezirow가 혼란스러운 딜레마라고 언급하였듯이, 삶의 중요한 사건에서 유발된 것으로 묘사된다. 또한 전환에 대한 시각은 성찰과 전향의 기회를 창조하는 사소한 사건에 대한 반응으로 또는 내적인 딜레마의 축적이 각성을 만들어 낼 때 발생하는 것이다(English, 2005; Erickson, 2007; Mezirow & Taylor, 2009). 교사의 전환 학습은 분명한 상황과 미묘한 상황에서 모두 발생한다. 예를 들어, 교사가 도시 학교에 전입하여 새로운 직위를 받고 처음으로 실패를 경험하는 분명한 상황이나, 동성애(gay) 학생과 일반 학생들의 동성애에 관한 농담이 학습에 주는 영향력에 관한 대화와 같은 미묘한 상황에서도 발생한다.

Cranton(1994)은 교육자는 자신이 갖고 있는 교육자로서의 의미 관점(meaning perspective)에 대해 비판적으로 성찰할 것을 추천하였다. 또한 그녀는 교육자가 이것을 성취하는 과정을 다음과 같이 묘사하였다.

> 교육자로서의 의미 관점을 발달시키기 위해서 교육자는 의식을 고양시키는 활동을 통해 자각을 증가시키고, 실제 명쾌한 믿음에 관한 가정을 만들고, 가정과 신념에 대한 비판적인 성찰에 참여하며, 다른 사람들과의 대화에 참여하고, 잘 알려진 이론의 실제를 개발한다(Cranton, 1994: 214).

Cranton은 글을 쓰고, 동료의 교실을 방문하고, 실제에서의 성공과 실패에 관한 그들의 의식을 함축하는 사례들을 준거로 분석하며, 실제에서 실험해 보고, 학습자로부터 피드백을 끌어내고, 동료들과의 대화 또는 컨설팅 등과 같은 전략들을 제안하였는데, 이러한 전략들이 다양한 과정에서 유용할 것으로 보았다.

## 경험과 학습: 상황적 인지, 비공식적 학습, 우연적 학습
(Experience and Learning: Situated Cognition, Informal and Incidental Learning)

Dewey(1938)와 Lindeman(1926)의 시대까지 거슬러 가면 경험학습은 성인학습과 성인교육에 관한 수많은 개념의 심장과도 같다. 경험은 성인학습(Gorard & Selwyn, 2005)의 기원인 네 가지 가정의 하나로서 성인 경험의 중요성을 포함한 Knowles(1980)에 반영된다. 또한 경험학습은 성인학습 주기의 4단계 중 한 부분으로서 경험에 초점을 둔 Kolb(1984)의 2단계에도 포함된다.

경험학습은 과업의 실체가 나타나는 상황을 인지하고 성인학습에 적용될 때 새로운 국면이 된다. *상황 인지* 이론의 중요한 업적으로 Brown, Collins, Duguid(1989)가 자주 인용된다. 핵심적으로, 그들은 교육이 추상적인 지식, 맥락에서 벗어난 습득을 강조할 정도로 잘못 이해되었다고 주장하였다. 그들은 영속적인 지식은 학습자가 특별한 상황에서 구체화된 진정한 활동에 참여함으로써 나타난다고 주장하였다.

Brown, Collins, Duguid(1989)와 다른 학자들은 지역사회의 실제에 참여하는 것과 같이 학습자가 지식을 습득하는 방법으로 인지적 도제를 강조한다(Dennen, 2008; Gonzales & Nelson, 2005; Hansman, 2008; Tilley & Callison, 2007). Wenger(2009)는 *지역사회 실제의 역할* 또는 공동의 목적을 공유하는 자생조직 집단, 그리고 상호 간 배우려는 바람을 묘사하였다. 특히 각각의 전략은 특별한 학교 문화 또는 새로운 분야에 있는 교사의 전문적 발달을 함양하는 데 가치 있는 접근을 제공한다. 상황적 인지 이론에 따르면, 교사들은 경험이 풍부한 교사가 모델이 되거나 코칭 방법의 지원으로 직접적으로 실제 상황에 처해진 새로운 상황에서 유용한 지식을 가장 효과적으로 습득한다. Dornan, Boshuizen, King, Scherpbier(2007)는 의대생부터 전문의가 되는 과정을 연구하여 학생의 교육 단계에 따른 적절한 수준의 지원이 전문의 수련을 위한 학습에 핵심적인 조건이었다는 것을 규명하였다.

가장 최근에 성인학습과 경험 간 유대에 대한 관심은 전통적으로 직무 훈련과 관련된 매우 구조적인 학습보다 다양하고 부수적인 비형식적 맥락에서 발생하는 의미 있는 학습으로 업무현장에서의 학습 실험을 탐구하였다(Kerka, 1998; Uys, Gwele, McInerney, Rhyn, & Tanga, 2004). Marsick과 Watkins(1990)는 1990년에 처음으로 비공식적 학습과 우연적 학습(informal and incidental learning) 이론을 제시하였다. 그 이후 그들의 박사과정 학생인 Cseh와 Lovin 그리고 Wenger(2009)와 협업하여 지역사회 실제의 이론과 결합시켜 맥락적 중요성을 강조한 모형으로 변형하였고(Cseh, Watkins, & Marsick, 1999), 사회적 상호작용, 사회적 지식 구축과 사회적 상호작용의 역할에 더 많은 관심을 가졌다(Marsick, Watkins, & Lovin, 2010). 더 최근에 그들은 *비공식 학습* 을 마치 "아메바와 같은 과정"으로 묘사하면서 상호작용적이고 선형적이지 않은 것으로 보았다. 예시로 자기주도적 학습, 네트워킹, 비공식적 코칭, 멘토 등이 있다. 다른 한편으로 *우연학습*은 어떤 활동의 부산물로 규정되었고 종종 암묵적이고 무의식적인 것으로 보았다. 그들이 제안한 모델은 '의미를 만드는 과정이 선형적이지도 연속적이지도 않다'는 것으로 묘사된다. 1990년에 그들은 그 과정을 다음과 같이 묘사하였다.

1. 학습은 전통적으로 인간의 세계관에 비추어 틀에 박힌 촉발된 사건으로 시작된다.
2. 경험 자체는 그것에 관한 문제적이거나 도전적인 것을 평가하면서 해석된다. 경험의 맥락은 자동적으로 해석된다.
3. 대안적 행동은 고려되고 선택된다.
4. 학습 전략은 바람직한 해결을 수행하는 데 사용된다. 맥락은 선택에 영향을 미친다.

5. 제안된 해결책은 생산된다.
6. 결과는 평가된다.
7. 교훈은 학습된다.
8. 결론은 이어지는 상황을 분석하기 위한 하나의 틀이 된다.

Marsick과 Watkins(1990)는 성인들의 비공식적 학습 향상을 돕는 장학담당자들은 아마도 성인들이 학습의 방식을 확인하고 더 효과적으로 그들의 학습을 돕기 위한 사회문화적 맥락의 조건을 지원한다고 주장하였다. 그러한 요소들이 확인되고 나면 장학담당자는 학습자를 돕거나 그들을 변화시킬 수 있다.

## 총체적 성인학습(Holistic Adult Learning)

최근 학습을 단지 인지적이고 이성적인 범주의 학습과 동일시하는 서구 문화의 경향을 회피하려는 많은 저자들이 육체적 또는 체화된 지식, 서술적 학습, 정신적 학습과 같은 비인지 영역에 해당되는 '총체적' 유형의 성인학습 연구의 필요성을 주장하였다. Merriam, Caffarella, Baumgartner(2007)는 최근 개정된 『성인기의 학습』이라는 저서에서 전체 단원을 체화된, 정신적인, 서술적 학습을 포함한 비인지 학습 영역에 관해 기술하였다. Clark(2001)는 소마 학습(somatic learning)(운동 학습과 학습에서의 감정 역할에 관한 흥미를 포함함)에 대한 관심 증가의 이유를 지식의 원천으로서 육체를 정당화하기 때문이라고 보았다. 그녀는 실제로 지식은 실체에서 시작한다고 주장한 Polanyi(1969)와 학습의 원천으로 체화된 경험에 관해 경험 학습의 반성적(합리적) 구성요소 강조를 비판한 Michelson(1998)을 인용한다. 또한 Clark는 독자들이 어떻게 육체적 지식이 전체 학습자가 참여하는 성인학습의 맥락에서 사용되는지 창의적으로 생각하도록 한다.

정신적인 것에 더 큰 관심을 두는 몇몇 훈련의 최근 경향을 관찰해 보면, Tolliver와 Tisdell(2006)은 유사하게 이미지, 상징, 은유, 시, 예술, 음악을 통해 의미를 만드는 것을 활성화시키는 활동을 소개함으로써 그들 자신의 정신적인 것을 학습 환경으로 가져오려는 방식과 성인학습자들의 정신적인 것에 관여하는 방법을 찾는 성인교육 관련 사람들을 이끈다. Tolliver와 Tisdell(2006)이 유지하고 있는 이러한 활동들은 심지어 영적인 것에 관한 어떤 논의도 드러내지 않은 채로 종교적이거나 정신적인 의제를 부과하는 행위 없이, 더 진정한 정체성을 발전시키는 학습자를 돕고 전인적 관여를 함으로써 변혁적 학습을 증진시키는 데 사용된다. 그들은 종교는 조직화된 믿음의 공동체에 참여하는 것이라고 주장한 반면, 정신적인 것은 합의된 정의는 없지만 인간이 세계와 갖는 상호연결성과 관련이 있다는 점에서 종교와 다르다고 지적하였다.

마지막으로 Clark(2001)가, 더 최근에는 Rossiter와 Clark(2010)가 기술적인 성인학습의 *담화*를 실험하였다. 그들은 학습과 의도적인 변화를 돕는 기제로서 스토리텔링과 특히 개인의 서사적 창조를 강조한다. 또한 Clark(2001)는 교사가 자신의 학습이 어떻게 자신의 모습을 만들어 가는가를 이해하기 위한 도구로서 자기 고유의 교육적 일대기를 생산하는 성인 교사가 얻게 되는 이득을 논의한다. 이 텍스트에 관한 두 명의 저자가 소속된 텍사스 주립대학교 박사과정에서, 학생들은 첫 번째 핵심 교육과정의 과제로 *자기민족지학*(학습자로서 자신에 관한 연구)을 창조한다. 학생들은 이것을 첫해 프로그램의 가장 변혁적인 학습 경험이라고 일관되게 말한다. 다른 집단에서 학생들은 진행 중인 것—Clark가 성찰을 자극하는 유용한 도구로 묘사한 또 다른 기술 방법—에 기반하여 그들의 학습 경험을 성찰하는 방식으로 계속 저널 쓰기를 시작하도록 장려된다. 유사하게도 첫 해의 교사들은 교사로서의 여정을 시작하면서 경험과 생각을 글로 쓴 것이 유익함이 되는 경험을 발견할 것이다.

여덟 명의 경력교사를 대상으로 한 질적 연구에서 Beattie, Dobson, Thornton, Hegge(2007)는 여기서 논의된 모든 형식의 비인지적 학습(noncognitive learning)을 통합하였다. 그들의 연구를 묘사하면 다음과 같다.

> 이 연구는 교사 학습을 창의적이고, 온전하고, 관계적 노력으로 본 개인과 전문가가 친밀하게 연계된 교사 발달 연구의 내러티브 전통에 기반한다. 그것은 내러티브적 탐구와 총체적(holistic) 교육, 그리고 교사 발달 간 연계를 만들고, 교육자의 앎과 존재 방식의 미적, 정신적 차원을 묘사하고 탐구함으로써 교사의 지식/학습에서의 지식의 실체에 공헌하는 잠재력을 가지고 있다(Beattie, Dobson, Thornton, & Hegge, 2007: 119).

결과에 대한 저자들의 묘사는 일반적으로 전문가로서 교사 성장의 미적, 정신적 차원에 대해 말하는 서사로부터 발췌한 것을 전파한다. 더욱이, 교차 분석은 (1) 명상으로서의 미적 경험(영적인 생각 또는 개인적 생각의 하위주제); (2) 관계 중 다른 관계(내부와 외부 세상의 관계와 실행을 위한 관계를 포함한 하위주제); (3) 미적 경험과 창조 수준(내적 창조와 외적 창조의 하위주제)을 포함한다.

## 성인학습에 대한 비판적 관점(Critical Perspectives on Adult Learning)

최근 10년간 수많은 철학적이고 이론 지향적인 태도는 성인교육학, 자기주도적 학습, 변혁적 학습, 경험학습과 같은 성인학습의 지배적인 관점에 도전하였다. 이러한 비판적 관점들은 페미니즘(Tisdell, 2005), 비판이론(Habermas, 2001; Welton, 1995), 비판적 인종 이론(Closson, 2010), 비판적 다문화주의(Guy, 2005; Ross-Gordon, Brooks, Clunis, Parsells, & Parker, 2005), 포스트모더니즘(Foucault, 1977; Lyotard, 1984; Ostrom, Martin, & Zacharakis, 2008)이다.

Kilgore(2001)는 성인학습에 대한 비판이론과 포스트모더니즘의 유사성과 차별성을 분석하고 성인학습을 바라보는 두 관점의 간략한 개요를 제공하였다. 그녀의 진술에 따르면, 각각의 관점은 배타적이고 지나치게 개인에 초점을 둔 성인교육과 자기주도적 학습과 같은 성인학습 이론의 원칙에 도전한다. 비판이론과 포스트모더니즘은 모두 지식이 학습의 요인으로서 '권력의 관심에 따라 사회적으로 건설된다'는 가정을 공유한다. 그러나 방식에 있어서는 차이가 있다고 본다.

비판이론가들은 민족, 인종, 성, 계급, 연령과 같은 범주에 기초한 억압과 특권 구조에 관련된 불평등을 보전하기 위해 작동되는 헤게모니(주된 영향력 또는 권력을 통해 교묘하게 행사되는 권위)를 논의한다. 이 관점에서, 학습은 아마도 실제와 가정을 변화시키기 위한 우리들의 행동과 실제를 안내하는 헤게모니적 가정을 성찰하는 것이다(Kilgore는 표준화된 학업성적의 사용과 미사용을 예시로 제시하였다). 사회적 정의는 핵심 가치로 여겨진다. 한편, 포스트모더니즘 이론가(Foucault, 1977; Lyotard, 1984)들은 지식의 다면성과 이해하는 사람의 경험과 맥락에 따라 달라지는 진실을 강조하면서 어떤 보편적인 진실을 옹호하는 것에 저항한다. 심지어 개인이 그들의 다면적인 정체성 또는 상황적 변수에 기초한 주제에 대해 다양한 관점을 가질 수 있다고 주장하였다(Sheared[1999]는 이것을 폴리리드믹 리얼리티(*polyrhythmic realites*)라고 칭하였다).

권력은 각각의 틀을 위해 고려하는 것이지만 각기 다른 방법이 있다. 예를 들어, 비판이론들은 고정관념이 어떻게(예를 들어, 학습에 대한 개인적 초점은 어떤 집단에 대한 문화적 편견일 수 있다) 더 많은 해방적 지식(예를 들어, 집단 학습을 더 강조하는 것이 어떤 학습자 집단에게는 문화적으로 더욱 적절하다는 것이다)을 창조하는 데 방해되는지에 관심을 갖는다. 권력은 몇몇 사람들이 다른 사람들을 쥐고 있는 것으로 본다; 예를 들어, 학교장의 전통적 역할은 교사들보다 더 큰 권력을 자신들에게 투입하는 것이다. 포스트모더니즘 관점에서 보면, 권력은 모든 관계에서 존재하고 누군가에 의해서 어느 정도 훈련된다. 우리는 어떻게 권력이 누구에 의해서 사용되는가(억압하거나 해방시키는 목적들)를 알기 위해서 상황을 분석(해체)해야 한다. 이 관점에서, 교사와 학부모는 단위학교 경영에 참여하거나 연구 프로젝트에 참여하여 협동적으로 지식을 생산하고 권력 관계를 재정리하고 협상하는 도구가 된다.

## 성인학습자로서 교사(Teacher as Adult Learners)

Fullan(1991: 66)은 "교육의 변화는 성인이 참여하는 학습경험에 있다"고 지적하였다. 더 최근에 그는 "학생의 학습은 매 순간 교사의 학습에 달려있다"고 진술하였다"(Fullan, 2007: 35). 성인학습에 관한 우리의 지식은 가르치는 혁신에 관한 학습을 교사의 과거 경험에 연결시키는 것과, 그들이 혁신을 점차적으로 가르치는 레퍼토리로 통합하는 시간을 증폭시키도록 하는 것이 중요하다고 말해준다. 그러나 최근에 교사들은 교육 개혁 운동의 한 부분으로 과도한 혁신에 의해 공격당하고 있다. Fullan(1991: 8)은 "학교구에서 안내되는 교육혁신에 대한 많은 결정들이 편향되고, 심사숙고되지 않았으며, 교육의 목적과 연계되지도 않았다"는 결론을 내렸다. 이것이 수많은 혁신이 실패한 분명한 이유이다. 잠재적으로 중요한 가치와 기술적으로 온전한 다른 혁신들 또한 실패하였다. 실패의 여러 원인 중 하나는 장학담당자가 교사들이 과거의 경험과 혁신을 통합하거나 가르치는 실제에 혁신을 접목하는 것을 돕지 못한 데 있다. 더욱이, 교사들은 행정가와 장학담당자에 의해 우선적으로 주어진 새로운 혁신을 배우거나 받아들이기 위한 충분한 시간을 부여받지 못하기 때문이다(Zepeda, 2004).

성인 지능의 경험적 구성요소를 연구한 Sternberg의 연구는 초임교사는 경력교사와 다른 방식의 장학지도가 필요하다고 주장한다(Sternberg, Kaufman, & Grigorenko, 2008). 예를 들어, 많은 초임교사들이 경력교사들보다 새로운 교수 상황과 문제에 대한 평가와 반응에 더 큰 어려움을 갖기 때문에 더 집중적인 지원이 필요하다. 다중지능에 관한 Sternberg(Sternberg, 1988; Sternberg, Kaufman, & Grigorenko, 2008)와 Gardner(2006)의 연구는 초임교사와 경력교사 사이의 차이점을 소개하고 경험이 풍부한 교사들이 가진 서로 다른 장점을 활용하고 확인하는 것이 필요함을 지적한다.

성인학습 문헌에서 지적된 개별화된 교사의 학습 요구는 교사들에 대한 실제적 처방과 극명하게 대조된다. 많은 장학담당자들은 교사들을 성인 발달의 다양한 단계에 있는 개별적인 존재가 아니라, 모두 같은 단계에 위치한 존재로 다룬다. 대부분의 학교에서 교사들은 똑같은 현직연수, 관찰, 평가를 받는다. 더 이상 개별 학습자로서 간주되어야 할 필요성 없이 마치 일률적으로 교사들이 연수기관으로부터 도장을 받는 것과 같다. 성인에 대한 연구는 그러한 가정의 지혜가 부족함을 보여준다.

Sternberg 외(2008)는 사회적으로 영향받는 능력에 관한 논의에서 교사들의 학습에 참여하고자 하는 욕구는 학교 환경과 교실의 변화에 적응하기 위한 다양한 전략을 발전시키는 데 목적이 있음을 지적하였다. 성인학습에 대한 Mezirow(2000)와 Brookfield(2009)의 연구는 교사들이 학습하고 성장하기 위해서 지속적으로 주기적인 협동 활동에 참여하는 것이 필요하고, 비판적 사고의 힘을 기르는 것이 필요하다는 것을 밝혔다. 마지막으로 Knowles(1980, 1984), Mezirow(1981, 1990, 2000), Brookfield(2009)는 그들의 저술에서 자기주도성과 권한부여에 따른 교사들의 성장을 촉진하는 장학담당자의 개념을 지지하였다. [그림 4.1]은 수업 장학을 위한 함의점과 성인학습의 지식을 살펴본 것이다.

불행하게도 많은 학교들은 협동적인 활동, 성찰, 비판적 생각 또는 교사의 권한부여를 함양하지 못하고 있다. 오히려, 많은 학교 체제의 계층 구조들은—2장에서 다루는 고립에 의한 환경 문제, 심리적 딜레마, 공유된 기술(technical) 문화의 부족뿐만 아니라—성인학습 문헌에서 묘사한 성장의 형태에 상반하는 경향이 있다. 역으로, Drago-Severson(2004, 2007, 2009)의 리더로서의 전문성 발달을 다룬 학교장에 대한 질적 연구에서 성인학습을 증진시키기 위한 리더십 훈련을 성공적으로 수행한 교장들은 "핵심적인 실천(pillar practices)"으로 언급된 네 가지 전략을 지속적으로 적용하였다는 것을 발견하였다.

1. 학교 내·외에서 동료들과 다양한 팀 또는 파트너를 형성할 것을 독려(예: 가르치는 팀, 교육과정 팀, 기술 팀, 다양성 팀, 다른 조직과의 파트너십 증진 등)
2. 교사들이 리더십 역할을 수행하기 위한 기회를 제공(예: 인턴 교사의 멘토, 지식 기반 경영, 기술적 리더, 의사결정 공유, 승인(인가) 팀 이끌기)
3. 동료 간 연구 촉진(예: 글쓰기와 대화를 통한 성찰)
4. 멘토링

Drago-Severson에 따르면, 이러한 핵심적인 실천은 특히 교사의 발달 단계에 적용될 때 비형식적 학습보다 변혁적 학습을 함양시킨다(Drago-Severson, 2008, 2009).

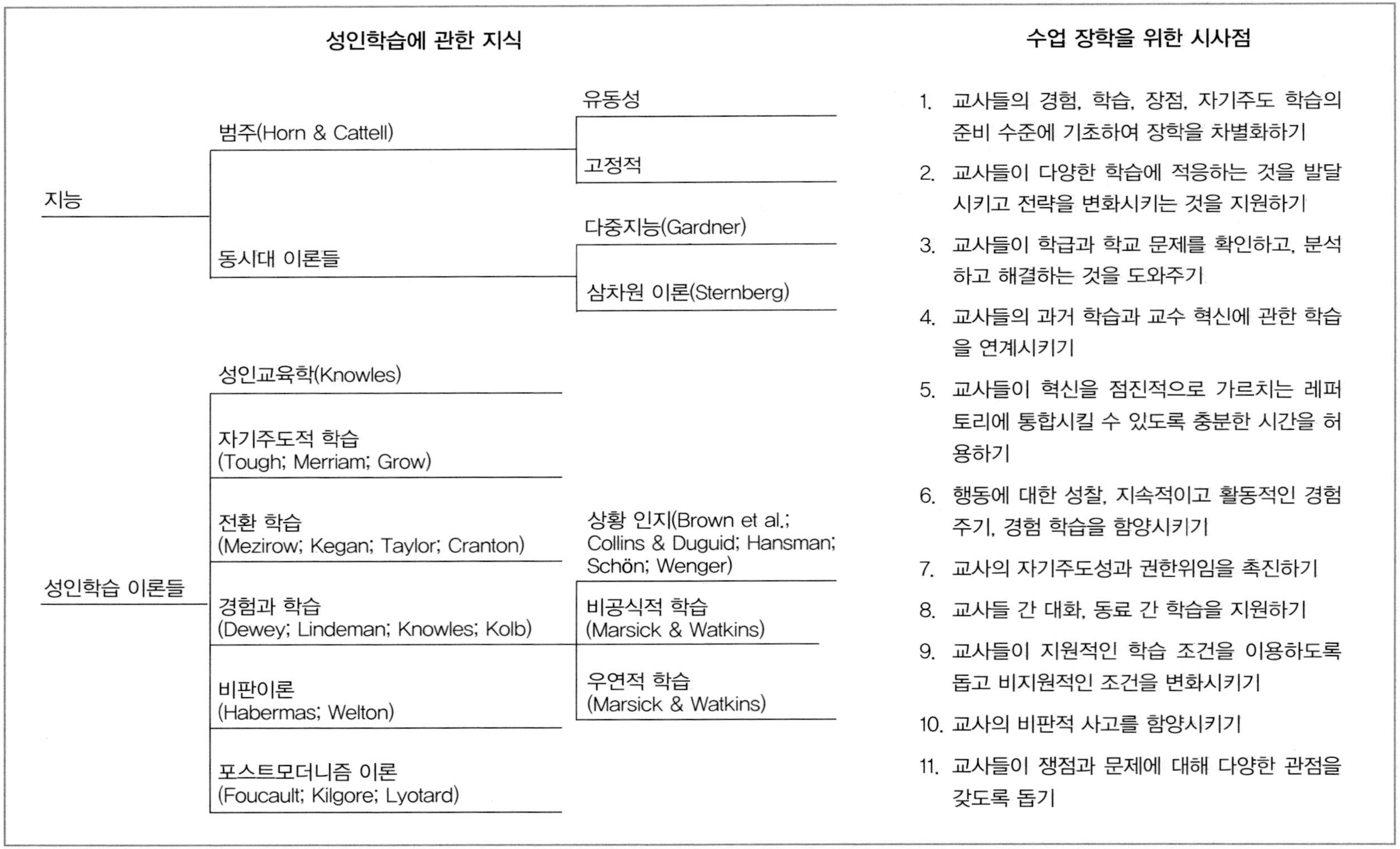

**성인학습에 관한 지식**

- 지능
  - 범주(Horn & Cattell)
    - 유동성
    - 고정적
  - 동시대 이론들
    - 다중지능(Gardner)
    - 삼차원 이론(Sternberg)
- 성인학습 이론들
  - 성인교육학(Knowles)
  - 자기주도적 학습 (Tough; Merriam; Grow)
  - 전환 학습 (Mezirow; Kegan; Taylor; Cranton)
  - 경험과 학습 (Dewey; Lindeman; Knowles; Kolb)
  - 상황 인지(Brown et al.; Collins & Duguid; Hansman; Schön; Wenger)
  - 비공식적 학습 (Marsick & Watkins)
  - 우연적 학습 (Marsick & Watkins)
  - 비판이론 (Habermas; Welton)
  - 포스트모더니즘 이론 (Foucault; Kilgore; Lyotard)

**수업 장학을 위한 시사점**

1. 교사들의 경험, 학습, 장점, 자기주도 학습의 준비 수준에 기초하여 장학을 차별화하기
2. 교사들이 다양한 학습에 적응하는 것을 발달시키고 전략을 변화시키는 것을 지원하기
3. 교사들이 학급과 학교 문제를 확인하고, 분석하고 해결하는 것을 도와주기
4. 교사들의 과거 학습과 교수 혁신에 관한 학습을 연계시키기
5. 교사들이 혁신을 점진적으로 가르치는 레퍼토리에 통합시킬 수 있도록 충분한 시간을 허용하기
6. 행동에 대한 성찰, 지속적이고 활동적인 경험 주기, 경험 학습을 함양시키기
7. 교사의 자기주도성과 권한위임을 촉진하기
8. 교사들 간 대화, 동료 간 학습을 지원하기
9. 교사들이 지원적인 학습 조건을 이용하도록 돕고 비지원적인 조건을 변화시키기
10. 교사의 비판적 사고를 함양시키기
11. 교사들이 쟁점과 문제에 대해 다양한 관점을 갖도록 돕기

[그림 4.1] 학습자로서의 성인

## 2. 성인 및 교사 발달

성인 발달에 관한 문헌은 몇 가지로 구분되고 연계된 접근들을 반영한다. 수십 년 전과 같이, 인간발달 연구는 아이들에 초점을 두었고, 성인기는 단순히 고려되거나 아니면 안정의 시기를 대표하는 것으로 생각하였다. 성인 발달에 관한 수십 년간의 이론과 연구는 순차적인 진행으로 발달을 강조하였다. 그 이유는 이 분야의 많은 연구가 심리학자들에 의해 수행되었고, 환경과의 상호작용에 대한 고려가 거의 없이 개인적으로 발생하는 변화 과정을 강조하였기 때문이다. 성인 발달에 대한 초기 접근들은 그러한 전통에 뿌리를 두고 있다. 시간이 지나면서 개인과 사회적 환경 간 상호작용에 더 큰 관심을 두게 되면서 성인 발달의 대안적 관점들이 발전되었다. 이 장의 다음 부분은 다섯 가지 하위주제들에 따라 성인 발달을 논의한다: (1) 발달 단계, (2) 생애 발달 주기, (3) 전환 사건, (4) 역할 발달, (5) 성인 발달의 사회문화적 영향.

### 성인과 교사 발달의 단계 이론(Stage Theories of Adult and Teacher Development)

발달 단계 이론에 초점을 두고 성인 발달에 관한 논의를 시작해 보자. Levine(1989)은 단계의 성격을 다음과 같이 기술하였다.

> 첫 번째로 가장 중요한 것은 그들의 구조적 본성이다. 각 단계는 생각 또는 이해의 근원적인 조직을 대표하는 "구조화된 전체"이다. 단계들은 각각 질적으로 다르다. 모든 것은 변화 없이 연속적으로 나타난다; 어떤 단계도 뛰어넘을 수 없다. 마지막 단계는 "위계적으로 통합된" 것이다; 즉, 진화하는 단계들은 점차적으로 복잡해지고 이전 단계들을 포괄한다. 개인들은 항상 지나왔던 단계를 통해 새로운 단계에 접근한다. 보통의 환경이나 적절한 지원 아래에서 사람들은 일반적으로 그들이 할 수 있는 가장 높은 단계를 사용하는 것을 선호한다(Levine, 1989: 86).

특별한 몇 단계들을 자세히 살펴보는 것은 유익하다.

**인지 발달(Cognitive Development)**  Piaget는 인지 발달을 4단계로 묘사하였다: 감각운동기, 전조작기, 구체적 조작기, 형식적 조작기(Blake & Pope, 2008). 형식적 조작기의 사람들은 현 시점에만 근거한 추론을 뛰어넘어 진화하였고, 시간과 공간을 연결하

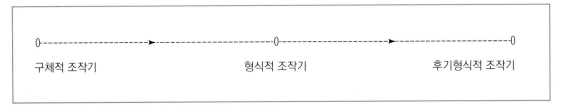

**[그림 4.2]** 성인의 인지 발달 단계

출처: Stephen P. Gordon(1990). *Assisting the Entry-Year Teacher: A Leadership Resource.* Columbus, OH: Ohio Department of Education.

고 예측까지 할 수 있다. 형식적 조작기의 사람은 가설적 추론을 사용하고 복잡한 상징을 이해하며, 추상적인 개념을 만들어 낸다.

몇몇 학자들은 형식적 사고가 모든 성인에게서 증명될 수 있는 것이 아니라는 사실을 발견하였다. Piaget의 네 번째 단계인 형식적 조작기를 넘어 후기형식적 조작기로 이행하는 성인의 사고에 관한 많은 연구가 있었다(Cartwright, Galupo, Tyree, & Jennings, 2009; Merriam, Caffarella, & Baumgartner, 2007). 후기형식적 사고(Sinnnott, 2009), 통합적 사고(Kallio, 2011), 인식적 이해(Baxter-Magolda, 2004)와 같은 용어들은 성인에게서 관찰되는 가장 높은 인지 단계로 묘사되었다. [그림 4.2]는 성인의 인지 발달의 연속성을 나타낸다.

Ammon과 그의 동료들은 Piaget 이론을 강조한 2년 과정의 교사 교육 프로그램을 대상으로 교사의 인지 발달을 탐구하였다(Ammon, 1984). 이는 교사 자신의 발달을 도모하기 위한 것뿐만 아니라 성인으로서 예비 교사와 현직 교사들에게 아동발달에 관하여 가르치기 위한 것이다. 교사들이 Piaget 학설을 학습하고 발달이론을 연관시킴에 따라, 그들의 학생, 학습, 교수법에 대한 개념이 변화되었다. 그들은 단순한 것에서 더 복잡하고, 학생 행동에 대한 상호작용적인 설명, 발달, 학습으로 진화한다. 교사들은 가르치는 것을 "보여주고 말해주는" 것이라는 개념에서부터 학생의 학습과 발달을 함양하기 위한 학습 환경 설계를 만들어 내는 것으로 옮겨갔다. 또한 그들은 지식을 전달하는 것보다 학습을 촉진하는 것으로 그들의 역할을 다르게 생각하게 되었다.

**도덕성 발달(Moral Development)**　Kohlberg와 Kramer(2006)는 도덕성의 세 가지 큰 범주를 확인하였다: 인습이전 단계, 인습 단계, 인습이후 단계. 그들은 세 가지 범주 각각에 처음보다 더 조직화되고 상향된 2단계를 추가하였다. 세 가지 범주에 걸쳐, 추론은 자기중심적인 관점에서 점차적으로 다른 사람의 관점과 권리를 존중하는 방향으로 이동한다. II단계에서 개인들은 사회적 규범에 따라 기대되기 때문에 "옳은 일을 한

**[그림 4.3]** 도덕성 발달 단계

출처: Stephen P. Gordon(1990). *Assisting the Entry-Year Teacher: A Leadership Resource.* Columbus, OH: Ohio Department of Education.

다". 마지막으로 III단계에서 도덕적 결정은 사회적 계약을 인지하고 개인의 권리를 유지시키기 위해 봉사한다. 비록 원칙과 법적 의무 사이의 갈등이 III단계 수준보다 낮은 문제가 있지만, 도덕적 원칙들이 개인들이 도덕 발달의 최상위 단계에 도달할 때 우선권을 갖는다. Kohlberg(Kohlberg & Armon, 1984; Kohlberg & Kramer, 2006)는 더 높은 단계를 우월한 것으로 보고, 적절한 교육목적으로서 발달 증진으로 본다. [그림 4.3]은 도덕성 발달의 연속성을 설명한 것이다.

여기서 Carol Gilligan(1982)의 연구를 언급할 필요가 있다. Gilligan은 Kohlberg의 도덕성 발달 모형으로부터 나온 결과와 여성을 대상으로 개인적인 결정을 논의한 그녀 자신의 연구 결과를 비교하였다. Kohlberg의 최상위 단계에 있는 사람들이 다른 사람의 권리를 침해할 것을 걱정하는 반면, Gilligan의 최상위 단계에서는 다른 사람들을 도울 수 있음에도 돕지 않는 생략의 오류(error of omission)를 걱정한다. Gilligan의 최상위 단계에서 도덕성은 관계의 용어로 인지되고, 선은 다른 사람을 돕는 것과 동일시된다. Gilligan은 여성의 삶에 관한 연구로부터 다른 개념의 발달이 나타남을 제안하였다.

이 도덕성의 개념은 기본적으로 이해 능력과 관련되고 또한 차별화와 통합화를 증진시키는 구조적 진행을 통해 발달한다. 이러한 진행은 자기중심적인 것에서부터 Kohlberg가 자신의 연구에서 묘사한 사회적·보편적 도덕의 관점으로 이동하는 것으로 목격된다. 그러나 다른 용어에서도 그렇다. 여성의 판단이 자기중심적인 것에서 윤리적 이해로 이동하는 것은 도덕적 문제를 배려로 규정한 "이기심"이나 "책임감" 같은 명확한 도덕적 언어의 사용을 통해 분명해진다. 이때 도덕적 발달은 배려라는 더 적절한 개념으로 이해되는 진보적인 재구조화로 구성된다(Gilligan, 1979: 442).

몇몇 소규모 연구들은 교사의 도덕성 발달과 그들의 교수-학습에 대한 이해의 관계를 연구하였다. Johnson과 Reiman(2007)은 특별채용(교원자격증이 없거나 교원양성 교육을 받지 않고 채용됨)된 3명의 초임교사를 대상으로 한 사례연구에서 교사의 도덕 · 윤리적 기질과 학급에서의 행동 간 관계를 탐구하였다. 3명의 교사 모두 저자들이 초임교사의 전형적인 특성으로 보고한 것과 같이, 규범을 준수하고 모든 사람에게 적용되는 분명하고 일관된 규칙을 강조하는 것을 목적으로 하는 도덕적 스키마에 기초하여 운영하는 것을 발견하였다. 그러나 3명의 교사들이 보여준 인습이후 스키마(정당성과 철저한 검토에 따라 이상적인 사회 규범에 기초한) 또는 개인적 관심 스키마(주로 의사결정자의 개인적인 관심에 기초한 결정)는 정도의 차이가 있었다. 그들은 교사들의 행동을 기록하기 위해 Flanders Interaction Analysis System(Guided Analysis System[GIAS]로 알려진)을 사용하여 다음과 같은 사실을 발견하였다.

> 교사들이 인습이후 추론을 더 사용하고 사적 이익으로 덜 판단할 때, 직접 교수하는 비율은 줄어든다. 교사들은 정보제공과 지시하는 시간을 덜 할애하고 더 많은 질문 시간을 갖고, 학생들의 생각을 받아들이고 사용하며, 강화하는 데 사용한다(Johnson & Reiman, 2007: 683).

Johnson과 Reiman은 인습이후 추론을 더 사용하는 교사의 비율이 증가함에 따라 학습자의 관점에서 더 개방되고 간접적인 상호작용에 더욱 관여된다는 결과를 도출하였다. 또한 그들은 비록 초임교사들이 복잡성에서 평균 이하의 낮은 수준에 주로 머물러 있지만, 멘토링에 따라서 더 복잡한 수준의 판단으로 이동할 수 있다는 것을 발견하였다. 초기 연구에서, Reiman과 Peace(2002)는 사회적 역할수행과 성찰 안내의 틀을 사용한 동료 코칭에 참여한 8명의 교사들이 다른 통제 집단과 비교하여, 자기중심적인 것에서 학습자에 대한 관심으로 이동하는 것뿐만 아니라 도덕적 · 윤리적 발달이 증가하는 것을 발견하였다. 이러한 두 연구 모두 도덕적 성향은 가르치는 실제와 연계되어 있고, 코칭 프로그램과 맞춤형 멘토링은 성향과 행동에 모두 효과적이라고 주장한다.

**의식 단계(Levels of Consciousness)** 새로운 Piaget 이론의 지지자라고 스스로 인정한 Robert Kegan(1994, 2000)은 최근에 성인 발달의 정신적인 면을 의식 수준에 관한 그의 이론에 포함시켰다. Piaget 학설이 구체적 조작에서 형식적 조작으로 이동하는 것과 같이, Kegan은 추상적 사고의 발달을 성숙한 *전범주적 의식 단계(cross categorical conciousness)(세 번째 단계)*로 이동하는 것으로 보았다. 전범주적 단계에서 기능하는 개인은 추상적으로 사유하는 능력이 있고, 자신의 감정을 성찰할 수 있고, 더 큰 지역사회에 충실할 것을 보장하는 신념과 가치에 의해 안내된다. 이 단계에서 성인은 자신만큼 이채로운 다른 사람의 필요, 요구, 바람으로 새로운 현실 구성을 경험한다(Taylor & Marienau, 1995). 단지 전범주적인 것(세 번째 단계)에서부터 *의식체제(네 번째 단계)*로의 전환으로, 그러나 개인은 진실로 독립적이고 자율적인 사람이 되기 위해 의무, 헌신, 가치 등의 용어로 자신을 규정하는 것에서 벗어나 움직인다. 우리가 객관적으로 우리 자신의 관점을 볼 수 있는 이 수준에서는 자신의 관점을 다른 것들과 비교하고, 차이점을 조화시키고, 변혁적 학습과 연계시키는 과정이 일어난다(Kegan, 2009). 의식의 체제 수준은 현대 성인의 삶(양육, 파트너, 노동, 계속 학습)의 다양한 요구를 맞추는 것이 필요하다고 지적된다. 그러나 Kegan은 많은 사람들이 30~40대가 되기 전에 이 단계에 이르지 못한다고 주장한다. 마지막으로 단계 이론이 공통적이듯 Kegan은 *전환체제(trans-systems)(다섯 번째 단계)* 의식을 좀처럼 성취되지 않은 수준으로 본다. 중년이 되기 전에는 거의 드물다고 여겨지는 변증법적 사유는 이 의식 수준과 관련된다.

Kegan의 모델은 우리 자신과 다른 사람 모두에 대한 우리의 기대가 지나치게 높다는 것을 주장한다. 그는 저서인 『In Over Our Heads: The Mental Demands of Modern Life』(1994)의 서문에서, 특별히 우리가 올려놓은 정신적 요구에 유념하는 다른 성인을 위한 교육, 훈련, 장학을 제공받은 사람들에게 호소한다. 예를 들어, 심지어 일반적인 학생 나이로 최근에 졸업한 사람들이라도, 교사들이 높은 수준의 비판적 사고와 메타인지 기술을 보여줄 것을 기대할 수 있다. 그는 이러한 기술이 30~40대까지 충분히 진화하지 않는다고 전망한다. Kegan이 강조한 직장에서의 계속적 성인학습과 성인 삶의 다른 영역, 가르치기/코칭이 발전적 성장을 자극할 수 있다는 그의 주장에 따라, 이를 실제 교사를 위한 미래의 연구에 전도유망한 모델로 만들 수 있다. 이는 Drago-Severson(2004, 2007, 2009)의 성인 성장을 위한 리더십의 네 가지 핵심에 기초한 것이다. 또한 Kegan의 모델은 발달 장학의 원리와 양립되는 틀을 제공한다. [그림 4.4]는 성인 의식의 연속체를 묘사한다.

[그림 4.4] 의식 발달 단계
출처: Stephen P. Gordon(1990). *Assisting the Entry-Year Teacher: A Leadership Resource.* Columbus, OH: Ohio Department of Education.

**관심의 단계(Stages of Concern)**  1960년대와 1970년대에, Frances Fuller(1969)는 교사의 관심에 관한 선구적인 연구를 수행하였다. 그녀는 자신의 연구와 6개의 다른 연구를 분석하여 다양한 경험 단계에 있는 수백 명의 교사들의 반응이 서로 다른 걱정을 나타내고 있음을 발견하였다.

*자기타당화* 단계에 있는 교사들은 생존에 초점을 둔다. 그들은 장학담당자가 있을 때 잘 해야 하고, 호의적인 평가를 얻어야 하며, 학생과 다른 교사로부터 존경받고 인정받아야 한다는 것에 관심이 있다(Adams & Martray, 1981). 그들의 주요한 관심은 학교의 일을 통해 만들어지고 있다.

생존과 안전이 보장된다면, 교사들은 그들 자신의 생존 욕구를 덜 생각하고 *가르치는* 일에 초점을 두기 시작한다. 이 단계에서 교사들은 교수적인 것과 학생 훈육과 관련된 쟁점에 더 관심을 둔다. 그들은 학급 스케줄, 교수 학습 자료, 교수 방법을 변경하거나 질을 높이기 위한 생각을 하기 시작한다. 수업에 대한 관심은 가르치는 환경, 학생의 과제, 업무량, 학술적 자유의 결핍 등의 일상화와 비유연성을 포함한다. 훈육적 관심은 학급 통제, 학생과 성인 가치와 태도 사이의 갈등, 문제를 일으키는 학생을 포함한다(Adams & Martray, 1981). 이 단계의 관심은 교수 환경과 교수 책임에 초점을 둔 특성으로 볼 수 있다.

뛰어난 교사들은 관심의 가장 높은 단계에 있다. 비록 규칙과 규범에서 벗어나더라도, 이 단계의 교사들은 학생들의 학습과 행복(well-being)에 영향을 주는 것에 큰 관심이 있다. 이 단계에서 학업에 대한 관심은 개인적 욕구의 진단과 충족, 동기가 없는 학생들을 자극시키기, 학생의 지적·감정적 발달을 촉진하는 것을 포함한다. 성숙한 관심을 갖고 있는 교사들은 또한 학생의 건강과 영양, 학생의 약물 사용, 학업 중단(중퇴) 예방 등 전체 학생들에게 관심을 갖는 경향이 있다(Adams & Martray, 1981). 교사들의 펼쳐진 관심은 "나"에 대한 관심에서 "나의 집단", "모든 학생들"에 대한 관심으로 관점 이동을 성찰하는 연속성으로 진화한다. [그림 4.5]는 교사 관심의 연속성을 설명한다. Fuller의 초기 연구들은 교사 경험의 단계를 관심 단계와 연결시켰지만, 더 최근의 연구들은 교사의 관심과 경험 수준 간 복잡한 관계를 제시한다. 인턴 교사들의 희망과 두려움에 관한 6개월간의 연구를 토대로, Conway와 Clark(2003)는 초임교사가 교사로서 스스로의 자각과 더 큰 반성적 성찰로 진화할 때 교사의 관심들은 경험과 함께 —Fuller에 의해 예견된 것과 같이 자신에서부터 과업과 학생으로— 둘 다 밖으로 이동한다고 단정 짓는다. 초임교사를 대상으로 한 2년 간 종단연구의 결론에 기초해 보면, Watzke(2007)는 교사의 관심 발달의 연대기적인 진화를 제시한 Fuller에 대해 더욱 비판적인 입장을 취한다. 교직에 입직한 이후 2년차를 맞이하는 교사를 대상으로 한 교

[그림 4.5] 교사의 관심 단계

사 관심 체크리스트를 여섯 번 반복한 그의 연구로부터 얻은 결과에 따르면, 2년차를 보내면서 교사들이 발전함에 따라 자기 자신과 관련되거나 직무 중 선택된 영역(학급 행동, 가르침에 대한 교수적 방해, 전문적 자유)과 관련된 모든 관심의 범주들이 감소하는 반면, 영향력과 관련된 관심은 모든 적용대상자 사이에 가장 높은 비중을 차지하였다.

**발달 이론들의 통합(Integrating Stage Development Theories)** 성인 발달과 교사 발달을 탐구한 학자들은 다양한 발달 성격들이 관련되어 있다고 가정하였다(Oja & Pine, 1984; Sullivan, McCullough, & Stager, 1970). 아직까지 다소 추측에 가깝지만 이러한 발견들은 각 단계(낮음, 중간, 높음) 중 하나의 발달 단계에 있는 많은 교사들이 아마도 같은 단계의 다른 발달 특성에서 작용한다는 것이다. 다양한 발달 특성들의 개연성 있는 관계는 교사의 발달 단계를 잠정적으로 낮음, 보통, 높음으로 묘사할 수 있도록 한다. [그림 4.6]은 성인/교사의 4단계 발달 단계를 정리한 것이다.

대부분의 교사들은 비교적 인지 또는 도덕 발달의 낮은 단계 또는 의식―아마도 대체로 성인 인구로부터 차이가 없는―단계를 적당하게 나타낸다(Oja & Pine, 1981). 이것이 무엇을 의미하는가? 어떤 차이로 인해 많은 교사들이 복합적인 생각을 하지 않고, 자율적이지 못하는가? 사람들은 아마도 고등사고를 가르치는 것을 필요로 하지 않을 것이다. 만약 가르치는 것이 단순히 의사결정이 필요 없는 일이라면, 그것은 별다른 차이를 만들지 않을 것이다. 만약 실제 대부분의 교사들이 자율적이고 추상적이라면, 단순한 일을 하도록 노력하는 것은 큰 긴장, 분노, 불응을 창출할 것이다. 만약 가르치는 것이 단순한 활동이라면, 학교는 단순히 사유하는 사람들이 필요할 것이다. 그러나 만약 가르치는 일이 복잡하고 변화무쌍한 것이라면 더 높은 수준의 사유가 필요할 것이다. 유동적이고 어려운 일 속에서 단순히 사고하는 사람은 압력을 받게 될 것이다.

사회학자들은 끊임없는 정신적 압박에 놓인 교사가 혼자서 일을 처리해야 한다는 기대―지켜보는 사람도 없고 도움도 없이―로 인해, 매일 수천 가지의 의사결정을 해

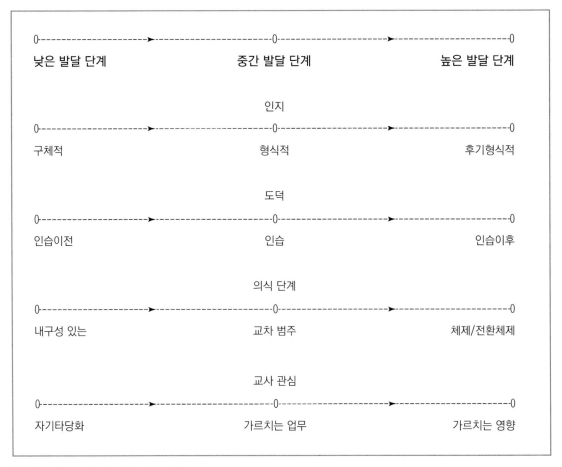

**[그림 4.6]** 교사와 성인 발달 단계

출처: Stephen P. Gordon(1990). *Assisting the Entry-Year Teacher: A Leadership Resource.* Columbus, OH: Ohio Department of Education.

야 하는 것에 의해 부과되는 환경적 요구들을 분석하였다. 교사는 매일 다양한 배경, 능력, 관심을 가진 150명에 가까운 학생들을 만나게 된다. 그들 중 일부는 성공하지만 나머지는 실패한다. 교사들이 자신들의 교수를 향상시킬 수 없을 것이라는 교사의 고착화된 사고를 구체화시켜야 한다. Madeline Hunter(1986)는 "가르치는 것은 절대적인 것이 없는 상대적으로 상황적인 전문성이다"라고 주장하였다.

교사의 성장은 단지 새로운 상황에 새로운 반응을 생성할 수 있는 관념인 다중정보적(multiinformational) 사고로부터 온다. 가르침의 개선과 관련된 교사의 발달 단계 연구에 대한 Glassberg(1979)의 검토 결과는 다음과 같은 결론에 이르렀다.

요약하면 높은 단계의 교사들은 가르치는 스타일에 적응적이고, 유연하며 인내성 있는 경향이 있다. 그리고 다양한 범주의 교수 모형을 활용할 수 있다. 효과적으로 가르치는 것은 거의 모든 관점에서 가장 복잡한 형식의 인간 행동이다. 더 높은 수준의 교사일수록 마치 낮은 단계의 동료들보다 학급에서 더 효과적인 것처럼 더 복잡한 인간발달의 단계를 보인다.

비록 본질에 의한 일은 자율적이고 유연한 사고를 요구할지라도, 높은 단계의 욕구를 가진 교사의 문제는 대부분의 학교가 그들의 사고를 향상시킬 수 있도록 지원하지 못한다는 것이다. 다양한 요구들을 맞출 수 없고 자율적이고 추상적인 생각을 할 능력을 습득하도록 도울 수 없는 복잡한 환경에서 교사를 위한 유일한 대안은 교수 환경을 단순화시키는 것이다. 교사들은 학생들의 차이를 무시하고 실제에서 매일, 그리고 매년 똑같이 남아 있는 교수 실천과 습관을 확립함으로써 환경을 조성한다. 효과적인 수업에 대한 연구(Davis & Smithey, 2009; Glatthorn, 2000; Hargreaves & Moore, 2000; Marzano, 2007; Tieso, 2000)에서 효과적인 수업은 특별한 학습 목적들과 지역을 고려한 교육과정 및 교수학습 자료의 각색에 기초한다고 설명한다. 다시 말해, 효과적인 교사들은 그들이 최근에 하는 일에 대해 생각하고 그것들의 실제 결과를 평가하고, 학생을 가르치기 위한 각각의 새로운 가능성을 탐구하며, 학생의 관점을 고려한다. 효과적인 교수는 특정 교수 행위(지난 시간의 목표 점검, 오늘 목표 제시, 설명, 증명, 실제적 안내의 제공, 이해의 점검 등)의 배열과 설정으로 잘못 오해되어 왔고, 적용되어 왔다. 효과성에 대한 이러한 설명은 절대 사실이 아니다. 오히려 성공적인 교사들은 사려 깊은 교사들이다(Elliott & Schiff, 2001; Fairbanks et al., 2010; Ferraro, 2000).

교사 발달의 높은 단계의 달성과 효과적인 교수 실행 간의 관계에 대한 증거는 몇몇 연구에서 밝혀졌다. Oja와 Pine(1981), Phillips와 Glickman(1991), Thies-Sprinthall과 Sprinthall(1987)의 연구는 특히 중요하다. 그 이유는 자극하고 지원적인 환경이 주어질 때 교사가 더 높은 발달 단계에 도달할 수 있다는 것을 발견했기 때문이다. 그러나 다른 연구들은 대부분의 교사들이 그러한 단계에 도달하지 못한다는 것을 보여준다.

## 생애주기 발달, 교사의 생애주기 및 교직
(Life Cycle Development, Teachers' Life Cycles, and the Teaching Career)

성인 발달과 관련하여 다음으로 살펴볼 내용은 연령과 관련된 생애주기 발달(life cycle

development)에 대한 연구들이다. 이 분야에 관심을 가진 이론가들 또한 순차적이고 규범적인 패턴을 기준으로 성인 발달에 접근하였다. 초기 생애주기 발달 연구자들은 특정 연령대가 아닌 광범위한 연령대를 두루 살펴본 후, 그러한 흐름 속에서 나타나는 삶 속의 패턴 또는 해결방안 등을 연결시켜 연구한 바 있다(Erickson, 1963). 이에 반해 후기 이론가들은 영역의 폭을 좁혀 특정 연령대를 중점적으로 다룬 특징이 있다(Levinson et al., 1978).

Daniel Levinson과 그의 동료들(1978)이 30대 중반에서 40대 중반의 연령을 가진 40명의 남성들을 대상으로 수행한 연구는 생애주기 발달과 관련하여 가장 대표적인 연구 중 하나이다. 이들은 각각의 개인이 직장과 가정이라는 인생의 핵심 요소를 통해 어떻게 안정과 변화의 시기를 거쳐 삶의 구조를 이루어 나가는지에 대해 설명하였다. 본 연구에 따르면 개인의 '직업'에 대한 꿈은 초기 성년 단계에서 주로 형성되고 이러한 꿈과 열망은 추후 배우자나 멘토와의 관계를 통해 점차 발달하는 것으로 나타났다. Levinson의 연구는 개인의 삶 속에서 나타나는 단계적 변화에 대해 일관적이고 논리적으로 설명하고 있지만 연구의 참여대상이 모두 중산층 출신의 남성이며 직업의 다양성이 충분히 통제되지 않았다는 한계점이 있다. 또한 이들의 연구는 남성만을 포함하고 있어 여성의 특성 또는 남녀 간의 차이점을 설명하는 데 제한적이다. 이를 보완하기 위해 수행된 여성과 관련된 후속 연구들을 살펴보면, 여성의 생애주기 발달 역시 기존의 남성 중심의 연구와 모형에서 나타난 결과들과 부분적으로 일치하는 것으로 밝혀졌다. 그러나 여성들에게서는 삶의 변화와 관련된 시점과 그 질이 다르며, 여성 간에 있어서도 삶 속의 변화를 경험하는 연령대에 차이가 있는 것으로 나타났다(Levinson & Levinson, 1996; Roberts & Newton, 1987). 이러한 여성 간의 차이는 이들이 초기 성년 단계에서 가정을 중시하는 전통적인 여성적 관점을 선택했는지, 아니면 커리어를 더욱 지향하는 남성적 관점의 삶을 선택했는지에 따라 달라지는 것으로 나타났다(Roberts & Newton, 1987).

한편 교사의 직업 발달은 일반적인 성인 생애주기의 흐름과는 반대로 나타나는 경향이 있는 것으로 보인다. Levinson(1978)과 Neugarten(1977)의 연구에 따르면, 초기 성년 단계는 미성숙함, 낭만, 꿈을 좇는 시기로 정의된 바 있다. 20~35세의 젊은 성인들은 각자의 지위, 안정, 직업과 가정, 주변 관계에서 행복을 찾고자 한다. 한편, 30~55세의 중간 단계에서는 삶에 대한 환멸, 반성 그리고 자신에게 주어진 역량과 기회를 중심으로 삶의 우선순위를 재조정하게 된다. 그러나 초기 성인으로서 교직에 입문하는 24~25세의 젊은 신규교사들은 삶의 낭만보다는 환멸을 더 많이 경험하게 된다. 이들은 주로 교직에 입문한 지 3년 후에 자신의 직업에 대한 큰 회의감을 가지게 된다. 교사들은 자신의 직업에 흥미를 느끼지 못하며 자기계발과 교직 외의 다양한 일을 경험할 수 있는 기회가 존재하지 않는다고 느낀다. 결국 교사들은 직장에서 매우 심각한 수준의 따분함을 경험하며 이는 교사로 하여금 현실을 체념하여 주어진 역할을 제대로 수행하지 않거나 교직 자체를 사직하는 결정으로까지 이어지기도 한다. 이처럼 젊은 교사가 초기 성인으로서 자연스레 즐거움과 이상을 추구하는 경향은 교직의 구속적인 특성으로 인해 발현되지 못하고 있다. 이러한 현상이 '교육'에서 의미하는 바는 무엇인가?

다음으로 이러한 질문을 할 수 있다: 중견교사가 지난 20년 동안 교실 안팎에서 동일한 업무를 반복적으로 수행해 왔다고 봤을 때, 이러한 그들의 경험은 중간 단계의 성인으로서 교사 자신의 삶 속 우선순위를 재조정하고 반성하는 데 어떠한 의미 또는 영향을 줄 수 있는가? 아마 이들이 교직에서 경험하는 반복적인 무기력함은 그들로 하여금 변화하고 발전하는 데 부정적인 작용을 할 가능성이 있다. 마지막으로, 관리직으로 승진하지 못하고 학교 현장에 계속 남아 동료와 학생들로부터 '유물'로 인식되는, 연령대가 더 높은 교사들은 어떠한가? 일반적인 성인 발달 단계에 있어서 이들은 자신들이 가지고 있는 30년의 교직 경험과 다양한 성과를 통합시키고 이를 통해 앞으로 남아있는 자신의 직업적 동기를 확인해야 한다. 그러나 여전히 이들에게는 자신보다 한참 어린 신규교사들이 하는 업무와 다를 것 없는 과업만이 있을 뿐이다. 이렇듯 경력교사와 신규교사들의 대우는 과업과 지위에 있어 크게 다른 점이 없다는 것을 우리는 확인할 수 있다. 이를 통해 과연 연공서열에 따른 책임감, 후진 양성 욕구(generativity), 업적은 어디에 있는 것인지 우리는 묻게 된다.

앞서 살펴본 것과 같이, 교직은 자연적인 성인 생애주기를 거스르는, 일종의 '뒤죽박죽'한 특성을 가진 직업으로 인식될 수 있다. 학생들의 교육 경험을 위해 지속적인 발전을 하는 교사들은 최대의 존중을 받아야만 하며, 교사들은 이러한 성인 생애주기에 충분히 반응하고 또 이를 지원하는 학교에 있어야만 한다. 우리가 보게 되는 유능한 교사들은 학교의 지원으로 인해 그 탁월함을 발휘하는 것이라고 보기보다는, 기존 학교 시스템의 한계를 뛰어넘는 헌신을 하고 있는 것이라고 봐야 더 마땅할 것이다.

교사 발달과 성인의 수명과의 관계에 초점을 맞춘 연구는 아직 많이 이루어지진 않았지만 점차 증가하는 추세이다. Gehrke(1991)는 신규교사와 관련된 프로그램을 개발할 때 성인 발달에 대한 이해가 보다 충분히 이루어져야 한다고 주장한다. 경력교사에게 필요한 생산적인 동기부여와 신규교사에게 필요한 친밀감을 모두 충족시키는 의미로 해석할 수 있다. Levine(1987)은 신규교사들의 열정을 지속시키고 강화하는 유용한 방법으로 신규교사들로 하여금 새로운 교수방법, 교육과정을 개발하거나 독창적인 프로젝트를 주도할 수 있는 기회를 부여하는 것 등을 제시하였다. 여기서 핵심은 이들이 필요로 하는 혁신과 모험심을 길러주는 것과 이들이 이러한 과정을 통해 중견교사들과 긴밀한 동료관계를 구축하여 친밀함이 이루어질 수 있도록 하는 것이다.

또한 Levine(1987: 16)은 중견교사들이 가진 전문성을 활용하여 교육과 행정 영역에 책임감이 부여될 수 있는 위치에 투입시켜 이들의 성인으로서의 권한이 성립될 수 있도록 유도해야 한다고 보았다. 예를 들어 중견교사들은 의사결정위원회에 관여하거나 신규교사들의 멘토가 되어 이들에게 필요한 도움을 줄 수 있을 것이다. 한편, Krupp(1987)은 중견교사들이 가지고 있는 다양한 관심사들을 학교 안으로 불러들이면 이들에게 부족한 경력 중심성(career centrality)을 도모하고 교직 이탈을 방지할 수 있을 것이라고 주장하였다. 예를 들어 중견교사들이 컴퓨터, 사진, 조경에 가지고 있는 관심을 교내 교육과정이나 방과후 교육과정으로 충분히 활용할 수 있을 것이다.

## 이행 사건(Transition Events)

성인 발달과 관련된 세 번째 접근방법으로는 개인의 삶 속에서 나타나는 다양한 사건에 초점을 둔 것을 들 수 있다. 이러한 사건은 일상적인 생활 사건(life events), 결정적 사건(critical events) 또는 표시 사건(marker events) 등으로 다양하게 표현되는데, 몇몇의 이론가들은 이러한 사건 중심의 관점은 보편적이고 순차적이지 않기 때문에 성인 발달을 온전히 설명할 수 없다고 주장하였다. 그렇지만 Fiske와 Chiriboga(1990)가 기존의 성인 발달 관련 모형에서 성인의 삶을 '시간의 흐름에 따라 순차적으로 변화되는 과정'으로 간주했던 것과 같이, 최근의 많은 연구들에서는 이러한 삶의 변화를 일으키는 이행 사건의 역할을 강조하고 있다.

생활 사건은 학자에 따라 다양하게 분류되어 왔다. 그 중 Willis와 Baltes(1980)는 각 개인의 삶 속에 나타나는 사건들을 중요성(salience)의 기준에서 분류하였다. 그들은 *연령대에 따라 규범적으로 나타나는 사건들*, 즉 다수의 사람들에게 특정 연령대에 나타날 가능성이 높은 사건(예: 결혼, 첫 아이의 출생, 배우자와의 사별)과, *규범적인 시대적 기준의 사건들*, 즉 특정 연령대의 다수의 사람들에게 연속적으로 영향을 주는 사건(예: 세계2차대전, 대공황), 그리고 *비규범적으로 나타나는 사건들*, 즉 다수가 경험할 수는 있지만 일반적으로 삶 속에서 기대되지 않는 사건들(예: 이혼, 실업, 질병)에 대해 이야기하고 있다. 이러한 사건은 긍정적 또는 부정적인 영향을 불러일으킬 수 있고 예측 가능하거나 불가능하기도 하다. 삶 속에서 벌어지는 예측 가능한 사건들 역시 개인의 삶을 한 발짝 더 나아갈 수 있게끔 만드는 기폭제가 되지만, 일반적으로 예측 불가하고 부정적인 사건이 발생할 때 인간은 오히려 더 많은 기회와 성장을 경험하게 된다(Fiske & Chiriboga, 1990; Krupp, 1982).

Neugarten(1977, 1987)은 배우자 또는 가까운 지인의 출산, 커리어의 정점, 자녀가 독립하는 시기, 은퇴, 질병, 죽음과 같은 사건들의 시점에 대해 연구하였다. 그의 연구에 따르면 이러한 사건들은 거의 대다수의 성인들이 공통적으로 경험하며, 사건이 발생한 시기는 개인이 그 사건에 대해 어떻게 반응하는지, 그리고 그들이 어떻게 삶을 지속시켜 나가는지에 영향을 준다고 밝혔다. 예를 들어 Blum과 Meyer(1981)는 심장마비에서 회복한 다양한 연령대의 성인 남성들을 대상으로 연구하였는데 질병이 발생한 시기가 언제였는가에 따라 참여자들의 인식 차이가 존재하는 것으로 나타났다. 젊은 남성들의 경우, 그들은 자신의 질병에 대한 더 큰 우울감과 적대감을 가지고 있었고 최대한 빨리 기존의 건강상태로 돌아가고자 하는 의지가 매우 강하였다. 반면 나이가 많은 남성들의 경우에는 질병을 앓으며 건강했을 당시의 삶에 대한 반성적 사고를 더 많이 하였으며 질병을 계기로 가족관계, 직업, 생활환경 등을 변화시키고자 고려하는 것으로 나타났다. 이처럼 나이가 더 많은 남성들은 자신이 질병으로 인해 죽지 않았다는 점, 그리고 그로 인해 은퇴 후에 세워둔 다양한 계획을 실천할 수 있는 기회가 부여되었다는 점에 대한 감사함을 가지고 있었다. 이러한 사례에서 볼 수 있듯이, '심장마비'라는 같은 사건이 발생하였다고 하더라도 사건의 발생 시기와 연령대에 따라 사람들은 다르게 반응한다는 점을 알 수 있다.

Neugarten의 연구결과는 사건이 '적정 시기'에 발생하느냐 아니면 '특이 시기'에 발생하느냐에 연관 지어 해석될 수 있다. 즉, 여기서 '적정 시기(on-time)'란 각 연령대에서 통상적으로 경험할 가능성이 높은 사건들이 이 시기에 발생함을 의미한다. 이러한 점으로 미루어보아 젊은 남성이 심장마비를 경험하는 것은 이 연령대의 대다수의 사람들이 공통적으로 경험하는 것이 아니기 때문에 이들의 사건은 적정 시기가 아닌 특이 시기에 발생하였다고 볼 수 있을 것이다. 물론 최근에는 인생의 주요 사건의 발생 시기가 과거에 비해 매우 다양해졌다. Merriam, Caffarella와 Baumgartner(2007)의 연구에서는 현대 사회에서는 과거에는 비규범적으로 여겨졌던 것들, 즉 아이를 가지지 않는 것, 만학도가 되는 것, 중년에 새로운 직업을 찾는 것 등과 같은 개인의 선택의 폭이 이제는 매우 다양해졌음을 지적하였다. 교육현장 또한 교직을 제2의 직업으로서 시작하고자 하는 성인들을 대상으로 개발되는 교원교육 프로그램도 이와 같은 맥락에서 이해될 수 있다. 그러나 Merriam과 그의 동료들은 현대 사회에서 우리가 경험하는 사건들은 그 시점과 다양성의 폭이 과거에 비해 매우 커졌지만 여전히 사회에서는 '연령대'를 기준으로 삶을 이해하고 해석하고자 하는 경향이 매우 보편적이므로, 이에 따른 사건의 발생 '시기'의 중요성은 여전히 유효하다고 주장하였다.

교사의 삶에 있어 이러한 이행 사건은 개인적 범주(결혼, 출산, 이혼, 배우자와의 사별)와 진로적 범주(교직 입문, 종신직, 전근, 수석교사 또는 관리직으로 승진)에서 다양하게 일어나며 이들은 모두 교사의 진로와 교육활동에 지대한 영향을 미친다. 전통적으로 학교 조직에서는 교사의 진로 이행 사건의 중요성을 더 중요하게 인식해 왔고 개인적 전환 사건에 대해서는 큰 관심을 보이지 않았다. Krupp(1987)은 교원을 위한 프로그램을 개발할 때, 교사 간 신뢰와 협력관계를 도모하기 위한 환경을 구축하고 동시에 이들의 다양한 삶의 이행 사건들을 지원할 수 있는 네트워크를 학교 안에서 구축할 것을 제시하였다. 이러한 네트워크 구축을 통해 교사는 퇴직과 같은 예측 가능한 삶의 변화는 물론 예측 불가한 변화(예: 갑작스런 부모 부양)에 대비할 수 있는 지원 시스템을 갖출 수 있다는 점에서 매우 중요하다고 할 수 있다. Krupp이 제시한 교사 지원 네트워크와 교원 전문성 계발은 그동안의 학교 시스템에서는 거의 전무하였다고 봐도 과언이 아니다.

다행스럽게도 최근에는 교사 지원 프로그램의 도입이 확장되며 초임교사와 경력교사의 멘토링 관계를 구축하는 지원 시스템이 확대되고 있다. 이러한 시스템이 교사들의 발달 단계에 따른 개인적 그리고 커리어에 있어서의 전환점을 효과적으로 지원할 수 있는 유용한 토대가 되길 기대한다. 더 나아가 학교는 이러한 공식적인 형태의 지원 프로그램만을 제공하는 것을 넘어 보다 협력적이고, 서로 보살피고, 성장을 지향하는 '커뮤니티'를 구축하여 다방면으로 교사를 지원할 필요가 있을 것이다.


## 역할 개발(Role Development)

여기에서는 개인의 직장과 가정에서의 역할 그리고 자기발전의 상호작용을 중심으로 성인의 사회적 역할에 초점을 둔 연구들에 대해 살펴보겠다. Juhasz(1989)는 가정, 직장 그리고 자아라는 세 역할을 중심으로 성인의 역할 모형을 개발하였다. 이 세 가지의 역할은 '뒤엉키는' 특성을 가지고 있는데 개인은 이러한 역할 수행에 동시성의 특성이 있으며 때로는 역할 간 상이한 탄력과 힘을 지니게 된다. 이 모형에서는 삶 속의 각 시점에서 성인들이 어떤 역할을 더 부각시키는지를 강조하였다. 이때 역할 정립에 있어 가장 큰 원동력으로 작용하는 것은 자존감이며 성인들은 '가치성을 가장 높게 느낄 수 있게 해주는 역할'에 초점을 맞추게 된다(Juhasz, 1989: 307).

Merriam과 Clark(1993)는 '일과 사랑'(work and love: 이 표현은 삶의 대칭적 구성을 나타내기 위한 도구적 표현임)과 같은 삶의 사건들과 성인학습 간의 관계를 조명하기 위한 설문지를 개발하였다. 설문 참여자들은 자신의 인생 패턴을 일과 사랑이라는 두 개의 개별적인 선을 사용하여 그래프로 표현하였다. 또한 이들은 지난 20년간 성인으로서의 삶(18세 이상)에서 나타났던 주요 사건들을 토대로 삶에 있어 어떠한 학습적 경험을 했는지 기록하였다. 총 405명의 설문 참여자의 응답을 분석한 결과, 연구자들은 일과 가정 간의 관계를 다음과 같은 세 가지의 범주로 구분하였다: (1) 분리(segmentation), 즉 일과 가정 간에 아무런, 또는 매우 제한적인 연관이 있을 때, (2) 보상(compensatory), 즉 개인이 일과 가정 중 상대적으로 불만족스러운 부분을 다른 한쪽에서 충족시키려는 상황, (3) 일반화(generalization), 즉 직장 또는 가정에서 형성된 가치 또는 문화가 다른 한쪽으로 도달하여 두 곳 모두에서 같아지는 상황.

　Merriam과 Clark의 연구 중 가장 핵심적인 결과는 직장 경험에서부터 오는 학습이 남녀 응답자 모두에서 우세하다는 점과, 직장과 가정에서의 삶이 모두 원활하게 이루어질 때 더 많은 학습이 일어났다는 점이다. 그러나 이들에게 있어 실제로 관점의 전환을 불러일으킬 만큼의 효과적이고 영향력 있는 학습 경험은 주로 직장이나 가정에서 힘든 시기(예: 직장에서 해고되었거나 가족 구성원의 사망)를 극복해 나가는 과정에서 나타난 것으로 밝혀졌다. 이처럼 성인의 학습에 있어서 가장 핵심적인 요소가 인생 속 경험에서 온다고 보았을 때, 장학담당자는 교사의 삶 속에서 나타나는 다양한 경험들을—개인적, 직업적 모두—지원하는 데 매우 핵심적인 역할을 할 수 있을 것이다. 그렇다고 장학담당자의 역할이 상담치료사가 되어서는, 또는 될 필요도 없다. 그렇지만 교사의 개인적, 가정적, 직업적 역할의 상호작용의 중요성을 인식하고 이를 고려한 총체적 관점에서 구축되는 장학 지원은 필요할 것이다.

　전통적으로, 학교 시스템과 장학담당자들은 교사의 전문적 역할에 대해서만 관심을 기울여 왔고 이들의 개인적, 가정적 역할에 대해서는 관심을 가지지 않았다. 교사의 전문적 역할 외의 영역에 대한 지원을 하기 위한 일부 노력들은 '학교 자원의 부적절한 사용', '교수학습 발전에 큰 도움이 되지 않는 일' 등과 같은 비판을 받아왔다. 그러나 성인 역할 발달에 대한 연구들은 우리에게 교사의 삶에서 개인적, 가정적, 직업적 역할이 온전히 구분될 수 없음을 지적하고 있다. 즉, 교사의 직업적 역할 외에 성인으로서 부여되는 또 다른 역할(예: 부모)들은 이들의 교육활동에 직접적인 영향을 미치게 된다. 그동안의 장학은 교사들이 성인으로서의 다양한 역할 간의 상호작용에 대해 더 잘 이해하는 것과, 역할 갈등과 그로 인해 발생하는 스트레스를 해소하기 위한 지원을 해주는 데 실패하였다. 또한 교사들이 자신에게 부여된 다양한 역할 속에서 균형을 얻었을 때 가질 수 있는 시너지를 창출하는 데 도움을 주지 못하였다.

## 개발에 대한 보편적 관점을 넘어서: 성인 발달의 사회문화적 맥락(Beyond Universal Conceptions of Development: The Sociocultural Context of Adult Development)

1980년대부터 현재까지 사회구조적 변인들(인종, 계급, 성별, 장애 또는 성적 취향)이 성인 발달에 어떠한 영향을 미치는지를 찾아내기 위한 연구들이 많이 이루어져 왔다. 이 중 성별과 인종은 연구자들의 가장 큰 관심사였다. 몇몇의 연구자들은 보다 정교하고 포괄적인 이론들을 발달시켜 기존 연구들의 범위를 확장시키고 설명하는 데 초점을 두고자 하였다. 그러나 다른 한편으로 포스트모던적 관점에서 기존의 거대이론에 저항하는 연구자들은 '우산 이론(umbrella theory)'을 구축하려는 시도를 하지 않았다 (Kilgore, 2001). 후자의 연구자들은 성인 발달과 관련하여 특정 소외 계층의 특성을 밝히는 데 흥미가 있었으며 성별, 인종과 같은 구조적 변인이 인간의 정체성 구축에 어떻게 교차하는지 밝히고자 하였다(Graue, 2005; Sheared, 1999; Tisdell, 2000).

**성인 발달에 있어 성별의 역할(The Role of Gender in Adult Development)** 성별과 성인 발달의 관계를 탐색하는 다수의 문헌은 여성의 삶과 경험이 초기 이론에 반영되지 않았다는 이유로 주로 여성에 초점을 맞추어 수행되었다. 이와 관련된 최근의 이론과 연구는 크게 두 가지의 형태로 구분된다. 첫째, 기존에 남성 중점의 연구모형과 결과를 토대로 관찰 범위를 여성으로 확대시켜 분석한 확장형 연구와, 둘째, 처음부터 여성 참여자들만 분석하거나 남녀가 혼재된 샘플을 새로이 분석한 연구이다.

Gilligan(1982)은 Kohlberg의 도덕발달이론(Kohlberg & Turiel, 1971)에 대항하고자 하는 연구를 수행하였다. Gilligan은 남성과 여성은 그들의 도덕적 결정을 상이한 기준을 토대로 내린다고 제안하였는데, 여성의 경우는 '돌봄'의 관점에서 근거한 윤리를 토대로 도덕적 결정을 내리고 남성은 '정의'를 기준으로 결정하게 된다고 보았다. 그녀는 연구 결과를 통해 여성에게 있어 타인과의 소속감을 지속시키는 것은 매우 중요하다고 제시하였다.

둘째, 여성만을 대상으로 한 연구들 중 Belenky와 동료들(1986)의 연구인 '여성의 앎의 방식(Women's Ways of Knowing)'은 가장 활발히 인용되는 연구 중 하나이다. 그들은 여성의 지식 발달을 다섯 가지 범주[침묵(silence), 받아들인 지식 (received knowledge), 주관적 지식(subjective knowledge), 절차적 지식(procedural knowledge), 구축된 지식(constructed knowledge)]로 상세히 기술하여 기존의 위계적 관념에서 벗어나고자 하였다. 이때 가장 이상적인 발달은 다섯 가지 범주가 모두 통합될 때 이루어질 수 있다. 이 분야와 관련된 또 다른 연구자로는 Peck(1986)을 들 수 있다. 그녀의 이론에 따르면 여성들의 삶은 세 개의 밀접한 층 또는 막으로 형성되어 있다. 사회역사적 맥락층이 가장 바깥쪽에 존재하며, 그 다음으로는 다중의 관계가 합쳐진, 유연하고 양방향성의 특성을 가진 '세력권(sphere of influence)'의 층, 그리고 가장 안쪽에는 자신에 대한 본질적 인식을 의미하는 '중핵(center core)'층이 존재하며, 이 세 가지의 층은 여성의 삶의 과정을 통해 지속적으로 상호작용하게 된다. Caffarella와 Olson(1993)은 여성 발달에 대한 연구를 다음과 같이 네 가지 테마로 요약하였다. 첫째, 관계의 구심성, 둘째, 사회적 역할의 중요성과 상호작용, 셋째, 역할의 절대성이 여성의 기준에 따라 비연속적인 특성을 가지고 있다는 점, 넷째, 연령대에 따른 경험의 다양성으로 나타나는 여성 발달(women's development)이다. 여성이 교직에서 차지하는 비율이 월등히 높은 점을 감안했을 때, 장학담당자들은 성인 발달에 있어 이러한 여성의 특성을 제시한 다양한 모형들을 충분히 인지하는 것이 중요하다.

최근 성인 발달 모형들은 사람들의 특성을 지나치게 일반화하고 성별과 개인별로 나타나는 특성을 충분히 고려하지 않았다는 점에서 비판을 받아왔다. 예를 들어 Anderson과 Hayes(1996)는 남성과 여성 모두가 성취와 관계를 중요하게 여기며 그들의 자존감은 유사한 자원으로부터 비롯되고 삶 속에서 지속적으로 '유지해야' 하고 '버려야 하는' 다양한 이슈들과 씨름을 한다고 밝힌 바 있다. 또한 이들의 모형에서는 인종, 지위, 문화에 대한 다양성이 무시되는 경향이 있다는 점도 비판점이 되어 왔다. Harris(1996)는 다양한 하위문화(subculture)에서 온 남성들이 '남성성(masculinity)'에 대한 24개의 문화적 뜻을 어떻게 인식하고 있는지 연구한 결과 이들의 지위, 인종, 성적 지향(sexual orientation), 출신 지역(도시, 시골)에 따라 그 인식에 차이가 있는 것으로 나타났다. 이 연구는 왜 어떤 남성들이 초등 교직에 입문하는 데 있어 자신들의 의욕을 꺾는 주류적 문화 규범을 타파하고자 하는지 이해하는 데 도움이 될 것이다.

**성인 발달에서 인종과 민족성의 역할(The Role of Race and Ethnicity in Adult Development)** 성인의 심리사회 발달에 대한 초기 모형들이 여성의 경험을 포함시키지 않았다는 이유로 비판을 받았던 것과 같이, 초기 모형들은 그들의 연구에 다양한 배경(예: 인종)의 사람들을 포함시키지 않아 이들이 제시한 모형을 과연 보편적으로 모든 성인의 발달에 적용하고 설명할 수 있을지에 대한 의문점이 제기되었다(Sneed, Schwartz, & Cross, 2006). Chavez와 Guido-DiBrito(1999)는 성인학습자들에게 있어 인종과 민족 정체성이 미치는 영향을 탐색한 모형들을 매우 훌륭하게 개괄적으로 설명하였다. 이 중 Cross가 개발한 흑화이론(nigrescence theory)은 해당 분야의 가장 초기 연구 중 하나이다(Cross, 1971, 1995). 초기 이론들에 따르면 흑인들은 '충돌 이전의 단계', 즉, 이들이 '인종'이라는 개념, 또는 '인종에 따른 자기혐오'에 대한 제한적인 인식을 가지고 있던 시기에서부터 총 세 단계(추후 다섯 단계로 확장됨)를 거쳐 더욱 확고한 흑인으로서의 정체성을 지니게 된다고 밝혔다(Sneed, Schwartz, & Cross, 2006). 이 모형은 보다 정교한 수정을 거쳐 '확장된 흑화모형(NT-E)'으로 발전하게 되는데 기존에 제시한 세 가지의 단계적 호칭은 그대로 유지되었지만 비위계적인 준거 틀에 기초하여 재개념화되었다(Worrel, 2008). 흑화이론을 적용시킨 가장 최근의 연구인 Worrel이 제시한 세 가지의 프레임은 아홉 가지의 인종에 대한 다양한 태도를 구분하여 설명하고 있다.

(a) 충돌 이전 단계에서 나타나는 세 가지 양상: 동화, 잘못된 교육, 자기혐오, (b) 몰입과 유상화(emulsion)의 양상: 격렬한 흑인 관련 참여와 반-백인주의, (c) 네 가지의 국제화 양상: 민족주의자, 양문화주의자(Biculturalist), 인종 다문화주의자(Multiculturalist Racial), 포괄적 다문화주의자(Multiculturalist Inclusive)(Worrel, 2008: 158).

Parham(1989)은 타인으로부터 인종으로 인한 부정적인 차별대우를 경험하는 것이 흑인들의 인종 정체성 구축을 어떻게 촉발시키는지 살펴보았다. 그에 반해 Chavez와 Guido-DiBrito는 고유의 인종 집단에 몰입되어 있는 환경에 있을 때 정체성 구축이 촉발된다고 보았다. 이들은 Helms(1993, 1995)의 백인 정체성 발달 이론에서 내재되었던 특성과 유사하게 인종 정체성 구축에 있어 자신과 다른 색깔을 가진 타 집단의 인식에 초점을 두었다. Helms는 백인 정체성 발달에 있어 타 인종에 대한 노출이 매우 강력한 촉발기제라는 점을 강조하였고 이러한 정체성은 기존의 백인 우월주의 가정을 초월하는 것이었다. 한편, Chavez와 Guido-DiBrito는 Helms의 이론이 타 인종을 바라보는 교차적인 인식과 스스로에 대한 인종적 인식에 지나치게 많은 중점을 두었다고 지적하였다. 그들은 인종의 특성에 중점을 둔 Helms의 이론보다는 민족에 기반한 정체성 발달 이론들에 더 흥미를 가졌다.

Katz(1989)의 백인 민족 정체성에 대한 모형에서는 백인 미국인의 문화적 정체성의 가치와 관점을 식별하였다. 이 연구에 따르면 백인 미국인들이 보유한 가치는 '자율성, 경쟁성, 선형적인 시간'의 개념에서 비롯되었고 이러한 이들의 가치는 Garrett와 Walking Stick Garrett(1994)이 밝혀낸 원주민 미국인들의 정체성인 '하모니, 균형, 어른 공경'과는 대조된다. 한편 Phinney(1990)는 모든 집단에게 적용될 수 있는 민족 정체성 과정을 개발하였다. 첫째, 지배적 집단이 가진 고정관념과 편견적인 대우에 맞서 상대하고, 둘째, 자신들의 민족이 가진 고유의 가치와 사회의 지배집단이 가진 가치의 충돌을 양문화(bicultural) 가치 시스템이라는 절충적 방안을 통해 해결하게 된다.

이들 모형으로부터 성인학습에 대한 몇 가지의 제언점을 찾아볼 수 있다. 이 모형들은 일반적으로 대부분의 백인 민족의 배경을 가진 개인들은 자신들의 문화적 기준에 근거한 학습을 경험하고 있지만 상대적으로 덜 익숙한 다문화적 환경에서의 학습은 어려워하거나 저항할 수 있음을 제시하였고, 이는 곧 다양성 훈련에 대한 시사점을 제공한다. 다른 한편으로 비주류 문화권의 배경을 가진 개인들은 자신의 고유한 문화 외에도 주류 문화에 대한 이해를 필요로 하는 환경에 처해 있다. 예를 들어 Alfred(2001)는 종신교사직을 취득한 성공적인 아프리카계 미국인 여성들의 진로 개발에 양문화 역량이 주요한 요인으로 작용되었다고 제시한 바 있다. 또한 직장에서 백인 남성 멘토들의 지원적 역할이 일부 사례에 중요한 영향을 미쳤음을 밝혔다. 교직에 있어서도 이와 유사하게 비주류 집단 출신의 교사들 역시 성공적으로 두 가지 이상의 문화를 수용하고 이해해야 하며 그들의 멘토들은 이러한 환경에 민감하게 대응하고 지원해야 한다.

이처럼 최근 성별, 인종과 민족의 정체성 등에 초점을 맞춘 연구들은 우리로 하여금 성인의 발달을 이해하는 데 있어 한 가지의 이론이 모든 것을 설명하기에는 부족하다는 것을 알게 해주었다. 그러한 한계점에도 불구하고, 여전히 이 이론들은 성인들이 삶 속에서 경험하는 다양한 변화에 대한 유용한 설명을 제공하고 이러한 변화에 영향을 미치는 무수히 많은 요인들이 무엇인지 제시하고 있다. 교사를 효과적으로 지원하고자 하는 사람들에게는 이러한 연구결과들을 잘 이해하는 것이 중요하다고 할 수 있겠다.

## 성인·교사 발달 모형에 대한 복습(Review of Adult/Teacher Development Models)

〈표 4.1〉은 앞서 살펴본 성인 발달에 대한 다섯 가지의 개념적 틀을 도식화한 것이다. 다섯 가지의 모형에서 공통적으로 나타나는 사항은 바로 성인의 삶은 '변화'와 '적응'이라는 기제로 특징지을 수 있다는 점이다. 교사를 비롯한 모든 성인학습자들로부터 우리가 한 가지 확신할 수 있는 것은, 삶 속에서 변하지 않는 것은 결코 없기 때문에 우리 모두는 크고 작은 변화에 대처해야 하는 환경 속에 살고 있다는 점이다. 장학은 학교 내에서 일어나는 성인 발달의 단계와 이슈를 확인할 수 있는 기회를 제공하며 그러한 현실적 맥락에 따라 교사들의 전문성 계발을 지원할 수 있다.

〈표 4.1〉 성인 발달의 개념적 모형

| 보편적, 질서적, 순차적 | | 상호적, 사회적 맥락 | | |
|---|---|---|---|---|
| 위계적 단계 | 생애주기 단계 | 전환적 사건 | 역할 발달(개발) | 사회문화적 요인 |
| *인지 단계*<br>Piaget, Perry | | *결정적 사건*<br>Brim과 Ryff | *가정, 직장, 자아*<br>Juhasz | *세력권*<br>Peck |
| *도덕성 발달*<br>Gilligan, Kohlberg | *결정적 사항*<br>Erikson | *스트레스성 사건*<br>Fiske et al. | *사랑, 직업 그리고 학습*<br>Merriam과 Clark | *여성들의 앎의 방식*<br>Belenky et al. |
| | *안정성 vs 전환*<br>Levinson | *적정 시기/ 특이 시기*<br>Neugarten | | *민족 정체성 발달*<br>Cross, Helmas,<br>Phinney |
| *의식 수준*<br>Kegan | | | | |
| *관심 단계*<br>Fuller | | | | |

## 3. 발달의 변동성

인지적 분야의 연구자들은 영역이나 주제에 따라 사고(thinking)의 수준이 달라질 수 있음을 보여주었다(Case, 1986; Gardner, 2006; Sternberg, 1988). 교사 Fred는 그의 2학년 학생들에게 미술을 가르치는 것을 매우 좋아한다. 그는 지속적으로 새로운 아이디어를 찾기 위해 노력하고, 그것을 위한 자료를 찾고 교육 프로그램을 더 개발하기 위해 힘을 쏟는다. 그렇지만 수학과목을 가르치는 데 있어서 Fred의 노력과 행동은 미술과목의 그것과는 사뭇 다르다. 그는 과거 학생일 때에도 수학을 좋아한 적이 전혀 없으며 교사가 된 현 시점에도 수학을 가르치기 위해 추가적인 노력과 시간을 투입할 의지가 없다. Fred의 사례를 통해 우리는 모든 인간과 같이, 교사들의 사고와 헌신 역시 모든 영역에서 동등하게 나타나지 않는 것을 알 수 있다.

더 나아가 발달은 퇴행, 재활용될 수 있으며 사용되지 못하고 봉쇄될 수도 있다. 누군가 특정 영역에 아주 높은 수준의 발달을 이루었다고 하더라도 그것이 영구적으로 지속된다고 할 수는 없다. '경험'이라는 것은 상대적인 단어이다. 30년의 교직(또는 장학) 경험이 있는 교사라고 할지라도 미숙한 부분이 있을 수 있다. 기존에 주어졌던 과업에 대한 기대치에 변동이 생기거나, 대상 고객이 갑자기 바뀔 경우, 개인은 이 변화에 따른 어려움을 어떻게 헤쳐 나가야 할지 고민하게 된다. 이와 유사하게 1년차 교사 또한 자신의 상대적인 경험에 따라 사리적 판단을 할 수 있다.

개인의 다양한 상황에서부터(개인적 영역과 직업적 영역) 나타나는 변화는 사고와 동기의 수준을 퇴행시킬 수 있다. 예를 들어, 자신이 재직하는 학교가 발전하는 데 크고 작은 기여를 해온 어느 헌신적이고 사려 깊은 교사는 교원노조와 학교이사회의 의견 불일치로 인해 급작스런 파업을 경험하게 되었다. 그 결과 교사들은 기존의 활동 범위에서 자신들의 안전 영역 안으로 후퇴하게 되었고 이전과 같이 학교 교육과정이나 교수 활동에 대한 과업에 참여하지 않게 되었다. 파업이라는 변화로 인해 대다수의 교사들은 생존의 단계로 퇴각하게 된 것이다.

교사 또는 성인 발달은 획일적이지 않고, 선형적이지도 영구적이지도 않다. 발달 단계에 대한 연구들은 교사들의 단계별 사고와 헌신에 대해 개인적, 집단적 수준에서 들여다볼 수 있는 렌즈를 제공하고 있다. 이러한 렌즈를 통해 우리는 교사가 더 높은 단계로 발달할 수 있는 지원방안을 탐색할 수 있을 것이다.

## 성찰과제

현재 재직하고 있는 학교의 멘토 교사들에게 제공될 전문성 계발 프로그램을 설계해야 한다고 가정해 보자. 그 프로그램에는 멘토 교사가 신규 또는 기타 교사들을 지원할 때 유용한 성인학습과 발달에 대한 지식이 담겨야 한다. 프로그램은 주요 주제들을 소개하는 1일 과정이며 한 학기 동안 후속 세미나와 추가적인 지원이 포함된다.

1. 프로그램을 설계할 때, 성인학습과 발달에 대한 주제 중 당신이 포함시키고자 하는 내용에는 어떠한 것이 있는가?
2. 성인학습에 대한 다양한 원리 중 어떤 것을 워크숍 프로그램에 포함시킬 것인가?
3. 1일 워크숍이 끝나고 예정되어 있는 후속 세미나와 지원 프로그램에서는 다양한 멘토 교사들이 협업하게 된다. 이를 통해 멘토 교사들의 개인적, 집단적 학습 경험은 어떻게 극대화될 수 있는가?

# 참고문헌

Adams, R. D., & Martray, C. (1981). *Teacher development: A study of factors related to teacher concerns for pre, beginning, and experienced teachers.* Paper presented at the annual meeting of the American Educational Research Association, Los Angeles, April.

Alfred, M. V. (2001). Expanding theories of career development: Adding the voices of African American women in the White academy. *Adult Education Quarterly, 51,* 108-127.

Ammon, P. (1984). Human development, teaching and teacher education. *Teacher Education Quarterly, 11*(4), 95-108.

Anderson, D. Y., & Hayes, C. L. (1996). *Gender, identity and self-esteem: A new look at adult development.* New York: Springer.

Bassett, C. (2005). Emergent wisdom: Living a life in widening circles. *ReVision, 27*(4), 6-11.

Baxter-Magolda, M. (2004). Evolution of a constructivist conceptualization of epistemological reflection. *Educational Psychologist, 39*(1), 31-42.

Beattie, M., Dobson, D., Thorton, G., & Hegge, L. (2007). Interacting narratives: Crearting and re-creating the self. *International Journal of Lifelong Education, 26*(2), 119-141.

Belenky, M. F., Clinchy, B. M., Goldberger, N. R., & Tarule, J. M. (1986). *Women's ways of knowing: The development of self, voice, and mind.* New York, NY: Basic Books.

Blake, B. & Pope, T. (2008). Developmental psychology: Incorporating Piaget's and Vygotsky's theories in classrooms. *Journal of Cross-Disciplinary Perspectives in Education, 1*(1), 59-67.

Blum, L. S., & Meyer, R. (1981). *Developmental implications of myocardial infarction for mid-life adults.* Paper presented at the annual meeting of the American Educational Research Association, Los Angeles, April.

Brookfield, S. D. (2009). Self-directed learning. In R. Maclean & D. Wilson (Eds.), *International handbook of education for the changing world of work* (pp.2615-2627). Netherlands, UK: Springer.

Brown, J. S., Collins, A., & Duguid, P. (1989). Situated cognition and the culture of learning. *Educational Researcher, 18*(1), 32-42.

Caffarella, R. S., & Olson, S. K. (1993). Psychosocial development of women: A critical review of the literature. *Adult Education Quarterly, 43*(3), 125-151.

Cartwright, K. B., Galupo, M. P., Tyree, S. D., & Jennings, J. G. (2009). Reliability and validity of the complex postformal thought questionnaire: Assessing adults' cognitive development. *Journal of Adult Development, 16,* 183-189.

Chavez, A. F., & Guido-DiBrito, F. (1999). Racial and ethnic identity and development. In M. C. Clark & R. S. Caffarella (Eds.), *An update on adult development theory: New ways of thinking about the life course (New Directions for Adult and Continuing Education, no. 84).* San Francisco, CA: Jossey-Bass.

Clark, M. C. (2001). Off the beaten path: Some creative approaches to adult learning. In S. Merriam (Ed.), *An update on adult learning (New Directions for Adult and Continuing Education, no. 89)* (pp. 83-91). San Francisco, CA: Jossey-Bass.

Closson, R. (2010). Critical race theory and adult education. *Adult Education Quarterly, 60,* 261-283.

Conway, P. F., & Clark, C. (2003). The journey inward and outward: A re-examination of Fuller's concerns-based model of teacher development. *Teaching and Teacher Education 19,*

465-482.

Cranton, P. (1994). *Understanding and promoting transformative learning.* San Francisco, CA: Jossey-Bass.

Cross, W. E., (1995). The psychology of Nigrescence: Revising the Cross model. In J. G. Ponterott, J. M Casa, L. A. Suzuki, & C. M. Alexander (Eds.), *Handbook of multicultural counseling.* Thousand Oaks, CA: Sage.

Cross, W. E., Jr. (1971). Toward a psychology of Black liberation: The Negro-to-Black conversion experience. *Black world, 20*(9), 13-27.

Cseh, M., Watkins, K. E., & Marsick, V. J. (1999). Re-conceptualizing Marsick and Watkins' model of informal and incidental learning in the workplace. In K. Kuchinke (Ed.), 1999 Proceedings of the Academy of HRD (pp. 349-355). Baton Rouge, LA: Academy of Human Resource Development.

Davis, E. A., & Smithey, J. (2009). Beginning teachers moving toward effective elementary science teaching. *Science Education, 93,* 745-770.

Dennen, V. P. (2008). Cognitive apprenticeship in educational practice: Research on scaffolding, modeling, mentoring, and coaching as instructional strategies. In Spector. M. (Ed.), *Handbook of research on educational communications and technology.* New York, NY: Erlbaum.

Dewey, J. (1938). *Experience and education.* New York, NY: Collier.

Dornan, T., Boshuizen, H., King, N., & Scherpbier, A. (2007). Experience-based learning: A model linking the processes and outcomes of medical students' workplace learning. *Medical Education, 41,* 84-91.

Drago-Severson, E. (2004). *Helping teachers learn: Principal leadership for adult growth and development.* Thousand Oaks, CA: Corwin Press.

Drago-Severson, E. (2007). Helping adults learn: Principals as professional development leaders. *Teachers College Record, 109*(1), 70-125.

Drago-Severson, E. (2008). Four practices that serve as pillars for adult learning. *Journal of Staff Development, 29*(4), 60-63.

Drago-Severson, E. (2009). Leading adult learning: Supporting adult development in our schools. Thousand Oaks, CA: Corwin.

Elliot, V., & Schiff, S. (2001). A look within. Journal of *Staff Development, 22*(2), 39-42.

Eneau, J. (2008). From autonomy to reciprocity, or vice versa? French personalism's contribution to a new perspective on self-directed learning. *Adult Education Quarterly, 59*(3), 229-248.

English, L. M. (2005). Historical and contemporary explorations of the social change and spiritual directions of adult education. *Teachers College Record, 107*(6), 1169-1192.

Erickson, D. M. (2007). A developmental reforming of the phases of meaning in transformational learning. *Adult Education Quarterly, 58*(1), 61-80.

Erikson, E. H. (1963). *Childhood and society* (2nd ed.). New York, NY: Norton.

Fairbanks, C. M., Duffy, G. G., Faircloth, B. S., He, Y., Levin, B., Rogh, J., & Stein, C. (2010). Beyond knowledge: Exploring why some teachers are more thoughtfully adaptive than others. *Journal of Teacher Education, 1*(1-2), 161-171.

Ferraro, J. M. (2000). *Reflective practice and professional development.* Washington, DC: ERIC Clearinghouse on Teaching and Teacher Education. (ERIC ED 449 120)

Fiske, M., & Chiriboga, D. A. (1990). *Change and continuity in adult life.* San Francisco, CA: Jossey-Bass.

Foucalt, M. (1977). *Power/Knowledge.* New York, NY: Pantheon Books.

Fullan, M. (2007). Change the terms for teacher learning. *Journal of Staff Development, 28*(3), 35-36.

Fullan, M. G. (1991). *The new meaning of educational change* (2nd ed.). New York, NY: Teachers College Press.

Fuller, F. F. (1969). Concerns of teachers: A developmental conceptualization. *American Educational Research Journal, 6*(2), 207-266.

Gardner, H. (1999). *Intelligence reframed: Multiple intelligences for the 21st century.* New York, NY: Basic Books.

Gardner, H. (2006). *Multiple intelligences: New horizons in theory and practice.* New York, NY: Basic Books.

Garrett, J. T., & Walking Stick Garrett, M. (1994). The path of good medicine: Understanding and counseling Native American Indians. *Journal of Multicultural Counseling and Development, 22,* 134-144.

Gehrke, N. J. (1991). Seeing our way to better helping of beginning teachers. *Educational Forum, 55*(3), 233-242.

Gilligan, C. (1982). *In a different voice.* Cambridge, MA: Harvard University Press.

Glassberg, S. (1979). *Developing models of teacher development.* (ERIC ED 171 685)

Glatthorn, A. A. (2000). *The principal as curriculum leader: Shaping what is taught and tested* (2nd ed.). Thousand Oaks, CA: Corwin Press.

Gonzales, A. H., & Nelson, L. M. (2005). Learner-centered instruction promotes student success. *T.H.E. Journal, 32*(6), 10, 12, 14-15.

Gorard, S., & Selwyn, N. (2005). What makes a life-long learner? *Teachers College Record, 107*(6), 1193-1216.

Graue, E. (2005). Theorizing and describing pre-service teachers' images of families and schooling. *Teachers College Record, 107*(1), 157-185.

Grow, G. (1991). Teaching learners to be self-directed: A stage approach. *Adult Education Quarterly, 41*(3), 125-149.

Guy, T. G. (2005). Culturally relevant adult education. In L. M. English (Ed.), *International encyclopedia of adult education* (pp. 180-184). London, UK: Palgrave Macmillan.

Habermas, J. (2001). On the pragmatics of social interaction. Preliminary studies in the theory of communicative action. Cambridge, MA: MIT Press.

Hansman, C. A. (2008). Adult learning in communities of practice. In C. Kimble, P. M. Hildreth, & I. Bourdon (Eds.), *Communities of practice: Creating learning environments for educators* (Vol. 1), (pp. 293-310). Charlotte, NC: Information Age.

Hargreaves, A., & Moore, S. (2000). Curriculum integration and classroom relevance: A study of teachers' practice. *Journal of Curriculum and Supervision, 15*(2), 89-112.

Harris, I. (1996). *Messages men hear: Constructing masculinities.* London, UK: Taylor.

Hayes, E., & Flannery, D. D. (2000). *Women as learners: The significance of gender in adult learning.* San Francisco, CA: Jossey-Bass.

Helms, J. E. (1993). Introduction: Review of racial identity terminology. In J. E. Helms (Ed.), *Black and White racial identity: Theory, research and practice.* Westport, CT: Praeger.

Helms, J. E. (1995). An update of Helms' White and People of Color racial identity models. In J. G. Ponterott, J., M. Casas, L. A. Suzuki, & C. M. Alexander (Eds.), *Handbook of multicultural counseling.* Thousand Oaks, CA: Sage.

Horn, J. L., & Cattell, R. B. (1967). Age differences in fluid and crystallized intelligence. *Acta*

*Psychological, 26,* 107-129.

Hunter, M. (1986). To be or not to be - Hunterized. *Tennessee Educational Leadership, 12,* 70.

Johnson, A. J. (2005). Reflections on wisdom as movement in the life space. *ReVision, 28*(1), 24-28.

Johnson, L. E., & Reiman, A. J. (2007). Beginning teacher disposition: Examining the moral/ethical domain. *Teaching and Teacher Education, 23,* 676-687.

Josselson, R. (1987). *Finding herself: Pathways to identify development in women.* San Francisco, CA: Jossey-Bass.

Juhasz, A. M. (1989). A role-based apporach to adult development: The triple helix model. *International Journal of Aging and Human Development, 29*(4), 301-315.

Kallio, E. (2011). Integrative thinking is the key: An evaluation of current research into the development of thinking in adults. *Theory & Psychology, 2,* 785-801.

Katz, J. H. (1989). The challenge of diversity. In C. Woolbright (Ed.), *College unions at work.* Monograph, No. 11, 1-17. Bloomington, IN: Association of College Unions-International.

Kegan, R. (1994). *In over our heads: The mental demands of modern life.* Cambridge, MA: Harvard University Press.

Kegan, R. (2009). A constructive-developmental approach to transformative learning. In K. Illeris (Ed.), *Contemporary theories of learning: Learning theorists ... in their own words* (pp. 35-52). New York, NY: Routledge.

Kerka, S. (1998). *New perspectives on mentoring.* ERIC Digest No. 194. (ERIC ED 418 249)

Kilgore, D. W. (2001). Critical and postmodern perspectives on adult learning. In S. B. Merriam (Ed.), *The new update on adult learning theory (New Directions for Adult and Continuing Education,* no. 89). San Francisco, CA: Jossey-Bass.

Klauer, K. J., & Phye, G. D. (2008) Inductive reasoning: A training approach. *Review of Educational Research, 78*(1), 85-123.

Knowles, M. S. (1980). *The modern practice of adult education: From pedagogy to andragogy* (2nd ed.). Chicago, IL: Association/Follett.

Knowles, M. S. (1984). *Andragogy in action: Applying modern principles of adult learning.* San Francisco, CA: Jossey-Bass.

Kohlberg, L., & Armon, C. (1984). Three types of stage models used in the study of adult development. In M. Commons, F. A. Richards, & C. A. Armon (Eds.), *Beyond formal operations: Late adolescent and adult cognitive development.* New York, NY: Praeger.

Kohlberg, L., & Kramer, R. (2006). Continuities and discontinuities in childhood and adult moral development. In B. A. Marlowe & A. S. Canestrari (Eds.), *Educational psychology in context: Readings for future teachers* (pp. 117-118). Thousand Oaks, CA: Sage.

Kohlberg, L., & Turiel, E. (1971). Moral development and moral education. In G. Lessor (Ed.), *Psychology and educational practice.* Chicago, IL: Scott, Foresman.

Kolb, D. A. (1984). *Experiential learning.* Englewood Cliffs, NJ: Prentice Hall.

Krupp, J. (1982). *The adult learner: A unique entity.* Manchester, CT: Adult Development and Learning.

Krupp, J. (1987). Understanding and motivating personnel in the second half of life. *Journal of Education, 169*(1), 20-47.

Levine, S. L. (1987). Understanding life cycle issues: A resource for school leaders. *Journal of Education, 169*(1), 7-19.

Levine, S. L. (1989). *Promoting adult growth in schools.* Boston: Allyn & Bacon.

Levinson, D. J., & Levinson, J, D. (1996). *The seasons of a woman's life.* New York, NY: Knopf.

Levinson, D. J., et al. (1978). *The seasons in a man's life*. New York, NY: Knopf.

Lindeman, E. (1926). *The meaning of adult education*. New York, NY: New Republic.

Lyotard, J. F. (1984). *The postmodern condition: A report on knowledge*. Minneapolis: University of Minnesota Press.

Marsick, V. J., & Watkins, K. (1990). *Informal and incidental learning in the workplace*. New York, NY: Routledge.

Marsick, V. J., Watkins, K. E., & Lovin, B. (2010). Revisiting informal and incidental learning as a vehicle for professional learning and development. *Elaborating Professionalism, 5*, 59-76.

Marzano, R. J. (2007). *The art and science of teaching: A comprehensive framework for effective instruction*. Alexandria, VA: Association for Supervision and Curriculum Development.

Merriam, S. B. (2004). The role of cognitive development in Mezirow's transformational learning theory. *Adult Education Quarterly, 55*(1), 60-68.

Merriam, S. B. (Ed.). (2008). *Third update on adult learning theory. (New Directions for Adult and Continuing Education,* no. 119). San Francisco, CA: Jossey-Bass.

Merriam, S. B., & Clark, M. C. (1993). Learning from experience: What makes it significant? *International Journal of Lifelong Education, 12*(2), 129-138.

Merriam, S., Caffarella, R., & Baumgartner, L. (2007). *Learning in adulthood: A comprehensive guide* (3rd ed.). San Francisco, CA: Jossey-Bass.

Mezirow, J. D. (1981). A critical theory of adult learning and education. *Adult Education, 32*(1), 3-24.

Mezirow, J. D., & Associates. (1990). Fostering critical reflection in adulthood. *A guide to transformative and emancipatory learning*. San Francisco, CA: Jossey-Bass.

Mezirow, J. M. (2000). Learning to think like an adult: Core concepts of transformation theory. In J. M. Mezirow & Associates (Eds.), *Learning as transformation: Critical perspectives on a theory in progress*. San Francisco, CA: Jossey-Bass.

Mezirow, J., & Taylor, E. W., & Associates. (2009). *Transformative learning in practice: Insights from community, workplace, and higher education*. San Francisco, CA: Jossey-Bass.

Michelson, E. (1998). Re-membering: The return of the body to experiential learning. *Studies in Continuing Education, 20*, 217-233.

Neugarten, B. L. (1977). Personality and aging. In J. E. Birren & K. W. Schaie (Eds.), *Handbook of the psychology of aging*. New York, NY: Van Nostrand Reinhold.

Neugarten, B., & Neugarten, D. (1987). The changing meaning of age. *Psychology Today, 21*(5), 29-33.

Oja, S. N., & Pine, G. J. (1981). *Toward a theory of staff development*. Paper presented at the annual meeting of the American Educational Research Association, Los Angeles, CA, April.

Oja, S. N., & Pine, G. J. (1984). *Collaborative action research: A two-year study of teachers' stages of development and school contexts*. Durham: University of New Hampshire.

Ostrom, C. S., Martin, W. J., & Zacharakis, J. (2008). Autopoiesis and the cosmology of postmodern adult education. *Adult Education Quarterly, 58,* 299-317.

Parham, T. (1989). Cycles of psychological Nigrescence. *The Counseling Psychologist, 17*(2), 187-226.

Peck, T. A. (1986). Women's self-definition in adulthood: From a different model? *Psychology of Women Quarterly, 10*(3), 274-284.

Philips, M. D., & Glickman, C. D. (1991). Peer coaching: Developmental apporach to enhance teacher thinking. *Journal of Staff Development, 12*(2), 20-25.

Phinney, J. S. (1990). Ethnic identity in adolescents and adults: Review of the research.

*Psychological Bulletin, 108*, 499-514.

Polanyi, M. (1969). *Knowing and being.* Chicago, IL: University of Chicago press.

Pratt, D. D. (1988). Andragogy as a relational construct. *Adult Education Quarterly, 38*, 160-181.

Rachal, J. R. (2002). Andragogy's detectives: A critique of the present and a proposal for the future. *Adult Education Quarterly, 52*(3), 210-227.

Reiman, A. J., & Peace, S. D. (2002). Promoting teachers' moral reasoning and collaborative inquiry performance: A developmental role-taking and guided inquiry study. *Journal of Moral Education, 31*(1), 61-66.

Reiman, A. J., & Thies-Sprinthall, L. (1998). *Mentoring and supervision for teacher development.* New York, NY: Longman.

Roberts, P., & Newton, P. M. (1987). Levinsonian studies of women's adult development. *Psychology and Aging, 2,* 154-163.

Rose, A. D., Jeris, L., & Smith, R. (2005). Is adult education a calling? Shaping identity and practice in steel mill learning centers. *Teachers College Record, 107*(6), 1305-1334.

Ross-Gordon, J., Brooks, A. K., Clunis, T., Parsells, R., & Parker, U. (2005). An anlysis of work-related literature focusing on race and ethnicity. In R. J. Hill & R. Kiely (Eds.), *Proceedings of the 46th Annual Adult Education Research Conference* (pp. 375-380). Athens: University of Georgia.

Rossiter, M., & Clark, M. C. (Eds.). (2010). *Narrative perspectives on adult education. (New Directions for Adult and Continuing Education,* no. 126) San Francisco, CA: Jossey-Bass.

Sandlin, J. A. (2005). Andragogy and its discontents: An analysis of andragogy from three critical perspectives. *PAACE Journal of Lifelong Learning, 14,* 25-42.

Sheared, V. (1999). Giving voices: Inclusion of African American students' polyrhythmic realities in adult basic education. In T. C. Guy (Ed.), *Providing culturally relevant adult education: A challenge for the twenty-first century (New Directions for Adult and Continuing Education,* no. 82). San Francisco, CA: Jossey-Bass.

Sinnott, J. D. (2009). Cognitive development as the dance of adaptive transformation: Neo-Piagetian perspectives on adult cognitive development. In M. C. Smith with N. DeFrates-Densch (Eds.), *Handbook of research on adult learning and development.* New York, NY: Routledge.

Sneed, J. R., Schwartz, S. J., & Cross, W. E. (2006). A multicultural critique of identity status theory and research: A call for integration. *Identity: An International Journal of Theory and Research, 6*(1), 61-84.

Sternberg, R. J. (1988). *Triarchic mind: A new theory of human intelligence.* New York, NY: Viking.

Sternberg, R. J. (2001). Why schools should teach for wisdom: The balance theory of wisdom in educational settings. *Educational Psychologies, 36*(4), 227-245.

Sternberg, R. J., Kaufman, J. C., & Grigorenko, E. L. (2008). *Applied intelligence.* New York, NY: Cambridge University Press.

Sullivan, E. V., McCullough, G., & Stager, M. A. (1970). Developmental study of the relationship between conceptual, ego, and moral development. *Child Development, 41,* 399-411.

Taylor, E. (2007). An update on transformative learning theory: A critical review of the empirical research (1999-2005). *International Journal of Lifelong Education, 26*(2), 173-191.

Taylor, K., & Marienau, C. (1995). Bridging practice and theory for women's adult development. In K. Taylor & C. Marienau (Eds.), *Learning environments for women's adult devleopment: Building toward change (New Directions for Adult and Continuing Education,* no.

65). San Francisco, CA: Jossey-Bass.

Tennant, M. (1986). An evaluation of Knowles' theory of adult learning. *International Journal of Lifelong Education, 5*(2), 113-122.

Thies-Sprinthall, L. & Sprinthall, N. A. (1987). Experience teachers: Agents for revitalization and renewal as mentors and teacher educators. *Journal of Education, 169*(1), 65-79.

Thorndike, E. L., Bergman, E. O., Tilton, J., & Woodyard, E. (1928). *Adult learning.* New York, NY: Macmillan.

Tieso, C. (2001). Curriculum: Broad brushstrokes or paint-by-the-numbers? *The Teacher Educator, 36*(3), 199-213.

Tilley, C. L., & Callison, D. (2007). New mentors for new media: Harnessing the instructional potential of cognitive apprenticeships. *Knowledge Quest, 35*(5), 26-31.

Tisdell, E. (2000). Feminist pedagogies. In E. Hayes & D. Flannery (Eds.), *Women as learners: The significance of gender in adult learning.* San Francisco, CA: Jossey-Bass.

Tisdell, E. J. (2005). Feminism. In L. M. English (Ed.), *International encyclopedia of adult education* (pp. 254-257). London, UK: Palgrave Macmillan.

Tolliver, D. E., & Tisdell, E. J. (2006). Engaging spirituality in the transformative higher education classroom. In E. Taylor (Ed.), *Teaching for change: Fostering transformational learning (New Directions for Adult and Continuing Education,* no.106) (pp. 37-47). San Francisco, CA: Jossey-Bass.

Tough, A. (1971). *The adult's learning projects: A fresh approach to theory and practice in adult learning.* Toronto, Canada: Ontario Institute for Studies in Education.

Uys, L. R., Gwele, N. S., MacInerney, P., Thyn, L., & Tanga, T. (2004). The competence of nursing graduates from problem-based programs in South Africa. *Journal of Nursing Education, 43*(8), 352-361.

Watzke, J. L. (2007). Longitudinal research on beginning teacher development: Complexity as a challenge to concerns-based stage theory. *Teaching and Teacher Education, 23,* 106-122.

Welton, M. R. (1995). The critical turn in adult education theory. In M. R. Welton (Ed.). *In defense of the lifeworld* (pp. 11-38). Albany: State University of New York Press.

Wenger, E. (2009). A social theory of learning. In K. Illeris (Ed.), *Contemporary theories of learning: Learning theorists ... in their own words* (pp. 200-208). New York, NY: Routledge.

Willis, S. L., & Baltes, P. B. (1980). Intelligence in adulthood and aging: Contemporary issues. In L. W. Poon (Ed.), *Aging in the 1980s: Psychological issues.* Washington, DC: American Psychological Association.

Worrell, F. C. (2008). Nigrescence attitudes in adolescence, emerging adulthood, and adulthood. *Journal of Black Psychology, 34,* 156-178.

Zepeda, S. J. (2004). Leadership to build learning communities. *The Educational Forum, 68*(2), 144-151.

Zimprich, D., Allemand, M., & Dellenbach, M. (2009). Openness to experience, fluid intelligence, and crystallized intelligence in middle-aged and old adults. *Journal of Research in Personality, 43,* 444-454.

# 제5장

# 교육 신념, 수업,
# 장학에 대한 성찰

**김성기**_협성대학교 교양교직학부 교수

> **이 장에서 생각해 볼 문제**

1. 교육 신념(educational beliefs)과 교수(teaching), 수업 장학(instructional supervision) 간에는 어떤 관계가 있는가?

2. 자신의 수업이나 다른 사람의 수업을 참관한 결과를 생각해 보자. 효과적인 수업을 구성하는 것은 교사 자신의 교수목적에 달려 있다는 저자의 의견에 동의하는가?

3. 유능한 선생님이라고 생각되는 선생님을 떠올려 보자. 그 선생님의 행동과 태도는 이 장에서 제시하는 유능한 교사와 얼마나 질적으로 비교되는가?

4. 이 장에서는 Joan Simpson, Bill Washington, Pat Rogers라는 세 교사의 교육 강령(platform)을 기술한다. 이들 세 교사의 강령 중 어떤 것이 당신의 교육 강령을 가장 잘 반영하고 있는가? 만약 어떤 교육전문가들이 당신의 수업을 몇 일 동안 지켜보았다면 전문가들은 세 교사 중 어떤 교사의 수업이 당신의 수업과 가장 비슷하였다고 말하겠는가?

5. 장학 과정에 반드시 포함시킬 항목은 무엇인가?

학교와 교실 수업을 개선하기 위한 방법을 찾으려 할 때, 우리는 먼저 장학영역에서 현재의 생각과 신념, 실천(practices)이 수업과 어떻게 상호작용하는지, 그리고 학습자인 학생과 교사에 대한 가정(assumption)과 어떻게 상호작용하는지를 이해할 필요가 있다. 이 장에서는 학교와 수업 효과성에 대한 쟁점이 그 목적과 취지에 대한 인간적 판단에 의해 어떻게 해결되어야 하는지를 보여줄 것이다. 다음으로, 우리는 한 사람의 장학에 대한 신념이 자신의 독특한 교육 철학과 강령에 어떻게 관련되는지를 볼 것이다. 저마다의 장학 신념(supervisory beliefs)을 명료화하는 데 도움을 줄 수단을 제공할 것이며, 한 사람의 장학 신념이 통제의 연속성(control continuum)과 어떻게 관련되는지를 검토할 것이다. 마지막으로 우리는 장학 신념과 교사 발달에 주는 영향에 대한 몇 가지 문제를 공유할 것이다.

우리는 장학과 지도, 수업 개선의 불확실성을 어떻게 해소하는가? 우리는 우리가 바람직한 방향으로 발전하고 있다는 것을 어떻게 아는가? 우리가 우리 자신의 신념에 대해 돌아보지 않는다면 우리가 움직일 이유도 없다.

Sergiovanni와 Starratt(2007)은 우리 자신의 장학 신념을 이해하는 것이 왜 중요한지를 역설하였다.

> 원칙에 대한 확고한 입장이 필요하다. 흔히 표현되지 않은 일련의 원칙들을 강령이라 부른다. 정당이 선거철마다 내거는 정당의 강령에 기초해서 결정이나 행동을 취하는 것처럼 장학요원도 그들이 일을 할 수 있도록 이끌어 주는 강령을 필요로 한다. 분명한 강령을 통해 그들은 교육적 실제와 관련된 입장을 정할 수 있게 되고, 나아가 표면적인 행동을 뛰어넘어 다양한 학교의 실제에 대한 진정한 결과를 탐색할 수 있게 된다(Sergiovanni & Starratt, 2007: 243-244).

장학담당자로서 자신을 아는 것은 대안적인 실제와 절차를 고려하기에 앞서 꼭 필요하다. 강령으로부터 벗어나기 위해 우리는 먼저 우리가 어디에 서 있는지를 알아야 한다. 이제부터 장학담당자들이 교사들과 일을 할 때 학교 개선이나 교수 효과성, 자신의 목적에 대해 만들어야 할 인간적 결정을 살펴보자.

## 1. 수업 목적과 효과적 교수

"장학의 목적은 수업을 개선하는 것"이라는 말이 있다. 누구도 문제삼지 않을 장학에 대한 이 평범한 진술에 대해 문제의식을 갖고 이러한 반성을 계속해 보자. 우리가 개선하고자 하는 수업형태에 대한 정의를 물어보기 전까지 그것은 근사하게 들린다. 교수의 효과성은 가르치고자 하는 것이 무엇인가에 달려 있다. 다양한 수업목적은 다양한 교수전략을 요구한다. 다음의 예를 보라.

- 학생으로 하여금 기본기능을 익히게 하려는 것이 목적이라면 수업을 할 때 설명과 시범, 실습(practice), 피드백 등을 포함해야 효과적이다.
- 학생으로 하여금 고전문화를 배우게 하는 것이 목적이라면 명저를 읽게 하고, 강의를 하고, 소크라테스식 토의를 시키는 등 다양한 활동으로 수업을 구성해야 효과적이다.
- 학생으로 하여금 문제해결자가 되게 하는 것이 목적이라면 학생들에게 현실적 문제를 노출시키고 실제로 그들이 가능한 해결책을 시험하게 하고 해결점에 도달하도록 하는 활동이 필요하다.
- 사회적 발달이 목적이라면 협동학습과 공동체 구성 활동을 구조화해야 효과적 수업이 된다.
- 개성발달이 목적이라면 학생들의 자기주도적 학습과 자기평가를 유도하는 활동이 필요하다.
- 비판적 탐구가 목적이라면 교사가 학생들의 현재 가치관과 가정에 대해 도전적인 질문을 하고 학생들로 하여금 지배적인 신념체계와 사회구조, 권력관계를 비평하도록 요구하는 것이 필요하다.

수업 개선과 성공적 교수을 구성함에 있어 꼭 고려해야 할 것은 독특한 수업 목적과 특유의 학습 환경, 개별 학생이라는 맥락이다. 즉, 모든 학습내용과 모든 학생, 모든 상황에 효과적인 단일한 수업모형을 찾는 것은 무익하다.

더 생산적인 수업을 만들기 위해서는 다양한 교수전략을 확인해야 한다. 확인된 교수전략은 개별 학생과 관련된 효과적 전략이어야 한다. 이러한 주장이 받아들여진다면 장학요원의 역할은 교사들로 하여금 학교와 학급의 수업 목적을 분명히 인식시키고, 다양한 교수전략(직접적 교수, 구성주의적 교수, 협동학습, 학급토론, 봉사학습 등)을 개발하며, 교수전략을 학습목적과 학생에 결합시키도록(mix and match) 하며, 계속적 개선의 목적을 위해 수업효과를 평가하도록 하는 것이다. 그러한 점에 장학의 강조점을 두면, 효과적 수업은 다양한 학습목적과 학생들의 학습양식에 따라 다양한 교수방식을 이용할 줄 아는 교사의 능력의 결과라 할 수 있다.

수업 *개선*은(또래들이나 성인, 학문, 인생과 같이) 다양한 맥락에서 학생들이 현명한 판단을 할 수 있는 능력을 증진시키려는 수업 목적에 부합하는 교수전략을 교사들에게 습득시키는 데 도움을 주는 것이라고 정의할 수 있다. 그러므로 효과적 교수는 학생들의 의사결정 능력을 증진시키는 행위와 습관, 기술에 대한 교육적 결정으로 이루어진다.

## 2. 유능한 교사

교수의 효과성은 교사의 수업 목적뿐만 아니라 배우는 학생들과 교육적 맥락의 특성에 의해서도 좌우된다. 따라서 어디서나 적용할 수 있는 단 하나의 효과적인 수업체제란 없다. 그렇다고 훌륭한 수업이나 유능한 교사가 없다는 것은 아니다. 이미 많은 연구들이 유능한 교사가 소유한 특성들을 확인시켜 왔다(Berliner, 2001, 2004; Bond, Smith, Baker, & Hattie, 2000; Kingston, Sammons, Day, & Regan, 2011; Shulman, 1987; Torff, 2006; Tsui, 2009).

- 유능한 교사는 가르치는 내용뿐만 아니라 교육방법에 관한 지식(일반적 교수기능)과 교과교육에 관한 지식(특정내용을 가장 잘 가르치는 방법)에 대해서도 잘 알고 있음을 보여준다. 그들은 학교의 교육과정은 물론이고 그 교육과정의 저변에 깔린 철학과 가치들을 이해하고 있다. 그들은 자신이 가르치는 학생들에 대해서뿐만 아니라 지역사회와 학교구, 학교상황을 포함한 교육상황을 잘 알고 있다.
- 유능한 교사는 가르치는 일에 대해서뿐만 아니라 학생들의 성공을 위해 매우 헌신적이고 열성적이다. 그들은 학생들의 개인적인 배경과 능력, 학습욕구와 학업양식에 대해서도 관심을 가진다. 그들은 학생들에 대한 존중과 관심을 나타낸다. 이러한 태도가 교사와 학생 간의 상호존중과 인간적인 관계를 이끈다.
- 유능한 교사는 학생들에게 자기효능감과 동기, 책임감을 증진시키기 위해 노력한다. 그들은 모든 학생들에게, 도전적이지만 달성가능한 목적을 제시함으로써 높은 기대를 보여준다. 그들은 학생들을 점점 더 복잡한 지적 체험에 참여시키고, 고성취 학생이나 저성취 학생 모두에게 더 높은 수준의 학습이 이루어지도록 한다.
- 유능한 교사는 질 좋은 수업과 효과적인 학급경영 간에 관련이 있다고 생각하고, 학생행동과 교사행동 및 학급풍토와 밀접한 관련이 있다고 생각한다. 그들은 편

안한 학급풍토를 조성하고 협동학습을 장려하며, 학습과정에 모든 학생을 참여시킨다. 그들은 언어적 · 비언어적 단서를 이용하여 학생의 학습이나 행동상의 문제를 초기 단계에 감지함으로써 학생의 학업을 방해할 정도로 심각한 문제가 되기 전에 조치를 취할 수 있다.

- 유능한 교사는 반성적 질문에 익숙하다. 그들은 가르치기 전에 수업에 대해 반성하고, 문제가 될 만한 요소들을 검토한 후에 예상되는 문제들을 대처할 방법에 대해 고민한다. 또한 잘 되었든, 잘 안 되었든 그들이 했던 수업에 대해 반성하고 다음에 비슷한 수업을 할 때 그 수업을 어떻게 개선할지에 대해 고민한다. 그들은 학생들의 학업성취도에 대한 자료를 수집 · 분석한 후에 수업 개선 방법에 대한 가설을 세우고, 학급에서 그 가설을 검증한다.

- 유능한 교사는 미숙한 교사보다는 수업을 기획 · 조직하고 시간을 효율적으로 이용함에 있어 더 능숙하다. 폭넓은 수업전략을 갖고, 다양한 학습욕구를 충족시키기 위해 수업을 차등화하며, 교실내 광범위한 상호작용을 촉진하고 학생들을 활동적인 학습과정에 참여시킨다.

- 유능한 교사의 수업은 미숙한 교사들의 수업보다 더 유연하다. 예컨대, (수업을 진행하다가도 가르칠 만한 중요한 소재가 눈에 띄면) 교수적기(teachable moment)를 더 잘 인지하고 그에 따라 수업내용을 바꾸는 경향이 있다. 그들은 자신들의 수업 효과성을 계속적으로 평가하고 만약에 교수전략이 효과적이지 않다고 판단되면 즉시 대안적인 전략으로 바꾼다.

- 유능한 교사는 학생의 성취도를 계속적으로 평가하고 피드백을 준다. 계속적으로 평가한다는 것은 학생의 학업수행 과정을 관찰하고 하루 일과를 점검하며 학생과 비공식적으로 대화하는 것까지도 포함할 수 있다. 계속적인 피드백은 말로 하든 글로 하든 개인별로 이루어져야 한다.

- 유능한 교사는 문제해결력이 뛰어나다. 그들은 수업상의 문제가 발견되었을 때 바로 대안을 찾기보다는 우선 문제와 그 원인을 이해하는 데 초점을 맞추면서 관련된 다양한 정보들을 탐색한다. 문제해결 전략을 선택하기 전에 유효한 해결책을 폭넓게 고려한다.

위와 같은 교육전문가에 관한 일반적 연구 외에 소수인종 학생에 대한 교육을 잘하는 교사에 관한 연구도 증가하고 있다(Cholewa, Amatea, West-Olantunji, & Wright, 2012; Compton-Lilly, 2009; Delpit, 2006, 2012; Ladson-Billings, 2006, 2009; Norton & Bentley, 2006; Schmeichel, 2011; Stritikus, 2006; Valenzuela, 1999). 소수인종 학생들

이 성공하도록 돕는 교사들은 위와 같은 속성을 모두 갖고 있을 뿐만 아니라 문화적 반응도 뛰어나다. 문화적으로 반응하는 수업은 가난한 유색인종 학생과 다른 집단 간에 차별적(심지어 적대적인) 관계가 존재하지만 그러한 관계는 극복될 수 있고 모든 학생들이 성공할 수 있다는 신념에 기초를 두고 있다. 문화적 반응이 뛰어난 교사에 대해서는 21장에서 자세히 논의하겠지만 여기서 간단히 그들의 특성에 대해 개관하고자 한다.

- 문화적 반응이 뛰어난 교사는 그들의 학급을 학생 공동체의 가치와 관습을 반영하는 공동체로 만들어 가고, 교실이나 더 큰 공동체에서의 지식축적을 도움으로써 학생들로 하여금 학급공동체의 성공에 대해 책임을 느끼도록 한다.
- 문화적 반응이 뛰어난 교사는 학생들의 문화에 대해 깊이 있게 이해하며, 그러한 이해를 교수·학습의 기초로 삼는다. 그들은 학생들이 교실에 가져오는 문화적 자산 위에서 새로운 학습을 만들어 간다.
- 문화적 반응이 뛰어난 교사는 학생들이 그들 문화의 가치와 언어, 관습을 유지하면서도 더 큰 문화와 상호작용하고 더 큰 문화 속에서 성공하는 데 필요한 기술을 계발하도록 돕는다.
- 문화적 반응이 뛰어난 교사는 학생들이 문화적 반응을 잘 하도록 돕는다.
- 문화적 반응이 뛰어난 교사는 더 큰 문화 속에서의 제도와 권력 관계를 비판하고 형평성과 사회정의를 위해 행동하는 능력을 계발시킨다.

그들이 이렇게 엄청난 가치를 갖고 있지만 한 학교에 몇 명씩만 있는 것으로는 충분치 않다. 그 교사들의 잠재력이 모든 학생들에게 미치도록 하고자 한다면 수업전문가와 문화적 전문가가 학교에 보편화되어야 한다. 모든 교사들이 전문가로서의 위상을 얻고자 한다면 유능한 교사들이 다른 교사들과 협력하는 것이 필수적이다. 그들이 자신의 수업에만 고립되어 있다면 그 전문성을 유지하지 못할 것이다. 그들이 계속해서 그들의 전문성을 키우고 학교가 발전하도록 지원하며, 모든 학생들의 학습을 개선시키고자 한다면 자신의 수업을 뛰어넘어 협력적 문화가 필요하다.

## 3. 교육에 대한 신념

효과적 수업에 대한 정의가 학교나 교사의 수업목적에 따라 어떻게 달라지는지 논의하였다. 수업 목적은 궁극적으로 교육 목적과 가르쳐야 할 내용, 학습자의 속성, 학습 과정과 같은 것에 관련된 신념에 기초를 두고 있다. 그것에 대해 의식하든 의식하지 않든, 교사들과 장학담당자들의 교육 철학은 수업과 수업 개선 노력에 지대한 영향을 준다. 다음은 서로 다른 교육적 신념을 가진 세 교사들의 교육 강령을 요약한 것이다.

Joan Simpson 선생은 교육의 목적이 미리 정해진 기초적 지식과 기술, 문화적 가치를 학생들에게 전달하는 것이어야 한다고 믿는다. 이것을 효과적으로 하기 위해서 교사는 학급과 수업내용, 학생들에 대한 통제력을 발휘해야 한다. 교육내용은 먼저 분절적인 학문분야로 나누고 그 다음에 작은 요소들로 나누며, 학습은 일련의 작은 연속적 단계에서 이루어져야 한다. 모든 학생들이 같은 내용을 숙달할 것을 기대한다. 성적이나 다른 형태의 외재적 동기가 학생들의 학습을 촉발하는 데 필수적이다.

Bill Washington 선생은 교육의 목적이 학생의 성장, 특히 탐구력과 문제해결력에 있어서의 성장이어야 한다고 믿는다. 그러한 성장을 도모하기 위해서 교사는 기존 지식을 전달할 뿐만 아니라 학생들이 과거의 지식에 대해 검증해 보고 새로운 문제에 대한 해결책을 찾기 위해 실험을 해 보도록 격려한다. 그는 탐구가 민주적 상황에서 가장 성공적이기 때문에 교사가 학생과 함께 학습상황을 통제해야 한다고 믿는다. 문제해결은 종종 사회적 맥락에서 일어나기 때문에 학생들은 학문적 내용뿐만 아니라 사회적 기술을 배워야 한다.

Pat Rogers 선생은 아이들이 저마다 독특하다고 믿으며 교육의 기본목적은 학생 개인의 욕구를 충족시키는 것이라고 믿는다. 교사는 학생들이 자신의 잠재력을 최대한 계발하도록 도와주어야 한다. 이것은 학생들의 신체적, 정서적, 인지적, 도덕적, 사회적 발달을 촉진함으로써 그들을 전인적 인간으로 만들어 가는 것을 의미한다. 그러한 전인교육(holistic education)은 학생들의 자기탐구를 촉진하는 것을 포함한다. 그는 학생들이 그들의 성숙수준이 허용하는 만큼 그들의 학습상황에 대해 스스로 통제해야 한다고 믿는다. 교사들은 학생들의 경험과 관심, 이해에 기초를 두고 수업을 전개해야 한다. 학생들은 자신들의 학습에 대해 평가하는 데에도 참여하도록 허용되어야 한다.

위에서 기술된 세 가지 교육 강령은 상반된 신념을 나타내고 있다. 그들의 교육적 신념에 기초해서 Joan Simpson 선생과 Bill Washington 선생, Pat Rogers 선생은 수업 개선과 효과적 수업을 서로 다르게 정의할 것이다. 여러분은 이러한 교육 강령 중 하나가 자신의 교육 강령과 매우 흡사하다고 느끼거나 각각의 강령 중 일부분에 대해서만 동의하거나 혹은 완전히 다른 신념체계를 갖고 있을지도 모른다. 어떤 경우든, 여러분이 자신의 교육적 신념을 명확히 하는 것이 중요하다. 다음의 질문에 대해 생각함으로써 여러분은 자신의 교육 강령을 세워 나가기 시작할 것이다.

1. 교육의 목적은 무엇이어야 하는가?
2. 학교 교육과정의 내용은 무엇이어야 하는가?
3. 누가 학습상황을 통제해야 하는가?
4. 교사와 학생의 관계는 어떠해야 하는가?
5. 학생들의 학습은 어떤 조건에서 가장 성공적인가?
6. 무엇이 학생들로 하여금 학교에서 최선을 다하도록 동기부여하는가?
7. 당신이 생각하는 '효과적 수업'에 대한 정의는 무엇인가?
8. 성공적인 교사가 갖추어야 할 인간적 속성은 무엇인가?
9. 교사는 어떻게 학생들의 학습을 평가해야 하는가?
10. 당신이 생각하는 '좋은 학교'의 정의는 무엇인가?

## 4. 장학 신념

물론 대부분의 장학담당자는 전직 교사들이다. 결과적으로 학습이나 학습자의 속성, 지식, 교실에서의 교사역할에 대한 그들의 관점은 그들의 장학에 대한 관점에 영향을 준다. 따라서 장학은 많은 측면에서 수업과 유사하다. 교사들이 학생들의 행동과 성취, 태도를 개선하려고 하는 것처럼 장학담당자들은 교사들의 행동과 성취, 태도를 개선하려고 한다.

아래에 세 장학담당자의 장학 강령을 제시한다. 이러한 강령들을 읽을 때, 그들이 갖고 있는 신념과 앞서 논의한 세 가지 교육 강령에서 제시된 교사 신념 간의 관계에 주목하기 바란다.

Bob Reynolds 장학담당자는 장학의 목적을 교사들이 수업에 효과적 수업요소를 포함하고 있는지를 확인하는 것이라고 믿는다. 이러한 요소들이 관찰된다면 장학담당자는 이러한 요소들이 계속 포함되도록 긍정적인 강화를 주어야 한다. 교사가 효과적 수업의 요소를 사용하고 있지 않거나 잘못 사용하고 있다면 장학담당자는 적절한 교수행동을 설명하고 시범 보이고, 개선목표를 설정하고 다시 교사의 개선노력을 점검하고 강화하는 것을 통해 교정적 지원(remedial assistance)을 해야 할 책임이 있다. 요컨대, 장학담당자는 수업 개선 여부를 결정하는 일차적 책임을 갖고 있어야 한다.

Jan White 장학담당자는 장학의 목적이 수업 개선에 목표를 두고 교사들이 상호 탐구하도록 만드는 것이라고 생각한다. 장학담당자와 교사는 수업상의 문제에 대한 인식을 공유하고, 문제해결을 위한 제안을 교환하여 개선계획에 대해 협의해야 한다. 개선계획은 장학담당자의 도움을 받아 교사가 검증해야 할 가설이 된다. 따라서 장학담당자와 교사는 수업 개선에 대한 책임을 공유해야 한다.

Shawn Moore 장학담당자는 장학의 목적이 교사들로 하여금 성찰과 자율성을 키우고, 교사주도의 수업 개선을 촉진하는 것이어야 한다고 믿는다. 장학담당자는 교사의 수업성과 뿐만 아니라 교사의 자아개념과 개인발달에도 관심을 가져야 한다. 장학담당자는 교사와의 관계를 형성함에 있어서 개방성, 신뢰, 수용이라는 특성을 갖는 것이 매우 중요하다. 장학담당자는 교사가 수업상의 문제와 개선계획, 성공의 기준을 스스로 설정하도록 허용해야 한다. 장학담당자는 적극적 청취와 명확화, 자극, 반성을 통해 교사의 자기주도적 개선을 지원할 수 있다. 따라서 교사는 수업 개선 결정에 있어 일차적 책임을 가지며, 장학담당자는 적극적 촉진자로서 도움을 줄 뿐이다.

위와 같은 것을 볼 때 장학 강령은 교육 강령만큼이나 다양할 수 있음을 알 수 있다. 앞서의 세 교사의 교육 강령과 세 장학담당자의 장학 강령을 비교해 보면, 교육 강령과 장학 강령이라는 두 형태의 강령들이 지식과 인간본질, 통제에 대해 기본적 신념을 드러내고 있음을 알 수 있다.

다음의 질문에 답함으로써 여러분은 수업 장학에 대한 자신의 신념을 명확하게 하는 과정을 시작할 수 있다. 우리는 여러분이 질문에 대한 반응을 기록해 두고 이 교재를 다 읽은 후에 자신의 장학 강령을 재평가해 보기를 제안한다.

1. 당신이 생각하는 '수업 장학'이란 무엇인가?
2. 장학의 궁극적 목적은 무엇인가?
3. 누가 장학을 해야 하는가? 누가 장학을 받아야 하는가?
4. 성공적인 장학담당자가 되려면 어떤 지식과 기술, 태도, 가치관을 지녀야 하는가?
5. 교사의 가장 중요한 욕구는 무엇인가?
6. 무엇이 장학담당자와 교사 간의 긍정적 관계를 만드는가?
7. 어떤 형태의 활동이 수업 장학에 포함되어야 하는가?
8. 현행의 수업 장학에 있어 어떤 점이 변화되어야 하는가?

# 5. 교육 철학과 관련된 장학 강령

많은 교육자들이 교육 철학에 관한 논의를 지나치게 추상적이며 장학담당자와 교사의 현실 세계와 무관한 것으로 본다. 그러나 장학담당자가 교사들과 함께 하는 행위는 장학 신념에 기초를 두고 있으며, 그것은 더 광범위한 교육 철학을 반영하고 있다. 다양한 철학들이 존재한다. 이상주의와 실재주의와 같은 철학은 고대에서부터 있었다. 실용주의와 행동주의와 같은 철학은 지난 세기까지 발전되어 왔다. 더 최근에는 진보주의와 재건주의, 실존주의가 등장하였다. 철학들은 다양하고 중복되기도 하며 각각 역사적 뿌리를 갖고 있다.

교육에서의 주요한 철학적 추세를 밝히기 위해서는 각각의 철학들이 어떻게 다르고 최우선적인 개념적 범주를 어떻게 만들고 있는지를 판독해야 한다. 각각의 개념적 범주나 상위철학(superphilosophy)은 교육의 형태와 범위에 대한 기본적 동의에 기반을 둔 다양한 철학들을 모아서 만들어진다. 달리 말해, 지식이나 진리, 실재의 세세한 속성에 대해서는 동의하지 않더라도 교육의 목적이나 방식에 대해서는 동의하기 때문에 하나의 일반적 교육 철학으로서 만들어질 수 있다.[1]

교육분야에서 보면, 여러 철학들이 몇 개로 단순화되고 분류될 수 있다. 세 가지 주요한 교육 철학은 장학과 직접적 관련을 맺고 있다. 이러한 상위철학들은 바로 본질주의, 실험주의, 실존주의이다.

## 본질주의(Essentialism)

하나의 철학으로서 본질주의는 이상주의와 실재주의로부터 나왔다. *이상주의(idealism)* 는 플라톤으로까지 거슬러 올라간다. 그는 절대성을 신봉했는데 우리가 사는 세상은 단순히 실재의 반영이라고 믿었다. 실재와 진리, 도덕성의 기준은 일반적인 방식의 인식을 뛰어넘어 존재한다. 마음을 훈련하는 것에 의해서만 우리는 영구적인 것을 어렴풋이나마 알 수 있다. 그러나 마음을 훈련하는 것만으로는 충분치 않다. 그것은 단지 마음이 실재를 파악하는 데 좀 더 가까이 가도록 도울 뿐이다. 깨달음과 통찰, 믿음은 존재하는 것에 대한 궁극적 지식을 위해 꼭 필요한 요소들이다. 그러므로 이상주의는 인간의 바깥에 존재하는 진리와 실재를 강조한다. 그것은 절대적이고 불변하다.

---

1) C. D. Glickman & J. P. Esposito(1979). *Leadership Guide for Elementary School Improvement: Procedures for Assessment and Change.* p. 20에서 인용함.

*실재주의(realism)*는 산업화 시대가 시작되면서 발달했는데, 이상주의와 마찬가지로 인간의 바깥에 존재하는 진리와 실재를 강조한다. 실재주의는 각각 분리된 인간과 외적 환경 대신에 인간성이 그 환경의 요소이자 부분이라고 주장한다. 세계는 이미 예정된 것이고 기계적인 현실이다. 모든 존재는 과학적 인과관계에 따라 움직인다. 존재란 마치 바늘과 눈금, 톱니바퀴를 통제하는 기계적 원리에 따라 움직이는 시계와 같다. 인간은 이 시계로부터 분리되어 있지 않다. 그들은 이미 정해진 기계의 부분일 뿐이다. 지식은 그 기계가 어떻게 작동하는지를 아는 것이다. 진리는 통제의 과학적 법칙이다. 본질적 원리 외에 그 어떤 것도 존재하지 않는다. 교육의 목적은 마음을 자연적이고 논리적인 방식으로 생각하게끔 조건화하는 것이다. 마음은 세상의 예정된 속성을 계속적으로 깨닫도록 훈련되어야 한다.

1938년에 William L. Bagley에 의해 제시된 *본질주의*는 이상주의와 실재주의의 교육 철학을 아우른다. 그는 지식이 불변적이고 인간의 바깥에 존재한다(이상주의의 절대성과 실재주의의 자연법칙)는 생각에 착안하여 교육이론을 제시하였다. 본질주의는 삶에 가치 있는 역사적이면서 동시에 현대적인 영원불변의 지식체가 있다는 점을 강조한다(Parkay, Has, & Anctil, 2010).

장학의 관점에서 볼 때 본질주의는 교사에게 가르침에 대한 진리를 가르치는 사람을 장학담당자라고 강조한다. 장학담당자는 그러한 절대적 기준에 대해 가장 잘 아는 사람들이다. 그러한 교육을 받은 교사는 기계적으로 움직이게 되어 학생들에게 교육내용을 체계적으로 전수할 수 있게 된다. 교사들이 이러한 수업의 진리를 소화하는 만큼 그들은 좋은 교사가 되는 길에 더 가까워지게 된다.

## 실험주의(Experimentalism)

서구사회가 점점 더 산업화하면서 자연을 통제하는 인간능력에 대한 낙관주의와 확신이 등장하였다. *실용주의(pragmatism)*의 철학은 Charles S. Peirce와 William James에 의해 발전되었는데, 이들은 자연이 인간에게 무엇을 하는가보다는 인간이 자연에게 무엇을 할 수 있는지를 강조하였다. 1920년경 John Dewey는 개인을 곧바로 사회적 맥락에 갖다 놓음으로써 James의 이론을 좀 더 확장시켰다. 인간은 사회를 개혁할 수도 있지만 사회에 의해 개혁될 수도 있다. 물론 Dewey의 철학은 진보주의 사상으로 많이 알려진 학파이다. *재건주의(reconstructionism)*는 실용주의와 진보주의의 분파다. Richard Pratte(1971)는 1932년에 George S. Counts에 의해 쓰여진 '학교는 새로운 사회질서를 만들 수 있는가?'라는 글을 인용했는데 이 글은 학교와 학생이 사회개혁의 주체라는 급진적인 사상을 견인한 글이다.

실험주의는 실용주의와 진보주의, 재건주의 철학으로부터 출현하였다. 이러한 철학들은 일반적으로 실재주의와 이상주의와 같은 더 전통적 철학으로부터의 역사적 단절을 추구한다. 지식과 진리, 도덕성이 절대적이고 인간의 바깥에 존재한다는 본질주의 사상은 거부되었다. 과학적 방법에 대한 믿음과, 인간들이 스스로 법칙과 원리, 기계를 창조하는 능력, 그러한 인공적 발명품이 인간들을 위해 활용된다는 사실은 결과적으로 새로운 철학을 요구하였다. 실험주의가 그 철학을 제공하였다: 실재는 실효성이 있는 것이었다.

만약 가설을 세우고 그것을 검증하고 그 효과를 확인할 수 있게 된다면 그 가설은 잠정적으로 사실로서 받아들여진다. 반복된 실험에서 같은 결과가 나온다면 그것은 참이 된다. 그러나 실험주의자들은 결코 그것을 절대적 진리라고 주장하지 않을 것이다. 인간의 상황은 늘 변화무쌍하기 때문에 오늘은 입증할 수 있는 것도 내일은 확증하지 못할 수 있다. 새로운 상황과 다양한 모형에 의해 어제의 실재가 바뀔 수도 있다. 실험주의자들은 뉴턴의 중력법칙이 아인슈타인의 상대성 이론에 자리를 내주고 과거의 진리가 된 역사적 증거를 제시한다. 그러나 그들은 아인슈타인의 이론도 새로운 이론에 의해 대체될 것이라고 믿는다.

도덕성도 인류와 인간사회에 적용되는 관계에 비추어 볼 수 있다. 도덕성은 개인이 집단과 함께 더 큰 목적을 달성하기 위해 노력하는 행동이다. 현명하다는 것은 사물이나 사람들의 상황이 어떻게 자신에게 영향을 주고 자신이 그것에 어떻게 영향을 줄 수 있는지에 대해 이해하는 것이다. 행위가 도덕적인지 그렇지 않은지는 집단에 의해 성취된 진보의 수준에 의해 결정된다. 실험적 상황에서의 시행착오를 이용하는 것이 행위의 결과를 평가하는 열쇠이다. 그러므로 실험주의자들은 지식을 절대적이라거나 인간 능력의 밖에 있는 것으로 보지 않는다. 오히려 지식은 과학적 인간과 상황 간의 상호작용의 결과이다.

실험주의자들의 생각을 장학에 교육적으로 적용한 예는 듀이의 저작에서 발견할 수 있다. 학습자로서의 교사는 그 시대의 진리에 대해 배울 필요가 있지만 부분적인 지식에 만족해서는 안 된다. 장학담당자들은 학교를 교사들이 낡은 가설을 검증하고 새로운 가설을 시험하는 실험실로 본다. 장학담당자들은 모든 사람들을 도울 수 있는 집단적 목표를 성취하기 위해 교사들과 민주적으로 일을 한다. 장학담당자들은 전통적인 지혜를 단지 전달하는 사람이 아니라 그 시대의 기본적 지식을 전달함과 동시에 시행착오적인 탐색적 학습을 안내하는 사람이기도 하다.

## 실존주의(Existentialism)

하나의 사상으로서 *실존주의*는 본질주의와 실험주의에 포함된 다른 철학들을 거부하는 것으로부터 나왔다. 그만큼 그것은 많은 다양한 철학자에게 해당되는 하나의 큰 범주이다. 대체로 그들은 이성적, 경험적, 체계적 사고방식으로 실재를 파악하는 것에 대해 경멸한다. 앞에서 말한 것처럼 본질주의자들은 이성적 사고를 통해 인간이 우주의 절대성을 밝히는 능력을 키우는 데 도움을 준다고 믿는다. 실험주의자들은 이성적이고 과학적인 사고가 합리적 지식을 탐색하고 틀을 잡는다고 믿는다. 그러나 실존주의자들은 이 같은 이성적 사고가 오히려 인간으로 하여금 존재를 발견하는 것을 가로막아 인간들을 무시하게 된다고 믿는다.

이 철학은 19세기 중반의 Sören Kierkegaard의 저작에 뿌리를 갖고 있다. 그것은 Albert Camus와 Jean-Paul Sartre와 같은 주창자들에 의해 연극과 문학 분야에서 대중화되었다. 초월적인 사고와 명상, 자기성찰과 같은 행위가 실존주의와 관련되어 있다. 실존주의의 기본 강령은 개인이 모든 실재의 원천이라는 것이다. 세상에 존재하는 모든 것은 개인이 자신의 경험에 부여하는 의미이다. 어떠한 절대적 지식도, 우주를 움직이는 어떠한 기계적 원리도, 어떠한 예정된 논리도 없다. 그러한 발명품을 믿는 것은 인간이 자신의 경험을 협소하고 부적절하게 해석하는 것이다.

개인은 단지 무질서하게 존재한다. 존재하는 유일한 실체는 자신의 존재이다. 자신의 내면을 바라보는 것에 의해서만 사람은 외적 무질서 속에서 진리를 판별할 수 있다. 인간성은 심오한 것이다. 인간의 존엄성과 가치는 굉장히 중요하다. 그것은 모든 진리의 원천이다. 이것을 인식함으로써 우리는 모든 인류와 그들의 고유성에 대해 무한한 존경심을 갖게 된다. 인간관계는 매우 중요해지면서 개인의 가치를 긍정하고 개인이 자신의 진실을 발견할 권리를 보호한다. 도덕성은 개인이 자기 자신을 알게 하고 다른 사람도 그렇게 할 자유를 허용하는 과정이다. 신념과 직관, 신비한 체험, 심상, 초월적 경험은 모두 '발견'의 수단으로서 인정된다. 인간은 완전히 자유롭다. 타인에 의해서 조형되지도 않고 시대적 조류에 의해 제약되지도 않는다. 인간은 스스로 자신의 존엄성을 만들어갈 수 있는 능력을 갖고 있다(Yue, 2011).

이러한 철학을 장학에 적용하는 것은 순전히 교사 개인의 선택을 강조하는 것이다. 장학담당자는 교사 스스로 자신의 실제적, 정신적 역량을 탐색할 수 있도록 환경을 제공한다. 교사는 스스로 학습해야 한다. 장학담당자는 정보를 제공하지 않고, 교사를 지도하는 것도 주제넘은 것이라 생각하여 삼간다. 필요하다면 자아발견을 위한 타인의 권리를 보호하기 위해 돕기도 하고 교사를 중요한 하나의 인격체로서 마주하기도 한다. 〈표 5.1〉은 세 가지 상위철학을 비교한 것이다. 부록 A에서 Bernard Badiali에 의해 개발된 교육 철학 Q-sort를 제시했는데 이것은 위에서 기술한 세 가지 상위철학보다는 다섯 가지 철학적 지향에 근거를 둔 것이다. Q-sort를 채워보면 다섯 가지 지향 중 어떤 것이 여러분의 신념에 가장 가까운지를 결정할 수 있게 된다.

〈표 5.1〉 세 가지 상위철학의 비교

| 교육 철학 | 본질주의 | 실험주의 | 실존주의 |
|---|---|---|---|
| 실재관<br>(지식, 진리, 도덕성) | 인간 외부에 존재<br>절대적, 불변적 | 실재는 작용하는 것;<br>임시적, 가변적 | 개인이 모든 실재의 원천;<br>개인이 실재를 규정 |
| 실재의 인식 | 이성적으로 사고하도록<br>마음을 훈련 | 상황과의 상호작용;<br>실험 | 자아발견에의 참여;<br>의미 창출 |
| 장학에의 적용 | 장학담당자는 전문가;<br>기계적으로 교사에게<br>교수지식을 전수 | 장학담당자는 낡은 가설을<br>검증하고 새로운 가설을 찾<br>기 위해 교사와 민주적으로<br>활동 | 장학담당자는 교사에게<br>탐색과 자율적 의사결정<br>촉진 |

## 6. 자신의 장학 신념 파악하기

한 발 물러서서 현장에 있는 우리 자신을 돌아보자. 먼저, 우리가 개별 교사와 어떻게 활동하는지 생각해 보고, 그러고 나서 집단과는 어떻게 활동하는지 생각해 보자. [생각해 보기 5.1]의 '개인과의 협력활동에 대한 장학 대인관계 행동 질문지'를 읽어보고 나서 여러분이 가장 많이 취하는 모형을 선택해 보라.

다음으로는, [생각해 보기 5.2]에서 교사집단과 만날 때 여러분이 전형적으로 사용하는 인간 상호 간 행동에 대해 살펴보라. '집단과의 협력활동에 대한 장학 대인관계 행동 질문지'에 응답해 보라.

장학 대인관계 행동 질문지에서의 장학모형은 본질주의, 실험주의, 실존주의 철학을 반영하며 각각 *지시적* 장학, *협력적* 장학, *비지시적* 장학으로 명명된다. Glickman과 Tamashiro(1980)는 다음과 같이 말한다.

**생각해 보기** *5.1*

## 장학 대인관계 행동 질문지: 개인과의 활동을 위한 시나리오

학교 일과가 방금 끝났다. 교사는 책상에 앉아 있다. 장학담당자인 당신이 문에 나타나자 교사가 맞이한다. "잘 되어 갑니까?" 장학담당자가 묻는다. 교사는 잔뜩 쌓여 있는 과제물을 보면서 학생들이 과제를 이해하지 못했음을 그것들이 증명할 것이라고 예감한다. "이 반은 정말 감당하기 힘들어요. 실력차가 너무 커요." 그러고 나서 교사는 자신을 곤란하게 만드는 또 다른 이유를 말한다: "어떤 학생들은 규율을 어기는데 그러한 행동은 결과적으로 학급붕괴로 이어집니다."

더 의논한 후에 교사와 장학담당자는 상황이 어떤지를 관찰하기 위해 장학담당자가 교실에 들어가는 것에 동의하고 나서 어떻게 학급관찰을 할지에 대한 회의에 들어간다.

몇 일 뒤 당신은 학급관찰을 하고 수집된 정보를 세밀히 분석한 후에 회의를 계획한다. 당신은 그 교사를 돕기 위해 회의에서 사용할 많은 접근방법을 고려한다.

**접근법 A.** 당신이 교실에서 본 것을 제시하고 교사는 어떻게 인식했는지 묻는다. 서로의 반응을 청취한다. 문제를 명확히 한 후에 서로 생각을 제안할 수 있다. 마지막으로 여러분은 교실에서 이루어져야 할 것에 대해 동의할 것이다. 서로 하나의 목표를 확인하고 둘이 함께하기로 한 행동계획에 대해 동의할 것이다. 그 계획은 여러분 둘이서 함께 만드는 것이다.

**접근법 B.** 교실에서 어떤 일이 벌어지는지 교사에게 들어보고 의논해 보라. 교사가 문제를 분석할 수 있도록 격려하고, 교사가 그 문제에 대한 관점을 분명히 할 수 있도록 질문을 하라. 마지막으로, 교사가 수행할 행동을 결정하고 그것을 상세화하

며 장학담당자의 도움이 더 필요한지를 판단해 보라고 한다. 그 계획은 교사가 맡아야 할 몫이다.

**접근법 C.** 당신이 관찰한 것을 교사와 공유하고 문제를 개선하는 데 가장 중점을 둬야 할 것이 무엇인지를 말하라. 당신이 관찰하고 해석한 것을 전달하라. 당신의 고유한 경험과 지식에 기반을 두고, 학급의 문제를 개선할 수 있는 대안적 행동을 상세히 제시하고 교사가 스스로 판단하여 선택하도록 요구한다. 장학담당자의 제안을 받아들인 후에는 교사가 계획을 만들어 본다.

**접근법 D.** 그 상황에 대한 당신의 생각을 제시한 후에는 교사가 그 해석을 확인하고 수정하도록 요구한다. 그 문제를 확인한 후에는 교사에게 무엇을 어떻게 진행해야 하는지 방향을 제시한다. 교실에 들어가서 당신이 직접 시범을 보일 수도 있고, 그 분야에서 잘 하는 또 다른 교사의 수업을 참관하라고 할 수도 있다. 교사가 주어진 과제를 잘 했을 때 칭찬하고 보상하라.

**반응.** 대체로 나는 접근법 _____을 이용한다.

**해석.**

**접근법 A:** 개선책에 대한 의사결정을 공유하는 장학담당자와 교사의 협력적 행동

**접근법 B:** 개선책을 교사가 만들 수 있도록 돕는 비지시적 행동

**접근법 C:** 개선책에 대해 장학담당자의 틀에 따라 교사가 선택하는 지시적 정보제공 행동

**접근법 D:** 장학담당자가 교사를 위해 결정을 해주는 지시적 통제 행동

출처: Katherine C. Ginkel(1983).

## 생각해 보기 5.2

### 장학 대인관계 행동 질문지: 집단과의 활동을 위한 시나리오

당신(장학담당자)이 과학교사에게 전화를 걸어 학생들이 정규수업 외에 실험실 도구를 이용하는 것에 대해 허용할 것인지에 대해 결정하도록 한다. 학생들이 실험할 수 있는 시간이 충분치 않았다는 불만을 제기했기 때문이다. 이 문제는 일과 전후나 점심시간, 자습시간에 학생들이 교사의 감독 아래 실험실을 자유롭게 이용할 수 있도록 할 것인가에 관한 것이다. 여러분은 결정을 하기 위해 과학교사들과 어떤 활동을 할 것인가?

**접근법 A.** 교사들을 만나서 이 문제에 대해 어떻게 할지 결정할 필요가 있음을 설명하라. 그 문제에 대해 당신이 알고 있는 정보를 제시하고 명확히 이해시킨다. 그들이 말하는 것을 다른 말로 표현해 보고 그들이 당신의 뜻을 확실히 이해하였다고 생각되면 이제 교사들이 함께 무엇을 해야 할지 결정하라고 한다. 그 모임에 참여하면서 사람들에게 질문하고 바꿔 말하면서 논의가 진전되도록 돕되, 의식적인 방식으로 교사들의 결정에 영향을 미치도록 해서는 안 된다.

**접근법 B.** 교사진을 만나서 먼저 학생들과 교사들, 장학담당자의 요구를 충족시킬 결정을 해야 한다는 점을 설명하라. 합의든 다수결이든 결정을 한다. 당신은 듣고, 격려하고, 이해하고, 각 교사들이 느끼는 것을 성찰해야 한다. 그 후에 당신 자신을 포함해서 각 교사들에게 가능한 해결책을 제안해 보도록 요구하라. 각각의 해결책에 대해 토론하라: 우선순위를 정하고, 합의가 이루어지지 않는다면 투표를 하라. 자신의 해결책을 주장하되 집단의 결정을 따른다.

**접근법 C.** 교사진을 만나서 이 상황을 헤쳐나갈 수 있는 몇 가지 가능한 조치를 설명하라. 교사들로 하여금 어떤 조치 혹은 여러 조치가 조합된 방법을 취하는 것이 좋을지 토론하고 합의하도록 한다. 대안을 설계하고 각각의 장단점을 설명한 후 교사들이 토론하고 대안을 선택하도록 한다.

**접근법 D.** 교사들을 만나 문제에 대해 당신이 결정하기 전에 그들의 피드백을 원한다고 말하라. 교사들의 참여가 도움이 될 것이란 점을 분명히 하라. 그들의 제안을 요구하고, 청취하고, 이해하고, 해석하라. 모든 사람들에게 말할 기회를 주고 어떤 변화가 만들어져야 하는지를 결정하라. 변화가 생긴다면 당신이 어떻게 할 것인지, 그들이 그 계획을 수행하기 위해 필요한 것을 전달하라.

**반응.** 대체로 나는 접근법 _____을 이용한다.

**해석.**

**접근법 A:** 교사집단이 의사결정을 하도록 장학담당자가 돕는 비지시적 행동

**접근법 B:** 집단 결정을 함에 있어 장학담당자가 구성원으로 참여하는 협력적 행동

**접근법 C:** 집단이 결정해야 할 선택을 이끌어 가는 지시적 정보제공 행동

**접근법 D:** 장학담당자가 집단을 위해 결정을 해주는 지시적 통제 행동

출처: Katherine C. Ginkel(1983).

지시적 장학의 관점에서 볼 때, 모든 교사들을 효과적으로 만들기 위해서는 공인된 기술과 기준에 따라 수업이 구성되어야 한다고 믿는다. 장학담당자의 역할은 알려주고, 지시하고, 시범을 보이고, 그러한 역량을 평가하는 것이다.

협력적 장학의 관점에서 수업은 기본적으로 문제해결 과정으로 본다. 여기서는 둘 이상의 사람들이 함께 문제에 대한 가설을 세우고, 실험하며, 자신의 상황에서 가장 적절한 것으로 나타나는 수업전략을 실행하는 것이다. 장학담당자의 역할은 문제해결 과정을 지도하고, 상호작용의 능동적인 일원으로 참여하며, 교사들이 그들의 문제에 집중하도록 돕는 것이다.

비지시적 장학의 전제는 학습이 일차적으로 교사 개인이 학생들의 학습경험을 향상시키기 위한 자신만의 해답을 찾아야 하는 사적 경험이라는 것이다. 장학담당자의 역할은 청취할 뿐 섣불리 판단하지 않으며, 교사들이 스스로 깨닫고 생각을 분명히 하도록 만드는 것이다(Glickman & Tamashiro, 1980: 76).

## 7. 장학담당자와 교사의 책임 측면에서 여러분의 신념은 무엇을 의미하는가?

장학에 대한 신념과 교육 철학은 의사결정의 책임이라는 측면에서 생각해 볼 수 있다(〈표 5.2〉 참고). 본질주의 철학을 전제로 할 때 장학담당자는 수업전문가여야 하므로 주요한 의사결정의 책임을 맡는다. 장학담당자에게는 높은 책임을 부여하고 교사에게는 낮은 책임을 부여하는 상황을 *지시적 장학*이라 명명한다. 실험주의 철학을 전제로 할 때는 장학담당자와 교사 모두 수업 개선에 있어 평등한 동반자이다. 장학담당자와 교사가 동일한 책임을 갖는 것을 *협력적 장학*이라 할 수 있다. 실존주의 철학은 교사들이 수업 개선을 위한 자신의 역량을 발견할 것을 전제로 한다. 이처럼 장학담당자의(의사결정) 책임은 낮고 교사의 책임이 높은 것을 우리는 *비지시적 장학*이라 한다.

〈표 5.2〉 철학, 통제, 장학 신념의 관계

| 교육 철학 | 의사결정의 책임 | 장학 신념 |
| --- | --- | --- |
| 본질주의 | 장학담당자 높음, 교사 낮음 | 지시적 |
| 실험주의 | 장학담당자와 교사 동등 | 협력적 |
| 실존주의 | 장학담당자 낮음, 교사 높음 | 비지시적 |

　　우리 자신의 교육 철학과 장학 신념을 살펴보면서, 우리는 단 하나의 이념적 입장을 찾을 수 없었다. 그러므로 장학 강령에 대한 Sergiovanni의 생각은 도움이 된다. 다양한 철학과 신념들의 어떤 조합을 중요하게 고려할 것인가? 설령 우리의 신념이 주로 본질주의나 지시적인 것이라 하더라도 부분적으로는 실험주의나 협력적 장학의 요소를 포함하고 있을지 모른다. 또는 다른 조합으로 신념을 갖고 있을지도 모른다. 특정한 하나의 강령만이 옳거나 그른 것이 아니다. 그것보다 우리가 만들어야 할 것은 우리가 이미 사용하고 있는 이런저런 것들을 평가하는 것이다.

## 당신이 어디에 서 있을 것인지는 당신이 어디에 앉아 있는지에 달려 있다: 신념에 대한 문화의 효과(Where You Stand Defends on Where You Sit: Effects of Culture on Beliefs)

어떤 사람의 문화적 배경은 그 사람의 교육적 신념에 중요한 영향을 준다. 주류문화의 구성원들이 학생들에게 그런 문화를 전수하려는 교육과정과 수업을 지지하는 것은 매우 자연스런 현상이다. 그러나 비주류 학생들은 주류문화를 전수하려는 교육과정과 수업에 적응하기가 힘들다는 것을 알게 되고, 때로는 수동적으로 때로는 능동적으로 그러한 문화를 전수하는 것에 저항할 수도 있다. 이것은 단순히 비주류문화가 주류문화에 동화되면서 극복될 것이라는 주류-비주류문화의 불일치문제가 아니다. 특정한 학생의 문화를 무시하는 학교는 그 학생들도 무시한다. 특히 안 좋은 것은 그러한 행동에 대해 교사들이 부분적으로는 자신들에게도 책임이 있음을 인식하지 못한다는 것이다.

　　교육에 대한 교육자들의 신념은 문화적 가정에 의해 영향을 받는다. 그들은 그것을 인식하지 못할 수도 있다. 그 가정이 매우 깊게 뿌리박혀 있고 당연하게 받아들여지기 때문이다. 이러한 가정은 교육자들이 설계하는 교육과정에도 영향을 주고, 학생과 학부모와의 관계에도 영향을 주며, 그들이 계획하는 수업 등에도 영향을 줄 수 있다. 우리의 문화적 가정과 신념이 학생들에게 영향을 줄 수 있기 때문에 우리가 단순히 우리의 신념을 정교화하고 그러한 신념에서 교육적 목적과 행위를 하는 것만으로는 충분치 않다. 오히려 우리는 우리의 문화적 가정을 확인하고 비판적으로 검증하려는 노력을 해야 한다. 그러한 비판은 종종 다른 사람과의 대화를 통해 일어나는데, 동료교원이나 학생들에게 부정적 영향을 주는 가정들을 변화시킬 수 있다.

　　문화적 가정을 확인하고 비판하는 것은 개인이나 학교가 하기에 쉽지 않다. 먼저 우리의 행위와 문화적 인공물, 확립된 신념을 검토해 보고 나서 그러한 행위와 인공물과 신념의 표면 아래에 깔린 가정을 찾아보는 것이 필요하다. 개인적 수준에서 이것은 다음과 같은 질문에 답하는 것일 수 있다.

- 나는 다른 사람보다는 특정한 문화적 집단과 일하는 데 더 어려움을 느끼는가? 그렇다면 왜 그런가?
- 내가 지지하는 신념이나 행위와 다른 문화적 집단과 일할 때, 그 신념과 행위들은 얼마나 일치하는가?
- 나의 문화적 배경은 부모에 대한 나의 기대나 부모와의 상호작용에 어떻게 영향을 주는가?
- 나의 문화적 배경은 효과적 수업에 대한 나의 인식에 어떻게 기여하는가?
- 나의 문화적 배경은 일반적으로 학생들에 대한 나의 기대에 어떻게 영향을 주는가? 다른 학생 집단에 대한 나의 기대에는 어떠한가?

이러한 질문은 비판적 성찰에 들어서는 관문이다. 그것은 문화적 가정을 좀 더 폭넓게 이해할 수 있도록 해준다. 다음과 같은 질문은 한 조직으로서의 학교에 대한 문화적 영향에 대해 비판적으로 검토할 수 있도록 도와준다.

- 주류문화는 학교의 목적에 대해 어떻게 알려주는가? 다른 문화들은 우리의 목적에 어떻게 기여하는가?
- 주류문화는 교과서나 교육과정 자료를 포함해서 교육과정에 어떻게 반영되어 있는가? 다른 문화들은 교육과정에 긍정적으로 반영되어 있는가?
- 우리의 문화적 신념은 학생들이 학교의 다양한 프로그램 속에 배치되는 방식에 어떻게 영향을 주는가?
- 우리의 문화적 신념은 학교의 훈육방침에 어떻게 영향을 주는가?
- 우리의 문화적 신념은 우리가 학생들의 학습을 평가하는 방식에 어떻게 영향을 주는가?
- 우리의 문화적 신념은 우리가 학생들의 가족과 상호작용하는 방식에 어떻게 영향을 주는가?

신념을 변화시키는 또 다른 촉매는 우리의 문화와 다른 문화에 대해 더 잘 이해하는 것이다. 이것은 다른 문화나 다문화교육에 대한 문헌을 읽고, 다른 문화의 학생이나 동료들과 대화하고, 다양한 지역사회 환경 속에서의 다양한 문화를 가진 사람들이나 부모들과 상호작용하며, 다양한 문화의 대표들과 학교 내에서의 교육적 역할과 지도자 역할을 공유함으로써 이루어질 수 있다. 문화를 더 잘 이해하는 것은, 특히 다른 문화들과의 상호작용을 통해 이해할 때, 개인적 편견을 극복할 수 있고, 교육적 신념을 변화시킬 수 있으며, 궁극적으로는 다르면서도 다양한 교육적 행위가 무엇인지를 알게 해준다.

## 성찰과제

Lowell 고등학교의 수학교사 몇 명이 Garcia 장학담당자에게 불평을 한다. 수학교사 중 한 명인 Evans 선생이 다른 교사들과 어울리지 못한다는 것이다. 그 선생을 제외하고는 다른 교사 모두 수학수업에 있어 실험적 모형을 채택하고 있다. 수학문제를 풀 때 학생들로 하여금 대안적 방법을 찾도록 하고, 수학을 가정이나 사회 등 실제상황에 적용해 보라고도 하고, 과제를 풀 때 서로서로 협력하라고도 한다. 그런데 Evans 선생은 다른 학교에서 10년 경력을 갖고 있지만 이 학교에서는 2년차다. 그는 본질주의 교육철학을 갖고 있다. 수학교사는 "기본으로 돌아가야" 할 필요가 있다고 믿는다. 그래서 학생들에게는 늘 문제를 어떻게 풀어야 하는지 시범을 보이고, 학생들이 문제를 풀었을 때 일일이 피드백을 하며, 학생들이 각자 문제 푸는 요령을 터득할 수 있도록 개별적 과제를 할당한다. 다른 수학교사들은 Evans 선생에게 다른 교사들의 철학과 일치되도록 수업방법을 바꾸라고 아무리 얘기해도 소용없으니 장학담당자가 대신 얘기해 달라고 요구하고 있다. 당신은 장학담당자에게 어떻게 하라고 하겠는가?

## 참고문헌

Berliner, D. C. (2001). Learning about and learning from expert teachers. *International Journal of Educational Research, 35,* 463-482.

Berliner, D. C. (2004). Describing the behavior and documenting the accomplishments of expert teachers. *Bulletin of Science, Technology, and Society, 24,* 200-212.

Bond, L., Smith, T., Baker, W., & Hattie, J. (2000). *The certification system of the National Board for Professional Teaching Standards: A construct and consequential validity study.* Greensboro: Center for Educational Research and Evaluation, The University of North Carolina at Greensboro.

Cholewa, B., Amatea, E., West-Olatunji, C. A., & Wright, A. (2012). Examining the relational processes of a highly successful teachers of African American children. *Urban Education, 47,* 250-279.

Compton-Lilly, C. (Ed.) (2009). *Breaking the silence: Recognizing the social and cultural resources students bring to the classroom.* Newark, DE: International Reading Association.

Delpit, L. (2006). *Other people's children: Cultural conflict in the classroom.* New York, NY: New Press.

Delpit, L. (2012). *Multiplication is for White people: Raising the expectations for other people's children.* New York, NY: New Press.

Ginkel, K. C. (1983). *An overview of a study which examined the relationship between elementary school teachers' preference for supervisory conferencing approach and conceptual level of development.* Paper presented at the American Educational Research Association, Montreal, Canada, April.

Glickman, C. D., & Tamashiro, R. T. (1980). Determining one's beliefs regarding teacher supervision. *Bulletin, 64*(440), 74-81.

Kingston, A., Sammons, P., Day, C., & Regain, E. (2011). Stories and statistics: Describing a mixed methods study of effective classroom practice. *Journal of Mixed Methods Research, 5,* 103-125.

Ladson-Billings, G. (2006). Yes, but how do we do it? Practicing culturally relevant pedagogy. In J. Landsman & C. W. Lewis (Eds.), *White teachers, diverse classrooms: A guide to building inclusive schools, promoting high expectations, and eliminating racism* (pp. 29-42). Sterling, VA: Stylus.

Ladson-Billings, G. (2009). *The dream-keepers: Successful teachers of African-American children* (2nd ed). San Francisco, CA: Jossey-Bass.

Norton, N. E. L., & Bentley, C. C. (2006) Making the connection: Extending culturally responsive teaching through home(land) pedagogies. *Feminist Teacher, 17*(1), 52-70.

Parkay, F. W., Hass, G., & Antil, E. J. (2010). *Curriculum leadership: Readings for developing quality educational programs* (9th ed.). Boston: Allyn & Bacon.

Pratte, R. (1971). *Contemporary theories of education.* Scranton, PA: T. Y. Crowell.

Schmeichel, M. (2011). Good teaching? An examination of culturally relevant pedagogy as an equity practice. *Journal of Curriculum Studies, 44,* 211-231.

Sergiovanni, T. J., & Starratt, R. J. (2007). *Supervision: A redefinition* (8th ed.). New York, NY: McGraw-Hill.

Shulman, L. S. (1987). *Knowledge and teaching: Foundations of new reform.* Harvard Educational Review, 57(1), 1-22.

Stritikus, T. T. (2006). Making meaning matter: A look at instructional practice in additive and subtractive contexts. *Bilingual Research Journal, 30*(1), 219-227.

Torff, B. (2006). Expert teachers' beliefs about use of critical-thinking activities with high- and low-advantage learners. *Teacher Education Quarterly, 33*(2), 37-52.

Tsui, A. B. M. (2009). Distinctive qualities of expert teachers. *Teachers and Teaching: Theory and Practice, 15,* 421-439.

Valenzula, A. (1999). *Subtractive schooling: U.S. Mexican youth and the politics of caring.* Albany: State University of New York Press.

Yue, A. R. (2011). An existentialist in Iqaluit: Existentialism and reflexivity informing pedagogy in the Canadian North. *Journal of Management Education, 35,* 119-137.

# 제3부

# 대인관계 역량

이 책의 구성은 1장의 [그림 1.2]에 잘 나타나 있다. 교사 발달을 위한 기제로서 장학의 전제조건은 지식, 대인관계 역량, 기술적 역량이다. 제2부에서는 비판적 지식에 대해 검토하였다. 제3부에서는 대인관계 역량에 대해 기술할 것이다. 6장에서는 장학 행동에 대해 소개하고 7장에서는 지시적 통제 장학의 활용에 대해 상세히 설명하고, 8장에서는 지시적 정보제공적 장학에 대해 설명할 것이다. 9장에서는 협력적 장학의 활용에 대해 설명하고, 10장에서는 비지시적 장학의 활용에 대해 설명할 것이다. 11장에서는 발달 장학의 이론과 실천에 대해 논의할 것이다.

교사 발달과 학교성공을 위해 필요한 것에 대한 '지식'은 [그림 Ⅲ.1]에서 볼 수 있는 장학 행동의 삼각형에서 기초에 해당한다. 지식은 교사들과 의사소통할 때 필요한 대인관계 역량은 물론이고 수업개선을 계획하고 사정하며 관찰하고 평가하는 데 요구되는 기술적 역량에 꼭 필요한 것이다. 우리는 이제 대인관계 역량 차원으로 관심을 돌려볼 것이다.

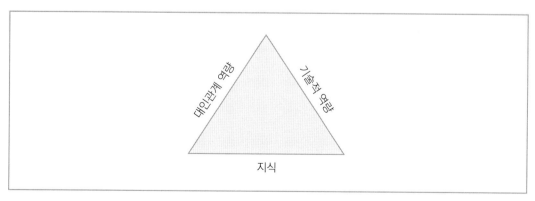

[그림 Ⅲ.1] 장학의 전제조건

# 제6장

# 장학 행동의 연속선: 너 자신을 알라

김성기_협성대학교 교양교직학부 교수

## ➤ 이 장에서 생각해 볼 문제

**1.** 당신과 함께 하는 장학담당자는 이 장에서 논의되는 네 가지 장학 접근법 중 어떤 것을 활용하는 경향이 있다고 보는가?

**2.** 동료 교원들이 전문가로서 당신을 묘사해 보라고 요구받는다면 그들은 당신의 공적 자아(public self) 중 어떤 면을 얘기할 것이라 생각하는가? 당신이 개인적으로 지키고 있지만 동료 교원들은 알아채지 못하는 당신의 전문가적 속성은 무엇인가?

**3.** 당신은 다른 교사들과 일하면서 혹은 직무상의 목적을 달성함에 있어 동료의 숨겨진 자아의 특정한 면 때문에 어려움을 느꼈거나 느끼고 있는가? 동료의 '숨겨진 점'과 그 부정적 영향은 무엇인가?

**4.** 당신의 직업생활에서 중요한 인지적 부조화를 경험했던 때를 돌이켜보자. 이러한 상황에 대한 첫 느낌은 어떠했는가? 그 인지적 부조화를 어떻게 해결했는가?

**5.** 이 장에서는 장학담당자가 교사들의 행위에 대해 피드백하는 몇 가지 방법을 기술한다. 장학담당자로서 당신은 이러한 전략들 중 어떤 것이 가장 편안하다고 느끼는가? 다시 말해 어떤 전략이 당신에게 가장 유용한 피드백을 제공한다고 믿는가?

이 장에서는 개별 교사나 교사집단과 함께 활동하고 있는 장학담당자에게 유용한 대인관계 행동의 범위를 살펴본다. 장학담당자들이 학교상황에서 전형적으로 어떻게 행동하는지를 평가한 후 좀 더 능숙하고 효과적으로 행동하기 위한 방법을 찾아볼 것이다. 이후의 장에서는 대인관계 역량의 네 가지 유형을 실습할 것이다.

행동 범주에는 어떤 것들이 있는가? 장학담당자들이 학급 또는 학교에서의 의사결정을 위해 개별 교사나 교사집단을 만나면서 관찰한 결과를 여러 해 수집한 결과, 넓은 범주의 장학 행동들이 도출되었다(Glickman, 2002). 이러한 범주는 의도적이라 여겨지는 거의 모든 장학 행동을 아우른다. 의도적 행동이란 회의에서 만들어지는 결정에 기여하는 행동이다. 장학 행동의 범주로는 경청, 명료화, 격려, 성찰, 제시, 문제해결, 협상, 지시, 표준화, 강화를 들 수 있다. 각 범주가 어떤 것들인지 살펴보자.

- *경청(Listening)*. 장학담당자가 앉아서 화자를 보고 이해하였다는 걸 보여주기 위해 고개를 끄덕인다. 구두 반응("아하", "으음")도 청취하고 있음을 나타낸다.
- *명료화(Clarifying)*. 장학담당자가 화자의 관점을 명료화하기 위해 질문을 하거나 말을 한다: "선생님이 의미하는 것이…?" "이걸 좀 더 자세히 설명해 보시겠습니까?" "이건 좀 혼동스러운데요." "선생님이 뭘 말씀하시는지 잘 모르겠네요."
- *격려(Encouraging)*. 장학담당자는 화자가 그의 입장을 계속 설명할 수 있도록 돕기 위해 인정한다는 반응을 보인다: "네. 저도 그렇게 생각해요." "네. 계속해 주세요." "아하, 뭘 말씀하시는지 알겠어요. 더 말씀해 보시겠어요?"
- *성찰(Reflecting)*. 장학담당자는 자신이 화자의 얘기를 정확히 이해했는지 확인하기 위해 화자의 메시지를 요약하고 다른 말로 표현해 본다: "제가 이해하기로는 …" "그래서 문제는 …" "제가 들을 때 선생님은 이런 말씀을 …"
- *제시(Presenting)*. 장학담당자는 논의되는 문제에 대해 자신의 생각을 전한다: "이게 제가 알고 있는 방법입니다." "가능한 방법은 …" "우리가 이렇게 생각해 보면 좋을 듯한데요. …" "제가 생각할 때는 …"
- *문제해결(Problem solving)*. 문제나 쟁점에 대한 예비토론을 한 후에 관련된 모든 사람들로 하여금 가능한 해결책을 구상해 보라고 할 때 장학담당자가 주도권을 갖는다. 보통 다음과 같이 진술한다: "잠깐 멈추고 각자 해결책을 적어 봅시다." "이 문제를 해결할 수 있는 아이디어가 있습니까?" "우리가 취할 수 있는 모든 조치에 대해 생각해 봅시다."
- *협상(Negotiating)*. 장학담당자는 제안된 해결책들의 예상되는 결과에 대해 토론하고, 갈등이 있다면 무엇을 우선순위로 할지 따져보고, 다음과 같은 질문을 통

해 선택의 범위를 좁혀 감으로써 '가능한 선택'에서 '확실한 선택'으로 토론주제를 넘긴다: "우리가 의견을 같이 하는 것은 어떤 점이죠?" "우리 둘 다 수용할 만하도록 만들려면 어떻게 해야 할까요?" "우리 각자가 원하는 것들을 부분적으로라도 모두 충족시킬 수 있는 타협안은 어떤 것이 있을까요?"

- *지시(Directing)*. 장학담당자는 참여자들에게 선택지를 제시한다: "제가 보기에는 이런 이런 대안들이 있습니다: A… B… C… 선생님이 보시기에는 어떤 게 가장 좋을 것 같습니까? 선생님은 어떤 대안을 활용하시겠습니까?" 또는 참여자들에게 추진하기를 바라는 것을 말할지도 모른다: "나는 이걸 하기로 결정했습니다." "저는 선생님이 이걸 하셨으면 합니다." "이런 방향에서 하죠." "이런 방법으로 하죠." "다음처럼 진행하겠습니다."

- *표준화(Standardizing)*. 장학담당자는 결정된 것을 수행할 때 기대되는 준거와 시간을 설정한다. 최종 목표가 설정된다. 다음과 같이 기대하는 것을 전달한다: "다음 월요일까지 우리는 … 보고 싶어요." "어떤 변화가 있었는지를 알려 주세요." "처음의 두 가지 행위를 수행해 보시고…" "다음 회의시까지 25% 정도 진전이 있기를 바랍니다." "우리는 모든 과제가 다음 참관 전에 완수될 것이라고 믿어요."

- *강화(Reinforcing)*. 장학담당자는 가능한 결과를 말함으로써 지도한 것과 기준으로 제시한 것들이 충족될 수 있도록 강화한다. 가능한 결과는 다음과 같이 긍정적으로 표현되면 좋다: "저는 선생님이 해낼 수 있다는 걸 알아요!" "저는 선생님의 능력을 믿어요!" "저는 선생님이 한 것을 다른 사람들에게 보여주고 싶어요!" 결과를 부정적으로 표현할 수도 있다: "제 시간에 되지 않으면 우리는 실패할 수도 있어요." "제 시간에 이걸 해내지 못하면 … 될 것을 이해해야 해요."

앞서 말한 대인관계 장학 행동의 범주들은 참여자들로 하여금 결정을 하도록 유도한다. 어떤 장학 행동들은 결정을 만드는 데 있어 교사에게 더 큰 책임을 부여하고, 어떤 행동들은 장학담당자에게, 또는 모두에게 책임을 부여하기도 한다. 행동범주들은 장학 행동의 연속성 상에 있다. [그림 6.1]은 통제 혹은 권력의 크기를 보여준다.

장학담당자가 교사의 얘기를 들으면서, 교사가 말하는 것을 *명료화*하고, 교사에게 관심사를 더 자세히 말하도록 *격려*하고, 교사의 인식을 확인시켜 줌으로써 *성찰*하게 만들 때 통제권을 가진 사람은 바로 교사이다. 장학담당자는 교사가 스스로 결정할 수 있도록 하는 능동적 탐사자(active prober) 혹은 공명판(sound board)과 같은 역할을 한다. 교사가 실제적 결정에 대해 강한 통제권을 가지며 장학담당자는 약한 통제권을 갖는다

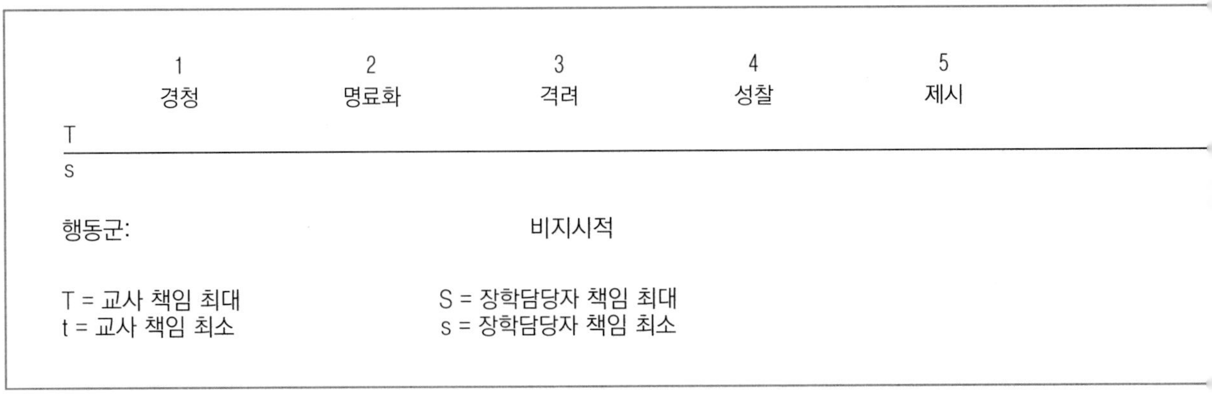

| | 1 | 2 | 3 | 4 | 5 |
|---|---|---|---|---|---|
| | 경청 | 명료화 | 격려 | 성찰 | 제시 |

T _____

s _____

행동군:                                            비지시적

T = 교사 책임 최대                S = 장학담당자 책임 최대
t = 교사 책임 최소                s = 장학담당자 책임 최소

[그림 6.1] 장학 행동의 연속선

([그림 6.1]에서 T, s로 표시된다). 이는 *비지시적 대인관계 접근법*에서 볼 수 있다.

장학담당자가 교사의 관점을 이해하기 위해 비지시적 행동을 하는 동시에 자신의 의견을 제시하면서 토론에 참여하고, 참여자들에게 가능한 조치를 제안해 보도록 함으로써 문제해결을 시도하고, 교사와 장학담당자 모두가 만족할 만한 안을 찾으려고 협상하는 모습을 보인다면, 최종결정에 대한 통제권은 모두에게 공유되는 것이다. 이것은 *협력적 대인관계 접근법*이다.

교사가 선택할 수도 있는 대안들을 장학담당자가 일일이 제시하고 교사가 선택한 후에도 장학담당자가 기대되는 결과에 대해 그 시간과 기준을 제시하게 되면 장학담당자는 정보의 주요한 원천이 되고 교사에게는 제한된 선택권만 주어진다(t, S). 이것은 *지시적 정보제공형 대인관계 접근법*이다.

마지막으로 장학담당자가 교사에게 뭘 해야 하는지 지시하고, 기대되는 결과의 시간과 기준을 제시하며, 해야 할 것과 하지 말아야 할 것에 대해 강조하게 되면, 장학담당자는 결정에 대해 책임을 갖는다(t, S). 장학담당자는 교사가 따라야 할 행동을 결정하고 있다. 이러한 행동은 *지시적 통제형 대인관계 접근법*이라 불린다.

## 1. 회의의 성과

장학 접근법 간의 차이를 이해하는 또 다른 방법은 회의의 산출물과 수업 개선을 위한 최종결정을 누가 통제하는지를 살펴보는 것이다.

| 6 | 7 | 8 | 9 | 10 |
|---|---|---|---|---|
| 문제해결 | 협상 | 지시 | 표준화 | 강화 |

t

S

| 협력적 | | | 지시적 정보제공 | 지시적 통제 |
|---|---|---|---|---|

| 접근법 | 산출물 |
|---|---|
| 비지시형 | 교사 자기계획 |
| 협력형 | 상호계획 |
| 지시적 정보제공형 | 장학담당자가 제안한 계획 |
| 지시적 통제형 | 장학담당자가 제시한 계획 |

비지시적 접근법에서, 장학담당자는 교사가 자기계획을 개발하는 데 있어 부단한 사고를 촉진하도록 한다. 협력적 접근법에서는 장학담당자와 교사 둘 다 상호계획에 도달하는 데 있어 동등하게 정보와 가능한 행위들을 공유한다. 지시적 정보제공 접근법에서는 장학담당자가 가능한 조치의 범위와 중점사항을 제시하고, 교사는 장학담당자가 제안한 것 중에서 선택하도록 요구받는다. 지시적 통제 접근법에서는 장학담당자가 교사에게 무엇을 해야 하는지 말한다. 비지시적 접근법에서는 최대한 교사에게 선택권을 준다; 협력형에서는 상호선택을, 지시적 정보제공형에서는 선별된 선택권을 부여하며, 지시적 통제형에서는 회의결과로서 아무런 선택권도 주어지지 않는다.

## 2. 유효한 자기평가

우리는 자기가 자신을 지각한 것과 다른 사람이 나에 대해 지각한 것이 어느 정도 일치하는가를 살펴볼 필요가 있다. 예컨대, 우리가 흔히 개인에게는 협력적 접근법을 이용하고 집단에게는 비지시적 접근법을 이용한다고 믿지만 사실 여부는 확인해 봐야 한다. 그렇지 않다면 이 장의 마지막에서 우리는 누구의 마음 속에도 존재하지 않고 우리의 마음 속에만 존재하는 일련의 행동요소로서 연속화, 구체화, 비연속화를 제시할 것이다. 예를 들어 오류가 있는 자기지각(self-perception)의 개인적 사례를 살펴보자.

New Hampshire에 있는 한 학교의 교장으로서 그는 자신이 학교를 성공적으로 운영하고 있고 교사들에 대한 접근성이 높다고 생각한다. 주정부나 연방정부로부터 받은 인증서와 많은 방문객이 보내준 칭찬 편지와 같은 외적인 증거로 이러한 성공사례를 입증할 수도 있다. 그는 휴게실에서 일상적으로 교사들과 얘기를 나누고 있고 어떤 교사든 자신에게 말하고 싶은 게 있으면 언제든지 방문할 수 있도록 사무실을 개방하는 방침을 운영하고 있다는 것을 들어 그가 교사들에 대한 접근성이 높다고 자부한다. 그가 교장으로 부임한 지 3년째 되던 해에 그가 속한 교육지원청에서는 교사들이 교장을 평가하는 것을 허용하였다. 평가항목 중 하나는 '다른 사람의 말을 경청하는 자세'였다. 1('거의 듣지 않는다')부터 7('거의 항상 경청한다')까지 표시하도록 되어 있다. 평가지를 교사들에게 주기 전에 그는 자신이 직접 스스로에 대해 평가해 보았다. 그는 그 '경청하는 자세'에 대해 자신 있게 7번에 표시를 하였다. 교사들이 응답을 마치고 결과가 나왔을 때 그는 놀랐다. 교사들이 가장 낮게 매긴 항목이 바로 그가 가장 높게 평가한 문항이었다. 유감스럽게도 자신이 인지하는 것과 교직원이 인지하는 것 간에 명백한 불일치가 있었다.

## 3. 조하리창

조하리창(Luft, 1970; Janas, 2001; Chang, Chen, & Yuan, 2012)은 우리의 행동에 대해서 우리가 아는 것과 모르는 것을 바라보는 도식적 방법을 제공한다([그림 6.2] 참고). 4개의 칸을 가진 유리창을 그려보라. 이 틀에는 자신의 행동에 대해 자신(장학담당자)과 타인(교사들)이 알고 있거나 알지 못하는 자아가 들어 있다. 창 1에는 장학담당자와 교사 둘 다 장학담당자가 이용한다고 알고 있는 행동이 있다. 이것이 *공적 자아(public self)*이다. 예컨대, 장학담당자는 뭔가 걱정스럽다는 얘기를 해야 할 때 말을 더듬거리고 주저한다는 것을 알고 있다. 교사도 장학담당자가 그렇게 말할 때 무엇을 말하려는지 감지한다.

창 2에는 *숨겨진 자아(blind self)*가 있다. 장학담당자의 행동은 자신에게는 알려져 있지 않지만 교사에게는 알려져 있다. 예컨대, 교장은 그가 생각하기에는 경청하는 행동이라고 생각하는 행동을 교사에게 보이지만 교사들은 같은 행동에 대해 경청하는 모습이 아니라고 생각하기도 한다. 물론 자신의 행동에 대해 교사들이 느끼는 것을 알게

|  | 장학담당자가 아는 | 장학담당자가 모르는 |
|---|---|---|
| 교사가 아는 | 1. 공적 자아 | 2. 숨겨진 자아 |
| 교사가 모르는 | 3. 사적 자아 | 4. 비인지 자아 |

[그림 6.2] 조하리창의 적용

출처: Joseph Luft(1970). *Group Processes: An Introduction to Group Dynamics*. New York: National Press Books.

된다면 숨겨진 자아는 공적 자아가 된다.

창 3에는 *사적 자아(private self)*가 있다. 장학담당자 자신은 알고 있지만 교사는 모르는 행동이다. 예컨대, 새로운 만남이 시작되는 상황에서 교사들과 인사를 나눌 때 외향적인 모습을 보임으로써 모종의 불안감을 감추려 한다. 그는 이러한 행동이 불안감을 숨기고 있다는 것을 알고 있다. 장학담당자가 타인에게 이러한 생각을 드러낸다면 사적 영역이 공적으로 바뀐다.

마지막으로 창 4에는 *비인지 자아(unknown self)*가 있다. 장학담당자와 교사 둘 다 장학담당자의 행동에 대해 인지하지 못하는 상태이다. 누군가 무슨 말을 하고 있을 때 장학담당자가 다리를 바꿔 꼬는 경우가 있다. 아마도 어떤 교사가 말하고 있을 때 장학담당자가 답답함을 느끼고 있는 것일지 모른다. 장학담당자는 자신이 왜 답답한지 느끼지 못할지도 모른다. 심지어 자신이 이렇게 느끼고 있다는 것도 모를 수 있다. 교사도 마찬가지다. 알려지지 않은 자아는 모두에게 인지되지 않는다. 새로운 자각을 만들어 내는 상황에 의해서만 그것은 사적 자아 혹은 숨겨진 자아, 공적 자아가 된다.

조하리창은 장학과 무슨 관계가 있는가? 장학담당자 스스로 자신이 하고 있는 것을 알지 못한다면 장학담당자는 더 효과적으로 업무를 수행할 수 없다. 우리는 우리 자신의 사적인 부분을 보호받고 싶어할지 모른다. 예컨대, 자신의 생활이나 성격에 관한 세세한 것까지 교사들이 알기를 바라지 않을 수도 있다. 그러나 인간적인 유대감을 갖게 할 수 있는 경험을 공유하지 않고 대부분 사적인 것으로 놔두면 우리가 교사와 함께 활동을 할 때 거리를 좁히지 못할 수 있음을 알아야 한다. 공식적인 것이나 거리를 두는 것을 좋아할 수도 있고, 사적인 것이 더 확실한 결과를 낳을 수 있다고 생각할 수도 있다. 다른 한편으로, 우리는 사적인 것이 상호적이며, 교사들이 수업성과에 영향을 미칠

지도 모르는 개인적 상황에 대해 쉽게 말을 꺼내지 않을 수도 있다는 점을 받아들여야 한다. 첫째로, 우리는 우리가 교사들과 얼마나 사적으로 혹은 얼마나 공적으로 느끼는 지를 파악해야 한다. 그 후 교사도 우리와 같은 방식으로 느끼기를 바라는지 판단해야 한다. 둘째로, 장학담당자로서 우리는 자신의 행동과 그 행동이 타인에게 주는 영향에 대해 눈감아줄 여유가 없다. 우리는 우리가 아는 것만을 개선할 수 있다. 우리 자신의 지각만 믿는 것은 재난을 초래하는 것이다.

교장으로서 경청하는 행동에 대해 스스로 느끼는 것에 관한 앞서의 사례는 이 문제를 이해하는 데 적절한 사례이다. 그가 자신을 훌륭하고 접근성 있는 청자로 보는 한, 어떤 교사가 수업상의 문제를 안고 있는데 그를 찾아오지 않는 상황은 생각할 수도 없는 것이다. 그러나 그가 느끼지 못하는 수업상의 문제를 의논하기 위해 교사들이 두 번 정도 장학담당자를 찾아갔다는 사실을 알게 되었다. 교사들이 그를 거치지 않고 그렇게 한다는 얘기를 듣고 나서 그는 교사들의 행동에 대해 화가 나기 시작하였다. 그는 교사들에게 잘못을 한 적도 없었다. 교사들이 그를 평가한 후에 그는 더 이상 자아도취에 빠져 있을 수 없었다. 많은 교사들은 이미 교장이 정말로 그들의 이야기를 들어줄 것이라고 믿지 않았기 때문에 교사들의 관심사에 대해 교장에게 말하지 않고 있었다. 교장은 교사들이 자신을 친근하게 받아들이지 않고 있다는 사실에 직면해야 하였다. 그렇지 않으면 그러한 사실을 외면하고 계속해서 자아도취에 빠져 나중에 학교가 엉망이 되면 그 때에야 충격적으로 그 사실을 깨닫게 될지도 모른다.

조하리창은 장학담당자가 네 가지 창의 각각의 영역에서 정보를 모으고 그들의 수행결과에 대해 성찰할 때 매우 유용하다.

1. 장학담당자와 교사들 모두 장학담당자의 *공적 자아* 행동에 대해 인식하고 있지만 장학담당자는 그러한 행동들이 교사들에게 어떻게 영향을 주는지, 그리고 부정적 영향을 주는 공적 행동의 원인이 무엇인지에 대해 느끼지 못할 수도 있다. 멘토나 코치(교사처럼 장학담당자들도 멘토링이나 코칭으로부터 이득을 얻는다)로서 장학담당자들은 자신들의 어떤 행동을 지속하고 어떤 행동을 변화시키고 싶은지를 결정하기 위해 익명의 조사와 관찰, 비공식적 대화를 이용할 수 있다.

2. 장학담당자는 *숨겨진 자아*의 행동에 대해 인식하고 바람직한 변화에 대해 결정하기 위해 자료를 수집하고 성찰할 수 있다. 예컨대, 숨겨진 자아에 관한 앞서의 예에서 그 교장이 비공식적인 경로로라도 교사들이 자신을 어떻게 생각하는지 조사해 보고, 중립적인 입장에서 관찰해 보고, 그의 지도방식에 대해 교사들이 어떻게 느끼는지를 깨닫기 위해 노력하였다면 공식적인 평가가 이루어지기 전

에 그는 교사들의 관심사를 이해하고 그 문제를 해결할 수 있었을 것이다.

3. 장학담당자는 어떤 믿음과 행동들이 왜 *사적 자아*의 부분인지, 사적인 일을 사적으로 놔두는 것이 좋은지 아니면 교사들과 공유하는 것이 좋은지를 탐색할 수 있다. 사적 자아의 중요한 측면에 대한 반성적 글쓰기는 그러한 틀을 탐색하기 위한 전략이다. 또한 장학담당자는 사적인 일을 멘토나 코치와 상의하기를 꺼리지 않을 수도 있다. 이렇게 자발적인 토론은 장학담당자로 하여금 사적 자아의 몇몇 부분을 공적으로 만들 수도 있다.

4. *숨겨진 자아*는 어떤가? 장학담당자는 그들이 알지 못하는 개인적 행동이나 가정에 대해서 어떻게 자료를 모으고 성찰할 수 있는가? 첫 번째 단계는 자기지각(self-awareness)이다. 예컨대, Diehl(2011)의 연구에서 단기세미나에 참여하는 장학담당자들로 하여금 반성적 글쓰기와 집단대화를 함께 이용하면서, 그들의 숨겨진 행동이 그들 자신과 교사들, 학생들에 대해 미치는 영향뿐만 아니라 그들이 이전에는 느끼지 못했던 책무성 압력에 대해 표면적으로 반응하도록 하였다. 반성적 글쓰기와 집단대화로부터 생기는 자기지각은 자신의 스트레스는 물론이고 학교공동체의 다른 구성원들에 대해서도 미치는 부정적 영향을 감소시키기 위해 장학담당자들이 자신의 태도와 행동을 변화시키는 첫 번째 단계이다.

조하리창에서 네 가지 자아에 대해 자료를 수집하고 성찰하는 것은 장학담당자로 하여금 인지적 불일치를 경험하도록 할 수 있으며, 그것은 종종 변화의 전제조건이기도 하다. 인지적 불일치가 무엇인지에 대해 살펴보자.

# 4. 인지적 불일치

Leon Festinger(1957)(Gorski, 2009; Zepeda, 2006 참고)라는 심리학자의 동기모형에 의하면 *인식의 무효화(invalidity of perceptions)*[1]는 인지적 불일치(*cognitive dissonance*)를 만든다. 그 모형은 사람이 자신이 생각한 것과 다른 정보원이 가리키는 것이 차이가 있음을 알게 될 때 그렇게 심리학적으로 대조적인 증거가 나타난 상태로는 제대로 살아갈 수 없다는 전제에 입각해 있다. 앞서의 예에서 교장의 청취능력이 교사지각과 반대됨을 알게 되었을 때, 그는 정신적 혼란이나 인지적 불일치를 경험하였

---

1) 역주: 자기가 인식한 것이 틀렸음을 확인한 상태를 의미함.

다. 예컨대, 당신이 스스로 협력적 장학담당자라고 믿고 있었는데 교사들로부터 지시적 장학담당자라는 피드백을 받았을 때 인지적 불일치를 경험하게 될 것이다. 우리는 상반된 지각과 싸우고 그 둘을 화해시켜야 한다. 그렇지 않으면, 그 두 개의 상반된 정보원은 계속해서 우리를 괴롭힐 것이다. 이러한 정신적 번민은 우리가 실제로 하고 있는 것이 무엇인지에 대한 문제를 해결하려고 노력한다.

인지적 불일치는 그 속성상 불안정하지만 넓게 보면 요구되는 변화를 위한 촉매제일 수 있다. 하나의 예가 Gordon과 Brobeck(2010)의 연구에 제시되어 있다. 이 연구에는 모든 교사에게 비지시적 접근법을 이용하려고 노력해 왔던 한 장학담당자가 경험한 인지적 불일치가 기술되어 있다. 수업참관 후에 진행한 교사들과의 회의를 녹음해서 들어보고 코치와 함께 그러한 회의에 대해 대화를 나눠본 결과, 그 장학담당자는 비지시적 접근법이 숙련된 교사들에게는 잘 통했지만 숙련되지 못하여 고군분투하는 신규 교사들에게는 그렇지 않다는 사실을 알게 되었다. 그의 비지시적 접근법이 어떤 교사들에게는 부적절하다는 것을 알게 되고 나서 생긴 인지적 불일치를 해결하기 위해 그는 다양한 장학 접근법을 이용하려고 했고, 교사들의 발달수준에 맞게 그 접근법을 다양하게 재단해서 이용하려고 하였다.

## 5. 자기지각과 타인지각의 비교

[생각해 보기 6.1]은 장학담당자의 활동에 대한 자기지각과 교사지각을 비교하기 위해 이용하는 하나의 도구를 제공한다. 장학담당자의 자기평가는 네 가지 영역으로 나뉜

---

**생각해 보기** *6.1*

### 장학담당자의 자기평가

**작성요령:** 항목별로 당신이 동의하는 정도를 숫자 1, 2, 3, 4 중에서 골라 적어 주세요.

1. 전혀 동의하지 않는다
2. 동의하지 않는다
3. 동의한다
4. 전적으로 동의한다

**A영역: 전문적 특성**

___ 1. 장학담당자는 학생들의 성장과 발달에 큰 관심을 갖고 있다.
___ 2. 장학담당자는 교사의 성장과 발달에 큰 관심을 갖고 있다.
___ 3. 장학담당자는 신뢰할 만하다.
___ 4. 장학담당자는 교사들을 공정하게 대한다.

**생각해 보기** *6.1*

___ 5. 장학담당자는 융통성이 있다.
___ 6. 장학담당자는 윤리적이다.

**B영역: 기술**
___ 7. 장학담당자는 의사소통 기술을 보여준다.
___ 8. 장학담당자는 욕구평가 기술을 보여준다.
___ 9. 장학담당자는 기획 기술을 보여준다.
___ 10. 장학담당자는 집단촉진 기술을 보여준다.
___ 11. 장학담당자는 문제해결 기술을 보여준다.
___ 12. 장학담당자는 변화촉진 기술을 보여준다.
___ 13. 장학담당자는 관찰 기술을 보여준다.
___ 14. 장학담당자는 갈등해결 기술을 보여준다.

**C영역: 개인적 지원**
___ 15. 장학담당자는 효과적으로 교사를 관찰하고 유용한 피드백을 제공한다.
___ 16. 장학담당자는 유용한 수업자원을 제공한다.
___ 17. 장학담당자는 교사 성찰을 이끌어낸다.
___ 18. 장학담당자는 효과적인 수업의 시범을 보인다.
___ 19. 장학담당자는 혁신적인 수업전략을 공유한다.
___ 20. 장학담당자는 초임교사를 효과적으로 지원한다.
___ 21. 장학담당자는 수업상의 문제를 안고 있는 교사를 효과적으로 지원한다.
___ 22. 장학담당자는 교사의 수업계획을 효과적으로 지원한다.
___ 23. 장학담당자는 교사들의 학생평가를 효과적으로 지원한다.
___ 24. 장학담당자는 교사 개인에게 알맞은 수업을 만들어가도록 효과적으로 지원한다.

**D영역: 학교차원의 지원**
___ 25. 장학담당자는 교사들 간의 수업에 관한 대화를 촉진한다.
___ 26. 장학담당자는 긍정적 학교 문화를 만들어간다.
___ 27. 장학담당자는 집단적 비전 수립을 촉진한다.
___ 28. 장학담당자는 학교차원의 수업 개선을 위한 교사협력을 이끌어낸다.
___ 29. 장학담당자는 교사의 권한을 강화시키도록 기여한다.
___ 30. 장학담당자는 교사의 전문성 계발을 효과적으로 촉진한다.
___ 31. 장학담당자는 교육과정 개발을 효과적으로 촉진한다.
___ 32. 장학담당자는 프로그램 평가를 효과적으로 촉진한다.

**점수에 대한 안내사항:** 장학담당자에 의해 작성된 검사지에서, 영역별 각 항목의 점수를 합하여 소계를 산출한다. 영역별 소계 범위는 다음과 같다.

A영역: 전문적 특성,     6~24점
B영역: 기술,     8~32점
C영역: 개인적 지원,     10~40점
D영역: 학교차원의 지원,     8~32점

4개 영역을 합한 합계 점수는 32~128점이다.
　교사에 의해 작성된 검사지에서, 항목별 평균, 영역별 평균, 전체평정의 평균점수를 계산한다. 예컨대, 5명의 교사가 같은 항목에 대해 2, 3, 4, 4, 5의 점수로 각각 평정하였다면 그 항목의 평균은 3.6이다. 5명의 교사들이 A영역에 대해 매긴 점수의 소계가 16, 18, 19, 21, 22였다면 A영역의 평균점수는 19.2이다. 5명의 교사들이 매긴 전체 점수가 각각 83, 92, 100, 112, 118이라면 전체평균은 101이다.

다. '전문적 특성', '기술', '개인적 지원', '학교차원의 지원'이다. 그것은 네 가지 영역의 하위점수를 제공한다. 자기평가 과정은 장학담당자가 스스로 그 검사지를 채우고 자기채점하는 것으로 시작한다. 장학담당자가 자기평가를 할 때 완전히 개방적인 태도를 갖는 것이 중요하다. 그러기 위해서는 그 결과를 다른 장학담당자들이나 교사들과 공유하지 않는다는 것을 전제로 해야 한다. 장학담당자는 다음으로 자신이 담당하는 교사들 전체나 임의로 선정된 일부 교사들에게 그 검사지를 배부한다. 교사들이 그것을 작성해서 제출할 때 익명으로 하는 것이 중요하다. 항목별, 영역별 점수를 산출하고 평균을 구한 후에 장학담당자는 자기지각과 교사지각을 비교할 수 있다. 항목별로 자기지각과 교사지각을 비교할 때 장학담당자는 다양한 결론에 도달할 수 있다.

1. 장학담당자의 수행에 대해 장학담당자와 교사 모두 만족
2. 장학담당자의 수행에 대해 장학담당자는 만족하고 교사는 불만족
3. 장학담당자의 수행에 대해 장학담당자는 불만족하고 교사는 만족
4. 장학담당자의 수행에 대해 장학담당자와 교사 모두 불만족

마지막 세 가지 중 어떤 하나의 결론이 나왔을 때는 장학담당자가 개선목표를 세우고 수업지원을 개선하기 위한 실행계획을 설계해야 한다.

## 6. 자기지각과 기록된 행동의 비교

인지적 불일치를 장학활동의 개선을 위한 촉매제로 활용될 수 있게 하는 또 다른 방법은 장학담당자가 자신이 지각한 것을 장학담당자의 실제 행동에 대해 모아진 자료와 비교하는 것이다. 장학담당자가 책임져야 할 주요한 과정의 하나는 교사들이 수업을 개선할 수 있도록 도와주는 학급내 행동에 대한 자료를 모으는 것이다. 그렇게 되면 장학담당자가 장학 개선을 목적으로 행한 자신의 활동에 대한 자료를 분석하는 것이 의미 있게 된다. 장학에 대한 자료 수집은 종종 장학담당자가 개별교사나 교사집단과 상호작용하고 있을 때 이루어진다. 그 자료는 다양한 방식으로 수집될 수 있다. 한 명의 장학담당자가 교사들과 회의를 하고 있을 때 다른 장학담당자가 참관하면서 필요한 자료를 수집할 수도 있다. 장학담당자는 자신이 참여한 회의 내용을 녹음해서 들어볼 수도 있다. 장학담당자는 자신이 준비한 참관기록이나 이메일, 쪽지와 같은 기록을 통해 장학 행동을 분석할 수도 있다.

이러한 형태의 자료를 분석하는 목적은 장학담당자 자신의 지각과 기록된 장학 행동을 비교하기 위한 것이다. 자기지각과 자료를 비교하면 앞에서 말한 장학담당자와 교사의 지각을 비교한 것과 같은 형태의 인지적 불일치를 확인할 수 있게 된다. 사실, 장학담당자의 지각을 자료와 비교하는 것이 장학담당자와 교사의 지각을 비교하는 것보다는 더 쉽게 인지적 불일치를 확인시켜 줄 수 있다. 장학 행동에 대한 자료를 스스로 분석하는 것에 의해 확인된 인지적 불일치는 장학 행동에 변화를 가져올 수 있다.

장학활동에 대한 어떤 형태의 자료를 수집하고 분석해야 하는가? 일반적인 대인관계 행동에 대한 자료를 수집할 수도 있다. 예컨대, 장학담당자가 협력적 접근법을 이용하려 할 때 협력적 행동이라는 증거가 있는가? 혹은 장학담당자가 지시적 행동을 보이는가 아니면 비지시적 행동을 보이는가? 한 장학담당자의 행동이 여러 집단에 따라 어떻게 다른지를 비교할 수도 있다. 장학담당자는 남교사와 여교사를 다르게 대하는가? 유색인종과 백인을 다르게 대하는가? 초임교사와 고경력교사를 다르게 대하는가? 그렇다면 그 이유는 무엇인가? 공정성이 교육목적이라면 교사에 대한 장학담당자의 공정한 대우는 교사와 학생에게 모델이 되어야 한다. 장학담당자의 행동을 공정성이라는 렌즈를 통해 기록하고 분석함으로써 장학담당자는 이러한 영역에서 문제를 인식하고 그의 활동을 개선할 수 있을 것이다.

## 7. 360도 피드백

장학담당자가 자신의 활동에 대한 피드백을 수집하기 위한 종합적 전략을 360도 피드백이라 한다(Bradley, Allen, & Filgo, 2006; Brutus & Derayeh, 2002; Dyer, 2001; Lepsinger, 2009; Seyforth, 2008; Shinn, 2008). 다원평가(multi-source assessment) 혹은 완주형 평가(full-circle feedback)라고도 한다. 기업에서 처음으로 사용된 360도 피드백은 이제 다양한 직업과 조직에서 적용되고 있다. 그러한 전략을 이용하는 장학담당자는 교사, 학생, 다른 장학담당자, 교육청의 행정가 등 자신이 함께 활동하는 모든 집단으로부터 피드백을 수집한다. 다양한 집단으로부터 피드백을 수집하는 이유는 다양한 집단이 장학담당자와 각각 다른 관계를 맺고 있고, 다양한 관점에서 장학담당자의 활동을 보고 있기 때문이다. 이렇게 다양한 집단으로부터 자료를 수집하면 더 종합적인 평가가 가능하다. 장학담당자와 상하관계가 없는 코치나 멘토가 장학담당자의 360도 평가를 도와줄 수 있다.

360도 평가 과정을 행하는 데 몇몇 원칙들이 있다. 평가는 총괄적이어서는 안 되고 형성적이어야 한다. 즉 교육청에서 장학담당자에 대한 행정적 결정을 하는 데 이용되어 서는 안 되고, 순전히 장학담당자의 전문성 계발을 위해 이용되어야 한다. 어떤 상급자도 그 과정을 임의로 조정해서는 안 된다. 장학담당자를 도와주는 멘토나 코치는 장학담당자의 성장과 발달에 집중하고, 자료수집과 분석 기술을 갖고 있어야 하며, 장학담당자의 활동에 대해 진솔하게 비판할 수 있어야 한다. 장학담당자는 그 평가에 참여할 코치나 멘토를 선택할 수 있다. 모든 과정은 장학담당자와 멘토(코치)에 의해서만 평가되어야 한다.

그 과정은 장학담당자가 멘토나 코치와 함께 장학담당자의 업무 중 평가받을 일부 영역을 선택하는 것으로부터 시작한다. 일반적 영역(의사소통, 적응, 관계 등)에 관한 피드백의 도구는 이미 개발되어 있다(Profiles International, 2001). 그러나 장학담당자가 평가영역은 설정하더라도 피드백은 장학담당자의 특정 역할과 학교 맥락을 고려하여 이루어져야 한다. 피드백을 받기 전에 장학담당자가 스스로 평가를 해봐야 장학담당자의 지각을 나중에 다른 사람으로부터의 피드백과 비교할 수 있다. 다원적 피드백 집단에 덧붙여, 다원적으로 피드백을 받는 도구들이 있다. 교사들은 질문지를 받아 작성하고, 멘토나 코치는 다른 장학담당자와 면담을 하기도 하며 교사와 함께 행동하는 장학담당자를 관찰하기도 한다. 피드백이 수집되면 멘토나 코치는 장학담당자가 피드백을 볼 수 있도록 하고 장학담당자의 활동에 대해 장단점을 확인시켜 준다. 멘토나 코치의 컨설팅을 받으면서 장학담당자는 강점은 강화하고 약점으로 드러난 영역은 개선하기 위한 목표를 수립하고, 개선목표를 충족시키기 위한 실행계획을 설계한다.

교사들에게 간단한 설문을 통해 자료를 얻든, 자기지각과 기록된 행동을 비교해서 자료를 얻든, 아니면 더 복잡한 360도 피드백을 통해서 자료를 얻든 장학담당자는 자신의 활동을 개선하기 위한 정보를 필요로 한다. 우리의 신념은 우리의 행위를 이끄는데, 우리의 행동이 우리를 둘러싼 사람들에게 미치는 영향에 대한 정확한 지식에 기반을 둘 때 그 신념은 우리에게 가장 좋은 길잡이를 제공한다.

## 성찰과제

당신이 장학책임을 가진 부서의 장이고, 이 교육청에 소속된 학교의 장이 당신에게 360도 피드백을 받아 보라고 요구해 왔다고 가정해 보자. 피드백은 교육에 관한 것이 아니라 장학활동에 대한 것이다. 교장은 당신과 코치가 360도 피드백 과정을 실행하는 데 따르는 비용과 시간을 요구할 수 있도록 교육청에 부탁하였다.

- 당신은 360도 피드백을 하는 데 동의하기 전에 교장으로부터 어떤 확답을 받을 것인가?

- 당신은 당신을 도와줄 코치에게서 어떤 특징을 찾을 것인가?

- 당신의 장학 리더십 중 어떤 측면에 대해서 당신은 피드백을 받을 것인가?

- 당신은 어떤 집단으로부터 피드백을 받을 것인가?

- 당신은 각각의 피드백 집단으로부터 자료를 수집하기 위해 어떤 도구(질문지, 면담, 관찰 등)를 이용할 것인가?

- 당신은 코치에게 360도 피드백 과정 중 어떤 활동에 대해 자신을 도와달라고 할 것인가? 당신은 스스로 어떤 행위를 수행할 것인가?

## 참고문헌

Bradley, T. P., Allen, J. M., Hamilton, S., & Filgo, S. K. (2006). Leadership perception: Analysis of 360-degree feedback. *Performance Improvement Quarterly, 19*(1), 7-24.

Brutus, S., & Derayeh, M. (2002). Multisource assessment programs in organizations: An insider's perspective. *Human Resource Development Quarterly, 13,* 187-202.

Chang, W. W., Chen, C-H. L., & Yuan, Y-H. (2012). Exploring the unknown. International service and individual transformation. *Adult Education Quarterly, 62,* 230-251. doi: 10.1177/0741613611402049

Diehl, J. N. (2011). *Collaborative autobiography: A vehicle for administrator reflection on multiple accountability pressures.* (Doctoral dissertation). San Marcos: Texas State University.

Dyer, K. M. (2011). The power of 360-degree feedback. *Educational leadership, 58*(5), 35-38.

Festinger, L. (1957). *A theory of cognitive dissonance.* Stanford, CA: Stanford University Press.

Glickman, C. D. (2002). *Leadership for learning: How to help teachers succeed.* Alexandria, VA: Association for Supervision and Curriculum Development.

Gordon, S. P., & Brobeck, S. R. (2010). Coaching the mentor: Facilitating reflection and change. *Mentoring and tutoring: Partnerships in Learning, 18*(4), 427-447.

Gorski, P. C. (2009). Cognitive dissonance as a strategy in social justice teaching. *Multiculutral Education, 17*(1), 54-57.

Janas, M. (2001). Getting a clear view. *Journal of Staff Development, 22*(2), 32-34.

Lepsinger, R., & Lucia, A. (2009). *The art and science of 360-degree feedback.* San Francisco, CA: Wiley.

Luft, J. (1970). *Group processes: An introduction to group dynamics.* New York, NY: National Press Books.

Profiles International. (2011). Profiles Checkpoint 360° Competency Feedback System[TM]. History, development and research information. Waco, TX: Author.

Seyforth, J. (2008). *Human resource leadership for effective schools.* Richmond, VA: Pearson.

Shinn, S. (2002). Leadership in the round. *BizEd, 7*(2), 32-38.

Zepeda, S. J. (2006). Cognitive dissonance, supervision, and administrative team conflict. *International Journal of Educational Management, 20*(3), 224-232.

# 제7장

# 지시적 통제 장학

**김왕준** _ 경인교육대학교 교육학과 교수

## ➤ 이 장에서 생각해 볼 문제

**1.** 장학지도의 여러 방법 중 지시적 통제 접근법을 선택한다고 할 때, 좀 더 논의해 보고 싶은 행위 또는 구체적인 예는 무엇인가?

**2.** 장학담당자들에게 어떤 방식의 장학 접근법을 선호하는지 질문할 때, 지시적 통제의 방식을 선호한다고 응답하는 경우는 거의 없었다. 그러나 이 장에서는 많은 장학담당자들이 일상에서 지시적 통제 장학을 사용하고 있음을 보여준다. 많은 장학담당자들이 지시적 통제 행동을 선호하지 않는다고 말하면서도 실제에서는 이 행동을 사용하는 이유는 무엇일까?

**3.** 이 장에서는 지시적 통제 장학을 사용할 때 필요한 지침을 제시한다. 이 지침을 고려할 때, 어떤 상황에서 지시적 통제가 적합한지 생각해 보자. 이때 교사들의 반응은 어떠할까? 지시적 통제가 적합하지 않은 상황은 언제일까? 그때 교사들의 반응은 어떠할까?

**4.** 만일 역할극에서 당신이 지시적 통제를 하는 장학담당자의 역할을 맡을 때, 역할극을 하기 이전, 도중, 이후의 느낌을 정리해 보자. 지시적 통제를 사용하기 위해서 충분한 연습을 하였는가? 충분한 연습 후에 지시적 통제 장학을 사용하기에 적합한 상황에서 이를 사용하는 데 편안함을 느끼는가?

**5.** 이 장은 장학담당자들이 가능하면 빨리 지시적 통제 행동으로부터 탈피하여 지시적 정보제공 행동으로 장학 접근법을 전환할 것을 권고한다. 장학지도 초기에 지시적 통제 접근법이 적합했던 교사들이 이제는 지시적 정보제공 행동이 보다 적합하다는 것을 알려주는 반응 또는 상황은 무엇인가? 어떻게 하면 장학담당자들이 지시적 통제 장학에서 점차 지시적 정보제공 장학으로 변하게 할 수 있을까?

지┃시적 통제 방식을 이용하는 장학담당자들은 교사가 직면한 문제에 직접 관여하여 해결하려 한다. 장학담당자는 교사를 관찰하거나 업무수행과 관련된 정보를 수집하여 교사가 직면한 문제를 찾아내고 이를 알려준다. 그 다음에 그 문제를 해결할 수 있는 방안을 제시하고 그 방안이 어떻게 이 문제를 해결할 수 있는지를 설명한다. 장학담당자는 기대하는 결과를 요약하여 제시하고 그것들을 충족하기 위해서 해야할 것을 제시한다. 결과적으로 교사는 당면한 문제를 해결하기 위한 구체적인 계획을 가지고 회의를 마치게 된다. 지시적 통제를 하는 장학담당자는 교사를 단호하게 대하지만 결코 적대적으로 대하지는 않는다(Alberti & Emmons, 2008; Townsend, 2011 참고). 지시적 통제 장학은 교사를 면박하거나 징계하기 위한 것이 아니라 어려움에 직면한 교사에게 보다 직설적이고 구체적인 지원을 제공하는 것이기 때문이다.

[그림 7.1]에서 일련의 장학 행동 연속선을 볼 때, 장학담당자가 교사와 만났을 때 취할 수 있는 장학행동의 방법은 다양하다. 그러나 지시적 통제 접근법을 취하는 장학담당자는 결국에는 교사가 무엇을 할지에 대해서 최종 결정을 하게 된다. 이 장에서는 교사의 행동을 통제하는 지시적 통제 방식을 집중적으로 검토한다.

1. 제시(Presenting): *문제를 정의하기.* 장학담당자는 무엇이 필요하고 무엇이 어려운지를 파악하고 있다. 장학담당자는 직접 관찰이나 간접적인 정보 수집을 통해서 교사에게 무엇이 문제인지를 알려준다: "내가 보기에는 ~에 문제가 있다."

2. 명료화(Clarifying): *교사에게 문제해결에 필요한 것을 질문하기.* 장학담당자는 해결책을 제시하기 전에 교사로부터 문제와 관련된 정보를 얻는다. 장학담당자는 교사에게 다음과 같은 질문을 한다: "문제가 어느 정도 심각하다고 생각하는가?" "문제가 생기게 된 원인은 무엇이라고 생각하느냐?"

3. 경청(Listening): *문제에 대한 교사의 인식을 이해하기.* 짧은 시간에 최대한의 정보를 얻기 위해서 장학담당자는 교사가 말하는 것을 경청해야 한다. 문제를 이해하기 위해서 장학담당자는 표면적인 메시지뿐만 아니라 이면의 메시지까지 들어야 한다. 예를 들어, 교사가 표면적으로 "컴퓨터를 활용하는 것은 시간 낭비일 뿐이다"라고 이야기할 때, 이 이면에는 "나는 그 소프트웨어를 사용할 줄 모른다"는 의미가 있음을 파악할 수 있어야 한다.

4. 문제해결(Problem solving): *최선의 방안을 도출하기.* 장학담당자는 여러 가지 정보를 수합하고 어떤 해결책이 있을까를 생각한다. 여러 가능한 대안들을 고려한 후에, 최선의 대안을 선택한다. 교사에게 해결방안을 제시하기 전에 이것이 문제해결에 적합하고 실행이 가능한 것인지를 재검토한다.

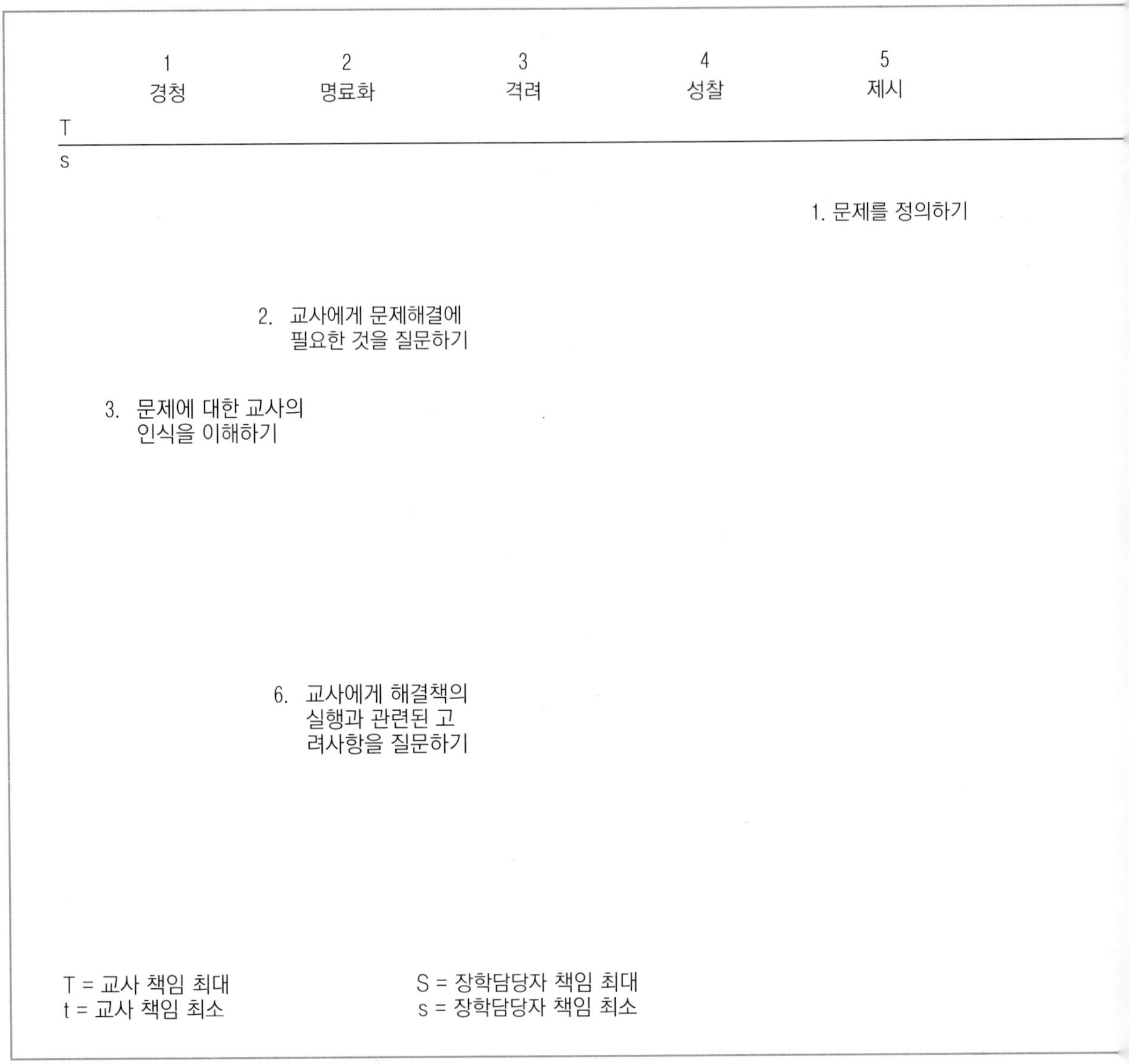

|  | 1<br>경청 | 2<br>명료화 | 3<br>격려 | 4<br>성찰 | 5<br>제시 |
|---|---|---|---|---|---|

T
s

1. 문제를 정의하기

2. 교사에게 문제해결에
필요한 것을 질문하기

3. 문제에 대한 교사의
인식을 이해하기

6. 교사에게 해결책의
실행과 관련된 고
려사항을 질문하기

T = 교사 책임 최대          S = 장학담당자 책임 최대
t = 교사 책임 최소          s = 장학담당자 책임 최소

[그림 7.1] 장학 행동의 연속선: 지시적 통제 행동

5. 지시(Directing): *해결책을 제시하기*. 장학담당자는 다음과 같이 교사가 해야 할
일을 제시한다: "나는 선생님이 다음의 조치를 해 주었으면 좋겠습니다." 해결
책을 지시하는 표현방식은 중요하다. 다음과 같은 잠정적인 제안은 가급적 피
해야 한다: "아마도 선생님은 …을 고려하고 있지요?" "선생님은 …하는 것이
좋은 방법이라고 생각하지 않나요?" 장학담당자는 교사에게 요청하는 것이 아
니라 지시하는 것임을 분명히 한다. 이와 동시에 지시적 통제가 교사에게 보복
을 가하거나, 고압적이거나, 잘난 체하거나, 모욕을 주기 위한 것이 아님을 명

| 6<br>문제해결 | 7<br>협상 | 8<br>지시 | 9<br>표준화 | 10<br>강화 |
|---|---|---|---|---|

t
S

4. 최선의 방안을
   도출하기

5. 해결책을
   제시하기

7. 지시사항을
   수정하고
   구체화하기

8. 지시사항을 요약하고
   진행사항을 점검하기

심하여야 한다. 다음과 같이 개인적인 모욕이나 가부장적인 언급은 피해야 한다: "나는 당신이 무엇을 해야 할지를 왜 모르는지 이해할 수가 없네요." "나는 우선적으로 당신이 왜 그것을 해결하지 못하는지 이해가 되지 않네요." "잘 들어봐, 친구야, 내가 도와줄게." 장학담당자는 명확히 "자기 자신"이 지시하여야 하며, 다른 사람을 빌어(예를 들어 다른 사람이 이렇게 하기를 원한다) 지시하면 안 된다. 장학담당자는 자신의 직위, 믿음, 권위에 의거하여 지시를 하여야 한다.

6. **명료화(Clarifying):** *교사에게 해결책의 실행과 관련된 고려사항을 질문하기.* 장학지도 회의를 마치기 전에 교사로부터 제시된 해결책과 관련하여 야기될 수 있는 어려움을 파악해야 한다. 예를 들어, 교사가 해결책을 실행할 수 없는 상황이 있을 경우에는 이것을 지금 조정하여 주는 것이, 2주 후에 제시된 해결책이 실패한 것을 파악하는 것보다 낫다. 따라서 교사에게 해결책을 제시한 후에 이를 실행하기 위해 필요한 것들을 파악해야 한다. 예를 들어, "나는 선생님 반 아이들의 1/3 이상이 이 소프트웨어를 사용하길 바랍니다." "이를 위해서 선생님에게 필요한 것이 있습니까?" "내가 선생님을 어떻게 도와드릴 수 있을까요?" 등의 질문을 통해서 해결책을 실행하기 위해 필요한 지원이나 조치를 파악한다.

7. **표준화(Standardizing):** *지시사항을 수정하고 구체화하기.* 지시사항에 대한 교사의 반응을 검토한 후에 장학담당자는 계획의 실행에 필요한 지원, 자원, 시간, 성공기준 등을 포함하여 해결책을 구체화한다. 그리고 교사에게 수정된 사항을 알려준다: "~ 방문 시간을 조정해 드리겠습니다." "선생님에게 필요한 도구나 재료를 찾아드리겠습니다." "선생님이 회의에 참석할 수 있도록 조정하지요." "기한을 3주로 조정하지요."

8. **강화(Reinforcing):** *지시사항을 요약하고 진행사항을 점검하기.* 장학담당자는 전체 계획을 검토하고 진행 상황을 점검하기 위한 일정을 설정한다. 장학담당자는 다음과 같은 질문을 하면서, 교사가 지시사항을 이해하고 있는지를 확인한다: "선생님이 하셔야 할 것들을 이해하셨나요?" "선생님이 하셔야 할 것들을 제게 말씀해 주시겠어요?"

## 1. 지시적 통제를 과도하게 사용하는 현실

역사적으로 볼 때, 지시 또는 명령은 장학담당자들이 마지막으로 사용하는 것이 아니라 가장 우선적으로 사용하는 방식이었다. 장학담당자들은 교사들을 대상으로 거의 모든 상황에서 지시 또는 명령을 통한 통제가 일종의 전통처럼 되었다(Gordon, 1992; Harpaz, 2005). 지시 또는 명령은 교사들에게 특정한 행동을 요구하는 총괄평가와 연결되어 효과적인 장학지도의 방법으로 여겨졌다. 때로는 연구를 통해서 검증된 특정 교수 방법을 교사들이 따라야 한다는 사회적 압력이 있었다(그러나 이후의 연구들은 교사들이 특정 교수 방법을 잘못 해석하거나 너무 단순화시켰다는 것을 보여준다). 더욱 잘못된 것은 일부 장학담당자들이 교사들의 저항을 줄이기 위해서 지시와 더불어 상황을 조작하는 것이다. 이들은 자신들이 문제에 대한 해결책을 모두 알고 있다고 교사들을 확신시키고 싶어 한다.

우리는 모든 상황에서 모든 교사에게 지시적 통제 행동을 사용할 수 있다는 주장에 강력하게 반대한다. 우리는 또한 지시적 통제 행동을 무기한 활용하는 것에 반대한다. 마지막으로, 우리는 상황 조작을 통해서 지시적 통제 행동을 활용하는 것에 반대한다. 우리는 특정한 상황에서 특정한 교사나 집단에게 지시적 통제 방식이 필요하다는 것을 인정하지만, 이것은 다른 장학 접근법이 적합하지 않거나 실행 가능하지 않을 때 제한적으로 활용되어야 함을 강조한다. 교사나 집단에게 지시적 통제 접근법을 활용할 때, 장학담당자는 가능한 빨리 지시적 통제에서 비지시적 행동으로 전환할 준비를 하여야 한다.

## 2. 지시적 통제 행동의 이슈

지시적 통제 행동과 관련된 주요 이슈 세 가지 중 두 가지는 이미 언급되었다. 첫째는 지시적 통제 행동의 직접성과 관련된 것이다. 둘째는 지시적 통제 행동이 임시적이라는 것이다. 마지막 이슈는 돌발 상황에 즉시 대처해야 하는 상황에서 지시적 통제 행동이 효과적일 때가 있다는 것이다. 예를 들어, 학교의 일상에서 격분한 학부모를 응대하여야 하거나 학생들이 일탈행동을 하였을 때, 난방기가 갑자기 고장난 경우, 미디어의 감시가 있는 상황 등에서는 교사에게 일련의 절차를 거쳐 해결책을 마련하라고 하기보다는 장학담당자가 독단적으로 결정하고 지시하여 처리해야 할 필요가 있다.

예를 들어, 중학교 교장이 퇴근하고 집에 있을 때, 소방관이 교실의 카드보드 파티션이 화재에 취약하다는 보고서를 발표하였는데 이를 확인하기 위해서 신문기자가 전화를 하였다. 그러나 교장은 소방관의 점검사실과 보고서의 내용을 알지 못하고 있었기 때문에, 일단 기자에게 답변을 미루고 먼저 소방관에게 전화를 하였다. 소방관은 다음 날 오전까지 교실에서 카드보드 파티션을 철거할 것을 요청하였고 교장은 더 이상 언론의 주목을 피하기 위해서 소방관의 지시에 따르기로 하였다. 교장은 다음 날 아침에 학교에 도착하자마자 선생님들에게 교실의 카드보드 파티션을 당일 오전 10시 전까지 치워 달라고 지시하였다. 교장은 이 문제와 관련하여서 오후에 회의할 것을 통보하였고, 이 회의에서 소방관련 규정과 소방관의 지시에 대해서 어떻게 대응할지를 논의하기로 하였다. 이러한 상황에서 교장은 온전히 자기의 판단에 따라 조치를 취하였다. 회의를 통해서 교장과 교직원은 화재에 강한 플라스틱으로 커버를 만들어 카드보드 파티션을 다시 설치하는 방안에 대해서 소방관과 협의하기로 결정하였다.

## 3. 지시적 통제 행동을 사용해야 하는 상황

지시적 통제는 권위, 존경, 전문성, 교직원 관계 등과 관련하여 문제가 생길 수 있기 때문에 다음의 상황에서 제한적으로 사용되어야 한다.

1. 교사의 전문성 발달 수준이 아주 낮아 제대로 역할을 수행하지 못할 때
2. 권위를 가진 장학담당자의 판단으로 볼 때, 직면한 문제가 학생, 동료교사, 지역 사회에 매우 중요한 사항이나 교사들이 이를 파악하지 못하거나, 해결방법을 모르거나, 또는 해결하려는 의지가 없을 때
3. 교사들이 자발적으로 문제를 해결하지 않으려 하고 있으며, 장학담당자에게는 문제해결의 책임이 있는 반면에 교사에게는 없을 때
4. 장학담당자가 문제를 해결하기 위해서 헌신을 다하고 있는데, 교사들은 그렇지 않은 경우. 교사들이 해결책 마련에 관심이 없고, 장학담당자가 결정하기를 선호하는 경우
5. 장학담당자가 교사들과 만나서 의논할 시간이 없는 비상 상황의 경우

---

### ᐁᐁ▶ 역할극 7.1

### 지시적 통제 행동 연습

**안내:** 학급을 3인 1팀으로 나누어라. 아래에 제시된 교사의 상황을 이용하여, 각 팀별로 한 명은 교사를 맡고, 한 명은 장학담당자의 역할을 맡고, 나머지 한 명은 관찰자의 역할을 맡는다. 장학담당자와 교사는 교사의 수업 문제를 논의하기 위한 모임의 역할극을 한다. 관찰자는 가상 모임 동안 장학담당자의 행동을 정리하고 역할극이 끝난 후에 다른 사람들과 공유한다. 마지막으로 세 사람은 함께 지시적 통제 접근법에 대해서 반성적인 논의를 한다(7장부터 10장까지의 역할극에 대한 도움이 필요하면 네 가지 장학 접근법을 요약하고 비교하는 부록 B를 참고하라).

**교사의 상황:** 중학교 교사인 Ben Crash는 학급을 통솔하기 위해서 큰소리를 지른다. 이러한 그의 학급경영 방식을 장학담당자와 다른 교사들도 알고 있다. 그가 학생들에게 "조용히 해" 또는 "제자리로 돌아가라"로 소리를 지를 때마다 오히려 학급은 아수라장이 된다. 심지어 다른 학급에 있거나 복도를 지나가는 사람들조차도 Ben이 가끔 자신의 학급을 통제하지 못하고 있다는 것을 알 수 있다. 그가 통제력을 상실할수록 그는 목소리를 더욱 크게 하고 "입 닥쳐" 또는 "머저리 같은 행동 그만해"와 같은 상스러운 욕설도 사용한다. 다른 교사들과 학부모들은 Ben이 학생들에게 폭언하는 것에 대해 불만을 제기한다. Ben과 같은 팀에 있는 교사들은 장학담당자에게 Ben이 학생들을 통제하지 못하는 근본적인 원인은 Ben이 수업을 시작할 때 학생들에게 모순되거나 혼동되는 지시를 하기 때문이라고 알려준다. 최근의 교실관찰에서 장학담당자는 Ben이 학생들을 혼란케 하거나 좌절시키는 지시를 하는 것을 발견하였다.

## 4. 지시적 통제 장학에서 지시적 정보제공 장학으로 전환

장학지도의 장기적인 상황과 인간관계를 고려할 때, 장학담당자는 가능하면 빨리 지시적 통제에서 지시적 정보제공 접근법으로 변경해야 한다. 불안정한 상황을 너무 빨리 진정시키거나 특정 교사 또는 집단에게 집중적인 지원을 하는 것은 그들의 전문성 신장에 도움이 되지 않는다. 교사나 집단에게 결정할 기회나 책임을 감수할 수 있는 기회를 제한한다면 그들의 전문성은 신장되기 어려울 것이다.

이러한 상황을 극복하는 한 가지 방안은 개별교사나 교사집단에게 제한된 범위에서 결정할 수 있는 기회를 주는 것이다. 예를 들어, 장학담당자가 교수학습 개선목표를 설정해야 하는 상황에서, 교사 또는 관련 집단이 두세 개의 잘 정의된 목표 중에 선택할 수 있는 기회를 제공하는 것이다. 이렇게 함으로써, 장학담당자는 지시적 통제 장학에서 지시적 정보제공 장학으로 점차 옮겨가기 시작한다. 자세한 내용은 다음 장에서 다룬다.

## 성찰과제

한 대학 교수가 교수학습의 지도에서 지시적 통제 접근법이 적합하지 않다고 주장하는 세미나에 참석하였다고 가정하자. 그 교수는 장학담당자들이 교사의 행동을 통제하기보다는 지원하는 역할을 수행하여야 한다고 주장한다. 왜냐하면 교사가 개선의 필요성을 인지하지 못하거나 개선방안의 결정 과정에 참여하지 않는다면, 그 교사는 향후 개선될 가능성이 거의 없기 때문이다. 결론적으로 그는 지시적 통제 장학 접근법은 장학담당자와 교사의 거리만 넓히고 장학담당자에 대한 불편한 마음만 키울 것이라고 주장한다. 이러한 주장에 대해서 다음 세미나에서 당신에게 토론해 줄 것을 요청받았다. 지시적 통제 장학에 대한 당신의 입장은 무엇이며, 당신의 입장을 지지하기 위해서 어떤 논리를 활용할 것인가?

## 참고문헌

Alberti, R. E., & Emmons, M. L. (2008). *Your perfect right: Assertiveness and equality in your life and relationships* (9th ed.). Manassas Park, VA: Impact.

Gordon, S. P. (1992). Paradigms, transitions, and the new supervision. *Journal of Curriculum and Supervision, 8*(1), 62-76.

Harpaz, Y. (2005). Teaching and learning in a community of thinking. *Journal of Curriculum and Supervision, 20*(2), 136-157.

Thobega, M., & Miller, G. (2007). Supervisory behaviors of cooperating agricultural education teachers. *Journal of Agricultural Education, 48*(1), 64-74.

Townsend, A. (2007). *Assertiveness and diversity.* Basingstoke, UK: Palgrave Macmillan.

# 제8장

# 지시적 정보제공 장학

**김왕준** _ 경인교육대학교 교육학과 교수

## ＞ 이 장에서 생각해 볼 문제

1.  지시적 정보제공 장학은 교사의 행동을 개선하기 위한 처방적인 접근보다는 이와 관련된 정보를 제공하는 방식이다. 지시적 통제나 명령 없이 정보를 제공하는 것이 교수법을 개선하는 촉매제 역할을 할 수 있다고 믿는가? 그렇다면 어떤 종류의 정보가 교사들로 하여금 자신의 교수법을 개선하는 데 도움을 줄 것인가?

2.  지시적 통제 장학이나 지시적 정보제공 장학 둘 다 모두 동일한 일곱 가지의 행동을 사용한다. 어떤 행동들이 어떻게 다르게 적용되는가?

3.  지시적 정보제공 접근법에 활용되는 장학 행동을 읽었을 때, 좀 더 논의하고 싶거나 역할극에서 연습해 보고 싶은 행동들은 무엇인가?

4.  교사들은 장학담당자가 공개수업 이후에 열린 평가회에서는 지시적 통제 접근법으로 지도하고 동일한 수업에 대해 다른 평가회에서는 지시적 정보제공 접근법으로 지도하는 비디오를 보았을 때, 지시적 정보제공 장학을 좀 더 좋게 평가하였다. 무엇 때문에 그러한 결과가 나왔을까?

5.  만일 역할극에서 지시적 정보제공 행동을 연습할 기회가 있다면, 역할극 이전, 도중, 이후의 생각을 정리해 보자. 지시적 정보제공 행동을 익히기 위해서 얼마나 노력하였는가? 지시적 정보제공 행동 연습과 지시적 통제 행동 연습이 어떻게 다른가? 충분한 연습 후에 적당한 상황에서 지시적 정보제공 행동을 활용할 수 있는 자신감이 생겼는가?

지시적 정보제공 접근법을 활용하는 장학담당자는 교수법 개선의 목표 설정과 이를 이행하기 위한 활동에 필요한 정보를 제공하는 정보원처럼 행동한다. 관찰에 따르면, 장학담당자들은 명확한 개선 목표를 제안하고 목표를 달성하기 위한 다양한 활동에 대해 교사들과 논의한다. 회의의 각 단계에서 장학담당자는 정보원의 역할을 유지하면서도 항상 교사가 어떻게 생각하는지 묻고 또한 그것을 고려한다.

일반적인 상황에서 교사는 수업을 조직하고 진행하는 데 특별한 문제가 없을지도 모른다. 그러나 때로는 학교전체의 교육과정에 일치되지 않는 내용을 가르치거나 학교전체의 교수방향과는 다르게 가르치는 경우가 있다. 그러한 경우에 장학담당자는 그 교사의 수업과 학교의 비전, 사명, 핵심 가치, 또는 교육과정과 일치하지 않는 부분을 보여주는 정보를 제공하며(Sommers, 2009 참고), 장학 지도회의의 목적은 그 교사의 수업이 학교전체의 규정과 일치하도록 하는 것이다.

일단 정보가 제공되고 논의가 시작되면, 장학담당자는 교사가 선택할 수 있는 다양한 대안들을 제공한다. 지시적 정보제공 접근법에서 가장 중요한 부분은 제시된 대안 중에서 최적의 대안을 교사가 직접 선택하게 하는 것이다. 교사가 자기주도적일수록, 그들의 성취감은 더 커지며, 학생들의 자기주도성도 커진다(Roth, Assor, Kanat-Maymon, & Kaplan, 2009). 그러므로 교사의 발달 단계를 고려하여 가능한 범위에서 교사의 자율권이 주어져야 한다. 아직은 복잡한 교수 상황의 문제를 해결할 만큼의 지식이 없거나 동기가 부여되지 않았지만, 명확히 정의된 문제를 해결하기 위한 구체적인 방안 중에서 적합한 것을 선택할 수 있는 능력이 있는 교사들에게 지시적 정보제공 접근법이 적합하다.

교사가 해결방안을 선택한 이후에 장학담당자와 교사는 구체적인 실행계획을 세우고 추진 과정을 점검한다. 장학 지도회의 각 단계에서 장학담당자는 정보를 제공하고 교사가 선택할 수 있는 대안을 제시한다. 일련의 지시적 정보제공 행동은 다음과 같다([그림 8.1] 참고).

1. 제시(Presenting): *문제를 정의하기.* 수업 관찰과 교사와의 직접적인 경험 등을 얘기하면서 회의를 시작한다.
2. 명료화(Clarifying): *교사에게 문제해결에 필요한 것을 질문하기.* 장학담당자는 그의 문제 해석에 대해서 교사가 어떻게 생각하는지 파악하기 전에 성급하게 문제해결을 위한 계획단계로 넘어가지 않도록 유의해야 한다.
3. 경청(Listening): *문제에 대한 교사의 인식을 이해하기.* 장학담당자는 교사가 문제를 정의하고 이를 해결하기 위한 목표를 중요하게 받아들이는지 파악하거나

설명이 더 필요한 부분이 있는지를 확인하기 위해서 경청해야 한다.

4. 문제해결(Problem solving): *잠정적으로 가능한 방안을 도출하기.* 장학담당자 는 교사가 고려할 만한 대안들을 탐색하여야 한다. 교사가 문제에 대해서 장학 담당자와 생각을 공유할 때 장학담당자는 마음 속으로 교사가 선택할 수 있는 대안을 제시할 준비를 한다.

5. 지시(Directing): *교사가 선택할 수 있는 해결책을 제시하기.* 장학담당자는 자신 의 경험과 지식에 근거하여 교사가 판단하고, 고려하고, 대응할 수 있는 대안들 을 신중하게 제시한다.

6. 경청(Listening): *대안에 대해서 교사에게 묻기.* 장학담당자는 교사에게 자신이 제시한 대안에 대해 의견을 제시할 것을 요청한다. 교사는 자신의 선택을 최종 적으로 결정하기 전에 장학담당자에게 대안의 변경, 삭제, 재구성에 필요한 정 보를 제공하는 기회를 갖는다.

7. 지시(Directing): *최종 대안들을 명확히 하기.* 직설적인 방법으로, 장학담당자는 교사가 선택할 수 있는 대안을 제시한다.

8. 명료화(Clarifying): *교사에게 대안을 선택하도록 하기.* 장학담당자는 교사에게 문제를 해결할 수 있는 대안을 선택하고 이를 명확히 할 것을 요청한다.

9. 표준화(Standardizing): *해야 할 사항들을 구체적으로 진술하기.* 장학담당자는 교사가 선택한 대안을 실행하기 위한 보다 구체적인 계획을 수립할 수 있도록 지원한다. 장학담당자는 실현 가능한 조치와 성공 판단의 기준들을 제안하고, 교사가 이들 중에서 선택한다.

10. 강화(Reinforcing): *계획을 요약하고 진행사항을 점검하기.* 장학담당자는 목적, 조치 사항, 성공 기준, 다음 공개수업 또는 회의와 관련된 사항들을 명확히 하 고 장학 지도회의를 마친다.

## 1. 지시적 통제와 지시적 정보제공의 비교

이 교재를 사용하는 장학론 과정에 있는 학생들은 종종 지시적 통제와 지시적 정보제 공 행동의 차이를 구분하는 데 어려움을 겪는다. 통제 또는 지시와 정보라는 용어의 미 세한 차이만 있기 때문이다. 그러나 이 미세한 차이는 매우 중요하다.

Pajak과 Seyfarth(1983), Glickman과 Pajak(1986), Pajak과 Glickman(1989) 등의 연 구는 이 점을 강조한다. 직접적인 접근법을 활용하는 장학담당자가 용어의 분명한 차

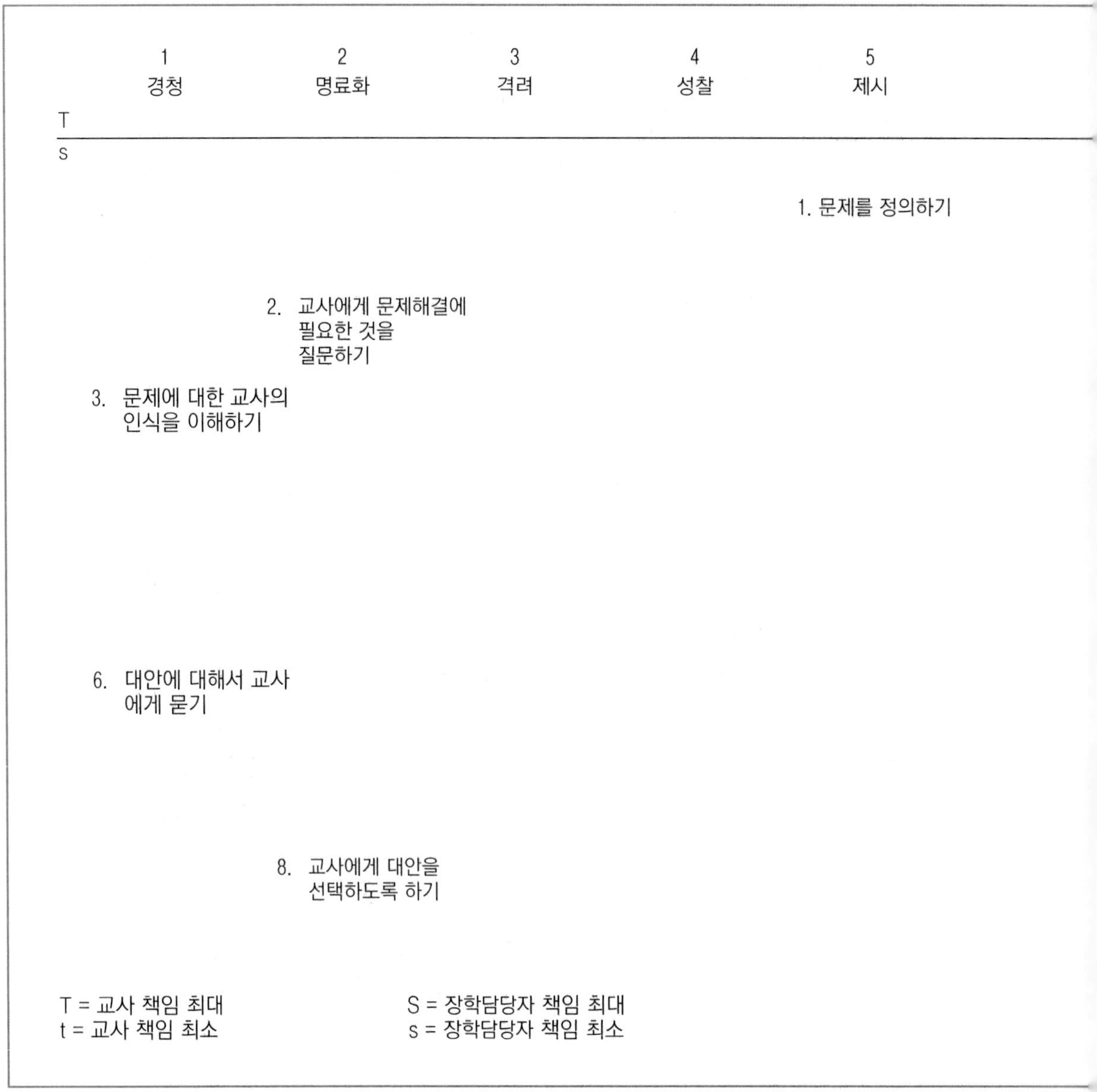

|  | 1<br>경청 | 2<br>명료화 | 3<br>격려 | 4<br>성찰 | 5<br>제시 |
|---|---|---|---|---|---|
| T |  |  |  |  |  |
| s |  |  |  |  |  |

1. 문제를 정의하기

2. 교사에게 문제해결에
   필요한 것을
   질문하기

3. 문제에 대한 교사의
   인식을 이해하기

6. 대안에 대해서 교사
   에게 묻기

8. 교사에게 대안을
   선택하도록 하기

T = 교사 책임 최대               S = 장학담당자 책임 최대
t = 교사 책임 최소               s = 장학담당자 책임 최소

[그림 8.1] 장학 행동의 연속선: 지시적 정보제공 행동

이를 구분하는 것은 결국 장학지도의 성패에 영향을 준다. 다음의 예는 장학담당자의 대화이며, 지시적 통제와 지시적 정보제공 방식을 구분하는 데 도움이 된다.

*지시적 통제:* 수학의 첫 시간에 수업운영 방식을 향상시키는 것은 매우 중요합니다.
*지시적 정보제공:* 나는 선생님이 수학 과목의 첫 시간에 수업운영 방식을 개선하는 목표를 세워야 한다고 생각합니다.

|  | 6<br>문제해결 | 7<br>협상 | 8<br>지시 | 9<br>표준화 | 10<br>강화 |
|---|---|---|---|---|---|

t
S

4. 잠정적으로 가능한
   방안을 도출하기

5. 교사가 선택할 수
   있는 해결책을
   제시하기

7. 최종 대안들을
   명확히 하기

9. 해야 할 사항들을
   구체적으로 진술하기

10. 계획을 요약하고
    진행사항을
    점검하기

*지시적 통제:* 내가 선생님에게 요구하는 것 중의 하나는 교육청에서 제공하는 학급
　운영 연수에 참여하는 것입니다.

*지시적 정보제공:* 선생님이 할 수 있는 것 중의 하나는 교육청에서 제공하는 학급운
　영 연수에 참여하는 것입니다.

*지시적 통제:* 선생님은 매 시간마다 수업 계획서를 작성해야 합니다. 수업 계획서

는 다음의 여러 가지 요소를 포함하여야 합니다.

*지시적 정보제공:* 선생님은 이 학급을 위해서 좀 더 자세한 수업계획을 준비할 수 있을 것입니다. 그리고 다음의 요소들을 고려할 수 있을 것입니다.

*지시적 통제:* 선생님은 수업 계획서에 좀 더 다양한 전략을 포함하여야 합니다.

*지시적 정보제공:* 내가 수업을 할 때, 다양한 수업 전략을 이용할 때 학생들의 행동과 학습이 나아지는 것을 경험하였습니다. 선생님도 수업계획에 다양한 전략을 포함시키고 싶을 것입니다.

*지시적 통제:* 선생님은 제가 요청하는 것과 관련하여서 다른 질문이 있나요?

*지시적 정보제공:* 선생님은 몇 가지 가능한 대안과 관련하여 질문이 있나요?

*지시적 통제:* 선생님은 우리가 합의한 일정에 따라서 개선을 하여야 합니다.

*지시적 정보제공:* 우리가 논의한 여러 대안 중에서 선생님이 시도해 보고 싶은 대안은 무엇인가요?

*지시적 통제:* 4주 후에 선생님의 수업을 참관할 계획이고, 그때 다음 사항에 대한 개선이 있어야 합니다.

*지시적 정보제공:* 선택한 대안에 대해서 실천 정도를 파악하기 위해 선생님께서 원한다면 4주 후에 선생님의 수업을 기꺼이 참관할 수 있습니다.

요약하면, 지시적 통제 행동을 사용하는 장학담당자는 준수하여야 할 지침을 지시하는 판사 또는 경찰관과 유사하다(물론 이 비유는 어느 교육청도 교사가 장학담당자의 지시나 권고를 지키지 않았다고 교사를 감옥으로 보내지 않는 점에서 다르다!). 반면에 지시적 정보제공 행동을 사용하는 장학담당자는 환자나 고객에게 전문적인 조언을 하는 의사나 변호사와 유사하다. 조언을 듣는 사람은 반드시 그것을 따를 필요는 없다. 그러나 조언을 듣는 사람이 조언을 한 사람의 전문성을 신뢰한다면 조언을 따르는 것이 현명하다고 결론을 내릴 것이다(만일 의사 또는 변호사와 장학담당자의 연봉을 비교한다면, 이 비유는 적절하지 않다! 어쨌든 우리의 논의와 관련하여 이 비유는 적절하다).

## 2. 지시적 정보제공 접근법의 이슈

지시적 정보제공 접근법을 사용하는 사람은 누구나 다른 사람에게 선택 가능한 대안을 제시할 때 이와 관련하여 어느 정도 전문성이 있어야 한다. 장학담당자는 본인 스스로 전문가로 자리매김하기 때문에, 자신감과 신뢰성은 매우 중요하다. 장학담당자는 교사를 지원할 때 어떤 방법이 문제해결에 효과적인지를 알고 있어야 한다. 왜냐하면 장학담당자가 제시한 여러 대안 중에서 교사가 하나 또는 다수를 선택하여 실행하였을 때, 그 성공과 실패에 책임이 있는 사람은 교사가 아니라 장학담당자이기 때문이다. 만일 내가 당신이 제안한 것들을 고려하고 선택하고 이행하였는데, 그것이 성공적이지 못하였다면, 다음 번 회의에서 우리가 목표 달성에 근접하지 못했음을 확인하고 나는 다음과 같이 말할 것이다. "결국에, 나는 당신이 내게 하라고 하는 것을 했을 뿐이다."

교사가 실패에 대한 책임을 장학담당자에게 지우는 것은 타당하다. 그래서 신뢰성의 문제는 지시적 정보제공 접근법에서 매우 중요하다. 장학담당자는 지식이나 경험에서 교사와는 수준이 다르며 또한 우위에 있어야 하며, 교사는 이를 믿어야 한다. 장학담당자와 교사 모두 장학담당자의 지식에 확신과 신뢰를 공유하고, 교사는 문제의 해결방안에 대해서 잘 모르거나, 경험이 없거나, 쩔쩔매는 상황에서 지시적 정보제공 접근법은 유용한 방법이 될 수 있다.

우리가 낯선 길을 나설 때, 우리는 이전에 그 길을 걸었던 사람들로부터 많은 것을 배울 수 있다. 이것이 특정한 수업이나 학교의 목표에 대해서 경험이 부족하거나, 혼란스럽거나, 무엇인가를 잘 모르거나, 어찌할 바를 모르는 교사들에게 지시적 정보제공 접근법이 가장 도움이 될 것이라고 믿는 이유이다. 마지막으로 강조해야 할 것은 지시적 정보제공 접근법은 교사에게 주어진 범위에서 대안의 선택권을 부여한다는 점이다 (이 점이 지시적 통제 접근법과 다른 점이다).

## 3. 지시적 정보제공 행동을 사용해야 하는 상황

다음의 상황에서는 지시적 정보제공 행동을 사용해야 한다.

1. 교사의 발달 수준이 낮은 경우
2. 문제와 관련하여 장학담당자는 필요한 지식을 명확히 가지고 있는 반면에 교사는 그렇지 못한 경우
3. 교사가 무엇을 해야 할지에 대해서 혼동하거나, 경험이 없거나, 어찌할 바를 모르는 반면에 장학담당자는 이와 관련하여 성공적인 경험을 알고 있을 때
4. 장학담당자가 본인이 제시한 대안을 선택한 교사에 대해서 기꺼이 책임을 감수

---

·»» 역할극 8.1

## 지시적 정보제공 행동 연습

**안내:** 학급을 3인 1팀으로 나누어라. 아래에 제시된 교사의 상황을 이용하여, 각 팀별로 한 명은 교사를 맡고, 한 명은 장학담당자의 역할을 맡고, 나머지 한 명은 관찰자의 역할을 맡는다. 장학담당자와 교사는 교사의 수업지도 문제를 논의하기 위한 모임의 역할극을 한다. 관찰자는 가상 모임 동안 장학담당자의 행동을 정리하고 역할극이 끝난 후에 다른 사람들과 공유한다. 마지막으로 세 사람은 함께 지시적 정보제공 접근법에 대해서 반성적인 논의를 한다(7장부터 10장까지 역할극에 대한 도움이 필요하면 네 가지 장학 접근법을 요약하고 비교하는 부록 B를 참고하라).

**교사의 상황:** 고등학교 교사인 Norma Watson은 백인이며, 최근 몇 년 사이에 그녀의 11학년 학급의 인적 구성이 급격하게 변화하였음을 인지하고 있다. 과거에 라티노(Latino) 학생들의 비중이 매우 작았으나, 점차 증가하여 지금은 65%에 이르렀다. 그녀는 선의를 가지고 대하지만, 일부 라티노 학생들과는 좋은 관계를 형성하기가 어려웠다. 이전에 통했던 강의에 요즘 학생들은 집중하지 않는다. 라티노 학생들은 다른 교사들과 교장에게 Norma의 수업이 지루하며 라티노를 이해하지 못하고 있다고 불평하였다. 그녀가 교직에 처음 입문하였을 때, 라티노뿐만 아니라 다른 인종의 학부모들로부터 학급경영을 제대로 하지 못한다고 불평을 받았다. Norma는 자신에게 문제가 있음을 인정한다. 그녀는 라티노 학생들에게 적합한 수업을 하길 원하며 예전에 그랬던 것처럼 학급경영을 제대로 하고 싶어 한다. 그러나 그녀는 어떻게 해야 할지를 모른다.

---

하려고 할 때

5. 교사가 장학담당자를 신뢰할 만한 사람(문제와 관련하여 배경 지식과 지혜를 가지고 있는 사람)이라고 믿고 있을 때

6. 시간이 부족하고, 제한 조건이 분명하고, 신속하고 구체적인 조치가 필요한 상황

## 4. 지시적 정보제공 장학에서 협력적 장학으로 전환

지시적 정보제공 장학에서, 교사는 제한된 범위에서 선택할 수 있는 권한이 부여되지만 장학담당자는 여전히 의사결정에 대한 책임을 지게 된다. 반면에 협력적 장학에서는 교사와 장학담당자가 의사결정에 대한 책임을 공유한다. 그래서 지시적 정보제공에서 협력으로의 전환은 수준의 문제이다. 장학담당자는 수업 개선의 목표를 제안하고 교사 또는 집단에 대해서 목표를 이행하기 위한 방안을 제안하도록 요청하고, 교사 또는 집단이 제안한 내용을 실천 계획에 포함하는 방식으로 장학지도를 진행할 수 있

다. 바라건대 장학담당자는 궁극적으로 교사와 협력 관계를 형성할 수 있을 것이다.

## 성찰과제

장학담당자로서 당신이 지도했던 교사가 항상 지시적 정보제공 접근법을 원한다면 어떻게 할지 생각해 보라. 이 교사는 교직 경험이 충분히 있으며, 교실에서 편안함을 느끼며 학생과 학교에 대한 문제를 명확히 규정할 수 있다. 그러나 협력적 접근법이나 비지시적 접근법을 바라는 동료들과 달리, 당신이 제안하는 범위에서 선택하기를 선호한다. 당신은 계속해서 지시적 정보제공 접근법을 사용하기를 바라는가 아니면 그 교사를 협력적 장학으로 유도하기를 바라는가? 당신의 결정을 뒷받침하는 논거는 무엇인가?

## 참고문헌

Glickman, C. D., & Pajak, E. F. (1986). Supervisors' discrimination among three types of supervisory scripts. *Educational and Psychological Research, 6*(4), 279-289.

Pajak, E. F., & Glickman, C. D. (1989). Informational and controlling language in simulated supervisory conferences. *American Educational Research Journal, 26*(1), 93-106.

Pajak, E. F., & Seyfarth, J. J. (1983). Authentic supervision reconciles the irreconcilables. *Educational Leadership, 40*(8), 20-23.

Roth, G., Assor, A., Kanat-Maymon, Y., & Kaplan, H. (2007). Autonomous motivation for teaching: How self-determined teaching may lead to self-determined learning. *Journal of Educational Psychology, 99* (761-774).

Sommers, D. (2009). Informational leadership: Leading with the end in mind. *Techniques 84*(4), 42-45. Retrieved from www.acteonline.org

# 제9장

# 협력적 장학

**이희숙**_강남대학교 교육학과 교수

## ▶ 이 장에서 생각해 볼 문제

1. 교사와 장학담당자가 함께 협의에 참가하여 문제에 대한 그들의 인식에 대하여 논의하고 있는 상황에서 장학담당자가 교사에게 문제가 무엇인지 먼저 털어놓기를 원한다면, 교사로서 먼저 털어놓아 얻는 이익은 무엇이겠는가?

2. 장학담당자가 기술적으로 옳은 방식으로 협력적 접근을 시도하고자 하지만 진정한 의미의 협력적 관계가 아닐 때 협력적 장학은 어떻게 가능하겠는가?

3. 당신이 협력적 접근법에서의 장학 행동에 대해 읽을 때, 협력적 행동을 실행하기에 앞서 논의하고 싶은 점은 무엇인가?

4. 새로운 장학담당자가 협력적 접근법에 가장 부합되는 교사이지만 오직 지시적 장학의 경험 밖에 없는 교사와 함께 일을 하게 된다면, 장학담당자는 이 교사에게 협력적 장학을 어떻게 소개할 수 있겠는가?

5. 당신이 만약 역할극에서 협력적 행동을 해 볼 기회를 얻었다면, 이러한 역할극 이전, 도중, 이후의 당신의 감정에 대해 생각해 보자. 당신은 협력적 장학을 활용하기 위해 얼마나 노력을 했는가? 당신은 충분히 연습한 이후 실제의 적절한 상황에서 협력적 장학을 활용할 때 편안함을 느꼈는가?

**협**력적 장학을 활용하는 장학담당자는 교사와 함께 공유하고 있는 문제를 해결하기를 희망한다. 장학담당자는 교사에게 자신의 인식과 생각에 대해 표현하도록 격려한다. 장학담당자 또한 자신의 견해를 솔직하게 표현한다. 솔직하게 아이디어를 교환한 두 참여자는 그들이 어떤 행동의 과정에 대해서 동의해야 한다는 것을 안다. 사실 의견이 일치하지 않을 경우에 장학담당자는 협의가 안 되는 부분을 다시 언급하고 교사로 하여금 그들이 공동의 해결책을 모색해야 한다는 점을 확인시킨다. 협력적 장학에서 의견충돌은 장려되는 것이지 억압받아야 할 대상이 아니다. 대화가 계속됨에 따라 협의의 가능성이 분명히 보이면 장학담당자는 논의를 마무리 짓는 방향으로 이끈다. 끝으로 교사와 장학담당자는 향후 계획에 대해 동의하고 마무리를 짓는다.

[그림 9.1]은 장학 행동 연속선에 따른 협력적 장학의 모형이다. 장학담당자와 교사 간 협의는 문제에 대한 각자의 인식에 대한 이해에서 시작하고 최종 계획에 대한 상호 협의로 종료된다. 다음에는 10가지 행동에 대해 제시되어 있다.

1. 명료화(Clarifying): *교사의 관점으로 문제를 파악하기.* 우선, 교사에게 당면한 문제나 고민에 대해 묻는다: "당신을 괴롭히고 있는 것에 대해 제게 말해 주세요." "당신의 가장 큰 고민이 무엇인지 나에게 설명해 주세요."

2. 경청(Listening): *문제에 대한 교사의 인식을 이해하기.* 당신(장학담당자)은 해결책에 대해 고민하기에 앞서 문제에 대한 정보를 가능한 한 많이 얻기를 원한다. 따라서 교사가 문제에 대한 자신의 견해를 설명할 때, 다음과 같이 다양한 범주의 비지시적 행동(눈 맞추기, 바꿔 말하기, 문제상황을 파악하기 위한 질문하기, 교사가 설명을 이어갈 수 있도록 허용적으로 대하기 등)을 해야 한다: "더 얘기해 주세요." "아하, 당신의 상황을 이해합니다." "당신의 말은 …을 의미하는 거죠?"

3. 성찰(Reflecting): *문제에 대한 교사의 인식을 확인하기.* 교사가 문제에 대해 설명을 마치면, 교사의 설명을 요약하고 요약한 내용이 정확한지 교사에게 질문함으로써 자신(장학담당자)이 정확하게 파악했는지를 점검한다: "제가 이해하기에는 당신은 문제를 …라고 보고 있는 것 같은데 맞나요?"

4. 제시(Presenting): *문제에 대한 장학담당자의 인식을 제공하기.* 지금까지 우리는 간략하지만 비지시적 협의에 대해 살펴보았다. 교사에게 자신만의 가능한 대안에 대해 생각해 볼 것을 요구하는 대신에 당신은 이제 의사결정 과정으로 들어가 그 일부분이 된다. 현재의 어려움에 대해 당신 자신의 견해를 제시하고, 교사가 인지하지 못하고 있는 상황 정보를 제공한다: "저는 이 상황을 이렇게

봅니다." "제가 보기에 문제는 …"(이때, 교사의 상황파악에 주는 영향을 최소화하기 위해서 교사가 자신의 생각을 제시한 이후에만 당신의 생각을 제시하는 것이 좋다).

5. 명료화(Clarifying): *문제에 대한 장학담당자의 인식 내용을 교사가 이해하고 있는지 확인하기.* 당신이 문제에 대한 교사의 진술을 반복 설명하고 이해가 정확한지 교사로부터 확인받았던 것과 같이 당신도 교사에게 같은 내용을 요청한다: "당신이 생각하기에 제가 무엇을 말하고 있는지 설명해 보시겠어요?" 일단 교사가 당신의 견해를 이해하고 있다는 확신이 들면, 문제해결 과정은 시작될 수 있다.

6. 문제해결(Problem solving): *가능한 대안을 교환하기.* 만약 당신과 교사가 서로 익숙한 관계이고 이전에 이미 협력적으로 같이 일한 경험이 있다면 당신은 바로 해결방안 목록 작성을 요청할 수 있다: "이 상황을 개선하기 위해 할 수 있는 일에 대해서 함께 생각해 봅시다." 그리고 서로의 생각에 대해 경청한다. 그러나 만약 교사가 당신과 친숙하지 않거나 협력적 과정에 대해 어색해한다면, 교사는 장학담당자와 다른 의견을 제시하는 것에 대해 부담을 느낄 수 있다. 그럴 경우 회의를 잠시 중단하고 교사와 장학담당자가 가능한 대안에 대해 각자 먼저 글로 써보도록 하는 것도 좋다: "그럼 우리 가능한 대안과 관련하여 서로에게 영향을 주지 말고 몇 분의 시간을 가진 뒤 각자 가능한 대안에 대해 쓰고 서로가 쓴 내용을 읽어 보도록 합시다." 분명한 점은 일단 대안을 글로 쓴 뒤에는 상대방의 의견이나 입장을 감안하여 자신의 대안을 쉽게 바꾸게 되지 않는다. 즉 다른 사람이 어떻게 썼느냐에 따라 자신의 의견을 쉽게 바꾸게 되지 않는다. 이렇게 함으로써 각자 다양한 대안을 도출하고 서로의 대안을 공유하고 논의할 준비가 된 상황으로 발전시킨 셈이 된다.

7. 격려(Encouraging): *갈등을 받아들이기.* 갈등이 있는 상황에서도 협의를 계속하기 위해서는 교사에게 의견이 일치하지 않을 수 있으며, 논의에서 승자나 패자가 있는 것이 아니라는 점을 강조할 필요가 있다: "우리는 이 상황을 어떻게 처리해야 할지에 대해 다소 다른 견해를 가지고 있는 것 같습니다. 의견 조정 과정을 통해 우리는 최선의 해결책을 모색할 수 있습니다. 우리가 의견 일치를 보았던 부분, 즉 우리 모두 최종 결론에 동의해야만 한다는 사실만을 기억합시다." 당신은 두 종류의 전문적 판단 사이의 의견 충돌이야말로 최선의 해결책 모색에 도움이 된다는 것을 진심으로 믿어야 한다.

8. 협상(Negotiating): *만족스러운 해결책을 찾기.* 의견을 공유하고 논의한 이후에는 합의점과 불일치 부분을 서로 확인해야 한다. 당신이 합의점을 찾았다면, 논

의는 지속될 것이지만 제안된 대안에 있어서 광범위한 의견 차이가 존재한다면, 당신은 다음의 네 가지 연속적 행동을 취할 수 있다. 첫째, 당신과 교사가 서로 각자의 의견에 대해 철저하게 다시 설명하는 기회를 갖고, 둘 사이의 의견 차이가 얼마나 큰지에 대해 확인한다. 둘째, 만약 불일치가 여전히 존재한다면, 각자 자신의 대안에 대해서 어느 정도 확신하고 있는지 확인한다: "당신이 제시한 대안이 얼마나 중요한가요?" 만약 한 사람이 자신이 제시한 대안이 다른 사람이 제시한 대안보다 훨씬 중요하다고 생각한다면, 상대방이 자신의 대안을 포기하고 다른 사람의 제안을 받아들일지 검토할 필요가 있다. 셋째, 합의에 이르지 못할 경우에, 당신은 적정 수준에서 타협을 고려할 수 있다: "내가 내 제안에서 이 부분을 포기하고, 당신은 이 부분을 포기하면 어떤가요?" 그렇지 않으면 완전히 새로운 대안을 모색해야 한다: "우리가 각자 생각한 최상의 대안에 대해 합의를 이끌어 낼 수 없으므로, 이들을 포기하고 새로운 대안을 찾아봅시다."

9. 표준화(Standardizing): *후속 단계를 포함한 계획의 세부사항에 대해 합의하기*. 일단 수용할 만한 대안에 대해 합의가 이루어지면 장학담당자는 시간, 장소, 후속조치의 세부적인 부분에 주의를 기울일 필요가 있다. 언제, 어디에서 계획이 실행될 것인가, 누가 도울 것이며, 어떤 자원이 필요한가 등과 같은 세부사항에 대한 논의를 진행하고 최종 계획에 대해서 명확히 합의할 필요가 있다.

10. 성찰(Reflecting): *최종 계획을 요약하기*. 이제 장학담당자는 해결책과 그에 따른 세부사항들에 대해 양쪽이 합의한 내용을 점검하면서 논의를 마무리 짓는다. 장학담당자는 이렇게 얘기할 것이다. "계획에 대해 당신이 이해하고 있는 바를 다시 얘기해 줄 수 있겠어요? 그러면 저도 제가 이해한 바를 반복해 볼게요." 아니면 "우리 서로가 동의한 바에 대해 명확하게 하는 차원에서 이해하고 있는 내용을 함께 적어 봅시다."

## 1. 협력적 장학의 이슈

협력적 장학은 장학담당자들이 현혹될 정도로 간단해 보일 수 있는 방식이다. 왜냐하면 협력은 대개의 민주주의적 일 처리 방식에서 흔히 등장하는 것이기 때문이다. 우리는 대부분 평등과 민주주의에 대해 학습했고, 이 과정에서 협력은 당연한 행동으로 알고 있다. 따라서 우리가 다른 사람들에게 참여할 것을 요구하고 결정은 다수결에 따라 이루어져야 한다고 생각하는 것도 당연한 것으로 여겨진다. 그러나 개인 혹은 집단과

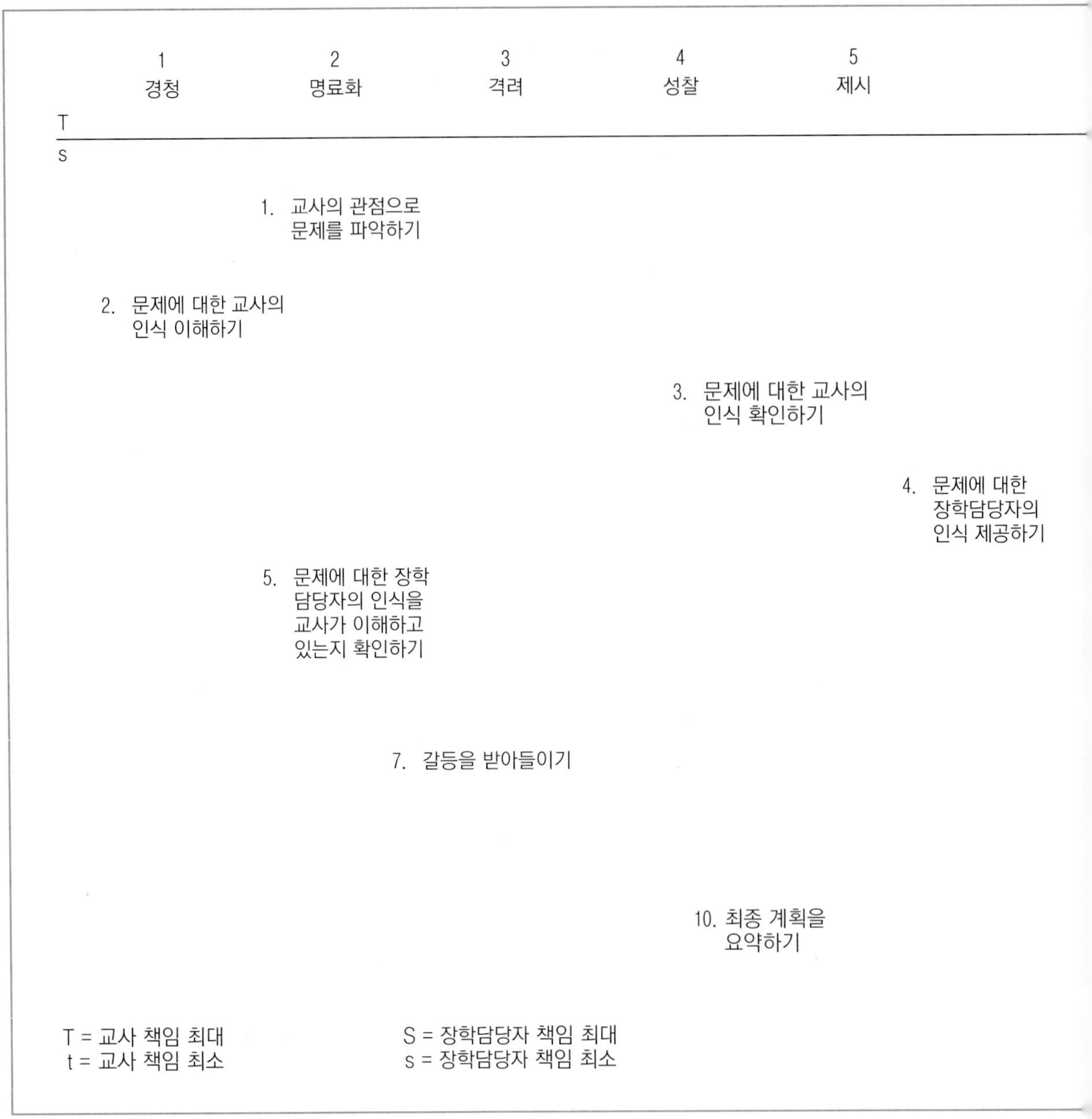

| | 1<br>경청 | 2<br>명료화 | 3<br>격려 | 4<br>성찰 | 5<br>제시 |
|---|---|---|---|---|---|

T

s

　　　　　1. 교사의 관점으로<br>　　　　　　문제를 파악하기

　　2. 문제에 대한 교사의<br>　　　　인식 이해하기

　　　　　　　　　　　　　　　3. 문제에 대한 교사의<br>　　　　　　　　　　　　　　　　인식 확인하기

　　　　　　　　　　　　　　　　　　　　4. 문제에 대한<br>　　　　　　　　　　　　　　　　　　　　　장학담당자의<br>　　　　　　　　　　　　　　　　　　　　　인식 제공하기

　　　　5. 문제에 대한 장학<br>　　　　　　담당자의 인식을<br>　　　　　　교사가 이해하고<br>　　　　　　있는지 확인하기

　　　　　　　7. 갈등을 받아들이기

　　　　　　　　　　　　　　　10. 최종 계획을<br>　　　　　　　　　　　　　　　　요약하기

T = 교사 책임 최대　　　　　　S = 장학담당자 책임 최대<br>
t = 교사 책임 최소　　　　　　s = 장학담당자 책임 최소

[그림 9.1] 장학 행동의 연속선: 협력적 행동

하는 협력은 민주주의의 기계적 절차보다 더 많은 것을 포함한다.

　　협력적 장학 과정에서 겪게 되는 하나의 어려움은 교사(들)가 사실이 아님에도 불구하고 장학담당자가 결정을 유도하고 있다고 생각하는 것이다. 교사는 장학담당자가 낸 아이디어나 제안이 훌륭해서가 아니라 장학담당자가 지시를 하고 있다고 생각하기 때문에 장학담당자의 아이디어나 제안에 동의한다. 교사가 인식하고 있는 숨겨진 메시

| 6 문제해결 | 7 협상 | 8 지시 | 9 표준화 | 10 강화 |
|---|---|---|---|---|

t
S

6. 가능한 대안을
   교환하기

8. 만족스러운
   해결책을 찾기

9. 후속 단계를 포함한
   계획의 세부사항에
   합의하기

지는 "지금 장학담당자가 나에게 내가 해야만 하는 것에 대해 얘기하고 있다. 말로는 우리는 공동의 결론을 내리는 중이라고 하지만, 나는 그녀가 말하는 것을 그대로 하는 것이 낫다는 것을 알고 있다." 그렇다면 장학담당자는 어떻게 교사의 동의가 진심이 아닌 단순한 순응이라는 것을 알 수 있을까? 장학담당자는 교사에게 자신의 의견에 동의하는지 아니면 동의하는 척하는 건지에 대해 직설적으로 물어볼 수 있다. 장학담당자가 무엇인가 잘못되어 가고 있다는 것을 인정하게 될 때, 이 문제를 서로 논의할 수 있다. "나는 당신이 진심으로 동등한 위치에서 나의 의견을 묻는 거라고 생각하지 않습니다."라고 응답하는 교사들이 자신의 감정을 숨기는 교사들에 비해 자신의 생각을 바꿀 가능성이 크다.

자신의 감정을 드러내기를 거부하는 교사들은 대개 장학담당자에게 제대로 대우받지 못했던 기억을 가지고 있을 수 있다. 장학담당자가 일관되게 협력적 관계를 보여주기 전까지는 어떤 진전도 없을 수 있다. 협력적 관계를 증명하기 전까지 교사는 장학담당자와의 협력적 관계에 대해 믿지 않으려고 할 것이다. 장학담당자의 진실된 의도는 교사의 피드백 없이 의사 결정이 이루어지지 않도록 함으로써 증명될 수 있다. 반응이 없고 순순히 따르기만 하는 교사에 대해 장학담당자는 이렇게 말할 수 있다: "나는 당신이 의견 자체가 좋아서 나에게 동의하는 것인지 아니면 내가 당신에게 어떤 권력을 행사해서 동의하는 것인지 모르겠습니다. 우리 모두가 방안에 대해 동의하지 않는다면 우리는 어떤 방안도 실행에 옮기지 않을 것입니다. 나는 당신이 이 사안에 대해 나만큼 전문성을 가지고 있다고 믿기 때문에 협력적일 것을 원하는 것입니다. 우리는 각자 결정을 내릴 때보다 함께함으로써 더 좋은 결정을 내릴 수 있습니다. 나는 당신이 나의 의견에 왜 동의하는지 잘 모르겠습니다. 당신이 생각하는 것을 나에게 얘기해 주기를 바랍니다."

장학담당자가 교사가 생각하고 있는 것을 물어보지 않고 파악하는 것은 어려운 일이다. 만남을 계속하면서 장학담당자는 교사가 스스로 문제와 해결방안에 대한 자신의 생각을 표현하도록 격려해야 한다. 또한 장학담당자는 자신의 의견 제시를 잠시 미루어야 한다. 일단 교사가 먼저 아이디어를 제시하면, 장학담당자는 자신의 아이디어를 제시할 수 있다. 최종 결정을 협의할 때, 장학담당자는 교사가 결정 과정을 주도하도록 해야 한다. 그럼에도 불구하고 교사가 계속 반응하지 않거나 장학담당자의 의견에 순응하기만 한다면, 장학담당자는 다른 접근방식에 대해 고려해야 할 것이다.

## 2. 협력적 행동을 활용해야 하는 상황

장학담당자가 반드시 협력적 행동을 활용해야 하는 상황이 있다. 그것에 대한 보다 상세한 설명은 이 책의 11장에 제시된다. 그러나 이 장에서 협력적 장학이 사용되어야 할 상황을 다음과 같이 간단히 제시한다.

1. 교사가 다소 높은 발달 단계에 있을 때
2. 교사와 장학담당자가 문제 상황에 대해 비슷한 수준의 전문성을 가지고 있을 때: 장학담당자가 문제의 어떤 부분을 잘 알고, 교사는 다른 부분을 잘 알 때, 협력적 접근법이 활용되어야 한다.
3. 교사와 장학담당자가 결정된 대안을 공동으로 실행하여야 할 때: 교사와 장학담당자가 공동으로 다른 사람들(학부모 혹은 교육감 등)에게 성과를 보여야만 하는 책무가 있을 때 협력적 접근법은 활용되어야 한다.
4. 교사와 장학담당자 모두 문제해결에 적극적일 때: 문제의 해결과정에 참여하기를 원하는 교사를 배제하는 것이 교사의 낮은 사기와 불신으로 이어질 경우에는 협력적 접근법이 활용되어야 한다.

### ⫸ 역할극 9.1
## 협력적 행동 연습

**안내:** 학급을 3인 1팀으로 나누어라. 아래에 제시된 교사의 상황을 이용하여, 각 팀별로 한 명은 교사를 맡고, 한 명은 장학담당자의 역할을 맡고, 나머지 한 명은 관찰자의 역할을 맡는다. 장학담당자와 교사는 교사의 수업 문제를 논의하기 위한 모임의 역할극을 한다. 관찰자는 가상 모임 동안 장학담당자의 행동을 정리하고 역할극이 끝난 후에 다른 사람들과 공유한다. 마지막으로 세 사람은 함께 협력적 접근법에 대해서 반성적인 논의를 한다( 7장부터 10장까지 역할극에 대한 도움이 필요하면 네 가지 장학 접근법을 요약하고 비교하는 부록 B를 참고하라).

**교사의 상황:** Marcus Jonson은 Hopewell 초등학교의 3학년 교사이다. 최근에 그의 학교가 속한 학교구는 초등교육단계에서 예술을 별도의 교과로 가르치는 것을 폐지하는 대신 예술을 초등교육과정 전반에 통합하여 가르치도록 하는 방침을 채택하였다. Marcus는 Hopewell 초등학교에서 5년간 학생을 가르쳐 왔다. 그는 대학에서 예술 교육을 전공하지 않았지만, 자신의 교실에서 예술을 가르쳤고 자기주도적 전문성 계발과정을 통해 꽤 유능하고 창의적인 예술 선생님이 되었다. 그러나 지금까지 그는 주 2회 순수하게 예술에만 초점을 둔 수업을 진행해 왔을 뿐 다른 교과 영역과 예술을 통합하여 가르쳐 본 적이 없었다. 최근에 장학담당자와의 대화에서 그는 예술을 다른 교과들과 통합하는 몇몇 아이디어를 제시했지만 추가적인 아이디어를 생각하는 데 도움이 필요하다고 느끼고 있다.

## 3. 협력적 장학에서 비지시적 장학으로 전환

발달 장학의 장학담당자는 협력적 장학에서 비지시적 장학으로 점차적으로 옮겨가기를 시도한다. 교사의 전문성, 문제해결력, 동기가 높아질수록 장학담당자는 더 많은 의사결정의 책임을 교사에게 이양할 수 있다. 협력적 접근법과 비지시적 접근법 사이의 전이 단계의 예시로 수업 개선의 목표에 대한 의사결정을 위해 교사를 도와주는 과정에서는 협력적 행동을 활용하고 이후 목표 달성을 위한 방안을 결정하는 과정에서는 비지시적 행동으로 옮겨가는 것을 들 수 있다. 비지시적 행동에 대해서는 다음 장에서 설명한다.

## 성찰과제

장학담당자 Pat Ramirez가 최근 기존에 협력적 장학을 경험해 보지 못했던 교사 집단과 협력적 행동을 활용하기 시작하였다고 가정해 보자. Pat은 협력적이고자 하는 그녀의 노력이 교사들에게 효과적으로 작동하고 있는지에 대해 알고자 노력하고 있다. 다음의 사항에 대해서 정보를 수집하는 방법을 고민하는 Pat에게 당신은 어떤 조언을 제공하겠는가?

- Pat이 문제해결과 관련된 의사결정권을 교사들에게 실제로 주고 있는지 여부
- 교사들이 의사결정 과정을 협력적이라고 인식하고 있는지 여부
- 교사 개인이나 집단이 Pat이 의견 불일치나 건설적 갈등을 의사결정 과정의 요소로 받아들이고 있다고 생각하는지 여부
- 협력적 장학에 대한 Pat의 노력이 교사들에게 수용될 만한 해결책을 이끌어 냈는지 여부

# 제10장

# 비지시적 장학

**이희숙**_강남대학교 교육학과 교수

## ➤ 이 장에서 생각해 볼 문제

1. 장학의 방법으로 비지시적 접근법이 적합한 교사들을 알고 있는가? 그렇다면, 교사들의 어떠한 특성들이 비지시적 장학에 적합하다고 생각하는가?

2. 비지시적 접근법과 관련된 장학 행동에 대해 읽으면서 당신이 비지시적 행동을 연습하기 전에 어떤 것들을 논의하고 검증하고 싶은가?

3. 교사가 비지시적 행동을 활용하는 장학담당자에게 조언을 요구한다면 이 장의 저자들은 다음과 같이 말할 것이다. "이상적으로 볼 때, 아이디어를 제공하는 것을 철저히 삼가는 것이 좋습니다." 당신은 이런 일반적인 가이드라인에 동의하는가? 동의한다면 그 이유는 무엇이고 동의하지 않는다면 이유는 무엇인가? 이 일반적인 가이드라인에도 예외는 있을 수 있다. 만약 그렇다면, 예외는 무엇이 있겠는가?

4. 교사가 비지시적 행동을 활용하는 장학담당자와 함께 일하기를 주저하는 이유는 무엇일까? 장학담당자는 이러한 교사의 머뭇거림에 어떻게 반응해야 할 것인가?

5. 역할극에서 비지시적 행동을 연습해 볼 기회를 가졌다면, 역할극 이전, 도중, 이후의 당신의 감정에 대해 생각해 보도록 하자. 당신은 비지시적 행동을 하고자 얼마나 잘 노력했는가? 충분한 연습 이후에 당신은 적절한 상황에서 비지시적 장학을 활용하는 것에 대해 편안함을 느끼게 되었다고 생각하는가?

비 지시적 장학은 개별 교사가 자신의 수업에서 변화가 필요한 부분에 대해 가장 잘 알고 있고 자신의 방안에 대해 생각하고 실행할 능력을 갖추고 있다는 점을 전제한다. 즉, 의사결정은 전적으로 교사의 몫이다. 이때 장학담당자의 역할은 교사가 자신의 방안에 대해 고민하는 과정에서 교사를 보조하는 데 한한다.

장학담당자는 교사가 스스로 관찰하고, 해석하고, 문제를 규명하며 문제를 해결하는 데 초점을 두고 생각하는 과정이 지속될 수 있도록 행동한다. 장학담당자는 교사로 하여금 자신만의 결론에 도달할 수 있도록 도와준다. 장학담당자는 자신의 아이디어를 논의에 개입시키지 않는다. 장학담당자의 모든 언어 표현은 교사의 생각에 대한 피드백으로 제공되거나 교사의 생각을 확대시키는 데 의도가 있을 뿐 실제 계획에는 영향을 주지 않는다.

비지시적 행동이 어떻게 사용되는지를 이해하기 위해 [그림 10.1]의 장학 행동 연속선을 참고하자. 장학담당자가 경청, 명료화, 격려, 성찰, 문제해결, 제시 등의 행동을 잘못하였을 경우에, 교사 스스로의 의사결정에 부정적인 영향을 줄 수 있으므로 주의 깊게 읽을 필요가 있다.

[그림 10.1]은 비지시적 장학에서 활용되는 장학 행동의 전형적인 형태를 보여준다. 이들 행동은 경청에서 시작해서 교사로 하여금 자신의 생각을 제시하도록 요구하는 데서 끝이 난다. 시작과 끝 사이의 일련의 행동은 다양할 수 있지만 끝, 즉 '교사 스스로에 의한 결정'은 같아야 한다. 비지시적 행동의 10가지 유형은 다음과 같다.

1. 경청(Listening): *교사의 최초 진술이 끝날 때까지 기다리기.* 교사의 얼굴을 바라보고 교사의 말에 집중한다. 당신 자신이 문제를 어떻게 바라보고 있고, 무슨 과정이 필요한지에 대해 생각하지 않도록 한다. 당신의 머릿속에서 떠오르는 생각들을 억제하는 것은 쉽지 않지만, 당신이 해야 할 일은 교사가 처음으로 말하고 있는 내용을 이해하는 것임을 기억해야 한다.

2. 성찰(Reflecting): *초기 문제에 대한 당신의 이해를 설명하기.* 교사의 감정이나 지각된 상황에 대해 언급한다: "당신은 학생들이 집중하지 않아서 화가 났군요." 교사로부터 표현의 정확도에 대한 인정이 있기까지 기다린다: "네 그래요, 하지만 …" 당신의 견해를 드러내지 않는다: 당신의 역할은 교사가 말하고 있는 내용을 포착하는 것이다.

3. 명료화(Clarifying): *숨은 문제나 추가적인 정보를 조사하기.* 당신은 이제 교사에게 좀 다른 시각에서 문제를 바라보고 문제 인식 또는 정의에 기여할 것으로 보이는 새로운 정보들에 대해 생각해 볼 것을 요구한다. 명료화 단계는 교

사의 문제 인식을 명료화하기 위해 필요한 것이지 문제를 해결하기 위해 필요한 것이 아니다. 따라서 질문을 가장한 해결책 형태의 질문은 피해야 한다. 예를 들어 "당신은 긴장 완화를 위해 요가를 해 보는 것에 대해 생각해 본 적이 있나요?" "아마도 당신은 그 학생을 며칠간 출석 정지시키는 것에 대해 생각할 수 있을 것 같은데, 어떤가요?"와 같은 질문은 부적절하다. 이처럼 결론을 도출하거나 제안식의 질문들은 교사의 최종 결정에 영향을 줄 수 있기 때문이다.

4. **격려(Encouraging):** *교사가 실제 문제들을 확인하기 시작할 때 더욱 잘 듣고자 하는 의사를 보여주기.* 당신은 계속 지원할 것이고 논의를 완성하지 못한 채로 두지 않을 것임을 보여주자. 다음과 같이 말한다: "나는 당신이 말하는 것을 계속 듣고 있습니다." "다시 한 번 말씀해 주시겠습니까?" 등이 적절하다. 반면, "저는 그 아이디어가 좋습니다." "네 그렇게 하는 게 좋겠네요." "네 저는 그 의견에 동의합니다."와 같은 말은 의도하지는 않았지만 행동에 영향을 줄 수 있다. 다른 사람들과 마찬가지로 교사들도 장학담당자의 이런 판단적 표현에 영향을 받을 수 있다. 교사가 계속 생각하도록 격려하되, 칭찬은 최종 결정에 영향을 줄 수 있음을 고려해야 한다.

5. **성찰(Reflecting):** *계속적으로 교사의 메시지에 대한 이해를 다른 말로 바꾸어 표현하기.* 논의과정 내내 교사가 하고 있는 말을 당신이 제대로 이해하고 있는지를 점검해야 한다. 교사가 인식된 문제에 대해 새로운 정보를 추가하거나 문제의 다른 원인에 대해 설명할 때, 가능한 해결책에 대해 고려하거나, 최종 결정을 내릴 때, 장학담당자는 다른 표현으로 본인이 제대로 이해하고 있는지를 점검해야 한다. 우선, 교사가 하고 있는 말이 명확하지 않을 때, 당신은 다음과 같이 말해야 한다: "제 생각에 당신은 …을 말하고 있는 것 같습니다." 혹은 "확신은 없지만 당신의 말은 이런 의미인 것 같습니다." 그런 다음 당신은 교사가 당신의 이해를 인정하거나 거절하도록 해야 한다. 둘째, 교사가 문제에 대해 생각하기를 머뭇거릴 경우, 다른 말로 바꾸어 표현하는 것은 교사로 하여금 본인이 이미 말했던 내용과 더 말해야 하는 부분에 대해 생각할 수 있게 한다. 예를 들어, 교사가 얘기를 상당시간 멈추면 장학담당자는 이렇게 말할 수 있다. "글쎄요, 제 생각에는 지금까지 이야기된 부분을 …라고 요약할 수 있을 것 같습니다." 혹은 "그래서 당신은 이런 부분에서 화가 났던 거군요." 종합적 요약은 교사를 쉴 수 있게 해주고, 정신적으로 자신의 고민을 객관적인 입장에서 생각할 수 있게 해줄 뿐만 아니라 자신이 말한 바에 대해서 생각할 수 있게 한다. 대개 다른 말로 바꾸어 설명하는 것은 교사에게 내용을 추가하거나 설명을 계속하게

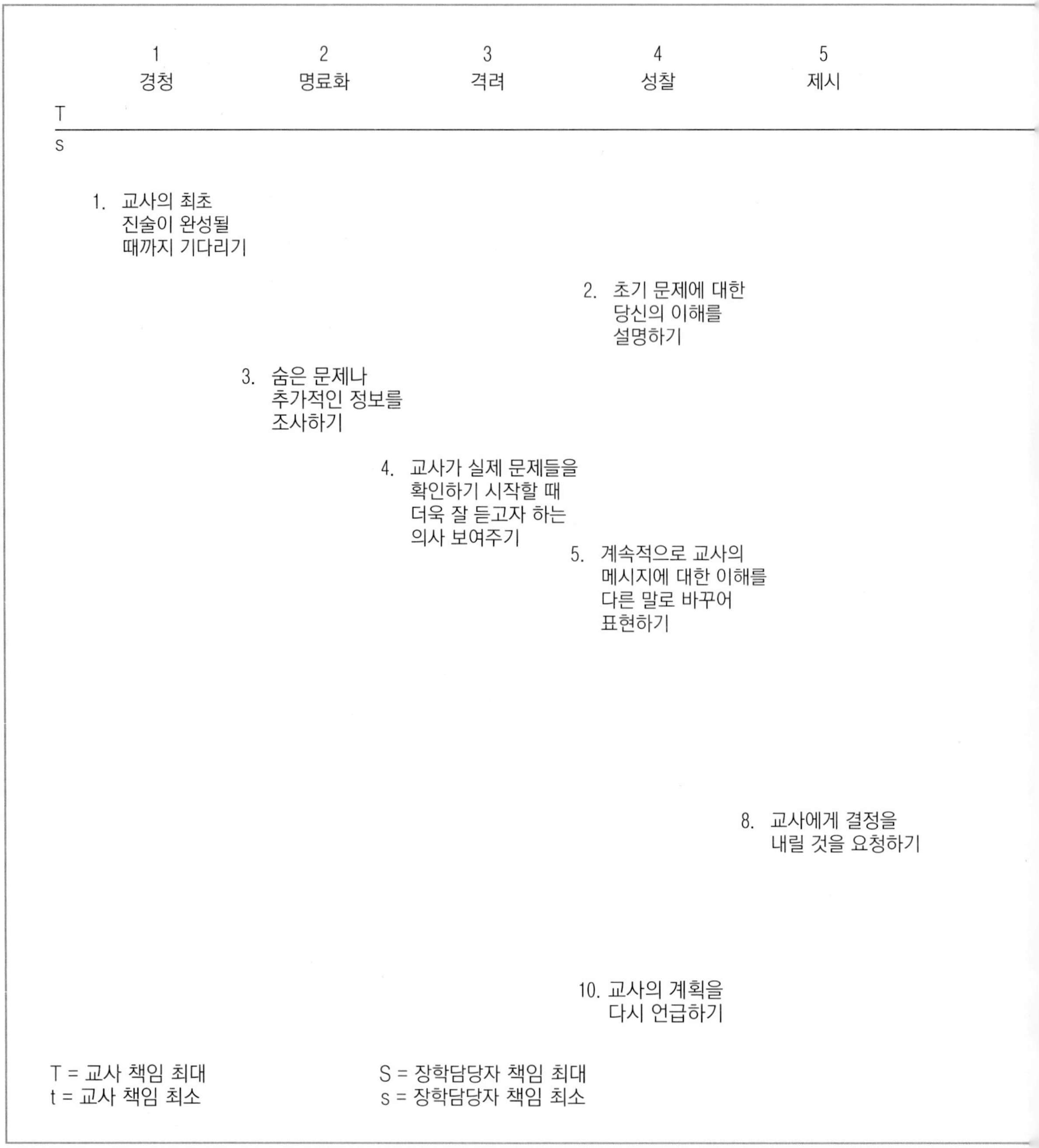

| 1 | 2 | 3 | 4 | 5 |
|---|---|---|---|---|
| 경청 | 명료화 | 격려 | 성찰 | 제시 |

T
s

1. 교사의 최초
   진술이 완성될
   때까지 기다리기

2. 초기 문제에 대한
   당신의 이해를
   설명하기

3. 숨은 문제나
   추가적인 정보를
   조사하기

4. 교사가 실제 문제들을
   확인하기 시작할 때
   더욱 잘 듣고자 하는
   의사 보여주기

5. 계속적으로 교사의
   메시지에 대한 이해를
   다른 말로 바꾸어
   표현하기

8. 교사에게 결정을
   내릴 것을 요청하기

10. 교사의 계획을
    다시 언급하기

T = 교사 책임 최대          S = 장학담당자 책임 최대
t = 교사 책임 최소          s = 장학담당자 책임 최소

**[그림 10.1]** 장학 행동의 연속선: 비지시적 행동

하는 자극이 될 수 있다. 성찰하기는 기계적이거나 인위적인 것이어서는 안 된다. 대신에 장학담당자가 교사의 말을 충분히 이해하지 못하였거나 혹은 대화에 긴 침묵이 있을 때 현명하게 사용되어야 한다. "내가 듣기에 당신의 말은…"

|   | 6<br>문제해결 | 7<br>협상 | 8<br>지시 | 9<br>표준화 | 10<br>강화 |
|---|---|---|---|---|---|

t
S

6. 교사에게 가능한
대안에 대해 생각할
것을 요청하기

7. 교사에게 다양한
해결책의 결과에 대해
생각할 것을 요청하기

9. 교사에게 해결책 적용을
위한 시간과 준거를
설정할 것을 요청하기

과 같은 표현을 끊임없이 하면서 특별한 목적 없이 교사의 말에 끼어드는 것은
교사로 하여금 장학담당자의 관여에 대해 회의적이 되도록 한다.

6. 문제해결(Problem Solving): *교사에게 가능한 대안에 대해 생각할 것을 요청하*

기. 교사가 문제를 명확하게 하는 과정이 끝나고 당신이 문제에 대한 인식이 명료해진 다음에 당신의 책임은 교사가 가능한 해결책을 찾도록 돕는 일로 바뀐다. 당신은 간단한 질문을 물음으로써 이 일을 할 수 있다: "당신은 이 문제와 관련해서 무엇을 할 수 있습니까?" "그 밖의 가능한 대안은 무엇이 있을까요?" "가능한 방안에 대해 열심히 생각해 보세요." "떠오르는 서너 개의 가능한 대안들이 있나요?" 교사에게 1~2분 동안 가능한 대안을 생각해 보도록 하는 것도 효과적인 방법이다. 일단 해결책들이 제시되면, 당신은 제시된 대안들을 검토하고, 정련 정도를 확인하며, 다른 방안에 대해서도 꼼꼼히 검토해 보아야 한다. 교사가 제안한 해결책의 수와 상관없이 더 이상 해결책을 고민하는 것이 의미 없다면, 다음 단계의 논의를 시작해야 한다.

7. 문제해결(Problem Solving): *교사에게 다양한 해결책의 결과에 대해 생각할 것을 요청하기.* 교사에게 가능한 대안에서 확실한 대안으로 전환할 것을 강조한다. 각각의 대안을 순서대로 생각해 본다: "당신이 …를 하면 어떤 일이 발생할까요?" "이 대안이 의미가 있을까요?" "이 대안과 관련되는 문제들로는 어떤 것이 있을까요?" 끝으로 교사에게 각 대안의 장단점을 탐색하도록 한 후 각 대안들을 비교하도록 한다: "어떤 대안이 가장 좋을까요?" "왜 당신은 그렇게 생각하죠?"

8. 제시(Presenting): *교사에게 결정을 내릴 것을 요청하기.* 가능한 대안들에 대해 탐색하고 교사가 각 대안들의 성공가능성을 비교하고 난 뒤에 교사는 가능한 자원의 범위, 짧은 실행 기간, 구체성 등을 고려하여 대안을 선택해야 한다. "이제 상황을 개선시키기 위해 당신은 무엇을 할 건가요?

9. 표준화(Standardizing): *교사에게 해결책 적용을 위한 시간과 준거를 설정할 것을 요청하기.* 교사는 자신의 대안이 실행되는 기간, 세부 부분들의 완료시점, 필요한 자원, 정상적인 진행 여부의 판단 준거 등을 구체적으로 설정함으로써 대안 실행의 결과를 모니터링하는 데 도움을 받을 수 있다. 다음과 같은 추가적인 질문은 장학담당자가 이러한 목적을 달성할 수 있도록 하는 데 도움이 된다: "이제 당신이 무엇을 할 것인지 얘기해 보세요." "그 다음엔 무엇을 하나요?" "이것을 하기 위해 당신은 무엇이 필요한가요?" "당신은 이 대안이 효과적일 것이라는 것을 어떻게 알 수 있나요?" "언제 완성이 되나요?" 교사가 이러한 질문에 대해 대답하면서, 협의 과정은 종료시점에 가까워진다.

10. 성찰(Reflecting): *교사의 계획을 다시 언급하기.* 협의 과정을 끝내기 전에 교사의 전체 계획을 반복해 본다. 장학담당자가 다시 언급한 계획에 대해 교사가 인

정하면 이 과정은 끝이 난다.

# 1. 비지시적 장학 착수하기

한 워크숍에서 저자는 장학담당자의 역할을 하고 참가자 중 자원하는 한 명이 교사의
역할을 하는 가상의 비구조화된 협의회를 실시하면서 비지시적 장학을 설명하였다. 협
의의 초점은 자원참가자 즉 멘토 교사가 경험하고 있는 실제 문제점에 대한 것이었다.
비지시적 장학을 활용하여 교사 스스로 문제를 점검하고, 대안적 방안을 탐색하고, 문
제해결을 위한 계획을 수립하게 하는 등 성공적으로 가상 협의회를 마치고, 저자는 이
에 대해서 자원참가자를 축하하였다. 협의에 참가한 교사는 "나는 내가 대단히 잘한
것으로 느껴지지 않습니다. 나는 당신이 내가 무엇을 말하게 하려고 애쓰고 있는지 알
지 못했습니다. 내 해결책이 당신이 찾던 것이었습니까?"라고 반응하였다. 저자는 문
제해결을 위해 사전에 생각했던 해결책은 없었고, 역할극에서 장학담당자는 교사로부
터 특정 반응을 유도하려고 노력하지 않음을 설명하였다. 탁월한 수업역량과 지도성
때문에 학교구에서 다른 교사들의 멘토 교사로 선정된 교사는 교직생활 동안 한 번도
비지시적 장학을 경험해 본 적이 없었기 때문에 비지시적 장학에 어떻게 반응해야 하
는지 알지 못하였다고 설명하였다.

이 이야기는 장학담당자가 교사들을 대상으로 비지시적 장학을 좀처럼 활용하지
않는다는 것을 보여준다. 더욱이 장학담당자들은 때때로 그들이 장학 협의를 이미 정
해져 있는 결정으로 이끌려고 하면서도 비지시적 행동을 활용하는 것처럼 환상을 만들
어 내기도 한다. 이런 상황이 자주 벌어지면 교사들은 장학담당자가 상황을 조정하고
자 한다는 것을 알게 된다. 진정한 의미의 비지시적 장학에 대한 경험이 없는데도 불구
하고 처음으로 비지시적 접근법을 활용하고자 애쓰는 장학담당자를 보고 교사가 경계
하는 것은 당연하다.

교사가 자신의 수업 관련 문제를 해결할 수 있는 완벽한 역량을 갖추었지만, 지난
경험 때문에 장학담당자의 비지시적 장학 시도에 대해 혼란스러워하거나 의심이 생긴
다면, 어떻게 해야 할까? 한 가지 방법은 교사 혹은 교사 집단에게 비지시적 장학이 무
엇이고, 어떤 구체적 행동이 포함되며, 장학담당자들은 왜 비지시적 접근법을 통해 교
사들이 도움을 받을 수 있다고 생각하는지 등에 대해 간단하게 설명하는 것이다. 장학
담당자가 비지시적 장학의 이유에 대해 설명을 했음에도 불구하고 몇몇 교사들은 여전
히 문제를 확인하고, 해결책에 대해 고민하고, 결정을 내리고, 해결책을 실천하기 위한

준거를 설정하는 것에 대해'주저할 수도 있다. 그러나 이런 상황이 발생할 때, 장학담당자는 자동적으로 비지시적 접근법이 이 교사 혹은 교사 집단에게 부적절하다고 결론 내려서는 안 된다. 오히려 장학담당자는 적극적으로 경청을 통해 신뢰와 관계(rapport)를 형성하고, 문제와 관련된 정보를 수집하고, 교사들이 스스로 상황을 파악하고 생각을 말할 수 있도록 격려해야 한다. 결국 교사들은 본인들이 대안을 탐색하고 개선 계획을 만들어 낼 수 있다는 신뢰와 확신의 단계에 다다른다. 장학담당자가 적절하게 대인 행동을 구사함으로써 교사가 자기 주도성을 갖도록 하는 것은 궁극적으로 교사 주도의 수업 개선을 이끌어 낼 것이다.

## 2. 비지시적이면서 비자유방임적 장학

어떤 교육자들은 장학담당자의 비지시적 장학에 대해 교사의 수업 개선을 위해 도와야 하는 그들의 책임을 저버리는 것이라고 비판하기도 한다. 이것은 수업 개선 과정에서 최소한의 장학을 옹호하는 자유방임적 장학에 대한 타당한 비판이 될 수 있다. 그러나 비지시적 장학에 대한 우리의 정의에 따르면 장학담당자는 적극적으로 수업 개선, 명료화, 격려, 성찰, 교사의 의사결정 촉진 등의 과정에 참여한다. 또한 발달 장학에서 비지시적 접근법은 오직 높은 수준의 추론 능력, 동기, 전문성 단계에 있는 교사들에게만 적용 가능하다. 의사결정에 대한 책임을 질 준비가 되어 있지 않은 교사들에 대해서는 이전에 제시한 세 가지 장학 접근법 중의 하나를 사용한다.

## 3. 비지시적 장학의 이슈

비지시적 장학과 관련된 몇몇 공통적 이슈와 실제적 질문은 다음과 같다.

1. 장학담당자가 실제로 계속 판단을 유보하고 교사의 결정에 영향을 주지 않을 수 있는가?
2. 만약 교사가 장학담당자의 개입을 원하면 어떻게 되는가?
3. 해결책을 도출하는 데 주저하거나 역량이 부족한 교사들에 대해 장학담당자는 무엇을 해야 하는가?
4. 비지시적 행동의 순서가 얼마나 정확한가?

장학담당자가 실제로 판단을 유보할 수 있는지에 대한 의문은 타당하다. 어떤 사람이 의식적으로 칭찬을 피하고, 자신의 생각을 드러내지 않으며, 질문하는 척하며 해결책을 제시하지 않는다고 할지라도 어느 정도 상대방에 영향을 주었을 가능성이 있다. 인간의 상호작용은 어떤 형태든 서로에게 영향을 준다. 눈 맞춤의 빈도, 질문의 횟수, 얼굴 표정, 바꿔 다시 말하는 방법은 항상 교사에게 승인 혹은 거절의 메시지로 해석될 수 있다. 장학 과정에서 무의식적인 반응에 상대방이 영향을 받는 것을 피하는 방법은 없다. 다만 최선의 방법은 이러한 영향을 주는 행동을 최소화하는 것이다.

교사 또는 교사 집단이 장학담당자에게 조언을 요구하면 어떻게 되는가? 이상적으로 자신의 아이디어를 주는 것을 철저하게 억제해야 하겠지만, 교사로부터 요구를 받은 장학담당자는 이렇게 말할 수 있다. "미안합니다. 저는 대답하고 싶지 않습니다. 대신 당신이 생각하기를 원합니다. 당신이 당신의 상황에 대해 잘 알고 있기 때문에 내가 생각하는 것은 당신이 생각하는 것만큼 중요하지 않습니다."

해결책을 찾는 데 주저하거나 역량이 부족한 사람들을 대상으로 비지시적 장학을 하는 것은 쉽지 않다. 장학담당자가 역량이 있으면서도 주저하는 교사를 위해 의사결정을 대신하여 주는 것은 가장 잘못된 장학 방법이다. 이러한 장학은 교사로 하여금 주저하는 것을 강화시킬 수 있기 때문이다. 주저함은 대개 자신의 말을 들어주지 않을 것이라는, 혹은 자신의 생각을 실현하는 것이 허락되지 않을 것이라는 오해에서 비롯된다. 장학담당자는 인내하고 끊임없이 격려하며 고집이 있어야 한다. 인내는 경청하고 기다림으로써, 격려는 교사가 말하는 것을 수용함으로써, 끈질김은 교사로 하여금 의사결정하지 않고 넘어가려는 것을 허락하지 않음으로써 나타난다.

능력은 별개의 문제이다. 교사가 의사결정을 내릴 능력이 없다면 어떻게 할 것인가? 지속적으로 자신은 문제가 무엇인지 해결책이 무엇인지 모르겠다고 말한다면, 어떤 종류의 장학적 시도도 공허하게 받아들여질 뿐이라면, 장학담당자의 인내, 격려, 끈질김은 더 큰 좌절과 적개심을 유발할 수 있다. 명백하게도 능력의 부족으로 무반응이 나타난다면, 비지시적 접근법은 장학 접근법 중에서 현명하지 않은 선택일 수 있다.

끝으로 비지시적 행동의 순서에 대한 의문이 있다. 얼마나 정확한 순서인가? [그림 10.1]의 장학 행동의 연속선에 제시되어 있는 비지시적 행동들에 대한 설명은 10단계의 프로토타입을 의미한다. 비지시적 행동이 모두 고정된 단계를 밟는 것은 아니지만 명백한 시작과 종료 사이에 움직임의 방향성이 존재한다.

## 4. 비지시적 행동을 활용해야 하는 상황

언제 누구를 대상으로 비지시적 행동을 활용해야 하는가? 장학담당자는 다음의 상황에서 비지시적 접근법의 활용을 고려해야 한다.

1. 교사 혹은 교사 집단이 높은 발달 단계에 있을 때
2. 교사 혹은 교사 집단이 문제에 대해 많은 지식과 전문성을 가지고 있는 반면, 장학담당자의 지식이나 전문성은 적을 때: "당신이 그것에 대해 잘 알지 못하고 그들은 잘 안다면, 그들이 문제를 해결하도록 하라."
3. 교사 혹은 교사 집단이 결정을 이행한 결과에 대해 총체적 책임을 지고 있고, 장학담당자가 최소한으로 관여할 때: "그들이 문제에 대해 책임을 지고자 하고 당신은 그렇지 않다면, 그들이 문제를 해결하도록 하라."
4. 교사 혹은 교사 집단이 문제를 해결하는 데 열정적이지만 그 문제가 장학담당자에게는 중요하지 않을 때: "그들이 행동하기를 원하고 당신은 그렇지 않다면, 그들이 결정하도록 하라."

그러나 이러한 조건에 부합하지 않음에도 비지시적 행동의 적용이 적절한 특별한 경우가 있다. 교사의 발달 수준, 전문성, 책임감, 사명감 등과 관계없이 교사 혹은 교사 집단이 문제에 대해 극도로 감정적일 경우에는 네 가지 장학 접근법 중 어느 것도 비생산적일 수 있다. 그런 상황에서 보다 효과적인 것은 경청, 명료화, 격려, 성찰 등과 같은 비지시적 행동을 활용하는 것이다. 이를 통해 교사 혹은 교사 집단이 문제를 설명하고, 문제로 인한 자신들의 감정을 표현할 수 있다. 일단 교사 혹은 교사 집단이 공감적인 청중에게 자신의 감정을 표출할 기회를 갖고 나면, 장학담당자는 최적의 장학 접근법을 선택하기 위해 발달 단계, 전문성, 책임감, 사명감 등을 활용하여 문제해결의 방식을 바꿀 수 있다.

## 5. 비지시적 장학, 교사 협력

비지시적 장학은 개별 교사의 발달을 도와주는 가치 있는 수단이다. 또한 교실 및 학교의 전체적인 수업의 개선을 위해 다른 교사들과 협력하고 있는 전문가 교사들을 지원하는 장학담당자에게 매우 중요한 장학 방법이다. 교실 수준에서의 교사 협력에 대한

비지시적 장학의 예로는 장학담당자가 교사 주도의 동료 코칭 프로그램을 활성화하는 것을 들 수 있다. 학교 전반의 수업 개선을 위한 비지시적 장학의 예로는 장학담당자가 교사들에게 조직 계획, 실천, 평가 등을 도와주는 것을 들 수 있다. 발달 장학의 최종 목표는 장학담당자가 협력적이고 지속적인 수업 개선의 과정에 교사가 자기 스스로 참여하도록 도모하는 것이다.

## 성찰과제

당신이 알고 있는 장학담당자 중에서 교사들에게 비지시적 장학을 하였다고 스스로 판단하고 있는 장학담당자의 행동을 비판해 보자. 장학담당자에 대해 다음의 질문을 적용해 보자.

1. 교사들은 비지시적 행동을 활용하고자 노력하는 장학담당자의 모습에 어떻게 반응하는가?
2. 장학담당자는 감지하기 힘든 코멘트나 비언어적 행동을 통해 의도적으로 혹은 비의도적으로 교사에게 영향을 주는 동시에 명료화, 격려, 성찰 등과 같은 비지

시적 행동을 활용하였는가?

3. 장학담당자는 비지시적 접근을 시도하려고 하는데 교사는 개입을 요구했을 때 장학담당자는 어떻게 하는가?

4. 장학담당자는 비지시적 행동을 시도하였으나 실제로는 자유방임적 장학을 하지 않았는가?

5. 1번부터 4번까지의 질문을 종합해 볼 때, 장학담당자는 진정한 의미의 비지시적 장학을 하였는가? 아니면 비지시적이 되기 위해 장학담당자는 어떤 변화를 시도하였는가? 장학담당자에게 변화가 필요하다면 그것은 어떤 변화인가?

# 제11장

# 발달 장학

**홍창남**_부산대학교 교육학과 교수

## ➤ 이 장에서 생각해 볼 문제

1. 교사 혹은 교사 집단에 적절한 장학 접근법을 맞춰가는 것은 과학의 영역인가, 아니면 예술의 영역인가? 아니면 과학과 예술 영역의 조화인가?

2. 수업 장면을 관찰하고 그 수업에 관해 논의한 후 개선되었던 교사 대여섯 명 정도를 생각해 보자. 대체로 이들 교사에게 가장 적합한 장학 방식은 어떤 것이었는가?

3. 네 가지의 장학 접근법 중 상황에 따라 다른 접근법을 사용하는 것이 적절했던 교사 혹은 교사 집단을 생각해 보자. 동일한 교사임에도 왜 상황에 따라 다른 장학 방식이 필요했을까?

4. 장학에 대한 네 가지 접근법 중 어떤 접근법이 가장 익숙했는가? 그리고 어떤 접근법이 가장 불편했는가? 장학담당자로서, 이 장에서 설명하는 방식으로 발달 장학을 사용할 것인가? 아니면 수정된 방식을 사용할 것인가? 만약 수정한다면, 어떻게 수정할 것인가?

5. 발달 장학의 세 단계에서 장학담당자가 발달 장학을 실행할 때 필수적으로 갖춰야 할 발달 수준 및 전문성은 무엇이라고 설명하고 있는가?

3부에서는 장학 행동의 연속선(supervisory behavior continuum)과 네 가지 장학 접근법(지시적 통제형, 지시적 정보제공형, 협력형, 비지시형)에 관해 설명하였다. 이 장에서는 발달 장학을 하나의 통합모델로서 좀 더 깊게 논의하고자 한다.

발달 장학은 다음의 세 가지 단계로 구성되어 있다.

1. 가장 적절한 입문 단계 접근법의 선택
2. 선택한 접근법의 적용
3. 교사의 선택권과 의사결정 책임을 점차적으로 늘려 가면서 교사 발달을 유도

발달 장학에 대한 논의는 세 가지 단계를 중심으로 진행하고자 한다.

## 1. 1단계: 가장 적절한 접근법의 선택

교사에게 가장 적절한 발달 장학의 접근법을 선택할 때는 교사의 성인 발달(adult development), 전문성, 헌신을 비롯하여 긴급 상황이나 문제를 해결할 책임 등 다양한 것을 고려해야 한다. 성인 발달은 4장에서 설명한 바와 같이 교사의 인지·윤리·자존감의 발달 단계, 자기 이해와 배려 등을 모두 포함한다.

수업 전문성은 교사가 교실에서 직면한 문제점을 해결하기 위해 활용할 수 있는 지식, 기술, 문제를 다루는 성향 등을 포함한다. 헌신은 교사가 교실 수업을 해결하기 위해 투자하는 시간과 노력을 말한다. 장학담당자의 문제해결 책임은 높을 수 있지만 교사의 책임 수준은 낮을 수 있으며, 반대로 장학담당자는 낮은 반면, 교사의 책임은 높을 수 있다. 혹은 장학담당자와 교사는 문제해결의 책임을 동등하게 가질 수도 있다. 마지막으로 시급히 해결해야 하는 문제일수록 장학담당자의 지시적 접근법이 필요하며, 해결을 위한 시간이 확보될수록 협력적 혹은 비지시적 접근법을 활용하는 것이 가능하다.

성인 발달의 단계가 낮거나 전문성·헌신의 수준이 낮은 교사에게는 지시적 장학이 가장 적절하다. 이들 교사는 문제를 명확히 정의하는 데 어려움을 느끼고, 해결 방법을 제한적으로 알고 있으며, 의사결정의 책임을 수용하기 어려워하기 때문에, 지시적 장학의 구조와 집중적인 도움을 필요로 한다. 방향설정이 필요한 교사들에게는 지시적 정보제공 접근법이 적절하다. 성인 발달 단계, 전문성 및 헌신의 수준이 가장 낮으며 심각한 수업 문제를 가지고 있는 교사들에게는 지시적 통제 접근법이 유용할 수 있다.

성인 발달 단계, 전문성 및 헌신 수준이 어느 정도 높은 교사의 경우 대체적으로 협력적 장학 접근법이 가장 적절하다. 이들 교사는 수업 문제를 해결할 수 있는 방안을 모색할 수 있으나, 가능한 모든 방안을 검토하고 수업 개선을 위한 종합적인 계획을 세우는 데 어느 정도 도움이 필요하다. 협력적 장학은 브레인스토밍을 활용하여 교사 혹은 교사 집단이 서로의 인식을 공유하고, 실행계획을 다양하게 수립할 수 있으며, 장학담당자의 의견 및 제안 등을 수용할 수 있도록 한다. 교사와 장학담당자는 협력적 장학 접근법을 활용하여 서로 협력하여 실행계획을 세울 수 있기 때문에, 교사는 독립성을 확보할 수 있고 실행계획이 수업 개선으로 이어지는 데 필요한 적절한 도움을 받을 수도 있다.

성인 발달 단계, 전문성 및 헌신 수준이 아주 높은 교사 또는 교사 집단에는 비지시적 장학 접근법을 활용한 자기 주도적인 방법이 가장 적절하다. 이들 교사는 자율적, 도전적, 창의적인 성향을 가지고 있으며, 폭넓은 관점에서 문제를 분석하고 다양한 대안을 수립하며 실행계획의 세부 단계를 고민하여 계획의 마지막 단계까지 충실히 수행할 수 있다. 〈표 11.1〉은 장학 접근법을 선택할 때 고려해야 할 요인들을 정리한 것이다.

**〈표 11.1〉** 장학 접근법 선택시 고려사항

|  | 지시적 통제 접근법 | 지시적 정보제공 접근법 | 협력적 접근법 | 비지시적 접근법 |
|---|---|---|---|---|
| 교사의 성인 발달 단계 | 매우 낮음 | 다소 낮음 | 다소 높거나 다양함 | 매우 높음 |
| 교사의 수업 전문성 수준 | 매우 낮음 | 다소 낮음 | 다소 높음 | 매우 높음 |
| 교사의 헌신 수준 | 매우 낮음 | 다소 낮음 | 다소 높음 | 매우 높음 |
| 교사의 문제해결 책임 | 매우 낮음 | 다소 낮음 | 장학담당자와 같음 | 매우 높음 |
| 장학담당자의 문제해결 책임 | 매우 높음 | 다소 높음 | 교사와 같음 | 매우 낮음 |
| 상황의 시급성 | 매우 높음 | 다소 높음 | 다소 낮음 | 매우 낮음 |

〈표 11.1〉에서 설명하고 있는 요인들이 네 가지의 장학 접근법 중 하나로 분류된다면, 적절한 장학 접근법을 선택하기는 쉽다. 그러나 교사의 성인 발달 단계, 전문성 및 헌신 수준과 문제해결의 책임, 상황의 시급성 등의 요인들이 다양하게 나타날 수 있으므로, 설명한 것처럼 적절한 장학 접근법을 선택하기는 어려울 수 있다. 다음의 가능성을 고려해야 한다.

1. 개별 교사 또는 교사 집단의 발달 단계, 전문성 및 헌신 수준은 다양하게 나타날 수 있다. 예를 들어, 교사는 자기 이해와 배려 수준, 인지 · 윤리 · 자존감 발달 수준 등이 높게 나타날 수 있지만 전문성과 헌신 수준은 중간 정도에 머물 수도 있다. 또한 교사 집단에는 발달 수준이 서로 다른 교사들이 참여할 수도 있다. 일반적으로 교사가 아주 낮은 의사결정 역량을 가지고 있다면 지시적 통제 접근법을, 대부분의 특성이 조금 낮은 수준이라면 지시적 정보제공 장학을, 어느 정도 높은 수준의 특성을 가지고 있다면 협력적 접근법을, 그리고 대부분 아주 높은 수준의 역량을 가지고 있다면 비지시적 장학을 사용하는 것이 적절하다. 다양한 특성을 가진 교사 또는 교사 집단과 일을 할 때는 협력적 접근법이 가장 효과적일 수 있다.

2. 교사 혹은 교사 집단의 특성은 특정 상황에서 변화할 수도 있다. 예를 들어, 중학교에서 10년 동안 과학 과목을 가르쳤던 교사가 고등학교로 전보되어 화학과 물리를 가르치게 된다면 발달 단계, 전문성 및 헌신 수준이 낮아질 수도 있다. 이와 유사하게, 하급고등학교(junior high school)가 중학교(middle school)로 전환되면 소속 교사들의 발달 단계, 전문성, 헌신 수준이 낮아질 수 있다. 요약하자면, 발달 장학은 때로 교사 혹은 교사 집단의 상황 변화에 적응하기 위해서 장학 행동을 변화시켜 유연하게 적용할 수 있어야 한다.

가장 적절한 장학 접근법을 선택할 때 성인 발달 및 교사 발달에 관한 연구 결과가 도움이 된다. 그러나 교사 특성의 다양성 때문에 장학담당자는 사례별로 가장 적절한 접근법을 선택해야 하며, 교사의 특성, 교사 혹은 교사 집단과의 교감 및 수업 관찰, 현상황에 대한 분석 등에 기초해서 선택해야 한다. 가장 중요한 원칙은 처음에는 교사가 수용할 수 있는 접근법을 선택한 후 나중에 교사의 의사결정 역량을 계발하여 접근법 선택의 폭을 확대하는 것이다(Glickman, 2002).

가장 적절한 장학 접근법을 선택할 때, 교사의 발달 단계, 전문성 및 헌신 수준을 판단하는 두 가지 방법이 있다. 첫째는 교사가 수업하는 장면이나 타 교사와 협력하는 모습을 관찰하는 것이다. 또 하나의 방법은 교사와 함께 학생, 수업, 수업 개선 등을 논의하는 것이다.

교사의 수업을 관찰할 때 다음과 같은 사항을 살펴보아야 한다.

1. 교사가 학생에 대해 관심을 보이는 수준, 학생의 요구에 반응하는 수준 및 학생을 개별적으로 대하는 수준

2. 교사가 사제 관계, 효과적인 수업, 학급관리, 그 밖의 교실환경의 여러 측면들 간의 연계를 고려하는 정도

3. 교사가 수업 전·후와 수업 중간에 성찰하는지의 여부

4. 교사가 활용하는 수업전략의 다양성 수준과 학생의 수준 및 학습 목표에 맞는 전략을 효과적으로 활용하는 정도

5. 교사가 학생의 자발성과 협력, 민주적 학습, 학생의 표현력 등을 북돋아 주는 정도

6. 교사의 사고 유연성, 타인의 관점에서 생각하는 능력, 필요하다면 수업계획을 수정할 수 있는 의지의 수준

7. 교사가 학생의 학습에 관한 정보를 수집하여 효과적으로 피드백을 제공하는 정도

8. 교사의 문화적 이해도와 반응도 수준

9. 교사가 자신의 성과에 대한 자료를 수집·분석하여 수업 개선에 활용하는 정도

타 교사와의 협력 장면을 관찰하는 장학담당자는 다음의 행위 요소를 고려하여 가장 적절한 장학 접근법을 선택할 수 있다.

1. 교사가 자신의 학생만을 고려하는지 혹은 학교 내 모든 학생과 지역사회도 함께 고려하는지 여부

2. 학교의 수업 개선 프로그램을 전체적으로 고려할 수 있는 교사의 역량; 예를 들면, 학교 문화, 교육과정, 수업, 학생 평가, 학교-학부모 관계, 학교-지역사회 관계 등의 상호관계를 고려할 수 있는 교사의 역량

3. 학교의 수업 개선 프로그램을 타 교사의 관점에서 볼 수 있는 교사의 능력

4. 학교 전체의 교수학습 개선을 위해 동료교사와의 반성적 대화가 가능한지 여부

5. 동료교사의 수업을 개선할 수 있도록 도와주고 있는지 여부와 그 효과성

장학담당자는 교사의 교실수업과 동료교사와의 협력 장면을 관찰하면서, 교사와의 논의를 통해 다음의 질문에 대한 답을 찾을 수 있다.

1. 교사는 자신의 수업을 개선할 수 있다는 점을 알고 있는가? 교사는 개선 사항이 무엇인지 파악할 수 있는가?

2. 교사는 수업 개선 요구사항이 발생한 원인을 알고 있는가? 교사는 수업 개선 요구사항에 관한 정보를 파악하고 있는가?

3. 교사는 여러 개의 해결방안을 마련할 수 있는가? 교사는 각 해결방안의 장점을

얼마나 신중하게 비교할 수 있는가? 교사는 비현실적인 외부의 도움 없이 문제를 해결할 수 있는 방안을 고려하고 있는가?

4. 교사는 실행계획을 결정할 수 있는가? 교사는 실행절차에 헌신하고 있는가?
5. 교사는 말한 대로 실행하고 있는가?
6. 교사는 개선계획을 진행할 때 도움을 얼마나 요청하고 있는가?

위의 질문에 대한 교사의 답을 통해 적절한 장학 접근법을 결정할 수 있다.

## 2. 2단계: 선택한 접근법의 적용

장학담당자는 발달수준이 다양한 교사 집단과 일할 때 하나의 접근법에서 다른 접근법으로 전환할 수 있는가? 달리 말하면, 한 명의 장학담당자가 지시적 정보제공형, 지시적 통제형, 협력형, 비지시적 접근법 등 네 가지 접근법을 모두 효과적으로 사용할 수 있는가?

Gordon(1990)은 교사 집단과 함께 일하고 있는 장학담당자를 대상으로 발달 장학을 교육하면서, *장학의 유연성에 관한 질문*을 제기하였다. 장학담당자들은 교사와의 협의와 수업관찰을 통해 지시적 정보제공 장학, 협력적 장학, 비지시적 장학 중 적절한 장학 접근법을 선택한 후 각각 다른 교사에게 적용하였다. 어떤 장학 접근법이 효과적으로 사용되었는지 분석하기 위해, 장학담당자가 교사들에게 각기 다른 장학 접근법을 실행하는 장면을 녹화하였다. 분석에 따르면, 장학담당자의 93%가 지시적 정보제공 장학을 사용할 수 있었으며, 100%는 협력적 장학을, 그리고 전체 장학담당자의 73%는 비지시적 장학을 사용할 수 있었다. 연구 결과, 장학담당자들은 발달 장학에 관한 교육을 받을 때, 가장 사용하기 어려운 접근법으로 보이는 비지시적 장학을 좀 더 집중적으로 배워야 한다는 것이 밝혀졌다.

만약 장학담당자가 수업관찰과 논의를 거친 이후에도 어떤 장학 접근법을 사용할지 결정하지 못하였다면 어떻게 해야 하는가? 이런 경우, 가장 일반적인 원칙은 *협력적 장학을 사용하되, 필요하다면 비지시적 혹은 지시적 장학으로 전환할 수 있도록 준비하는 것이다.* 협력적 장학을 준비할 때, 장학담당자는 목표, 실행계획, 원칙 등을 개선할 수 있는 방향을 고려하면서 동시에 장학 대상자인 교사 혹은 교사 집단의 제안을 통합할 수 있어야 한다. 그러나 교사 혹은 교사 집단이 장학의 초기 단계에 적절한 목표와 실행계획을 스스로 명확히 제시할 수 있다면, 장학담당자는 자신의 제안을 잊고 교사 주도로 실행할 수 있도록 비지시적 장학으로 전환할 수 있어야 한다. 반대로 장학 대상자인 교사가 명백한 문제나 근본 원인, 해결방안 등을 알지 못한다면, 장학담당자는 지시적 장학으로 전환하여 목표나 실행계획, 개선의 원칙 등을 강제하거나(지시적 통제) 관련 정보를 제시해야 한다(지시적 정보제공).

장학 유연성은 각기 다른 교사 혹은 교사 집단에 적절한 다양한 장학 접근법을 계획하고 실행할 수 있는 능력이라고 볼 수 있다. 그러나 궁극적으로 장학 유연성은 장학의 방식을 전환하는 능력으로서, 초기에 고려했던 접근법은 아니지만 교사의 성향 혹은 정황에 따라 효과적인 방식을 사용할 수 있는 능력이다. 성공적인 장학담당자는 교사의 입장에서 생각하여 융통성을 발휘할 수 있어야 한다(Zellermayer & Margolin, 2005).

## 3. 3단계: 교사 발달 촉진

발달 장학의 장기적인 목표는 교사가 장학담당자의 도움을 받아 책임의식을 가지고 수업을 개선하는 방향으로 발전하는 것이다. 장학의 핵심적인 목표가 교사 발달이 되어야 하는 이유는 다음과 같다.

- 4장에서 설명한 바와 같이, 발달 수준이 아주 높은 교사는 성공적인 교수법과 관련한 다양한 수업방식을 사용하는 경향이 있다.
- 자기 이해 및 인지 · 윤리 · 자존감의 발달 수준이 아주 높은 교사는 학생들의 수준을 높이기 위해 노력하는 경향이 있다. 민주적인 사회에서는 학생들이 반성적으로 사고하고, 높은 수준에서 도덕적으로 추론하며, 자율적으로 의사결정하는 것을 학습하는 것은 필수적이다.
- 성인 발달, 전문성 및 헌신 수준이 높은 교사는 "개인을 넘어선 조직 수준의 유인(a cause beyond one self)"을 고려하여, 학교전체의 수업 개선을 위한 집단 행동에 참여하는 경향이 있다(이는 학교의 수업 개선 연구의 핵심적인 요소이기도 하다).

장학담당자는 교사 혹은 교사 집단의 현재 발달 수준에 가장 적절한 장학 접근법을 선택함으로써 교사의 발달을 어느 정도 촉진할 수 있다. 예를 들어, Siens와 Ebmeier(1996)에 따르면, 자신의 동기, 분석 능력, 지식 등의 수준에 적절한 장학 접근법을 활용할 수 있는 장학담당자와 함께 일하는 교사 집단은 학교에서 제공하는 일반적인 장학을 받는 교사 집단과 비교할 때 반성적 사고 영역이 훨씬 더 높게 나타났다.

이전 장에서 교사의 발달 수준을 높이기 위해 의사결정 과정에서 장학담당자의 통제는 줄이는 반면 교사의 권한을 확대하는 방법을 설명하였다. 이와 유사하게, 장학담당자가 교사의 발달 수준을 높이기 위해 다음과 같은 전략을 사용할 수 있다.

첫째, 교사에게 학생과 학습, 혁신적인 수업 전략, 문제를 분석 · 해결하는 방식 등에 관한 새로운 정보를 제공하는 것이다. 이러한 새로운 사고방식과 실행 전략 등은 교사가 이미 알고 있는 지식, 경험, 가치 등과 결합되어야 한다. 점진적으로 교사는 좀 더 넓은 범위에서 이론과 실천을 경험할 수 있다.

또 하나의 방법은 장학 대상자인 교사를 자신의 발달 수준보다 더 높은 수준을 가진 의사결정 팀이나 학습팀에 배정하는 것이다. 높은 발달 수준을 가진 다른 교사와 지속적으로 상호작용할 경우, 교사의 낮은 수준이 향상되는 경향이 있다. 그러나 반대의 경우가 발생할 수도 있는데, 발달 수준이 높은 교사가 낮은 수준의 교사 집단과 일할 때, 교사 집단의 수준으로 "떨어질 수도" 있다.

Lois Thies-Sprinthall(1984)은 심리적/인지적 성장을 이끄는 데 필수적인 다음의 다섯 가지 조건을 제시하였다(Thies-Sprinthall, 1984: 54).

1. 역할 분담의 경험
2. 지속적이며 깊이 고민하는 성찰
3. 실제 경험과 논의/성찰 간의 균형
4. 개인적인 지원과 도전정신
5. 지속성(프로그램은 최소한 6개월의 기간과 정기적인 협의를 포함해야 한다)

Phillips와 Glickman(1991)은 Thies-Sprinthall이 제시한 심리적/인지적 성장을 위한 다섯 가지 조건이 결합된 동료코칭 프로그램을 연구하였다. 22명의 교사가 4회에 걸쳐 전문성 계발 세션에 참여하였는데, 교사들은 관찰, 문제해결, 협력적 · 비지시적 상호관계 능력을 배웠다. 워크숍에는 강의, 실연, 모의수업 관찰, 역할극, 참고자료 검토, 논의와 성찰을 위한 기회 등이 포함되었다. 코칭은 사전 협의회, 수업 관찰, 사후 협의회, 후속 세션으로 구성되었다. 4회의 코칭 사이클에 참여하여, 두 번은 코치의 역할을 수행하였으며 나머지 두 번은 코칭 파트너에게 코칭을 받는 대상자의 역할을 수행하였다. 코칭 사이클이 끝날 때마다 워크숍 강의자와 참여자는 전체 회의에 참석하였다. Phillips와 Glickman은 프로그램 전 · 후에 참여자의 인식 수준을 측정한 결과, 교사의 인식 수준이 프로그램 종료 후 의미 있게 높아졌다는 것을 밝혀냈다.

## 4. 의사결정을 위한 공식이 아닌 안내서

결론적으로, 장학담당자와 교사는 과거와 현재에 가장 도움이 되었던 장학 접근법과 미래에 발전할 수 있는 장학 접근법에 관해 서로에게 질문을 하면서 함께 논의해야 하며, 이것은 특별한 상황을 제외하고는 반드시 실행되어야 한다.

학교조직에서의 삶은 들쑥날쑥하고 복잡하며, 인간의 행위에 정확하게 맞는 답을 제공하는 공식은 없다. "X라는 개인이 A, B, C의 특성을 보일 때, Y 장학담당자는 D, F, G를 반드시 해야 한다"라는 공식은 존재하지도 않고 존재해서도 안 된다. 이러한 공식은 컴퓨터, 제조 공정, 화학 반응 등 기술적이고 통제된 시스템에서나 유용할 뿐이다. 공식은 기술적이지만 인간적이지 않은 영역에 적용 가능하기 때문에, 장학의 공식이 존재한다는 것은 잘못된 생각이다. 대신, 우리 스스로 활용할 수 있는 정보를 제공하는 안내서가 존재할 수 있다. 이러한 안내서는 학교 조직의 복잡성을 어느 정도 해소하여 장학 활동을 통해 의미 있는 방식으로 수업을 개선할 수 있도록 도움을 준다.

## 5. 발달 장학에 대한 사례 연구

다음의 사례 연구는 지시적 통제형, 지시적 정보제공형, 협력형, 비지시적 장학의 네 가지 장학 접근법을 교사 및 상황에 적절하게 사용한 사례를 보여준다. 세 개의 사례 연구에서는 장학담당자가 교사의 선택권과 책임감을 확대하는 방향으로 접근하였다.

네 개의 사례 연구를 읽으면서, 다음의 사항에 관해 비교해 볼 수 있다.

1. 문제해결에 대한 교사의 성인 발달, 전문성 및 헌신 수준
2. 해결하려는 문제의 내용
3. 장학 행동의 변화 등을 포함한 장학담당자의 상호작용 행동

### 사례 1

교장인 Martha Cozero는 Gerald Watson 선생님의 교수방법에 관해 학생, 학부모 및 타 교사들로부터 불만사항을 듣고서 Gerald 선생님의 과학 수업을 여러 차례 관찰하였다. 수업의 내용이나 학생 수와 관계없이, 모든 수업은 동일한 형태로 진행되었다. 먼저, 학생들이 차례대로 과학 교과서를 읽은 후, Gerald 선생님이 학생들에게 개별 실습지를 넘겨주었다. 학생들은 수업이 끝나기 전에 실습지를 완성한 경우, 항상 교과서의

연습문제로 채워진 숙제를 한다. 학생들이 숙제를 하는 동안, Gerald 선생님은 책상에 앉아 스포츠 잡지를 읽거나, 잡담을 하거나 자리를 이동하는 학생들에게 "사나운 눈초리"로 주의를 준다.

Martha 교장선생님은 Gerald 선생님의 일상 수업에 놀랐던 것이 아니라, Gerald 선생님이 교장선생님이 수업을 관찰하는 동안에도 수업을 바꿔 보려는 행동을 하지 않았다는 점에 놀랐다. Martha는 Gerald와 몇 번의 수업협의회를 통해 과학을 가르치는 태도에 관해 자각하도록 유도하였다. Gerald는 학생들이 제출한 숙제를 제대로 읽고 첨삭하지 않았다는 점을 인정했으며, 작년에 중학교 교과협의회에서 과학 수업에 적용하기로 동의했던 실습 프로그램을 이해하지도 사용하지도 못한다고 얘기하였다. Gerald는 프로그램 도입을 결정했던 과학교과의 방과후 협의회에 참석하지도 않았으며, 개인적인 사정으로 인해 프로그램을 실행하는 데 필요한 기법들을 배울 수 있었던 워크숍에도 참석하지 않았다. Gerald는 퇴임까지 6년 정도 남았으며 새로운 기술이나 교수법을 배울 필요성을 느끼지 못한다고 말하였다.

Gerald의 수업을 관찰하고 협의회를 가진 이후, Martha는 개선 계획을 만들어서 다음번 협의회에서 전달하였다. Martha는 Gerald가 현재 사용하고 있는 교수법과 학교의 과학 프로그램을 배우지 못해 적용하지 못한 사실은 학생의 학습에 부정적인 영향을 줄 수 있기 때문에 Gerald의 교수법은 유지되어서는 안 된다고 설명하였다. 따라서 적극적인 교수법과 학교의 과학교과 목표와 일관된 교수법을 사용하도록 Gerald의 수업 개선 목표를 정했으며, 다음의 단계를 따르도록 지시하였다.

1. 학생들이 과학 교과서를 큰 소리로 읽는 방식에서 벗어나도록 함
2. 주된 교수법으로 실습지 사용을 자제함
3. 학생들이 제출한 숙제를 검토하고 피드백을 전달함
4. 학교구의 교육과정 및 학교의 실습중심 과학 프로그램에 관한 교사 안내서를 숙지함
5. 다른 과학 교사의 수업을 관찰함
6. 학교의 과학 프로그램과 동일한 실습 중심 과학 수업을 실행함

Martha는 자신이 제시한 목표와 관련 행동 수칙들은 선택사항이 아님을 명확히 하면서, Gerald가 우려하는 사항을 경청하고 실행 계획에 관한 질문에 답을 제공하였다. Martha는 Gerald가 새로운 과학 프로그램을 실행하는 데 필요한 정보와 자료들을 충분히 제공하기로 약속하고, Gerald가 계획대로 실행하고 있는지 확인할 수 있도록 수업

관찰을 여러 번 진행하고 새롭게 시도하는 교수법에 관해 피드백을 제공하기로 약속하였다.

Gerald는 마지못해 Martha가 제시한 개선 계획을 실행하기 시작하였다. 계획이 천천히 진행되기는 했지만 교수법은 점차 변화하기 시작하였다. Gerald가 시도했던 여러 개의 새로운 교수법은 성공한 적도 있었지만 실패한 적도 있었다. 학생들은 실습 위주의 활동에 즐겁게 참여했으며 Gerald가 불가능하다고 여겼던 학습 수준과 흥미도를 보였다. 결국, 그는 새로운 교육과정에 관한 워크숍에 불참한 것은 자신의 실수였음을 인정하면서, 개별적인 연구와 수업 관찰로는 새로운 교육과정을 모두 이해하기 힘들다고 고백하였다.

Martha는 Gerald가 지속적으로 교수법을 개선하기 위해서는 과학 프로그램을 실행하는 방법에 대한 공식적인 연수가 필요하다고 결정하였다. 또한 그동안 Gerald가 보여주었던 노력과 발전을 고려하여 Gerald에게 어떤 연수가 필요한지 선택할 수 있도록 권한을 주었다. Gerald에게 프로그램을 배울 수 있는 세 가지 방안을 제시하였는데, 첫째, 프로그램의 개발자가 제공하는 이틀 간의 연수에 참석하는 것, 둘째, 학교구 내 다른 중학교에서 과학교과 장학담당자가 주최하는 방과후학교 워크숍에 참석하는 것, 셋째, Gerald의 중학교 과학 코디네이터인 Jim Adams에게 개별적인 연수를 받는 것 등이다. Gerald는 Jim과 가까운 동료 사이로서, 같은 건물에서 근무하고 문제가 발생했을 때 쉽게 도움을 구할 수 있는 동료교사에게 연수를 받는 세 번째 방안을 선택하였다. Jim도 Gerald와 일하는 것에 동의하여, Martha와 Jim은 개별 연수 계획과 집중적인 수업 코칭 계획 등을 함께 구안하였다.

## 사례 2

학교내 고경력 교사인 Bill Levin은 초임교사인 Janice Smith의 멘토로 배정되었다. Janice는 중학교 교사가 되면서 예비교사 교육에서 배웠던 여러 가지 혁신적인 교수법을 시도하려고 노력하였다. 교사로서 일을 시작한 지 2달 정도 지났지만, 다가오는 추수감사절 연휴에는 교사를 그만두려는 생각을 가지고 있다.

Janice의 수업을 몇 번 관찰한 후, Bill은 Janice가 교사로서 자질을 가지고 있지만 학급 관리에 문제가 있음을 알게 되었다. Janice는 여러 차례의 교수법 연수에서 학생 훈육 문제를 논의한 적이 있지만, 효과적인 학급 관리를 위한 체계적인 교육을 받은 적은 없었다. 교육이 부족했던 점과 중학생에 관한 적은 경험은 점점 가시화되었다. Janice의 교실을 몇 번 방문했을 때, Bill은 학생들이 집중하지 못하고 소란을 피우는 광경을 보게 되었다. Janice는 교실의 소란을 통제하기보다는 학생들의 잡담을 이기려고 목소리를 크게 하다가 나중에는 조용히 하라는 자신의 부탁을 무시한 학생에게 소리를 질렀다.

Janice는 자신이 학급 관리에 문제가 있다는 사실을 알고 있었지만, 왜 학생들이 소란스러운지, 이 상황을 개선할 수 있는 방법이 무엇인지 알지 못하였다. Janice와의 협의와 수업 관찰을 통해 Bill은 초임교사를 위한 다음의 방안을 제안하였다.

1. 교실 내 행동에 대한 원칙과 절차를 설정하고, 만약 이러한 원칙을 어길 경우 받게 될 처벌을 확정함
2. 교사가 정한 원칙 및 절차를 학생들과 공유하면서, 이러한 원칙, 절차, 처벌에 대한 이유를 설명함
3. 학생들이 모의 상황에서 원칙과 절차를 실습할 수 있는 기회를 제공하고, 행동에 관해 피드백을 제공함
4. 모든 원칙과 절차는 일관되게 지켜야 하며, 순응한 학생에게는 긍정적인 피드백을 제공하고 불응한 학생에게는 처벌을 실행함

Bill은 Janice가 자신만의 원칙과 절차를 결정하고 학생들에게 설명한 후 실행하는 방식을 연습할 수 있도록 도움을 주었다. 그리고 학생들의 행동이 방해가 되는 단계에 이르기 전에 이를 교정할 수 있는 언어적 · 비언어적 개입방법에 관해서도 도움을 주었다. Bill은 자신의 수업에서 시선 맞추기, 가까이 다가가기, 신체 접촉하기 등과 같은 비언어적 개입방법과 학생들의 이름 부르기, 규칙이나 절차 외우기, 잘못을 직접적으로 말해 주기 등과 같은 언어적 개입방법을 어떻게 사용할 수 있는지 설명하였다. Janice를 자신의 수업에 초대해서 학급 관리 기법을 관찰하게 하였으며, 자신이 설명한 전략과 방법을 잘 실행하고 있는지 Janice의 수업을 다시 관찰하고 피드백을 주기도 하였다.

Janice는 Bill이 추천한 방법을 사용하기로 결정하고, 멘토인 Bill의 도움을 받아서 개입 전략과 방법을 실행해 보았다. 몇 주가 지난 후, Janice 학급의 대부분의 학생들은 수업에 집중하는 시간이 늘어났으며 수업방해도 줄어들었다. Janice는 추수감사절 연휴 이후에도 교사를 그만두지 않았으며, 최소한 학년 말까지는 일을 계속하기로 약속하였다.

Bill은 Janice가 보여준 발전에 만족했지만, Janice의 새로운 학급관리 전략과 기법이 통하지 않는 것으로 보이는 세 명의 학생을 걱정하였다. 한두 명의 학생이라도 Janice가 그들의 행동을 바꾸지 못한다면 전체 학급의 분위기를 망칠 수 있기 때문에 Bill은

세 명의 학생을 다룰 수 있는 두 가지 방안을 제안하였다. 첫 번째 방안은 Janice가 문제 학생들을 개별적으로 만나서 행동계약서를 작성하는 것이다. 행동계약서는 교사와 학생이 행동개선 목표를 구체적으로 정한 후, 목표에 도달하는 기간, 교사와 학생의 행동, 학생 발달에 대한 평가, 보상 및 처벌 등을 논의하여 작성한다.

두 번째 방안은 Janice가 세 학생의 잘못된 행동에 관한 일지를 기록하는 것이다. 일지는 2주 동안 작성해야 하며, 매일 학생들과 함께 일지의 내용을 확인해야 한다. 2주 기간이 끝난 후, Janice는 일지에 기록된 행동유형을 개선할 수 있는 계획을 세워서 학생들에게 알려준다. 계획이 실행되면, 학생들이 얼마나 개선되고 있는지 확인하기 위해 학생들의 긍정적인 행동과 부정적인 행동 모두를 일지에 기록한다.

Janice는 Bill이 제시한 두 가지 방안을 통합하여 2주 동안 행동일지를 작성한 후 세 명의 학생들과 행동계약서를 작성해도 되는지 물어보았고, Bill은 적절한 방안이라고 동의하였다. 이후 Bill은 Janice가 기록한 일지를 검토하고 행동계약서를 작성하는 데 도움을 주기로 하였으며, Janice 또한 Bill의 제안을 수락하였다.

## 사례 3

사회교과 교사인 Mike Phillips는 자신의 토의수업 수준에 만족하지 못하여 교과부장인 George Cantinni와의 면담을 요청하였다. George는 Mike가 어떤 유형의 토의수업을 원하는지 물었다. Mike는 학생들의 고차원적인 사고능력을 높이고 정치·사회의 중요한 이슈들에 관한 개방적인 대화가 이루어지기를 원한다고 대답했다. 수업의 장애 요인으로는 Mike 자신이 학생들의 흥미와 논의를 이끌어 낼 수 있는 질문이 아닌, 사실에 기초한 간단한 질문을 너무 많이 하는 점 같다고 설명하였다. 또 다른 문제는 토의수업에 참여하는 학생들이 제한적이며, 참여하지 않는 학생들을 위한 방안이 없다는 점이다.

Mike가 말한 문제를 고려하여, George는 토의수업을 개선할 수 있는 변화 방안을 제안하였다. 먼저 Mike와 자신이 생각하는 개선방안에 대해 각자 적어보고 서로 의견을 공유하며 논의하였다. Mike는 개방형 질문을 사용하거나 질문을 던진 후 학생들에게 생각할 수 있는 시간을 주는 것, 더 많은 학생들이 참여할 수 있도록 임의로 학생들의 이름을 호명하는 것 등을 제안하였다. George는 앞선 두 가지 방안에 동의하지만, 학생들의 이름을 임의로 호명하는 방법은 개방적이고 성찰적인 토의를 이끌어 내기에는 부족하다고 지적하였다.

George는 Mike가 제안한 의견을 고려하여 새로운 방안을 제시하였는데, 토의수업을 계획할 때 Bloom의 분류표 중 상위 다섯 가지 유형을 사용하여 수업의 목표를 결정하고 토의수업을 위한 질문을 준비하는 것이다. Mike는 Bloom의 인지영역에 관해 대학 시절 배웠지만 거의 기억하지 못해서, George가 대신 분석하여 설명하였다. 수업에서 교사가 질문을 던진 후 학생들이 생각할 수 있는 시간을 주려는 Mike의 의견에 덧붙여서, George는 학급 전체 토의에 앞서 소집단으로 토의할 수 있도록 하는 방안을 제시하였다. 마지막으로 George는 전체 토의를 할 때 모든 학생들에게 질문에 대해 생각할 수 있는 시간을 주고 답을 할 수 있는 방안도 제시하였다.

Mike는 Bloom의 분류표에 따라 학습목표를 만들고 토론 질문을 구성하는 의견에는 동의했지만, 다양한 유형의 질문을 만들기가 어려울 것 같다고 걱정하면서 George에게 도움을 요청하였다. George는 도움을 약속하였고, Mike가 수업에서 하는 질문들이 Bloom의 분류표 중 어떤 유형에 속하는지 기록하기 위해 Mike의 수업을 관찰하기로 하였다. Mike는 George의 도움에 감사하였다. Mike는 George가 제안했던 소집단 토의 방안과 관련하여 얼마간은 전체 토의를 진행하는 것이 좋겠다고 답하였다. 학생들에게 다양한 형태로 대답할 시간을 주는 것은 이해했지만 실제로 어느 정도 시간을 주고 있는지 George가 기록해 주기를 부탁했고, George는 수업을 관찰하는 동안 시간을 기록해 주기로 약속하였다. 또한 전체 토의에 참여하는 학생의 수도 기록하기로 하였다.

몇 번의 토의를 거친 후, Mike와 Geroge는 수업 개선을 위한 실행 계획을 도출했으며, 자세한 내용은 다음과 같다.

**목표.** 학생들의 이해, 적용, 분석, 종합, 평가 역량을 필요로 하는 전체 토의에 학생들의 참여율 높이기

### Mike Phillips의 이행사항
1. Bloom의 인지 영역의 상위 다섯 가지 유형에 따라 학습목표를 설계하는 데 참여하기(다섯 가지 유형은 "목표"에 포함되어 있음)
2. 각각의 인지 영역 유형에 맞는 개방형 토의 질문을 형성하는 데 참여하기
3. 학생들에게 개방형 질문을 한 후 최소한 5초 정도는 기다려줌. 자발적으로 참여하는 학생에 한해 답변할 기회 주기
4. 대답할 학생을 호명하기 전에 최소한 5초 정도의 생각할 시간을 허용하기
5. 학생이 개방형 질문에 답한 후, 토의를 진행하기 전에 최소한 5초 정도는 기다려 주기

**Geroge Cantinni의 이행사항**

1. Mike가 Bloom의 분류표에 따라 학생의 학습목표를 설계할 수 있도록 도와주기
2. 학습목표에 적절한 개방형 질문을 형성하는 것을 도와주기
3. 주기적으로 Mike의 수업을 관찰하며, 다음의 자료를 수집하기
    a. 학생의 이해, 적용, 분석, 종합, 평가 역량을 위해 학생이 답할 수 있는 질문을 하는 횟수
    b. 교사가 질문을 한 후, 대답할 학생을 호명한 후, 그리고 학생이 대답한 후 기다리는 시간
    c. 전체 토의에 학생들이 참여하는 횟수

**수업 개선 성공을 위한 기준**

1. 관찰한 수업에서, 학생들에게 Bloom의 분류표 중 상위 다섯 가지 유형에 따른 토의 질문을 하고 관련 토의를 진행한다.
2. 학생들에게 질문을 한 후, 대답할 학생을 호명한 후, 학생들이 대답한 후 등 세 가지 경우에 최소한 5초 정도는 기다려 준다.
3. 개별 학생들은 전체 토의에 최소한 한 번 이상은 참여한다.

George와 몇 주 동안 함께 일하면서, Mike는 수업 개선 목표를 점점 성취하고 있었다. 마지막으로 George는 Mike가 개방형 질문을 형성하는 데 필요한 능력을 모두 계발하였으며, 더 이상의 도움은 필요하지 않다고 말하였다. Mike는 동의했지만 가능하다면 이후에도 자신의 토의 질문을 검토하고 피드백을 주기를 부탁하였다. George는 수업을 직접 관찰하는 대신에 Mike가 녹화한 수업 장면을 얼마 동안 관찰하고 분석하기로 했으며, 전문가의 조언을 필요로 하는 학급 토의 장면을 분석하는 것에 동의하였다.

# 사례 4

Stella Simpson은 Kennedy 초등학교의 수업 교감(assistant principal for instruction)이며, 교사들을 위한 맞춤형 전문성 계발 프로그램을 개발하였다. Maria Sanchez는 자신과 동료교사들에게 전문성 계발 기회를 제안하는 프로그램에 관한 대략적인 의견을 가지고 있어서, Stella와의 면담을 요청하였다.

면담을 진행하며 Maria가 학교에서 느꼈던 문제를 얘기하는 동안, Stella는 경청하고 성찰하고 명료화하며 Maria가 더 많은 얘기를 할 수 있도록 격려해 주었다. 협력학

습이 인기를 끌면서 몇몇 교사들은 자신의 학급에서 협력학습 전략을 시도하려 하였지만, 협력학습에 관해 전문적인 교육을 받은 교사는 드물었다. 대부분은 최근 학교구 차원의 연수에서 60분 동안 진행했던 협력학습 기본강의 정도만 참여한 상황이었다.

Maria는 협력학습에 관한 30시간 정도의 연수를 받은 적이 있었으며, 다른 교사들이 관심을 갖는 것에 기뻐하였다. 그러나 학교의 동료코칭 프로그램의 일환으로 다른 교사들의 수업을 관찰한 결과, 많은 교사들이 협력학습 수업의 기본적인 요소를 정확히 이해하지 못한다는 사실을 알게 되었다. 만약 교사들이 충분한 전문성을 계발하지 못한다면, 협력학습 전략은 효과가 없을 것이고 결국에는 수업 전략으로서 사용하지 않게 될까봐 걱정하였다.

Stella는 Maria가 생각하는 문제점을 재정리하면서 교사들이 협력학습에 관해 가지는 구체적인 문제점을 말해 보라고 하였다. Maria는 몇몇 교사가 학생들에게 필수적인 사회관계 기법을 가르치지 않고 협력수업을 진행하는 것이 문제라고 답하였다. 또한 수업에서 협력학습의 핵심 영역인 긍정적인 대인관계나 개인의 책무성을 조성하지도 않고 있었다. 다른 교사들과 대화해 보니, 동료 코치로서 관찰했던 수업의 교사들에게만 국한된 문제가 아니었음을 알게 되었다.

Stella는 Maria의 문제의식에 동의하였다. Stella 또한 30시간의 교육 프로그램에 참여하였고, 다른 교사들의 수업을 직접 관찰한 경험도 있었다. Maria에게 문제를 해결하기 위한 방안에는 어떤 것이 있는지 먼저 물어보았다. Stella는 Maria가 의견을 말하는 동안 주의 깊게 경청하였고, 가끔 Maria의 말을 재정리하거나 질문을 명료화하였으며, Maria가 다시 설명할 수 있도록 권장하였다. Maria는 상급 교육 프로그램에 참여하여 협력학습에 관한 추가적인 전문성을 계발하고 다른 교사들을 대상으로 한 교육 프로그램을 실행하는 데 필요한 기술을 익히고 싶다고 밝혔다. Maria는 상급 프로그램을 이수한 후 저녁시간 워크숍을 열어서 관심 있는 교사들을 위한 30시간의 기초 교육을 실시할 것이며, 수업 코칭을 통해 자신이 배웠던 기술을 워크숍에 참여했던 교사들에게 전수하고 싶다고 하였다.

Stella는 동료교사들에게 수업관련 도움을 제공할 때 겪게 될 어려움은 없는지 물었다. Maria 또한 유사한 문제를 걱정했으나, 자발적으로 참여하는 교사들을 대상으로 워크숍을 진행할 것이기 때문에 자신이 동료교사라는 상황은 문제 되지 않을 것이라고 답하였다. 이미 학교의 동료코칭 프로그램을 통해 많은 수의 교사들에게 성공적으로 수업관련 도움을 제공한 경험이 있다고 했으며, 동료들을 위한 워크숍을 진행하기 전에 먼저 리더십 교육 프로그램을 이수하겠다는 계획을 밝혔다.

Stella는 Maria의 계획이 승인된다면, 교육 시간, 리더십 교육에 필요한 비용, Maria

가 이끌게 될 저녁 워크숍에 필요한 자료 등을 위해 전문성 계발 지원비용을 사용할 수 있지만, Maria가 워크숍을 위해 투자하는 개인 시간과 에너지에 관한 보상은 어려울 것이라고 얘기하였다. 따라서 Maria가 새로운 리더십 역할에 충분히 헌신할 수 있는지 먼저 확인하였다. 확답을 받은 이후, Stella는 Maria와 함께 목표, 활동, 필요 자원, 성공을 위한 기준, 타임라인, 대략적인 예산 등이 포함된 세부적인 제안서를 작성하였다.

## 네 건의 사례에 관한 논의

5장에서 논의한 것처럼 장학담당자의 궁극적인 목표는 비지시적 장학을 통해 교사가 자율적으로 성찰하도록 교사 발달을 이루는 것이다. 그러나 많은 교사들이 여전히 낮은 수준의 발달 단계에 머무르고 있고 스스로 발달하는 것이 어려운 상황을 고려할 때, 장학담당자는 때로는 협력적 장학이나 지시적 정보제공 장학을 사용해야만 하고, 극히 드문 경우에는 지시적 통제 장학을 사용해야 한다. 앞서 제시한 네 개의 사례는 각기 다른 장학 유형을 보여준다. 각 사례의 장학담당자는 교사의 발달 단계, 전문성, 헌신 수준 및 상황의 맥락 등을 고려하여 최초의 장학 접근법을 선택하고 있다.

앞선 사례는 발달 장학의 세 가지 단계를 보여주고 있다. 1단계에서 장학담당자는 교사의 발달 단계, 전문성, 헌신 수준 및 교육 상황을 진단하고 가장 적절한 장학을 위한 대인관계 접근법을 선택한다. 2단계에서 장학담당자는 선택한 대인관계 접근법을 활용하여 교사가 수업 문제를 해결하도록 돕는다. 3단계에서 장학담당자는 장학담당자의 통제를 축소하고 교사의 통제를 더 확대하는 대인관계 접근법으로 변경한다(처음 세 개의 사례에서 소개하였음). 장학 접근법의 변화는 교사가 더 높은 수준의 의사결정 책임을 받아들일 준비가 되었을 때만 가능하다.

첫 번째 사례에서, Martha Cozero는 Gerald Watson의 발달 단계, 전문성, 헌신 수준이 가장 낮은 단계에 있다고 판단하고, Gerald가 뚜렷한 목표 없이 일상 수업을 반복함으로써 학생들의 학습에 방해가 되고 있다고 생각하였다. Martha는 장학의 초기에는 지시적 통제 접근법을 사용하였다. 문제를 확인한 후 Gerald에게 수업 개선 목표를 제시하였고, 목표를 성취하는 데 필요한 방안들을 설명하였다. 이후 Gerald를 관찰하고 개선 사항에 대해 피드백을 전달하였다. Gerald가 교수 행위와 동기 등의 측면에서 개선되었을 때, Martha는 통제적인 접근에서 물러나서 Gerald가 세 개의 연수 방안 중 하나를 선택할 수 있도록 권한을 부여하였다.

두 번째 사례에서, 초임교사인 Janice Smith는 학급경영 및 문제해결 기법이 부족하여 수업에 문제를 겪고 있었다. Janice는 동기 수준이 높았으나 학급경영에 문제가 있다는 사실을 인식하였다. Janice에게는 원인을 규명하고 해결방안을 도출하기 위한 집중적인 도움이 필요하였다. Janice의 수업을 관찰하고 회의를 진행한 후, 멘토인 Bill Levin은 초기의 장학 접근법으로 지시적 정보제공 접근법을 선택하였다. Bill은 학급경영을 개선하기 위한 목표를 제시하였고, 이를 성취하기 위해 할 수 있는 다양한 실행방안을 제안하였다. 어떤 방안을 선택하여 실행할지는 Janice의 권한이었다. Janice가 Bill의 멘토링을 통해 눈에 띨 만한 개선을 이룬 후, Bill은 만성적인 훈육 문제를 가진 세 명의 학생들에게 적용할 수 있는 두 가지 대안을 제시하면서 Janice가 선택하도록 권한을 부여하였다. Janice와 Bill은 두 가지 대안을 병합하기로 합의하였는데, 이는 초임교사와 멘토가 좀 더 협력적인 관계로 발전한 것을 보여주는 사례이다.

세 번째 사례에서, Mike Phillips는 자신의 문제와 그 원인을 정확히 말할 수 있었지만, 문제해결을 위한 계획을 수립하는 데 도움이 필요하였다. 교과부장인 George Cantinni는 협력적 장학 접근법을 사용하기로 결정하고, Mike의 의견을 경청한 후 자신의 관점을 Mike와 공유하였다. 그리고 두 사람이 함께 문제를 해결하기 위한 방안을 개발하고 서로 교환하기로 하였다. 협의 과정에서 Mike와 George는 서로의 방안을 수용하거나 거부하였고, 필요하다면 수정하기도 했으며, 마지막에 실행 계획을 도출하였다. George는 Mike가 자율적으로 토의 질문을 만들고 전체 토의를 녹화하고 분석하도록 제안하여, 협력적 장학에서 비지시적 장학으로 접근법을 변경하였다. George가 Mike의 토의 질문과 녹화된 수업 장면을 분석하기로 합의한 내용은 협력적 장학에서 비지시적 장학으로 옮겨가는 과정이라고 할 수 있다.

네 번째 사례에서, 교사인 Maria Sanchez는 개인 발달 및 전문성 발달 단계가 아주 높은 수준이었다. 교감인 Stella Simpson은 비지시적 장학 접근법을 사용하여 Maria의 과제와 계획을 경청·성찰하고, 과제를 명료화한 후 Maria가 의사결정의 책임을 온전히 가질 수 있도록 장려하였다. 그리고 Maria가 계획을 실행할 때 겪게 될 결과들을 고려하도록 하였다. Maria가 직접 제안서를 작성하도록 하여, 세부사항과 기준을 결정하고 계획에 공식적으로 헌신할 수 있게 되었다.

네 번째 사례에서 Stella Simpson은 비지시적 대인관계 행동을 사용해서, Maria가 의사결정의 책임을 지도록 권장하였다. 앞선 세 개의 사례에서 장학담당자는 다양한 수준의 통제 방식을 사용했지만, *장학이 진행될수록 장학담당자의 통제는 약화된 반면, 교사의 의사결정 책임을 확대하는 방식으로 변화하였다.* 따라서 발달 장학은 다음의 두 가지 방식으로 발달한다. 첫째, 장학 초기의 접근법은 교사의 현재 발달 단계와 상황을 고려해서 선택된다. 둘째, 장학 접근법은 점진적으로 교사가 더 높은 수준의 문제해결 능력과 성찰 역량을 가지는 방향으로 발달할 수 있도록 수정된다.

이 장에서 우리는 교사의 발달 단계, 전문성, 헌신 수준과 장학 접근법이 정확히 맞아떨어지는 사례만을 의도적으로 제시하였다. 그러나 현실은 다양한 변수들과 상호작용으로 인해 더욱 복잡하다. 장학담당자와 교사가 다루는 특정 문제 또한 접근법을 결정하는 요인이 되어야 하고, 교사와 장학담당자의 관계도 고려해야 할 변수이다. 교사의 발달 단계, 전문성 및 헌신 수준을 측정할 수 있는 신뢰할 만한 방법이 있다고 하더라도, 가장 적절한 장학 접근법을 선택하기 위해 고려해야 하는 다양한 변수들을 미리 예측하기란 불가능하다. 따라서 가장 적절한 접근법은 미리 정해진 공식에 따라 선택하는 것이 아니라 상황을 고려하여 개인이 판단해야 한다.

## 성찰과제

다음 사례를 생각해 보자.

Megan Janson은 Lakeside 고등학교의 교사로서 수업 장학담당자인 Jim Autry와 문제를 상의하고자 한다. 몇몇 여교사들은 Jim이 수업 협의회를 진행하는 동안 지나치게 지시적인 것 같다고 불만을 털어놓았으며, Jim이 남교사들에게는 비지시적인 방법을 취한다는 사실도 들었다고 말하였다.

Jim의 가까운 친구인 Megan은 여교사들의 불만을 Jim에게 말해 주면서, 상황을 성찰하고 해결방안을 모색했으면 좋겠다고 하였다. Jim은 최근 교사들과 교사 집단에 적절한 다양한 장학 접근법을 사용하고 있었지만, 대부분의 교사들에게는 협력적 장학 접근법을 사용하였으며, 단지 한 명의 여교사에게 의도적으로 지시적 장학 접근법을, 그리고 한 명의 남교사에게 비지시적 장학 접근법을 사용하였다. Jim은 Megan이 말해 준 여교사들의 불만에 놀라면서도 한편으로는 기분이 나빠졌다.

다음의 사항에 관해 Jim에게 어떤 조언을 해줄 수 있을까?

1. Jim은 지시적 접근법을 사용했던 여교사에게 더 나은 장학 접근법이 있는지, 혹은 비지시적 접근법을 사용했던 남교사에게 더 나은 장학 접근법이 있는지 어떻게 판단할 수 있는가?
2. 만약 Jim이 몇몇 교사들에게 의도하지 않은 대인관계 행동을 사용한다면, 이러한 문제의 원인을 어떻게 찾을 수 있는가?
3. Jim이 수업 협의회에서 무의식적으로 성차별적인 행위를 하고 있었다면, 이 상황을 어떻게 바로잡을 수 있는가? Jim은 이런 측면을 어떻게 개선할 수 있는가?

# 참고문헌

Glickman, C. D. (2002). *Leadership for learning: How to help teachers succeed.* Alexandria, VA: Association for Supervision and Curriculum Development.

Gordon, S. P. (1990). Developmental supervision: An exploratory study of a promising model. *Journal of Curriculum and Supervision, 5,* 293-307.

Philips, M., & Glickman, C. O. (1991). Peer coaching: Developmental approach to enhancing teacher thinking. *Journal of Staff Development, 12*(2), 20-25.

Siens, C., & Ebmeier, H. (1996). Developmental supervision and the reflective thinking of teachers. *Journal of Curriculum and Supervision, 11*(4), 299-319.

Thies-Sprinthall, L. (1984). Promoting the developmental growth of supervising teachers: Theory, research programs, and implications. *Journal of Teacher Education, 35*(3), 53-60.

Zellermayer, M., & Margolin, I. (2005). Teacher educators' professional learning described through the lens of complexity theory. *Teachers College Record, 107*(6), 1275-1304.

# 제4부

# 기술적 역량

성공적인 학교의 특징을 알고, 성공을 가로막는 규범들, 바람직한 성인 발달과 비견되는 교사 발달 방식을 아는 장학담당자는 장학의 대인관계 및 기술적 역량이 실제에 적용될 때 작동되는 장학 신념 시스템을 만들어낼 수 있다.

이 책의 이전 파트에서는 교사 개인이나 집단의 발달 단계에 맞는 지시적 통제, 지시적 정보제공, 협력적이고 비지시적인 대인관계 역량을 다루었다. 제4부에서는 교사들이 가치평가, 기획, 관찰, 그리고 평가하는 데 필요한 기술적인 장학 능력을 다룰 것이다. 학교를 이해하고 교사들을 융합시키는 것은 필수적인 요소이지만, 기술적 역량은 장학의 업무를 수행하는 데 있어서도 이에 못지않게 중요하다.

# 제12장

# 평가 및 기획 기술

**신혜숙**_강원대학교 교육학과 교수

## ➤ 이 장에서 생각해 볼 문제

**1.** 당신이 일하고 있는 조직에서 개인적 시간 활용 현황을 평가하고 새로운 시간 활동 계획을 기획하거나 변경하는 것이 어떤 점에서 유용한가?

**2.** 이 장에서 제시하는 기획이 당신이 일하고 있거나 당신에게 친숙한 조직의 기획과 비교하여 어떠한가?

**3.** 이 장에서 논의되는 평가와 기획 방법 중 어떤 방법이 당신이 일하고 있는 조직에 도움이 되겠는가?

**4.** 교사, 직원, 학생, 학부모 등 학교 관계자를 평가 및 기획 활동에 참여시키는 방법은 무엇인가?

**5.** 보다 정확하게 개선의 필요를 평가하고, 보다 나은 계획을 수립하기 위하여 복잡한 평가 및 계획을 간단하게 정리할 필요가 있었던 사례는 무엇인가?

평가 및 기획 기술(assessing and planning skills)은 장학담당자 자신뿐 아니라 다른 사람들이 목표와 활동을 설정하는 것에 도움을 준다. 이 장에서는 현재 업무 시간 배분을 평가하고, 미래의 시간 활용을 계획하고 관리하는 개인적 차원의 시간표 구성을 먼저 다룬다. 그런 다음 수업 개선을 위한 조직적 차원의 기획 기술을 다룬다.

평가 및 기획은 동전의 양면과 같다. *평가*는 당신과 당신의 직원이 그동안 어떻게 해왔으며 현재 어떻게 하고 있는지를 보여준다. *기획*은 어떤 방향으로 나아가고 당신과 당신의 직원이 소망하는 최종 목적지에 도달하기 위하여 어떤 경로를 선택할지를 결정하는 것을 포함한다. 여행의 출발지와 목적지가 명확하지 않으면 지도는 쓸모없는 것이 된다. 이것이 명확하면, 어떻게 갈지는 곧 결정될 수 있다.

## 1. 개인적 계획

저자 중 한 명이 일년차 교장들을 면담하기 위하여 학교를 방문하였다. 협의회의 목적은 신임 교장들이 컨설턴트에게 개인적으로 그들의 초반 경험을 이야기하고, 그들의 상황을 개선할 수 있는 변화 가능성을 논의하기 위한 것이었다.

한 교장은 하루에 수업을 관찰하고 참관하는 데 평균적으로 세 시간을 쓴다고 응답하였다. 이 교장의 주요 관심사는 학생들이 경험하고 있는 기다리는 시간의 양이었다. 그 학교의 대부분의 교사들은 이질적인 학급을 수많은 소집단으로 나누어 운영하고 있었다. 그 교장은 어떻게 소집단을 구성해야 소집단의 수가 적으면서 기다리는 시간이 짧을지 고민하고 있었다. 교장과 컨설턴트는 큰 변화를 줄 경우 나타날 결과를 논의하고, 현재의 수업에 크지 않은 변화를 줄 경우에도 수업의 개선이 있을 수 있는지를 논의하였다. 교장은 다음 회의에서 학생 소집단 구성 및 기다리는 시간에 대한 문제에 대해 더 논의하기로 하고 면담을 마무리하였다.

두 번째 초임교장은 교사를 방문하기 위해 교장실을 비우는 문제에 대해 이야기하였다. 그는 직원들(staff)과 함께 하고 싶지만 서류작업, 이메일, 전화 응대, 학생 훈계(student discipline referrals) 등의 업무 때문에 교장실에 머물러 있어야 한다고 한다. 직원과 이야기하거나 교실을 방문하는 시간은 하루에 고작 한 시간이라고 한다. 게다가 교장실 밖에서 보내는 한 시간조차도 긴급한 일 때문에 학교비서(school secretary)에게 불려오기가 일쑤이다. 교장과 컨설턴트는 그가 교장실에 오랫동안 머물러야 하는 이유를 분석하고, 어떤 점을 고칠 수 있는지를 논의하였다.

컨설턴트는 두 번째 교장의 이야기를 청취한 후, 두 번째 교장이 보통 하루 세 시간동안 교실을 방문하는 첫 번째 교장에 비하여 특별히 시간 활용에 있어서 더 많은 제약이 있는 것은 아니라는 점을 파악하였다. 두 학교는 가까이에 있었고, 학교 규모 역시 비슷하였다. 두 학교 모두 동일한 교육감의 관리를 받고 있으며, 수행해야 하는 업무 역시 동일하였다. 그러나 한 교장은 수업 개선에 관여하는 장학담당자로서의 역할을 수행하고 있는 반면, 다른 교장은 최소한의 장학활동만을 수행하고 있었다. 장학담당자로서의 역할을 잘 수행하고자 하는 의지에 있어서는 두 교장 간에 차이가 있지 않았지만, 의도하는 장학활동을 수행하기 위해 필요한 시간을 평가하고 계획하는 능력에 있어서는 두 교장 간에 차이가 있었다. 업무 시간을 어떻게 사용하는지 살펴보도록 하자.

## 2. 시간의 평가

미래의 시간 계획을 세우기 위해서는 현재 시간을 어떻게 사용하는지를 먼저 평가해야 한다. 이를 위해서는 5~10일 연속으로 하루일과표(daily log)를 작성할 필요가 있다. 평소 하루의 스케줄표를 자세히 작성하고 그에 따라 일과를 보내는 장학담당자의 경우에는 하루에 두 번 즉, 하루 일과 중간과 마지막에 실제 하루 일과가 스케줄표대로 진행되었는지를 확인하는 것으로 충분하다. 그러나 평소 스케줄표를 별도로 작성하지 않는 장학담당자의 경우에는 하루 일과 중간과 마지막에 하루일과표를 작성하면 된다. 일과표는 간단해야 하고, 작성하는 데 이삼 분 걸리는 것으로 다음과 같다.

### 월요일

| | |
|---|---|
| 8:00~8:50 | 교사와 관리인 방문 |
| 8:50~9:20 | 학부모와 면담 |
| 9:20~9:35 | 이메일 |
| 9:35~10:30 | 비상사태-병가를 낸 교사 대행 |
| 10:30~12:00 | 학급 스케줄 작업, 전화 몇 통, 이메일 몇 통 |
| 12:00~12:30 | 교사들과 교내 식당에서 점심 |
| 12:30~12:35 | 아침 일지 작성 |
| 12:35~12:55 | 판매원과 면담 |
| 12:55~1:30 | Tadich 교사의 수업 참관 |
| 1:30~2:30 | 교육감 사무실에서 회의 |

| 2:30~3:00 | 학생 귀가 감독을 도움 |
|---|---|
| 3:00~3:15 | 부모와 대화 |
| 3:15~4:00 | 교무 회의 |
| 4:00~4:15 | 교사들과 비공식적인 대화 |
| 4:15~5:30 | 전화 몇 통, 대부분 이메일 |
| 5:30~5:40 | 오후 일지 작성 |

적어도 닷새 이상, 되도록 열흘 후에 장학담당자는 일지에 적힌 내용을 바탕으로 몇 개의 항목을 만들어 현재 시간 사용 현황 및 바람직한 시간 활용 계획을 비교하여 분석할 수 있다. 이와 관련된 예시는 다음 [그림 12.1]에 제시되어 있다.

| 항목 | 희망 시간 활용 | 실제 시간 활용 |
|---|---|---|
| 서류작업 | 10% | 25% |
| 전화 응대 | 5% | 6% |
| 이메일 | 15% | 25% |
| 　교감 | 3% | 10% |
| 　학부모 | 5% | 5% |
| 　직원 | 4% | 5% |
| 　보조직원 | 1% | 1% |
| 　교육청 | 1% | 1% |
| 　기타 | 1% | 3% |
| 회의 | 35% | 28% |
| 　교감 | 6% | 3% |
| 　학생 | 8% | 5% |
| 　학부모 및 커뮤니티 | 6% | 2% |
| 　직원 | 12% | 7% |
| 　보조직원 | 1% | 5% |
| 　교육청 | 1% | 5% |
| 　기타 | 1% | 1% |
| 교실 방문 | 25% | 10% |
| 강당 및 운동장 방문 | 5% | 2% |
| 사색을 위한 개인적인 시간 | 3% | 1% |
| 잡무 | 2% | 3% |

위의 시간표 비교는 일이 많아서 교장실을 나올 수 없다는 고민을 가진 두 번째 교장의 것이다. 위의 표를 보면 그는 서류작업(10%만 활용하고자 하나 실제로 25%를 활용)에 희망보다 훨씬 많은 시간을 쓰고 있으며, 교실 방문(25% 희망 대비 10% 실제 사용)에는 훨씬 작은 시간을 투자하고 있다. 교감과의 이메일(3% 희망 대비 10% 실제 사용)이나 교감(6% 대 3%), 학부모(6% 대 2%), 직원(12% 대 7%), 보조직원(1% 대 5%), 교육청 직원(1% 대 5%)과의 회의에 있어서도 희망 시간 배분과 실제 시간 활용과의 괴리가 크다.

| | 월요일 | 화요일 | 수요일 | 목요일 | 금요일 | 전체 | % |
|---|---|---|---|---|---|---|---|
| 서류작업 | | | | | | | |
| 전화 응대 | | | | | | | |
| 이메일 | | | | | | | |
| 　교감 | | | | | | | |
| 　학부모 | | | | | | | |
| 　직원 | | | | | | | |
| 　보조직원 | | | | | | | |
| 　교육청 | | | | | | | |
| 　기타 | | | | | | | |
| 회의 | | | | | | | |
| 　교감 | | | | | | | |
| 　학생 | | | | | | | |
| 　학부모 및 커뮤니티 | | | | | | | |
| 　직원 | | | | | | | |
| 　보조직원 | | | | | | | |
| 　교육청 | | | | | | | |
| 　기타 | | | | | | | |
| 교실 방문 | | | | | | | |
| 강당 및 운동장 방문 | | | | | | | |
| 사색을 위한 개인적인 시간 | | | | | | | |
| 잡무 | | | | | | | |

[그림 12.1] 장학담당자 시간 소비(활용) 차트

## 3. 시간 배분의 변경: 기획하기

장학담당자와 함께 희망 시간 배분과 실제 시간 활용에 대한 정보를 바탕으로 교사 방문 시간을 늘리기 위하여 어떻게 실질적으로 변화시켜야 할지 결정할 수 있다. 장학담당자는 교사 방문 시간을 높이기 위한 다양한 방안을 구안할 수 있다. 몇 가지 대안을 생각해 보면 다음과 같다.

- *서류작업(Paperwork)*. 잡무를 행정보조나 보조직원 등에게 넘긴다. 방과후 방해받지 않는 시간에 서류작업을 위한 시간을 배정한다.
- *이메일(E-mail)*. 이메일을 언제 응답할지, 어떻게 수행할지, 필요하다면 이메일 준비를 어떻게 다른 사람들에게 넘길지 등에 대한 의사결정 규칙을 포함한 이메일 처리 과정에 대한 시스템을 구축한다.
- *회의(Meetings)*. 교육청 회의 및 보조직원과의 회의를 다른 사람에게 넘기거나 축소하거나, 방과후 시간으로 조정할 수 있는지 알아본다. 교감, 직원, 학생, 학부모 및 커뮤니티와의 개별 또는 소집단 미팅 시간을 늘리기 위하여 시간을 쪼개어 사용한다.
- *교실 방문(Classroom visits)*. 교실 방문을 하루 1~2회 이상으로 늘린다. 교실에 있을 때는 행정 보조직원이 비상상황을 다룰 수 있도록 백업 시스템을 만든다. 하루에 일정 시간 교실 방문을 하도록 계획을 세운다.

장학담당자는 희망 시간 배분과 실제 시간 활용을 동일하게 맞출 수는 없지만, 목표에 더욱 근접하게 할 수는 있다. 교육청 회의 등에 소요되는 시간은 교장의 통제 범위 밖의 일이다. 그러나 학부모 면담, 전화 응대, 서류작업, 이메일 응답 등에 소요되는 시간은 교장이 통제할 수 있다. 앞으로의 시간 활용 계획에 있어서 가장 중요한 것은 변경 불가능한 시간 투입에 대해서는 수용하고, 변경 가능한 시간에 대해 작업을 하는 것이다.

희망하는 대로 시간을 실제적으로 활용하기 위한 계획의 첫 번째 부분은 다음 질문에 대답하는 것이다: '목표가 무엇인가?' 예를 들어, 교실 방문 시간을 두 배로 늘리는 것이 목표가 될 수 있다. 계획의 두 번째 부분은 다음 질문에 대답하는 것이다. '어떤 조치가 필요한가?' 예를 들어, 1) 학급 관찰을 2회 실시할 시간을 정한다. 2) 방과후에 서류작업이나 이메일 등을 수행할 수 있는 두 시간을 정하고, 이메일 응답 시스템을 구축한다. 계획의 세 번째 부분은 '언제 이 활동들이 수행될 것인가?'에 대해 답하는 것이다. 예를 들어, 1) 교실 방문은 월요일과 수요일 오전 9~11시, 화요일과 목요일 오후 1:00~2:30, 2) 서류작업은 월요일에서 금요일 오후 3~5시 사이로 시간표를 배정하는 것이다. 계획의 네 번째 부분은 '이 활동을 수행하기 위해 필요한 자원은 무엇인가?'에 답하는 것이다. 예를 들어, 1) 방해받지 않는 시간을 배정하는 이유를 비서에게 설명하고, 2) 교실 방문을 위해 스케줄을 조정하는 이유와 스케줄 조정에 대해 직원과 상의하는 것이다. 계획의 마지막 다섯 번째 부분은 '목표 달성 여부를 어떻게 평가할 것인가?'에 답하는 것이다. 예를 들어 조정된 스케줄이 잘 지켜지고 있는지, 2주 후에 하루일과표를 분석하는 것이다.

장학담당자는 [그림 12.2]와 같은 플로차트처럼 일반적인 계획을 수립할 수 있고, 보다 구체적인 플로차트를 구성할 수도 있다. 예를 들어 [그림 12.3]은 이메일을 보다 효과적으로 다루는 방법에 대한 플로차트이다.

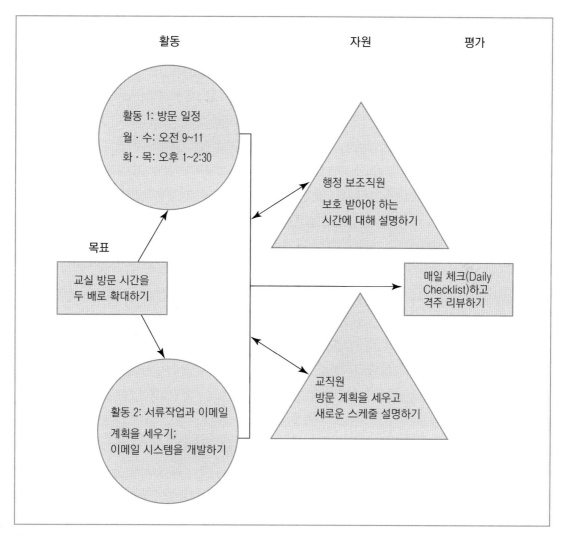

[그림 12.2] 교실 방문을 확대하기 위한 플로차트

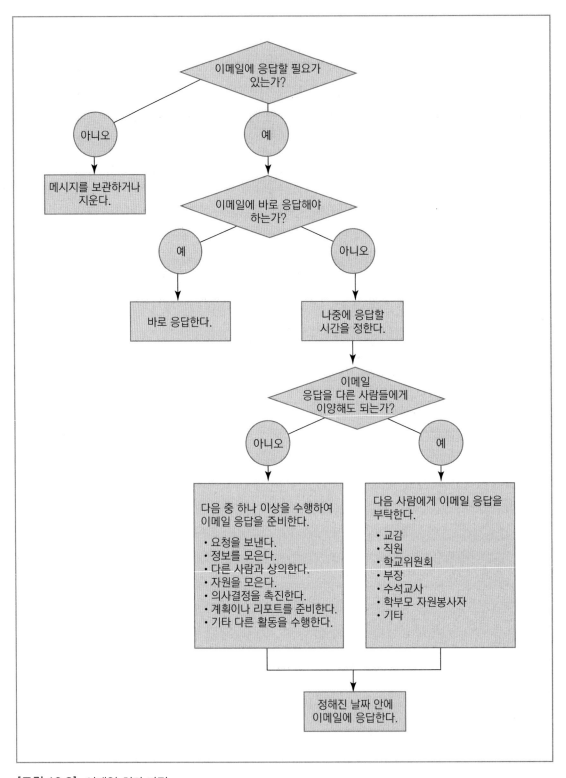

[그림 12.3] 이메일 처리 과정

시간의 평가와 기획에 대하여 여기에 기술된 것보다 훨씬 더 정교한 시스템이 있을 수 있다. 예를 들어, 학교장들이 수업 리더십(instructional leadership)을 높이기 위한 시간 탐색을 보조하는 시스템인 학교행정관리시스템(School Administration Management system: SAMs)을 보면, 자료수집가와 시간 매니저, 외부 "시간변환 코치"로 구성되어 있다(Turnbull et al., 2009). 자료수집가는 장학담당자를 5일 동안 따라다니면서(shadowing) 다양한 활동에 활용되는 시간을 기록한다. 시간 매니저 또는 직원은 시간 사용을 분석하고, 관리업무를 넘기는 것을 도와주기 위하여 장학담당자와 매일 회의를 하고, 외부 "시간변환 코치"는 장학담당자와 월 1회 회의를 갖는다. 공통적으로 제기되는 과도한 이메일 문제와 관련하여, 이메일 부담에 대한 대규모 국가 연구(Dabbish & Kraut, 2006), 직원들이 과도한 이메일 정보를 처리하는 것을 도와주는 직무능력 개발 프로그램(Soucek & Moser, 2010), 이메일을 처리하고 관리하는 무수히 복잡한 시스템(Fisher, Hogan, Brush, Smith, & Jacobs, 2006; Song, Halsey, & Burress, 2007; Yu & Zhu, 2009), 이메일을 블로그나 인터넷 중계 채팅(Internet Relay Chart: IRC)으로 대체하자는 제안(Johri, 2011) 등이 있다. 장학담당자들은 시간이나 노력(그리고 예산)을 투자하여 정교한 시간 관리 시스템을 활용할지, 아니면 위에 제시된 것과 같은 시스템을 자체 개발할지를 결정해야 한다.

일단 (1) 목표와 (2) 활동, (3) 시간제한, (4) 자원(resource), (5) 평가 등 다섯 가지 질문에 대한 대답이 확실해지면 기획을 진행할 수 있으나, 하나라도 대답이 확실하지 않으면 기획은 진행되기 어렵다. 예를 들어, 목표가 확실하더라도, 활동이나 자원, 평가가 불확실하면, 무엇을 해야 할지 알 수 없다. 그러나 우리가 목표와 활동, 자원에 대해서는 잘 알지만, 기획이 잘 시행되고 있는지 평가할 수 있는 방법을 모른다면, 결과에 대한 지식이 없이 행동만 하게 될 것이다.

개인적인 차원에서의 평가와 기획에 비하여, 직원들의 발전을 위한 평가와 기획에서는 고려해야 할 요소들이 복잡하고, 보다 자세한 계획이 필요하다. 기획을 위한 다른 기술이 필요할 수도 있다. "야생"과 비교해 보자. 한 자연학자가 한 마리의 코끼리를 추적하기 위해서는 그 자신이 코끼리를 직접 추적하면 된다. 그러나 45마리씩 세 무리의 코끼리를 추적하려면, 다른 사람들과 장비(라디오, 쌍안경, 카메라, 지프와 헬리콥터)가 필요하며, 직원이 아프거나, 장비가 고장 나거나, 울퉁불퉁한 산악지역에 나타날 수 있는 잠재적인 난관이 있다는 것을 인식해야 한다. 이 비유는 여기까지만 비슷할 수 있다. 장학담당자가 자연학자도 아니며, 코끼리 떼를 다루는 직원도 아니다. 중요한 것은 조직적 노력이 커질수록, 순서를 잘 이해해야 하고, 활동과 자원, 전반적 목표의 평가 간의 관계를 잘 이해해야 한다.

## 4. 평가 및 기획

기획이 개인적인지, 아니면 조직과 관련된 것인지와 관계없이 평가 및 기획의 다섯 단계는 공통적이다. 다만 복잡성과 구체성에 있어서 차이가 존재한다. 평가 및 기획은 요리의 레시피와 비슷하다. 우리는 "고구마 수플레 만들기"와 같은 목표를 먼저 설정한다(Donna Bell 여사의 레시피 참고). 우리 가족이 평소에 좋아하는 음식을 생각해 볼 때, 고구마 수플레가 제대로 만들어진다면 맛있게 먹게 될 것이다. 다음으로 *우리는 활동을 정하고, 언제 그 활동을 수행할지 결정한다.*

활동 1:  6컵 분량의 삶은 고구마를 으깬다.
활동 2:  계란 4개, 버터 1컵, 설탕 2컵, 우유 1컵, 바닐라 1티스푼을 으깬 고구마와 함께 치댄다.
활동 3:  버터를 바르지 않은 팬에 고구마를 넓게 펼쳐 담는다.
활동 4:  다른 그릇에 황설탕 1컵, 밀가루 2/3컵, 버터 1컵, 피칸 자른 것 1컵을 섞는다.
활동 5:  4단계에서 섞은 것을 3단계에서 펼친 고구마 위에 바른다.
활동 6:  350도에서 한 시간 동안 굽는다.

정해진 활동과 시간으로 *자원을 찾아내야 한다.* 필요한 도구는 오븐, 계량컵, 계량스푼, 보울, 팬, 믹싱 포크, 스프레드 칼 등이다. 식재료는 고구마, 계란, 버터, 설탕, 바닐라, 황설탕, 밀가루, 피칸, 우유이다.

마지막 단계로, 다음 기준을 바탕으로 요리를 하는 노력이 *성공적이었는지를 평가할 것이다.* 우리 가족 모두 고구마 수플레를 먹는다. 우리 가족 세 명 중 두 명 이상이 수플레를 더 달라고 할 것이다. 그들 모두가 우리에게 훌륭한 요리사라고 칭찬하고 설거지를 하겠다고 나설 것이다.

장학담당자가 요리를 가르치는 미식가처럼 행동하고 성공을 위한 레시피를 기획한다면, 모든 직원들은 수업 개선(instructional improvement)이라는 수플레에서 기쁨을 느낄 것이다. 음식의 비유는 여기서 마무리하고, 학교 맥락에서 평가와 기획을 논의해 보자. 예를 들어, 읽기 과목에서 교육과정 해설서를 수정하는 책임이 있는 초등학교 읽기 장학담당자의 예를 들어보자.

## 5. 요구 평가 방법

읽기 장학담당자의 첫 번째 질문은 '새로운 교육과정 해설서는 어떤 것을 포함해야 하는가?'이다. 이 질문에 대답하기 위해서는 과거와 현재의 읽기 수업의 상태에 대한 정보를 수집해야 한다. 장학담당자는 요구를 평가하기 위하여 다양한 방법을 활용할 수 있다: (1) 관계자의 의견 청취, (2) 체계적인 교실 및 학교 관찰, (3) 공식적인 기록, (4) 교사와 학생 작업의 결과 리뷰, (5) 제3자 리뷰, (6) 자유반응형 설문지, (7) 체크리스트와 랭킹리스트, (8) 델파이 방법, (9) 명목집단기법(nominal group technique) 등이 있을 수 있다.

### 관계자의 의견 청취(Eyes and Ears)

해당 업무에 종사하는 교사들, 행정가들, 보조인들, 그리고 다른 모든 사람들과 이야기를 나누어라. 이 경우, 장학담당자는 교사와 보조인들에게 개별적으로나 소규모 집단에서 교육과정 해설서의 장점과 단점을 무엇이라고 생각하는지를 질문할 것이다. 어떻게 활용되는가? 도움이 되는가, 도움이 된다면 어떤 점에서 도움이 되는가? 어떤 부분에서 제대로 운영되지 않는가? 언제 유용하지 않는가?

### 체계적인 교실 및 학교 관찰(Systematic Classroom and School Observations)

이러한 평가 유형은 비공식적인 논의나 관찰의 범위를 능가하며, 양적 또는 질적 관찰자료를 체계적으로 수집하는 것이다. 14장에 교실 관찰의 다양한 도구에 대한 설명이 제시된다. 그러한 도구는 개별 교사에게 활용될 수도 있지만, 많은 수의 교실을 관찰하고 학교차원에서 수업적인 필요(instructional needs)를 평가하는 데 활용될 수도 있다. 예를 들어, 저자 중 한 명이 참여한 학교차원의 요구 평가에서, 모든 관찰자들은 동일한 관찰도구를 사용하여, 한 학교 내의 다수의 교실에서 활용되는 교수방법에 대한 자료를 수집하였다. 관찰자들은 해당 학교의 대부분의 교사들은 강의와 각자 자리에서 독립적으로 작업하는 방식(independent seatwork)을 주요 교수방법으로 활용하고 있다는 것을 발견하였다. 교사들이 보다 다양한 교수법을 개발할 필요가 있다는 결론이 도출되었다. 관찰방법은 학교의 다른 일반적인 영역에서도 활용될 수 있다. 점심시간 동안의 일부 학생들의 비행 행동이 문제가 되는 한 학교에서 교사들은 교내 식당에서 벌어지는 학생들의 행동에 대한 광범위한 자료를 수집하였고, 이 자료를 바탕으로 학교의 점심시간 일정을 조정해야 한다는 것을 발견할 수 있었다.

## 공식적인 기록(Official Records)

현재 교육과정 활용 실태와 고려되고 있는 변환 노력에 대한 모든 서류를 살펴보라. 이 경우 읽기 과목에 대한 성취도 평가 결과는 어떠한가? 읽기 진단 평가 결과는? 학생들이 읽기 능력을 숙달하였는가, 혹은 어떤 특정 영역(이해, 유창성, 단어)에서 현저하게 다른 학생보다 떨어지는 학생들이 있는가? 교육과정 해설서 자체는 어떠한가? 언제 최종적으로 개정되었는가? 쓰기 교육과정 해설서, 읽기 교수방법(approach)에 대한 최신 이론(knowledge)은 무엇인가? 현재 교육과정에 반영되지 않은 읽기 자료 주제는 무엇인가?

## 교사와 학생의 작업결과 리뷰(Review of Teacher and Students Work Products)

평가자는 교사와 학생의 작업 결과를 평가할 필요가 있다. 예를 들어 교사의 작업 결과에는 단원과 강의 기획, 수업(teaching) 비디오, 교사 포트폴리오가 있다. 학생의 작업 결과는 일상(daily) 과제물, 학생 발표 비디오, 학생 프로젝트, 학생 포트폴리오를 생각해 볼 수 있다. 일부 교사와 학생들의 샘플 작업 결과물을 검토하여 일반적인 교수법 요구를 평가할 수 있다. 일부 학교에서는 교사 및 학생 작업 결과물을 분석하는 용도로 활용하기 위하여 교사들이 교실 및 학교 포트폴리오를 작성한다.

## 제3자 리뷰(Third-Party Review)

외부의 중립적인 사람이 작업 영역(task area)을 리뷰하게 하는 것 역시 유용하다. 장학 담당자는 대학이나 교육청 컨설턴트, 박사과정 대학원생, 또는 전문성을 가진 다른 사람들에게 의뢰하여 조사하고 보고서를 작성하게 할 수 있다. 제3자에게 현재의 업무가 읽기 교육과정 해설서의 장점과 단점을 찾는 것이라고 명확히 기술하여 주고, 제3자의 판단이 편파(bias)되지 않도록 주의를 기울여야 한다. 보고서는 객관적인 지식의 추가적인 자료로 활용될 수 있으나, 추후 프로젝트의 다른 특별한 관심사와 연관되어서는 안 된다.

설명: 아시는 것처럼, 올해에 읽기 교육과정을 개정하고자 합니다. 잠시 시간을 내어 다음의 질문에 응답해 주시겠습니까? 솔직하게 대답해 주시기 바랍니다. 응답 결과는 교육과정 해설서를 개정하는 데 활용될 예정입니다.

질문 1: 현행 읽기 교육과정에 대해 어떻게 생각하십니까?

질문 2: 현행 읽기 교육과정의 장점은 무엇입니까?

질문 3: 현행 읽기 교육과정의 단점은 무엇입니까?

질문 4: 현행 읽기 교육과정을 개선하기 위해 어떤 점을 바꾸어야 한다고 생각하십니까?

[그림 12.4] 읽기 교육과정 설문지

## 자유반응형 설문조사(Written Open-Ended Survey)

관계자의 의견 청취와 공식적인 기록으로 수집된 자료를 기록(document)하고 보강하기 위하여 자유반응형 설문조사를 실시할 수 있다. 교사와 보조직원, 행정가, 학부모에게 현재의 읽기 교육과정에 대해 어떻게 생각하는지에 대한 간단한 설문지를 보내라. 설문지는 간단하게 제작하고, 교육학적인 전문용어 없이 쉬운 단어로 구성하라. 설문지의 예시는 [그림 12.4]에 제시되어 있다.

## 체크리스트와 랭킹리스트(Check and Ranking Lists)

다양한 자원에서 작업의 장점과 단점에 대한 아이디어를 수집한 이후에 장학담당자는 직원(staff)에게 아이디어에 순위를 매기도록 할 수 있다. 장학담당자는 각 아이디어의 집단 빈도, 산술적 우선순위를 수합한다. 예를 들어, 관계자 의견 청취, 공식적 자료, 자유반응형 설문조사를 통하여 장학담당자는 현행 읽기 프로그램의 단점에 대한 일련의 아이디어를 수집하였다고 하자. 이러한 아이디어 리스트를 다시 교사와 보조직원, 그리고 다른 사람들에게 보낸다. [그림 12.5]에 배포본의 예시가 제시되어 있다. 장학담당자는 직원과 만나서 각각의 아이디어에 매겨진 숫자의 빈도 및 각 문항의 평균점수를 보여줄 수 있다. 낮은 빈도 또는 낮은 평균점수를 받은 문항이 교육과정 개정을 논의할 때 가장 높은 우선순위로 다뤄질 것이다. 이러한 랭킹은 이후 참여자들이 두 개의 독립적인 랭킹(첫 번째는 모든 아이디어 랭크, 두 번째는 등수를 매겨 아이디어의 랭킹을 재조정한 것) 후에 보다 정교화될 것이다.

안내사항: 다음은 여러분이 제안해 주신 개선사항에 대한 아이디어입니다. 가장 우선시해야 하는 아이디어 옆에 1을 쓰고, 그 다음으로 우선시해야 하는 아이디어 옆에 2를 쓰는 방식으로 모든 아이디어에 우선순위를 결정해 주십시오.

_____ 교육과정 해설서의 포맷(형식)

_____ 교육과정 해설서의 가독성

_____ 교육과정 목표와 관련된 활동

_____ 신문 읽기를 다루는 단원(unit)과 목표

_____ 다른 주제 영역의 읽기와 관련된 단원과 목표

_____ 추가적인 음운학(Phonics)과 단어인지 목표

_____ 교실 내 자료의 상호 참조 단원

_____ 4학년 능력 기반 읽기 시험과 관련된 상호 참조 목표

[그림 12.5] 읽기 교육과정 개선을 위한 아이디어의 우선순위 결정

## 델파이 방법(Delphi Technique)

우선순위를 결정하는 또 다른 방법은 Rand Corporation에서 개발한 델파이 방법이다 (Nworie, 2011). 원래 미래의 경향을 예측하기 위해 개발된 델파이 방법은 요구 평가 (needs assessment)를 위해 종종 활용된다. 이 방법은 자유반응형 설문조사와 순위평가로 구성된다. 장학담당자는 직원들에게 "우리는 읽기 교육과정을 개정하려고 합니다. 어떤 점이 개정되어야 할지 써주십시오"라고 문제 상황에 대한 설명을 적어 설문지를 보낸다. 장학담당자는 모든 사람들의 의견을 읽고 이를 다시 구성하여 참여자들에게 다시 되돌려 보낸다. 참여자들은 장학담당자가 모든 사람들의 의견을 바탕으로 재구성한 의견을 다시 읽고 이를 종합하는 의견을 개별적으로 다시 작성한다. 참여자들은 종합 의견에 대하여 다시 우선순위를 결정한다. 장학담당자는 이를 다시 수합하여 평균과 랭킹의 빈도를 계산하고, 이를 다시 참여자에게 보내어 다시 순위를 결정하도록 유도한다. 명확한 순서가 나타날 때까지 이 과정을 반복한다.

## 명목집단기법(Nominal Group Technique)

명목집단기법은 Delbecq, Van de Ven, Gustafson(1975)에 의해 유명해진 방법으로, 요구평가와 목표 설정 과정에 대규모 집단의 모든 이해당사자들을 참여시키는 효과적인

방식이다(Kennedy & Clinton, 2009). 이 기법은 8 단계로 설명될 수 있다.

1. 전체 집단을 몇 개의 소집단으로 나눈다. 각 소집단에 진행자(facilitator)를 배정하여 진행과정을 설명하고 통합하도록 한다.

2. 소집단 내의 개인은 개별적으로 요구를 평가하고 이를 기록한다.

3. 참여자들은 라운드 로빈(round-robin) 방식으로 돌아가면서 요구분석 결과를 다른 소집단 구성원에게 발표한다. 진행자는 각 아이디어를 플립차트에 기록한다. 이 시점에서는 토론이 이루어지지 않으며, 인지된 요구를 기록하게 된다.

4. 진행자는 인지된 요구 하나하나에 대하여 소집단 토론을 진행한다. 토론의 목적은 인지된 요구를 명확하게 하는 것이며, 그 타당성에 대한 논쟁은 진행하지 않는다.

5. 소집단의 모든 구성원들은 위의 단계 3에서 기록된 모든 요구에 대하여 평가한다. 이 단계에서 보통 인지된 요구에 대해 숫자로 평가하는 형식을 사용한다. 예를 들어, 진행자는 참여자들이 중요하지 않은 항목은 1로, 매우 중요한 항목은 5로 하여 각 항목을 1에서 5까지 평가하도록 할 수 있다.

6. 각 소집단 진행자들은 모든 구성원들의 평정(rating)을 수합하여 각 요구에 대한 평정의 평균값을 계산한다. 진행자는 인지된 요구를 평점 평균 순으로 다시 작성하여 이 결과를 소집단 구성원과 공유한다.

7. 대집단 논의를 위하여 각 소집단은 순위가 매겨진 요구 리스트를 제출하며, 이때는 평균값에 대한 정보는 제출하지 않는다. 사전 동의 형태로, 각 소집단은 가장 높은 평정값을 받은(대부분 상위 5개의) 요구만을 전체 집단에 제출할 수 있다.

8. 전체 진행자는 단계 4에서 6까지의 과정을 전체 집단과 함께 수행한다. 전체 집단에서 단계 4를 수행할 때, 모든 참여자는 모든 요구에 대하여 명확히 해줄 것을 요청할 수 있으며, 관련된 소집단 진행자가 이에 대한 답변을 제공한다. 전체 집단으로 단계 5를 수행할 때, 모든 참여자는 전체 집단에 제시된 모든 인지된 요구에 대하여 평정을 한다. 전체 집단으로 단계 6을 수행한 결과는 기관(조직)의 요구 리스트가 된다.

## 6. 기관(조직)의 요구 분석

어떤 기관의 요구는 장학담당자가 이해하거나 다루기가 쉬운 반면, 다른 요구는 보다 복잡하다. 이 경우 기획을 수립하기 전에 관련된 이유를 분석할 필요가 있다.

수십 년 동안, W. Edwards Deming(1986)은 데이터 제시(data clisplays)를 활용하여 조직의 요구와 문제점의 원인이 되는 요인들을 분석하자고 주장하였다. 이 장에서는 Deming과 동료들이 제안한 여러 종류의 차트에 대해 논의하고 각 차트를 학교 상황에서 적용할 것이다. 복잡한 자료 분석에 대한 전문적인 지식이 없는 독자들이 차트 이용을 두려워하는 것을 줄이기 위하여 Mary Walton(1986)의 말을 인용하면 다음과 같다.

> 매우 유용한 통계적 도구는 이해하기 어렵거나 복잡하지 않다. 이를 이해하는 데 필요한 수학적 지식은 중학교 1학년 또는 2학년들이 배우는 수준을 넘지 않는다. 일부 기본적인 도구는 자료를 조직하고 시각적으로 제시하는 것이다. 대부분 피고용인은 자료를 수집하고, 해석할 수 있는데, 이러한 작업이 책임감을 부여하기 때문에 그들은 기꺼이 이 작업을 수행한다(Walton, 1986: 4).

## 특성요인도(인과 다이어그램, Cause and Effect Diagrams)

[그림 12.6]은 인과 다이어그램의 예시로서 *생선뼈 다이어그램(fishborn diagram)*으로 불리기도 한다. 예를 들어, 새로 조직된 직원 개발 위원회가 지역 학교구의 교사들로부터 새로운 직원 개발 프로그램이 비효과적이라는 피드백을 받았다고 하자. 위원회는 교사 대표들과의 일련의 인터뷰를 바탕으로 인과 다이어그램을 [그림 12.6]과 같이 구성하였다.

전문성 계발 프로그램이 비효과적인 네 가지 일반적인 이유가 규명되었다: (1) 기획이 부실하였고, (2) 직원 개발 프로그램의 질이 낮았고, (3) 프로그램에 대한 지원이 부적절하였고, (4) 프로그램 평가가 만족스럽지 않았다는 것이다. 부실한 기획의 요인을 보면, 기획을 수립하는 데 교사가 참여하지 않아서 전문성 계발 프로그램이 교사의 요구를 바탕으로 하지 않았고, 학년과 내용 영역 그리고 전문분야에 따라 차별화된 대안이 없었다는 것이다.

직원 개발 세션의 질적 수준이 낮은 원인에는 여러 가지가 있다. 너무 많은 교사들이 참석하였고, 각 세션은 프로그램 내의 다른 워크숍과 연계되지 않는 일회성 워크숍이었으며, 워크숍의 프레젠테이션의 질적 수준이 낮았기 때문이다. 워크숍은 표준 이하 수준으로 인식되었는데, 이는 외부 발표자들이 학교의 문화나 이 프로그램의 목표를 잘 이해하지 못해 그들의 발표가 교사들의 관심을 불러 일으키기에는 너무 추상적

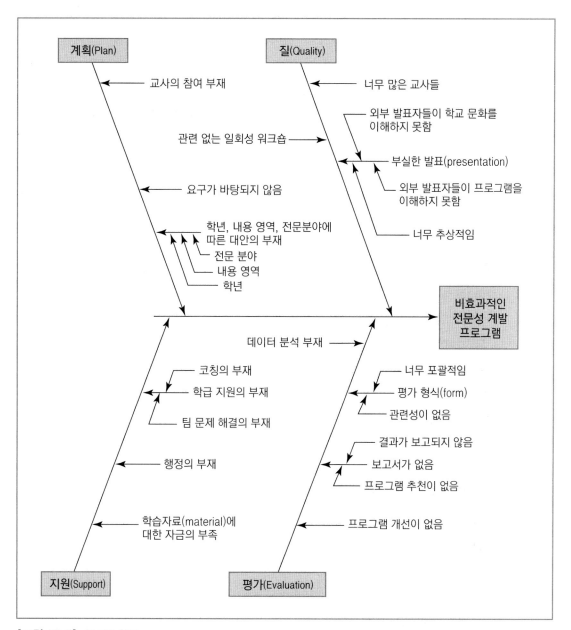

[그림 12.6] 특성요인도

이었기 때문이다.

　지원에 대한 문제는 워크숍에서 소개된 아이디어를 실행하는 데 필요한 학습 자료를 구입하기 위한 자금이 충분하지 않았다는 것을 포함한다. 또한 교사들이 워크숍에서 학습한 개념을 학급에 적용하는 것을 지원하지 못했기 때문이기도 하다. 마지막으로 위원회는 학교구의 프로그램 평가가 적절하지 않았다는 것을 발견하였다. 학교구에서는 직원 개발 워크숍에서 사용했던 평가형식을 그대로 사용하였는데, 그 평가방식의 어떤 내용은 워크숍과 관련이 있었지만 일부는 워크숍의 내용과 관련이 되지 않았다. 게다가 평가질문에 활용된 단어가 너무나 포괄적이어서 교사들이 질문의 내용을 파악하지 못할 정도였다. 평가자료에 대한 공식적인 분석이 이루어지지 않았기 때문에 프로그램의 성과에 대한 정보가 없었고, 프로그램 개선이 이루어지지 않았다.

[그림 12.6]에 묘사된 '실패의 분석'은 기획 위원회가 기꺼이 수행하기 어려운 프로젝트이다. 그러나 완성된 다이어그램은 앞으로의 전문성 계발 프로그램을 기획하는 데 있어서 매우 중요한 도구이다.

### 플로차트(순서도, Flowcharts)

플로차트는 과정을 검토할 때 활용할 수 있는데, 과정 또는 과정의 갈등 인식이 충족되지 않은 요구로 귀결될 때 활용할 수 있다. 다른 이해당사자(party)가 각자의 플로차트를 그리면, 서로 다른 차트를 그리게 된다. [그림 12.7]은 한 학생이 비행문제로 교무실(교장실)에 불려갔다가 교실로 돌아올 때까지 일어난 일에 대한 플로차트이다. 이 플로차트는 교장 비서실에서 그려진 것이다. 똑같은 과정으로 교장과 교사, 학생이 플로차트를 그린다면 교장 비서나 서로 다른 사람이 그린 것과는 다른 그림이 나올 것이다.

### 파레토 차트(Pareto charts)

파레토 차트는 요구나 문제점(problem)의 원인이 되는 요인들을 빈도 기준 내림차순으로 보여주는 차트이다. 원인이 되는 요인을 상대적 크기별로 제시하는 것은 그 요인들 간의 상대적 중요성을 보여주고, 자원을 배분하는 기획을 세우는 데 있어서 중요한 정보를 제공한다. [그림 12.8]의 파레토 차트는 고등학교의 중도탈락 학생들의 중도탈락 원인의 비율을 나타낸다. 이러한 자료는 중도탈락 예방 프로그램을 기획하는 데 있어서 매우 유용하다.

## 7. 기획

요구를 평가하고 우선순위를 정하고, 원인을 찾아낸 이후의 단계는 기획이다. 이 장에서 소개되는 기획의 방법은 친화도 다이어그램, 영향분석도표, 간트 차트이다.

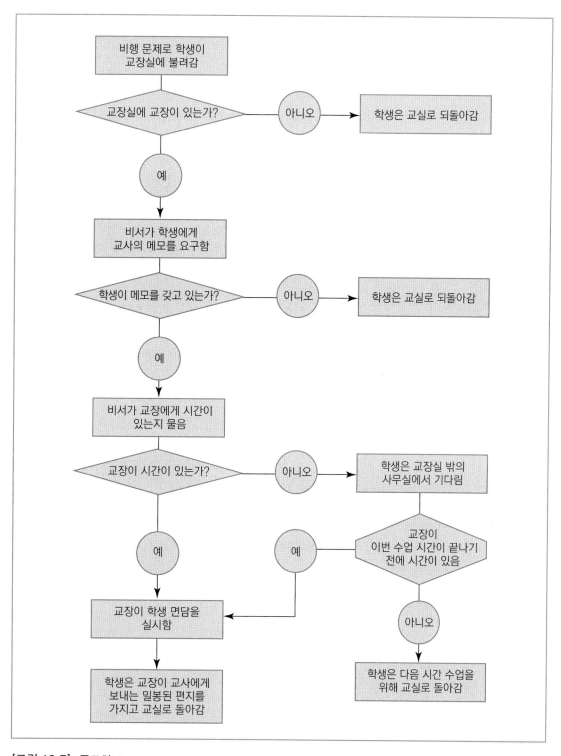

[그림 12.7] 플로차트

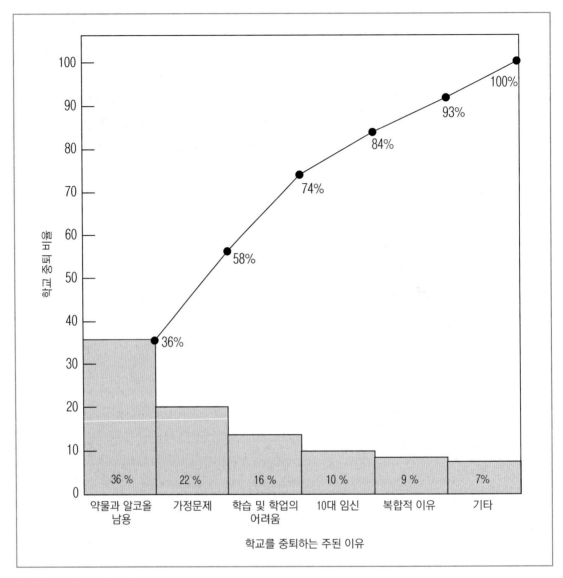

[그림 12.8] 파레토 차트

### 친화도 다이어그램(친화도법, Affinity Diagrams)

요구평가 결과로 수많은 요구들이 파악되고, 이들 간의 관계가 서로 밀접한 경우가 있다. 이때 친화도 다이어그램은 요구를 군집화하고, 일련의 상호 관련된 요구를 포함하는 일반적인 목표를 찾아내는 방법이다. 친화도 다이어그램을 구성하기 위해서는 먼저 각 개별 요구를 별도의 카드나 메모판에 나열한다. [그림 12.9]는 교육과정 요구를 평가한 결과이다. 평가에서 교사, 학부모, 커뮤니티 구성원들은 학생들이 [그림 12.9]에 제

[그림 12.9] 친화도 다이어그램에 군집화될(clustered) 교육과정 요구

시된 각 성과를 달성해야 한다고 응답하였다. [그림 12.10]은 교육과정 요구를 군집화하고, 각 군집에 공통적으로 나타나는 일반적인 목표를 찾아낸다. 큰 범주(categories)로 구체적인 요구들을 묶음으로써, 이들 구체적 요구에 대한 정보를 유지하면서도 몇 개의 일반적인 목표에 집중할 수 있다.

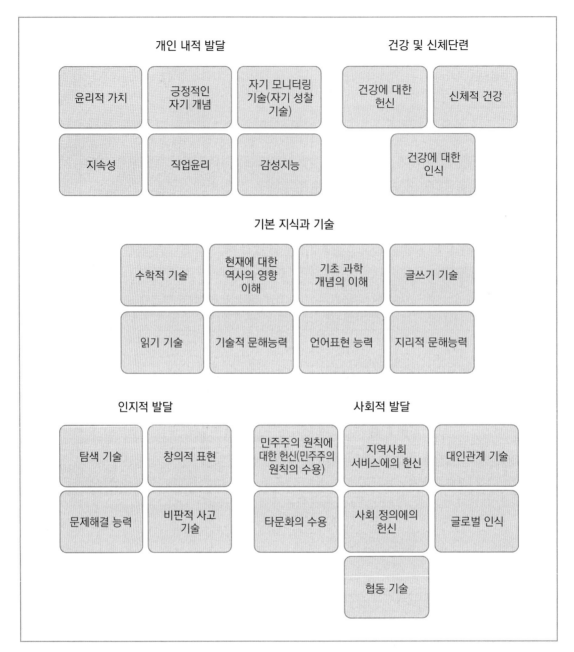

[그림 12.10]  친화도 다이어그램

## 영향분석도표(Impact Analysis Charts)

영향분석도표는 보통 기획 단계 초반에 구성된다. 영향분석도표의 목표는 어떤 잠재적 프로그램이나 변화가 누구에게 영향을 미치며 그 영향은 어떠할지를 미리 기획하는 데

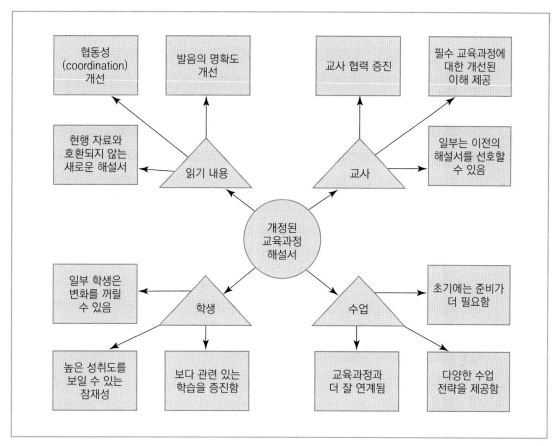

[그림 12.11] 영향분석도표

도움을 준다. [그림 12.11]의 삼각형은 개정된 읽기 교육과정이 영향을 미치는 사람들이나 사물을 나타낸다. 예상되는 효과는 사각형으로 상징화된다.

영향분석도표는 [그림 12.11]에 제시된 예시보다 훨씬 복잡할 수 있다(목표가 클수록 차트는 더더욱 광대해진다). 영향분석도표를 구성하고 논의하는 것은 기획 단계에서 다루고자 하는 영역의 '개념 지도'를 구안하는 데 도움이 된다. 이것은 다른 경우에 간과할 수 있었던 목표와 활동, 평가 과정을 공식적 기획에 포함시킬 수 있도록 도와준다.

### 간트 차트(Gantt Chart)

간트 차트는 전체 작업을 완성하기 위하여 각 활동이 언제 시작되고 완성되어야 하는지를 나타내는 그래프이다(Owen, 2002). [그림 12.12]에 나타난 것처럼 교육과정 개정을 완성하기 위한 활동은 차트의 왼쪽에 나타낸다. 하얀색으로 표시된 각 활동의 시작

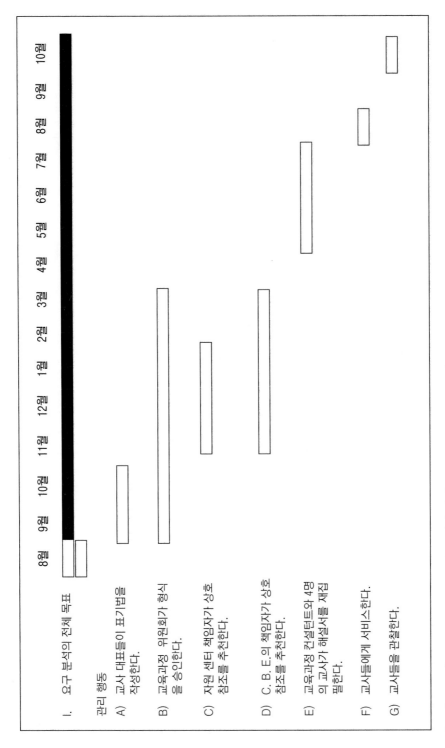

[그림 12.12] 간트 차트: 교육과정 해설서 개정

시간과 끝 시간은 시간 선을 가로질러 배치한다. 장학담당자는 이 차트를 언제든지 참고하여 프로젝트의 진행을 점검하고, 어떤 집단이나 세부업무에 관심을 기울여야 할지 상기할 수 있다.

## 평가와 기획의 통합: 역장분석(또는 세력분석)
(Combining Assessment and Planning: Force Field Analysis)

지금까지 평가와 기획을 각각 구분하여 분석하였다. 역장분석은 이러한 기능을 통합한다. 이 과정은 교육자들이 목표를 정의하고, 경쟁하는 세력을 분석하고, 어떤 변화가 요구되는지 기획하는 데 도움을 준다. 역장분석은 다음과 같은 10개의 단계(phase)로 구성된다.

1. 바람직한 업무 형태(어떠해야 하는지)를 기술한다.
2. 현재의 업무 형태(현재 어떠한지)를 기술한다.
3. 바람직한 업무 형태와 현재 업무 형태의 차이를 기술한다.
4. 바람직한 업무 형태(어떠해야 하는지)를 기술한다.
5. 바람직한 상태로 나아가는 변화를 저지하는 저항력(force)을 기술한다.
6. 저항력 중에서 변화를 위해 노력해야 할 요소를 선택한다. 중요하면서, 약화시킬 수 있는 저항력을 선택한다.
7. 추진력(driving force) 중에서 변화를 위한 노력을 기울여야 하는 요소를 선택한다. 중요하면서도 강화될 수 있는 추진력을 선택한다.
8. 단계 6에서 선택한 각 저항력에 대하여 저항력을 약화시킬 수 있는 활동을 선택한다.
9. 단계 7에서 선택한 각 추진력에 대하여 추진력을 강화시킬 수 있는 활동을 선택한다.
10. 단계 8과 9에서 현재의 업무 형태에서 바람직한 업무 형태로의 변화를 위한 종합적인 행동 기획을 수립하기 위해 선택한 활동들을 통합하고 우선순위를 결정한다. 행동 기획의 효과를 평가하기 위한 기획, 행동 기획과 평가를 수행하기 위한 시간 기간(time line)을 포함한다.

역장분석은 바람직한 업무 형태와 현재 업무 형태에 대한 기술, 저항력과 추진력, 기획을 수립하는 사람의 인식만이 아니라, 역장분석에 의해 수집된 자료를 바탕으로 구성될 때 가장 효과적이다.

## 8. 기획상의 유의점

포스트모던 이론은 전통적인 기획 과정을 구성하는 합리적 분석, 예측, 통제, 측정은 실제 세상을 구성하는 현실의 복잡성과 경쟁 관심과 일치하지 않는다고 경고한다. 카오스 이론에 따르면, 전통적인 기획과는 달리, 단순한 원인-결과 관계로 구성되지 않는 학교라는 복잡한 시스템은 시스템 내부와 외부의 관련되지 않은 변인들의 영향을 받고 있으며, 예상치 못한 사건과 변화의 영향을 받는 것으로 보인다(카오스 이론과 학교에서의 적용에 대한 내용은 20장에 제시된다).

이러한 경고는 이 장에서 논의된 기획 방법을 모두 제쳐두고, 수업 개선을 위해서 단순히 해치우라는 것(wing it)을 의미하는가? 그렇지 않다. 그것은 기획에 대한 우리의 전통적인 개념을 변화시켜 다음 조언을 따르라는 뜻이다.

- 기획 방법이나 서류가 아닌 학생과 교사, 학부모, 커뮤니티 구성원 등의 사람을 중심으로 하는 기획(기획 방법과 서류는 사람들에게 서비스하기 위해 활용되는 것이다)
- 장학담당자가 이해관계자 집단의 코디네이터가 되어 기획하는 과정에 적극적으로 참여하는 방식이 아닌 기획 업무를 분산하는 방식
- 대표하는 집단과 고려되는 아이디어 모두에서의 다양성
- 기획을 수립하는 사람들, 기획에 참여하는 사람들과 기획의 영향을 받는 사람들 사이의 정규적인 상호작용
- 학교조직의 복잡성과 다수성(multiplicity), 비선형성에 대한 기획 수립자의 인식
- 학교 공동체의 대안적 미래에 대한 고려
- 시행과정에 상당 수준의 자발성과 탐구를 허용하는 융통성 있는 개선 기획
- 실행 시의 자발성과 탐색이 가능하도록 융통성을 포함한 개선 기획
- 기획에 대한 지속적이고 중요한 평가 제공
- 중요한 것은 기획을 통해 이루고자 하는 목표이며, 기획 그 자체가 아님을 이해하고, 적절한 경우 기획을 개선하고자 하는 의지

## 성찰과제

Western 고등학교는 소득수준이 낮거나 중간인 지역에 위치한다. Western 고등학교 학생의 약 30%는 흑인, 5%는 아시아계, 30%는 라틴계, 45%는 백인이다. Western 고등학교의 교원 중 70%는 백인, 20%는 라틴계, 10%는 흑인이며, 교사들의 경력 연수는 매우 다양하다. Western 고등학교의 교장인 Lucinda Murphy는 학교의 풍토를 조사하고자 한다. 교장은 교사와 직원, 학생, 학부모를 평가에 포함시키고자 한다. 그는 현재의 학교 풍토를 조사하고, 학교 풍토를 개선하기 위한 다양한 요구 분석 방법을 활용하고자 한다. 이 장에서 기술된 어떤 평가 방법을 Lucinda 교장에게 추천할 수 있겠는가? 각 방법과 관련하여 어떤 이해관계자 집단과 어떤 특별한 목표를 제안할 것인가?

## 참고문헌

Dabbish, L., & Kraut, R. (2006). *Email overload at work: An analysis of factors associated with email strain.* Paper presented at the Conference on Computer Supported Collaborative Work, ACM. Retrieved from http://dl.acm.org.libproxy.txstate.edu/citation.cfm?id1180941

Delbecq, A. L., Van de Ven, A. H., & Gustafson, D. H. (1975). *Group techniques for program planning.* Glenview, IL: Scott Foresman.

Deming, W. E. (1986). *Out of the crisis.* Cambridge, MA: Massachusetts Institute of Technology.

Fisher, D., Hogan, B., Brush, A.J., Smith, M., & Jacobs, A. (2006). Using social sorting to enhance email management. Microsoft Research. Retrieved from http://www.connectedaction.net/wp-content/uploads/2010/04/2005-HCIC-Using-Social-Sorting-to-Enhance-Email-Management.pdf

Johri, A. (2011). Look Ma, no email! Blogs and IRC as primary and preferred communication tools in a distributed firm. Proceedings of the ACM Conference on Computer Supported Cooperative Work. Retrieved from http://filebox.vt.edu/users/ajohri/publications/Johri%20no20email%CSCW%202011.pdf

Kennedy, A., & Clinton, C. (2009). Identifying the professional development needs of early career teachers in Scotland using nominal group technique. *Teacher Development, 13*(1), 29-41.

Nworie, J. (2011). Using the Delphi Technique in educational technology research. *TechTrends, 55*(5), 24-30.

Owen, J. (2002). *Making quality sense: A guide to quality, tools and techniques, awards and the thinking behind them.* London: Learning and Skills Development Agency.

Song, M., Halsey, V., & Burress, T. (2007). *The Lamster revolution: How to manage your email before it manages you.* San Francisco, CA: Berrett-Koehler.

Soucek, R., & Moser, K. (2010). Coping with information overload in email communication: Evaluation of a training intervention. *Computers in Human Behavior, 26,* 1458-1466.

Turnbull, B. J., Haslam, M. B., Arcaira, E. R., Riley, D. L., Sinclair, B., & Coleman, S. (2009). *Evaluation of the school administration manager project.* Retrieved from http://

www.wallacefoundation.org/knowledge-center/school-leadership/effective-principal-leadership/Pages/The-School-Administration-Manager-Project.aspx

Walton, M. (1986). *The Deming management method.* New York, NY: Putnam.

Yu, B., & Zhu, D.-h. (2009). Combining neural networks and semantic feature space for email classification. *Knowledge-Based Systems, 22,* 376-381.

# 제13장

# 관찰 기술

**강태훈**_성신여자대학교 교육학과 교수

> **이 장에서 생각해 볼 문제**

**1.** 이 장은 관찰(observation)과 해석(interpretation)의 차이를 강조하고 있다. 어떤 사건이나 상황을 정확하게 기술했지만 그 의미를 잘못 해석하는 경우를 본 적이 있는가?

**2.** 교사의 수업 관련 문제를 해결하기 위해 양적 자료를 수집하는 것이 적절한 경우는 언제인가? 질적 자료는 어떤 문제 상황에 적절한가?

**3.** 이 장에서 제시된 관찰 도구들은 여러분에게 익숙한 총괄평가 형식(summative evaluation form)과 어떻게 대조되는가?

**4.** 관찰자의 개인적 경험과 가치들이 교실 관찰에 영향을 미칠 수 있는 방법에는 어떤 것들이 있는가?

**5.** 어떤 면에서 Eisner의 교육 비평이 이 장에서 제시된 다른 관찰 도구들과 다른가?

다 음 [그림 13.1]에 나타난 교실을 생각해 보자. 여러분이 이 교실의 관찰자라면 어떤 일이 일어나고 있다고 말하겠는가? 한 장의 그림이 관찰에 충분한 근거가 되지는 않겠지만, 수업 전체 시간동안 이 상황을 지켜보고 있다고 해보자. 학생이 행동 문제가 있다거나, 훈육이 느슨하다거나, 교사가 학생의 흥미에 반응하지 않고 있다거나 또는 너무 많이 강의를 하고 있다고 말할 수 있을까? 만약 여러분의 관찰이 여기 나열된 것들과 비슷하다면, 여러분은 *해석의 덫(interpretation trap)*에 빠진 셈이다. 그것은 사람들의 수행을 개선하도록 도움을 주려는 시도를 할 때, 자주 직면하게 되는 문제

[그림 13.1] 교실 그림

이다.

관찰은 두 개의 과정으로 나뉜다. 우선 무슨 일이 보이는지를 *기술*하고 난 뒤 그것이 무슨 뜻인지 *해석*하는 것이다. 마음은 거의 동시에 시각적 이미지를 처리하고 그 이미지를 만족스러운 경험과 불만족스러운 경험에 관련하여 이전에 저장된 이미지와 통합하고, 가치나 의미를 그 이미지에 부여한다. 만일 학생이 하품을 한다면, 우리의 마음은 "지루함"이라는 신호를 보낸다. 만일 교사가 학생을 향해 소리를 지른다면, 우리의 마음은 "통제력 상실"이라고 접수한다. 사건의 기술이나 이미지로부터 판단이 도출된다. 우리는 거의 동시적인 과정과 기술을 해석으로부터 분리시켜야 한다는 점을 인지해야만 한다. 우리가 사건의 기술을 놓치고 오직 해석만을 가지고 있다면, 의사소통은 어려워지고 개선에 대한 장애물을 만들게 된다. 사건의 기술을 공유하는 것은 전문적인 개선을 위해 선행되어야 하는 것이다. 해석은 저항으로 이어진다. 양쪽의 당사자가 어떤 사건이 일어났는지에 대해 동의할 수 있다면, 그들은 무엇이 변화될 필요가 있는지에 대해서 동의할 가능성이 높다.

만일 장학의 목적이 교실(과 학교) 관행을 개선하는 것에 대한 교사의 생각과 헌신을 강화하는 것이라면, 관찰은 장학담당자와 교사 사이의 수업에 대한 대화를 이끌어내기 위한 기초 정보로 사용되어야만 한다는 것을 기억하라. 교사에게 그의 교실에 대해 이야기를 시작할 때 기술된 사실들을 먼저 말하면, 수업에 관한 대화가 가능해진다. 처음부터 해석이나 평가를 제공하는 것은 교사에게 방어, 다툼, 분노를 가지게 하고 논의를 억제시킨다.

관찰에서 해석과 기술을 구분하는 것은 수업 개선을 위해서 굉장히 결정적인 역할을 한다. 이를 위해 [그림 13.1]의 교실 그림으로 돌아가 보자. 그림을 다시 한 번 보고 이제 무엇이 보이는지 말해 보자. 아마도 선생님을 보지 않고 다른 곳을 보는 세 명의 학생과 앞 줄에 있는 학생을 불러내는 선생님이 서 있는 한편 서로 잡담을 하는 학생들이 있다고 말할 것이다. 이런 일이 일어나고 있다고 동의할 수 있는가? 아마도 그럴 것이다. 그 후에 비로소 우리는 학생의 학습과 관련하여 이 사건의 옳고 그름에 대해 판단을 할 수 있다. 교사에게는 "형편없는 교실 관리자"가 되어 있는 자신을 바꾸는 일보다, 서로 잡담하고 있는 학생들과 다른 곳을 보고 있는 세 학생을 바꾸는 일이 더 쉬울 것이다.

## 1. 형성적 관찰 도구는 총괄평가 도구가 아니다

교사와 장학담당자가 초점을 정해 논의하기로 합의한 특정 문제와 관련하여 교실에서 일어난 일을 기술하기 위해 사용되는 *형성적 관찰 도구*는 전문성 신장과 수업 개선을 위한 수단이다. 그러므로 형성적 관찰 도구는 그 학급 교사가 가장 학습할 가치가 있다고 사전에 결정한 문제에 적용되어야 한다. 그 교사의 관심사는 교사로서 자신에 대해 더 많이 알고 싶은 것일 수도 있고, 특정 수업 모델을 시도하거나 새로운 방법이나 전략을 실험하거나 어떤 문제나 약점을 해결하는 것일 수도 있다. 반면에, *총괄적 평가* 도구는 외적으로 부과되고 일괄적으로 적용되는데, 이 도구의 의도는 모든 교사의 가치와 장점, 역량을 유사한 기준으로 판단하는 데 있다. 총괄평가와 형성평가의 차이는 14장에서 세부적으로 논하고 있다.

## 2. 기술의 방법

기술을 기록할 수 있는 많은 방법들이 있다. 이 장의 끝부분에는 다양한 관찰 방법과 도구들에 대한 다수의 참고문헌이 있다. 관찰 도구는 교실 생활을 다양한 범주로 조직하고 기록하기 위한 도구이다. 그것은 한 개 범주로 단순할 수도 있지만 수십 개의 조합이 가능한 매트릭스처럼 복잡할 수도 있다. 예를 들어, 도구는 교실 벽에 있는 전시물을 세거나 학생과 교사의 구술적, 비구술적 상호작용을 기록하기 위해서 사용될 수 있다.

우선 범주형 도구(categorical instrument), 수행 지표 도구, 시각적 도표, 공간 활용을 포함한 양적 관찰을 살펴보자. 두 번째 영역에서는 구술기록(verbatim), 제3자 자유 서술(detached open-ended narrative), 참여자 자유 관찰(participant open-ended observation), 표적 설문지 관찰(focused questionnaire observation), 교육적 비평 등을 포함한 질적 관찰을 다룰 것이다. 마지막으로 맞춤형 관찰, 즉 특정 교사의 관심에 대한 정보를 수집하기 위해 설계된 양적 또는 질적 관찰을 논할 것이다.

## 3. 양적 관찰

양적 관찰은 교실에 있는 사건, 행동, 사물들을 측정하는 방법이다. 정의와 범주는 정확해야만 한다. 최종적으로, 관찰은 통계 처리에 사용될 수 있다.

### 범주형 빈도 도구(Categorical Frequency Instrument)

범주형 도구는 발생 간격을 체크하여 합산할 수 있는 사건이나 행동을 규정하는 형식이다. [그림 13.2]는 교사가 던지는 다양한 형태의 질문의 빈도를 측정하는 범주형 도구이다. 질문의 일곱 가지 범주는 Bloom의 분류법에 근거하고 있다. 각 범주에서 문항의 개수를 수업 동안에 교사가 물은 전체 문항의 개수로 나눠서, 관찰자는 각 범주가 대표하는 전체 문항의 퍼센트를 계산할 수 있다.

　다른 주제들도 범주형 도구로 관찰할 수 있다. 예를 들어, 과업 중(task on) 행동과 과업 외(task off) 행동에 초점을 둘 수 있다. [그림 13.3]의 도구를 완성하기 위해서, 관찰자는 5분마다 교실을 훑어봐야 한다. 훑어볼 때마다, 관찰자는 20초 가량 전체 학생들에게 집중하고 학생들의 행동을 기록한다. 40분짜리 수업 동안 총 8번의 훑어보기(sweep)가 일어난다. 이 도구는 표 끝에 있는 설명에 열거된, (특정한) 과업 내 행동과 과업 외 행동을 관찰자가 기록하게 해준다.

| 질문 범주 | 기록 | 총계 | 퍼센트 |
|---|---|---|---|
| 평가 | | 0 | 0 |
| 종합 | / | 1 | 5 |
| 분석 | / | 1 | 5 |
| 적용 | // | 2 | 10 |
| 이해 | /// | 3 | 15 |
| 번역 | //// | 4 | 20 |
| 기억 | ///// //// | 9 | 45 |
| 질문 개수 = 20 | | | |

[그림 13.2] 교사 질문

| 학생 | 훑어보기 발생 시점 | | | | | | | |
|---|---|---|---|---|---|---|---|---|
| | 9:00 | 9:05 | 9:10 | 9:15 | 9:20 | 9:25 | 9:30 | 9:35 |
| Andrew | A | C | D | E | E | A | B | B |
| Shawn G. | A | A | D | E | E | A | C | B |
| Maria | A | A | D | E | E | C | B | B |
| Sam | I | F | F | E | F | A | B | C |
| Barbara | H | F | D | E | E | F | F | B |
| Angie | C | G | G | C | E | G | G | G |
| Jeff | A | A | C | E | E | A | B | B |
| Jessica | F | F | D | E | E | A | B | E |
| Shawn L. | A | A | D | E | H | H | B | B |
| Chris | F | F | D | E | E | A | B | C |
| Michele | A | A | D | E | H | H | B | B |
| Mark | A | I | I | F | I | I | I | F |
| Melissa | C | A | D | E | E | C | H | B |
| John | J | A | J | I | J | J | J | J |
| Rolanda | A | C | D | E | E | A | B | F |

설명표

A = 과업 내, 듣기/보기

B = 과업 내, 쓰기

C = 과업 내, 말하기

D = 과업 내, 읽기

E = 과업 내, 손들기

F = 과업 외, 수동적

G = 과업 외, 다른 수업을 위한 공부

H = 과업 외, 다른 사람 말 듣기

I = 과업 외, 다른 사람 방해

J = 과업 외, 놀기

[그림 13.3] 과업 내적 및 외적 학생 행동

| 요소 | 반응 | 평가 |
|---|---|---|
| 학습내용 예측<br>(Anticipatory set) | 예 ___ 아니오 ___ N/A ___ | _____<br>_____<br>_____ |
| 목표와 목적 언급 | 예 ___ 아니오 ___ N/A ___ | _____<br>_____<br>_____ |
| 투입 | 예 ___ 아니오 ___ N/A ___ | _____<br>_____<br>_____<br>_____<br>_____ |
| 모형화 | 예 ___ 아니오 ___ N/A ___ | _____<br>_____<br>_____<br>_____ |
| 이해 확인 | 예 ___ 아니오 ___ N/A ___ | _____<br>_____<br>_____<br>_____ |
| 함께 연습<br>(Guided practice) | 예 ___ 아니오 ___ N/A ___ | _____<br>_____<br>_____<br>_____ |
| 단독 연습<br>(Independent practice) | 예 ___ 아니오 ___ N/A ___ | _____<br>_____<br>_____<br>_____ |

**[그림 13.4]** Hunter 모형 수행 지표

## 수행 지표 도구(Performance Indicator Instruments)

수행 지표 도구는 관찰 도구에 나열된 행동인지와 관계없이 관찰된 것을 기록한다. 어떤 도구에는 세 번째 옵션—"적용 불가"(N/A)—이 포함되기도 한다. 수행 지표 도구는 관찰자가 행동의 존재나 부재와 관련하여 보충적인 노트를 첨가할 수 있도록 공간을 포함하고 있다. [그림 13.4]는 Madelin Hunter의 수업 설계 모형(직접 수업에 적합한 모형)의 요소들이 있는지 없는지를 기록하기 위해 사용된 수행 지표 도구이다. [그림

| 요소 | 반응 | 평가 |
|---|---|---|
| 학문적 목표와 사회적 목표의 설명 | 예 ___ 아니오 ___ N/A ___ | _____ _____ _____ |
| 필수적인 사회적 기술 전달 | 예 ___ 아니오 ___ N/A ___ | _____ _____ _____ |
| 면대면 상호작용 | 예 ___ 아니오 ___ N/A ___ | _____ _____ _____ |
| 긍정적인 상호의존성 | 예 ___ 아니오 ___ N/A ___ | _____ _____ _____ |
| 개인적인 참여도 | 예 ___ 아니오 ___ N/A ___ | _____ _____ _____ |
| 집단 처리 과정 | 예 ___ 아니오 ___ N/A ___ | _____ _____ _____ |

[그림 13.5] 협동 학습 수행 지표

13.5]는 협동 학습 수업의 기초적 요소들이 포함되었는지를 측정하기 위한 도구이다.

[그림 13.6]의 도구는 실제적인 구성주의 수업의 지표를 열거하고 있고, [그림 13.7]의 도구는 문화적으로 민감한 수업의 지표들을 열거하고 있다. [그림 13.6]과 [그림 13.7]의 지표들이 이런 유형의 많은 도구들의 지표보다 해석에 있어서 개방되어 있기 때문에, 관찰자가 코멘트를 기입하는 부분에 관찰자 반응의 근거인 구체적인 교실 행동을 기술하는 것이 특히 중요하다.

관찰 목표를 위해 사용되는 수행 지표는 절대적인 기준이 아니라는 사실을 기억하라. 관찰 도구에 나열된 활동들 모두를 교사가 수행하지 않는다는 사실은 고려해야 할 요인일 수도 있고 아닐 수도 있다. 장학담당자와 교사가 교사의 수업 과정에 관한 환경을 토론한 후에야 그 상황들이 적절히 해석될 수 있다.

| 지표 | 반응 | 평가 |
|---|---|---|
| 교사와 학생에 의한 상호 계획 | 예 ___ 아니오 ___ N/A ___ | _____ _____ |
| 빅데이터에 대한 깊이 있는 설명 | 예 ___ 아니오 ___ N/A ___ | _____ _____ |
| 학생 주도의 질문 | 예 ___ 아니오 ___ N/A ___ | _____ _____ |
| 문제 중심화 정도 | 예 ___ 아니오 ___ N/A ___ | _____ _____ |
| 기본 자료의 사용 | 예 ___ 아니오 ___ N/A ___ | _____ _____ |
| 가설을 가진 학생 시험지 | 예 ___ 아니오 ___ N/A ___ | _____ _____ |
| 대화 촉진 정도 | 예 ___ 아니오 ___ N/A ___ | _____ _____ |
| 능동적 학습 | 예 ___ 아니오 ___ N/A ___ | _____ _____ |
| 협동 학습 | 예 ___ 아니오 ___ N/A ___ | _____ _____ |
| 학생의 지식 구성 정도 | 예 ___ 아니오 ___ N/A ___ | _____ _____ |
| 구성에 대한 자기 성찰과 집단 성찰 | 예 ___ 아니오 ___ N/A ___ | _____ _____ |
| 교사와 학생에 의한 학습 평가 | 예 ___ 아니오 ___ N/A ___ | _____ _____ |
| 과정과 결과에 대한 평가 | 예 ___ 아니오 ___ N/A ___ | _____ _____ |

[그림 13.6] 구성주의 수업의 지표

| 지표 | 반응 | 평가 |
|------|------|------|
| **교사** | | |
| 다양한 문화에 대한 이해 제시 | 예 ___ 아니오 ___ | _____ _____ |
| 모든 학생에 대한 개인적 고려 제시 | 예 ___ 아니오 ___ | _____ _____ |
| 문화적 편견 없이 수업 자료 사용 | 예 ___ 아니오 ___ | _____ _____ |
| 다른 문화를 대표하는 사례와 자료 사용 | 예 ___ 아니오 ___ | _____ _____ |
| 다른 문화적 관점으로부터 개념과 문제의 시험 촉진 | 예 ___ 아니오 ___ | _____ _____ |
| 모든 학생에 대한 더 높은 수준의 학습 촉진 | 예 ___ 아니오 ___ | _____ _____ |
| 학생의 학습 스타일에 따른 자료와 수업 채택 | 예 ___ 아니오 ___ | _____ _____ |
| 공평한 학생 참여의 기회 제공 | 예 ___ 아니오 ___ | _____ _____ |
| 필요한 경우 모든 학생에게 개인적 도움 제공 | 예 ___ 아니오 ___ N/A ___ | _____ _____ |
| 학생의 성급한 행동에 다가가도록 관여 | 예 ___ 아니오 ___ N/A ___ | _____ _____ |
| 문화적 이슈에 다가갈 수 있는 "교수 적기"의 활용 | 예 ___ 아니오 ___ N/A ___ | _____ _____ |
| 다양한 문화에 대한 존중의 행동을 학생에게 강화 | 예 ___ 아니오 ___ N/A ___ | _____ _____ |

[그림 13.7] 문화적으로 민감한 수업의 지표

## 시각적 도표(Visual Diagramming)

시각적 도표는 교실에서 발생하는 일을 묘사하는 다른 방법이다. 교실을 녹화하는 것은 실제 발생한 일에 대한 가장 밀접하고 대표적인 그림을 포착하지만, 교사와 학생 사이의 구술적인 상호작용과 어떻게 교사가 공간을 사용하는지와 같은 관찰을 묘사하기 위한 다른 방법도 있다. 발생한 일을 도표로 그린 후에, 장학담당자와 교사는 그 그림을 보고 그 사건을 분석할 수 있다.

교실의 구술적인 상호작용은 교실에서 구성원들 사이에 발생한 언급들을 상징화한 화살표를 그려 봄으로써 도표화할 수 있다([그림 13.8] 참고). 관찰자는 이 도표와 같은 6장의 종이를 사용하며 한 시간 동안, 각기 5분 간격으로 배치된 샘플 한 장을 차례로 채워 나간다. 도표에 그려진 각각의 화살표는 다른 사람에게 전달된 모든 대화를 나타낸다. 화살표는 언급 순서에 맞춰 번호를 갖게 된다. 도표를 그리고 난 뒤, 관찰자는 개별 학생의 상호작용 횟수, 교실의 각기 다른 부분에서 일어나는 상호작용의 정도, 어떤 학생이 다른 사람들과 상호작용을 유발하는지, 그리고 어떤 학생이 배제되는지에 대한 정보를 갖게 된다.

구체적으로 말하여, 만일 도표가 수업 시간 동안의 다른 다섯 개의 샘플과 일관된 샘플이라면, 관찰자는 다음과 같은 결론 중 일부를 언급할 수 있을 것이다.

1. 상호작용은 주로 왼쪽 통로와 앞줄을 향해서 지시된다.
2. 오른쪽의 두 줄과 교실 뒤쪽의 두 줄에 대해서는 관심이 거의 없다.
3. 14번의 상호작용 중에서 12번은 교사를 포함하고, 2번은 학생들 사이에서 일어났다.

이와 같은 도표는 소집단으로 진행되고 학생들이 교실을 돌아다니지 않을 때 사용하기 더 편하다. 질문과 대답이나 토론 사이에 배치된 교사의 강의와 같은 교실 활동들은 도표에 적절한 수업 유형일 것이다. 도표의 또 다른 유형은 교사의 공간 활용을 플로차트로 그리는 것인데, 이것은 교실 전체에서 교사의 움직임을 따라가는 것이다. 우선 물리적인 교실의 윤곽을 그린다; 그 뒤 관찰자는 윤곽에서 화살표를 사용하여 교사를 따라가는 것이다([그림 13.9] 참고).

[그림 13.9]는 독서 수업 시간을 나타내고 있다. 화살표는 교사의 모든 움직임을 따라가고 시간이 표시된다. 수업이 끝나고 난 뒤, 관찰자와 교사는 어디에 그리고 얼마

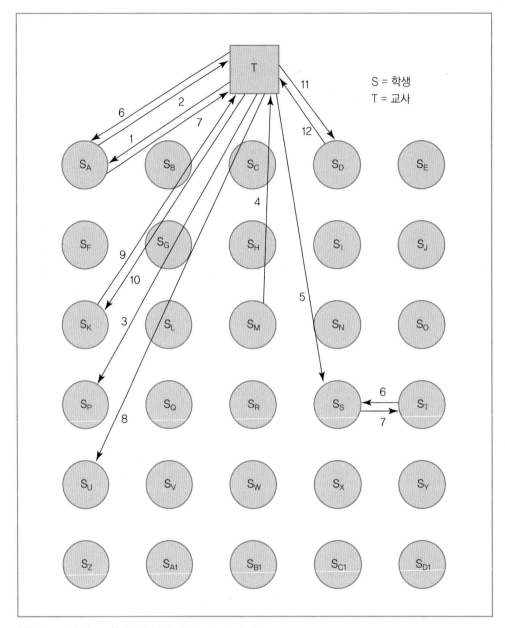

**[그림 13.8]** 구술적 상호작용의 도표, 9:10~9:15

나 있었는지를 볼 수 있다. 이와 같은 정보는 교사가 교실 관리 및 수업과 관련하여 자신의 공간 활용을 깨닫도록 만들 것이다. 예를 들어, [그림 13.9]는 교실의 왼쪽과 앞쪽에서 많이 머물렀지만 뒤쪽 학습센터와 학습 장소 중앙부분에는 머물지 않았음을 나타낸다.

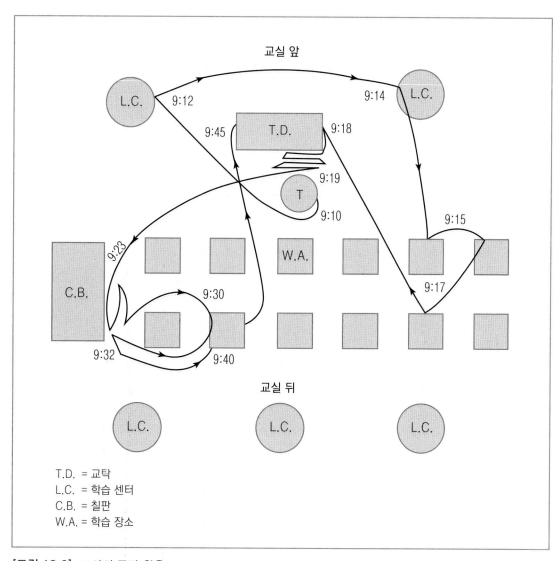

교실 앞

교실 뒤

T.D. = 교탁
L.C. = 학습 센터
C.B. = 칠판
W.A. = 학습 장소

[그림 13.9] 교사의 공간 활용

# 4. 질적 관찰

정확히 무엇이 기록될지에 대하여 알지 못하는 상황에서 관찰을 할 수 있는 대안적 방법들이 있다. 이것들은 *질적* 또는 *기술적(descriptive)* 관찰 형태로 불린다. 관찰자는 일반적인 초점이나 모든 것에 대한 초점을 가지고 교실에 들어가고 발생한 모든 사건들을 기록한다. 사건들은 특정 범주에 적합하도록 만들어지지도 측정되지도 않는다. 관찰자는 오직 사건을 기록하고 난 후에야 자신의 관찰을 주제로 재배열한다. 이와 같은 관찰 기록은 도구의 사용을 거부한다(도구는 기술적으로 보면 측정 장비이다). 대신에, 질적 관찰은 교실 생활의 복잡성을 기록한다.

질적 관찰에는 다양한 형태가 있다. 우리는 구술기록, 제3자 자유 서술, 참여자 자유 관찰, 표적 설문지 관찰, 교육적 비평을 살펴볼 것이다. 이런 관찰은 교실 생활의 넓고 복잡한 기록을 제공하는 장학담당자에 의해 사용될 수 있다.

## 구술기록과 선택적 구술기록(Verbatim and Selective Verbatim)

구술기록(때로는 *원고*라고 불림)을 하는 관찰자는 교실에서 발생하는 모든 구술적인 상호작용을 기록한다. 구술기록은 관찰자와 교사가 수업 동안에 일어난 상호작용 행동 패턴을 확인할 수 있도록 한다. 구술기록은 또한 교사-학생, 학생-학생 상호작용의 구체적인 사례를 제시한다. 더 효율적인 기록을 위해서, 관찰자는 단어를 축약하거나 의미가 전혀 없는 단어는 기록에서 제외하기도 한다.

이러한 시간절약에도 불구하고, 구술기록은 관찰자가 수업 동안 일어나고 있는 다른 모든 사건에는 집중할 시간이 없는 채로, 모든 시간을 필기하면서 보내도록 요구하는 힘든 과정일 수 있다. 구술기록에 대한 하나의 대안은 *선택적 구술기록*인데, 선택적 구술기록에서는 관찰자가 관찰 전에 교사와 합의한 특정 초점과 관련이 있는 상호작용만을 기록한다. [그림 13.10]은 교사의 질문에 처음부터 오답을 말하거나 일부만 바른 답을 말한 학생에 대한 교사의 반응에만 초점을 둔 선택적 구술 기록에서 발췌된 것이다.

## 제3자 자유 서술(Detached Open-Ended Narrative)

제3자 자유 서술은 장학담당자가 교실로 들어가 모든 사람, 사건 또는 자신의 관심을 끄는 것들을 기록하는 것이다. 처음에는 질문이나 지표 또는 범주도 없는 텅 빈 종이만 있다. 말머리는 [그림 13.10]처럼 단순하게 보일 수도 있다.

기록자는 쓰고, 쓰고 더 쓰는 과정을 갖는다. 이와 같은 관찰의 샘플은 다음과 같다:

학생들은 10시 13분에 도착하기 시작하였다; 교사는 시험지를 채점하며 자신의 책상에 있다. 3교시를 시작하는 종이 10시 15분에 울린다. 학생들은 계속 도착하고 있다. 아무개 교사는 10시 25분에 수업을 시작하기 위해 책상에서 일어났다. 한편, 학생들은 책가방을 내려놓고 수업을 기다린다. 뒤쪽 구석에서 떠들고 머리를 빗고 책상에 앉아 지갑에서 무

---

**자유 서술**

관찰 교사: _____    시간: _____    관찰자: _____

10:20

C = Chris D.

T = 교사

T. C, 연방정부의 3부는 무엇?

C. 대통령, 백악관, 상원의회

T. 연방정부의 어떤 부가 현재 대표?

C. 아, 모르겠는데요.

T. 대통령은 최고의 _____ 이다.

C. 경영자! 경영부!

T. 백악관과 상원의회는 모두 어떤 부지?

C. 입법부

T. 입법부. 하지만 둘 다 같은 것을 의미함. 2개의 부임, 행정부, 입법부. 세 번째 부는 무엇?

C. 법원

T. 어떤 지부가 대법원과 다른 연방 법원을 구성?

C. 사법부!

T. 맞아!

---

**[그림 13.10]** 선택적 구술기록 발췌

언가를 꺼내 나눠주는 여학생 세 명을 제외하고는. 아무개 교사가 수업을 시작하고 난 5분 뒤에, 그는 그 소녀들에게 말을 하고 그 소녀들은 빗과 지갑을 내려놓았다. 아무개 교사는 그날의 활동을 설명했지만 그가 준비한 유인물을 찾지 못하였다. 2분이 지나고 나서야 그는 자신의 책상 서랍에서 그 유인물을 찾았다.

교장의 안내 두 가지가 10시 30분에 방송되었다. 아무개 교사는 과제를 주었고, 수업은 10시 33분에 읽기를 시작하였다. 두 명의 학생이 잡담을 해서 주의를 받았고, 아무개 교사가 돌아다니면서 어제 숙제를 학생들과 검토하는 동안 가끔씩 학생들의 잡담이 들렸다. 그는 10시 45분에 수업에 집중하라고 말하기 전까지 12명의 학생과 대화를 하였다. 그러고 난 뒤 그는 곤충 분류법에 대해 수업을 하였다. 파워포인트는 뒤에 앉은 학생들이 읽기 어려웠다. 학생들이 조명을 어둡게 해달라고 요청하였다.

연습을 하면, 관찰자는 사건의 흐름을 따라잡을 수 있도록 축약어를 쓸 수 있다. 교실에서 보이는 것과 들리는 모든 것을 기록하는 것은 불가능하다. 관찰자는 반드시 지속적으로 교실 전체를 둘러보고 무엇이 중요한지 판단해야만 한다.

### 참여자 자유 관찰(Participant Open-Ended Observation)

참여자 자유 관찰은 장학담당자가 수업 활동의 일부로 참여할 때 일어난다(Marshall & Rossman, 2011). 관찰자는 수업을 돕고, 질문이 있는 학생을 도와주고, 교실 자료를 사용하고 그리고 교사 및 학생과 대화를 한다. 학생과 교사의 눈에 띄지 않게 떨어져 있으려고 하는 분리 관찰과는 다르게, 수업에 참여하는 것은 교실의 내부 관점을 제공한다. 분명히, 만약 관찰자가 대화, 움직임, 보조 활동에 참여하고 있다면 사건은 발생한 그대로 기록되지 않을 것이다. 대신에 관찰자는 행동들 사이에 틈나는 대로 기록해야만 한다. 이동하면서 신속하게 기록할 수 있도록 관찰 양식을 클립보드에 휴대할 수 있다.

참여자 관찰은 이후에 관찰자가 더 세부적으로 쓸 수 있도록 수업 시간 동안에 대략적인 필기(핵심 문구와 단어들)를 한다. 이런 빠른 필기들은 관찰 시간이 끝나고 난 뒤에 상황을 더 완벽하게 설명할 수 있게 관찰자에게 상기시켜 주는 역할을 한다. 다음은 이런 짧은 필기의 예시이다.

아무개 교사가 학생들에게 스터디 그룹을 지시하였다.

John B.는 숙제를 이해하지 못하였다. 나는 연극의 주제를 조직하는 법에 대해서 그와 함께 공부하였다.

Sally T.와 Ramona B.는 돌아다녔다. 나는 그들에게 도움이 필요한지 물었다; 그들은 아니라고 말했고 교실을 떠났다(이것에 대해 교사에게 물어볼 것).

Sondra와 그녀의 집단은 자신의 주제에 대한 역할극을 할 준비가 되었다. 나는 그들이 자신의 파트를 읽는 것을 들어주었다.

Steven의 집단은 막혀 버렸다; 그는 역사적 건축물에 대해서 어떻게 자료를 찾아야 할지 모른다. 나는 마을역사학회에 전화를 해보라고 제안하였다.

Susan은 전혀 참여를 하고 있지 않다—*틴 매거진*을 보고 있다. 집단의 나머지는 그냥 그녀를 혼자 둔다(왜 그런지 궁금).

보여준 비디오는 모든 학생들의 관심을 끌었다.

아무개 교사는 수업을 마쳤다. 나는 한 학생이, "이 수업은 빨리 간다. 다른 수업들도 이렇게 재미있었으면 좋겠다.”고 말하는 것을 엿들었다.

이것들은 50분짜리 수업 시간 동안에 나온 필기이다. 필기된 것보다 훨씬 더 많은 일이 교실에서 일어나지만, 관찰자는 자신의 참여로부터 통찰력을 통해 선별해 낸다. 관찰자는 이후에 세부적인 내용을 채울 수 있다―교실을 나간 두 명의 여학생들, 주제에 대한 John의 혼동에 관해서 구체적으로, Susan의 *틴 매거진*에 대한 집중 등.

## 표적 설문지 관찰(Focused Questionnaire Observation)

질적 관찰은 사건을 기록하면서 사용할 수 있는 개괄적인 주제를 가짐으로써 더 집중적인 방식으로 이뤄질 수 있다. 관찰자는 구체적인 질문에 대한 정보를 찾는다. 예를 들어, 만일 교사가 문제 해결 기술에 대해 가르치려고 한다면, 관찰자는 관찰에 집중하기 위해서 다음과 같은 질문을 수용할 수 있다.

### *학생들은 다음과 같은 일들을 할 수 있는가:*

1. 문제와 그 문제로 인한 결과 구분하기
2. 다른 집단이나 다른 개인의 관점으로 문제 바라보기
3. 문제를 더 잘 이해하기 위해 데이터를 수집 및 분석하기
4. 문제의 다양한 원인과 그 원인들 사이의 관련성과 상호작용 확인하기
5. 대안적인 해법의 생성과 각 대안의 잠재적 영향력 성찰하기
6. 문제를 해결하기 위한 실행 가능한 계획 개발하기
7. 문제를 해결하면서 서로 협동하기
8. 문제를 해결하려는 노력과 앞으로 어떻게 문제 해결을 개선할 수 있는지에 대해 성찰하고 평가하기

표적 설문지는 특정 교수 모형, 가령 직접 교수, 협동 학습, 모의 법정(jurisprudence), 선행 조직 또는 간접 학습에서 유용하게 사용될 수 있다. 이 방법은 특정 모형 내에서 한두 가지의 질문을 살펴보는 정도로 좁게 사용할 수도 있고 모형에 대해 방대한 질문을 포함시킬 정도로 넓게 사용할 수도 있다. 아니면, 다양한 수업 사례에 적용될 수 있도록 일반적인 질문을 할 수도 있다.

## 교육적 비평(Educational Criticism)

Elliott Eisner(1985)는 분리 관찰과 참여 관찰에서 기술과 해석을 통합시키는 관찰법을 개발해 왔다. 관찰자는 예술 비평가가 그림을 보듯이 교실을 보도록 훈련받는다. 비평가가 되기 위해서 많은 그림을 보는 경험을 축적하고 특정 형태의 예술에 대한 역사와 변화에 대해서 박식해야 하는 것처럼 교육자도 교육 비평가가 되기 위해서 많은 교실의 유형과 교수 형태에 익숙해야만 한다.

Eisner는 교실 관찰이 비평과 같은 과정을 통하여 이뤄진다고 언급하였다. 그는 필요한 교육적 전문성을 "감식안"이라고 불렀다. 와인 감별사가 와인에 대한 전반적인 수준에 관해 구체적인 판단을 내리기 위해 색과 점도, 향, 맛을 볼 수 있는 것처럼 교육 감별사도 교실 생활의 전반적인 자질과 교실 사건의 세부사항에 대해 판단을 내릴 수 있어야 한다.

Eisner는 장학담당자가 참여자에게 교실이 어떤 *의미*인지 밝혀 냄으로써 교육적 감별을 개발할 수 있다고 주장한다. 교육적 비평은 교실 환경, 사건 상호작용의 영향력을 관찰하는 학생과 교사의 관점을 가지려는 시도를 한 뒤, 참여자들에게 교실의 숨겨진 의미를 알게 하고 그들도 동의하는지 지켜본다. 교사와 학생은 교실에 포함되어 있기 때문에 그들이 한 일의 의미를 알지 못한다. 참여자 관찰은 자신의 눈을 통해 사건들을 기술하고 해석하는 노력을 한다.

다음은 Sugie Goen[1]이 만든 대학 작곡 수업 관찰에서 발췌한 것이다.

여섯시가 몇 분쯤 지났을 때, Helen Deakin 선생이 교실로 들어왔다―흘러 들어왔다는 표현이 더 맞는 것 같다. 그녀의 움직임은 그녀가 교실로 들어올 때 그녀의 느슨한 옷이 그녀의 주위로 흐르는 방식에서부터, 그녀의 길고 두꺼운 머리를, 쓸어 올리는 제스처에서, 이마에서 올리면서, 뒤로 느리게 갈라지는 많은 큰 묶음을 풀어 놓으면서, 한 움큼씩 반복해서 모으는 방식까지, 마치 액체 같았다. 그녀는 교실로 천천히 흘러 들어왔다. 지금 여섯시를 몇 분이나 지났음에도 불구하고 전혀 서두르지 않았다. 학생들도 전혀 서두르지 않았다. 수업이 시작되기로 계획된 시작 시간인 여섯시 정각에, 오직 열일곱 명의 학생들 중 여섯 명만이 참석하였다. 학생들은 삼십분이 지날 때까지 계속 도착했고 내가 관찰할 때마다 매번 같은 패턴이었다. 이 수업은 누구도 서두르지 않는 수업임이 분명해 보였다. 132호에서의 삶은 솟구치거나 빗발치거나 부풀지 않았다. 그저 흘러갔다; 수업은 두껍고도 느리게 퍼져갔다; 나는 곧 의심하겠지만 아마 더 섬세하게 퍼져갔다.

---

1) Sugie Goen, "School Choice and the Teaching of First-Year Composition: The Story of Room 132." Stanford University.

학생들이 도착하는 동안 Helen은 교실 앞에 서있었고, 책상 짝수 열에 학생들이 앉아 있는 것을 쳐다보았다. "너희들 이렇게 앉을래? 아니면 전처럼 원형으로 앉을래?" 학생들이 대답하지 않았지만 반응을 기다리는 동안 아무런 추가 질문도 없었다. 더 이상 학생들이 오지 않자, 그녀는 다시 반복해서 물어보고 기다렸다.

## 5. 맞춤형 관찰 체계

장학담당자는 종종 독특한 관심사항이나 개선 노력에 대한 데이터를 수집하기 위해 수업을 관찰한다. 만일 바람직한 데이터를 수집할 수 있는 관찰 체계가 존재하지 않는다면, 관찰자는 맞춤형 관찰 체계를 설계할 수 있다. 맞춤형 관찰 체계는 양적이거나 질적이거나 또는 두 특성을 조합한 것일 수 있다.

[그림 13.11]은 네 가지 유형의 데이터를 수집하기 위해 설계된 체계이다. 이 예시에서 교사는 관찰자가 (1) 얼마나 자주 교사가 학생들 각각을 부르는지; (2) 각 학생들의 응답이 맞았는지 틀렸는지; (3) 교사는 격려나 촉진을 통하여, 특히 학생의 처음 응답이 틀렸을 경우 올바른 대답을 이끌어 냈는지; (4) 얼마나 자주 교사가 정답을 말하는 학생에게 긍정적인 피드백을 주었는지에 대한 데이터를 수집할 것을 요구한다. [그림 13.11]에서, 기호는 교사의 질문에 대한 학생들의 응답(−, +, ×)과 학생에 대한 교사의 반응(→, ○)을 상징하고 있다. 같은 선상에 있는 몇몇 기호는 일련의 상호작용의 부분인 구술적인 행동을 나타내고 있다.

또 다른 예시에서, 교사 Simmons는 자신의 학생 중 한 명의 행동에 관심이 있었고 장학담당자에게 그 학생의 행동들, Simmons의 반응, 그 반응이 학생에게 미친 효과에 관한 데이터를 수집해줄 것을 요청하였다. [그림 13.12]는 장학담당자가 만든 관찰 차트이다. 화살표는 선택된 학생의 행동에 대한 교사의 즉각적인 반응과 교사의 행동과 관련된 학생의 즉각적인 반응을 나타낸다. 우리가 관찰한 교실 데이터 중 가장 의미 있고 도움이 되는 것은 특정 관심에 초점을 둔 교사와 장학담당자에 의해 설계된 도구로 수집되었다.

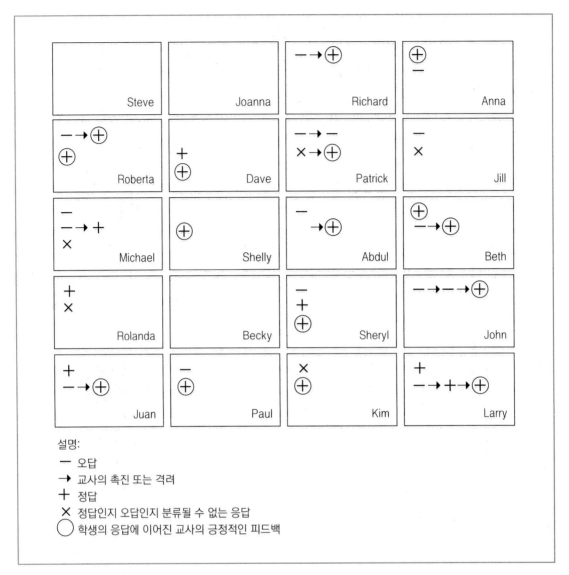

[그림 13.11] 맞춤형 질문–응답 도구

## 6. 관찰의 유형과 목적

[그림 13.13]은 장학담당자가 사용할 수 있는 관찰 형태를 설명하고 있다. 관찰의 목적은 관찰의 형태, 방식, 역할을 결정해야만 한다.

- *범주형 빈도 관찰*은 제3의 관찰자가 행동의 횟수, 합계, 통계적 분석의 목적을 위

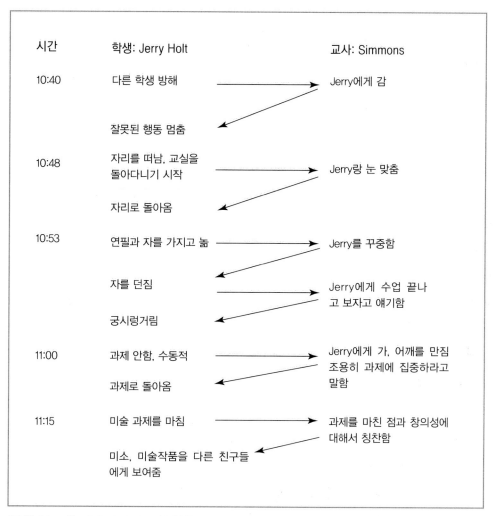

| 시간 | 학생: Jerry Holt | 교사: Simmons |
|---|---|---|
| 10:40 | 다른 학생 방해 | Jerry에게 감 |
| | 잘못된 행동 멈춤 | |
| 10:48 | 자리를 떠남, 교실을 돌아다니기 시작 | Jerry랑 눈 맞춤 |
| | 자리로 돌아옴 | |
| 10:53 | 연필과 자를 가지고 놂 | Jerry를 꾸중함 |
| | 자를 던짐 | Jerry에게 수업 끝나고 보자고 얘기함 |
| | 궁시렁거림 | |
| 11:00 | 과제 안함, 수동적 | Jerry에게 가, 어깨를 만짐 조용히 과제에 집중하라고 말함 |
| | 과제로 돌아옴 | |
| 11:15 | 미술 과제를 마침 | 과제를 마친 점과 창의성에 대해서 칭찬함 |
| | 미소, 미술작품을 다른 친구들에게 보여줌 | |

[그림 13.12] 맞춤형 행동 반응 관찰

해 사용할 수 있는 양적 방식이다.

- *수행 지표* 관찰은 제3의 관찰자가 행위의 증거를 기록하기 위해서 양적으로 사용할 수 있다.
- *시각적 도표*는 제3의 관찰자가 구술적인 상호작용을 묘사하기 위한 목적으로 사용할 수 있는 양적 관찰이다.
- *공간 활용* 관찰은 제3의 관찰자가 신체적인 움직임의 길이나 패턴을 묘사하기 위한 목적으로 사용할 수 있는 양적 측정이다.
- *구술기록*은 관찰자가 모든 구술적인 상호작용을 기록할 수 있는 제3자의 질적 방식이다.

| 유형 | 방식 | | 관찰자 역할 | | 목적 |
|---|---|---|---|---|---|
| | 양적 | 질적 | 제3자 | 참여자 | |
| 범주형 빈도 | x | | x | | 행동 횟수 계산 |
| 수행 지표 | x | | x | | 행동이 분명한지 여부 |
| 시각적 도표 | x | | x | | 구술적 상호작용의 시각화 |
| 공간 활용 | x | | x | | 움직임 시각화 |
| 구술기록 | | x | x | | 구술적 상호작용 문자화 |
| 제3자 자유 서술 | | x | x | | 일어난 일에만 집중 |
| 참여자 자유 관찰 | | x | | x | 내부적 관점 |
| 표적 설문지 | | x | x 또는 | x | 특정 사건에 집중 |
| 교육적 비평 | | x | x 또는 | x | 참여자에게 의미 제공 |
| 맞춤형 | x 또는 | x | x 또는 | x | 특정 관심에 접근 |

[그림 13.13] 관찰 선택지

- *제3자 자유 서술*은 제3의 관찰자가 펼쳐진 모든 사건을 기록하기 위해서 사용할 수 있는 질적 관찰이다.
- *참여자 자유 관찰*은 어떻게 사람들과 사건이 교실 안에서 하나로 어우러져 가는 과정을 기록하기 위해 사용되는 질적 기법이다.
- *표적 설문지*는 제3자나 관계자가 교실의 주제에 대한 일반적인 질문에 따라 증거를 수집하려는 목적에서 사용할 수 있는 또 다른 질적 방식이다.
- *교육적 비평*은 제3자 또는 관계자 관찰의 조합에 의해서 교사와 학생의 관점으로부터 교실 생활의 의미를 포착하려는 목적으로 실행될 수 있는 질적 관찰이다.
- *맞춤형 관찰 체계*는 앞에서 논의한 다른 범주에도 영향을 미친다. 이 체계는 데이터를 수집하기 위해 관찰 체계가 존재하지 않을 때 특정 교사의 관심에 대한 데이터를 수집하기 위해 장학담당자(또는 장학담당자와 교사가 함께)가 설계한다.

# 7. 기술적으로 강화된 관찰

현재 폭넓은 범위의 기술은 양적 관찰과 질적 관찰 두 영역에서 모두 장학담당자를 돕는 데 사용이 가능하다. 이 기술은 단순한 것에서 복잡한 것에 이르는 연속선상에 분포해 있다. 단순한 기술로는 *디지털 펜*이 있다. 이 펜은 초반에는 전통적으로 펜이 수집한 것처럼 데이터를 기록하기 위해 사용되었으나, 디지털 펜은 할아버지의 필기도구와 같지 않다. 잉크 카트리지를 갖고 있을 뿐만 아니라, 마이크, 디지털 녹음기, 내장 카메라, 플래시 메모리, 스피커가 내장돼 있다. 관찰자는 펜으로 소리를 녹음하는 동시에 관찰 데이터들—단어, 상징, 표식—을 디지털 종이에 적는다. 이후에, 관찰자는 단순히 수업의 어떤 부분이든지 관찰노트를 클릭함으로써 수업의 오디오를 검토할 수 있다. 데이터를 분석하는 관찰자는 구술적인 상호작용의 일부분을 놓쳤거나, 단순히 수업의 일부분을 보고는 그 관찰노트가 무슨 의미인지 기억하지 못할 수도 있다. 그런 경우, 장학담당자는 즉시 수업과 관련된 부분을 듣고 확인을 할 수 있다. 또한 문자로 된 데이터를 두고 토론하는 교사와 장학담당자는 교사를 위해서 수업의 어떤 부분이든지 오디오를 재생해줄 수 있다. 디지털화되고 동기화되고 문자로 된 관찰 데이터와 오디오 녹음은 관찰자의 개인 컴퓨터에 전송될 수도 있고 관찰된 교사에게 직접 발송될 수도 있다.

수업 *비디오 녹화*는 상대적으로 단순하게 관찰에 사용할 수 있는 기술 형태이다. 수십 년 동안 교실 관찰 데이터를 수집하기 위하여 비디오 카메라가 사용되어 왔지만, 큰 카메라와 삼각대의 방해, 기술적 문제(조명, 음향 등), 그리고 기본적인 카메라 렌즈로 잡을 수 있는 교사와 학생 행동의 범위 제한을 포함한 많은 요인들이 비디오 사용을 제한해 왔다. 그러나 현대 디지털 카메라는 방해되지 않을 만큼 매우 작다; 와이드 렌즈 카메라는 교실에서 진행되고 있는 것을 훨씬 더 많이 포착할 수 있다; 그리고 교사의 옷에 꽂을 수 있는 소형 무선 마이크는 높은 수준의 오디오 녹음을 제공한다(Johnson, Sullivan, & Williams, 2009). 게다가, 교실의 구조적 상호작용에 대한 세부적인 분석을 위해 오디오 녹음을 대본으로 전환할 수 있는 소프트웨어도 있다. 관찰자는 사후협의회(postconference)보다 먼저 데이터를 분석하기 위해 수업 대본이나 비디오를 사용할 수 있고 사후협의회 동안 교사와 함께 비디오를 분석할 수도 있다. 게다가, 비디오를 이제 쉽게 편집할 수 있다는 점은 교사 장학을 위한 연구수업에서 서로의 비디오클립을 공유할 수 있다는 것을 의미한다(Van Es, 2010).

관찰 기술의 보다 복잡한 형태로는 *웹캠과 버그인이어(BIE) 기술*이 있다(Rock,

Thead, Acker, Gable, & Zigmond, 2009; Scheeler, McKinnon, & Stout, 2012). 예비교사의 장학을 연구해 온 학자들은 이 기술에 대한 연구의 상당부분을 마쳤고, 이 기술은 현장에 있는 교사의 관찰에도 쉽게 적용될 수 있었다. BIE 기술은 교사의 귀 속에 있는 배터리로 작동하는 리시버(버그)에 전기적 전송을 통해 관찰자가 교사에게 즉각적인 피드백을 제공할 수 있게 한다. BIE 기술은 관찰자가 교사에게 학생의 행동과 교사의 행위에 대하여 실시간 피드백을 제공하도록 해준다. 웹캠은 관찰자가 떨어져서 수업을 관찰할 수 있도록 해주는데, 편리함과 효율성을 제공하는 것뿐만 아니라, 교실에 있을 경우, 교사에게 구두로 의사소통을 할 때 유발될 수 있는 분명한 어색함과 방해를 차단할 수 있다. 이 기술은 이후 분석과 토론을 위한 비디오 녹화도 포함한다. 현장에 있는 교사의 관찰을 위해서 웹캠과 BIE 기술을 고려할 때 세심한 주의는 필수적이다. 교사 연수 프로그램에서 이런 기술은 초임교사들에게 즉각적인 *수정적 피드백*, 강화 등을 제공할 때 사용되며, 이것은 관찰자의 판단을 의미한다. 현장에 있는 교사에게 BIE 피드백은, 긴급한 상황을 제외하고는, 사후협의회에서 교사-관찰자 토론을 기다리는 관찰의 *해석*과 함께, 수업 도중에 교사를 도울 수 있는 *관찰*로 이뤄져야만 한다.

상당히 복잡한 기술이 강화된 관찰의 형태에는 소프트웨어 분석에 이은 수업 비디오 코딩이 요구되는 시스템이 있다. 이러한 시스템 유형의 예로는 문해 수업에 집중된 비디오 코딩 시스템인 개별화 학생 수업(ISI)이 있다(Connor et al., 2009). 이 시스템에서, 15초 정도 지속되는 비디오에 있는 모든 활동은 (1) 활동 관리(교사, 교사와 학생 모두, 동료, 또는 학생), (2) 활동 맥락(수업 전체, 작은 집단이나 짝, 개별 학생), (3) 활동 내용(문해 측면의 구체적 수업 또는 수업 외), (4) 활동 기간에 따라서 코딩된다. 행동 코딩 소프트웨어는 비디오 녹화 수업 동안에 일어난 일에 대하여 다양한 데이터 제시를 양산할 수 있는 통계적 분석을 수행하기 위해 사용된다. 소프트웨어가 만들어낼 수 있는 많은 데이터 제시 중 한 가지 간단한 예로는, 몇 번에 걸쳐 개별 학생들이 소집단, 교사 관리 수업, 집중 수업에 참여하였는지를 보여주는 막대그래프이다. 막대그래프는 다른 활동의 무수히 많은 조합을 설명하도록 생성될 수 있다. ISI는 많은 복잡한 기술이 강화된 관찰 시스템 중 하나의 예이다. 교수-학습을 연구하기 위해서 관찰과 기술을 사용하는 대학 연구자들은 이 시스템을 종종 사용한다. 최첨단 기술이 개별 교사의 관심에 집중된 신중한 관찰에 필수적인 것은 아니지만, 교육 프로그램의 특정 부분을 개선하기 위한 지역사회나 학교전체 수준의 노력에서 종종 사용된다.

얼마나 많은 기술이 교실 관찰에 적절한지는 학교의 수업 개선 목표, 수집된 데이터의 유형, 이용 가능한 자원을 포함하여 많은 것들에 달려있다. 수업 장학을 위해 명심해야 할 것은 관찰의 목적이 관찰될 수 있는 모든 행동을 측정하거나 컴퓨터 기술이 만들어낸 인상적인 데이터를 전시하는 것이 아니라, 교수와 학습을 개선하는 것이라는 점이다.

## 8. 협력적인 검토

교장이나 학교행정가가 교실을 돌아다니는 것은 수업을 관찰하기 위한 방법으로 인기가 있었다. 이 방법은 빠르고(몇 분정도), 교장 또는 학교행정가가 교실에서 가시적인 존재감을 가지도록 만들었다. 이러한 검토 방법은 교사에 대한 총괄평가의 한 부분일 때 교장이나 학교행정가들에게 공식적 평가의 타당성을 확인할 수 있는 보충적 데이터를 제공해 준다. 그럼에도 불구하고, 교사가 자신의 교수법에서 깊이 성찰하고 전문성을 키우도록 돕기 위해 필요한 체계적인 관찰과 분석에 관해서는 교장이나 학교행정가의 검토 결과가 제공해줄 수 있는 것이 거의 없다. 대조적으로 8명에서 12명 가량의 교사가 교실에 방문하도록 촉진하고 관찰 정보를 수집하는 *협력적인 검토(collaborative walkthrough)*는 교수와 학습의 개선을 위한 상당한 잠재력을 가지고 있다.

협력적인 검토에서, 각각의 교사들은 각기 다른 유형의 데이터를 수집할 수 있고 관찰 이후에 그 데이터들을 종합할 수 있는데, 이것은 학교 행정공무원들이 간략한 검토로 혼자서 관찰하는 것에 비해 장점이기도 하다. 게다가, 검토를 하는 교사들은 동료들의 교수법을 관찰할 수 있는 기회를 갖게 되고, 관찰자 역시 가르치는 같은 학생들을 대상으로 하기 때문에, 자신의 교실에서도 시도해볼 수 있는 교수법을 볼 수 있다. 마지막으로, 협력적인 검토는 학교 전체적인 수업 개선을 위해 필수적이라고 알고 있는 관찰자들 사이에서와 관찰자와 관찰되는 교사 사이에서의 동료애와 수업에 관한 대화들로 이어질 수 있다.

Madhlangobe와 Gordon(2012)에 의해 설명된 협력적인 검토는 이런 관찰 유형의 효과를 설명하고 있다. 장학담당자와 대략 12명의 고등학교 교사들은 각각의 검토에 참여하였다. 집단에서 한 명을 리더로 뽑았다. 교사 집단은 세 팀으로 나눠졌다; 한 팀은 교실 환경에 대한 데이터 수집을, 두 번째 팀은 교사의 행동에 대한 정보 수집을, 세 번째 팀은 학생의 학습에 대한 데이터를 수집하도록 할당되었다. 장학담당자는 교사들과 함께 검토에 참여하였다. 검토를 하는 동안, 교사들은 관찰 대상이 되는 교사를 돕기 위한 데이터뿐만 아니라 자신의 교수법을 개선할 수 있는 데이터도 수집하였다.

장학담당자와 교사는 검토를 마친 후 도서관에서 만나 관찰 데이터를 공유하고, 관찰된 교수법 중에서 자신의 수업에서 시도해 보고 싶은 것을 토론하고, 관찰 대상이 된 교사와 함께 공유할 피드백에 대해 결정하였다. 장학담당자는 다른 협력적 검토에서 나온 아이디어를 공유하고 그 토론을 강화할 수 있는 질문을 제기하면서 그 회의에 참여하였다. 집단 리더로 뽑힌 교사는 집단 토론에 대한 노트를 하였고, 이후에 관찰 대상인 교사에게 데이터를 공유하고 관찰된 수업에 대해 토론하였다. 협력적 토론을 촉진한 장학담당자는 협력적 토론이 시작된 이후 교사들이 자신의 수업을 개선하였고, 동료애나 협력적인 문제 해결이 학교 전반에 향상되었음을 보고하였다.

## 9. 관찰상의 유의점

양자 물리학에 의하면, 측정과정은 측정하려는 현상과 상호작용하여 측정에 영향을 주기 때문에 이 점을 배제하면 현상이 측정될 수 없다(Rae, 2008). 교육자인 우리들에게는 밀접한 구성주의적 인식론은 객관적인 관찰을 통해 불변하는 사실을 확인하기보다는 우리가 환경과 다른 사람들과의 상호작용을 통해 지식을 구성해야 한다고 주장한다.

이것이 수업 관찰을 위해 한 가지 함축하고 있는 것은 우리의 관찰이 개인적인 경험과 가치, 관찰하는 동안에 교실의 우리 존재, 사용하는 관찰 도구, 데이터 녹음 기술 등에 의해 영향을 받는다는 것을 깨달을 필요가 있다는 점이다. 또 다른 함축적인 것은 관찰 데이터가 무엇을 의미하는지에 대한 해석은 구성된 것이고, 대부분의 경우, 교사와 함께 가장 잘 구성된다는 것이다. 그러므로 관찰 데이터는 교사-장학담당자의 시작점이어야만 하고 관찰 이후의 회의에서 협력적인 해석으로 이뤄져야만 한다. 임상적인 장학은 15장에서 토론되겠지만, 교사-장학담당자의 수업 관찰에 대한 대화의 구조가 되어준다.

## 성찰과제

이 장의 처음에 있는 [그림 13.1]로 돌아가 보자. 그림에 묘사된 교실에서 일어나고 있는 일에 대한 두 개의 다른 해석을 만들어 보자. 해석 1에서는 교사가 교실에 대한 통제권을 상실하였다. 해석 2에서는 모든 학생들이 수업에 참여하고 의미 있는 학습 활동에 참여하고 있다. 각각의 해석에 대해, 자기의 자리를 이탈한 학생이나 서로를 마주보는 학생들이 무엇을 하고 있는지 설명해 보자.

# 참고문헌

Connor, C. M., Morrison, F. J., Fishman, B. J., Ponitz, C. C., Glasney, S., Underwood, P. S. Schatchneider, C. (2009). The ISI Classroom observation system: Examining the literacy instruction provided to individual students. *Educational Researcher, 38,* 85-99.

Eisner, E. W. (1985). *The educational imagination: On the design and evaluation of school programs* (2nd ed.). New York, NY: Macmillan.

Johnson, B., Sullivan, A. M., & Williams, D. (2009). A one-eyed look at classroom life: Using new technologies to enrich classroom-based research. *Issues in Educational Research, 19*(1), 34-47.

Madhlangobe, L., & Gordon, S. P. In press. Culturally responsive leadership in a diverse school: A case study of a high school leader. *NASSP Bulletin.*

Marshall, C., & Rossman, G. B. (2011). *Designing qualitative research* (5th ed.). Los Angeles, CA: Sage.

Rae, A. I. M. (2008). *Quantum physics: A beginner's guide.* Oxford, England: OneWorld Publications.

Rock, M. L., Gregg, M., Thead, B. K., Acker, S. E., Gable, R. A., & Zigmond, N. P. (2009). Can you hear me now?: Evaluation of an online wireless technology to provide real-time feedback to special education teachers-in-training. *Teacher Education and Special Education, 32*(1), 64-82.

Scheeler, M. C., McKinnon, K., & Stout, J. (2012). Effects of immediate feedback delivered via Webcam and bug-in-ear technology on preservice teacher performance. *Teacher Education and Special Education, 35*(1), 77-90.

Van Es, E. (2010). Videodiscussion is advised. *Journal of Staff Development, 31*(1), 54-58.

# 제14장

# 평가 기술

**강태훈**_성신여자대학교 교육학과 교수

## ➤ 이 장에서 생각해 볼 문제

1. 이 장에서는 Wolfe의 프로그램 평가의 전형적인 5가지 방식을 검토하고 있다. 비록 Wolfe가 유머러스한 관점에서 방식을 제시하고 있지만, 많은 학교들은 사실 Wolfe 의 방식과 유사한 방식을 사용하고 있다. 어떤 프로그램 평가에 참여하고 있으며, 어떤 평가에서 Wolfe의 방식 중 한 개 이상 의존하고 있는 것을 관찰하였는가? 그리고 어떤 방법들이 사용되었는가?

2. 성공적이지 못했던 프로그램 평가를 생각해 보자. 이 장에서 논한 어떤 과정이 평가를 개선할 수 있겠는가?

3. 평가가 정당했던 프로그램 중 익숙했던 프로그램을 생각해 보자. 그 프로그램에 대한 어떤 질문에 평가가 집중되었어야 했는가? 평가 질문에 답하기 위해 사람, 장소, 물건, 사건, 과정 중 어떤 데이터의 정보원으로부터 데이터가 수집되었는가? 이러한 정보원으로 데이터를 수집할 때 어떤 데이터 수집 방식(관찰, 시험, 설문조사, 면담 등)이 사용되어야만 하는가?

4. 여러분이 일하고 있는 학교나 잘 알고 있는 학교에서 어떤 방식이 자율 평가에 유리하겠는가?

5. 교사 포트폴리오는 교사에 대한 형성평가(개선 평가) 또는 총괄평가(추후 채용을 위한 결정) 중 어디에 속하는가?

최근 교육의 영역 중에서 교육평가는 그 영역이 지식, 기술, 관심에 관련하여 극적으로 확대되었다. 전문가, 컨설턴트, 그리고 "대학 유형"의 영역으로 간주되었던 것이 이제 학교에서 일상적인 운영의 한 부분이 되었다. 국가의 책무성과 평가의 움직임이 분명히 기여한 바가 있었다. 성공적인 학교에 대한 기존의 연구들은 학생에 관한 종합적이고 신뢰할 수 있는 데이터에 기반하여 교육적 변화에 대한 결정이 이루어져야 하며, 교육적 변화로부터 가장 직접적으로 영향을 받는 당사자인 교사들이 평가 계획을 정의하고, 실행하고, 해석하는 데 참여해야만 한다고 제언한다.

교육을 개선하고자 하는 학교와 지역사회에서, 평가는 지역의 요구를 실행하기 위해 특정 인물이나 부서에 의해 이루어지는 형식적인 서류상의 과업이 아니다. 오히려 평가는 학생을 위한 학습 개선의 "무엇이, 어떻게" 이루어져야 하는지에 관해 전문적인 행동을 결정하기 위한 기초로 간주된다. 수업에 관한 박식한 의사결정은 교사의 일반적인 일, 즉 수업(teaching)의 결과에 대하여 집중되고 결정적인 연구로부터 도출된다. 학교의 평가 데이터에 대한 기준, 과정, 활용을 결정하는 데 교사를 포함시키는 것은 더 좋은 일이 아니라 반드시 해야 하는 일이다. 만약 교사가 협동 수업에 대하여 더 깊이 생각하고 헌신하고자 한다면, 그들을 평가의 한 부분으로 포함시켜야 한다. 그들의 참여가 없다면, 정책 입안자는 교사에게 협력적 활동, "개인을 넘어선 조직 수준의 유인(a cause beyond oneself)"으로서 수업을 보는 지적인 참여를 거절하는 것이다.

## 1. 수업 장학과 프로그램 평가

수업 장학에는 어떤 프로그램 평가 유형이 있는가? 그 프로그램이 직접적으로 교수와 학습에 영향을 미치는지가 이 질문의 답을 판가름할 것이다. 예를 들어, 지역사회의 교통수단, 시설 유지, 운동 프로그램은 모두 다 중요하지만, 이런 프로그램을 평가하는 것은 행정적인 책임이며 수업 장학의 기능은 아니다. 수업에 직접적으로 영향을 미치는 전통적인 프로그램들로는 교육과정, 전문성 계발, 학생 평가 등이 포함된다. 최근 수업 장학은 교사 리더십, 실행연구, 사회 정의, 공동체 형성과 같은 영역들과 교수 및 학습의 관련성이 인식되면서 이들 영역에서의 프로그램들을 포함하도록 확장되고 있다.

프로그램 평가가 대부분 특정 프로그램을 다루고 있지만, 학교의 전반적인 수업 프로그램을 평가하는 경우도 종종 있다. 전반적인 프로그램을 평가하는 것은 학교의 맥락, 문화, 이해관계자, 그 프로그램과의 상호작용뿐만 아니라 교수와 학습에 관련된 모든 프로그램의 측정을 포함한다. 전반적인 수업 프로그램 평가는 이 장의 후반부에서 좀 더 자세히 다룰 것이다.

수업 장학 영역 내에서 프로그램 평가는 직접적으로 교수와 학습에 관련되어 있기 때문에, 교사가 수업 프로그램 평가에 참여하는 것이 더 상식에 맞다: 교사들은 수업 프로그램을 진행하는 데 책임을 가지고 있는 전문가이고, 어떻게 프로그램이 작동하는지 처음으로 관찰하게 되고, 그리고 평가 데이터와 관련된 데이터를 수집하고 분석하는 데 최상의 위치에 있다. 이 장의 후반부에서 프로그램 측정에 교사를 참여시킬 수 있는 수단으로서 자율 평가를 다룰 것이다.

## 2. 판단

어떻게 수업 프로그램이 성공적인지 알 수 있을까? 우리는 같은 교육과정, 수업방식, 시간표, 집단 연습을 계속해야 하는 것일까? 아니면 변화가 있어야 하는 것일까? 평가를 한다는 것은 이와 같은 판단을 내리는 행위이다. 어떻게 무언가가 좋은지 나쁜지를 판단할 수 있을까? 자주, 우리는 이와 같은 말들로 판단을 내린다: "진짜 좋은 독서 프로그램인데" "너무 교실이 시끄러운데" "학생들이 대단한데." 우리는 정말로 무엇인가가 좋은지, 시끄러운지, 대단한지 어떻게 알 수 있을까? Wolfe(1969)는 이와 같은 판단을 내리는 데 사용되는 다섯 가지의 전형적인 방식을 가볍게 분류하였다.

*수박 겉핥기 방법*: 프로그램을 검토하고, 만약 좋아 보이면 좋은 것이다. 모든 사람이 바빠 보이는가? 비결은 매력적이고 그 프로그램으로부터 발산하는 프로젝트로 가득 채워진 게시판이다.

*관심법 방법*: 데이터가 무엇을 말하든지, 프로그램이 성공적인지는 마음속에서 알고 있다. 이것은 준임상적인 발견을 하는 의학적 연구 방법과 유사하다.

*담소 방법*: 짧은 회의 후에, 이왕이면 동네 술집에서, 프로젝트 스태프들과 성공적이었는지 결론을 낸다. 누구도 집단 토론을 반박하지 않는다.

*교육과정 방법*: 성공적인 프로그램은 학교에서 진행 중인 프로그램에 대한 방해를 최소화하면서 실행될 수 있는 것이다. 전혀 다른 프로그램은 어떤 비용이 들더라도 피하게 된다.

*계산 방법*: 데이터가 있다면 마지막까지 분석한다. 통계의 본질이 무엇이든지 간에,

사람들에게 알려진 가장 정교한 다변량 회귀 불연속 과정을 사용한다.

Wolfe의 유머는 이제 잊고, 합리적이고 유효한 평가 방법을 살펴보자. 급변하는 수업 속에, 새로운 방법이 이전보다 더 나은지를 아는 것만으로도 유용하다. 그렇지 않다면, 학생들을 위한 수업에 도움이 될 만한 적당한 증가 정도를 모르고 너무 많은 에너지를 투자할지 모른다. 12장(평가와 기획 기술)에서 다룬 것처럼, 수업 변화에 전념한다면, 수업 변화를 평가하는 데에도 전념해야만 한다. 평가에 전념하지 않는다면, 우리가 무엇을 하고 있는지 제대로 알 수 없을 것이다.

## 3. 프로그램 평가 과정에서 핵심 결정

모든 체계적인 프로그램 평가에서 많은 핵심 결정들이 내려져야만 한다. 이 결정들을 각각 살펴볼 것이다.

### 평가의 목적은 무엇인가?(What Is the Purpose of the Evaluation)

교육적 평가에는 크게 두 개의 목적이 있다. *형성평가*는 프로그램을 개선하는 것을 의도한다. 형성평가는 프로그램이 발전 중인 동안 실행되고 프로그램의 수명 동안 진행된다. *총괄평가*는 프로그램의 가치에 대한 한정적인 판단을 가져온다. 총괄평가는 프로그램이 일정 기간 동안 진행된 후에 실행된다. 총괄평가는 대체로 프로그램을 계속할지, 주요하게 수정을 해야 할지, 또는 종료할지에 관한 결정의 기본이 된다. 형성적인 프로그램 평가와 총괄적인 프로그램 평가가 항상 상호 배타적인 것은 아니다. 예를 들어, 형성평가를 위하여 수집된 데이터는 총괄평가의 부분으로서 이후에 재분석될 수 있다.

### 누가 평가하는가?(Who Will Evaluate?)

장학담당자와 교직원, 교육청 담당자, 사설 컨설턴트 중 누가 평가에 대한 주요한 통제권을 가져야 하는지는 해당 학교의 자원과 평가 목적에 달렸다. 그러나 교사가 수업 프로그램과 학교와 지역사회의 전반적인 수업의 효과성을 평가하는 데 포함되어야 한다는 점은 굉장히 중요하다. 모든 이해관계자(그 평가의 결정으로 영향을 받는 사람들)는 연구의 대상일 뿐만 아니라 연구의 협동 조사관이 되어야 한다. Greene(1986)이 언급한 것처럼, "이해관계자들의 참여에 대한 필요성의 합의"가 존재하고(Greene, 1986: 1), 이와 같은 참여는 "조언이나 투입 요소 제공이라기보다는 공유된 의사결정"으로 정의된다(Greene, 1986: 9).

## 답해야 하는 질문들은 무엇인가?(What Questions Need to Be Answered?)

평가 질문은 프로그램의 본질과 평가 단원들이 프로그램에 대해 무엇을 알고 싶어하는 지에 달려있다. 이제 새로운 사회 교과목이 평가된다고 가정해 보자. *실행* 질문이 '새 로운 교육과정이 어느 정도로 교실에서 실행되어야 할까?' 라면 *결과* 질문은 '학생의 지식, 기술, 태도에서 어떤 변화가 새로운 교육과정의 결과로 나타났는가?'이다. 일단 평가 질문이 형성되면, 평가를 기억하게 하는 기초로 사용될 것이다.

## 어떤 데이터를 어떻게 수집해야 하는가?(What Data Will Be Gathered and How?)

*데이터 정보원(data sources)*은 평가 질문에 답하기 위해 필요한 데이터가 수집되는 사 람, 장소, 물건, 사건 또는 과정이 될 수 있다. 데이터 정보원의 예시들로는 학생, 교사, 교 장, 부모, 수업 일화, 학생 결과물, 학교 기록들이 있다. *데이터 수집* 방식은 정보원들로 부터 데이터를 수집하는 방법이다. 예시들로는 시험, 관찰, 내용 분석, 사례 연구, 기록 검토, 평가척도와 설문조사의 행정처리, 면담이 있다. 각각의 평가 질문에 대해 복수의 데이터 정보원과 복수의 데이터 수집 방식을 사용하는 것이 일반적인 추세이다. 복수의 정보원과 방식은 평가 결과를 유효하게 할 가능성을 증가시킨다(Llosa & Slayton, 2009).

## 데이터를 어떻게 분석할 것인가?(How Will the Data Be Analyzed?)

데이터 분석은 평가 질문과 데이터의 유형으로 대개 결정된다. 결정에는 어떻게 데이 터를 조직하고 요약하고 나타낼 것인지가 포함된다. 중앙 부처, 대학 또는 개인 전문가 는 복잡한 양적, 질적 자료의 분석을 돕는 데 반드시 필요하다. 그러나 이해관계자가 특히 결과를 검토하고 설명, 함축적 의미 그리고 결론을 제안하는 데이터 분석에 가치 있는 기여를 할 수 있다.

## 평가는 어떻게 보고해야 하는가?(How Will the Evaluation Be Reported?)

시험, 관찰, 설문조사, 면담, 추천서의 결과들을 수집하고 분석한 뒤, 평가는 어떻게 보고되어야 하는가? 대개 평가단에 의해 결정되는 것이 가장 좋다. 대부분의 학교위원회와 관리자들은 원자료, 통계처리, 평가 방법론에 대한 200페이지 분량의 기술 보고서를 읽지 않는다. 이들은 결과와 결론에 관심이 있다. 의사 결정자들에게 기술 보고서는 요약된 보고서의 참고자료로써 필요할 뿐이다. 요약된 보고서가 석연찮거나 보고서의 특정 부분에 대해서만 더 많은 정보를 바라는 독자는 완벽한 기술 보고서를 확인할 수 있다. 그러나 보고서의 평가단이 정교한 평가 기술을 갖고 있는 사람들로 구성된다면, 완벽한 기술 보고서가 적절할 것이다.

평가단과는 관계없이, 평가 보고서에 반드시 포함되어야만 하는 정보가 있다(다시 말하지만, 이 요소들은 평가단에 따라서 길이나 기술적인 섬세함이 다양할 수 있다). 전형적인 평가 보고서는 다음과 같은 토론 내용을 포함한다.

1. 평가의 목적
2. 평가 대상 프로그램 설명
3. 평가 질문이나 평가 목표
4. 데이터 출처, 데이터 수집 방법, 데이터 분석 방법을 포함한 방법론
5. 프로그램의 강약점을 포함한 결과와 결론
6. 이후 평가를 위한 제언

## 4. 전반적인 수업 프로그램 평가

학교의 전반적인 수업 프로그램을 평가하는 것은 특정 프로그램을 평가하는 것과는 다르다. 여기서는 종합적이고 전체 학교 차원에서 수업 개선을 내다보며 수업의 수준을 평가하기 원하는 학교에서 여러분이 컨설턴트로 수행할 때 사용할 수 있는 평가모형의 윤곽을 잡아 보려고 한다. 평가를 계획하고, 데이터 수집 방법을 선정하고, 데이터를 분석하고 그리고 현재 수준과 필요한 변화에 대한 결론을 도출하는 데 학교위원회의 참여가 권장된다.

### 1단계: 평가 대상 영역 선택(Phase one: Selecting Areas to Be Examined)

평가 과정은 학교 행정공무원과 핵심 이해관계자들을 대표하고 평가를 조정하는 운영위원들을 만나는 것으로 시작한다. 그 만남에서는 각 평가 영역이 학교의 전반적인 수

업 프로그램과 얼마나 깊이 관련되어 있는지와 같은 합리적 기준에 근거하여 평가에 대한 전반적인 부분을 다루는 것이 권장된다.

1. 지역사회의 특성
2. 학교의 문화와 분위기(풍토)
3. 학교 관리 방식
4. 학생 특성
5. 교사 특성
6. 학부모 특성
7. 수업 장학
8. 교육과정과 교육과정 선정 과정
9. 교실 수업 방식
10. 학생 평가 방식
11. 학생 성취도
12. 전문성 신장 프로그램
13. 학부모와 지역사역 참여 프로그램
14. 학교와 교실의 평등 수준

물론 어떤 영역을 평가할 것인지 결정하는 것은 학교에게 달려있고 조정위원은 평가 영역을 삭제하거나 추가하려고 할 수 있다. 그러나 조정위원은 대부분 이전에 있었던 모든 영역을 시험할 종합적인 평가의 필요성에 동의한다. 초기 회의에서, 컨설턴트와 조정위원이 평가에 의해 영향을 받게 될 모든 사람을 요인으로 고려하는 협력적인 노력의 결과로서 나타나는 실제 평가 계획에 대한 이해와 함께, 대략적으로 제공된 평가 과정을 제외한 나머지를 제안한다.

## 2단계: 구체적인 평가 질문 확인(Phase Two: Identifying Specific Evaluation Questions)

2단계 과정은 행정공무원, 교사, 그 외 교직원, 학부모와 지역사회 인사들이 참석한 대규모 회의에서 시작한다. 평가에서 시험영역을 검토하는 전체 회의 이후에, 그 집단은 작은 기획팀으로 나뉜다. 나눠지는 기획팀의 개수는 시험할 영역의 개수와 같게 한다. 가능한 정도에서, 앞서 나열한 이해관계자 집단들은 각각 기획팀을 대표한다. 각 팀은 1단계에서 결정된 평가 영역 중 하나와 그 영역에서 구체적인 평가 질문으로 추천된 과제들을 할당받는다. 예를 들어, *지역사회의 특성* 기획팀은 이 평가에 의해서 답해져야만 한다고 믿고 있는 지역사회에 관한 일련의 평가 질문에 합의해야 하고, *학교 문화와 풍토* 팀은 할당받은 영역과 관련한 일련의 평가 질문을 제안해야만 하는 식이다. *지역사회의 특성* 평가 질문으로 "학교에서 수업과 학습을 강화하는 데 사용될 지역사회의 자원이 어느 정도인가?"와 같은 것이 있고 *학교 문화와 풍토* 팀 질문으로는 "우리 학교 문화가 성공적인 학교에 대한 연구와 비교했을 때 얼마나 일관적인가?"가 있을 것이다.

마지막으로 기획팀들은 일반적 영역에 관해 제안한 평가 질문에 합의를 하고, 각각의 팀은 전체 회의에서 추천할 내용을 제시하고 설명한다. 질문에 대한 삭제, 첨가, 수정 제안은 전체 회의의 참석자들에 의해 만들어지고 난 뒤 각 팀에 의해 반영될 것이다. 각 기획팀이 제안된 질문을 수정할 시간을 가진 뒤에, 또 한 번의 전체 회의에서 최종 추천 내용을 발표할 것이다. 이 마지막 전체 회의에서, 전체 참석자는 각기 제안된 평가 질문을 평가에 포함시킬지에 대하여 투표를 한다. 대규모 회의를 마치고 나면 컨설턴트와 조정위원은 각 영역에 대한 평가 질문을 다시 쓰고 그것을 공통적인 형식으로 제시한다. 비록 질문의 용어가 수정될 수는 있어도, 질문의 기본적인 내용은 전체 회의에서 승인된 대로 유지되어야만 한다.

## 3단계: 평가 설계(Phase Three: Designing the Evaluation)

3단계는 평가를 적절하게 설계하기 위해 협력적인 컨설턴트, 조정위원, 기획팀으로 구성된다. 팀은 데이터 수집 방식(시험, 관찰, 내용 분석, 사례연구, 기록 검토, 평가 척도, 설문조사, 면담 등)뿐만 아니라 수집된 평가 질문에 각각 답할 수 있는 데이터 출처(사람, 장소, 물건, 사건, 과정)를 제안한다. 그러나 협조와 효율성 때문에, 데이터 출처와 데이터 수집 방식에 대해 최종 결정을 내릴 수 있는 것은 평가 조정위원회이다.

출처와 방식을 확인한 후에는 시험, 교실 관찰 시스템, 서면 설문조사, 면담 안내 등 정보 수집 도구를 선별하고 설계해야 한다. 기획팀은 구체적인 시험 대상, 설명과 면담 질문, 관찰된 교실 행동 등에 대한 제안을 하고 컨설턴트와 조정위원들은 이 도구를 구성한다. 측정될 폭넓고 다양한 영역 중에서 효율성은 가장 결정적인 요인이다. 예를 들어, 여섯 개의 기획팀이 각각 할당된 영역과 연구 질문에 대한 데이터를 수집하기 위해 조준된 몇 개의 교사 설문지를 제안하고 있다고 해 보자. 컨설턴트와 평가위원은 여섯 개의 다른 설문지를 구성하기보다는 다른 평가팀들이 찾고 있는 데이터를 수집하기 위해 설계한 각각의 영역 내 질문들을 구성하여 여섯 개의 영역으로 나뉘는 하나의 설문지를 설계할 수 있다.

[그림 14.1]은 학교의 전반적인 수업 프로그램의 계획에 대한 행렬을 제공한다. 격자는 측정될 각 영역과 관련된 데이터 출처와 데이터 수집 방식을 개괄적으로 검토하는 데 사용된다.

## 4단계: 정보 수집과 분석(Phase Four: Gathering and Analyzing Data)

교사, 장학담당자, 컨설턴트는 평가 질문에 답하기 위해 필요한 데이터를 수집하는 데 모두 도움이 될 수 있다. 예를 들어, 교사는 학생을 면담하거나 설문조사할 수 있고, 학생들의 작품 중 대표적인 것을 수집하거나, 샘플 강의를 녹화할 수 있다. 장학담당자는 교실 관찰을 실행하거나 학부모 면담 내지 설문조사를 할 수 있고, 전체 학교차원에서 학생 성취도 데이터를 수집할 수 있다. 컨설턴트들은 기술적인 도움을 제공하거나 교사 면담이나 설문조사 또는 질적 사례연구를 진행할 수 있다. 데이터 수집에 관한 최고의 인적 자원은 수집될 데이터의 본질과 관계자의 기술과 흥미에 따라 다르므로 학교마다 다양할 수 있다. 그러나 어떤 평가라도 (1) 각 데이터 유형을 수집하는 데 누가 책임을 지는지 (2) 따라야 할 데이터 수집 절차가 무엇인지를 분명하게 정의하는 것이 필수적이다. 데이터를 수집할 교사와 다른 스태프들은 필요한 데이터 수집 기술을 획득하도록 스태프 교육이 필요할 수도 있다.

교사는 또한 평가 데이터를 분석하기 위해 장학담당자나 컨설턴트와 함께 일할 수 있다. 비록 더 복잡한 통계분석이나 질적 분석에는 컨설턴트가 필요하겠지만, 교사는 다양한 데이터 분석 활동에 참여할 수 있다. 교사들은 대부분의 데이터 유형을 조직하고 검토하고 비교하고 해석하는 것을 도울 수 있으며 학교 수업 프로그램의 경우, 필요한 개선과 관련된 데이터에 기초하여 의사결정에도 참여할 수 있다.

데이터 수집과 데이터 분석은 별개의 활동으로 취급되어서는 안 된다. 평가 과정에서 이미 수집된 데이터를 분석했을 때, 평가 질문에 적절하게 대답하기 위해서는 추가적인 자료 수집이 필요하다고 나타날 수도 있다. 그러므로 데이터 수집과 분석은 선형적인 과정보다는 상호작용하는 순환과정으로 간주될 수 있어야 한다. 데이터 수집과 분석 과정은 컨설턴트와 조정위원이 협력할 수 있다. [그림 14.2]는 각각의 평가 질문에 대한 데이터를 수집하고 분석할 때 협력하기 위해 사용될 수 있는 표이다.

데이터 출처와 데이터 수집 방식

| 측정 영역 | 학생 | | | | 교사 | | | | 학교 리더십 | | | | 학부모 | | | | 지역사회 | | | | 중앙부서 | | | | 문서화된 교육과정 | | | | 학교 기록 | | | |
|---|---|---|---|---|---|---|---|---|---|---|---|---|---|---|---|---|---|---|---|---|---|---|---|---|---|---|---|---|---|---|---|---|
| | R | O | S | I | R | O | S | I | R | O | S | I | R | O | S | I | R | O | S | I | R | O | S | I | R | O | S | I | R | O | S | I |
| 지역 특성 | | | | | | | | | | | | | | | | | | | | | | | | | | | | | | | | |
| 학교 문화와 풍토 | | | | | | | | | | | | | | | | | | | | | | | | | | | | | | | | |
| 학교 관리 | | | | | | | | | | | | | | | | | | | | | | | | | | | | | | | | |
| 학생 특성 | | | | | | | | | | | | | | | | | | | | | | | | | | | | | | | | |
| 교사 특성 | | | | | | | | | | | | | | | | | | | | | | | | | | | | | | | | |
| 학부모 특성 | | | | | | | | | | | | | | | | | | | | | | | | | | | | | | | | |
| 수업 장학 | | | | | | | | | | | | | | | | | | | | | | | | | | | | | | | | |
| 교육과정 | | | | | | | | | | | | | | | | | | | | | | | | | | | | | | | | |
| 교실 수업 | | | | | | | | | | | | | | | | | | | | | | | | | | | | | | | | |
| 학생 평가 | | | | | | | | | | | | | | | | | | | | | | | | | | | | | | | | |
| 학생 성취 | | | | | | | | | | | | | | | | | | | | | | | | | | | | | | | | |
| 전문성 신장 | | | | | | | | | | | | | | | | | | | | | | | | | | | | | | | | |
| 학부모와 지역사회의 참여도 | | | | | | | | | | | | | | | | | | | | | | | | | | | | | | | | |
| 평등성 | | | | | | | | | | | | | | | | | | | | | | | | | | | | | | | | |

설명: R = 존재하는 데이터 검토(인적 정보, 학생 성취 데이터 등)
　　　O = 관찰 또는 비디오 녹화
　　　S = 서면 설문조사, 평가 척도 등
　　　I = 면담

측정별 영역간의 관계, 데이터 정보원, 데이터 수집 방식을 나타내는 적절한 칸에 체크(∨)하세요.

[그림 14.1] 전반적인 수업 프로그램 평가를 위한 계획 격자

| 평가 질문 | 책임자<br>(조정자) | 평가 팀 구성원 | 데이터 출처 | 데이터<br>수집 방식 | 데이터<br>분석 방식 | 평가 시간 | 필요한 자원 |
|---|---|---|---|---|---|---|---|
| 1) | | | | | | | |
| 2) | | | | | | | |
| 3) | | | | | | | |
| 4) | | | | | | | |
| 5) | | | | | | | |
| 6) | | | | | | | |

[그림 14.2] 데이터 수집과 분석 계획을 위한 표

## 5단계: 평가 보고서 준비와 제시
(Phase Five: Preparing and Presenting the Evaluation Report)

평가 보고서의 유형은, 전반적인 수업 프로그램 평가에서 다뤄야 할 영역이 다양하기 때문에, 특정 프로그램에 대한 평가 보고서보다 더 포괄적일 수 있다. 보고서는 측정되는 특정 영역뿐만 아니라 그 영역들 간의 *관계*에 대해서도 다뤄야만 한다. 예를 들어, 대부분의 교사가 학교의 문화(한 영역)가 그들의 교실 수업(다른 영역)에 영향을 미친다고 보고한다면, 이 관찰된 영향력은 보고서에서 논의되어야만 한다. 보고서에서 만들어진 결론은 연구하는 동안 수집된 데이터와 그 데이터의 상호적인 해석에 기초해야만 한다.

학교의 전반적인 수업 프로그램을 개선하기 위한 제언들은 연구의 결과와 결론에 직접적으로 연관되어야만 한다. 개선을 위한 몇몇 제언들은 특정 영역(학교 관리, 교육과정, 교실 수업 등)에 관한 것이겠지만 또 다른 제언들은 평가된 여러 가지 영역이나 모든 영역에 영향을 미칠 변화에 대한 제안을 포함하면서 종합적이어야 한다. 모든 제언들의 실행이 가능하지 않을 수 있기 때문에, 그 제언들은 우선순위가 매겨져야만 한다. 앞서 논한 특정 프로그램에 대한 보고서와 같이, 전반적인 수업 프로그램의 평가에 대한 보고서의 분량과 깊이도 평가단이 다르면 다른 형태의 보고서를 받을 수 있도록 의도하고 있는 평가단에 맞춰져야만 한다. 마지막으로, 교사와 다른 이해관계자들이 평가 계획과 실행에 참여해야만 하는지에 관해, 앞서 논한 바와 같이, 이런 다양한 집단의 대표들이 중앙 부처, 학교위원회, 지역사회 단체에서 예정된 결과 발표에 참여해야만 한다고 조언하는 바이다.

## 5. 프로그램 평가와 교사의 자율성

David Fetterman과 Abraham Wandersman(2007)은 *자율 평가(empowerment evaluation: EE)*를 선도하는 지지자로서, 이를 수업 개선과 개인의 결단력을 촉진하기 위한 평가 개념, 기법, 방법들의 사용이라고 정의한다(Fetterman & Wandersman, 2007: 186). EE는 건강보험, 지역발전, 사업, 정부, 교육에서 사용될 수 있다(Fetterman & Wandersman, 2005). 수업 장학에 적용한다면, EE에서 장학담당자는 프로그램 평가를 수행하는 동시에 교사를 촉진한다. 여기에서는 EE의 목적, 필수적인 장학 지원, EE의 과정을 설명할 것이다.

## 목적(Purpose)

EE는 학교 문화와 평가 대상 프로그램의 개선을 모두 추구한다. 이의 전제조건은 다른 사람들과 함께 교사의 소속 프로그램을 평가하는 것이며, 이러한 활동은 상호 의사소통을 향상시키고 협력을 증대시키고 동료의식을 촉진할 것이다. 이러한 과정을 통하여 프로그램 평가에 대한 교사의 이해와 평가자로서의 자신감이 형성된다. EE는 또한 전문적인 역할에 대한 협소한 관점으로부터 교사들이 벗어나려는 노력을 하고 더 자기 주도적으로 일을 하도록 만들고 있다. EE의 최종 목적은 미래에 프로그램 평가를 실행할 수 있는 개인과 학교 모두의 역량을 동시에 형성하는 것이다.

## 지원(Support)

자율 평가에 대해서 장학을 지원하는 것은 교사에게 EE에 대한 이해와 기술을 제공하여, 평가 데이터를 수집하고 분석하도록 하는 것에서부터 시작한다. 교사는 어떻게 단순한 교실 관찰 도구, 설문, 면담을 개발하고 관리할지, 학교 기록 중 존재하는 자료들을 어떻게 발굴할지, 어떻게 기본적인 데이터 분석을 실행할지 등을 배워야 한다. 장학 담당자는 또한 교사에게 시간적 자원, 공간적 자원, 자료를 포함하여 EE를 실행할 수 있는 모든 자원을 제공해야만 한다.

　　장학담당자는 교사가 EE 전문성 신장과정을 이수했더라도 그 즉시 단순하게 교사에게 EE를 시작하도록 일을 할당해서는 안 된다. 프로그램 평가에 참여한 교사는 평가 단계의 각 단계에서 기술적이고 인도적인 지원을 받을 필요가 있다. 교사 평가자는 평가 질문 선정이나 데이터 수집 도구의 선정과 구조, 데이터 조직과 분석, 변화를 위한 계획에서 기술적인 지원이 필요하다. 가장 중요한 것은, 교사가 자신이 평가를 끝까지 진행하고 프로그램 개선을 실행하면서 지지를 받게 될 것이라는 점을 알아야 하는 것이다. 다른 주도권에 집중하면서 EE를 유예하거나 프로그램 개선을 위한 후속 지원에 실패하는 장학담당자보다 교사의 EE에 대한 헌신을 방해하는 것은 없다.

## 과정(Process)

EE의 단계는 놀랍도록 단순하다: (1) 평가 팀의 임무에 대해 결정, (2) 현재 프로그램의 평가, (3) 미래에 대한 계획(Fetterman & Wandersman, 2007). 세 단계 과정에는 EE의 특징을 복잡하게 증가시킬 뿐만 아니라, 프로그램과 교사의 발전 모두에 강력한 매개체가 되는 많은 원칙이 있다.

우리는 EE의 원칙 중 몇 가지를 수업 프로그램을 평가하는 교사에게 자유롭게 적용할 수 있다(Fetterman & Wandersman, 2005). 하나는 학교의 교사 학습 공동체가 평가에 대해 주인의식을 가져야만 한다는 것이다. 평가에는 참여하기 원하는 교사 학습 공동체의 모든 구성원들을 포함해야만 하지만, 여기서 포함이라는 개념은 모든 이해관계자—학생, 학부모, 공동체 구성원들을 포함—가 컨설팅을 받아야 하고, 평가 동안 정보를 받아야 함을 의미한다.

평가는 (1) 학생에 대한, (2) 학생 문화에 대한, (3) 어떻게 프로그램이 지역의 맥락에 적용되는지에 대한 교사의 지식을 반영해야만 한다. 결국 교사 평가자는 그 프로그램에 대한 다른 이해관계자의 관점을 찾아봐야만 한다. EE는 투명성, 협력, 공동의 의사결정으로 특징지을 수 있는 민주적인 과정이다. 아무리 의사결정이 민주적이라 할지라도, 의사결정은 교사가 학교와 지역사회로부터, 문헌 연구나 필적할 만한 유사한 프로그램을 가진 학교와 같은 외부 자원으로부터 수집한 데이터로써 공개되어야만 한다.

EE는 현재 프로그램에 대한 판단을 내릴 뿐만 아니라 개선을 위한 계획 또한 포함하는 것이라고 할 수 있다. EE의 개선 계획은 중재와 중재를 평가하기 위한 전략 모두를 포함한다. EE는 순환한다: 프로그램 평가는 개선 계획으로 이어지고, 개선 계획은 조정으로 이어지며, 조정은 새로운 평가로 이어진다. 마지막으로, EE는 내적 타당성을 포함한다. 교사 평가자는 자신의 평가, 계획, 조정의 수준에 대한 이해관계자들로부터의 피드백을 추구하면서, 모든 이해관계자들에게 자신의 타당성을 주장한다.

자율 평가는 외부 평가자에 의한 프로그램 평가를 대신하지는 못하지만, 외부 평가자에게 충분한 데이터를 제공함으로써 전통적 평가를 보완할 수는 있다. 대부분의 외부 평가는 수업 프로그램에 대한 일회적인 포착을 하기 때문에, 자기평가는 일반적으로 외부 평가자에 의해 제공되지 않는 이점, 가령 지속적인 프로그램 개선이나 교사의 발전과 같은 이점을 가지고 있다.

## 6. 교사 평가

교사 평가는 프로그램 평가와 같은 기술을 몇 가지 포함하지만(예, 데이터 수집, 데이터 분석), 다른 전략과 기술을 요구하는 별개의 필수적인 과정이기도 하다. 이 절에서는 총괄적 교사 평가와 형성적 교사 평가를 비교하고, 따로 진행될 수 있는 평가의 두 가지 유형을 제안한 뒤, 자기평가를 논할 것이다.

## 총괄적 교사 평가와 형성적 교사 평가의 비교
(Comparing Summative and Formative Teacher Evaluation)

총괄적 교사 평가와 형성적 교사 평가는 교사 평가의 두 개의 큰 범주이다. *총괄적 교사 평가*는 교사의 신뢰성에 관한 조직의 요구를 충족시키기 위해 의도된 행정적 기능이다. 이는 교사의 수행 능력 수준에 관한 결정을 포함한다. 총괄평가는 항상 교사가 최소 기대치를 충족시키는지를 판단하는 것을 추구한다. 만일 교사가 자신의 전문적인 책임감을 충족시키지 못하면, 총괄적 과정은 교정이 요구되는 부적절한 수행을 문서화하고, 필요하다면, 제명하기도 한다. 때때로 총괄평가는 교사가 뛰어나 수행에 대해 지방 정부에서 제공하는 보상을 받을 자격이 있는지를 결정하는 데이터를 수집하기도 한다.

총괄평가는 그 목적과 빈도, 과정을 규정하는 정책에 기초하고 있다. 교사의 수행은 일반적으로 평가 형식으로 문서화되어 있다. 그 형식에서, 행정공무원은 등급을 매기면서 또는 교사가 수행 기준을 충족한 정도를 나타내는 진술을 하면서, 확인 목록을 완성한다. 평가 형식은 기준(모든 교사에게 동일한 기준)이 되며 전반적(다른 책임을 가진 교사에게 적용될 만큼 충분히 일반적)이다. 평가 형식은 교실 분위기, 계획, 교사 행동, 교실 관리와 같은 영역을 포함하여, 교사의 수업 수준에 대한 판단을 한다(Danielson, 2007). 하지만 평가 기준은 일반적으로 수업 외적인 영역(가령 학교 규정 준수, 동료들과의 협력, 교과 외적인 업무에 대한 완성 등) 또한 포함하고 있다.

평가 도구는 반드시 타당해야만 하며(정확성), 신뢰할 수 있어야만 한다(일관성). 타당한 도구는 효과적인 수행에 있어 필수적인 것으로 고려되는 모든 기준을 포함하고, 효과적인 수행에 외재적인 것으로 고려되는 기준을 배제하며 그 중요성을 상대적인 비율로 따져 가중하는 것을 말한다(Danielson, 2007). *신뢰할 수 있는* 도구는 높은 추론 정도(평가자의 주관성이 높은 정도)보다는 낮은 추론 정도(가능한 거의 객관적)를 포함한다. 신뢰도는 또한 행정공무원이 평가 도구를 적절하게 사용하도록 훈련할 것을 요구하는데, 그래야만 그들이 높은 수준의 상호평가자 신뢰도(같은 교사의 등급에 대한 전문가와 행정공무원의 합의)를 확보하기 위하여 피해야 할 실수를 알 수 있기 때문이다(Sartain, Stoelinga, & Brown, 2011).

전문가들은 일회성 수업 방문에 의존하기보다는 여러 차례 다른 시간에 걸쳐 평가를 하도록 제안한다. 또한 행정공무원과 교사가 평가 과정을 토론할 수 있는 사전 평가 회의와 행정공무원이 평가의 결과를 검토할 수 있는 사후 평가 회의가 추천된다. 마지막으로, 합법적이고 윤리적인 고려사항으로서 교사의 수행이 부적절하다고 판단되었을 때, 교사는 반론 기회와 시정 계획 및 지원과 더불어 자신의 결점에 대한 정보를 제공받아야 하고 또한 재평가되어야만 한다(Matula, 2011).

　　*형성적 교사 평가*는 전문성 신장과 수업 개선이라는 측면에서 교사를 지원하고 지지하기 위해 의도된 장학적 기능이다. 이는 신뢰성에 대한 조직의 필요보다는 교사의 필요에 집중한다. 일반적으로 교실 안팎에서의 교사의 행동을 고려하는 총괄평가와는 달리, 형성평가는 교수와 학습에만 집중하고 있다. 총괄평가는 특정 기간 동안의 수행에 대한 요약을 고려하는 한편, 형성평가는 계속되고, 지속적인 향상을 고려한다. 형성평가는 모든 필수적인 수행 기준에 대한 데이터를 수집하기 위해서 표준화된 평가 도구에 의존하기보다는 일반적으로 교실 과정 중 한 측면에 국한된 *체계적인 관찰*(예, 질문 기법, 학생 참여, 교실 움직임 등)에 바탕을 둔다. 그러므로 13장에 설명된 관찰 체계는 형성평가에 매우 적합하다.

　　형성평가는 표준화되고 보편적인 기준을 고려하지 않기 때문에, 개별 교사의 특정 맥락과 필요에 집중할 수 있다. 형성평가의 목적은 교사를 돕는 것이지 판단하는 것이 아니므로, 형성평가는 정당한 법적 절차와 같은 법적 문제들은 고려하지 않는다. 그보다는, 평가자와 교사의 동료 간 관계를 발전시키고, 교사의 필요와 관심에 접근하는 등 신뢰와 유대감의 형성을 고려한다. 비록 몇 가지 방법이 총괄평가에서 학생, 동료, 학부모 참여를 추천하지만, 행정공무원과 교사는 이런 참여를 거부한다. 그러나 학생, 동료, 학부모의 피드백이 형성평가의 일부로서 순전히 교사의 수업을 개선하도록 돕기 위한 목적으로 이뤄진다면 제공되고 채택될 가능성이 훨씬 높다.

　　〈표 14.1〉은 총괄적 교사 평가와 형성적 교사 평가의 비교를 요약하고 있다.

## 왜 총괄평가와 형성평가를 분리해야만 하는가
(Why Summative and Formative Evaluation Should Be Separate)

대부분의 학교 행정은 하나의 평가 체계를 활용하여 총괄평가와 형성평가의 요구를 모두 충족시키고자 한다. 그러나 학교가 총괄평가와 형성평가를 동시에 실행하려고 한다면, 총괄평가의 목적에 우선적인 강조를 두는 경향이 있고, 형성평가는 이차적인 상태로 격하된다. "너무 빈번히 학교 행정은 강력한 성장 중심의 입장을 옹호하고 있지만 평가 체계에는 그런 입장이 반영되어서는 안 된다"(McGreal, 1989: 38).

　　평가 척도에 의존하면서도 총괄평가와 형성평가를 종합해야 한다고 지지하는 평가 체계는 특히 의심스럽다. "오직 평가 척도를 통해서 교사의 수행에 대한 주기적인 평가에만 의존하는 학교 체계는 시스템 내에서 총괄적인 목표에 적합한 데이터를 포

〈표 14.1〉 총괄적 교사 평가와 형성적 교사 평가의 비교

|  | 총괄평가 | 형성평가 |
|---|---|---|
| 기능 | 행정적 | 장학적 |
| 목적 | 신뢰도; 교사에 대한 판단 수행;<br>결정 채택 | 도움; 전문성 신장;<br>수업 개선 |
| 범위 | 수업; 규율에 대한 순응; 교과외 책임감,<br>개인적 자질 | 수업 |
| 초점 | 평가 형식 | 수업에 관한 교사의 관심과 필요와 관련된<br>모든 수업 데이터(관찰, 인공물 등) |
| 기간 | 정해진 기간(일반적으로 한 학기에 한 번) | 계속적(지속적인 개선 목표) |
| 관심 | 표준화, 타당도, 신뢰도, 마감기한 과정 | 신뢰, 유대, 동료애 형성; 맥락 이해, 교사의<br>관심과 필요에 대한 이해와 접근 |
| 평가자 | 일반적으로 행정공무원; 행정공무원에 의한<br>최종 결정 | 행정공무원, 장학담당자, 본인, 동료, 학생,<br>때로는 학부모 |

착할 수도 *있겠지만* 형성적/발전적 목표를 추구하는 데 있어서는 결함이 있을 것이다"(Allison, 1981: 15). 한 가지 원인은 총괄평가 척도는 표준화되고 보편적이고 법적으로 방어가 가능하며 완료하고 처리하기에 효율적이도록 설계되었고 많은 수업 외적 기준을 포함하고 있다는 점이다. 이것은 척도가 형성평가에 거의 가치가 없을 뿐만 아니라 형성평가를 위한 가장 풍부하고 의미 있는 데이터가 될 수 없다는 것을 의미한다 (Allison, 1981).

총괄평가는 채용 결정을 내리는 데 필수적이지만 대부분의 교사들의 수업 개선으로 이어지지 않는다는 점은 널리 알려져 있다. 사실, 총괄평가는 실제로 "참여의 저하로 이어지는 평가에 대한 부정적인 감정과 교실에서 행동을 변화시키려는 의지를 가진 교사가 되려는 가능성을 낮추도록" 촉진함으로써 개선을 좌절시킬 수 있다(McGreal, 1982: 303). 형성평가의 성공은 교사와 평가자 사이의 신뢰와 개방적인 의사소통에 달려 있다. 하지만 총괄평가는 잠재적으로 처벌적인 성격을 가지고 있다. 낮은 수행 척도에 대한 가능성은 항상 배경 속에 숨어 있다. 평가의 두 유형이 섞일 수 없다는 것은 놀랄 일이 아니다!

총괄평가가 형성평가에 비해 시행될 필요가 없다고 주장하는 것은 아니다. 이 두 평가 유형 모두 필요하다. Popham(1988)의 의견처럼, 두 평가가 전적으로 다른 목적을 가지고 있으므로, 따로 유지될 필요가 있다. McGrea(1982)와 같이, 평가 체계의 둘 중 한 유형은 두 체계가, 분리되어 유지될 때만 가능한, 내재적 일관성이 있을 때 성공

할 가능성이 더 크다고 주장하는 바이다. 분리된다면, 두 체계는 공존할 수 있는가? 그렇다. 하지만 오직 각각의 목적이 명확하게 정의될 때만, 교사는 이 둘을 다른 것으로서 인지할 수 있고, 각각이 온전한 상태로 보호된다(Allison, 1981).

## 어떻게 총괄평가와 형성평가를 구분하는가
(How to Separate Summative and Formative Evaluation)

평가의 이 두 유형을 구분하는 한 가지 방법은 다른 평가자를 사용하는 것이다. 예를 들어(두 평가 유형 모두를 받을 필요가 분명히 있는) 일년차 교사에게는 행정공무원에 의해서 실행되는 총괄평가와 멘토로 지정된 숙련된 교사에 의해서 실행되는 형성평가를 모두 적용할 수 있다. 숙련된 교사의 경우 오직 교장으로부터 총괄평가를, 교감, 부장 교사, 동료 감독으로부터 형성평가를 받을 수 있다. 총괄평가자와 형성평가자의 조합은 다양하다. 중요한 점은 평가의 각 유형에 책임을 지고 있는 모든 사람에게 분명히 설명하고 각 평가자가 자신의 평가를 서로 독립적으로 실행하도록 해야 한다는 것이다.

총괄평가와 형성평가를 구분하기 위한 또 다른 방법은 각각의 방법들이 실행되는 기간과 연관 짓는 것이다. 예를 들어, 모든 총괄평가는, 형성평가가 있는 학기를 기억나게 하기 때문에, 매 학기 가을에 실행될 수 있다. 이 전략이 사용될 때, 한 사람은 평가의 두 유형을 모두 수행할 수 있다. 이 전략은 형성평가가 가을에 진행되고 총괄평가가 나머지 기간 동안 내내 진행된다면 효과가 없을 것이다. 왜냐하면 가을 동안 형성평가에 참여하는 교사는 총괄평가가 곧 닥칠 것을 인지하기 때문이다. 그런 인지는 교사가 자신의 수업 개선 필요성을 개방하고 정직한 대화에 참여하려는 의지에 영향을 미칠 것이다. 총괄평가를 일 년의 초기에 진행하고 교사에게 "승인 도장"을 찍어 주고 난 뒤, 교사와 장학담당자가 학기를 기억하게 하는 비판적 평가에 참여하도록 허락하는 것이 더 좋다. 장기적로는 "분리된 기간" 전략을 변형할 수 있다. 총괄평가는 부임 기간 중 첫해에 진행하고 난 뒤 다음 2년이나 3년 동안 형성평가에 집중하면서 총괄평가의 시작 연도를 다음 3년이나 4년차로 순환시키는 것이다. 교사의 수행에 심각한 문제가 형성평가 기간 동안 발생하고 있다면, 해당 교사는 문제가 해결될 때까지 총괄평가-교정 트랙으로 재배치될 수 있다.

총괄평가와 형성평가를 구분하는 세 번째 방법은 Thomas McGreal(1983)에 의해 제안된 것이다. McGreal의 모형하에서, 행정적이면서 개인적이고 수업에 관한 분명하고 명확한 일련의 최소한의 수행 기대치가 설정될 것이다. 이 최소한의 기대치에 관한 교사의 수행은 지속적으로, 공식적으로 모니터링될 것이지만, 어떠한 특별 과정이나 평가 도구는 확정되지 않을 것이다. 교사의 수행에 문제가 발생한다면, 행정공무원은 교사에게 최소한의 기대치를 상기시킬 것이다. 문제가 계속해서 발생한다면, 행정공무원은 교사에게 교사 파일에 배치된 복사본과 함께 교사 결점에 대한 서면 공지를 발행할 것이다. 공식적인 공지에도 심각한 위반이 계속된다면, 행정공무원은 더 강력한 행정 방침을 권고할 수 있다. 이런 만일의 사태를 넘어서는, 공식적인 총괄평가 과정이나 연례 논평은 없을 것이다. 이것은 총괄평가를 신경 쓸 것이다. 동시에 평가에 기울인 시간과 에너지의 대부분은 목표 설정, 수업 중심, 체계적 교실 관찰, 추가적 교실 데이터 수집과 분석을 포함하면서, 형성평가가 될 것이다. 이런 추가적인 데이터는 학생 수행과 교실 인공물뿐만 아니라 동료, 학부모, 학생, 자기평가를 포함할 수 있다(McGreal, 1983).

총괄평가와 형성평가를 구분하는 어떤 전략이 행정 당국이나 학교에게 가장 좋은지는 행정과 관리의 전문성 수준, 행정직원의 규모, 교사의 선호도, 이용가능한 자원에 따라 달려있다. 중요한 것은 이들이 따로따로 유지된다는 점이다. 따로 유지된다는 것은 총괄평가와 형성평가가 모두 보다 효과적으로 실행됨을 의미한다.

## 7. 교사의 자기평가

자기평가는 형성평가 과정의 중요한 부분이며 전문성 신장에 강력한 도구이다(Ross & Bruce, 2007). 자기평가는 다음과 같은 다양한 형식으로 이루어질 수 있다.

- 자신의 수업과 전문적인 수업을 비교하고, 비교에 기초한 자기 개선 목표를 확인하기 위한 목적을 갖고 몇 명의 전문 교사의 교실을 방문한다.
- 몇 개의 전체 수업에 걸쳐 자기의 수업 방식을 녹화하고, 비디오를 검토하는 동안 수업 수행을 분석한다.
- 학생이나 학부모에게 진행될 설문조사나 질문지를 설계하거나 선별하고 그 결과를 분석한다.
- 장학담당자나 동료, 학생, 또는 학부모와 효과적인 교수와 학습에 대하여, 또는 자신의 수업 수행에 대하여 면담한다.
- 수업 개선의 목적에 부합하는 결정적인 성찰을 동반하는 수업 경험, 문제, 성공에 대한 일기를 쓴다.
- 학생 프로젝트, 발표, 포트폴리오, 사회적 행동뿐만 아니라 전통적인 시험에 관

한 학생 성취를 종합적으로 검토한다.

● 자기 성찰과 분석 목적을 위한 수업 포트폴리오를 개발한다.

위에서 나열된 자기평가의 마지막 형식, 교사 포트폴리오를 다소 확장해 보자. 형성평가에 추천되는 연간 포트폴리오의 한 가지 형태는 자기평가의 네 단계에 대응하는 네 구역으로 구분하는 것이다. 1구역은 학년의 첫 몇 주간 동안 수업에 대한 교사의 자기평가를 포함한다. 이 구역의 내용물은 동료 관찰, 학생 작품, 성적표, 학생 설문지 등을 포함한다. 교사 데이터의 의미와 수업 개선에 관련된 함축적 의미에 대한 성찰 또한 1구역에 나타난다.

포트폴리오의 2구역은 학년의 남은 기간 동안 실행될 개인적 개선을 위한 계획을 포함한다. 이 계획은 수업 개선 목적과 그 목적을 충족시키기 위해 의도된 행동들을 포함한다. 계획된 행동은 전문성 신장 워크숍에 참여하고, 스터디 그룹에 가입하고, 새로운 수업 전략을 시도하는 것 등이 될 수 있다. 2구역은 또한 개선 활동의 결과를 평가하기 위한 계획을 담고 있다. 왜 계획된 행동이 선택되었는지에 관한 성찰과 예상되는 결과도 2구역에 포함된다.

포트폴리오의 3구역은 학년의 남은 기간 동안 개발된다. 이 구역의 항목들은 개선 활동에 대한 설명과 성찰을 포함한다. 참석했었던 전문성 신장 프로그램에서 나온 계획표, 새로운 수업 전략을 관찰한 장학담당자로부터 받은 피드백, 일 년 동안의 학생들이 수행한 샘플들과 다른 무수한 항목들이 개선 노력과 성장의 방식으로 문서화된다. 3구역에서의 인공물이나 성찰은 교사의 개선 경과에 대한 정보를 제공한다.

비록 개선 목적을 향한 발전의 측정이 포트폴리오의 3구역을 통해 제시되지만, 교사가 연말에 실행 목적을 향한 발전에 관해 요약 데이터를 입력하는 곳은 4구역이다. 학년에 대한 마지막 성찰과 개선 활동의 성공에 대한 판단이 수록된다. 개인적이고 전문적인 성장에 대한 개괄적인 성찰이 또한 포함된다. 교사는 아마도 내년에 새로운 학생들을 만날 것이고 심지어 다른 과정을 가르칠 수도 있다. 따라서 학년 말은 이듬해를 위한 세부적인 개선 계획을 발전시킬 적절한 시점은 아니다. 그러나 교사는 포트폴리오의 4구역에서 몇 가지 잠재적인 새로운 개선 목적에 대한 일반적인 토론으로 결론짓는 것을 바랄 수도 있다.

수업의 자기평가가 독립적으로 이뤄질 필요가 없다는 것을 기억할 필요가 있다. 비디오, 설문 및 면담 결과, 일기, 학생 성취 데이터, 교사 포트폴리오는 장학담당자나 동료와, 때에 따라서는 학생이나 학부모와 협력적으로 분석되고 토론될 수 있다. 그 과정은 *자기평가*라고 불리는데 그것은 교사가 그 결과에 대한 수업 개선 계획뿐만 아니라 평가를 계획하고 실행하는 것과 관련한 의사결정의 온전한 책임을 가정하기 때문이다 (Keller & Duffy, 2005). 일단 교사가 자기평가를 완수하면, 그들은 수업 개선 목적을 달성하기 위해 많은 매개체들의 선택이 가능해진다. 교사는 공식적으로 지정된 장학담당자에게 임상적인 장학을 요청할 수 있고 동료 장학 프로그램의 부분이 될 수도 있고(15장 참고), 개별화된 전문성 신장 프로그램을 시작할 수도 있다(17장 참고).

## 성찰과제

교사 평가에 대한 공개 포럼에서 교육자들 앞의 무대에 앉아있는 세 명의 패널 중 한 명이라고 상상해 보자. 패널 토론의 주제는 형성적 교사 평가와 총괄적 교사 평가가 통합되어야 하는지, 계속 분리되어야 하는지에 관한 것이다. 첫 번째 패널은 학교구의 교사 평가 프로그램이 일관되고 지속적이라면, 형성적 교사 평가와 총괄적 교사 평가는 하나의 과정으로 통합되어야만 한다고 논쟁한다. 두 번째 패널은 교사와 형성평가를 제공하는 장학담당자 사이에는 신뢰와 개방성이 필요하기 때문에 형성적 교사 평가와 총괄적 교사 평가는 분리될 필요가 있다고 제안한다. 이제 청중들에게 말할 여러분의 차례가 되었다. 어떤 입장을 취하겠는가? 어떤 논점을 자신의 입장을 지지하기 위해 사용하겠는가?

## 참고문헌

Allison, D. J. (1981). *Process evaluation: Some summarizing and integrating notes on the organizational implications of this form of teacher evaluation.* (ERIC ED 235 580)

Danielson, C. (2007). *Enhancing professional practice: A framework for teaching* (2nd ed.). Alexandria, VA: Association for Supervision and Curriculum Development.

Fetterman, D. M., & Wandersman, A. (Eds.) (2005). *Empowerment evaluation principles in practice.* New York, NY: Guilford Press.

Fetterman, D. M., & Wandersman, A. (2007). Empowerment evaluation: Yesterday, today, and tomorrow. *American Journal of Evaluation. 28,* 179-198.

Greene, J. C. (1986). *Participatory evaluation and the evaluation of social programs: Lessons learned from the field.* Paper presented to the annual meeting of the American Educational Research Association, San Francisco, April.

Keller, C. L., & Duffy, M. L. (2005). "I said that?" How to improve your instructional behavior in just 5 minutes per day through data-based self-evaluation. *Teaching Exceptional Children, 37*(4), 36-39.

Llosa, L., & Slayton, J. (2009). Using program evaluation to inform and improve the education of young English language learners in U.S. schools. *Language Teaching Research, 13*(1), 35-54.

Matula, J. J. (2011). Embedding due process measures throughout the evaluation of teachers. *NAASP Bulletin, 95*(2), 99-121.

McGreal, T. L. (1982). Effective teacher evaluation systems. *Educational Leadership, 39*(4), 303-305.

McGreal, T. L. (1983). *Successful teacher evaluation.* Alexandria, VA: Association for Supervision and Curriculum Development.

McGreal, T. L. (1989). Necessary ingredients for successful instructional improvement initiatives. *Journal of Staff Development, 10*(1), 35-41.

Popham, J. (1988). The dysfunctional marriage of formative and summative evaluation. *Journal of Personnel Evaluation in Education, 1,* 269-273.

Ross, J., & Bruce, C. D. (2007). Teacher self-assessment: A mechanism for facilitating professional growth. *Teaching and Teacher Education, 23,* 146-159.

Sartain, L., Staelinga, S. R., & Brown, E. R. (2011). *Rethinking teacher evaluation in Chicago: Lessons learned from classroom observations, principal-teacher conferences, and district implementation.* Chicago, IL: Consortium Urban Education Institute.

Wolfe, R. (1969). A model for curriculum evaluation. *Psychology in the Schools, 6,* 107-108.

# 제5부

# 장학의 기술적 과업

만약 누군가가 수업을 개선할 책임이 있다면, 무엇을 해야 할까? 우리는 장학담당자가 가져야 하는 지식, 대인관계 역량, 기술적 역량을 살펴보았다. 수업 개선을 가져올 수 있는 장학의 기술적 과업에는 어떤 것들이 있는가? 교사에게 제공하는 직접적인 지원, 집단 발달, 전문성 신장, 교육과정 개발, 실행연구가 포함될 수 있다. 수업을 개선하기 위해서는 어떻게 해야 하는가?

- *직접적 지원*. 장학담당자는 교사의 수업을 개선하기 위해 면대면 피드백을 제공하거나 고려할 수 있다.
- *집단 발달*. 장학담당자는 수업을 개선하려는 교사들과 함께 수업 문제 해결을 위한 협의회를 실행할 수 있다.
- *전문성 신장*. 장학담당자는 수업을 개선하려는 교사들에게 학습 기회를 제공할 수 있다.
- *교육과정 개발*. 장학담당자는 수업을 개선하기 위해 교수 내용과 수업 자료 등을 변경할 수 있다.
- *실행연구*. 장학담당자는 수업을 개선하기 위해 교사 자신의 수업을 평가하기 위한 다양한 방법을 제공할 수 있다.

각각의 기법은 수업 개선과 직접적으로 관계되어 있다. 효과적인 학교로 발전하려면, 장학담당자는 위의 기법을 충실히 이행할 필요가 있다. 제5부는 위의 기법들을 어떻게 실행할 수 있는지 세부 사항을 설명하고 있으며, 교사들은 기법을 실행하여 수업 개선을 위한 개인적·집단적인 책임을 가질 수 있다.

# 제15장

# 교사를 위한
# 직접적인 지원

**홍창남**_부산대학교 교육학과 교수

## ➤ 이 장에서 생각해 볼 문제

1. 이 장에서 논의하고 있는 임상 장학의 12가지 원칙을 생각해 보자. 임상 장학을 한 학교구에서 실행한다면, 어떤 원칙이 교사들의 공감을 끌어낼 수 있는가? 최근 책무성이 강조되고 있는 현실에서, 장학담당자가 가장 적용하기 어려운 원칙은 어떤 것인가? 임상 장학을 단계적으로 도입할 때 어떤 원칙을 가장 중요한 원칙으로 강조해야 하는가?

2. 많은 총괄평가 프로그램들은 임상 장학과 동일한 구조를 활용하고 있다. (a) 사전협의회, (b) 수업 관찰, (c) 사후협의회의 각 단계에서 드러난 총괄평가와 임상 장학의 핵심적인 차이점은 무엇인가?

3. 7장부터 10장에 걸쳐 설명한 대인관계 접근법(지시적 통제형, 지시적 정보제공형, 협력형, 비지시형)과 발달 장학이 임상 장학에도 유용하게 활용될 수 있는지 생각해 보자. 어떤 장학 접근법이 임상 장학에 적용될 수 있는가? 발달 장학과 임상 장학은 통합될 수 있는가?

4. 몇몇 장학담당자들은 많은 수의 교사들에게 정기적으로 임상 장학을 실시할 때 시간이 오래 걸리는 문제를 지적하였다. 장학담당자의 시간 문제를 동료 코칭으로 해결할 수 있는가? 바꿔 말하자면, 장학담당자가 임상 장학을 실행하는 역할에서 동료 코칭 프로그램을 관리하는 역할로 변경하는 것은 장점이 될 수 있는가?

5. 어떤 동료 코칭 프로그램은 성공적인 반면, 문제가 발생하거나 실패하는 프로그램도 있다. 만약 당신이 장학담당자로서 동료 코칭 프로그램을 성공적으로 실행하고 싶다면, 성공 확률을 높이기 위해서 어떤 방법을 실시해야 하는가?

교 사의 수업 개선을 위한 직접적인 지원은 다양한 방식으로 이루어질 수 있다. 장학담당자는 반드시 교사들이 피드백을 받고 혼자가 아니라 동료와 함께 참여할 수 있도록 직접적으로 지원해야 한다.

수업에 관해 정기적으로 피드백을 받는 교사들은 대부분 가르치는 일에 만족하는 경향이 높다(Saphier, 2011; Silva & Contreras, 2011). 교사를 위한 직접적인 지원은 효과적인 학교의 핵심 요소 중 하나이다(Glickman, 2002; Nidus & Sadder, 2011). 이 장에서는 교사를 위한 직접적인 지원의 횟수와 필요자원 등을 염두에 두고서, 교사를 도울 수 있는 구조와 몇 가지 대안에 관해 살펴볼 것이다.

## 1. 임상 장학

수업 관찰을 위한 많은 방법들 중에서 임상 장학 모델은 대체로 표준으로 여겨져 수용되고 있다. 임상 장학 모델은 Morris Cogan이 Harvard 대학에서 인턴 교사들의 장학담당자들을 대상으로 진행했던 연구에서 도출된 것이다. Cogan(1973)의 저서인『임상 장학(Clinical Supervision)』과 Robert Goldhammer(1969)가 쓴 동일한 제목의 저서인『임상 장학(Clinical Supervision)』은 모두 이 연구의 결과를 바탕으로 집필되었다. 이후, 임상 장학의 개념은 여러 수정과 개선작업을 거쳐 왔다(Pajak, 2008).

임상 장학은 12개의 원칙과 구조로 구성되어 있다. 원칙을 설명하는 용어는 임상 장학의 모델마다 다양하게 나타나지만, 대체로 다음의 12개의 원칙으로 설명하고 있다.

1. 임상 장학은 교실 수업에 관한 모델이다.
2. 임상 장학은 수업 개선과 함께 교사의 장기적인 전문성 계발을 목표로 한다.
3. 임상 장학은 총괄평가와는 구별된다.
4. 임상 장학에서 장학담당자는 아동 발달, 교육학, 교사 발달을 이해해야 한다.
5. 임상 장학에서 장학담당자는 대인관계 기술, 수업 관찰 기법, 문제해결 기법 등을 숙지하고 있어야 한다.
6. 임상 장학은 선입견을 가지지 않는다.
7. 임상 장학은 상호 신뢰에 기반한다.
8. 임상 장학은 장학담당자와 교사가 동등한 위치에서 수업 개선 과정에 함께 기여하는 동료적인 관계를 필요로 한다.
9. 임상 장학은 사실과 자료에 기반하고 있다.

10. 임상 장학은 교사가 수업에 관해 가지고 있는 우려나 궁금한 점 등에 관한 자료를 수집한다.

11. 임상 장학에서 교사와 장학담당자는 반성적인 대화에 참여해야 한다.

12. 임상 장학은 반복적인 단계로 이루어져 있다(cyclical): 5개의 단계는 정기적으로 반복된다.

임상 장학의 구조는 다음과 같이 다섯 가지 단계로 요약될 수 있다.

1. 교사와의 사전협의회
2. 교실 수업 관찰
3. 관찰 자료 분석 및 사후협의회 계획
4. 교사와의 사후협의회
5. 앞의 네 개 단계에 대한 비판적 성찰

## 1 단계: 사전협의회(Step 1: Preconference)

*사전협의회*에서, 장학담당자와 교사는 (1) 수업 관찰의 이유와 목표, (2) 관찰 내용, (3) 수업 관찰에 사용될 방법과 형식 등을 함께 결정한다. 실제로 수업을 관찰하기 전에 이러한 사항을 결정하여, 장학담당자와 교사 모두 어떤 일이 일어날지 명확히 알고 있어야 한다. 13장에서 설명한 바와 같이, 수업 관찰의 목표 설정을 통해 관찰 내용, 방법, 시간 등에 관한 사항을 결정하기 위한 기준을 마련해야 한다.

## 2 단계: 수업 관찰(Step 2: Observation)

*수업 관찰*은 사전협의회의 합의사항을 바탕으로 진행되는 단계이다. 관찰자는 하나의 수업 혹은 여러 개의 수업을 함께 관찰할 수도 있다. 수업 관찰의 방법으로는 범주형 빈도(categorical frequencies), 수행 지표(performance indicators), 시각 도표(visual diagramming), 공간 활용(space utilization), 구술기록(verbatim), 제3자 자유 서술(detached open-ended narratives), 참여자 관찰(participant observation), 표적 설문지(focused questionnaire), 맞춤형 관찰 체계(tailored observation system) 등이 있다. 관찰자는 사건의 *기술(description)*과 *해석(interpretation)* 간의 차이를 명심해야 한다. 예를 들어, 수업 관찰의 목표 명제는 기술이다.

## 3 단계: 분석과 계획(Step 3: Analysis and Planning)

2단계를 거친 후, 관찰 내용을 *분석*하고 사후협의회를 계획하는 것이 가능해진다. 장학담당자는 수업을 관찰했던 교실을 떠나 조용한 곳으로 이동하여, 관찰 내용의 기록을 살펴보고 분석한다. 분석 방법으로는 빈도 측정, 반복되는 패턴 확인, 주요 사건 확인, 드러난 성과지표 확인 등이 포함될 수 있다. 그러나 어떤 기법이나 질문지, 개방형 설문 등을 사용하더라도, 장학담당자는 광범위한 정보를 이해할 수 있어야 한다.

다음의 사례는 관찰한 수업을 분석할 때 사용하는 분석지(worksheet) 작성 방법을 잘 설명해 준다. 장학담당자 A는 학생과 교사 간의 언어적 상호작용 분석지 작성을 완성하였다. 10개의 분석지를 검토하여 정보를 일치시킨 후(tallies the columns), 분석하여 다음과 같이 작성하였다.

1. 교사는 27번 질문했고 학생은 42번 응답하였다.
2. 276번의 언어적 상호작용 중에서, 학생 간의 작용은 6번이었으며 나머지 270번은 교사에서 학생으로 혹은 학생에서 교사로 일어난 상호작용이었다.
3. 교사는 학급 내 25명의 학생 중 21명에게 적어도 한 번씩은 질문하였다.

이번에는 장학담당자 B가 참여 관찰을 실시한 사례를 살펴보자. 장학담당자는 관찰 기록지를 살펴본 후, 가장 중요한 사건을 찾아내어 다음과 같은 내용으로 분석하였다.

1. James, Tyrone, Felix, Sondra는 자신이 해야 하는 과제물에 관해 나에게 물었다.
2. 나는 Kirk와 Felipe가 수업시간에 스포츠에 관해 잡담하는 장면을 세 번 목격하였다.
3. Kim은 Jose의 과제를 여섯 번 훔쳐보았다.

장학담당자는 관찰 자료에 기초하여 일차적인 해석을 실행하며, 사후협의회에서 교사와 장학담당자가 수업 자료를 함께 논의한 후, 해석 내용을 최종적으로 확정할 수 있다.

임상 장학의 3단계의 마지막에 장학담당자는 사후협의회에서 교사에게 어떤 대인 관계 접근법을 사용할지 선택해야 한다. 지시적 정보제공형, 협력형, 비지시적 접근법은 8장, 9장, 10장에서 차례로 설명하였다. 장학담당자는 지시적 정보제공 접근법을 사용해서 관찰 내용과 해석을 설명하고 교사의 의견을 듣고 목표를 설정하여 교사가 선택할 수 있는 대안을 제시해야 하는가? 장학담당자는 협력적 접근법을 통해서 관찰 내용과 교사의 해석을 공유하고 개선 방안을 함께 협의해야 하는가? 장학담당자는 비지시적 접근법을 사용해서, 장학담당자의 관찰 내용을 설명한 후 교사가 스스로 분석·해석하여 자신만의 계획을 수립할 수 있도록 장려해야 하는가?

장학담당자는 개별 교사의 발달 단계와 전문성 및 헌신 수준을 고려하여 장학 접근법을 선택해야 한다. 협력형 혹은 비지시형 접근법이 적절하며 임상 장학의 경험이 있는 교사와 함께 할 때, 장학담당자는 사후협의회 전에 관찰 자료를 제공한다. 이때 교사는 사후협의회 전에 자료를 먼저 분석하고 해석할 수 있는 시간을 가질 수 있다.

## 4 단계: 사후협의회(Step 4: Postconference)

수업 관찰 후 분석을 완료하고 어떤 대인관계 접근법을 사용할지 선택하면, 장학담당자는 교사와 사후협의회를 가질 준비가 된다. *사후협의회*에서 교사와 장학담당자는 관찰 자료를 공유하고 자료의 의미를 해석하며, 수업 개선 계획을 수립한다.

가장 먼저, 장학담당자는 교사에게 무엇을 관찰하였는지 설명하여 교사가 관찰한 내용을 충분히 이해하도록 한다. 다음으로, 장학담당자는 미리 선택한 접근법(지시적 정보제공형, 협력형, 혹은 비지시형)을 사용해서 사후협의회를 진행하며, 마지막으로 개선 계획을 도출한다. 다음의 양식([그림 15.1])을 활용해서 계획을 도출할 수 있다.

*목표(objective)*는 교사가 다음 수업 관찰시까지 성취해야 하는 목표를 말하며, 예를 들어 "나는 전체 토의를 할 때 학생 간의 상호작용을 50% 개선할 것이다"로 작성할

---

사후협의회 일자 ＿＿＿＿＿＿＿＿＿　　　관찰 대상 교사 ＿＿＿＿＿＿＿＿＿

시간 ＿＿＿＿＿＿＿＿＿＿＿＿＿＿　　　동료 장학담당자 ＿＿＿＿＿＿＿＿＿

개선 계획의 목표(objective):

목표를 성취하기 위해 실행해야 하는 방안(activities):

필요 자원(resources):

다음 사전협의회 시간 및 일정(time and date):

---

[그림 15.1] 수업 개선 계획

수 있다. 방안(activities)은 목표를 성취하기 위해 해야 할 일이며, 예를 들어 (1) 학생이 대답하기 전에 적어도 3초 정도는 기다리기, (2) 개방형 질문 사용하기, (3) 간단한 논의를 지속적으로 활용하기 등이 있다. 자원(resources)은 방안을 실행하는 데 필요한 물자 혹은 인력을 말하며, 예를 들어 (1) 집단 토의를 진행하기 위해 책 읽기, (2) "학생과의 소통"에 관한 워크숍 참석하기, (3) Filler 선생님의 과학수업 참관하기 등이 있다. 일정과 시간(date and time)은 교사와 장학담당자 중 어느 누가 정하든지 간에 사후협의회를 마치기 전에 반드시 합의해야 하는 사항이다.

### 5 단계: 비평(Step 5: Critique)

앞선 네 개의 단계에 관한 비평(critique)은 사전협의회에서 사후협의회에까지 사용했던 형식과 절차가 만족스러웠는지, 그리고 동일한 절차를 반복하기 전에 수정할 점은 없는지 등을 검토하는 시간이다. 비평은 사후협의회 직후에 할 수 있고, 공식적인 시간은 아니지만 다음의 질문으로 간단한 논의를 진행할 수 있다: 우리가 했던 일 중에서 가장 가치 있는 일은 무엇이었는가? 가장 가치 없는 일은 무엇이었는가? 수정할 점이나 변경할 점에는 어떤 것이 있는가?

　비평은 상징적인 가치와 기능적인 가치 모두를 가진다. 비평은 장학담당자와 장학대상자가 같은 방식으로 개선 노력을 함께 하였다는 점을 알려준다. 또한 교사의 피드백을 통해 장학담당자는 앞으로 교사와 장학을 실시할 때 유지해야 할 점, 수정할 점 혹은 변경해야 할 점 등을 알 수 있다.

　이제 다섯 개의 단계가 모두 완료되었으며, 교사는 개선 계획을 수립하였다. 장학담당자는 다음 사전협의회에서 계획을 점검하고 수업 관찰의 내용과 방법을 새롭게 설정한다. 임상 장학의 각 단계에서 해야 하는 구체적인 방안은 다음의 〈표 15.1〉에서 설명하고 있다.

## 2. 임상 장학과 교사 총괄평가의 비교

우리는 14장에서 총괄평가와 형성평가의 차이점을 설명하였다. 임상 장학은 형성평가와 유사한 측면이 많은데, 교사의 수업을 개선하기 위해 선입견 없이 도움을 제공하기 때문이다. 또한, 형성평가의 일부분과 동일하기도 하다. 임상 장학은 교사가 개선 계획 목표를 성취하기 위한 방안을 계획하고 실행하는 것을 돕기 때문에, 형성평가의 요소

〈표 15.1〉 임상 장학의 단계별 구체적인 방안

| 단계 | 구체적인 방안 |
| --- | --- |
| 사전협의회 | 긍정적으로 말하며 협의회를 시작한다.<br>교사의 수업 계획서를 논의한다.<br>수업에 관한 교사의 문제를 논의한다.<br>관찰해야 하는 행동을 논의한다.<br>관찰 기법을 선택하거나 설계한다.<br>관찰 절차를 논의한다.<br>협의회 합의사항을 재검토한다.<br>긍정적으로 말하면서 협의회를 마친다. |
| 수업 관찰 | 사전협의회에서 합의한 자료를 수집한다.<br>기술(description)에 초점을 두고, 해석(interpretation)은 피한다. |
| 분석과 계획 | 자료를 분석한다.<br>사후협의회를 위해 자료를 요약한다.<br>사후협의회를 위해 대인관계 접근법을 선택한다.<br>사후협의회를 계획한다. |
| 사후협의회 | 긍정적으로 말하며 협의회를 시작한다.<br>사전협의회 협의내용을 검토한다.<br>관찰 자료를 공유하고 설명한다.<br>관찰 자료를 논의하고 해석한다.<br>개선 목표를 확정한다.<br>개선 방안을 계획하고 필요 자원을 논의한다.<br>계획 평가를 위한 기준과 다음 일정을 논의한다.<br>협의회 합의사항을 재검토한다.<br>긍정적으로 말하며 협의회를 마친다. |
| 비평 | 사전협의회를 비평한다.<br>관찰 절차를 비평한다.<br>교사에게 제공한 관찰 자료를 비평한다.<br>사후협의회를 비평한다.<br>임상 장학을 개선할 수 있는 방법을 논의한다. |

를 포함하면서 동시에 형성평가의 영역을 초월한다.

임상 장학은 총괄평가와는 일치하지 않는다. 임상 장학은 교사가 교직 유지에 필요한 성과지표를 만족하는지의 여부를 판단하기 위해 자료를 수집하지는 않기 때문이다. 몇몇 학교구는 학교구 차원의 총괄평가를 *순환적인 임상 장학*이라고 명명하여 이들 방법을 혼동하고 있는데, 어떤 측면에서는 가능할 수 있다. 임상 장학과 총괄평가는 사전협의회, 수업 참관, 사후협의회로 이어지는 유사한 구조로 구성될 수 있다. 그러나 이들 방법의 차이점을 이해하기 위해서는 임상 장학의 구조보다는 목표와 원칙을 살펴봐야 하며, 분명히 총괄평가와 일치하지 않는다. 총괄평가와 형성평가가 구별되어야 하는 것처럼 임상 장학과 총괄평가는 분명히 구분되어야 한다(14장 참고).

## 3. 임상 장학과 발달 장학의 통합

제3부에서 논의한 것처럼, 발달 장학에서 장학담당자는 네 가지 대인관계 접근법(지시적 통제형, 지시적 정보제공형, 협력형, 비지시형) 중에서 교사의 발달 단계, 전문성 및 헌신 수준에 적절한 접근법을 선택하여 실행해야 한다. 네 가지 접근법은 모두 임상 장학과 유사한가? 이 질문에 대한 답은 임상 장학의 모델에 따라 달라질 수 있지만, 우리는 지시적 정보제공형, 협력형, 비지시적 접근법 모두 임상 장학 모델과 일치한다고 간주하고 있다.

지시적 정보제공형 접근법을 사용할 때, 장학담당자는 사전협의회에서 집중적으로 관찰하게 될 내용과 자료 수집 방법 등을 제시·설명한다. 사후협의회에서 장학담당자는 교사가 관찰 자료를 해석할 수 있게 도와주고, 개선 목표, 실행 방안, 사후조치 등을 한정된 범위 안에서 선택하도록 한다. 협력적 사전협의회에 참여하는 교사와 장학담당자는 관찰 내용을 고려한 후 서로 동의한 관찰 부분과 자료 수집 방법에 동의하고, 사후협의회에서는 수업 개선 계획을 함께 수립하여 의사결정 책임을 공유할 수 있다. 비지시적 접근법을 사용하는 장학담당자는 사전협의회에서 교사에게 관찰 초점을 선택할 권한을 주고, 장학담당자가 활용할 수 있는 관찰 체계를 교사 스스로 선택하거나 수립할 수 있도록 도움을 준다. 사후협의회에서 장학담당자는 교사가 자신만의 개선 계획을 수립할 때 목표를 분명히 하거나 자율적으로 계획을 세울 수 있게 장려하며, 계획을 성찰할 수 있도록 도움을 준다.

지시적 통제 행동은 극히 드물게 사용되기도 하지만, 장기적으로는 임상 장학의 목표 및 원칙과 일치하지 않는다. 지시적 통제는 위기 상황에서 단기적인 조치로 사용되어야 하며, 일반적인 임상 장학 과정에 사용되어서는 안 된다.

## 4. 동료 코칭

교사는 장학담당자보다 동료교사에게 도움을 청하는 경우가 많으며 장학은(재계약의 방법인) 총괄평가보다 수업 개선에 목표를 두고 있기 때문에, 교사가 교사를 돕는 것은 모든 교직원들에게 직접적인 지원을 줄 수 있는 공식적이며 호평을 받을 수 있는 방법이다. 승진형 교사, 멘토 교사, 수석 교사, 학년 부장교사, 부서장, 교과부장 등에게 광범위한 책임이 부여되면서, 동료 지원을 위한 시간과 자원은 확대되고 있다.

교사가 임상 장학의 형식과 수업 관찰 기법을 잘 알고 있다면, 장학담당자는 문제정의자(clarifier), 훈련가(trainer), 조정자(scheduler), 문제해결자(troubleshooter)의 역할을 수행할 수 있다. 문제정의자는 목표를 명확히 정의해 주고, 훈련가는 교사가 과제를 수행할 수 있도록 교육하며, 조정자는 교사들로 팀을 형성하여 사전협의회, 수업 관찰, 사후협의회를 준비할 책임을 나누도록 하고, 문제해결자는 어려움을 겪고 있는 교사팀과 특별한 관심이 필요한 개별 교사들을 컨설팅하는 역할을 수행한다. 임상 장학을 통해 교사가 교사를 돕도록 하는 방법을 동료 코칭(peer coaching)이라고 부른다.

동료 코칭을 시작하는 방법은 직원회의를 열어서 "제가 모두와 만나서 얘기할 수 없으니, 서로를 방문하는 게 어떤가요? 바로 시작하세요!"라고 말하는 것은 물론 아니다. 적절한 계획과 자원이 없다면 재앙을 초래할 수 있다. 성공적인 동료 코칭을 위해서, 목표 정의, 사전준비, 일정 조정, 문제해결 등의 요소가 필요하다. 이제 하나씩 살펴보자.

## 목표(Purpose)

동료 코칭 프로그램을 시작하기 전에, 목적과 목표를 분명히 하는 것이 필요하다 (Zwart, Wubbels, Bergen, & Bolhuis, 2009). 첫째, 동료가 지원할 수 있는 문제인가(동료교사 상호 간의 도움인가), 아니면 위계적이고 일방향적인 지원의 문제인가(전문성이 높거나 고경력의 교사가 그렇지 않은 교사를 도와주는 문제인가)? 둘째, 동료 코칭 프로그램에서 누가 도움을 받는 수혜자인가? 관찰자인 교사는 수업 관찰을 통해서 활용할 수 있는 아이디어를 얻어야 하는가? 아니면 관찰 대상인 교사가 수업 관찰을 통해서 실행할 수 있는 방안을 찾아야 하는가? 셋째, 각 교사가 배우고 실행하려는 공통의 수업 기법에 초점을 두고 수업을 관찰하고 피드백을 줄 것인가? 아니면 교사 자신의 교수법이나 문제점에 초점을 두고 수업을 관찰하고 피드백을 줄 것인가? 넷째, 수업 관찰과 후속 피드백은 교사의 교수법에 초점을 두어야 하는가, 아니면 학생의 행동에 초점을 두어야 하는가? 다섯째, 코칭의 목표는 인식을 넓히고 성찰적인 의사결정을 하기 위함인가, 아니면 특정한 교수법을 실행하기 위함인가? 궁극적으로, 어떻게 하면 코칭의 목표를 학생을 위한 수업으로 개선하려는 학교 전체의 목표에 맞춰서 설정할 수 있는가?

위의 질문은 쓸데없는 것이 아니다. 명확한 정의와 목표 없는 동료 코칭 프로그램은 프로그램 성공을 위해 핵심적인 교육, 일정 조정, 문제해결 방법을 선택하는 데 아무런 방향을 제시하지 못한다. 학교 변화를 위한 최신 기법이지만 어떻게 성취할 수 있는지에 대한 실질적인 내용은 부족하여, 하나의 유행처럼 나타났다 사라지게 된다. 동료 코칭 프로그램에 방향성이 없다면, 의욕적인 교사도 무언가 즐거운 일을 하고는 있지만 성취감은 없다는 느낌을 받을 수 있다.

따라서, 첫 번째 단계는 동료 코칭 프로그램이 학교 혹은 학교구의 수업 개선 목표와 어떻게 부합할 수 있는지 교사와 함께 논의한 후 프로그램의 목표를 결정하는 것이다. 예를 들어, 동료교사 간에 서로의 교수법을 익히는 것이 목표라면, 서로의 교수법에 관해 피드백을 주고 개선을 위한 방안을 함께 수립하는 목표보다 많은 준비가 필요하지 않다. 다음 절에서는 성찰적인 의사결정을 목표로 하는 동료 코칭 프로그램을 진행하기 위한 훈련을 안내한다.

## 준비(Preparation)

실행에 앞서, 교사는 준비·실천하기 위해 (1) 동료 코칭의 목적과 절차 이해, (2) 수업 관찰의 초점을 결정하기 위한 사전협의회 실행, (3) 수업 관찰을 실행하고 교실 수업에 관한 관찰과 해석을 구분하면서 분석하기, (4) 실행 계획을 수립하기 위해, 비지시적 접근법과 협력적 접근법을 각각 사용한 두 번의 사후협의회 실행 등 관련 교육을 이수해야 한다.

사후협의회에서는 수업 개선 계획을 작성하기 위한 표준 양식을 검토해야 한다. 양식은 간단하고 작성하기 쉬워야 한다. 각 동료교사는 임상 장학의 네 가지 단계를 거친 후 완성된 계획이 도출되며 이 계획은 다음에 실시될 장학의 기초자료가 된다는 사실을 이해해야 한다. 교육의 목적을 설정할 때, [그림 15.1]의 양식과 13장에서 제시한 양식을 활용할 수 있다.

약 6시간 정도의 교육과정에서 교사는 동료 코칭을 시작하는 데 필요한 최소한의 지식과 기법을 배워야 한다. 동료교사는 워크숍에서 실연, 모델링, 실천 등의 실습을 통해 동료 코칭의 과정에 익숙해진 후, 코칭 사이클을 시작할 수 있다. 물론, 첫 시도가 완벽할 수는 없다.

한 번의 코칭 프로그램을 끝낸 후, 후속 회의를 열어서 어떻게 실행하였고 두 번째 프로그램을 시작하기 전에 무엇을 수정해야 하는지 논의해야 한다. 이때 지난 프로그램 실습 검토와 다음번 실습 준비를 위한 사전협의회를 동시에 하는 것이 편리하다. 후속 회의의 참여자는 사전협의회를 위해 따로 시간을 배정할 필요가 없이 함께 공유하고 타인으로부터 배울 수 있으며, 교육 담당자에게 질문을 하고, 수업 관찰 일정을 조정할 수 있다. 이후부터 미리 정해둔 코칭 프로그램의 횟수가 끝날 때까지, 하나의 프로그램을 마치고 다음 프로그램을 시작하기 전에 2주 혹은 3주에 한 번씩 후속 회의를 개최할 수 있다. 첫 해에는 두 번은 코치로서, 나머지 두 번은 코칭 대상자(coached)로서 코칭 프로그램을 최소한 네 번은 반복해서 실시할 것을 권장한다.

첫 해가 끝날 무렵, 종료 회의를 개최하여 동료 코칭의 장점과 단점을 요약해 발표하고 다음 연도에도 코칭 프로그램을 계속할지 여부를 결정해야 한다.

다시 한 번 강조하자면, 동료 코칭 프로그램은 *합의*와 *자발성*에 기초해야만 한다. 모든 교사가 참여하기를 원한다면 좋지만, 세 명의 교사만 참여하길 원한다 해도 참여를 희망하는 교사들에게는 한 번도 받아보지 못한 지원이기 때문에 의미 있는 활동이 된다.

## 일정조정(Scheduling)

교사가 종일 근무하는 것 이상의 개인 시간과 에너지를 필요로 하는 프로젝트를 실행해야 한다면, 자발적인 의지를 보이기는 힘들 것이다. 동료 코칭은 부가적인 시간을 필요로 하기 때문에, 적어도 처음에는 자발적인 참여를 전제로 해야 한다. 장학담당자가 일과 중에 동료 코칭 시간을 배정할 수 있다면, 더 많은 교사들이 참여할 것이다.

예를 들어, 비슷한 수업일정을 공유하거나 점심시간이 겹치는 교사들을 한 팀으로 배정하면, 일과 중에 사전협의회와 사후협의회를 할 수 있다. 1년에 두 번, 이틀간 대체교사를 채용한다면 교사들은 수업 의무에서 벗어나 다른 동료교사들의 수업을 관찰할 수 있다. 한 명의 대체 교사는 한 번에 여섯 명의 수업 교사의 시간을 대체할 수 있다. 만약 장학담당자가(바로 당신을 의미한다!) 교사의 수업을 대체한다면, 교사에게는 다른 동료교사의 수업을 관찰할 수 있는 시간적인 여유가 생기고 장학담당자는 교실수업 상황을 볼 수 있는 기회가 제공된다. 동료교사의 수업 관찰을 위해 시간을 확보하는 또 하나의 방법은 시청각 자료, 강연, 혹은 집단별 수업을 주기적으로 실행해서 한 교사가 두 개 학급을 동시에 가르치도록 하는 것이다. 어떠한 방법을 통해 동료 코칭을 위한 시간을 확보하더라도, 교사가 개인적으로 희생하지 않고 동료 코칭에 참여할 수 있도록 장학담당자와 교사가 사전계획 단계를 거쳐야 한다. 관련 연구에 따르면, 일과 중에 교사들에게 시간적인 여유를 제공하는 것은 교실수업 변화를 지속하는 데 있어서 매우 중요하다(Zwart et al., 2009).

또 다른 쟁점은 교사들로 팀을 구성하는 문제이다. 교육과 관련된 대부분의 문제가 그렇듯이 융통성 없는 원칙은 존재하지 않는다. 일반적으로 서로 함께 일하기 편한 동료교사들이 팀을 이루며, 이들은 동일한 경력이나 역량을 가질 필요는 없다. 고경력 교사와 초임교사, 우수교사와 보통교사, 또는 보통교사와 문제를 경험하는 교사로 함께 팀을 구성하면 도움이 될 수도 있다.

### 문제해결(Troubleshooting)

동료 코칭 프로그램을 구성하는 세 번째 요소는 동료교사의 발달 과정을 자세히 관찰하는 것이다(Zwart et al., 2009). 장학담당자는 동료교사 팀이 필요할 때 도울 수 있어야 한다. 예를 들어, 사전협의회에서 수업을 관찰할 때 교사의 언어적 상호작용을 집중적으로 보기로 했지만 동료 코치가 관찰 기법을 모른다면 어떻게 되는가? 이런 질문은 교육 프로그램에서 해결할 수 있어야 하지만, 오리엔테이션이 모든 교사들의 질문을 해결할 수는 없다. 따라서 장학담당자는 동료교사 팀의 요구를 관찰하고 도움을 줄 수 있어야 한다.

정교하고 세련된 관찰 기법을 사용할 필요는 없다. 장학담당자는 그저 복도를 돌아다니며 주기적으로 동료 코치들과 만날 수도 있다. 주기적인 교직원 회의에서 장학담당자는 동료 코치들에게 팀의 진행상황을 물어볼 수도 있다. 장학담당자는 수업 관찰과 관련한 서적, 비디오, 기법/방법 등의 자료를 확보하여 교사들이 활용할 수 있도록 해야 한다.

장학담당자가 목표 설정, 교육, 일정조정, 문제해결 등의 역할을 수행할 수 있다면, 동료 코칭 장학 프로그램을 성공적으로 수행할 수 있다. 이런 프로그램을 처음 실행하면 장학담당자의 역할과 업무는 많아지게 되지만, 1년에 서너 번 모든 교사들에게 임상 장학을 실시하는 업무와 비교하면 훨씬 적은 편이다. 장학담당자와 교사 모두에게 동료 코칭이 중요하다면, 처음 프로그램을 준비하면서 투자하는 시간은 교사들의 지속적인 수업 개선이라는 성과로 이어질 것이다.

## 5. 직접적인 지원의 기타 방법

임상 장학과 동료 코칭은 학교에서 실행하고 있는 직접적인 지원 형태 중 가장 인기 있는 방식이지만, 다른 방법들도 다양하게 존재한다. 다양한 방법의 예시는 다음과 같다.

- *교실 수업 실연.* 장학담당자 또는 전문성이 높은 동료교사는 일일 교사가 되어, 도움이 필요한 교사를 위해 새로운 교수 모델이나 방법을 실연할 수 있다. 또는 새로운 수업 기술을 배우려는 교사가 전문성이 높은 동료교사의 교실을 방문해

서 수업 실연을 관찰할 수 있다. 교실 수업 실연은 실연자가 수업을 간단히 소개하는 사전협의회와 관찰한 수업을 분석하고 새로운 모델을 어떻게 적용할 수 있을지 논의하는 사후협의회로 구성된다.

- *팀티칭(Co-teaching)*. 장학담당자 또는 전문성이 높은 동료교사와 도움을 요청한 교사가 함께 수업을 계획하고 실행한 후 평가할 수 있다. 팀티칭은 신뢰와 유대관계를 형성하고, 교사의 성장을 도모할 수 있는 동료관계, 대화, 상호 성찰 등을 조성한다.

- *자원 및 자료 제공*. 매력적이지는 않지만 필수적인 장학 활동으로 수업 자료와 자원 등을 제공하고 설명하며 보여주는 방법이 포함된다. 교육계에 몸담고 있는 우리 모두는 어떤 교사는 전문성이 부족하여 특정 수업 자료를 거의 사용하지 못한다(단순 조작에서부터 첨단 기술 사용에 이르기까지)는 사실을 알고 있다. 많은 교사들이 수업 자료를 효과적으로 사용한다면 많은 혜택을 받을 수 있지만, 전문성을 갖추고 특정 기법을 가르치는 내용과 학생에 맞도록 조정하기 위해서는 개인 맞춤형 도움이 필요하다.

- *학생 평가 지원*. 최근의 교육개혁 운동을 보면 학생 평가의 대안적인 방법을 사용하는 경향이 있으며, 특히 참평가(authentic assessment)를 사용하고 있다(Burke, 2009). 가까운 미래에 교사들은 학생 포트폴리오, 실제 상황에서의 과제 수행, 통합 프로젝트 등을 평가하기 위한 기법과 기준을 개발하기 위해 장학담당자의 직접적인 지원을 필요로 할 수 있다. 교사들은 참평가 기법들을 전문성 계발 워크숍을 통해 배우게 될 것이지만, 새로운 평가 기법을 특정 내용영역, 학년, 개별 학생에게 적용하기 위해서는 개인별 맞춤식 지원이 필요하다.

- *문제해결*. 교사는 다양한 전문적인 문제를 경험하는데, 면대면 협의회에서 해결하거나 수업 관찰 없이 해결할 수 있다. 개방, 신뢰, 친밀감 등의 관계가 형성되면, 장학담당자는 다음과 같은 교사의 문제해결 과정을 도와줄 수 있다: (1) 문제 정의, (2) 대안 모색 및 비교, (3) 가장 적절한 대안 선택, (4) 실행 결과를 평가하기 위한 사후협의회 계획.

- *멘토링*. 멘토링은 학교에서 고경력 교사가 초임교사를 직접적으로 도울 때 활용하는 전형적인 방법이다. 멘토는 앞서 논의했던 직접적인 지원 방법(예를 들어 전문성 코칭, 수업 실연, 팀티칭 등) 중에서 어떤 것이든 사용할 수 있다. 그러나 멘토링의 핵심은 직접적인 지원의 정형화된 방식을 벗어나서 멘토와 초임자 간의 지속적인 관계를 형성하는 것이다. 서로 신뢰하고 돕는 관계는 교직의 성공과 실패를 가늠하게 하는 핵심적인 요소가 될 수 있다. 공식적인 장학담당자는 멘토

링 프로그램에서 중요한 역할을 수행하는데, 멘토를 선택하고 교육하는 것, 초임 교사에게 적절한 멘토를 배치하는 것, 멘토를 지속적으로 지원하는 등의 역할을 수행한다.

## 6. 기술적인 지원을 넘어서: 교실 문화 개선

직접적인 지원은 교사의 수업 기법을 개선하거나 수업 문제를 해결하는 데 그 목적이 있다. 이러한 목적도 중요하지만, 직접적인 지원을 통해 교사는 민주적이고 도덕적인 목적에 따라 좀 더 심도 있는 목표를 설정할 수 있다. 교실은 상위 문화의 축소판이자 그 문화를 변화시키는 원동력이 될 수 있다. 교실 수업에서 민주적이고 도덕적인 가치를 가르치고 권장함으로써, 교사는 민주적이고 도덕적인 사회를 조성하게 된다.

교사와 장학담당자는 교실 문화 개선에 앞서 다음과 같은 질문을 가질 수 있다.

1. 교사는 학생들은 동등하게 대우하고 있는가? 그리고 학생들은 상호간에 동등하게 대하고 있는가?
2. 교사와 학생은 학생의 연령과 성숙도에 맞는 민주적인 원칙을 지키고 있는가?
3. 교사와 학생은 도움이 필요한 사람들에게 동정심을 가지는가?
4. 학생들은 신체적 · 감정적으로 안전하다고 느끼는가?
5. 다양한 문화를 존중하고 가치롭게 여기며, 모든 문화를 기념하고 있는가?

위의 질문들은 임상 장학과 동료 코칭 등의 과정을 통해 해결될 수 있다. 위의 질문에 관해 양적인 관찰 자료를 수집할 수 있지만(예를 들어 교사가 학생에게 대답할 기회를 주고, 도움을 제공하며 동등하게 칭찬하고 있는지의 여부에 관한 자료를 수집할 수 있다), 교실 문화를 적절히 기술하기 위해서는 풍부한 서술(narrative)이 필요하다. 교사와 장학담당자는 교실 문화에 대한 자료가 의미하는 바를 함께 해석하고, 문화 개선을 위한 실행 계획을 수립할 수 있다. 교실 문화는 아주 복잡하기 때문에, 교시와 장학담당자가 함께 수립한 문화 개선 계획은 기법적인 개선을 위한 계획보다 훨씬 더 복잡할 수 있으며, 문화 개선은 새로운 교수법을 실행하는 것보다 더 많은 시간을 필요로 한다. 그러나 교육의 핵심적인 목표가 좀 더 민주적인 사회를 만드는 것이라면, 문화 개선 계획의 복잡성과 이를 실행하기 위해 많은 시간을 투자하는 것은 가치 있는 일이 될 것이다.

## 성찰과제

임상 장학을 활용하기 시작한 한 교장이 당신을 초대해서 임상 장학담당자로서의 교장의 성과를 평가하고 피드백을 줄 것을 요청하였다고 가정해 보자. 평가 과정에서, 당신은 교장의 임상 장학 접근법에 관해 어떤 질문을 할 수 있을 것인가? 혹은 교사에게는 어떤 질문을 할 것인가? 교장이 학교 내 교사와 임상 장학 프로그램을 실행할 때 당신은 무엇을 중점적으로 관찰할 것인가? 교장이 수업 관찰에서 수집한 자료를 검토할 때 당신은 무엇을 중점적으로 관찰할 것인가?

## 참고문헌

Burke, K. (2009). *How to assess authentic learning* (5th ed.). Thousand Oaks, CA: Corwin Press.

Cogan, M. (1973). *Clinical supervision.* Boston, MA: Houghton Mifflin.

Glickman, C. D. (2002). *Leadership for learning: How to help teachers succeed.* Alexandria, VA: Association for Supervision and Curriculum development.

Goldhammer, R. (1969). *Clinical supervision: Special methods for the supervision of teachers.* New York, NY: Holt, Rinehart and Winston.

Nidus, G., & Sadder, M. (2011). The principal as formative coach. *Educational Leadership, 69*(2), 30-35.

Pajak, E. (2008). *Supervising instruction: Differentiating for teacher success* (3rd ed.). Norwood, MA: Christopher-Gordon.

Saphier, J. (2011). Outcomes: Coaching teaching standards, and feedback mark the teachers road to mastery. *Journal of Staff Development, 3*(4), 58-62.

Silva, J., & Contreras, K. (2011). The year we learned to collaborate. *Educational Leadership, 69*(2), 54-58.

Zwart, R. C., Wubbels, T., Bergen, T., & Bolhuis, S. (2009). What characteristics of a reciprocal peer coaching context affect teacher learning as perceived by teachers and their students? *Journal of Teacher Education, 60,* 243-257.

# 제16장

# 집단 발달

**박주형**_경인교육대학교 교육학과 교수

## ➤ 이 장에서 생각해 볼 문제

1. 이 장의 업무, 인간, 역기능적 역할 부분을 읽을 때 당신이 속했거나 관찰했던 집단 중 제대로 운영되지 않았던 경우를 생각해 보라. 왜 그 집단이 제대로 운영되지 않았다고 믿는가? 잃어버린 업무 역할 때문이었는가? 잃어버린 인간 역할 때문이었는가? 아니면 역기능적인 역할의 존재 때문이었는가? 어떤 업무 또는 인간 역할을 추가하는 것이 그 집단이 잘 기능할 수 있도록 하는 데 도움이 되는가? 어떤 특정한 업무 또는 인간 역할이 도움이 될 것인가?

2. 당신이 속했거나 관찰했던 집단의 역기능적 구성원을 생각해 보라. 왜 그 구성원이 역기능적 역할을 한다고 생각했는가? 역기능적 행동이 그 구성원 개인 특성 때문이었는가 아니면 집단의 미션, 멤버십, 리더, 토론 등의 다른 요소 때문이었는가? 혹은 거대 조직에 존재하는 요소들 때문이었는가? 리더와 집단은 역기능적 행동을 적절히 해결하였는가? 역기능적 행동을 더 잘 해결할 수 있었던 리더나 집단은 어떻게 다른가?

3. 이 장에서 저자들은 성공적인 집단들은 종종 갈등을 경험한다고 말한다. 당신이 속했거나 관찰했던 성공적인 집단들이 경험한 상당한 갈등에 대해 숙고해 보라. 이러한 갈등은 다소 성공적이지 못한 집단에서 당신이 경험하거나 관찰했던 갈등과 다른 종류의 것인가? 그렇다면 어떻게 다른가? 성공적인 집단의 리더와 구성원들은 그렇지 못한 집단의 리더와 구성원과는 갈등을 다르게 처리하는가? 그렇다면 어떻게 다른가?

4. 당신이 이끌거나 참여할 미래 모임을 계획할 때 포함되었으면 좋을 체크리스트의 항목들은 무엇인가?

5. 이 장에서 기술된 대화는 전통적인 토론과는 다르다. 대화에 참여하는 교사들이 가지는 잠재적인 이익은 무엇이라고 생각하는가? 교사들이 대화 집단을 형성함에 있어서 장학담당자로 당신이 걱정해야 할 것들은 무엇인가?

Highlands 초등학교의 다양한 학년담당 교사들로 구성된 팀(vertical team)은 학생 문해를 증진시키기 위해 실행연구를 진행하고 있다. M. L. King 중학교의 6학년 팀은 새로운 학제 간 교육과정을 개발하고 있다. Edwards 고등학교의 태스크 포스 팀은 특별한 요구를 가진 학생들을 지원하기 위한 전략을 점검하고 있다.

위에 기술된 팀들은 학교수준과 구성 목적은 다르지만 공통점을 가지고 있다. 각 집단은 업무의 진행과정 중 다양한 의사결정이 필요한 업무들을 완수하도록 기대된다. 각 집단은 긍정적인 인간관계를 유지하는 데 관심을 가질 필요성이 있다. 또한 각 집단은 일정 수준의 갈등과 역기능적 행동을 접할 것이 확실하다.

전국적으로 학교에는 수많은 목표를 가지고 운영되는 다양한 팀들이 있지만 그들은 모두 일정정도 공통된 역할, 발전 단계 및 도전 과제를 지닌다. 이 장에서는 모든 집단에서 필요한 업무, 개인적 역할, 집단을 방해할 수 있는 역기능적 역할, 갈등 관리 및 의사결정에 대한 일반적인 접근법에 대해 논의할 것이다. 또한 집단들과 함께 일하는 법, 집단의 발달, 전문성 및 헌신 수준에 적합한 발달적 접근에 대해 논의할 것이다.

전문직에 종사하는 사람들은 어쩔 수 없이 부딪히게 되는 많은 문제에 대해 상호 토론을 하며, 이 과정에서 자신이 원하는 결과를 얻기 위해 노력한다. 모임이 끝도 없고 초점도 없는 토론 방식으로 진행되면 각 참여자는 도덕적이고 의연하게 대화에 임하지 못한다. 참여자들은 토론에 싫증을 느끼며 무관심해지고 때로는 앞으로의 모임 참여에 대해 부정적인 마음을 갖게 된다. 토론 참여자들은 집단의 리더가 논점을 흐리고 자신이 희망하는 방향대로 일을 처리하기 위하여 의도적으로 집단 의사결정을 어렵게 만들고 있다고 의심할지 모른다. 리더가 실제로 혼란을 야기하는지 아니면 집단 결정을 바라는지와 상관없이 모임의 분명한 결론이 없으면 조화롭고 공통적인 목표를 점차 잃게 된다. 우리는 이미 조화로운 공통의 목표 및 참여가 학교의 성공과 관련된 "개인을 넘어선 조직 수준의 유인"을 생성해 내는 데에 얼마나 중요한지를 안다.

효과적이며, 효율적으로 그리고 조화롭게 일하는 집단에는 유능한 리더가 존재한다. 하지만 집단 구성원이 되는 것이 전문적, 개인적, 사회적 삶에서 일상적인 것임에도 불구하고 우리는 무엇이 어떤 집단을 잘 작동하게 하며 또 다른 집단을 실패하게 하는지에 대해 거의 생각해 보지 않는다. 새로운 집단의 리더가 집단이 자연적으로 전문적 태도로 운영될 것이라고 기대하는 것은 비현실적이다. 리더는 성공적인 집단의 요소에 대해 의식할 필요가 있으며 집단 의사결정을 위한 분명한 절차를 선택할 필요가 있다. 또한 역기능적 행동을 다룰 수 있어야 하며 도움이 되는 정보를 생산하기 위해 갈등을 활용하고 적절한 리더십 스타일을 결정해야 할 필요성이 있다.

# 1. 효과적인 집단의 차원

효과적으로 운영되는 전문 집단은 업무 차원과 인간 차원의 두 차원에서 살펴볼 수 있다(Levi, 2011). 업무 차원은 집단 회의의 내용과 목적을 대표한다. 업무란 회의의 끝에 완수해야 할 것이다. 전문 집단의 전형적인 업무는 새로운 교과서에 대한 결정, 새로운 수업 계획안의 작성, 특정한 교육과정의 조정과 전문적 발달 계획을 준비하는 것이다. 분명히 효과적인 집단은 계획한 것을 성취한다. 효과적인 집단의 인간 차원은 대인관계 및 함께 일하면서 느끼는 참여자들의 만족감으로 구성된다. 참여자들의 기분에 대한 관심과 민감성은 집단 업무를 이행하고 완수하기 위해 필요한 분위기를 만든다.

두 가지 차원을 각기 다르게 설명해 보자. 구체적인 업무 행위들은 집단의 목적을 명확히 하고 초점 있는 토론을 가능케 하며 정해진 시간 내에 집단이 목표에 다다를 수 있도록 하는 것이다. "우리는 초점에서 벗어났다; 다시 교과서에 대한 논의로 돌아가자"라고 말하는 리더는 업무 행동을 보여주고 있다. 집단에서 보여지는 구체적인 인간 행동들은 사람들의 공헌을 인정하고, 미소 짓고, 유머를 말하며, 주의 깊게 듣는 것을 포함한다. "Fred, 나는 당신이 말한 것에 따르겠소; 그것은 고려할 가치가 있소"라고 말하는 리더는 인간 차원의 행동을 보여주고 있다.

오직 업무 차원의 행동만을 보여주는 집단을 가상해 보라. 회의는 공식적이고 건조하며 긴장이 넘칠 것이다. 사람들은 피드백을 받지 못하고 기운이 북돋아지지 않을 것이다. 아마도 웃지 않고 노려보는 얼굴을 피하고자 할 것이다. 그런 집단은 상호간 도움 없이 재빠르게 업무를 성취할 수 있을 것이다. 참여자들이 긴장되는 환경에서 가능한 한 빨리 벗어나길 원하기 때문에 빠른 결정이 이루어질 것이다. 형식적인 회의로 인해 감정, 태도 및 서로 다른 의견이 논의되는 심도 깊은 토론을 하지 못하게 만든다. 집단 구성원들로부터의 불완전한 정보와 부족한 헌신에 기반을 둔 결정이 이루어질 것이다. 결정을 시행하는 것은 고작해야 문제투성이일 것이다.

다음으로 오직 인간 차원의 행동만을 보여주는 집단을 생각해 보라. 그곳에는 훨씬 사람 냄새 나는 대화와 익살스러운 이야기 그리고 종종 등을 때리거나 만지는 행동들이 있을 것이다. 사람들은 미소 짓고 웃을 것이다. 떠들썩한 칵테일파티의 이미지는 집단을 인간적 행동만이 가득 차 있고 업무 행동은 없는 것처럼 보인다. 업무 행동이 결여된 회의 이후의 성취는 아침의 숙취와 유사한 것이다. 모든 사람들은 근사한 시간을 가지나 실제 행해진 것은 거의 없게 된다.

## 2. 집단 구성원의 역할

먼저, 리더는 이미 존재하고 있는 역할에는 어떤 행동이 있는지를 결정할 필요가 있다. 어떤 구성원이 업무 역할 또는 인간적 역할을 보여주고 있는가? 무슨 역할이 지속되고 있는가? 어떤 특별한 역할이 부족한가? 업무 및 인간적 역할 모두가 집단의 성과를 위해 필수적이라는 것을 기억하라. *역기능적*이라고 불리는 또 다른 역할과 행동들은 집단을 업무와 개인적 관계로부터 멀어지게 한다. 역기능적 역할은 기능적 역할과는 다르게 존재할 때만 염려의 대상이 된다. 가장 흔한 기능적 구성원의 역할을 간단하게 기술한 후에 역기능적 역할에 대해 살펴볼 것이다.

### 업무 역할(Task Roles)

다음의 묘사는 Benne과 Sheats(1948)에 의해 작성된 것들을 일부 변형한 것이다.

*제안자-공헌자(Initiator-contributor)*. 독창적인 생각과 집단의 문제, 목표 및 절차와 관련된 변화방안을 제안한다. 토론을 촉발시키며 집단을 새로운 영역의 토론으로 이끈다.

*정보 추구자(Information seeker)*. 사실 적합성의 관점에서 명확성을 요구한다. 전문적 정보와 관련된 사실을 구한다.

*의견 추구자(Opinion seeker)*. 집단의 사업과 제안된 의견에 관한 가치를 명확하게 할 것을 요구한다. 특별한 이슈에 대한 다른 이들의 태도와 감정을 체크한다.

*정보 제공자(Information giver)*. 사실적이고 권위 있는 정보를 제공하거나 이슈와 관련된 자신의 경험을 제공한다.

*의견 제공자(Opinion giver)*. 집단의 문제에 대한 자신의 가치와 의견을 말하며 집단이 무엇을 해야 할지를 강조한다.

*고심자(Elaborator)*. 다른 이의 제안을 선택하고 예화나 관련된 사실 및 가능한 결과를 통해 그것을 더 자세히 진술한다.

*조정자(Coordinator)*. 생각과 제안 사이의 관계를 보여주며 다양한 제안이 함께 묶일 수 있도록 시도한다.

*지향자(Orienter)*. 집단의 포지션을 명확하게 하며 현장 검토를 제공한다. 논의된 것을 요약하고 목표에서 논의가 벗어난 지점을 알림으로써 집단에게 궁극적인 목표를 일깨운다.

*평가-비평자(Evaluator-critic)*. 효과성 준거에 비추어 집단의 제안들을 평가한다. 제안들이 합리적이고, 관리가능한지, 사실에 기반하고 있는지 또한 공정한 절차를 거쳐 제안들이 이루어졌는지를 평가한다.

*활력자(Energizer)*. 집단이 결정에 이르도록 집중시킨다. 더 나아가 집단을 행동하도록 하며 이를 촉진시킨다.

*절차적 기술자(Procedural technician)*. 절차에 유의함으로써 집단 토론이 활성화되도록 한다. 집단이 업무에 필요한 재료(종이, 연필, 분필 등)를 가지고 있는지를 살핀다.

*기록자(Recorder)*. 집단의 제안과 결정을 기록한다. 집단에서 일어난 일을 지속적으로 기록한다.

집단이 업무를 성취하기 위해서는 이러한 구성원들의 역할이 필요하다. 리더는 이러한 묘사를 활용하여 집단 내 어떤 역할이 빠졌는지를 구분할 수 있다. 추가적인 역할이 집단 구성원에게 부여되거나 리더에게 주어질 필요가 있을지 모른다. 예컨대, 집단은 절차적 기술자 또는 기록자의 역할을 제외하고 대부분의 업무 역할을 포함하고 있을 수 있다. 그런 집단은 아마도 쉽게 대화를 나눌 수는 있지만 말한 것을 기억하는 데 교착 상태에 빠질 수 있을 것이다. 어떤 역할이 필요한지를 아는 리더는 봉사자들에게 기록자나 요약자가 되도록 요구할 수 있다. 업무 역할과 행동에 대한 지식은 리더가 어떤 역할이 존재하며 더 나아가 어떤 역할이 부여될 필요가 있는지를 평가하게 해준다. 리더는 몇몇 빠진 역할을 스스로 담당하거나 다른 이에게 그 역할을 부여하거나 새로운 역할을 위해 특정한 사람들을 집단에 추가시킬 수 있다.

## 인간 역할(Person Roles)

인간적 역할과 행동에 대한 지식은 집단 리더에게 도움이 된다. 다음의 서술을 고려해보라.

*격려자(Encourager)*. 다른 구성원들의 기여를 긍정하고 지지하며 받아들인다. 다른

이에 대해 따뜻하고 긍정적인 태도를 보여준다.

*조화자(Harmonizer).* 개인 간 차이를 회유한다. 위협적이지 않은 설명과 유머로 구성원들 사이의 긴장을 줄이는 방법을 찾는다.

*타협자(Compromiser).* 집단의 이익에 맞게 개인의 제안을 바꾸도록 제안한다. 반대되는 다른 생각을 반쯤 충족시킴으로써 자신의 실수를 인정하고 지위를 양보할 의지가 있다.

*문지기 또는 촉진자(Gatekeeper or Expediter).* 모든 구성원이 말할 기회를 가지는지를 살핌으로써 의사소통의 흐름을 조절한다. 침묵하고 있는 이에게 말하도록 장려하며 대화를 지배하고 있는 이들을 제한한다. 참여가 편중된 경우에는 대화를 위한 새로운 규제를 제안한다.

*기준 설정자: 이상적인 자아(Standard setter: Ego ideal).* 고난이 있을 때 집단 구성원들이 포기하지 않도록 함으로써 집단의 사기를 고양한다. 집단이 좋은 상태를 유지할 수 있거나 바람직한 결정을 할 수 있도록 자신감을 가지도록 한다.

*관찰자 및 해설자(Observer and Commentator).* 집단의 일을 감독한다. 누가 누구에게 말하며 언제 어디서 대부분의 장애물이 발생하는지와 개인의 참여 횟수와 기간을 기록한다. 집단이 절차와 과정을 평가하기 희망할 때 피드백을 준다.

*추종자(Follower).* 집단이 결정을 내리는 데 적극적이었거나 영향을 미치지 않았음에도 불구하고 집단의 결정을 따른다. 집단의 토론에 의견 청취자로서 봉사한다.

이러한 일곱 가지 인간적 역할은 구성원의 만족과 집단의 응집력을 높인다. 회의와 다른 사람과 이야기하는 것에 긍정적 느낌을 가지고 그들의 생각을 표현하는 것을 안락하게 느낀다. 결과적으로 회의는 집단의 일을 계속해 나가기 위한 즐거운 시간으로 여겨진다. 인간적 역할이 누락된다면 집단은 받아들일 만하고 헌신적인 결정을 내리는 데 큰 어려움을 겪을 것이다. 인간적 행동과 역할이 없다면 오직 가장 강하고, 확신에 차 있고 목소리가 큰 사람만이 이야기할 것이다. 소심한 사람이 강하게 거부하지만 집단은 그런 강력한 반대가 존재한다는 것을 모른 채 결정을 내릴지 모른다.

또한 인간적 역할이 분명하게 나타나는지를 살피는 것 역시 집단 리더의 역할이다. 만약 역할이 누락된다면 그때는 리더가 그러한 역할 없이 집단을 이끌어 나가기보다는 스스로 그러한 역할을 수행하거나 기존의 구성원에게 역할을 맡기거나 그런 역할을 이전부터 수행해 오던 사람을 집단에 추가할 수 있다. *위에 언급된 업무 및 인간적 역할들*

*이 집단에 이미 존재하고 있지 않다면 이들을 조직에 추가할 필요가 있다.*

## 역기능적 역할(Dysfunctional Roles)

역기능적 역할과 행동은 존재할 때만 그 실체가 확실히 보인다. 그런 역할과 행동은 집단의 목표 달성을 방해하고 집단의 응집력을 약화시킨다. 다음을 고려해 보자.

*공격자(Aggressor).* 다른 구성원의 가치를 개인적으로 공격한다. 다른 이들의 지위, 지혜 및 동기를 얕보고 낮게 만든다. 그런 언어적 공격의 예는 다음과 같다: "그것은 내가 들은 것 중에 가장 어리석은 일이야." "그런 것을 제안하다니 당신은 멍청이임이 틀림없어…"

*방해자(Blocker).* 집단 구성원의 견해와 제안 모두를 부정적으로 본다. 어떤 결정에도 반대하고 대안을 제시하는 것을 고집스럽게 반대한다. 그런 방해 표현들은 다음과 같다: "그것은 무서운 생각이야." "나는 그것을 원하지 않아." "어떤 것을 하든지 무익해."

*인정 추구자(Recognition seeker).* 개인적 관심을 받기 위해 집단 환경을 사용한다. 그런 행동의 예는 책을 떨어뜨리기, 종이 흩뜨리기, 지속적으로 기침하기, 졸린 척하기, 손 든 다음 말하려고 하는 것을 망각하기 등이다.

*자기-고백자(Self-confessor).* 집단의 업무와 관련 없는 개인적 기분을 표출하기 위해 집단을 활용한다. 집단 토론과정에 끼어들 수 있을 때마다 개인적 문제나 적절하지 않은 기분을 말한다. 자기 고백 표현의 예는 다음과 같다: "이 토론은 내가 아주 어렸을 때 나의 몸무게 문제를 생각나게 해." 또는 집단이 의견 차이에 대해 이야기하고 있을 때, "당신은 내 아들과 내가 싸우는 소리를 들었어야 해; 나는 아들에 대해 무엇을 해야 할지 모르겠어."

*향락 추구자(Playboy or Playgirl).* 집단 환경을 활용하여 즐거운 시간만을 가지려고 하는 등 집단에 대한 관심과 관여가 부족하다. 다른 사람들을 집단의 목표에서 멀어지게 한다. 개인적 농담, 노트 전달하기, 다른 이에게 얼굴 찌푸리기, 카드놀이 등의 행동을 한다.

*지배자(Dominator).* 집단의 토론을 통제함으로써 우월성을 주장하고 어떤 구성원들이 무엇을 해야만 하는지를 명령한다. 어떤 다른 사람보다 좋은 해결책을 가지고

있으며 논의하고 있는 주제에 대해 더 많이 안다고 주장한다. 거의 모든 질문에 대해 정확한 답을 가지고 있으며 토론을 독점한다.

*도움 추구자(Help seeker)*. 부적절하고 개인적인 혼란 상태를 표현함으로써 집단의 동정을 얻도록 노력한다. 그러한 폄하를 집단에 기여하지 못하는 이유로 활용한다: "이것은 나에게 너무 혼란스러워." "나는 스스로 결정할 수 없어." "왜 나에게 요구해? 나는 도와줄 수 없어."

*특별한 관심 변호인(Special-interest pleader)*. 자기 스스로의 견해나 제안은 없지만 다른 사람이 말하거나 행하는 것에 대해 말한다. 외부 집단을 활용하여 스스로의 편견을 가린다: "우리는 그것을 할 수 없어. 당신은 학교 교육위원회가 어떻게 생각하고 있는지를 알 수 있어?" "만약 그런 학부모들이 지역 음식점에서 우리가 바뀔 것이라는 것을 듣기라도 한다면…"

역기능적 역할은 집단 내에 매우 분명하게 존재한다. 리더의 책임은 그러한 역기능

---

◈》 **역할극 16.1**

## 업무 및 역기능적 역할

**준비.** 이 역할극은 8명에서 16명의 참여자가 큰 회의 책상에 둘러앉고 다른 학생들이 그 주변에 앉은 형태로 진행할 수 있다. 강사가 동일한 수의 업무 및 역기능 역할(각 4개에서 8개)을 맡긴다. 각 역할 참가자들은 특정한 역할이 적힌 표지를 받게 되며 그 표지는 다른 역할 참가자들과 관찰자들이 각 참가자들이 수행할 역할이 무엇인지를 볼 수 있도록 책상 위에 놓는다. 역할 참가자들은 역할 놀이를 시작하기 전에 그들에게 주어진 업무나 역기능 역할을 기술한 것을 검토하도록 요구받는다.

**장면.** 역할 참가자들은 모두 초등학교의 교사들이다. 매년 봄 학생, 교사 및 학부모 자원 봉사자들은 하루 동안의 야외 활동에 참여하게 된다. 야외 활동의 날은 매년 다른 곳에서 이루어지고 각기 다른 활동들로 구성된다. 야외 활동의 날은 즐거움을 위한 게임을 하는 것이 아니라 학습 경험이 된다. 교사들은 학교장에 의해 내년 봄의 야외 활동의 날

행사를 계획하도록 요구받은 리더가 없는 집단에 소속되어 있다.

　특별히 학교장은 집단에게 학습 주제와 장소, 야외 활동일의 일정을 세우라고 요구하였다. 역할 참여자들은 역할 놀이 동안에 기회 있을 때마다 그들이 실생활에서 하는 회의 행동들은 접어두고 부여된 역할을 할 것이다. 관찰자들은 그들이 역할 놀이 도중 관찰한 것을 제약이 없는 양식으로 기록한다. 역할 놀이는 강사가 정한 5~10분간 실시된다.

**전체 집단 과정.** 역할 놀이 이후, 강사는 관찰자에게 역할 놀이 도중에 그들이 본 것과 반응을 공유하도록 요구한다. 다음으로, 강사는 역할 참여자에게 역할 놀이 과정에서의 관찰과 기분을 공유하도록 요구한다. 마지막으로, 강사는 전체 집단의 몇몇 개인에게 업무 역할과 역기능 역할만을 가진 집단에 대한 전반적인 영향이 무엇인지를 다섯 단어 이내로 요약해 달라고 요구한다.

---

**⋙ 역할극 16.2**

## 인간적 및 역기능적 역할

**준비.** 이 역할극은 8명에서 14명의 참여자가 큰 회의 책상에 둘러앉고 다른 학생들이 그 주변에 앉은 형태로 진행할 수 있다. 강사가 동일한 수의 인간 및 역기능 역할(각 4개에서 7개)을 맡긴다. 각 역할 참가자들은 특정한 역할이 적힌 표지를 받게 되며 그 표지는 다른 역할 참여자들과 관찰자들이 각 참가자들이 수행할 역할이 무엇인지를 볼 수 있도록 책상 위에 놓인다. 역할 참가자들은 역할 놀이를 시작하기 전에 그들에게 주어진 인간적 역할이나 역기능 역할을 기술한 것을 검토하도록 요구받는다.

**장면.** 역할 참가자들은 모두 고등학교의 교사들로 학교장에 의해 학교가 최선을 다해야 할 학습 서비스 프로그램이 무엇인지에 대한 결정을 해달라고 요구받은 리더가 없는 집단에 속해 있다. 학교장은 모든 학과 대표들과 함께 집단에게 프로그램의 목표와 프로그램 참여 부서, 어떤 잠정적 학습 서비스 사업이 나머지 교사진들과 공유될 수 있을 것인지를 결정해 달라고 요구하였다.

역할 참여자들은 역할 놀이 동안에 기회 있을 때마다 그들이 실생활에서 하는 회의 행동들은 접어두고 부여된 역할을 할 것이다. 관찰자들은 그들이 역할 놀이 도중 관찰한 것을 제약이 없는 양식으로 기록하도록 한다. 역할 놀이는 강사가 정한 5~10분간 실시된다.

**전체 집단 과정.** 역할 놀이 이후, 강사는 관찰자에게 역할 놀이 도중에 그들이 본 것과 반응을 공유하도록 요구한다. 다음으로, 강사는 역할 참여자에게 역할 놀이 과정에서의 관찰과 기분을 공유하도록 요구한다. 마지막으로, 강사는 전체 집단의 몇몇 개인에게 인간 역할과 역기능 역할만을 가진 집단에 대한 전반적인 영향이 무엇인지를 다섯 단어 이내로 요약해 달라고 요구한다.

---

**⋙ 역할극 16.3**

## 업무 및 인간적 역할

**준비.** 이 역할극은 8명에서 14명의 참여자가 큰 회의 책상에 둘러앉고 다른 학생들이 그 주변에 앉은 형태로 진행할 수 있다. 강사가 동일한 수의 업무 및 인간적 역할(각 4개에서 7개)을 맡긴다. 각 역할 참가자들은 특정한 역할이 적힌 표지를 받게 되며 그 표지는 다른 역할 참여자들과 관찰자들이 각 참가자들이 수행할 역할이 무엇인지를 볼 수 있도록 책상 위에 놓인다. 역할 참가자들은 역할 놀이를 시작하기 전에 그들에게 주어진 업무나 인간적 역할을 기술한 것을 검토하도록 요구받는다.

**장면.** 역할 참가자들은 모두 중학교의 교사들로 학교장에 의해 후원자가 기부한 5만달러의 전문성 계발 보조금을 활용할 계획을 세워 달라고 요구받은 리더가 없는 집단에 속해 있다. 보조금의 유일한 조건은 재원이 교수–학습의 개선에만 활용되어야 한다는 것이다.

역할 참여자들은 역할 놀이 동안에 기회 있을 때마다 그들이 실생활에서 하는 회의 행동들은 접어두고 부여된 역할을 할 것이다. 관찰자들은 그들이 역할 놀이 도중 관찰한 것을 제약이 없는 양식으로 기록하도록 한다. 역할 놀이는 강사가 정한 5~10분간 실시된다.

**전체 집단 과정.** 역할 놀이 이후, 강사는 관찰자에게 역할 놀이 도중에 그들이 본 것과 반응을 공유하도록 요구한다. 다음으로, 강사는 역할 참여자에게 역할 놀이 과정에서의 관찰과 기분을 공유하도록 요구한다. 마지막으로, 강사는 전체 집단의 몇몇 개인에게 업무 역할과 인간 역할만을 가진 집단에 대한 전반적인 영향이 무엇인지를 다섯 단어 이내로 요약해 달라고 요구한다.

적 역할들이 집단의 사기나 효율성을 심하게 훼손하기 전에 그러한 것들을 줄이거나 제거하는 것이다. 리더는 공격자, 향락 추구자, 특별한 관심 변호인과 같은 역기능적 행동을 하는 구성원들의 이유를 이해한 후 그런 사람들과 개별적으로 맞서야 한다. 또한 집단 내에서 역기능적 행동을 유발하는 요구들을 충족시키기 위한 변화를 이끌어야 한다. 역기능적 행동을 다루는 방법은 곧 논의될 것이지만 먼저 집단의 발달 단계에 적합한 리더십 스타일에 초점을 맞춰보자.

## 3. 발달 장학을 집단에 적용하기

발달 장학이 집단에서 어떻게 활용되고 있는지를 검토해 보자. 발달 장학은 집단의 특성에 따라 네 가지 장학 접근법이 가능하다.

- *지시적 통제* 행동은 매우 낮은 발달 단계로 운영되며 문제를 해결할 전문성이 부족하며 결정이나 위급 상황에 대해 어떤 헌신이 없는 집단에 활용된다. 집단 회의에서 장학담당자는 어떤 변화를 기대하는지에 대한 분명한 메시지를 전달하는 지시적 통제 행동을 활용한다. 장학담당자는 문제에 대한 자신의 이해를 언급함으로써 문제를 제시하고 집단 구성원이 추가해야 할 인식이 있는지를 물어봄으로써 문제를 *명확히 한다*. 그것에 대해 *경청한* 다음 문제와 가능한 해법을 재평가함으로써 *문제를 해결한다*. 장학담당자는 해야 할 것을 제시하고 추가적인 고려 사항을 물어봄으로써 문제를 *명확화한다*. 세세한 시행일정과 기대성과를 구체화함으로써 문제해결의 *표준화를 시행하고* 기대된 집단성과를 모니터링함으로써 이를 *강화한다*. 가능한 한 빨리 장학담당자는 지시적 통제로부터 멀어져서 지시적 정보제공 행동을 활용해야 한다.

- *지시적 정보제공* 행동은 발달 전문성과 헌신 정도가 다소 낮은 수준인 집단에서 활용된다. 장학담당자는 문제에 대한 자신의 이해를 언급함으로써 문제를 *제시하고* 추가적인 고려 사항을 물어봄으로써 문제를 *명확화하고* 문제에 대한 그들의 인식을 듣고 두 개 혹은 세 개의 해결책을 제안함으로써 *문제를 해결한다*. 장학담당자는 대안을 말함으로써 집단에게 새롭게 추가해야 할 정보에 대해 알려주어 최종 선택을 새롭게 형성하거나 진술함으로써 *지시한다*. 장학담당자는 집단에게 여러 대안들 중에 선택하라고 요구함으로써 해결 방안을 *명확화하며*, 시행일정과 성공의 준거를 제시함으로써 *표준화하고* 후속 조치 방안을 제시함으로

써 *강화한다.*

- *협력적 행동*은 집단이 다소 높거나 혼합된 발달 단계로 운영될 때 사용되며 장학 담당자와 집단은 문제에 관해 유사한 수준의 전문성을 가지며 문제해결을 위해 동일하게 헌신한다. 장학담당자는 집단의 문제에 대한 인식을 물어봄으로써 문제를 *명확화하며,* 집단의 인식을 듣고 집단의 인식을 확인함으로써 *심사숙고한다.* 장학담당자는 그들의 의견을 추가함으로써 제시하고, 집단이 더 잘 인식하고 있는지를 결정함으로써 *명확화하며,* 제안된 해결책을 교환함으로써 *문제를 해결하며,* 갈등을 받아들임으로써 행동을 *격려하며,* 상호 받아들이는 해결책을 *협상한다.* 마지막으로 장학담당자는 협력 계획을 요약함으로써 *상황을 나타낸다.*

- *비지시적 행동*은 집단이 상당히 높은 수준의 발달 단계로 작동하고 광범위한 전문성을 지니며 문제 해결에 헌신하는 경우에 활용된다. 장학담당자는 집단 구성원이 문제에 대한 인식을 제공하는 것을 듣고, 집단 구성원의 인식과 기분을 다시 말함으로써 *제시하며,* 문제의 근본적인 원인에 대한 추가적인 정보를 집단에게 *구하고* 교사의 인식을 좀 더 듣고, 집단 구성원의 말을 풀어씀으로써 *나타낸다.* 장학담당자는 집단에게 가능한 행동과 잠재적 행동의 결과를 고려하라고 요구함으로써 *문제를 해결하며,* 집단에게 행동 계획을 요구함으로써 *제시하고,* 시행기한과 성공의 준거를 세우라고 집단에 요구함으로써 *표준화하며,* 집단 계획을 다시 시작함으로써 *성찰한다.*

발달 장학의 장기적인 목표는 집단이 높은 수준의 발달, 전문성 및 헌신을 기르도록 하는 것이다. 이것은 협력적 기술(의사소통, 의사결정, 문제해결 등)을 훈련시키고 집단 행동에 대한 관찰자 피드백을 제공하며 자기주도 학습과 집단 과정에 대한 심사숙고를 촉진하며, 집단 발달을 위한 다른 다양한 방법들을 통해 달성될 수 있다. 집단이 발달할수록 장학담당자는 점차적으로 지시적에서 협력적으로 또는 협력적에서 비지시적 행동으로 변화해 간다.

## 4. 역기능적 구성원 다루기

집단이 다양한 기질과 동기를 가진 개개인으로 구성된다는 사실은 집단과 일하는 방법을 생각할 때 중요한 점이다. 특별히 역기능적 행동을 보이는 사람들을 다루는 것은 집단 리더의 추가적인 책무이다.

만약 리더가 집단이 일하는 것을 관찰하였고 그(그녀)의 리더 행동이 대부분의 집단 구성원에게는 적절하지만 집단 내 소수의 역기능적 구성원을 예방하지 못한다면 개별적 조치가 필요하다. 역기능적 구성원을 다루는 절차는 다음과 같다: (1) 구성원 관찰하기, (2) 왜 구성원이 비생산적으로 행동하는지를 이해하려고 노력하기, (3) 행동에 대해 구성원과 의사소통하기, (4) 미래 행동에 대한 규칙 설정하기, (5) 호의적이지 않은 행동 되돌리기(Corey & Corey, 1982; Eckstein, 2005; Kemp, 1970). 이 절차의 각 단계는 다음과 같이 자세히 진술될 수 있다.

1. *구성원 관찰하기.* 언제, 누구와 함께 역기능적 행동을 하는가? 집단 구성원이 무엇을 하며 다른 이들은 어떻게 반응하는가? 예컨대, 지배자는 회의에 들어가자마자 대화를 독점하기 시작할지 모른다. 다른 사람은 회의의 처음 몇 분 동안은 지배자의 대화에 관심을 가질 수도 있으나 그가 계속하게 된다면 점차 짜증날 수도 있다. 다른 사람들은 딴 데를 쳐다보거나 하품하고 꼼지락거리고 다른 이와 잡담할지 모른다.

2. *구성원을 이해하려 노력하기.* 왜 구성원은 역기능적 행동을 지속하는가? 그 혹은 그녀는 그 행동이 비생산적임을 알고 있는가? 그 행동은 다른 근본적인 감정을 숨기려고 사용된 것인가? 예를 들면, 향락 추구자는 그 자신의 가치에 대해 불확실하다고 느끼고 자신의 생각을 집단의 관심에 노출시키기보다는 그것에 상관없는 듯 행동할지 모른다.

3. *구성원과 의사소통하기.* 무엇이 당신으로 하여금 집단 구성원의 행동과 상황에 대해 의사소통하도록 하는가? 폄하하지 않고 상황과 행동을 구성원에게 기술해 보라. "당신은 매우 공격적인 사람이야"라고 말하는 대신에 "당신은 Sara에 대해 많이 화나 있는 것 같아. 마지막 회의에서, 당신은 그녀에게 입 다물라고 말했어" 역기능적 구성원에게 집단의 리더로서 그 행동의 효과에 대해 말해보라: "당신이 Sara에게 입 다물라고 말하고 Bob에게 멍청해라고 말하는 것은 논쟁을 불러일으켜 회의에 투여될 시간을 앗아가게 될 거야. 나는 그런 논란이 일어난다면 의제를 시간 내에 마칠 수 없을 거야."

4. *미래 행동에 대해 약간의 규칙 정하기.* 구성원에게 미래에 당신들이 준수해야 할 약간의 규칙을 제안하라고 요구하거나 당신의 미래 규칙을 구성원에게 말하라. 또한 그 둘을 동시에 활용하여 규칙을 세워보라. 어떤 전략이 채택되었는지에 상관없이, 리더는 집단에 대한 더 이상의 방해를 최소화할 규칙에 대해 생각해야 한다. 예를 들면, 리더는 자기 고백자에게, "다음에 개인적 문제가 있다면

나에게 개인적으로 말해 달라"고 요청할 수 있을지도 모른다. 또한 지배자에게, "나는 모든 구성원의 참여에 2분의 제한을 둘 것이다"라고 말하거나 방해자에게, "우리가 올바른 방향으로 가고 있다고 생각하지 않는다면 우리에게 당신의 반대를 한 번만 말하시오"라고 제안할 수 있다.

5. *비판적 행동 전용하기*. 집단 구성원의 역기능적 행동을 선택하고 그것을 집단에 도움이 되도록 해보자. 지배자에게 기록자, 요약자 또는 시간 준수자의 역할을 부여할 수 있다. 향락 추구자는 공식적인 업무가 시작되기 전에 집단의 긴장을 풀어주기 위해 재미있는 이야기를 나누도록 시작 시간을 가질 수 있다. 공격자는 열띤 논의가 이뤄지도록 일부러 반대입장을 취하는 사람 역할을 요구받을 수 있고 상대방의 입장에 대해 논의하라고 요청받을 수 있다.

---

◦))) **역할극 16.4**

## 역기능적 집단 구성원 다루기

**준비.** 이 역할극의 목적은 4명으로 구성된 소집단에게 어떻게 역기능적 집단 구성원을 효과적으로 다루는지에 대해 집단의 나머지에게 설명하는 것이다. 참여자들은 나머지 집단과 떨어져 대략 20분 내외의 준비시간이 필요할 것이다. 역할 놀이에서, "장학담당자"와 세 명의 "교사"가 전체 학교의 수업 문제를 논의할 위원회 회의의 멤버이다. 역할 놀이를 준비하는 과정에서, 역할 놀이자들은 학교 수준(초, 중, 고)을 선택하고 논의될 주제를 선정하고 효과적인 역할 놀이를 위해 필요한 가상의 상황에 대한 세부사항을 고른다. 집단은 집단의 한 구성원이 역할 놀이 동안 시행할 역기능적 행동을 선택하거나 부여받는다. 역할 놀이는 세 장면으로 실시된다.

**장면 1(5분).** 장학담당자와 세 교사는 회의를 시작한다. 본 장면에서는 교사 중 한 명이 문제를 해결하는 데 필요한 집단의 노력을 방해하는 역기능 역할을 수행한다. 장학담당자는 교사의 역기능적 행동을 관찰한다. 이 장면은 문제가 해결되지 않은 채 회의의 휴식시간에 끝난다. 휴식시간에 다른 두 교사는 커피를 마시러 나가서 장학담당자와 역기

능적 교사만 남아 있다.

**장면 2(5분).** 휴식시간 동안 역기능적 교사와 함께 나눈 사적인 토론에서 장학담당자는 이 장의 "역기능적 구성원 다루기"라는 절에서 제시된 기술들을 교사의 행동을 개선하기 위해 사용한다. 구체적인 토론은 교사가 역할한 역기능적 역할에 따라 이루어진다. 토론은 미래의 혼란을 최소화하기 위한 동의된 계획으로 끝이 난다.

**장면 3(5분).** 다른 교사들이 돌아오고 회의가 시작된다. 휴식시간에 이루어진 동의와 회의 후반부의 장학담당자의 도움으로 교사의 역기능적 행동이 상당히 감소한다. 집단은 토론을 통해 문제를 해결할 수 있다.

**전체 집단 과정.** 전체 집단은 역기능적 역할과 그것의 구체적인 행동 및 역기능 역할이 장면 1에서 집단에 미치는 영향에 대해 토론한다. 다음으로, 집단은 장면 2와 3에서 역기능 역할을 다루기 위해 활용된 기술과 그러한 기술이 교사와 집단에 미치는 영향에 대해 토론한다.

여기서 기술된 다섯 단계는 회의의 리더가 개인의 역기능적 행동을 이해하고 다루는 데 도움이 될 것이다. 이 단계들은 사적으로 역기능적 구성원과 부딪치게 될 때에도 적용될 수 있다. 드물게 일어나거나 폐쇄적 상황에서 일어나는 역기능적 행동들은 무시될 수 있다. 리더는 그러한 버릇없는 행동에 대해 반응하거나 가볍게 다룰 수 있다: "Sara, 당신은 오늘 정말 긴장했었던 것 같아; 아마도 벌써 소문이 다 났을지도 몰라." 전체 집단을 혼란케 하는 지속적인 행동만이 직접적인 대응을 통해 다루어질 필요가 있다. 상황에 맞서는 것은 쉬운 것이 아니지만 집단의 이익을 위해 때로는 필요하다. 역할극 16.4는 어떻게 역기능적 집단 구성원을 다루는지에 대해 보여줄 것이다.

## 5. 갈등 해소하기

생산적인 집단의 핵심은 계속되는 갈등을 해소하는 방법이다. 갈등은 둘 혹은 그 이상의 구성원들 사이에서 특정한 시점에 특별한 의견 불일치를 의미한다. *갈등이 반드시 역기능적인 것은 아니다.* 사실, 성공적인 집단은 많은 갈등을 보인다고 연구에서 밝혀져 왔다(Fullan, 2000). 집단은 고려해야 할 정보나 아이디어가 풍부할 때 현명한 결정을 내릴 수 있다. 정보와 아이디어는 갈등을 통해 생성된다. 갈등을 억누르는 것은 집단의 의사결정 능력을 억누르는 것이다(Levi, 2011). 그러므로 리더는 갈등을 억압하기보다는 장려해야 한다. 물론, 갈등은 올바르게 다루어지지 않는다면 적대적이고 위해한 관계로 악화된다. 나쁜 것은 갈등이 아니며 갈등의 가치는 리더가 갈등을 다루는 방법에 의해 결정된다(Chen, 2006; Tekleab, Quigley, & Tesluk, 2009).

갈등은 아이디어에 대해 불일치가 있을 때 발생한다. 리더는 이러한 불일치를 구성원의 인간성에 초점을 맞추기보다는 아이디어에 초점을 두어 다뤄야 한다. 갈등을 다루기 위한 다음의 절차는 집단 리더에게 참조사항이 될 것이다.

1. 각 구성원에게 그의/그녀의 갈등 입장을 진술하도록 요구한다.
2. 각 구성원에게 다른 사람의 입장을 다시 말하도록 요구한다.
3. 각 구성원에게 갈등이 여전히 존재하는지 물어본다.
4. 근본적인 가치 입장에 대해 물어본다: 왜 당신들은 당신들의 입장을 고수하고 있는가?
5. 집단의 다른 구성원에게 갈등을 화해, 타협, 초월하는 제3의 입장이 있는지 물어본다. 만약 그것이 존재하지 않는다면, 각자의 다양한 입장을 다시 분명히 할 수

있는 기회를 준다. 화해가 존재할 수 없는지를 확인한다면 토론에서 다음 문제로 넘어가라.

다음은 고등학교 회의에 갈등 해소 절차를 적용한 것이다.

지역 교육청의 장학담당자가 10학년 영어 과목의 가능한 변화에 대해 토론하기 위해 고등학교 영어부장들을 소집하였다. 작문 주제가 올라오자 두 명의 부장이 논쟁하기 시작한다. Toofarback 고등학교의 Strick 교사는 "우리는 각 10학년 학생에게 매 학기 세 단위의 공식적인 작문 과제를 요구할 필요가 있으며 각 작문은 철자법, 구두법 및 형식에 비추어 평가되어야 해요. 나는 아이들이 문장을 서로 연결시키지도 못하면서 11학년으로 올라가는 것을 보는 것에 신물나요"라고 말한다.

Space 고등학교의 Ease 교사는 이를 반대한다: "당신 제정신이요? 1년에 여섯 단위의 기술 작문은 10학년 학생들로 하여금 글쓰기에 대해 남은 관심을 죽이는 것이 될 것이오. 그것은 어리석은 생각이요!"

언어 장학담당자인 Cool은 이제 갈등을 인지하고 집단에게 정보를 제공하기 위해 그러한 다양한 관점을 부각시키기 원하였다. 동시에 그는 갈등에서의 감정의 격렬함(지겨운, 싫증난, 우스꽝스러운)을 알고 감정을 완화하고 아이디어를 증진하기를 희망하였다. 그래서 그는 1단계를 사용하여 두 구성원에게 그들의 갈등에 대한 입장을 진술하도록 요구하였다.

"Strick과 Ease 선생님, 여러분 모두 기술 작문의 요건에 대해 분명한 생각을 가지고 있군요. 우리는 여러분이 생각하는 것을 완전히 이해하는 데 관심이 있소. 각각 몇 분 동안 자신의 입장을 좀 더 설명해 주시겠소?"

Strick과 Ease 교사가 그들의 입장을 설명한 후 장학담당자는 각 구성원에게 다른 사람의 입장을 다시 진술해 달라는 2단계로 넘어간다.

"이제 선생님들은 자신들의 입장을 설명했어요. 나는 선생님이 다른 사람의 입장을 완전히 이해했는지 확인해야 해요. Strick 선생님, Ease 선생님의 입장을 다른 말로 바꿔 표현해줄 수 있나요? Ease 선생님, Strick 선생님의 입장을 다시 설명해줄 수 있을까요?"
Strick은 "Ease 선생님은 기술적 글쓰기 과제가 시간 낭비고 학생들의 관심을 잃어버리게 하는 것이라고 생각해요.”라고 말한다. Ease는 “아니에요. 나는 시간 낭비라고 말한 적이 없어요. 그러나 만약 과제가 너무 많다면 학생들이 영어 수업을 싫어할 것이라고 생각해요”라고 응답하였다. Ease는 그때 Strick의 입장을 재진술한다. “당신은 10학년 학생들이 작문의 기초 기술이 필요하다고 말했어요. 필수 작문은 적절한 철자, 문법 및 형식을 갖추도록 할 것이에요.” Strick은 “맞아요. 그것이 제가 말한 것이에요”라고 대답하였다.

이제 양 입장은 명확해졌으며 재기술되었다. 이에 장학담당자 Cool은 3단계로 넘어가 갈등이 여전히 존재하는지 묻는다.

그는 Strick과 Ease 교사에게 “여러분 모두 여전히 10학년 영어에 대한 작문 요건에 대해 동의하지 않지요?”라고 묻는다. Strick은 고개를 끄덕였지만 Ease는 “글쎄요, 처음처럼 그렇게 불일치하지 않아요. 나는 어느 정도의 기술 작문 요건에 대해 반대하는 것이 아니에요. 한 학기의 세 단위는 너무 많다는 것이지요. 나는 한 학기에 한 단위는 받아들일 수 있어요.”라고 응답하였다. “Ease 선생님의 입장을 다시 설명해줄 수 있을까요?” Strick은 “글쎄요, 나는 할 수 없어요. 학생들이 글을 올바르게 쓸 수 있기 위해서 그들은 글쓰기를 자주 해야 해요. 한 학기의 세 단위에 걸친 작문 수업은 최소한이에요!”

Strick이 자신의 입장에 대해 고집이 세다는 것을 알고 있는 Cool은 근본적인 가치에 대해 물어봄으로써 4단계로 나아갔다.

Cool은 Strick에게 “당신은 왜 기술적 작문이 당신에게 중요한지 설명할 수 있나요?”하고 물었다. Strick은 “요즘 아이들은 글쓰기에 기초가 없어요. 모든 것이 창의적인 것이고 길거리에게 말하는 것처럼 표현하고 글을 써요. 나는 적절한 영어와 올바른 글쓰기에 대해 배웠어요. 만약 이런 학생들이 삶에서 성공하기 위해서는 공인된 기업 및 전문적 기준에 따라 글 쓰는 방법을 배워야만 해요. 나는 내 이익을 위해 고집하는 것이 아니에요. 내가 관심 갖는 것은 그들이에요!” Cool은 Ease에게 “당신은 어떻게 생각하세요? 왜 당신은 동의하지 않아요?”라고 물었다. Ease는 “나는 완전히 동의하지 않는 것이 아니에요. 그러나 10학년 영어 교실에서 기술적 글쓰기 기술을 가르치는 것을 반대해요. 글쓰기는 표현의 수단이어야만 하고 학생들은 그것을 무서워하기보다는 사랑해야 해요. 그들은 모든 쉼표와 구두점 찍는 것을 고민하기보다는 개인적 생각을 기술하고 단어와 형식을 조직해야 해요. 그들에게 기준을 강요하기보다는 단어들을 가지고 놀 수 있도록 만들어야 해요. 나는 내 친구들에게 1과 1/2인치 여백으로 편지나 일기를 쓰지 않아요. 왜 아이들은 그래야만 하는 거죠? 확실히, 그들이 공식적인 글쓰기를 배울 필요가 있어요. 하지만 글쓰기를 싫어하도록 만들어서는 안 돼요!"

Cool은 갈등을 집단에 자세히 알렸다: "Strick과 Ease 선생님 사이의 분명한 의견 불일치가 있어요. Strick 선생님은 10학년에 학기별로 적어도 세 단위의 기술 작문 수업이 있어야 한다고 믿어요. Ease 선생님은 기술적 글쓰기보다는 표현적 글쓰기를 보다 강조하고 있어요."

장학담당자 Cool은 5단계로 나아갔다: 집단의 다른 구성원에서 혹시 선택될 수 있는 제3의 입장이 있는지 물어본다. 몇몇 구성원들은 다른 이의 의견보다 특정인의 의견을 지원할 수도 있으며 타협(첫 학기에 한 단위의 기술적 작문과 두 번째 학기의 두 단위의 수업)안을 제시할 수도 있다. 또한 새로운 대안(기술 작문에 대한 3주간의 미니 코스를 요구하거나 각 학교별로 학습 유형과 과제를 결정할 수 있도록 요구하기)을 제안할 수 있다. 만약 Strick과 Ease 교사 간의 갈등이 자체적으로 해결되지 않는다면 장학담당자는 갈등이 여전히 남아있는 것을 인정해야 한다: "우리는 여러분이 각기 다른 의견을 가진 것을 이해하지만 즉시 그것에 대한 해결책을 찾을 수 없어요." 그 다음 그

---

**⫸ 역할극 16.5**

## 갈등 해소하기

**맥락.** 이 역할극의 목적은 5명으로 구성된 소집단에게 어떻게 집단 내 갈등을 효과적으로 다루는지에 대해 집단의 나머지 사람들에게 설명하는 것이다. 참여자들은 나머지 집단과 떨어져 대략 20분 내외의 준비시간이 필요할 것이다. 역할 놀이에서, "장학담당자"와 네 명의 "교사"가 전체 학교의 수업 문제를 논의할 위원회 회의의 멤버이다. 역할 놀이를 준비하는 과정에서, 역할 놀이자들은 학교 수준(초, 중, 고)을 선택하고 논의될 주제를 선정하고 효과적인 역할 놀이를 위해 필요한 가상의 상황에 대한 세부사항을 고른다. 집단은 회의 동안 집단의 두 구성원들 사이에서 일어날 갈등을 선택하거나 부여받는다. 역할 놀이는 두 장면으로 실시된다.

**장면 1: 잘못된 방법(5분).** 회의가 시작된 후 곧바로 교사들 중 둘 사이에서 갈등이 시작된다. 장학담당자와 다른 교사는 갈등을 대충 다루고 회의는 급속하게 악화된다. 인간관계 갈등이나 원래의 이슈가 해소되지 않고 회의가 끝난다.

**장면 2: 올바른 방법(10분).** 이 장면은 동일한 집단, 환경과 이슈를 배경으로 한다. 동일한 두 교사 사이에 똑같은 갈등이 일어난다. 하지만 이번에는 장학담당자와 집단의 교사들이 이 장의 "갈등 해소하기"에서 논의된 과정을 사용함으로써 갈등의 해소를 촉진하고 원래 이슈가 논의될 수 있도록 한다.

**전체 집단 과정.** 전체 집단은 장면 1에서의 갈등의 속성과 그것을 해소하기 위한 노력의 실패, 갈등의 효과를 논의한다. 또한 갈등 2에서 갈등을 해소하기 위해 사용된 기술과 갈등 해소 과정의 효과에 대해 논의한다.

는 다른 문제로 넘어간다: "궁극적으로 위원회는 필수 과제를 어떻게 할 것인지를 투표하거나 결정해야만 합니다. 하지만 지금은 잠시 이 주제를 남겨두고 10학년 학생 시험 프로그램에 대해 논의하기로 합시다."

갈등은 회피될 수도, 되어서도 안 된다. 만약 적절히 권장되고 지지된다면 갈등은 집단이 보다 좋은 결정을 할 수 있도록 한다. 차이를 만드는 것은 집단 리더가 갈등을 다루는 방법이다. 집단은 의견의 불일치가 가능하고 동의하지 않는 어떤 사람이라도 자신의 의견을 충분히 알리는 것이 가능하다고 느껴야만 한다. 역할극 16.5는 집단 내 갈등을 다루는 바른 방법과 잘못된 방법을 알려준다.

## 6. 집단 회의 준비하기

만일 리더가 회의준비를 확실히 한다면 과업을 보다 쉽게 진행할 수 있다. 회의 준비를 위해 특별히 중요한 요소는 의제 계획, 기본 원칙 세우기 및 토론 질문 안내안 작성하기이다.

### 의제(Agenda)

집단은 과업과 목표에 대해 분명해야 한다. 왜 회의를 하는가? 그들이 성취해야 하는 것은 무엇인가? 산출물은 무엇인가? 의제는 실제 회의 수일 전에 분배되어야 하며 구성원에게 회의의 이유와 무엇을 논의할 것인지에 대해 정보를 주어야 한다. 의제는 정교할 필요는 없다. 의제의 예로 [그림 16.1]을 보자. 의제는 논의될 아이템에 대한 간략한 설명과 상세화를 포함한다. 각 아이템에 대한 시간제한은 구성원들에게 논의될 사항의 우선순위를 알려주며 리더가 시간을 지켜 끝내야 할 계획을 확인시켜 준다. 시작과 종료 시간은 집단 구성원들의 개인적 일정에 대한 존경심을 보여준다.

### 기본 원칙 세우기(Establishing Ground Rules)

참여자들은 회의의 목표, 장소, 시간 및 토론 주제와 같은 의제 아이템뿐만 아니라 회의에서 그들에게 기대된 행동들을 알 필요가 있다. 다음 사항의 어떤 것이든지를 고려하여 미리 기본 원칙이 수립되어야 한다.

수신: 모든 체육 교사들
발신: Morris Bailey, 체육과장
주제: 2월 23일 253호에서 3:30부터 5:00까지 진행될 회의의 의제

다음 목요일은 우리의 학생 관리카드 개정에 대한 투표 이전에 있는 마지막 회의입니다. 꼭 당신이 다른 학교에서 모은 학생 관리카드를 가져오십시오. Sally와 Bruce는 주 관련 부서에서 제공한 양식을 가져올 것입니다. 회의의 결론으로 우리는 특별히 바뀌어야 할 것에 대해 추천할 것입니다.

의제
Ⅰ.  회의의 목적 검토                          3:30 ～ 3:40
Ⅱ.  Sally와 Bruce의 주 부서 양식의 보고        3:40 ～ 4:00
Ⅲ.  다른 학교 양식 보고                        4:00 ～ 4:20
Ⅳ.  가능한 수정안 토론                         4:20 ～ 4:40
Ⅴ.  추천                                     4:40 ～ 5:00

목요일에 봐요. 꼭 시간을 지켜 주세요.

[그림 16.1] 의제 예시

- 기대하는 참여 유형(정보 공유, 전문적 대화, 설정된 대안의 선택, 브레인스토밍, 문제 해결, 갈등 해소 등)
- 주어진 역할(조정자, 시간 준수자, 정보 제공자, 기록자 등)
- 인간관계에 대한 기대(모든 사람들의 참여, 적극적인 청취, 아이디어에 대한 비평은 가능하나 사람은 비난하지 않기, 각자의 관점에 대한 고려, 동의된 갈등 관리 전략의 사용 등)
- 의사결정 방법(개인 의견을 종합함으로써 결정하기, 다수결, 의견일치 등)
- 기대하는 후속 조치 유형(주어진 과업, 지속적인 대화, 교실에서의 시행, 추후 회의 등)

## 길잡이가 있는 토론(Guided Discussion)

소규모 집단 형태의 회의로 이슈에 대해 토론할 경우 질문의 유형을 기억하는 것이 도움이 된다. 일반적으로 질문은 회의 도중 바뀐다. 리더는 회의 초기에는 보통 토론 주

제를 명확화하는 데 시간을 쓴다. 회의 도중에는 주관식 질문을 사용함으로써 아이디어, 의견 및 정보를 추구, 정교화 및 조정한다. 회의의 마지막 단계에서는 결론과 앞으로 남은 것에 대해 요약하는 질문을 한다.

참조할 만한 몇몇 토론 질문이 [그림 16.2]에 제시되었다. 회의 전에, 리더는 그/그녀 앞에 놓인 주제에 관련된 구체적인 질문을 리뷰하거나 써볼 수 있다. 토론이 막힐 때, 리더는 그/그녀의 노트를 보고 미리 선택해 놓은 질문을 할 수 있다. 토론 가이드는 리더에게 주제가 완전하게 점검될 수 있도록 보장한다.

앞서 논의된 것처럼 성공적인 회의를 촉진하는 것은 생각한 것보다 훨씬 복잡하다. [그림 16.3]은 토론의 준비, 수행 및 후속 조치에 대한 제안들의 체크리스트를 제시한다.

## 7. 협력적 집단과 학교 개선

이 책에서, 우리는 협력적 비전─개인을 넘어선 조직 수준의 유인─과 공유된 비전을 향한 협력 활동에 근거한 전면적인 학교 수업 개선을 주장하였다. 전면적 수업 개선과 소규모, 협력적 집단과의 관계는 무엇인가? 실제적인 방법으로, 전면적인 학교 개선을 생각하고 계획하는 것은 소규모 집단 수준에서 행해진다. 그런 집단들은 학년 팀, 과목 팀, 학과 간 팀, 학습 집단, 활동 연구 팀, 다양한 학년담당 교사들로 구성된 팀 등을 포함한다.

Gordon(2008)은 성공적으로 '전면적인 학교 수업 개선 프로그램'을 시행한 학교에 대한 연구에서 교수 업무는 소규모 일과 전체 학교 회의를 통해 이루어진다는 것을 발견하였다. 예를 들면, 만일 학교가 새로운 교수 전략을 고려하고 있다면, 서로 다른 교사 집단은 교수 전략에 대한 다른 읽기자료에 대해 논의하고 전체 학교 회의에서 그들이 발견한 것을 보고할지 모른다. 일단 교사들이 학교전체 회의에서 새로운 전략에 동의하면 교사들은 소규모 집단으로 나누어져 어떻게 새로운 전략을 그들의 학년, 학과 등에 적용할 것인지를 결정할 것이다. 다른 집단이 새로운 전략을 실천할 때 그들은 동료로서 지원하거나 얼마나 전략이 잘 작동하고 있는지에 대한 데이터를 함께 모으고 분석할 수 있다. 또한 계획을 수정하고 학교전체 회의에서 진행 사항에 대한 보고를 공유할 수 있다. 이러한 전면적 그리고 소규모 집단 계획, 실행 및 평가의 조합은 전면적인 학교 수업 개선에 최선일 것 같다. 집단이 더 높이 발달될수록, 집단과 학교의 전면적 혁신은 더 잘 통합된다.

**토론을 시작하기 위한 질문**

1. 진술된 문제에 대해 어떻게 생각하세요?
2. 이 문제를 다룬 경험이 있으신가요?
3. 이 문제를 더 잘 이해하기 위해 필요한 사실들을 제안해 주실 분 있으신가요?

**참여를 확장하기 위한 질문**

1. 이제 우리는 많은 구성원으로부터 의견을 들었습니다. 아직 말하지 않았지만 다른 생각을 보탤 분이 있나요?
2. 이제까지 제시된 생각들이 이 문제에 대해 생각해 오던 당신들에게 흠 없이 들리나요?
3. 문제의 다른 어떤 측면이 좀 더 탐색되어야 하는지요?

**참여를 제한하기 위한 질문**

1. 너무 적극적인 참여자에게: 우리는 당신의 공헌에 감사합니다. 하지만, 다른 사람들의 의견을 듣는 것도 좋다고 생각합니다. 이제까지 말하지 않은 분들 중에 이제껏 표현된 생각들에 추가의견을 주실 분이 있으신지요?
2. 당신은 몇몇 좋은 진술을 해주셨습니다. 다른 분들 중에 좀 더 의견을 주실 분이 있는지 궁금합니다.
3. 이제까지 우리 집단의 모든 구성원이 아직 말할 기회를 가지지 못했습니다. 잠시 의견을 자제해 주실 수 있는지요?

**토론에 집중하기 위해 필요한 질문**

1. 이 토론의 목표와 관련해서 우리가 얼마나 동의하는지요?
2. 우리가 말한 것에 대한 저의 이해와 우리가 진행한 방향에 대해 검토해 주실 분이 있는지요?
3. 당신의 견해는 흥미롭습니다만 우리 앞에 놓인 주된 문제와 밀접한 관심이 있는지 의심스럽습니다.

**집단이 움직이는 데 도움이 되는 질문**

1. 나는 우리가 문제의 한 측면에 대해 충분한 시간을 썼는지 알고 싶습니다. 문제의 다른 측면으로 나아갈 수 있을까요?
2. 우리는 문제의 이 부분에 대해 충분히 논의를 진행한 것 같습니다. 우리의 관심을 추가적인 부분으로 이동하는 것을 고려해도 좋을지요?
3. 우리 스스로 설정한 시간으로 본다면 우리 앞에 놓인 다음 질문을 살펴봐도 될까요?

**집단이 스스로를 평가하기 위한 질문**

1. 당신들 중 누군가라도 이 세부적인 질문에 우리가 봉착되었다는 느낌을 가지고 있는 사람이 있나요?
2. 우리는 이 토론을 위한 최초의 목표를 살펴보고 그것과 관련해서 어느 만큼을 달성했는지를 보아야 할까요?
3. 지금 우리는 거의 회의의 결론에 도달한 것 같은데요. 혹시 우리의 다음 회의를 어떻게 개선해야 하는지에 대한 제안을 해주실 분이 계신지요?

**집단이 결정에 도달하기 위한 질문**

1. 이러한 점에서 동의가 될 것이라고 생각하는 게 맞습니까?(리더는 간략한 요약을 제시한다.)
2. 우리는 결론에 도달해 가고 있는 것 같습니다. 만약 문제에 대해 이 방향으로 결론을 지으면 우리 집단에 어떤 의미가 있을 것인지 고려해야만 합니까?
3. 우리가 이제껏 토론을 통해 달성한 것이 무엇인지요?

**토론에 지속성을 부여하기 위한 질문**

1. 지난 회의에서 문제에 대한 부분적인 생각을 해볼 시간을 가졌습니다. 혹시 그때 우리가 다른 것을 리뷰하실 분이 있으신지요?
2. 우리가 이번 회의에서 결론짓지 못한다면 다음번 회의에서 다루어야 할 점들은 무엇이지요?
3. 우리가 다시 회의를 소집하기 전에 보다 나은 준비를 위해 필요한 점들을 제시해 주실 분이 계신지요?

[그림 16.2] 리더십 토론에서 사용할 질문

**회의 전**

- ☐ 회의의 목표를 정한다. 그것이 현실적인지 확인한다.
- ☐ 회의에서 성취해야 할 것을 결정한다.
- ☐ 목표가 한 번의 회의에서 성취될 수 있는지 확인한다.
- ☐ 집단 토론을 시작할 질문들과 문제들의 목록을 만든다.

*다음을 먼저 준비하시오*

- ☐ 시설(예: 자리, 음향, 시각 기구, 조명, 온도 등)
- ☐ 참석자 명단(회의의 목적에 맞게 인원 확보)
- ☐ 시간 계획에 따른 의제
- ☐ 토론 개요

**회의 진행하기**

- ☐ 시간에 맞추어 시작하기
- ☐ 집단 구성원들이 자기 소개하기
- ☐ 사소한 일(예컨대, 휴식시간, 화장실 위치, 간식거리 등) 논의하기
- ☐ 정해진 목적을 성취하기 위한 의제 따르기

- ☐ 모든 사람이 참여하도록 하기
- ☐ 모의 실험, 가이드, 토론 조절하기
- ☐ (잘하면) 합의를 이끌고 (못해도) 다수결을 만들기
- ☐ 정확하게 시간 지키기

*당신이 회의를 끝내기 전*

- ☐ 결정을 확정하기
- ☐ 지체된 업무 아이템에 대해 과제 부여하기
- ☐ 필요하다면 다음 회의 시간, 날짜, 목적 정하기

**후속 조치**

- ☐ 활동 아이템, 업무, 사람, 시간을 분명하게 확인하기
- ☐ 회의 보고서 및 회의록 준비하기
- ☐ 회의의 효과성을 주기적으로 평가하기
- ☐ 차후의 회의가 어떻게 개선될 수 있을지 결정하기
- ☐ 리더는 업무 아이템의 진행 사항을 주기적으로 체크해야 한다.

**[그림 16.3]** 효과적인 회의 체크리스트

출처: U.S. Department of Agriculture, *People, Partnerships, and Communities*, Issue 5, March 2005. Retrieved from http://www.nrcs.usda.wps/portal/nrccs/detailfull/nationallpeople/outreach!oel?cid=stelprdb1045637

## 8. 대화: 대안적 집단 과정

이제껏 이 장에서 다룬 집단 상호작용은 집단 과정의 필수적 유형인 토론에서 일어난다. 토론은 종종 의사를 결정하고 문제를 해결하고 갈등을 해소하는 등에 최선의 방법이다. 대화는 토론과는 다른데, 그것은 이것 혹은 저것을 지지하거나 동의에 대해 협상하는 것이 아니다. 대화의 두 가지 중요한 측면은 (1) 공유된 이해를 방해할 수 있는 의견이나 가정을 드러낸 다음 유예하는 것과 (2) 공유된 이해나 궁극적으로 그러한 이해와 일치하는 새로운 행동을 이끄는 개방되고 존중하며 따뜻한 관계를 개발하는 것이다.

대화의 이중적 측면은 상호보완적이다. David Bohm(2004)은 다음 인용에서 대화는 의견과 가정을 드러내고 유예할 뿐만 아니라 관계 측면도 내포하고 있다고 강조하였다.

대화의 목적은 어떤 것을 분석하거나 논쟁에서 이기거나 의견을 교환하는 것이 아니다. 그보다는 다른 사람의 의견을 듣고 당신들의 의견을 유예하는 것이다. 그럼으로써 모든 것이 의미하는 것이 무엇인지를 보는 것이다. 만약 당신이 우리의 의견이 무엇인지를 알게 된다면 비록 우리가 전적으로 동의하지 않더라도 공통된 내용을 공유할 것이다. 의견은 때로 매우 중요한 것이 아닌 것일 수 있다. 의견은 모두 가정일 뿐이다. 그리고 만일 우리가 의견 모두를 볼 수 있다면, 우리는 다른 방향으로 보다 창의적으로 나아갈지 모른다. 우리는 의미에 대한 이해를 단순히 공유할 수 있다. 이런 모든 과정 중 우리가 선택하지 않은 진실은 조용히 드러난다(Bohm, 2004: 30).

Isaacs(1999)은 다음 인용에서 대화의 관계 측면을 강조하였지만 또한 믿음과 가정에 대한 유예도 언급하였다.

대화는 사람들이 관계에서 함께 생각하는 이야깃거리이다. 함께 생각하는 것이란 당신이 더 이상 당신의 주장을 최종으로 취하는 것이 아님을 의미한다. 당신은 당신의 확실성을 다소 누그러뜨리고 다른 사람과의 관계로부터 야기되는 가능성에 대해 이야기 듣는다. 그 가능성은 대화 없이는 일어나지 않을지도 모른다(Isaacs, 1999: 19).

Isaacs(1999)은 개인이 의미 있는 대화에 참여하기 위해 갖추어야 할 네 가지 역량에 대해 기술하였다.

*듣기:* "듣기는 우리가 단어를 듣는 것뿐만 아니라 우리 스스로의 내면의 외침을 껴안고 받아들이고 차츰 떠나 보내는 것을 요구한다"(Isaacs, 1999: 83).

*존경하기:* 이것은 다른 사람들을 집단의 합법적인 구성원으로 생각하고 그들의 경계를 존중하며 그들로부터 배울 것이 있음을 받아들이는 것을 의미한다. 존경은 또한 우리의 견해, 가정 및 자기 확실성을 유예하는 것을 의미한다. 우리의 유예된 생각과 그러한 생각을 만드는 과정을 숙고하고 집단의 다른 구성원들과 사고 분석을 공유하는 것을 의미한다.

*유예하기:* 이것은 우리의 의견, 가정 및 자기 확실성을 유예하는 것을 포함한다. 우리의 유예된 생각과 그러한 생각을 만드는 과정을 숙고하고 집단의 다른 구성원들과 사고 분석을 공유하는 것을 의미한다.

*목소리 내기:* 표현될 필요가 있는 것을 자신이 안다고 믿으며 당신이 진실이라고 믿는 것을 다른 이에게 드러내는 것을 의미한다.

몇몇의 대화 집단은 40명 가까이 되지만 우리는 약 10~15명의 집단 크기를 선호한다. 집단은 의제나 주제를 미리 정하지 않는데 이것은 첫 회의에서 몇몇의 구성원에게는 문제가 될 수 있다. 이러한 초기의 회의에서 집단은 촉진자를 가지나 공식적인 지도자를 보유하진 않는다. 결국엔 집단은 촉진자 없이 만난다.

분명히 전통적 토론과 대화는 의사소통의 두 가지 분리된 유형이다. 상황에 따라 양자가 효과적일 수도 있지만 동일한 회의에서 그 둘을 동시에 사용하는 것은 좋지 않다. 대화를 교사 집단에게 도입하기 원하는 장학담당자는 먼저 우리가 제공하는 간략한 개요를 넘어서 그 과정을 깊이 학습해야 한다. 오리엔테이션은 대화에 대해 배우는 데 관심 있는 교사들을 위해 제공될 수 있으며 첫 번째 대화 집단은 자원봉사자로 구성되어야 한다. 교사 대화는 자연적으로 특정 학교 상황으로 대화가 진행될 수 있을지라도 제약을 두지 않아야 한다. 설정된 문제의 주제 부족은 초기 대화에 참여하는 교사들이 좌절을 경험하게 만들 수도 있다. 대부분의 교사는 문제 해결을 위한 오리엔테이션을 받거나 문제 해결에 초점을 맞춘 진정한 대화(비록 문제가 종종 대화의 결과 풀릴지라도)를 경험한다. 어떤 새로운 시도와 마찬가지로, 장학담당자는 대화 집단으로부터 대화가 긍정적 결과를 가져왔는지 그리고 대화가 계속 진행되어야만 하는지에 대한 피드백을 모을 필요가 있을 것이다. 만일 새롭게 시작한 대화 집단의 교사들이 성공적이었다고 보고한다면 다른 교사들은 그 과정의 일부가 되기를 원할 것이고 대화는 궁극적으로 학교 공동체로 확장될 수 있다. 대화의 긍정적 효과는 잠시 동안 나타나지 않을지도 모르기 때문에 장학담당자나 교사들은 인내심을 가지고 대화가 잠재력을 발휘할 때까지 판단을 미룰 필요가 있다. 우리는 Bohm(2004)과 Isaacs(1999)에 의해 정의된 대화가 완전히 학교의 전통적인 토론을 대신할 수 있을 것인지 의심스럽다. 하지만, 우리는 대화가 집단 사고를 개선함으로써 궁극적으로 교수-학습 과정을 혁신하는 잠재력을 가지고 있는지 결정하기 위해 흥미로운 개념으로써 대화를 살펴보아야 한다.

## 성찰과제

당신이 한 집단의 교사들을 대화 집단으로 활동하도록 만드는 데 동의하였다고 가정
하자. 이 집단은 이전에 결코 대화에 참여하지 않았지만 교사들은 집단 구성원들이
Isaacs(1999)의 의미 있는 대화를 위한 역량을 발달시킬 필요가 있다는 데 동의하였다.
교사들이 다음의 역량[(1) 듣기, (2) 존경하기, (3) 유예하기, (4) 목소리 내기]을 발달시
킬 수 있는 워크숍 프로그램들을 생각해 보자.

## 참고문헌

Benne, D. D., & Sheats, P. (1948). Functional roles of group members. *Journal of Social Issues,*
*4*(2), 41-49.

Bohm, D. (2004). *Bohm on dialogue.* New York, NY: Routledge.

Chen, M. H. (2006). Understanding the benefits and detriments of conflict on team creativity
process. *Creativity and Innovation Management, 15*(1), 105-116.

Corey, G., & Corey, M. (1982). *Groups: Process and practice.* Monterey, CA: Brooks/Cole.

Eckstein, N. J. (2005). Making a lion into a pussycat: Working with difficult group members.
*Communication Teacher, 19*(4), 111-115.

Fullan, M. (2000). *Change forces: The sequel.* Philadelphia, PA: George H. Buchanan.

Gordon, S. P. (2008). Dialogic reflective inquiry: Integrative function of instructional
supervision. *Catalyst for Change, 35*(2), 4-11.

Isaacs, W. (1999). *Dialogue and the art of thinking together.* New York, NY: Currency.

Kemp, C. G. (1970). *Perspectives on the group process: A foundation for counseling with groups* (2nd
ed.). Boston, MA: Houghton Mifflin.

Levi, D. (2011). *Group dynamics for teams.* Thousand Oaks, CA: Sage.

Tekleab, A. G., Quigley, N. R., & Tesluk, P. E. (2009). A longitudinal study of team conflict
management, cohesion, and team effectiveness. *Group and Organization Management, 34,*
170-205.

# 제17장

# 전문성 신장

**박주형**_경인교육대학교 교육학과 교수

## ▶ 이 장에서 생각해 볼 문제

1. PK-12 학교에서 전문성 신장은 교사들 사이에서 평판이 나쁘다. 당신은 왜 그렇다고 생각하는가? 당신은 이 장에 제안된 아이디어들이 실제로 실행된다면 교사들이 전문성 신장에 대한 태도를 바꿀 수 있다고 생각하는가? 이 장의 어떤 아이디어가 교사들의 전문성 신장에 대한 태도에 가장 큰 영향을 줄 것 같은가?

2. 이 장은 여러 가지 대안적인 전문성 신장 모형들을 제시한다. 학교의 전반적인 전문성 신장 목표를 생각해 보라. 몇몇의 전문성 신장 모형들이 당신이 확인한 목표를 달성하도록 디자인된 프로그램과 어떻게 연계될 수 있는가?

3. 이 장은 지역교육청, 학교, 개인 단위 전문성 신장 프로그램의 사례를 제시한다. 세 영역의 프로그램을 관통하는 주제는 무엇인가?

4. 이 장은 세 단계의 전문성 신장 과정을 기술한다: 1) 입문, 2) 통합, 3) 정교화. 저자들은 많은 전문성 신장 프로그램들이 입문 단계를 넘어서지 못한다고 주장한다. 세 단계에 대해 읽으면서, 당신이 참여했던 전문성 신장 프로그램이 왜 입문 단계를 넘어서지 못했는지에 대해 생각해 보라. 입문 단계에 머무르는 프로그램의 결과는 무엇이었는가? 만약 프로그램이 세 단계의 전문성 신장을 모두 관통하려면 어떤 활동들이 통합 단계에서 이루어져야 하는가? 정교화 단계에서 필요한 활동은 무엇인가? 세 단계 모두를 다루는 프로그램의 효과를 더욱 긍정적으로 만드는 방법은 무엇인가?

5. 왜 교사들은 역사적으로 그들 스스로의 전문성 신장을 계획, 실행 및 평가하는 것에 크게 관여하고 있지 않다고 생각하는가? 전문성 신장에 있어서 교사들을 본격적인 행동의 주체로 만들기 위해서 무엇이 필요하다고 생각하는가? 만약 교사들이 계획, 시행 및 평가에 있어서 주된 역할을 한다면 어떻게 전문성 신장이 변할 것이라고 생각하는가?

전문성 신장의 리더인 Bob Jeffries는 다가오는 교사연수의 날(in-service day)에 대한 계획을 수립하기 위해 여섯 학교의 교장들을 모이도록 하였다. 그는 고등학교 강당에서 진행될 모든 학교 교직원들이 참석하는 오전 교사연수 프로그램에 대해 설명하였다. 오후 연수는 무엇이든 교장이 책임지는 개별학교 활동으로 구성될 것이라고 말하였다. Jeffries는 교장들에게 "오전 세션에서 무엇을 할지"에 대해 물었다. 한 교장은 시기적으로 볼 때 교사들의 기분을 좋게 하는 것이 필요하니 영감을 주는 강사가 좋을 것이라고 제안하였다. 다른 교장은 Zweibach 박사가 "가르침의 전율"이라는 제목으로 지난 여름 전국 교장 회의에서 강의를 잘하였다고 덧붙였다. 그녀는 그가 훌륭하게 강의할 것이라고 생각하였다. Bob Jeffries는 이러한 제안들을 좋아했고 본인이 Zweibach 박사에게 전화하여 강의를 부탁할 것이라고 교장들에게 말하였다.

교사연수 날에, 238명의 교사들이 강당에 모여 앞의 여덟 줄을 제외하고 모든 좌석을 채웠다. Jeffries는 Zweibach 박사를 이 자리에 모시게 돼서 얼마나 행운인지 등에 대해 몇 마디 인사말을 한 후에 Zweibach 박사에게 순서를 넘겼다. 흐트러진 복장을 한 중년의 대학 교수는 단상으로 가서 가르침의 전율에 대해 강연을 진행하였다. 10분 이내에 참을 수 없음, 지루함, 신랄함의 징표들이 청중들 사이에 나타났다. 교사들 중 12명은 Zweibach 박사가 2년 전 교사 모임에서 그대로 전달한 내용을 듣고 있는 것처럼 보였고; 다른 15명은 다음 학기를 준비하기 위해 해야 할 교실업무에 대해 생각하면서 "도대체 왜 우리가 이 강연을 들어야 하는지" 궁금해하는 것 같아 보였다. 또 다른 22명은 Zweibach 박사가 가르침의 전율을 발견한 인문계 고등학교 상황에 대해 지속적으로 언급하는 것을 참을 수 없어 하는 것 같았다. 그들의 학교는 직업학교, 특별학교, 초등학교였다. 그들은 그가 고등학교에 대해 말하고 있는 것을 그들의 세계와 연결시킬 수 없었다. 결국, 몇몇 교사들은 시험지를 채점하거나 책을 읽거나 뜨개질을 시작했고 몇몇은 잠에 빠진 것 같았다. 반면, 거의 절반에 가까운 청중들은 집중하는 듯 보였고 Zweibach 박사가 강연을 마쳤을 때 열렬한 박수를 보냈다. 다른 절반은 드디어 강연이 끝나 학교로 돌아갈 수 있는 것에 안도한 것처럼 보였다. 강당을 나갈 때, "매우 훌륭한 강연이었어."라는 언급과 "왜 우리가 이러한 형편없는 연수 내용을 참고 들어야 해?"라는 반응을 우연히 들을 수 있다.

이러한 교사연수의 날에 대한 묘사는 많은 학교에서 흔히 볼 수 있다. 몇몇 교사들은 그것이 가치 있다는 것을 발견하는 반면에 다른 많은 사람들은 그렇지 못하다. 장학 담당자, 행정가들 및 교사들에게 전문성 신장은 학사 일정에 포함되어 있는 단지 견뎌야 하는 날들로 인식되고 있다.

만약 잘 계획되고 시행된다면 전문성 신장은 교사 발전과 교수-학습 개선을 위한 강력한 계기가 될 수 있다. 이 장에서 우리는 좋은 전문성 신장이 무엇이며, 전문성 신장 프로그램에 대한 평가를 어떻게 할지, 그리고 왜 교사들이 전문성 신장에서 행동의 주체가 되어야만 하는지에 대해 논의할 것이다.

## 1. 효과적인 전문성 신장 프로그램의 특징

전문성 신장에 관한 선행연구 분석(Cormans & Barufaldi, 2011; Gordon, 2004; Guskey, 2003)은 성공적인 전문성 신장 프로그램들의 특징들을 제시하고 있다. 이러한 특징들은 다음과 같다.

1. 전문성 신장을 계획하고 실행하고 평가하는 데 교사들을 관여시킴
2. 교수와 학습에 대한 초점
3. 전문성 신장 목표와 학교 개선 목표의 통합
4. 개인, 집단, 학교전체 수준에서 전문성 신장의 일관성
5. 시간 및 다른 자원의 제공을 포함한 행정적 지원
6. 직무와 관련이 있고, 직무 중에 이루어지는 전문성 신장
7. 교사들 및 교사와 행정가들 사이의 협력과 동료애
8. 적극적인 학습
9. 탐구
10. 자기 성찰
11. 다양성과 문화 민감성에 대한 내용을 포함
12. 학습의 적용을 지원하는 후속조치
13. 지속적이고 데이터에 기반한 프로그램 평가
14. 학교 문화의 일부가 되는 지속적인 전문성 신장
15. 리더십 역량 계발

당신이 이러한 특성을 살펴본 후 당신이 익숙한 전문성 신장 프로그램을 생각해 보라. 15가지 특성 중 몇 개가 그 프로그램에 존재하는가?

이전의 국가인적개발위원회(National Staff Development Council)였던 Learning Forward(2011)는 전문적 학습을 위한 일곱 개의 기준을 채택하였다. 비록 그 기준들이 방금 살펴본 성공적인 전문성 신장에 대한 연구결과와 완벽하게 일치하지는 않지만,

일부 기준들은 상당부분 연구결과와 일치한다(Learning Forward, 2011: 53-56).

> 교육자의 효과성을 높이고 모든 학생의 성과를 증진시키는 전문성 학습은:
>
> …지속적 개선, 협력적 책임, 목표의 일치에 기여하는 학습 공동체 내에서 일어난다.
>
> …역량을 계발하고 전문성 학습을 위한 시스템을 만들고 이를 지지할 유능한 리더를 요구한다.
>
> …교육자 학습을 위한 재원을 우선순위로 배정하고 재원에 대한 모니터링과 조절을 요구한다.
>
> …전문성 학습을 계획하고 평가하기 위해 다양한 출처와 여러 유형의 학생, 교육자 및 시스템 데이터를 활용한다.
>
> …의도한 목표를 달성하기 위해 인간 학습에 대한 이론, 연구 및 모델을 통합한다.
>
> …변화에 대한 연구를 적용하고 장기적 관점에서 전문성 학습의 실현을 지속적으로 지원한다.
>
> …전문성 학습의 성과를 교육자의 일과 학생 교육과정의 기준과 일치시킨다.

## 2. 학교전체, 집단 및 개인의 전문성 신장의 통합

효과적인 전문성 신장의 한 특징은 학교전체(schoolwide), 집단 및 개인의 목표를 통합하는 것이다. 어떻게 학교가 이것을 성취할 수 있을까? 먼저, 학교 공동체의 모든 구성원들이 학교전체의 전문성 신장 목표에 대해 의견을 제시하는 것이 결정적이다. 학교전체의 목표는 집단들과 개인들이 학교의 목표와 일치하는 그들 스스로의 목표를 세울 수 있을 정도로 넓어야 한다.

학교전체 및 집단의 전문성 신장을 통합한 예를 들어보자. 한 중학교가 학교전체의 전문성 신장 목표로서 학생 훈육의 개선을 선택하였다고 하자. 훈육법을 개선하기로 한 서로 다른 학년 및 수업 팀들 모두는 학교 목표와 관련된 다른 집단 목표를 설정할지 모른다. 한 집단은 다른 학생에 대한 존중심을 높이기 위한 전문성 신장에 초점을 둘지 모른다. 다른 집단은 수업 중 학생의 수업활동의 개선에 주된 관심을 둘 수 있다. 세 번째 집단은 학생들의 자기 훈련을 북돋음으로써 학생들이 숙제나 시험

대비 학습 및 도움 청하기를 보다 책임감 있게 할 수 있도록 하는 방법에 초점을 둘지도 모른다.

또한 서로 다른 집단은 선호하는 전문성 신장 모형이 다를 수 있다. 한 집단은 학습 조직을 만들어 책읽기를 공유하거나 다른 학교에서는 어떻게 학생 훈육을 시행하고 있는지를 살피고 본인 학생들에게 적용할 수 있는 대표적인 사례에 대해 토론하기 위해 다른 학교를 방문하기로 결정할 수 있다. 두 번째 집단은 효과적인 훈육에 대한 훈련 프로그램에 참석하고 후속 조치로 교실에서 동료 코칭을 원할 수 있다. 세 번째 집단은 문제에 대해 더 알기 위해 교실 자료를 모으고 현장 계획을 수립하고 계획을 실행하고 효과를 검증하기 위한 자료를 모으는 실행연구 모형을 따르길 원할 수도 있다. 비록 학교 내 다양한 집단들이 학교전체의 목표를 집단의 요구와 조화하는 것이 중요하다고 하더라도, 각각의 집단이 그들의 개별적인 목표와 어떻게 관련있고, 학교전체의 목표를 지원하는지 보여주는 것도 중요하다.

교직원 집단은 개인으로 구성되어 있기 때문에 학교전체의 전문성 신장은 개인의 발전 없이 이루어질 수 없다. 그래서 개인의 전문성 신장 목표를 집단과 학교전체의 목표에 통합하는 것이 중요하다. 학생 훈육법의 개선이라는 학교전체의 목표의 예로 돌아가 보자. 당신은 한 집단의 가능한 목표가 다른 학생들에 대한 존중감을 높이는 것임을 기억한다. 이러한 보다 집중된 목표 역시 그 목표를 따르는 집단 내 교사들에게 다른 의미로 다가갈 수 있다. 한 교사에게 이 목표는 학생들이 협력 집단에서 함께 공부할 수 있도록 돕는 것을 의미할지 모른다. 또 다른 교사에게 이 목표는 학생들이 다른 문화의 학생들을 존중하는 것을 의미할 수 있다. 세 번째 교사에게는 권위자에게 반항하는 학생들과 함께 일하는 것을 의미할 수 있다. 그러므로 다른 사람에 대한 존중감을 높이자는 집단의 목표 내에서도 교사들이 집단과 학교의 목표와 일치하는 개인적인 목표를 설정하는 기회가 있어야 한다.

학생과 마찬가지로 어른들도 저마다 다른 경험과 학습 스타일이 있기 때문에, 학습 조직 내 교사들도 서로 다른 학습 활동을 추구하고 집단에 서로 다른 방식으로 헌신할 수 있다. 한 교사는 다른 학교를 방문함으로써 집단 보고서를 작성할 수 있으며, 다른 교사는 학생들의 다른 학생에 대한 존중감에 대한 학술 논문들을 공유할 수 있다. 개인으로서 교사는 동일한 전문성 신장 활동이 세 유형의 목표를 모두 달성할 수 있도록 개인의 목표를 집단 및 학교전체의 목표와 연결시킬 수 있다.

## 3. 대안적 전문성 신장 모형

전문성 신장이라면 대개 외부 컨설턴트에 의한 60분짜리 강연이나 일회성 워크숍을 의미하던 시대가 빠르게 지나가고 있다. 다양한 새로운 형태의 전문성 신장 프로그램이 지난 몇 년간 새롭게 나타나고 있다. 몇몇의 예를 들어보면 다음과 같다.

- *초임교사 지원 프로그램*. 초임교사는 적어도 첫해에는 지속적이고 집중적인 지원을 받는다. 이러한 지원에는 멘토 배정, 학교나 공동체에 대한 오리엔테이션, 멘토 혹은 다른 교사 및 장학담당자를 포함한 지원 팀의 도움 받기, 수업 관리와 효과적인 수업에 대한 훈련, 초임교사의 관심에 초점을 둔 세미나 지원 등이 포함된다.
- *기술 연수 프로그램*. 이 프로그램은 몇 달에 걸쳐 진행되는 여러 워크숍이나 교사들이 새롭게 익힌 기술을 일상적 수업에 활용할 수 있도록 워크숍 사이에 진행되는 코칭으로 구성된다.
- *교사 센터*. 교사들은 전문적 대화에 참여하거나 기술을 익히고 혁신을 계획하거나 수업 자료를 모으고 개발하기 위해 이곳에서 만날 수 있다.
- *교사 기관*. 교사들은 며칠 혹은 몇 주에 걸쳐 하나 또는 복잡한 주제에 관해 집중적인 학습 경험에 참여한다.
- *동료 지원 집단*. 같은 학교의 교사들이 집단 연구에 참여하고, 공통의 문제들을 해결하며, 함께 수업 혁신을 실행해 보고 상호간 지원을 시행한다.
- *네트워크*. 다른 학교들의 교사들이 정보, 관심사, 성취에 대해 공유하며, 컴퓨터 링크, 뉴스레터, 간헐적인 세미나와 회의를 통해 공통의 학습에 참여한다.
- *교사 리더십*. 교사들은 리더십 준비 프로그램에 참석하고 하나 혹은 그 이상의 리더십 역할(워크숍 발표, 교사와의 협력, 멘토, 전문 코치, 교수 팀 리더, 교육과정 개발자)을 맡음으로써 다른 교사들을 도와준다. 교사-리더는 다른 교사들을 도울 뿐만 아니라 리더십 활동에 관여함으로써 개인적인 전문성 성장을 경험한다.
- *작가로서의 교사*. 점차적으로 인기를 얻고 있는 이 방법은 교사들로 하여금 그들의 학생, 수업 및 전문성 신장에 대해 반추해 보고 글을 쓰도록 하는 것이다. 그런 글쓰기는 사적인 저널, 에세이, 반성을 포함한다.
- *개별적으로 계획된 전문성 신장*. 교사들은 개별적으로 목적, 목표, 계획을 세우고 활동을 수행하고 결과를 평가한다.

- *파트너십*. 학교, 대학 및 기업들 간의 평등한 파트너십(parterships)은 상호간 권리, 책무를 가지며 서로에게 이익이 될 수 있다. 그러한 협력관계는 이전에 기술된 하나 혹은 그 이상의 모형들을 포함한다.

다양한 전문성 신장 모형들(전문성 신장과 장학의 네 가지 과업 간의 차이는 언급하지 않더라도) 간에는 상당한 중복이 존재한다. 교직원 능력 개발자 및 연구자로서의 우리 자신의 경험은 가장 성공적인 전문성 신장 프로그램들의 대부분이 여러 개의 모형들을 결합한 것임을 알려준다. 다음으로, 우리는 여러 형태를 결합한 몇몇의 전문성 신장 프로그램에 대해 기술할 것이다.

## 4. 효과적인 전문성 신장 프로그램 사례

우리는 지역교육청 전체 프로그램, 학교기반 프로그램 및 개인 프로그램을 포함하는 세 가지 전문성 신장 프로그램에 대해 설명할 것이다. 각 사례는 실제 프로그램이거나 여러 실제 프로그램을 기초로 복합하여 제시된 것이다.

### 교육청 전체 전문성 신장(Districtwide Professional Development)

초임교사를 지원하는 Buckeye 학교구의 노력은 학교행정가, 장학담당자와 교사들로 구성된 계획 위원회에서 초임교사 지원 프로그램을 디자인함으로써 시작되었다. 프로그램의 핵심요소는 경험 있는 멘토 교사들의 존재이다. 이들은 자발적인 멘토들 중 선별 위원회에 의해 선택된다. 선별 기준은 학교 재직 경험, 효과적인 수업 수행 성과, 대인관계 역량, 교직 헌신 정도, 초임교사를 돕기 위해 시간을 소비할 의지와 유연성 등을 포함한다.

선택된 교사들은 다음 요소를 포함하는 집중적인 멘토 준비 프로그램에 참여한다.

- 초임교사가 처하는 문제들, 초임교사 지원 프로그램 및 멘토링에 대한 지식 안내
- 교육청의 초임교사 지원 프로그램에 대한 개요
- 효과적인 수업 관리에 대한 연구
- 효과적인 수업에 대한 연구
- 성인 학습에 대한 원칙

- 성인 및 교사 발달
- 목표 설정과 행동 계획
- 회의 기술 및 참관 기술을 포함하는 수업 코칭 기술
- 실행연구

멘토들을 초임교사에게 배정하는 데는 학년, 교과영역, 교실 위치, 멘토 및 초임교사의 철학 및 인간적 적합성 등의 여러 변수들이 고려된다. 가장 최선의 멘토와 초임교사 조합이 되도록 노력한다.

새 학기가 시작하기 전에 초임교사들을 위한 특별한 오리엔테이션이 초임교사 및 멘토들의 참여하에 이루어진다. 이 오리엔테이션에서는 공동체, 교육청 정책에 대한 정보와 초임교사들이 책임져야 할 수업의 교육과정에 대한 중요한 정보가 전달된다. 오리엔테이션 말미에 학교 안내가 이루어지며 학교행정가와 수업 리더와의 만남이 이루어진다. 멘토들은 학교의 정책 및 절차를 검토하고 초임교사에게 학교, 교직원, 학생 및 학부모에 대한 프로필을 제공한다.

오리엔테이션은 Buckeye 학교구의 초임교사들을 위한 지원의 시작이다. 학년 내내 초임교사에 대한 지속적인 지원이 이루어진다. 각 초임교사는 학교 행정가, 교과 부장 및 수업 팀 리더 및 멘토로 구성된 지원팀을 가진다. 팀은 주기적으로 만난다. 지원팀의 토론이나 수요 조사에 기반하여 계속적인 지원이 이루어진다. 학급 경영, 효과적인 수업 및 학부모와 함께 작업하기 등을 주제로 워크숍이 초임교사들을 위해 이루어진다. 멘토들은 초임교사 교실을 주기적으로 방문함으로써 15장에서 안내된 다섯 단계 모델에 따른 전문가 코칭을 포함한 비평가적인 지원을 제공한다. 초임교사들은 멘토나 다른 효과적인 교사의 교실을 방문하여 가장 좋은 사례를 관찰한다. 멘토들은 초임교사에게 심리적 지지, 정보 및 수업 지원을 매일 제공할 수 있다.

멘토 역시 추후 워크숍, 지원 세미나, 관련 대학 코스에 대한 학비 지원, 여유 시간 및 보조금 등의 형태로 교육청으로부터 지원을 받는다. 초임교사 및 교육청에 대한 그들의 지원은 교직원 회의, 교육청 잡지 및 연례 만찬회를 통해 알려진다.

Buckeye 학교구의 지원 프로그램은 가까운 대학과의 협력을 포함한다. 대학교수들은 Buckeye 학교구와 협력하여 지원 프로그램을 설계한다. 대학 교수들은 멘토 준비 프로그램이나 멘토 워크숍 그 이상을 학습하길 원하는 멘토들에 대한 학점을 제공한다. 마지막으로 교수들은 초임교사들을 대상으로 여러 워크숍을 진행한다. 요약하자면, 멘토링이 Buckeye 학교구의 초임교사 지원 프로그램의 가장 핵심적인 것이긴 하지만 기술 발달 프로그램, 동료 지원 집단 및 파트너십 등의 다른 방법들도 전체 프

로그램에 편성된다.

## 학교기반 전문성 신장(School-Based Professional Development)

특정 학교의 교육 우선순위를 해결하기 위해 학교기반 사업의 일환으로 학교 위원회나 학교 태스크 포스에 의해 계획·시행된 여러 교직원 연수 사례들이 있다. 교직원 및 학부모들이 그들의 현재 수업 프로그램에 대해 평가하고, 학생들을 위한 학습목표를 설정한 후 교직원 연수 프로그램을 수행할 전문성이 학교 내에 있는지 아니면 학교 밖에서 구해야 하는지를 결정한다. League of Professional Schools, the Coalition of Essential Schools, the Accelerated Schools 및 Comer Schools와 같은 다양한 학교 개선 네트워크들은 새로운 수업 방법(수업, 협력학습, 갈등 중재, 서비스 학습, 소크라테스식 토론, 학제간 교육과정, 고차원 사고, 무학년제도, 팀 수업 및 기술 통합)을 학습하는 데 관심이 있는 교사들에 의해 고안된 교직원 발달 계획 사례들을 가지고 있다. 학교들은 그들 스스로의 성찰, 교직원 발달의 날, 여름 학교와 같은 계획을 세운다. 이러한 노력들의 대다수의 결과는 학생의 성취, 태도, 더 높은 출석률, 훈육 및 문제행동의 개선을 가져온다(Glickman, 2002; Gordon, 2004).

Ponticell(1995)은 Chicago 도심 고등학교에서의 학교기반 전문성 신장 프로그램을 설명하였다. 이 프로그램의 목표는 동료 학습 및 지원에 기반한 수업 개선이었다. 프로그램은 인근 대학의 보조금으로 시행되었으며 그 대학의 교수들이 조력자가 되었다. 프로그램은 교사들이 수업에 대해 성찰적 대화를 할 수 있는 전문적 성찰시간으로 시작되었다. 성찰에 이어, 교사들은 효과적 교수와 전문성 신장에 대한 연구를 읽고 토의했다. 다음으로 교사들은 아래 단계를 포함하는 매달 순환되는 전문성 신장 활동을 개발하였다.

1. 교사들은 수업에 있어서 관심사항을 확인하였으며, 그 관심사항을 해소하기 위한 최신 연구를 읽고 적절한 아이디어를 선택한 후 교실에서 시행할 수 있는 전략을 세우고 계획된 교사 행동 체크리스트를 개발하였다.
2. 교사들은 개선 전략을 시행하는 자신들의 모습을 녹화했으며 그들의 녹화장면을 분석하고 그들의 실제 행동과 기대 행동 체크리스트를 비교하였다.
3. 교사들은 사전협의, 관찰, 사후협의로 구성된 코칭 사이클에 따라 그 달의 전략에 초점을 맞춘 동료 코칭을 활용하였다.
4. 교사들은 월말 집단 회의에 참석하여 녹화 장면을 공유하고 어느 달의 전략이

효과적이었는지를 논의하고 그들이 배운 것에 대해 반추해 보고 다음 달의 학습 주제를 결정하였다.

사전-사후 목록, 직접적인 관찰, 집단 토의 녹화본의 분석, 참가자와의 인터뷰를 통해, Ponticell(1995)은 학교기반 프로그램이 동료의식을 고취하고 수업에 대한 자기분석 능력을 높였으며 교사들로 하여금 다른 교사의 수업에 대해 함께 관찰하고 토론하는 새로운 방법을 배울 수 있도록 하였음을 알아냈다. 또한 새로운 수업 전략을 경험하고 시험해 보는 분위기를 조장하였다는 것도 발견하였다.

## 개별화된 전문성 신장(Individual Professional Development)

Leander(Texas) 중학교에서는 개인 개선 계획이 학교의 연간 개선 계획과 일치되어 있다. 개인 프로젝트는 PDSA 사이클(Plan, Do, Study, Act)을 따르며 교사 포트폴리오에 문서화되어 있다. *계획 단계*에는 교사들이 다양한 자기 평가 자료(수업 녹화 테이프, 학생 성취도 데이터, 동료 관찰 자료 등)를 수집하고 데이터를 분석하고 개별화된 전문성 신장 계획을 설계한다. 개인 계획은 목표, 학습 활동, 필요한 자원 및 자기 평가 계획을 포함한다.

교사는 *실행 단계*에서 개선 계획을 수행한다. 전문성 신장 활동은 워크숍 또는 회의, 다른 교사들 관찰, 동료 코칭, 스터디 그룹 참여 등을 포함한다. 교사의 포트폴리오는 학습 활동, 동료로부터 받은 도움 및 실제에 있어서의 변화를 기록한다.

*학습 단계*는 계획의 효과성을 평가하기 위해 자료를 수집하는 것을 포함한다. 교사의 전문성 신장 및 학생의 학업 변화에 대한 자료를 함께 모은다. 평가 자료는 교사의 반성적 글쓰기, 교실 관찰 자료, 학생 성취도 자료 및 학생 작업물 등을 포함한다.

*행동 단계*는 교사의 장학담당자와 함께하는 포트폴리오 회의로 구성된다. 회의 도중 교사는 완료한 활동들, 학습한 것, 전문성 신장의 미래 방향을 반추해 본다. Leander 중학교에서는 교사, 장학담당자 및 교직원들을 포함한 모든 성인들이 개인별 발달 계획을 수행하고 포트폴리오를 구성해 나간다. 매해 봄, 학교 공동체의 모든 구성원들이 포트폴리오 전시회에서 그들의 개인적 프로젝트를 공유한다.

이 절에서 우리는 다양한 수준(교육청, 학교, 개인)과 형태의 전문성 신장 사례를 제시하였다. 다음 절에서는 장기적인 전문성 신장 프로그램에 적용할 수 있는 전문성 신장 단계에 대해 논의할 것이다.

# 5. 전문성 신장 단계

전형적으로 전문성 신장은 세 단계의 학습과 관련된다: (1) 입문 (2) 통합 (3) 정교화. 이러한 세 단계를 보여주기 위해 우리는 협력 학습 수업 모델에서의 교직원 발달과 연계시켜 설명하고자 한다.

*입문 단계(orientation stage)*에서는 교직원 연수 참여와 관계된 이익, 책무 및 개인적 관심사를 다룬다. 다음으로 참여자들은 최초 실제 세계에 적용하는 데 필요한 학습에 참여한다. 우리의 협력 학습 사례에서는 입문 단계의 주제들이 다음을 포함한다.[1]

- 협력, 경쟁 및 개인적 학습 사이의 차이점
- 협력 학습과 전통적 집단 작업의 차이점
- 협력 학습에 대한 연구
- 협력 학습에 대한 기본 요소(사회적 기술 교수, 긍정적 상호의존, 면대면 상호작용, 개인 책임, 집단 과정)
- 협력 집단의 형성
- 표준 협력 학습 구조(think-pair-share, jigsaw, student team achievement divisions[STAD], teams-games-tournaments[TGT], group investigation 등)
- 협력 수업의 계획

교사들을 입문 단계를 넘어서게 하는 데 실패하는 이유는 많은 교직원 전문성 신장 프로그램이 비효과적이기 때문이다: 교사들은 기초적인 지식 또는 기술을 배우고 난 후 스스로를 개발하도록 내버려진다.

*통합 단계(integration stage)*에서는 교사들이 선행 학습을 그들의 교실이나 학교에서 적용할 수 있도록 도움을 받는다. 통합의 한 측면은 일반 학습을 특별한 상황에 적용하는 것을 배우는 것이다. 협력 학습의 예를 들어보면, 다른 학습 내용과 학생들에게 적합하게 협력 교수 전략을 변형하는 것을 의미한다. 통합과 관련된 측면은 정규적이고 효과적인 새로운 지식의 사용이다. 예컨대, 이것은 교사들이 협력 학습 방법을 표준적인 교수 전략의 레퍼토리로 삼을 정도로 능력과 확신을 발달시키는 것이다.

---

1) 협력 학습에 대한 전문성 신장 프로그램을 상세히 설명하는 것은 이 글의 범위를 벗어난다. 각 단계의 전문성 신장에 있어서의 학습 유형의 예들을 제공하기 위해서 몇 가지 중요한 주제들을 나열하였다. 협력 학습 전문성 신장 주제들의 원천은 Johnson과 Johnson(2009) 및 Kagan과 Kagan(2009)이다.

정교화 단계(refinement stage)에서는 교사들이 지속적인 실험과 반성을 통해 기본적인 능력을 전문적 능력으로 발달시킨다. 협력 학습에 대한 교직원 발달의 정교화 단계에서는 교사들이 폭넓은 협력 학습 전략과 그러한 전략을 최적의 학생 학습을 위해 혼합하고 일치시키는 데 전문가가 된다. 정교화 단계에서 교사들은 새로운 학습을 만들기 위해 서로 다른 유형의 선행 학습을 종합한다. 우리의 협력 학습 예에서는 이 단계의 교사들이 더 복잡한 구조를 만들기 위해서 두 개 혹은 그 이상의 표준 협력 학습 구조를 결합한다. 다른 예를 살펴보면 정교화 단계의 교사는 전체 언어와 협력 학습 전략을 종합하여 완전히 새로운 교수 전략을 창조한다. 교사가 이 단계에 도달했을 경우 아마도 장학담당자가 할 수 있는 가장 최선의 것은 그들을 교사-교직원 발달가로 등록시키는 것이다!

## 6. 전문성 신장 프로그램의 평가

[그림 17.1]의 평가표는 전문성 신장 세션을 평가하기 위한 것이다. 전반적인 전문성 신장 프로그램을 평가하기 위해서는 보다 복잡한 체계가 필요하다. 14장의 프로그램 평가 정보는 전문성 신장 프로그램에 대한 전반적인 평가를 기획하는 데 사용될 수 있다.

우리는 미래의 전문성 신장 세션을 계획하기 위해 당신의 피드백을 요청합니다. 각 문항에 당신의 동의 정도를 가장 잘 기술한 답변에 동그라미를 해주시고 제공된 난에 코멘트를 해주세요. 만약 더 많은 공간이 필요하다면 종이의 뒷면에 써주셔도 됩니다.

전문성 신장 주제 ＿＿＿＿＿＿＿＿＿＿＿＿＿＿

날짜＿＿＿＿＿＿＿＿＿＿

| 세션이— | 매우 동의하지<br>않는다 | 동의하지<br>않는다 | 동의한다 | 매우<br>동의한다 |
|---|---|---|---|---|
| 1. 잘 조직되었다. | 1 | 2 | 3 | 4 |

[그림 17.1] 전문성 신장 세션 평가

2. 내 업무와 관련되어 있었다.　　　　1　　　　2　　　　3　　　　4

_____

_____

_____

3. 우리 학교 개선 목표와 일치되었다.　　　1　　　　2　　　　3　　　　4

_____

_____

_____

4. 우리의 전반적인 전문성 신장 프로그램에　　1　　　　2　　　　3　　　　4
　　기여한다.

_____

_____

_____

5. 적극적 참여를 허용하였다.　　　　1　　　　2　　　　3　　　　4

_____

_____

_____

6. 협동 기회를 제공하였다.　　　　1　　　　2　　　　3　　　　4

_____

_____

_____

7. 반성을 촉진하였다.　　　　1　　　　2　　　　3　　　　4

_____

_____

_____

[그림 17.1] 전문성 신장 세션 평가(계속)

8. 학습의 지속을 위한 계획을 포함하였다.    1        2        3        4

_____

_____

_____

9. 나의 리더십 능력을 개선하였다.    1        2        3        4

_____

_____

_____

10. 우리 학생의 학습을 궁극적으로 개선할 것 같다.    1        2        3        4

_____

_____

_____

미래 만남을 위한 제안:

_____

_____

_____

**[그림 17.1]** 전문성 신장 세션 평가(계속)

     Guskey(2002)는 14장에서 제시된 프로그램 평가에 대한 우리의 일반적인 논의와 일치하는 전문성 신장 평가를 위해 특별히 고안된 시스템을 제안하였다. Guskey의 시스템은 다섯 가지 다른 단계의 자료 수집을 포함한다: 참가자의 반응, 참가자의 학습, 조직의 지원 및 변화, 참가자의 새로운 지식과 기술의 사용 및 학생의 학습 성과. 각 단계별로, Guskey는 풀어야 할 질문, 자료 수집 방법, 측정해야 할 것, 각 단계에서 확보된 정보가 어떻게 사용되어야 하는지를 제안하였다. 〈표 17.1〉은 Guskey의 시스템을 요약하였다.

〈표 17.1〉 전문성 신장의 다섯 단계

| 평가<br>단계 | 해결해야 할 질문 | 정보 수집 방법 | 측정 및<br>평가할 것 | 정보 활용<br>방법 |
|---|---|---|---|---|
| 1. 참가자의<br>반응 | 그들이 좋아했는가?<br>시간이 잘 활용되었는가?<br>연수자료가 타당한가?<br>유용할 것인가?<br>리더가 지식이 많고 도움이 되었는가?<br>간식이 신선하고 맛있었는가?<br>방이 적당한 온도를 유지하였는가?<br>의자가 편안하였는가? | 세션의 마지막에 질문지가<br>수행됨 | 경험에 대한<br>최초 만족 | 프로그램 설계<br>와 수행의 개선 |
| 2. 참가자의<br>학습 | 참가자들이 의도한 지식과 기술을 습득하<br>였는가? | 지필 평가<br>시뮬레이션<br>실험교수<br>참가자의 반성(구술/기술)<br>참가자의 포트폴리오 | 참가자들의<br>새로운 지식<br>및 기술 | 프로그램 내용,<br>형태 및 조직의<br>개선 |
| 3. 조직<br>지원 및<br>변화 | 연수운영이 옹호, 촉진 및 지원되었는가?<br>지원이 공적이었으며 명백한가?<br>문제들이 빠르고 효율적으로 해결되었는<br>가?<br>성공이 인정받고 공유되었는가?<br>조직에 대한 영향은 무엇인가?<br>연수가 조직의 풍토 및 절차에 영향을 미<br>쳤는가? | 학교구 및 학교 기록<br>추후 모임의 의사록<br>질문지<br>참가자와 학교구 및<br>학교행정가들과의 구조화된<br>인터뷰<br>참가자 포트폴리오 | 조직의 옹호,<br>지원, 숙박·<br>지원 시설<br>및 인정 | 조직 지원의<br>문서화 및 개선<br>미래 변화 노력<br>에 대한 정보 |
| 4. 참가자의<br>새로운<br>지식 및<br>기술<br>사용 | 참가자들이 새로운 지식과 기술을 효과적<br>으로 적용하였는가? | 질문지<br>참가자와 장학담당자들과<br>의 구조화된 인터뷰<br>참가자의 반성(구술/기술)<br>참가자 포트폴리오<br>직접 관찰<br>비디오/오디오 테이프 | 실행 정도<br>와 질 | 프로그램 내용<br>시행의 문서화<br>및 개선 |
| 5. 학생<br>학습<br>성과 | 학생에게 미친 영향이 무엇인가?<br>학생의 성과 및 성취에 영향을 주었는가?<br>학생의 육체적, 감정적 행복에 영향을 주었<br>는가?<br>학생들이 학습자로서 더욱 확신을 가지는<br>가?<br>학생의 출석률이 높아졌는가?<br>탈락률이 감소하였는가? | 학생 기록<br>학교 기록<br>질문지<br>학생, 학부모, 교사 및 행정<br>가들과의 구조화된 인터뷰<br>참가자 포트폴리오 | 학생 학습<br>성과물: 지적<br>(성과 및 성취),<br>정의적<br>(태도 및 기질),<br>심리운동적<br>(기술 및 행동) | 프로그램 설계,<br>시행 및 추후<br>활동의 모든 측<br>면에 대한 집중<br>및 개선<br>전문성 신장의<br>전반적인 영향<br>의 설명 |

출처: Thomas R. Guskey(2002). Does It Make a Difference? Evaluating Professional Development. *Educational Leadership, 59*(6), 48-49.

# 7. 전문성 신장의 목적 또는 주체로서의 교사

교육감은 본인이 전국 컨퍼런스에 참여하였고 "효과적인 수업의 요소들"에 대한 발표를 들었다고 언급하였다. 그는 이것이 교사들이 원하는 바로 그것이라고 결정하였다. 결과적으로, 지역교육청은 "요소들"에 대해 학교장 및 교사들 모두를 훈련시키는 3년 계약을 순조로이 진행시켰다. 고비용의 전국 수준 컨설턴트들이 영입되었고; 여름 방학 동안 먼 곳에서 고급훈련을 받을 인원이 확정되었으며; 사실상 모든 계약된 훈련 시간과 학교 장학이 "요소들"에 투입되었다.

모든 교사들이 동일하게 처방된 방법으로 효과적인 수업을 하도록 받은 훈련을 활용하고 있는지를 점검하기 위한 새로운 평가 도구가 곧 도입되었다. 3년 동안 학교구에 의해 쓰인 예산은 인건비를 포함하지 않고도 30만 달러를 초과하였다. 결과는 무엇이었나? 학생 성취도에 있어서 어떠한 두드러진 성과가 없었으며 "불평을 품은" 교사 집단이 상당한 불만을 제기하였다. 단지 특별한 훈련과 보상을 받은 선택된 일련의 교사들의 열정과 "우리는 과학적으로 고안된 원칙에 근거한 장기적 전문성 신장에 집중함으로써 우리의 가르침이 더욱 효과적이 되었다"라고 주장하는 교육감만 존재하였다.

최근 교육은 "효과적인 가르침", "효과적인 학교", "효과적인 장학" 및 "효과적인 훈육" 등과 같은 패키지화된 프로그램의 공격을 받고 있다. 그 모든 프로그램은 연구로부터 도출되었고 문서화된 성공 사례를 갖고 있다고 주장한다. 또한 연수 내용의 현장 적용에 필요한 요소와 절차를 활용하고 있는데, 이는 전통적인 전문성 신장 프로그램에서 유일하게 부족했던 요소이다. 프로그램들은 설명, 제시, 모델링, 역할 놀이, 실제 및 코칭을 제공하고 있다. 그들은 일회적인 프로그램이 아니라 교실에 초점을 두고 근거하고 있다고 한다.

유일한 문제는 이러한 프로그램들이 비용과 노력면에서 가치 있다고 생각하는 사람들이 이러한 프로그램을 사용하는 데 개인적 투자와 헌신을 보이는 사람들과 동일하다는 점이다. 만약 프로그램들이 예측한 것처럼 성공적이지 않다면 의사결정자들은 프로그램을 비난하지 않고 교사들이 "올바르게 행하기"에 충분한 훈련이 부족하였다고 비난한다. 그런 프로그램들과 계약한 학교, 지역교육청 및 주 정부는 모든 교사들이 마침내 처방된 대로 가르치는 것을 더욱 정확하고 빈번하게 배우기 위해서는 보다 많은 훈련, 자금 및 강제 시행이 필요하다는 민망한 결론에 도달할 것이다. 이것은 프로그램이 교사에게 끼치는 효과와 상관없이 그들의 최초 결정이 옳았다는 것에 대한 믿을 수 없는 합리화이다.

이런 합리화는 헌신이 두 가지 차원에 기반을 두고 있다는 점을 강조한다: 하나는 선택이며 다른 하나는 그들의 업무에 대해 잘 알려진 결정을 해야 하는 책임이다. 그것이 교육감이 "효과적인 요소들"에 대한 이 프로그램이 작동하는지를 절실히 보고자 하는 이유이다. 교육감은 선택했고 그 선택에 대해 책임이 있다. 선택된 교사들 역시 이 프로그램이 효과적이라는 것을 보고 싶어한다. 이는 그들이 선택되었으며 어떻게 다른 교사들을 훈련시킬지에 대한 의사결정을 책임져야 하기 때문이다. 그러나 대부분의 교사들과 교장들은 그들 학생 및 스스로의 필요성에 대한 의사결정에 대한 선택과 책임을 가지지 못한다. 대신에 그들은 학생과 수업에 대한 관심에 있어서 현명한 선택을 내릴 수 있는 그들의 능력과 상관없이 전문성 신장의 주체보다는 대상으로 취급받는다. 그들의 업무에 대한 지적인 결정에 대한 선택 및 책임이 없다면 그들은 다른 그 누군가의 프로그램에 대해 헌신하고 동기가 부여될 가능성이 거의 없다.

교사들을 전문성 신장의 의사결정자로 진실로 참여시킬 필요성에 대한 인식 없이 전문성 신장의 특성, 형태 및 단계에 대한 지식을 활용하는 것은 현재의 우리가 처한 상태를 개선하지 못한다. 우리는 교사들이 다른 누군가의 프로그램을 따르도록 가르칠 때 더욱 정교해야 한다. 그렇지 않으면 지속하는 변화를 이끌어 내기 위한 교사 스스로의 집단적이고 비판적인 능력을 기르기 위해 필요한 교사 측면에서의 헌신과 자극을 거의 얻지 못할 것이다.

## 성찰과제

당신이 최근에 참여했던 전문성 신장 세션을 생각해 보라. [그림 17.1]의 평가표에 그 세션을 평가해 보라. 새로운 집단에서 그 세션을 시행하기 위해 수정을 요구받았다고 가정해 보라. 당신은 세션 중 낮은 평가를 받은 측면을 어떻게 개선하겠는가?

## 참고문헌

Comas, P. C., & Barufaldi, J. P. (2011). The effective research-based characteristics of professional development of the National Science Foundation's GK-12 program. *Journal of Science Teacher Education, 22,* 255-272.

Glickman, C. D. (2002). The courage to lead. *Educational Leadership, 59*(8), 41-44.

Gordon, S. P. (2004). *Professional development for school improvement: Empowering learning communities.* Boston, MA: Ally & Bacon.

Guskey, T. R. (2002). Does it make a difference? Evaluating professional development.

*Educational Leadership, 59*(6), 45-51.

Guskey, T. R. (2003). Analyzing lists of the characteristics of effective professional development to promote visionary leadership. *NASSP Bulletin, 87*(637), 4-20.

Johnson, D. W., & Johnson, R. T. (2009). An educational psychology success story: Social interdependence theory and cooperative learning. *Educational Researcher, 38*(5), 365-379.

Kagan, S., & Kagan, M. (2009). *Kagan cooperative learning.* San Clemente, CA: Kagan.

Learning Forward (2011). Facilitator guide: Standards for Professional Learning. Oxford, Ohio: Author. Retrieved from http://learningforward.org/waiting-for-final-location/standards-facilitator-guide.

Ponticell, J. A. (1995). Promoting teacher professionalism through collegiality. *Journal of Staff Development, 16*(3), 13-18.

# 제18장

# 교육과정 개발

**류성창**_국민대학교 교육학과 교수

## ➤ 이 장에서 생각해 볼 문제

1. 이 장에서는 교육과정 개발의 다섯 가지 출처를 제시한다. PK-12(유초중등교육) 교육과정을 좌우하는 데에 영향력이 가장 크면 1로, 가장 작으면 5로 해서 그 순서를 매겨보자. 다음으로 자신의 생각으로는 그 영향력의 순서가 '어떠해야 하는지'에 따라 다섯 출처의 순위를 매겨보자. 당신의 첫 번째와 두 번째 목록 간에 차이가 존재하는가? 만약 그렇다면, 당신은 왜 이러한 차이가 존재한다고 생각하는가? 만약 당신의 두 목록 간에 차이가 있다면, 그 영향력의 순위가 있는 그대로가 아니라 당신이 그래야 한다고 생각하는 대로라고 가정해 보자. 그 때의 교육과정, 교수, 학습은 어떻게 변할 것인가?

2. 당신은 이 장에서 다루는 교육과정의 세 가지 메타지향성(metaorientation) 중 어떤 것에 가장 동의하는가? 그 이유는 무엇인가?

3. [그림 18.5]에 제시된 교육과정 원추에서 무선택(no choice)과 전반 선택(total choice) 간의 한 위치를 정하여, 얼마나 많은 교육과정 선택이 교수자에게 주어져야 하는지에 대한 당신의 입장을 밝혀보자. 그리고 왜 당신은 교육과정 원추에서 그 위치를 선택하였는지 생각해 보자.

4. 다문화 교육과정 개혁에 대한 변혁적 관점(transformation approach)을 대표하는 학습 활동의 예로는 무엇이 있는가?

5. Wiggins와 McTighe의 '이해중심 교육과정(understanding by design)'을 학교에서의 친숙한 교육과정 개발과 비교해 보자. 이해중심 교육과정의 어떤 요소를 당신이 선택한 학교에서의 교육과정 개발에 포함시키고 싶은가?(만약 당신의 학교가 이미 이해중심 교육과정을 적용 중이라면 더 효과적일 것이다.)

"**학**생 관계뿐만 아니라, 교수 활동도 도덕적 행위이다. 그 이유는 교사가 교육 과정을 구상할 때에, 바람직한 교육 목표를 달성하기 위한 학습자의 행동 변화를 의도하며 특정 교수 목표와 내용을 정하기 때문이다"(Johnson, 2010: 97). 학교의 교육과정에는 도덕적 행위가 명백하게 나타나 있다. '좋은 학교'가 무엇을 의미하는지—학생이 잘 교육받기 위해서는 무엇을 배워야 하는지—를 그 기관의 인사들이 먼저 규정짓지 않는 한, 효과적인 학교가 되는 것은 중요치 않다. 그러므로 그 기관의 임무 중 하나는 좋음의 의미를 효과적으로 설정하는 것이다. Sergiovanni(1987)의 "우리가 옳은 일을 하는 것이 아니라면, 그 일을 올바르게 하는지는 중요치 않다!"는 표현처럼 교육과정은 학생들이 무엇을 배우는 것이 '옳은지'에 대한 도덕적 심의인 것이다.

결국, 학생들에게 가장 가까운 이들이 좋은 학교, 적절한 교육과정, 그리고 학생들의 요구에 대해 결정해야 하는 것이다. 활용 가능한 전문가, 연구, 읽을거리, 그리고 관련된 갈등을 고려해 본 후에, 그 학교, 학교구, 그리고 지역 공동체의 사람들은 무엇이 가르칠 가치가 있는지를 결정해야만 한다. 하지만 자연스레, 압력에 의해, 또는 포기에 의해 교육과정의 결정은 교실의 조치에서 가장 먼 사람들이 해왔다.

## 1. 교육과정 개발의 출처

교육과정은 외부 전문가, 학교구 전문가, 학교 교육과정팀, 그리고 교사 각자에 의해 여러 수준에서 개발될 수 있다. 교재, 학습 용품, 시청각 자료와 같은 상업적인 자료는 주로 국가 수준에서 외부 전문가에 의해 개발된다. 2001년의 아동낙오방지법(No Child Left Behind Act)에 의해 50개 주의 K-12 학교 교육과정에 대한 연방정부의 전례 없는 통제가 시작되었다. 주 정부 수준에서, 교육부가 교육과정 개발에 있어서 점점 더 활성화되었다. 많은 주가 학생들의 진급과 졸업을 위한 주(州)별 자격시험을 법으로 제정하였다. 그리고 지역 학교가 그 시험을 위한 역량을 교육하는지를 확실히 하기 위해 교육과정 해설서를 개발하였다. 지역적 수준에서는, 많은 학교가 모든 학년 수준에 걸친 조직화된 교육 지도를 위해 교내 자체의 교육과정 해설서를 작성하였다. 이 작업은 교육청의 교육과정 전문가들끼리 쓰게 하거나, 그 전문가들이 교사 대표팀(아마도 지역공동체나 학생 대표도 함께)과 함께 하도록 하여 진행되었다.

교육과정 개발의 출처에 대해 [그림 18.1](Olivia, 2008 참고)과 같이 생각해 볼 수 있다. 많은 교육과정은 주, 연방국가, 그리고 상업적 수준에서 개발된다. 즉, 대부분의 교육과정은 지역 교사와 지역 학교로부터 먼 곳에서 생산되는 것이다.

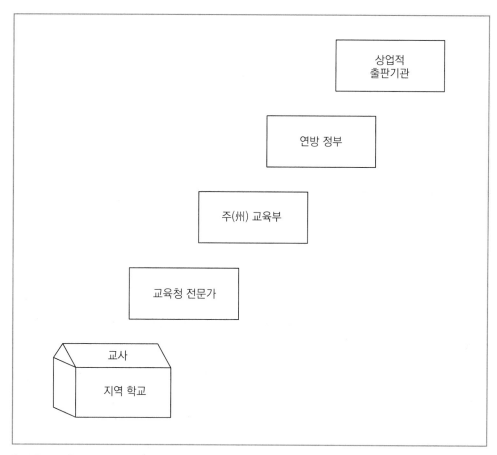

[그림 18.1] 교육과정 개발 출처의 그림

## 2. 법률로 제정된 학습

대부분의 교육자들이 교육과정을 무조건 따라야 하는 것으로 느끼는 것은 부끄러운 일이다. 왜 교육과정은 학교 조사와 조치를 위한 분야라기보다는, 외부 명령을 따르는 문제가 되었을까? 그 이유는 법률 제정 학습 시대에, 교사와 학교 지도자가 학생들이 무엇을 배워야만 하는지를 모르는 것처럼 보였기 때문이다(Fitzharris, 2005).

### 주 규정 교육과정(State-Mandated Curriculum)

많은 주에서, 법률 제정자는 현재 모든 공립 학교가 주 교육과정을 따르도록 명령하고 있다. 법에 규정된 교육과정의 목적은 주 입법부나 교육관료들이 필수적이라고 여기는 지식과 기술을 전달하는 것이다. 필수 교육과정은 보통 각 학년 수준별 각 과목(또는 적어도 각 기본 과목)에서의 필수 목표들을 적은 긴 목록으로 제시된다. 그런데 목표는, 지식 또는 이해 수준에 있어서, Bloom의 분류학에서의 하위 범주에 속하는 경향이 있다(〈표 18.1〉 참고). 다른 내용에서의 목표들 간에 연결고리는 거의 존재하지 않는 것이다. 심지어 주어진 내용에서의 목표들 또한 서로 구분된다. 요약하자면, 목적, 내용, 조직, 구성방식에 관해서는, 주 규정 교육과정이 교육과정 개발의 가장 낮은 수준에 속하는 경향이 있다는 것이다. 그렇기 때문에, 규정 교육과정을 따르는 주에 속한 교사는, 교육과정 개발에 관련하여 모방 유지 수준(imitative maintenance level)을 넘어서는 실력을 발휘하기가 매우 힘들다(Crocco & Costigan, 2007).

이러한 현실에 대해 논의하는 주 공무원들 사이에서, 교사는 교육과정에 대한 발언권을 가질 필요가 없다는 주장이 종종 제기되곤 한다. 이들은 교사가 실제 교실에서 교육과정 지도를 계획할 때 전문 지식과 창의성을 활용할 수 있다는 점을 근거로 내세운다. 이 정책 입안자들은 *교육과정이 엄격히 강요되면 교사의 교수법에도 상당한 영향을 미친다*는 사실을 이해하지 못한 것이다. 예를 들어, 긴 목록의 필수 목표들로 심화 규정된 교육과정 아래에서 수업하는 교사들은 각자 자신이 고안한 거미줄형 교육과정(webbed curriculum) 아래에서 수업하는 교사들과는 다른 방식으로 수업에 접근할 것이다. 요컨대, 무엇을 가르칠지(교육과정)는 어떻게 그것을 가르칠지(교육)에 엄청난 영향을 미친다.

## 고(高)부담 시험과 교육과정(High-Stakes Tests and the Curriculum)

고부담 시험의 상용은 연방정부와 주가 학교의 교육과정을 통제하기 위해 시도한 한 가지 방법이다. 주 규정 교육과정과 나란히 적용될 때, 주(州)별 시험 점수는 교사들이 그 교육과정을 효과적으로 실행하고 있는지를 판단하는 수치로 사용된다. 규정 교육과정은 없지만 고부담 시험을 채택하는 주에서는, 그 시험 자체가 교육과정이 된다. "많은 예를 보면, 교사들은 자신의 교육관을 굽히며, 시험대비 수업과 같은 업무에 종사하고, 교육과정을 축소하며, 시험 대비 자료에 중요 자원을 바치고, 학생들이 모의고사를 반복하도록 하는 자신의 모습을 마주하게 된다"(Gunzenhauser, 2006: 244).

우리는 성취 기준과 평가가 선천적으로 나쁜 것이라고 암시하기를 원치 않는다. 기준과 평가는 학생의 성취에 대한 것이므로 분별적이고 합리적이며, 폭넓은 참여로 형성되어야 하는 것이다. 이는 또한 계층, 인종·민족, 성별에 따른 기대, 자원 및 선별 지원의 불평등을 다루기 위한 하나의 방법이 될 수 있다. 여기에서의 쟁점은 다음과 같다. 누가 그러한 기준을 정해야 하는지? 무엇이 그러한 성취를 평가하는 복합적 방법이 되어야 하는지? 무엇이 학생, 교사, 학교를 위한 결과가 되어야 하는지? 그리고 못지않게 중요한, 어떠한 유연성, 자유, 권한이 교실과 학교가 책임을 갖도록 주어져야 하는지? 결국, 아무도 통제할 수 없는 것에 대해 책임지는 것은 어렵다(Valli & Buese, 2007).

## 3. 교육에 대한 공동체 의식 증진을 위한 수단으로서의 교육과정 개발

주(州)별 시험의 결과에 따라 교육과정을 평가하는 비극적 현실은 교사가 교육과정 운영을 위하여 개인적이며 공동체적인 수준에서 고민하는 기회를 박탈하는 경향이 있다: 가르칠 가치가 있는 것이 무엇인지, 우리가 어떻게 가르쳐야 하는지, 그리고 우리가 어떻게 평가해야 하는지? 대부분의 교사들은—신뢰, 시간, 자본이 주어질 때, 그리고 교육과정 개발을 위한 지원, 선택권, 책임감이 주어질 때—학생들이 무엇을 배워야 하는지에 대한 아주 올바른 결정을 해낼 것이다. 대부분의 경우, 교육청, 교육부, 또는 상업적 출판사보다도 교사가 내리는 결정이 훨씬 더 탁월하다(Boote, 2006).

교사는 학교 교육과정에 대한 결정에 관여하면서, 교육에 대한 자신만의 생각에 변화를 겪게 된다. 토의하고, 논쟁하고, 마침내 학생들이 무엇을 아는 것이 중요한가에 대해 동료와의 의견 일치를 이뤄내는 것은 지적으로 힘겨운 경험이다.

교사가 교육과정 개발에 관여해야만 하는지 여부는 학교 발전에도 영향을 미친다. Gordon과 Boone(2012: 46)에 따르면, 학교 발전 능력의 부분은 "교육과정 목표에 대한 현명한 가치판단 능력"이다. 교육과정 결정은 Gordon과 Boone이 언급하는 가치판단의 완벽한 예이다. 학교 발전은 매우 맥락적이며(Hallinger & Heck, 2010), 지역적 결정이 필요하다(Coe, 2009). 교육과정 개발은 학교 발전의 필수적인 부분이고, 그 자체로서 매우 맥락적이다. 그러므로 지역적 결정 또한 필수적이다. 교육과정에 대한 지역적 결정은 바로 그것을 운영하는 교사가 가장 잘 할 수 있다. 관리자로부터의 지원, 그리고 학생, 부모, 교내 공동체뿐만 아니라 교육과정 전문가의 조언이 교사를 도울 수 있다.

성공적인 학교를 위해서는 교사가 교육과정 개발에 참여해야 함이 분명하다. 남아 있는 쟁점은 다음과 같다.

1. 교육과정의 목적은 무엇이어야 하는가?
2. 교육과정의 내용은 무엇이어야 하는가?
3. 교육과정은 어떻게 조직되어야 하는가?
4. 교육과정은 어떤 구성방식으로 쓰여야 하는가?
5. 교사는 교육과정 개발의 어느 정도의 수준에서 참여해야 하는가?

이어지는 내용에서 각각의 쟁점을 다룰 것이다.

## 4. 교육과정의 목적은 무엇이어야 하는가?

교육과정의 목적에 대해 고려해 볼 만한 생각은 Miller와 Seller(1985)의 교육과정에 대한 관점에서 볼 수 있다. 이들은 세 가지의 *메타지향성(metaorientation)*, 또는 단계를 다룬다(Miller & Seller, 1985: 5-8).

- *전달 단계(transmission position)*에서의 교육의 기능은 사실, 기술, 가치를 학생에게 전달하는 것이다. 구체적으로, 이 관점은 정통 교수법을 통한 정통 학교 과목의 통달을 강조한다.

- *교호 단계(transaction position)*에서는 개인을 이성적이고 지능적인 문제해결이 가능한 존재라고 본다. 교육은 학생과 교육과정 간의 대화로 간주하며, 학생은 그 대화 과정을 통해 지식을 재구성한다고 본다. 교호단계에서의 주요 요소는 문제해결을 장려하는 교육과정 전략에 대한 주안점 ··· 일반적 사회 맥락 안에서, 그리고 민주주의 절차의 맥락 안에서의 문제해결 기술 응용 ··· 그리고 학문적 규율 안에서의 인지 기술의 발달이다.

- *변용 단계(transformation position)*는 개인적, 사회적 변화에 초점을 맞춘다. 이것은 ··· 학생들에게 개인적, 사회적 변신을 촉진시키는 기술을 가르치는 것을 ··· [그리고] 환경에 대해 통제를 가하려 애쓰기보다는 조화를 향한 움직임으로서의 사회적 변화의 관점을 ··· 망라한다.

만약 Miller와 Seller의 교육과정에 대한 관점이 희미하게나마 친숙하게 들린다면, 그것은 아마 5장의 교육 철학에 대한 당신의 논평 때문일지도 모른다. 전달 교육과정 관점은 교육 철학의 본질주의와 관련이 있다. 교호 교육과정 관점은 실험주의 철학에 대부분은 기초를 두고 있다. 마지막으로, 변용 교육과정 관점의 측면은 실존주의 철학과 관련이 있다. 5장에서 교육에 대한 신념이 효과적인 교수와 수업 개선에 대한 의미를 형성하는 데에 도움이 됨을 알 수 있었다. 이와 비슷하게, 교육과정 관점은 교육과정 개발 과정을 이끌어 나가고 교육과정 목적, 내용, 조직, 구성방식에도 영향을 미친다.

그러므로, 교육과정 개발 팀은 교육과정 초기 고안 과정에서 고려해 볼 만한 교육과정 관점들을 조사해야 한다. 그리고 그들만의 관점을 명확히 하는 것이 중요하다. 개발 팀이(이해당사자들의 조언과 함께) 내려야 할 가장 기본적인 결정은, 교육과정의 목적이 전달인지, 교호인지, 변용인지 또는 이것의 어떠한 조합인지를 아는 것이다.

## 5. 교육과정의 내용은 무엇이어야 하는가?

이 책의 핵심주제인 '*교육과정*'은 결국 학생들이 특정 지역, 학교, 학급에서 배우게 될 교육의 '내용'에 대한 것이며, 교육과정의 요소는 순서, 연속성, 범위 그리고 균형으로 파악할 수 있다(Ornstein & Hunkins, 2009). 순서는 학습 경험의 순서이며, *연속성*은 그러한 경험들의 길이 또는 기간이다. *범위*는 제공되는 학습 경험의 폭이다. *균형*은 학생을 적절히 준비시키는 주제, 과목, 그리고 학습 경험의 정도나 양을 뜻한다. 하나의 교육과정은 (1) 학생은 무엇을 배워야 하는가, (2) 학생이 따라가야 할 내용의 순서는 무엇인가, (3) 학습은 어떻게 평가되는가에 대해 결정함으로써 개발된다(Oliva, 2008; Ornstein & Hunkins, 2009 참고).

연방정부와 주(州)의 우선사항, 교육 전문가들의 가치, 그리고 지역 공동체, 학생 발달의 지식, 현재의 경제상황, 미래 사회의 상황이 교육과정 내용에 대한 결정에 영향을 미친다. 교육과정 내용에 대한 근본적인 모든 결정은 궁극적으로 교육 철학(본질주의, 실험주의, 또는 실존주의)에 뿌리를 두는 교육과정 관점(전달, 교호, 또는 변용)이다.

Benjamin Bloom의 학습 분류학은 내용 분야를 걸쳐서 또는 그 내에서의 학습 유형을 결정하기 위한 지표로 쓰일 수 있다(〈표 18.1〉 참고). 그의 저(低)수준 학습 (1) 지식과 (2) 이해는 학생이 알고 있는 답을 기억해내고 설명하는 것이다. 지식과 이해를 요구하는 교육과정 목표는 전달의 목적을 가진 교육과정에서 두드러지는 경향이 있다. Bloom의 중(中)수준 학습 (3) 적용과 (4) 분석은 학생이 문제해결을 위해 논리를 이용하고 그들 자신만의 사고 과정을 되돌아보는 것이다. 적용과 분석 수준에서의 교육과정 목표는 교호

〈표 18.1〉 Bloom의 분류학

| 교육 철학 | 설명 |
|---|---|
| 1. 지식 | 학생은 정보를 기억해 내거나 인지한다. |
| 2. 이해 | 학생은 정보의 이해를 설명한다. |
| 3. 적용 | 학생은 배운 정보를 문제해결을 위해 활용한다. |
| 4. 분석 | 학생은 배운 정보를 분류하거나 쪼개어서 결론을 이끌어 내거나 일반화를 한다. |
| 5. 종합 | 학생은 배운 정보를 적용하여 새롭고 독창적인 결과물을 만들어 낸다. |
| 6. 평가 | 학생은 자신의 가치와 신념에 기초하여 배운 정보의 가치를 판단한다. |

출처: Based on Benjamin Bloom (1956). *Taxonomy of Educational Objectives. Handbook I; The Cognitive Domain.* New York: David McKay.

목적의 교육과정에서 강조되는 것이다. 마지막으로, Bloom의 고(高)수준 학습 (5) 종합과 (6) 평가는 학생 고유의 개인적 판단을 내리기 위해서 다양한 지식, 사실, 기술, 논리를 결합하는 것이다. 종합과 평가 수준의 교육과정 목표는 변용 목적의 교육과정에서 우세하다. 그렇다면, 우리는 쓰여진 교육과정을 조사해 봄으로써 그것의 목적(그리고 교육과정 개발자의 근본적인 관점)이 전달, 교호, 또는 변용인지를 알아낼 수 있다.

## 6. 교육과정은 어떻게 조직되어야 하는가?

교육과정 내용을 조직하는 데에는 학문 중심, 학제간, 탈학문적 조직의 세 가지 넓은 접근법이 있다. Jacobs(1989)는 *학문 중심 교육과정(discipline-based curriculum)*을 다음과 같이 설명한다.

> 학문 중심의 내용 구성은 수업일 동안의 각각의 단위별 각 과목에 대한 엄격한 학문 해석에 초점을 두고 있다. 통합에 대한 시도는 전혀 이루어지지 않으며, 실제로 기피되기도 한다. 언어 예술, 수학, 과학, 사회, 음악, 미술, 체육과 같은 과목들에 대해서는 보통의 경우 전통적인 접근이 이루어진다. 부수적 프로그램에서는, 위와 같은 보통 학문 및 예술 분야는 수학 안의 대수학이나 사회 안의 미국 역사와 같은 좀 더 세밀한 분야로 나누어진다. 단위 계획과 한 주나 주기의 프로그램이 짜여질 때 약간의 변동이 있기도 하다. 그럼에도 불구하고, 여러 학문 분야들 간의 관계를 보여 주려는 섬세한 시도도 없이 각 분야의 지식만이 제시되고 있다(Jacobs, 1989: 14).

학문 중심 교육과정은 반드시 배워야 할 전통적 학문 내용을 별개의 부분으로 나누어 구체적 시간 단위 내에서 학습될 것을 강조하고 있다. 이 때문에, 학문 중심 교육과정은 전달 목적의 교육과정에 매우 적절하다. 이 접근법은 미국 교육과정 조직의 지배적인 양식으로 분명히 존재해 왔다.

*학제간 교육과정(interdisciplinary curriculum)*에서는 상식적 주제가 전통적 학문 내용과 관련된다. 예를 들어, 교통에 대한 학습 단원의 다른 측면들이 과학, 수학, 사회, 언어 예술, 미술, 음악, 체육에서 가르쳐질 것이다. 또는 일련의 공통 개념이나 기술(예를 들어, 기술이나 문제해결 능력)이 그 학년의 다른 과목 분야에 관련될 수도 있다. [그림 18.2]가 학제간 교육과정을 설명해 준다. 이러한 유형의 교육과정 조직은 대대적인 팀 기획이 필요하다. 학제간 접근은 학생이 관련성을 발견하고 기존의 학문 분야들을 아울러 적용할 수 있도록 장려한다. 그러므로, 이 접근은 교호적 학습의 목적을 가진 교육과정에 가장 적합하다.

*탈학문적 교육과정(transdisciplinary curriculum)*에서는 전통적 학문이 존재하지 않는다. 모든 교육과정은 상식적 주제, 기술, 또는 문제에 걸쳐 조직된다. 매일의 학습 활동은 교과나 수업일정에 따르기보다 학습주제에 관련하여 구성된다. 예를 들어 상업에

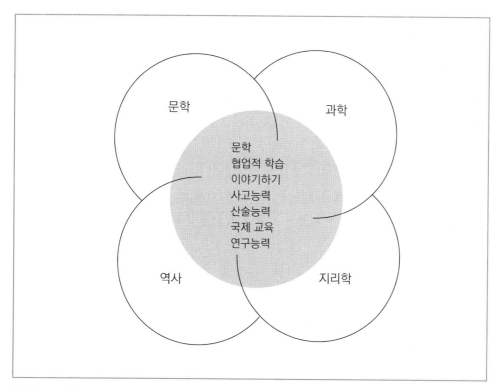

[그림 18.2] 학제간 교육과정의 설명

대한 개념을 학습 중일 때, 학생은 자신만의 교내 '장터'를 개발, 관리, 분석하는 데에 모든 수업시간을 할애할 수 있다. 학생은 정해진 학습 내용을 경제, 수학, 사회학, 의사소통, 정치, 도덕, 역사, 그리고 학습 중인 상업적 공동체에 관련되는 내용이라면 또 다른 교과에서도 학습할 수 있는 것이다.

탈학문적 교육과정은 보통 매우 넓은 학습 결과를 의도한 것이다. 현실적인 동시대 문제의 교육과정과 학생의 흥미, 관심을 통합하는 것은 진행 중인 교육과정 개발 절차의 한 부분이다. 이러한 유형의 교육과정 조직은 교사가 학교 교육과정을 완전히 재개념화하려는 의지만 있다면 매우 성공적일 것이다. 탈학문적 교육과정 조직은 학생이 다양한 학습내용으로부터의 지식과 기술을 합쳐 보도록 함으로써 창의성과 자주성을 기르게 한다. 이와 같은 조직 양식은 변용적 교수 및 학습을 목적으로 두는 교육과정과 가장 일치한다.

## 7. 교육과정은 어떤 구성방식으로 작성되어야 하는가?

이 절에서는 교육과정을 쓸 때에 사용되는 다양한 구성방식을 논의할 것이다. 행동 목표, 거미줄형, 그리고 결과 유일의 구성방식이 설명될 것이다. 교육과정의 내용과 조직과 같이, 구성방식 또한 교육과정의 도입에서 언급된 것으로서 다뤄진다. 행동 목표 구성방식은 전달 지향성을, 거미줄형 구성방식은 교호 지향성을, 그리고 결과 유일의 구성방식은 변용 지향성을 드러낸다.

### 행동 목표 구성방식(Behavioral-Objective Format)

교육과정 지도안에서는 미리 정해진 지식, 사실, 그리고 기술이 이어지는 인과 구성방식으로 사용된다. 교육과정 개발자는 무엇을 가르쳐야 하는지를 결정하고, 행동 목표로서의 학습을 말하고, 교수/학습 활동을 구체화하고, 목표가 잘 성취되었는지를 확인할 사후평가를 결정한다. 그 진행은 다음과 같다.

목적       활동       평가

[그림 18.3]은 5학년 사회 수업을 위해 쓰여진 행동 목표 지도안의 예시이다. 교육과정 개발자는 해당 단원을 그 과목을 포괄하는 가장 중요한 사실이나 기술로 나눈다. 그

**행동 목표**: 주말이 되기 전에 학생은 100%의 습득수준으로 13개의 전 식민지를 기억해 내고 철자를 말할 수 있다.

**활동**:

1. 13개 식민지에 대해 강의한다.
2. 학생은 13개 식민지의 지도를 채운다.
3. 학생은 113쪽부터 118쪽까지의 글을 읽고 119쪽의 과제를 숙제로 해온다.
4. 무작위로 학생을 지목하여 다양한 식민지의 철자를 말하게 한다.

**평가**: 학생에게 13개 식민지를 각각 기억해 내어 그 올바른 철자를 종이에 적도록 한다.

**[그림 18.3]** 행동 목표 구성방식

리고 각각의 사실이나 기술에 대한 행동 목표를 적는다. 각 행동 목표는 일련의 활동과 평가의 기초가 된다. 이러한 교육과정 지도안을 사용하는 교사는 이어지는 활동을 그대로 따라가고 평가를 실행하기를 기대한다. 이 평가를 통과하지 못한 학생들을 위한 지도안에서는 활동이 재활용될 수 있다. 각 행동 목표 계획은 학생이 하나의 목표에 완전히 도달하면 다음 목표에 도전하도록 빡빡하게 배열되어 있다(예를 들어, 미국의 13개 전 식민지를 알아보고 철자를 말할 수 있다면, 그 다음 목표는 1776년과 1810년 사이에 미연방에 병합된 주(州)를 알아보고 철자를 말하는 것이다).

지난 20년 동안 쓰여진 대부분의 학교 교육과정은 행동 목표 구성방식을 따른다. 특히 기술이 분명하고 사실이 명백한 수학이나 자연과학과 같은 과목에서는 쓰이기가 쉽다(2 더하기 2는 항상 4이다. 하지만 예를 들어 전쟁은 항상 정당한가?). 지난 수년간 교육과정이 쓰일 때에 행동 목표 구성방식이 너무나 일반적이었기에 많은 교육자들이 교육과정을 쓰는 다른 방법을 알지 못한다.

## 거미줄형 구성방식(Webbing)

교육과정은 주요 주제에 대한 활동 간의 관련성을 보여주는 구성방식으로 사용될 수 있다. 단위 작업에 대해 쓰는 이러한 유형의 교육과정은 William Kilpatrick이 대중화하였다(Kilpatrick, 1925). 이 교육과정 개발자는 지식이나 기술을 미리 정하는 대신에 주요 주제, 관련 주제, 그리고 가능한 학생 활동을 정한다.

거미줄형 구성방식은 다음과 같은 방법으로 이해할 수 있다.

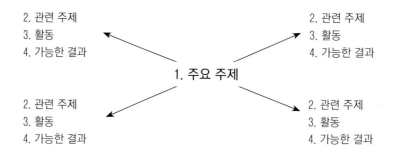

교육과정 개발자는 활동을 작성한 후 가능한 학습 결과를 적는다: "학생은 네 개의 주요 환경적 쟁점을 알 수 있을 것이다." "학생은 각각의 쟁점에 대한 찬성과 반대 모두를 주장하고 근거를 제시할 수 있을 것이다." 활동을 계획할 때, 개발자는 읽기, 쓰기, 듣기, 구성하기를 통한 다양한 방식의 학습을 고려한다. 그리고 나서, 주요 주제에 대한 다양한 분야의 지식을 통합한다. [그림 18.4]에서 환경 쟁점에 대한 주제가 어떻게 사회학, 수학, 경제학, 역사, 신문학, 물리학, 생물학의 활동들을 통합하는지 주목해 보자.

거미줄형 교육과정 지도안은 이어지는 부분의 각 관련 주제가 학습 활동, 가능한 결과, 그리고 필요 출처를 함께 가지는 거미줄과 같은 계획을 포함한다. 거미줄형 교육과정은 가능한 결과를 포함하고 다른 가능성을 감안한다. 행동 목표 교육과정에 있어서, 학습 활동은 이미 정해진 결과에 따라서 통제된다. 하지만 거미줄형 교육과정에서의 학습 활동은 가능한 예상 밖의 학습을 이끌어 낸다.


## 결과 유일의 구성방식(Result-Only Format)

교육과정에 대한 결과 유일의 구성방식은 교사로 하여금 자료, 활동, 방법의 활용에 있어 가장 넓은 자유범위를 가지게 한다. 이러한 교육과정은 과목, 주제 단원, 또는 과정에 대한 목표와 일반적 학습을 구체화시킨다. 그리고 지도안은 그 학습을 평가하기 위한 방법을 포함할 것이다.

예를 들어, 초등교과 읽기에서 사용되는 결과 유일의 지도안은 배워야 할 기술을 다음과 같이 구체화한다.


### 이해

1. 관찰력 개발
2. 이름, 색깔, 모양, 크기, 위치, 사용에 따른 분류
3. 이야기의 결말 예상

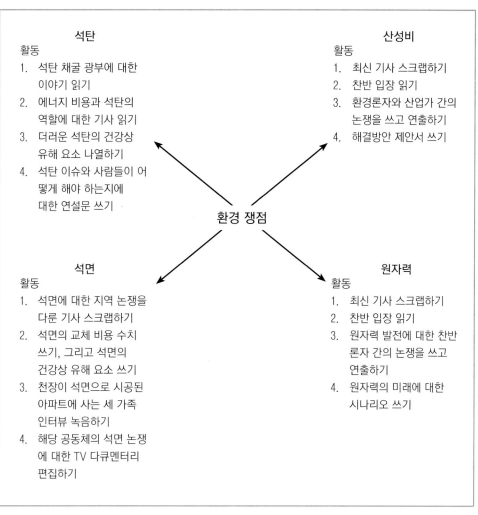

[그림 18.4] 거미줄형 구성방식

4. 사실과 환상 사이의 구별

5. 육하원칙(누가, 무엇을, 언제, 어디서, 어떻게, 왜) 구절에 대한 이해

6. 이야기의 흐름 기억

7. 읽고 이야기의 주제 찾기

8. 읽고 결과 도출

9. 이야기 간 비교와 대조

이러한 기술이 언제 어떻게 가르쳐질지는 교사가 정한다. 교사는 과정이 아닌, 단지 결과에 대해서만 책임을 지는 것이다.

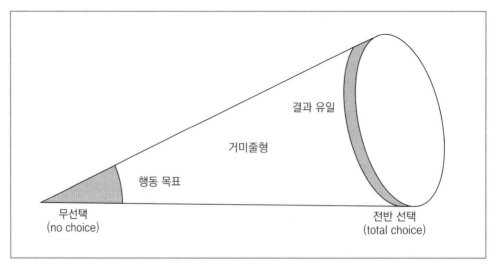

[그림 18.5] 교사 선택권 반영으로서의 교육과정 구성방식: 교육과정 원추

## 8. 교사의 선택권을 반영하는 교육과정 구성방식

교육과정이 가지는 특수성과 세부사항이 적으면 적을수록, 상황에 따라 달리 지도할 수 있는 교사의 선택권은 더 커진다. [그림 18.5]는 교육과정에 따라 교사의 선택권이 확장됨을 보여준다.

그림 속 교육과정 원추의 행동 목표의 아래를 보면 교사는 거의 움직일 수 없다. 교사가 거미줄형 부분으로 이동하면, 손, 발, 팔꿈치, 무릎을 움직일 수 있는 공간이 생긴다. 원추의 끝에 있는 결과 유일 부분에서의 교사는 몸을 완전히 뻗을 수 있다. 만약 교사가 교육과정 원추에서 벗어나는 것이 허락된다면, 교사가 어디로 어떻게 움직일 수 있는지에 대한 제한은 없다. 행동 목표 구성방식은 느슨히 연결된 조직 안에서 '무엇을, 어떻게' 가르칠지를 가능한 많이 미리 정해 놓는다. 거미줄형 구성방식은 주제와 가능한 활동의 관련성에 초점을 맞춘다. 하지만 실질적 활동, 활동의 시간, 평가 방법에 대한 선택권은 교사에게 남겨둔다. 결과 유일 구성방식은 일반화된 학습에 초점을 맞추고 교사가 원하는 대로 진행할 자유를 준다.

교사 발달 단계를 교육과정 구성방식에 연결시키는 것은 상대적으로 쉬워 보일 것이다. 하지만, 이는 그리 쉽지 않다; 교육과정 개발에 대한 관여의 유형과 정도에 대해 좀 더 검토할 필요가 있다.

만약 한 학교가 행동 목표 구성방식을 사용하기로 결정했더라도, 반드시 어떻게 가르칠지에 대한 교사의 선택권이 거의 없어졌음을 의미하는 것은 아니다. 아마도 교사가 그 구성방식을 사용하기를 선택했을 것이다; 아마도 교사 스스로가 그 교육과정을 작성했을 것이다. 또한, 아주 상세한 행동 목표 교육과정은 교사에게 그들이 원하는 대로 사용할 수 있는 참고 지도안으로 제시될 수 있다. 단순히 교육과정 구성방식을 앎으로써 얼마나 많은 선택권이 교사에게 있는지를 알 수는 없다. 비록 행동 목표 교육과정이 권위적인 가르침으로 쓰이고 선택을 제한하지만, 항상 그런 것은 아니다. 그러므로 교육과정과 교사 선택권의 그림에 대해 마무리하기 전에, 교육과정이 어떻게 개발되고, 통합되며 실행되는지를 고려해 보는 것이 필요하다.

## 9. 교육과정의 목적, 내용, 조직, 구성방식의 관련성

이전 내용에서는 교육과정의 목적, 내용, 조직, 구성방식 간의 논리적 연결성을 제시하였다. 복습해 보자면, 전달 목적의 교육과정은 논리적으로 보았을 때 지식과 이해의 학습 내용, 학문중심 교육과정 조직, 행동 목표 구성방식과 연결된다. 교호 목적의 교육과정은 적용과 분석의 학습 내용, 학제간 교육과정 조직, 그리고 거미줄형 구성방식과 잘 연결된다. 변용 목적의 교육과정은 종합과 평가의 학습 내용, 탈학문적 교육과정 조직, 결과 유일의 구성방식과 어울린다. 〈표 18.2〉는 교육과정의 목적, 내용, 조직, 구성방식의 논리적인 관련성을 보여준다.

방금 서술한 자연스러운 연결은 모든 교육과정에서 발생하는 것이 아니다. 예를 들어, 모든 거미줄형 구성방식이 학제간 교육과정 내에서만 발견되는 것은 아니다. 예를 들면, [그림 18.4]에서 볼 수 있는 거미줄형 구성방식은 학문 중심 교육과정 내 과학 수업의 한 부분이 될 수 있다. 또 다른 예로, 결과 유일 교육과정 구성방식은 Bloom의 분류학에서의 고수준 학습 내용뿐만 아니라 저수준과 중수준의 학습 내용에도 중점을 둘 수 있다. 아니면 탈학문적 교육과정이기보다 학문 중심 또는 학제간 교육과정의 부분

〈표 18.2〉 교육과정의 목적, 내용, 조직, 구성방식의 논리적인 관련성

| 교육과정 목적 | 전달(transmission) | 교호(transaction) | 변용(transformation) |
|---|---|---|---|
| 교육과정 내용 | 지식<br>이해 | 적용<br>분석 | 종합<br>평가 |
| 교육과정 조직 | 학문 중심 | 학제간 | 탈학문적 |
| 교육과정 구성방식 | 행동 목표 | 거미줄형 | 결과 유일 |

일 수도 있다. 하지만, K-12 교육과정에 대한 검토는, 일반적으로 〈표 18.2〉에서의 논리적 연결이 대부분의 학교에서 유효한 경향이 있다는 것을 보여준다.

## 10. 교육과정 개발에의 교사의 관여 수준

Tanner와 Tanner(2007)는 교육과정 개발에 대한 교사와 지역 학교의 기능을 세 가지 수준으로 구별하였다: (1) 모방적 지속, (2) 중재, 또는 (3) 창의적 생성. 수준 1의 교사는 기존의 교육과정을 유지하고 따르는 데에 관심이 있다. 수준 2의 교사는 교육과정 개발을 기존의 교육과정을 개선하는 것으로 본다. 수준 3의 교사는 학습과 사회환경에 대한 가장 현대적인 지식에 따라 교육과정을 향상시키고 바꾸는 데에 관심이 있다. Tanner와 Tanner는 이러한 세 가지 수준을 다음과 같이 설명한다(Tanner & Tanner, 2007: 413-414).

### 수준 1: 모방적 지속(Imitative Maintenance)

수준 1로 수업하는 교사는 과목별 교재, 문제집, 일상적 활동에 의존한다. 기술은 학습 진보의 동력이 아닌 학습의 끝으로 여겨진다. 미리 만들어진 자료는 비판적 평가 없이 사용되고, 고립된 활동을 다양하게 만들어 낸다(이미 조각난 교육과정은 훨씬 더 산산조각 난다). 교사의 상상력은 현재 상황을 유지하는 정도를 뛰어넘지 못한다. 이 교사는 교육과정 향상에 대한 자신의 자유가 실제보다 더 없다고 생각하고 싶어 한다. 중학교에서는 교육과정 개발을 위한 관심이 각 부서 영역에만 크게 국한된다.

변화가 일어날 때에는, 지역적 필요에 따라 적용되기보다는 단순 채택 수준으로 이루어진다. 이 수준에서의 교육과정 개발은 상호작용 결과에 대한 고려 없이 일괄된 프로그램을 기존 상황에 연결하는 것이다. 이 수준에서의 교사는 상사로부터 전달받은 혁신을 위해 혼자서 고군분투하는 경향이 있다. 교장이 학급 지원을 위해 존재하는 유일한 자원이라는 사실에서 알 수 있듯이, 내향적인 학교인 것이다.

### 수준 2: 중재(Mediative)

수준 2의 교사는 교육과정 내용을 통합해야 하고 새로운 상황을 다루어야 할 필요가 있다는 것을 안다(에너지 위기와 같은 사회적 문제와 흥미롭고 관심 가는 것에 대해 묻는 아이들의 질문이 새로운 상황의 대표적 예이다). 비록 이 수준의 교사가 교육과정의 집합 개념을 안다고 할지라도, 특정 과목의 우연한 상관관계 이상의 수준을 넘어서진 못한다. 교육과정의 초점은 조각난 채 남아있다; 이론은 연습과 분리된 채 남아있다; 교육과정 향상은 기존 연습을 개선하는 수준에 머물러 있다.

하지만 교육과정 개발의 두 번째 수준에 있는 교사는 눈 먼 장님같이 일괄적인 교육과정 꾸러미나 혁신을 기존 상황에 적용해 버리진 않는다. 필수적인 적용, 수용, 조정이 행해지며, 교육과정 향상을 위하여 학생, 학부모, 동료를 포함한 다양한 자원이 활용된다; 그 지역 학교를 넘어선 자원도 활용한다. 교사는 승인된 실제를 다루는 전문적 저서의 소비자이며 그 대학교의 자원을 현직 교육 수업을 통해 활용하는 것이다. 이러한 중재 수준은 의식과 수용의 수준인 것이다. 교사는 새로운 생각에 매력을 느끼고 표현할 수 있다. 하지만 교육과정 향상을 위한 교사의 노력은 실질적인 문제해결을 위해 필요한 재구성의 수준에는 한참 모자란다.

## 수준 3: 창의적 생성(Creative-Generative)

수준 3의 교사는 교육과정 개발에 대해 종합적인 접근을 한다. 이상적으로, 교육과정은 교사와 모든 학교 직원으로부터 전부 검토되어야 한다. 그 다음, 우선사항과 관련사항에 대한 질문이 수용되어야 한다. 교사 개개인은 창의적 생성 수준에 머무르는 반면에, 교육과정의 거시적 접근법에서는 수직·수평적 발화를 위한 협동적인 기획을 필수적으로 본다.

개별 교사는 보통 학교전체를 아우르는 새 교육과정을 만들어낼 수 없으므로, 일관적인 수업과 다른 교사들과의 연관성을 확립할 수 있을 뿐이다. 수준 3에서의 교사는 통합과 교육과정 조직의 중점 문제를 활용한다. 특정 주제들이 공통적으로 가지는 넓은 의미의 개념을 강조하며, 여러 분야에 걸친 수업을 활용하고 개발한다. 주제를 집합적으로 다루는 것이다.

교육과정 개발의 세 번째 수준에서의 교사는 자신이 무엇을 하고 있는지 숙고한다. 그리고 더 효과적인 수업 방법을 찾으려 애쓴다. 자신의 문제를 진단하고 해결을 위한 가설을 형성할 수도 있다. 자신의 수업에서 실험하고 동료교사들과 자신이 이해한 것에 대해 소통한다.

이 수준의 교사는 연구자이며, 학교와 학급 수준의 교육과정 채택에 있어 엄청난 책임감을 드러낸다. 자주적 판단 아래 교육과정 자료를 고르며 자료를 지역적 수요에 알맞게 적용한다. 또한 자신 스스로를 전문가로 여기며 학습 경험에 관한 결정 문제에 꾸준히 관여한다. 이 때문에, 수준 3의 교사는 넓은 범위의 자원을 찾는 감각을 갖고 있다.

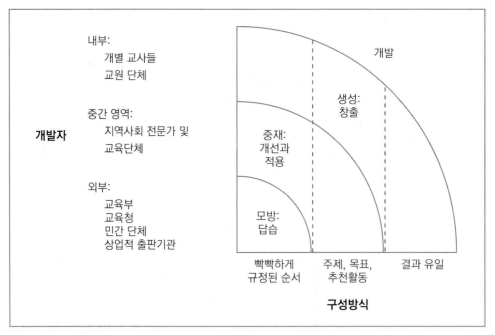

[그림 18.6] 교육과정 구성방식과 개발자 및 개발 수준의 통합

## 11. 교육과정 구성방식과 개발자 및 개발 수준의 통합

교육과정 구성방식, 개발자, 개발에 대해 다룬 내용을 종합하기 위해 [그림 18.6]을 참고하자. 개발자가 학교 시스템에서 벗어나거나 관할 구역 수준인 곳에서 왔다면, 그리고 교육과정이 빡빡하게 규정된 구성방식이라면, 그 개발은 학습 지도 요령만 따라가는 교사로 특징지어지는 *모방*일 것이다. 만약 개발자가 지역 전문가가 이끄는 중급 교사 단체라면, 그리고 교육과정이 목표와 추천 활동으로 쓰인다면, 그 개발은 주어진 상황에 학습 지도 요령을 개정하고 적용시키는 교사로 특징지어지는 *중재*일 것이다. 전문가를 재원으로 두는 교사 단체가 교육과정 개발자라면, 또는 학생이 무엇을 배워야 할지 밝히고 교사에게 학습 활동을 맡기는 결과 유일의 교육과정 구성방식을 따르는 개발자라면, 그 개발은 지속적인 창의성으로 특징지어지는 *생성*일 것이다.

## 12. 교육과정 개발과 교사 발달의 연계

교사 발달과 관련된 교육과정 개발의 진행은 〈표 18.3〉과 같다. 장학담당자는 해당 교

〈표 18.3〉 교사 특성과 연결되는 교육과정의 진행

| 특성 | 저(低) | 중(中) | 고(高) |
|---|---|---|---|
| **교사 특성** | | | |
| 교육과정 변화에 대한 헌신 | 변화에 대한 참여가 저조함 | 변화하고 싶어함 | 변화에 대한 열의가 넘침 |
| 교육과정에 대한 사고력 | 개선 제안능력이 거의 없음 | 몇몇 개선방안은 떠올릴 수 있음 | 많은 개선방안을 지님 |
| 교육과정 절차에 대한 전문성 | 진행 절차에 대한 부족한 지식 | 교육과정을 어떻게 쓸지를 모름 | 어떻게 진행되는지 알고 있음 |
| **교육과정 특성** | | | |
| 개발자 | 외부 개발자 | 외부에서 개발되지만 전문가 주도의 교원 단체에 의해 상당히 개정됨 | 전문가 재원과 함께하는 교원 단체에 의해 내부에서 개발됨 |
| 구성방식 | 행동 목표, 매우 구조적 | 행동 목표와 거미줄형의 절충형 | 결과 유일, 추천 활동 |
| 개발 | 모방적으로, 작은 개선을 허락하면서 | 상호 조정적으로 | 지속적으로 논의되고 변화되도록 |

사의 현재 교육과정에 대한 열성적 참여, 의견, 전문 지식을 고려해 볼 것이다. 그러고 나서, 교육과정이 교사의 교육과정 활용 수준에 적절히 어울리는지를 결정할 것이다. 만약 현재 교육과정이 교사의 발달에 적절치 못하다면, 교육과정을 재조정하는 것이 적절할 것이다.

교육과정 활용에 있어 낮은 수준을 가진 교사(변화에 대한 저조한 참여, 아쉬운 개선 및 제안 능력, 교육과정 전문지식의 부족으로 설명되는)는 외부에서 개발된, 행동 목표의, 그리고 모방적인 교육과정과 어울린다. 이들이 교육과정을 수업에 적용시킬 때에는 작은 개선도 허용되어야 한다. 반면에, 적당한 수준의 교육과정 활용력을 가진 교사(변화를 향한 의지, 개선 및 제안 능력은 있지만 교육과정의 구성방식에 대한 부족한 지식으로 설명되는)는 외부에서 개발되었더라도 전문가가 주도하는 내부 교사 단체에 의해 상당 부분 개정된 교육과정과 적절히 어울린다. 이 교육과정의 구성방식은 행동 목표와 거미줄형의 절충방식일지도 모른다. 개발과 실행을 통틀어, 교사는 교육과정을 잘 적용하기 위하여 문제해결 회의를 거쳐야 한다. 마지막으로, 교육과정 활용 수준이 높은 교사(변화를 시작하고 그 방법을 제안함으로써, 그리고 어떻게 교육과정을 창출해 나갈지에 대한 충분한 지식으로 설명되는)는 내부에서 개발된 교육과정과 적절히 어울린다. 이 구성방식은 결과만을 강조해야 한다. '추천'되는 활동이 있지만 지속적인 개선의 여지가 있어야 한다.

　장학담당자는 다음 질문을 꼭 염두에 두어야 한다. 교육과정 개발에 대한 교사의 통제를 어떻게 강화시킬 것인가? 만약 한 교사가 적절히 맞춰왔고─예를 들어, 모방적 교육과정과 함께 하는 저(低)활용력의 교사─성공적인 수행이 이루어지고 있다면, 장학담당자는 교육과정 개발의 다음 주기를 계획해야 한다. 교육과정 전문가의 지도 아래에 있는 결정 단체에서 근무하도록 추가 임무를 부여하는 것이다. 이것은 좀 더 상호조정적인 교육과정을 이끌어낼 것이다. 그 동시에, 교사의 열성과 발전, 전문성을 계속 자극하고 신장시켜 줄 것이다.

　교육과정의 목적, 내용, 조직, 구성방식에 있어 변화를 용이하게 하려는 장학담당자라면 기억해 둬야 할 것이 있다. 성공적인 변화는 교육과정에 대한 교사의 개념 전환과 교육과정 개발에의 교사의 관여 수준에 기초한다는 점이다. 교사와 교육과정의 변화는 점진적으로 이루어질 때 성공하기 쉬워진다. 예를 들어, 한 학교가 학문 중심 교육과정에서 학제간 교육과정으로 바꾼다고 했을 때, 이러한 상황을 통보하기보다는 다른 방법을 취할 수 있다. 장학담당자는 발달, 전문성, 열성에 있어서 중·고급 수준의 활약을 하고 있는 교사 집단에게 변화에 대한 시도를 장려해 볼 수 있다. 전 학년에 걸쳐 학제간 교육과정의 몇몇 단원 지도를 계획하고 수업해 보도록 하는 것이다.

　학제간 교육과정 수준을 이미 적용 중인 학교라면, 탈학문적 교육과정으로 이동할 때에 발달, 전문성, 열성에 있어 높은 수준인 교사와 함께 시작해 볼 수 있다. 이때 "광역 분야(broad field)"가 형성되기도 하는데, 광역 분야는 두 개 이상의 개별 학문의 융합으로부터 유래하는 것이다. 보통 '인문학', '사회 과학', '자연 과학'과 같은 이름의 강의나 과목들(학과라기보다)이 이러한 광역 접근을 반영한다. 학부와 교육과정의 하위부분을 포함하는 여러 광역 분야가 형성되지만, 이것이 완전한 탈학문적 교육과정을 의미한다고 볼 수는 없다. 하지만, 이러한 방면의 주요 단계일 것이다.

　교사가 교육과정의 성향이나 교육과정 목적에 대한 신념을 바꾸지 않는 한, 교육과정의 내용, 조직, 구성방식에 있어서의 대규모 변화는 발생하지 않을 것이다. 하지만, 교육과정 개발에 대한 교사의 이해와 개입의 수준이 점차 늘어나지 않는 한, 교사는 자신의 성향을 바꾸기가 쉽지 않다. 솔직함과 신뢰를 쌓는 장학담당자, 교육과정 설계를 발전시키는 교사, 교사의 참여를 위한 시간, 지원, 보상 모두가 교사와 교육과정 개발을 발전시킬 수 있다. 교육과정 개발 절차를 통틀어서, 장학담당자는 다음과 같은 점을 꼭 기억해야 한다. 만약 장학담당자 자신이 교육과정에 대한 성향이나, 교사마다 다른 교육과정의 내용, 조직, 또는 구성방식에 대하여 기호를 갖고 있다면, 자신이 무조건 옳거나 교사가 틀린 것이 아니다. 어떤 방면의 교육과정 개발이 착수되어야 하는지, 그리고 어느 정도로 진행되어야 하는지를 결정할 때는 모든 것이 고려되어야 한다. 정부의 권한, 공동체, 학교의 강령과 문화, 학부모, 교사, 학생이 모두 고려되어야 할 대상이다.

## 13. 교육과정과 문화 다양성

왜 교육과정이 문화적으로 다양해야 하는지에 대한 여러 가지 이유가 있다. 첫째, 비지배적(nondominant) 문화에 속한 학생은 교육과정이 자신의 문화를 경시했을 때, 잠재된 학습능력에 도달하지 못할 것이다. 둘째, 한 사회가 그 사회를 구성하는 여러 문화들을 경험하고, 이해하고, 존중하지 않는다면 민주주의, 동등한 기회, 모든 이들을 위한 정의를 제공할 수 없다. 셋째, 다양성의 가치를 인정하고 타 문화의 시민으로 하여금 자문화의 발전에 참여토록 요청하는 공동체와 사회는 교육적, 경제적, 사회적 성공을 더 많이 경험한다; 모든 시민의 삶의 질이 높아진다. 문화적으로 다양한 교육과정은 공동체와 사회뿐만 아니라 모든 학생에게도 유익하다.

학교는 다문화적이고 민족적인 내용을 어떻게 교육과정에 통합시키는가? James Banks(2010)는 통합에 대한 네 가지 접근법을 설명하였다. 가장 덜 효율적인 것을 수준 1로 두고 가장 효율적인 것을 수준 4로 두었다.

수준 1인 *기여 접근법(contributions approach)*은 소수 문화의 위인, 명절과 같은 요소(음식, 춤, 음악, 미술)가 교육과정의 주류문화 내용과 나란히 게재될 것을 요구한다. 이것이 실행하기 가장 쉬운 접근법이다. 하지만 교육과정의 실질적인 변화는 없다.

수준 2인 *부가 접근법(additive approach)*은 주류문화의 교육과정의 토대는 그대로 두고서 다른 문화의 개념과 관점을 덧붙인다. 이 접근법은 교육과정에 소수 민족 작가의 책을 덧붙이거나, 교재의 몇 단원이나 교육과정의 한 강좌를 더하는 것을 포함한다.

수준 3인 *변환 접근법(transformation approach)*은 학생으로 하여금 지배문화의 관점 외에 여러 타 문화의 관점에서 본 개념, 쟁점, 문제를 생각해 보도록 함으로써 교육과정의 기초 토대를 변화시킨다.

수준 4인 *사회 행동 접근법(social action approach)*은 변환 접근의 모든 측면을 포함할 뿐만 아니라, 학생이 문화적 논쟁과 문제에 대한 비판적 연구에 참여하고 사회적 변화를 위한 조치를 취할 것을 요구한다.

[그림 18.7]에 위의 네 가지 접근을 요약하였다.

불행히도, 많은 학교의 교육과정은 기여 접근법 수준을 넘어서지 못한다. 왜 다문화 교육과정에 대한 학문과 실제 간에 차이가 존재하는가? Geneva Gay(2005)가 그

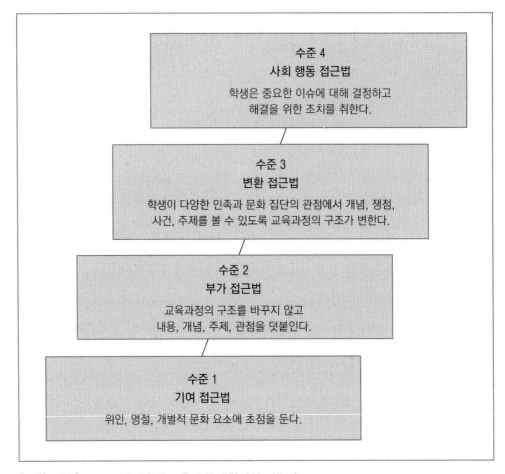

[그림 18.7] Banks의 다문화 교육과정 개혁에의 접근법

출처: James A. Banks (1988). Approaches to Multicultural Curriculum Reform. *Multicultural Leader,* *1*(2), 1-3.

이유를 설명하였다.

대부분의 교사와 학교 행정직원은 다문화 교육 학계에서 추천된 제안을 실행하는 데 호의적 태도를 갖고 있다. 하지만, 많은 이들이 기반 지식과 요구되는 교육기술을 갖추지 못한다. 또 다른 이들은 내재된 갈등을 어떻게 해결해야 할지에 대해 여전히 고군분투하고 있다. '여럿으로 이루어진 하나(E Pluribus Unum)'라는 미국의 표어에 숨겨진 국가적 이상과, 학교와 사회 속의 다양성을 인정, 수용, 장려하려는 움직임 사이에는 타고난 갈등이 존재한다. 다양성, 평등, 우수한 교육에 대한 요구의 곳곳에는 혼란이 만연하다. 너무나 많은 교육자들이 계속해서 신념을 고수하고 있다. 문화적 유산, 민족 정체성, 배경 경험에 기반하여 학생을 다르게 대하는 것은 차별과 같은 것이라는 신념을 가진다. 그리고 다양성을 장려하는 것이 우수한 성과와 그 기준을 타협시키는 것이라는 신념을 가진다. 이러한 혼란은 몇몇 교육자들이 다문화 교육의 장점에 대해 의문을 제기하게 만든다. 결과적으로, 다문화 교육이 오히려 분열을 초래하고 비생산적이라고 판단케 하며, 안정 수준을 재확인하고 목적을 보조하듯이 다문화 교육을 재개념화한다. 이와 같은 반응은 다문화 교육을 실행하려는 노력의 다른 결과를 가져온다. 하지만, 이들은 일반적으로 다문화 교육학자가 생각하고, 조사하고, 작성한 내용과 일치하지 않는다. 왜곡, 오류, 오해를 생산하는 것이다(Gay, 2005: 109-110).

Gay(2005)는 우리가 학문과 실제 간의 차이를 줄이기 시작했음을 언급하였다. 이론적 원리를 실제로 옮기기 위해 잘 설명된 지침을 만들고, 교육자를 위한 수행기준을 확립하며, 교육자가 그 기준을 충족시키도록 전문적 개발을 제공하였다. Gay가 제시하는 전문적 개발은 교육자가 자기이해, 문화소양, 다문화 교육 기술을 개발하도록 장기적으로 도와주는 것이다.

## 교육과정 단원 개발: 이해중심 교육과정
(Developing Curriculum Units: Understanding by Design)

*이해중심 교육과정*은 Grant Wiggins와 Joy McTighe(2005, 2011)가 개발한 교육과정 작성 모델이다. 이해중심 교육과정의 두 가지 목표는 학생들의 정확한 이해를 도모하고, 배운 것을 새로운 상황에 적용하도록 돕는 것이다. "이해는 학생들이 자율적으로 이해할 때, 그리고 그들이 배운 것을 실제적인 행동으로 변환할 때 드러난다. 이해의 여섯 가지 양상으로, '설명', '해석', '적용', 관점전환', '강조', '자기평가'는 이해의 척도로서의 역할을 한다"(Wiggins & McTighe, 2011: 4) 이해중심 교육과정은 *후방 설계 (backward design)*를 활용한다. 교육과정 개발자들은 후방 설계를 통해 (1) 원하는 결과를 설정하고, (2) 학생들이 원했던 결과를 성취했는지를 보여주는 근거를 결정하고, (3) 학생들을 위한 학습 계획을 개발한다. Wiggins와 McTighe에 따르면, 후방 설계는 전형적이고 비효율적인 두 가지의 교육과정 개발 방식—관련 활동에 대한 교육과정을 구성하거나, 교과서와 같은 외부 출처의 내용으로 교육과정을 구성하는 방식—을 사용하는 것을 방지한다. 이해중심 교육과정은 특정한 내용을 정하지 않는다—오히려 교육과정 단원을 개발하기 위한 뼈대로 먼저 사용되며, 그 다음에 매일의 수업 계획서를 설계하는 데 사용된다. Wiggins와 McTighe(2005, 2011)가 제시한 이해중심 교육과정의 세 가지 단계를 좀 더 상세히 살펴보자.

**1단계: 원하는 결과 설정하기(Stage 1: Identify Desired Results)** 교육과정 개발자들은 장기목표를 설정하는데, 이는 *의미 목표(meaning goals)*(중대한 개념의 이해)와 *변환 목표(transfer goals)*(새로운 상황에서의 이해 적용)를 포함한다. 개발자들은 또한 학생들이 단원의 처음부터 끝까지 의미 목표에 계속해서 집중할 수 있도록 *필수적인 발문*을 한다. 그리고 획득 목표(acquisition goals)라 불리는 단기 목표 또한 정해진다; 이것은 의미 목표와 변환 목표를 망라하는 지식과 기술로 구성된다. 원하는 결과에 대하여 이미 정해진 기준과 목표(주(州), 지역 등이 요구하는)는 1단계의 문서에 작성된다. 이는 교사로 하여금 확립된 기준이나 목표와 교육과정상 기대되는 결과 간의 관련성을 상기시킨다.

**2단계: 근거 정하기(Stage 2: Determine Evidence)** 교육과정 개발자들은 기대되는 결과가 충족되는지를 밝히기 위한 일반 유형의 두 가지 근거를 정한다: 수행 직무와 그 밖의 근거. *수행 직무(performance tasks)*는 모든 의미·변환 목표 아래 학습 중인 학생을 평가하는 데 쓰인다; 이것은 실생활일 수도 있고, 가상의 직무일 수도 있다. *그 밖의 근거(other evidence)*는 학생이 획득 목표(단기의 지식과 기술)뿐만 아니라, 의미·변환 목표에도 도달했는지를 결정하기 위해 쓰인다. 별개의 기술, 퀴즈, 시험 등과 같은 좀 더 전통적인 평가 방법들이 그 밖의 근거를 구성한다. 위의 두 가지 근거를 위하여, 학습 수준을 알기 위한 평가 기준 또한 결정된다. 학생이 1단계의 목표를 달성했는지 증명할 수 있는 다양한 기회가 주어지는 것이다.

**3단계: 학습 계획 개발하기(Stage 3: Develop Learning Plan)** 학습 계획은 학생들의 사전 지식, 기술, 이해를 측정하기 위한 사전평가를 포함한다. 교육자들은 사전평가 결과에 기초하여 학급 또는 개인에게 적절한 단원의 학습 활동으로 조정해야 한다. 학생들이 획득·의미·변환 목표를 달성하도록 하기 위해 고안된 일련의 학습 사태들이 계획에 포함된다. 학습 계획을 구성하는 또 다른 요소로는 학습진도 감시(progress monitoring)가 있는데, 이는 학생의 학습을 계속적으로 평가하고 피드백을 제공하는 전략이다. 사전평가와 마찬가지로, 학습 계획을 사용하는 교사들은 학습진도 감시를 통해 얻은 정보를 기반으로 하여 적절한 계획으로 조정해야 할 것이다.

**설계를 통한 학습의 성공을 위한 열쇠(Keys to Success of Learning By Design)** [그림 18.8]은 이해중심 교육과정의 모든 세 가지 단계의 개요를 보여준다. Wiggins와 McTighe(2005, 2011)는 이해중심 교육과정의 세 단계가 설계 과정의 의도된 절차에 따

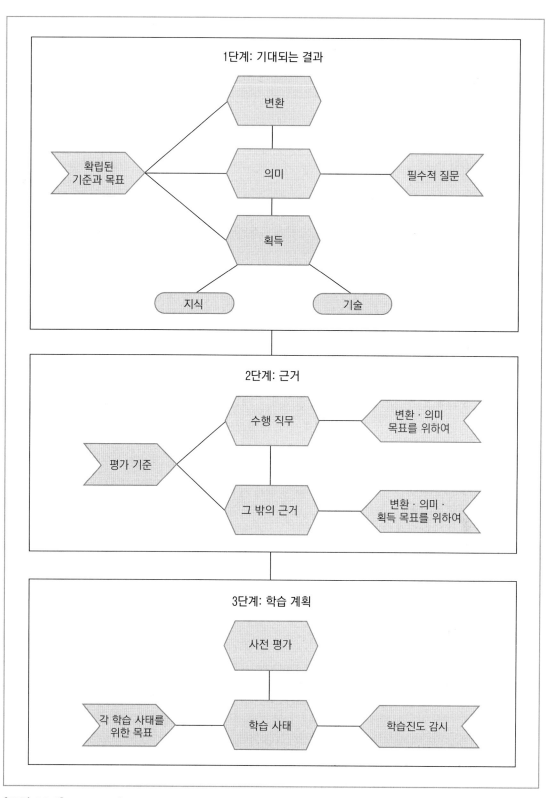

[그림 18.8] Wiggins와 McTighe의 이해중심 교육과정

라 나열됨을 강조한다. 성공을 위한 또 다른 열쇠는 교육과정을 수행하는 교사가 해당 교육과정을 고안하기 위해 이해중심 교육과정을 활용하는 교육자와 동일 인물이어야 한다는 점이다. 각 교사의 발달, 열성, 전문성의 수준에 따라 감독 차원의 다양한 지원 이 필요할 것이다.

## 성찰과제

이 장에서 배운 교육과정 개발에 대한 중요 개념, 그리고 그 개념 간의 관련성을 보여 주는 개념도를 그려보자. 자신의 개념도를 공유하고 동료와 토의해 보자.

## 참고문헌

Banks, J. A. (1988). Approaches to multicultural curriculum reform. *Multicultural Leader, 1*(2), 1-3.

Banks, J. A. (2010). Approaches to multicultural curriculum reform. In J.A. Banks & C.A. Banks (Eds.), *Multicultural education: Issues and perspectives* (7th ed.). (233-256). Hoboken, NJ: Wiley.

Bloom, B. (1956). *Taxonomy of educational objectives. Handbook 1: The cognitive domain.* New York, NY: David McKay.

Boote, D. N. (2006). Teachers' professional discretion and the curricula. *Teachers and Teaching: Theory and Practice, 12*(4), 461-478.

Coe, R. (2009). School improvement: Reality and illusion. *British Journal of Educational Studies, 57,* 363-379.

Crocco, M. S., & Costigan, A. T. (2007). The narrowing of curriculum and pedagogy in the age of accountability: Urban educators speak out. *Urban Education, 42*(6), 512-535.

Drake, S. M., Bebbington, J., Laksman, S., Mackie, P., Marnes, N., & Wayne, L. (1992). *Developing an integrated curriculum using the story model.* Toronto: The Ontario Institute for Studies in Education.

Fitzharris, L. H. (2005). Making all the right connections. *Journal of Staff Development, 26*(1), 24-28.

Gay, G. (2005). Standards for diversity. In S. P. Gordon (Ed.), *Standards for instructional supervision: Enhancing teaching and learning.* Larchmont, NY: Eye on Education.

Gordon, S. P., & Boone, M. (2012, August). *Conflicting models and the future of educational leadership preparation: A call for integration.* Paper presented at the annual meeting of the National Council of Professors at Education Administration, Kansas City, MO.

Gunzenhauser, M. G. (2006). Normalizing the educated subject: A Foucaultian analysis of high-stakes accountability. *Educational Studies, 39*(3), 241-259.

Hallinger, P., & Heck, R. H. (2010). Collaborative leadership and school improvement: Understanding the impact on school capacity and student learning. *School Leadership and Management, 30*(2), 95-110.

Jacobs, H. H. (1989). *Interdisciplinary curriculum: Design and implementation.* Alexandria, VA: Association for Supervision and Curriculum Development.

Jenkins, R. A. (2005). Interdisciplinary instruction in the inclusion classroom. *Teaching Exceptional Children, 37*(5), 42-48.

Johnson, A. (2010). Rachel's literacy stories: Unpacking one preservice teacher's moral perspectives on literacy teaching. *Teachers and Teaching: Theory and Practice, 16*(1), 97-109.

Kilpatrick, W. H. (1925). *Foundations of method.* New York, NY: Macmillan.

Miller, J. P., & Seller, W. (1985). *Curriculum: Perspectives and practice.* New York, NY: Longman.

Oliva, P. F. (2008). *Developing the curriculum* (7th ed.). Boston, MA: Allyn & Bacon.

Ornstein, A. C., & Hunkins, F. P. (2012). *Curriculum: Foundations, principles, and issues* (6th ed.). Upper Saddle River, NJ: Prentice Hall.

Sergiovanni, T. (1987). *Introduction to the Breckinridge Conference on restructuring schools.* San Antonio, TX, August.

Tanner, D., & Tanner, L. W. (2007). *Curriculum development: Theory into practice* (4th ed.). Upper Saddle River, NJ: Prentice Hall.

Valli, L., & Buese, D. (2007). The changing roles of teachers in an era of high-stakes accountability. *American Educational Research Journal, 44*(3), 519-558.

Wiggins, C., & McTighe, J. (2005). *Understanding by design* (2nd ed.). Upper Saddle River, NJ: Pearson.

Wiggins, C., & McTighe, J. (2011). *The understanding by design guide to creating high quality units.* Alexandria, VA: ASCD.

# 제19장

# 실행연구:
# 연구의 중심인 학교

**류성창**_국민대학교 교육학과 교수

> ## 이 장에서 생각해 볼 문제

1. 당신이 이 연구에 참여하고 싶어하는 교사와 실행연구에 관하여 어떻게 논의할 수 있는가?

2. 왜 당신은 저자가 실행연구를 "장학 활동과 관련된 핵심적인 것"이라고 말하였다고 생각하는가?

3. 당신은 '문제해결형과 해석형, 비평형' 중에서 어떤 유형의 실행연구가 가장 흥미롭다고 생각하는가?

4. 이 장에서는 실행연구와 민주적인 관리방식을 모두 다루고 있다. 왜 이 두 주제가 자연스럽게 연관된다고 생각하는가?

5. 당신에게 친숙한 학교가 실행연구에 관한 관리방식 도입을 결정하였다고 생각해 보자. 이 장에서 저자가 말한 공유된 장학방식 유형이 당신이 마음에 두고 있는 학교에 적합한 모델로 수정되기 위해서 어떻게 해야 한다고 생각하는가?

*우리 학교에는 개념적 도구와 교실에서 일어나는 학습과정 연구를 하는 방법에 능숙한 학자로서의 교사가 없는가? 왜 학교는 무궁무진한 지혜를 가지고 있는 학자로서의 교사와 같은 힘을 기르지 않는 것인가? (Schaefer, 1967: 5)*

저 명한 사회과학자인 Kurt Lewin은 민주주의와 집단 내 개인들의 리더십에 관한 연구에 열중하였다. 그의 공헌들로 인하여 형태심리학, 학교, 집단역학, 실행연구의 개념이 생겨나게 되었다. 그는 그 개념들이 더 발전하기 위해서 사회조사가 행동단체에 기반을 두어야 한다고 주장하였다. 또한 그는 사회조사는 실제상황이 배제된 상태의 통제된 실험에 근거해선 안 된다고 주장하였다. 그리고 사람들이 변화를 계획하고 직접 실제 활동에 참여하면서 실상조사를 통해 성공이 가능한지를 결정하고, 추후계획과 행동이 필요한지를 결정해야 한다고 주장하였다(Lewin, 1948: 206).

Stephen Corey(1953)는 Lewin의 교육에서의 실행연구의 개념을 응용하였다. 그는 전통적인 연구는 주로 공립학교의 외부에 있는 연구자에 의하여 이루어지며, 학교생활의 영향은 거의 받지 않는다고 주장하였다(Corey, 1953: 9).

지속적으로 행동을 변화시키는 학습은, 직접 자신이 몸소 상황을 개선하려고 노력할 때에 가장 효과적이다. 경험의 내면화는 여러 과정(문제를 정의하고, 문제를 대응하는 데에 도움이 되는 행동들에 대해 가설을 세우고, 그 행동들에 실제로 참여하고, 결과를 연구하고, 그로부터 일반화하는 것)이 나 자신이 아닌 다른 사람에 의하여 이루어질 때보다 자기 스스로가 수행할 때 더 잘 이루어진다. … 실행연구의 가치…는 주로 조사 결과들이 연구에 참여한 사람들의 수행에 도움을 준 정도에 의해 결정된다.

그래서 교육에 있어서 실행연구는 학교에 있는 동료들이 교육을 향상시키고자 하는 행동의 결과에 대한 연구이다. 교사 개인이 실행연구를 하는 방법도 있지만, 대부분의 경우에는 교사들이 공동의 교육적 일을 향상시키기 위하여 협동적으로 노력하여 수행한다(Allen & Calhoun, 2009; Calhoun, 2009; Clauset, Lick & Murphy, 2008; Gordon, 2008; Pine, 2009; Sagor, 2009).

Richard Sagor(1993: 10)는 "공동으로 *하는* 실행연구를 수행함으로써 우리는 사려 깊은 교육에 대한 집중을 재개할 수 있고, 전문적이며 활동적인 사회를 만들 수 있다."라고 말하였다. 실행연구는 연구를 수행하는 사람들을 연구자라고 말한다. 고전적인 연구자들은 객관성과 정확성에 대하여 의문을 제기할 수도 있지만, 학생들과 교사들이 이 연구방법론을 사용하면서 얻은 이익은 순수 손실보다 더 크다.

교사가 수행하는 연구의 힘에 대해 Hubbard와 Power(1993: 8)는 다음과 같이 말하였다. "세상의 모든 교사들은 전문적으로 직접 자기 자신이 연구자가 되면서 한층 더 성장하게 된다. 우리의 교실을 실험실로, 학생들을 연구의 협동자로 두고, 우리는 연구를 통하여 교실을 체계적으로 보며 학생들과 그들의 일하는 방식을 변화시킨다." 최근

〈표 19.1〉 전통적 연구와 실행연구 비교

|  | 전통적 연구 | 실행연구 |
|---|---|---|
| **연구자** | 교외 전문가 | 실행자 |
| **목적** | 새로운 지식 개발 | 실행적 문제점 해결; 실행 향상 |
| **자료 수집 방법** | 양적 혹은 질적 | 양적 혹은 질적 |
| **자료 수집과 분석의 목적** | 현상에 대한 더 깊은 이해를 얻기 위하여; 가설설정 혹은 가설검증 | 실행적 문제탐구; 실행계획으로 인도; 결과 평가 |
| **질적 연구 기준** | 방법과 결과에 대한 동료평가 | 희망했던 연구결과 |
| **기본 수용자(들)** | 다른 연구자, 교사, 정부기관 혹은 민간기관 | 학교 구성원 |

에, Pine(2009)은 다음과 같이 표현하였다.

> 교사들은 실행연구를 수행하는 과정에서 지식을 창출하고 결론적으로 "지식이 힘이다"
> 라는 경험을 창출해야 한다. 지식과 행동이 변화하고 결합되면서, 교사는 외적인 상명하
> 달 방식의 교육변화와 개선이 아닌 내적인 교육변화와 개선의 능력에 대한 인식의 중요
> 성이 커지게 되었다(Pine, 2009: 31).

〈표 19.1〉은 전통적인 연구와 실행연구를 비교한 것이다.

## 1. 어떻게 실행연구가 수행되는가?

실행연구의 첫 번째 단계에서 '개선이 필요한 교수학습 분야'라는 핵심 분야가 선정
된다. 두 번째로, 필요조사를 통해서 핵심 분야에 대한 자료를 얻을 수 있다. 이 단계
에서 자료를 수집하는 목적은 문제와 그것이 어떻게 해결되는지를 이해하고, 개선되
는 효과를 평가하도록 돕는 기초자료를 얻기 위함이다. 실행연구의 세 번째 단계는
문제를 해결하기 위한 실행계획을 설계하는 것이다. 이 계획에는 개선을 위한 노력의
성과를 평가하는 활동이 포함된다. 네 번째 단계는 계획을 실행하는 단계이다. 그리
고 실행연구의 다섯 번째 단계는 평가이다. 이때, 실행계획의 노력에 대한 자료들이
수집되고, 분석된다. 평가에 근거하여서, 실행계획의 목적과 활동은 계속되고, 확장
되며, 수정되거나 혹은 중단된다. 만약 이 다섯 가지의 단계가 15장의 개별 교사와의

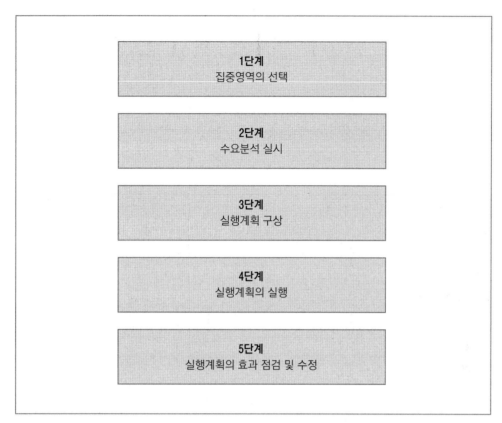

[그림 19.1] 실행연구의 다섯 단계

실천계획과 비슷한 것 같다는 의혹이 든다면, 당신은 집중 장학 게임의 1라운드를 이긴 것이다.

　교사에게 있어서 장학의 목적은 개별 교사들의 생각, 선택, 책임감을 높이도록 돕는 것이며, 이는 교실 실행연구를 순환적으로 수행함으로써 이루어진다. 장학담당자의 역할은 개별 교사의 분야별 발달 상황에 따라 필요한 것이 무엇인지 정확히 판단하는 것이다. [그림 19.1]은 실행연구의 다섯 단계를 나타낸다.

## 2. 실행연구에 대한 발전적 접근

우리가 이 글에서 논의한 발전적 모형은 실행연구에 적용될 수 있다. 제3부에서 논의한 네 가지 장학 접근법 중에서, 지시적 정보제공형, 협력형, 그리고 비지시적 접근법은 장학의 실행연구에 적합하다. 교사 실행연구는 연구와 교육적인 향상을 위하여 교사가 스스로 결정하는 것을 포함하기 때문에, 통제적인 지시적 장학은 부적절하다.

매우 낮은 수준의 전문성, 발달, 헌신을 보이는 교사는 아마도 실행연구를 수행할 준비가 되어있지 않은 것이다. 그들은 직접 도움을 받아야 하며, 성공적인 실행연구에 필요한 동기부여와 최소한의 의사결정 능력을 향상시키도록 하는 연수를 받아야 한다. 그들은 실행연구에 관한 글을 읽고 논의하도록 요구받을 것이며, 교사 혹은 연구에 참여하는 집단과 함께 지내거나, 실행연구 기술들을 개발할 수 있는 워크숍에 참석하도록 요청받을 것이다.

다소 낮은 수준의 발달 수준과 전문성, 헌신을 보이는 교사에게는 대안이 되는 목적들, 자료 수집, 그리고 분석법들과 실천계획들에 대하여 제안해야 한다. 또한 교사에게 그 대안들 중 어느 하나를 선택하도록 요청할 때에, 장학담당자는 지시적 정보제공 장학을 이용할 수 있다. 이러한 유형의 실행연구는 교사의 제한된 의사결정을 포함하기 때문에, 장학담당자는 의사결정을 할 때에 책임감을 가질 준비가 된 교사에게는 곧바로 협력적인 실행연구를 수행하길 바랄 것이다(McBee, 2004).

장학담당자는 다소 높거나 혼합된 수준의 발달, 전문성, 헌신을 보이는 교사와는 함께 실행연구에 참여할 수 있다. 이러한 접근에서, 장학담당자는 목표확인, 실행계획, 실행, 평가, 실행연구의 단계를 수정하는 동안에 교사와 함께 공동의 의사결정에 참여한다. 협력적인 실행연구조차도 교사연구의 전통적인 형식이다. 최종적인 목표는 교사가 교사 중심의 연구를 가능하도록 하는 수준의 발달, 전문성, 헌신에 도달하는 것이며, 다섯 가지의 각 실행연구 단계에서 장학담당자는 교사의 의사결정을 용이하도록 비지시적인 장학을 이용한다. Houser(1990)는 자격을 갖춘 "교사 연구자들"을 이와 같이 말하였다: "그들은 연구 프로젝트의 모든 면을 수행할 수 있다. 질문을 만들어 내고, 연구를 위한 도구를 선택하고, 수집, 분석, 자료를 해석하는 것이 모두 그들의 책임하에 있다"(Houser, 1990: 58).


## 3. 실행연구에 대한 결정

집단 실행연구는 직접적 지원, 집단 발달, 전문성 신장, 교육과정 개발을 통합할 수 있다. 실행연구를 실행하기 전에, 장학담당자는 실행연구 팀과 함께 적절한 진입전략을 선택한다. 〈표 19.2〉는 대인관계적 접근법의 선택을 보여준다.

첫째, 그 팀은 교사의 필요조사를 수행하고, 수업을 개선하도록 공통의 목적을 결정짓는 기초자료를 모은다. 필요조사를 수행하기 위한 기술은 아래의 목록에 따라 결정된다.

〈표 19.2〉 대인관계적 접근의 선택

| 대인관계적 행동들 | 결정 |
|---|---|
| 비지시적: | 높은 교사/낮은 장학담당자 |
| 경청 | |
| 성찰 | |
| 명료화 | |
| 격려 | |
| 협력적: | 동등한 교사/동등한 장학담당자 |
| 제시 | |
| 문제해결 | |
| 협상 | |
| 지시적 정보 제공: | 낮은 교사/높은 장학담당자 |
| 제시 | |
| 문제해결 | |
| 직접적 대안 | |
| **교사들의 특성** | |
| 발달 수준 | |
| 전문성 | |
| 헌신 | |

- 관계자의 의견 청취
- 체계적인 교실 및 학교 관찰
- 공식적인 기록
- 교사와 학생의 작업 결과 리뷰
- 제3자 리뷰
- 자유 반응형 설문조사
- 체크리스트와 랭킹 리스트
- 델파이 방법
- 명목집단기법
- 특성요인도

- 플로차트
- 파레토 차트

12장에 평가 기술들에 대한 구체적인 설명이 나와 있다.

둘째, 장학업무에 영향을 미치는 활동을 위한 브레인스토밍을 한다. 팀은 기술적인 업무에 해당하는 네 가지 질문들에 대답할 수 있다.

1. 우리의 교육 목표를 달성하기 위해서 교사에게 어떤 직접적 지원의 유형이 필요하며 그러한 직접적 지원이 얼마나 필요한가?
2. 교육 목표를 같이하고, 그것을 달성하기 위하여 교사들에게 어떤 회의와 토론이 필요한가?
3. 우리의 교육 목적을 달성하기 위하여, 교사들에게 어떤 전문성 신장 기회(예를 들면, 강의, 워크숍, 시위, 수업, 방문과 같은 것)가 필요한가?
4. 우리의 교육 목표를 달성하기 위하여 강의내용, 교육과정 해설서, 수업계획, 그리고 교육적 자료들에 관한 어떤 교육과정 개발이 필요한가?

장학에 대한 기술적 과업은 15장, 16장, 17장, 18장에 설명되어 있다.

셋째, 팀은 목표를 위한 활동에 관련된 계획을 짠다. 아래는 계획을 작성하는 기술들이다.

- 친화도법
- 영향분석도표
- 간트 차트
- 역장분석

각 계획 장치에 대한 설명은 12장에서 볼 수 있다.

넷째, 팀은 실행계획이 교실에서 실행되는 과정을 관찰할 수 있는 방법을 결정한다. 관찰은 아래의 수단을 이용하여 이루어질 수 있다.

- 범주형 빈도
- 수행 지표
- 시각적 도표

- 구술기록과 선택적 구술기록
- 제3자의 자유 서술
- 참여자 자유 관찰
- 표적 설문지 관찰
- 교육적 비평
- 맞춤형 관찰 체계

13장에는 위 수단을 이용하는 것에 관한 설명이 나와 있다.

다섯째, 팀은 자료 분석, 목적달성 여부 결정, 어떤 추가조치가 필요한지 결정하도록 평가를 설계한다. 설계는 양적이거나 질적 혹은 둘을 결합한 형태일 수 있다.

아래는 평가에서 질문되는 항목들이다.

- 평가의 목적은 무엇인가?
- 평가자는 누구인가?
- 대답해야 하는 질문에는 어떤 것들이 있는가?
- 어떤 자료들을 수집하며, 어떻게 수집할 것인가?
- 그 자료들은 어떻게 분석되는가?
- 어떻게 평가를 보고할 것인가?

종합적인 평가의 요소들을 이해하고자 한다면, 14장을 참고하라.

## 4. 실행연구: 조직 수준의 유인을 위한 수단

이전에는 각 장학의 기술적 과업(직접적 지원, 집단 발달, 전문성 신장, 교육과정 개발)이 따로따로 논의되었다. 그러나 실제로는 수업 개선을 위한 노력은 각 과업끼리 서로 연관되어야만 한다. 과업 간의 경계를 낮추고, 그것들을 통합하기 위하여 어떻게 실행연구가 이용되는지를 보여줘야 할 때이다.

교수들이 알고 있듯이, 실행연구는 수업을 개선시키려는 필요성에 초점을 두었다. 수업 개선이 확인되면서, 교수와 장학담당자들은 각 장학의 기술적 과업을 관련시키는 활동을 계획한다([그림 19.2] 참고).

실행연구를 개인지도라는 바다의 한가운데로 떨어지고 있는 거대한 유성이라고 생

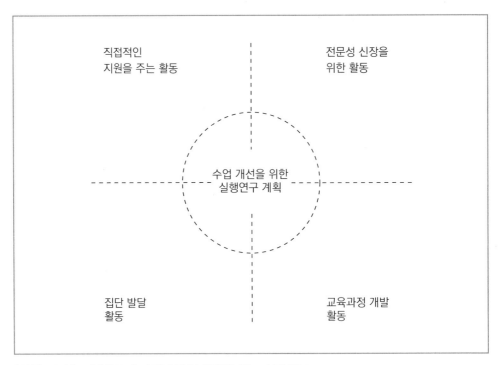

직접적인
지원을 주는 활동

전문성 신장을
위한 활동

수업 개선을 위한
실행연구 계획

집단 발달
활동

교육과정 개발
활동

[그림 19.2] 장학활동과 관련된 중심 역할을 하는 실행연구

각해 보자. 유성은 대양으로 떨어지면서 파도를 일으키는데, 이것은 네 개의 바다, 즉 직접적인 지원, 전문성 신장, 교육과정 개발, 집단 발달이라는 네 개의 분야를 활성화시킨다. 이 파도는 거대한 물결과 만나기도 하고 교육이라고 불리는 모든 해변에 부딪치면서 계속해서 강력해지며, '교육적인 실패'라고 불리는 오래된 모래를 없애고 이것을 '새로운 수업 개선'이라는 모래로 대체시킨다. 이제 바다에서 한걸음 물러서서 성공적인 실행연구가 무엇인지 살펴보자.

## 5. 성공적인 실행연구의 특징

모든 실행연구가 다 성공하는 것은 아니다. 가끔 실행연구는 순조롭게 출발하지 못하기도 하는데, 그 이유는 교사들이 실행연구를 위해 얼마나 많은 작업이 필요한지를 깨닫지 못하거나, 그 과정에 완전히 전념하지 못하거나 혹은 시간, 자원, 장학담당자의 지도 부족으로 실행연구를 준비하지 못하기 때문이다.

몇몇 학교들은 실행연구를 순탄하게 시작하지만, 1~2년 후에는 중단하게 되는데,

실행연구의 주연구자가 학교를 떠나거나 같이 경쟁하던 다른 우선사항들이나 프로그램이 실행연구를 대체하거나 반성적 탐구활동이나 교육적 향상 활동들이 지속적인 과정인 것에 비해 실행연구는 다소 짧은 기간의 프로젝트라고 여겨지는 것이 그 이유이다. Gordon, Stiegelbauer, Diehl의 연구(2008)는 성공적인 실행연구와 그렇지 않은 실행연구를 비교함으로써, 성공적인 실행연구의 특징을 발견하였다. 성공적인 실행연구 프로그램은 다음과 같은 특징을 가진다.

- 장학담당자는 학교의 실행연구를 위한 리더십을 교육한다. 교장은 실행연구를 조사 집단, 계획 집단, 평가 집단 등으로 나누어 교사들에게 참여를 촉구하고 교사들이 교육과정 개발자, 시범 교사, 동료교사 코칭 같은 리더 역할을 맡도록 한다. 장학담당자가 실행연구를 다루는 교사를 만났을 때, 교사를 동등한 관계로 대한다.

- 분산적 리더십에도 불구하고 장학담당자는 실행연구에 크게 관여한다. 그는 교사회의에서 조사에 대해서 토론하고 실행연구 집단들의 회의에 참여하고 연구에 대해 개개인과 공적인 대화를 나누면서 실행연구의 많은 부분에 관여한다. 장학담당자는 실행연구가 그들에게 있어서 최우선순위라고 강하게 말할 수 있다.

- 실행연구는 데이터 수집과 분석에 근거한다. 데이터를 모으는 이유는 교사들이 실행연구의 중심 분야를 결정하고, 그 중심 분야에 대해 더 발견하며, 실행연구 계획을 세우고, 결과를 평가하기 위함이다. 데이터는 조사, 인터뷰, 브레인스토밍, 학생 관찰, 자아 평가, 학생들의 성취도 기록에 대한 검사를 통해 수집된다. 교사들은 데이터를 평가하는 것뿐만 아니라 데이터의 의미에 대한 반성적인 논의도 한다. 꾸준한 데이터 수집과 분석은 실행연구가 성공한 학교들이 필요시에는 실행연구를 더 알맞도록 수정할 수 있게 한다.

- 실행연구에 대한 예산 수립, 계획, 수행, 필요조사를 통해 교사들은 소규모 집단 회의와 학교전체 회의를 모두 진행한다. 또한 실행연구를 구성할 방법과 그들이 진행하고 있는 실행연구 단계를 어떻게 조화롭게 계획할 것인지에 대해 논의한다.

- 실행연구가 성공적이지 않은 학교들과는 달리, 실행연구에 성공한 학교들은 그들의 연구를 위해 꽤 상세하게 계획을 적어 놓았고, 그 실행과 평가 활동을 작성한 기록들을 보관해 놓았다. 이러한 꾸준한 문서화 작업은 실행연구에 있어서 더 조직화된 접근을 가능하게 하는 지표 역할을 한다.

- 광범위한 공동 연구 역시 더 성공적인 실행연구를 하는 학교의 조건이다. 학교 내의 교장, 실행연구 리더십 팀의 구성원들, 실행연구에 참여하기로 한 교사들은 모두 서로서로 공동 연구를 진행한다. 공동 연구는 학교 내 구성원들 사이에서 신뢰와 존중을 만들고, 그것은 결과적으로 공동 연구를 더 많이 하도록 한다.

- 더 성공적인 학교는 실행연구를 수행하는 교사들에게 실제 현장의 전문성 신장, 학회와 워크숍, 교육용 자료의 자금 후원을 포함한 더 광범위한 지원을 제공하며, 무엇보다 중요하게 실행연구를 수행할 수 있는 시간을 제공한다. 성공적인 학교들은 또한 외부적인 재원에서 많은 이익을 얻는데, 그것들의 예로는 대학 전문가들의 지원, 실행연구의 자금을 돕는 작은 보조금, 학교에 정기적으로 방문하여 기술적인 도움과 피드백을 주는 학교 밖의 중요한 지지자들 등이 있다.

- 더 성공적인 실행연구를 한 학교들은 실행연구를 꾸준히 하면서, 학교 개선 활동과 실행연구에 참여하는 교사들의 수를 점점 늘려가고 있다. 덜 성공적인 학교들은 실행연구에 전념하였다가 후퇴하였다가를 반복하기도 하고, 가끔은 실행연구가 완전히 없어지기 전에 몇 번씩 연구를 재개하기도 하며, 첫 해에는 실행연구에 상당한 시간과 에너지를 쏟다가 결국 후년에는 실행연구를 하는 활동의 빈도가 급격하게 줄어들기도 한다.

- 더 성공적인 실행연구를 진행하는 학교들은 개선 목표에 도달할 뿐만 아니라 다른 긍정적인 결과를 경험하기도 한다. 이것은 덜 성공적인 학교에서는 찾아볼 수 없는 결과이다. 더 성공적인 실행연구를 하는 학교의 교사들은 교사들 간의 높은 협력, 더 많은 경험과 위험부담, 실행연구 참여로 개선된 교수법과 학습법을 전하였다. 더 성공적인 학교 교사들은 또한 실행연구를 통하여 학교의 문화 중에 반성적인 탐구가 필요한 부분을 찾아낼 수 있었다고 전하였다.

## 6. 실행연구의 사례

Texas Austin의 중심부에 Matthews 초등학교가 있다. Matthews 초등학교는 32개의 다양한 문화에서 온 학생들을 돌보고 있다. 학교에는 지역의 구세군 보호소의 아이들과 도시 어린이 센터의 아이들이 있다. 또한 Matthews 초등학교에는 인근 대학에 있는 외국인 교수와 대학원생의 자녀들도 다니고 있다. 약 50%의 학생들이 위험학생으로 분류되어 있다. Matthews 초등학교의 실행연구 목표는 학교의 균형 잡힌 독서 프로그램을 향상시키는 것이다. 필요조사 자료에는 두 번의 읽기 테스트를 통한 학생들의 결과가 포함되어 있고, 다수 학생들의 읽기 능력 수준이 평균 아래라고 나타나 있다. 독서 프로그램에 대한 교사들의 인식을 나타내는 데이터는 조사와 인터뷰를 통해 모았다. 필요조사를 기초로 한 실행연구를 하기 위해서는 독서 프로그램을 위한 부가적인 자료 수집과 교사들의 전문성 신장, 더 효과적인 프로그램 모니터링이 필요하다.

실행연구의 첫 번째 요소로, 교사들은 필요한 자료를 알아낼 수 있는 회의에 참석한다. 이러한 회의를 통해, 새로운 논픽션, 픽션 소설, 전자책, 다양한 교육 자료들이 이 프로그램에 추가되었다. 교사들의 전문성 신장을 위한 요소도 매달 회의 지원단에 포함되었고 이를 통해 교사들은 새로운 전략을 배우고, 우려되는 일들에 대해 토론하며 자신의 생각들을 공유한다. 균형 잡힌 독서는 교사 회의와 교장 회의에서도 논의된다. 장학담당자는 신규 교사들의 멘토 역할을 하면서 그들이 진행했던 균형 잡힌 독서교육을 돕는다. 두 명의 '읽기, 쓰기 전문가'는 모든 교사들을 도와주는 멘토 역할을 하고, 지원단을 이끌면서, 교수법을 가르치고 교실을 방문한다. 교사들은 균형 잡힌 독서교육에 대해 알아보고, 그 지역의 독서교육 워크숍에 참석하고, 전국 독서 컨퍼런스에도 참석하기 위해 다른 학교를 방문한다. 실행연구의 마지막 요소는 향상된 독서 프로그램 모니터링이다. 이 모니터링에는 균형 잡힌 독서가 효과적으로 실행되고 있는지를 알아보고 교사에게 필요한 자료들과 후원도 확실하게 하기 위해 교실을 주의 깊게 주시하는 장학담당자와 독서 전문가들이 있다. 교사들은 모니터링에서 중요한 역할을 한다. 그들은 학생의 작업 샘플들을 조사하고 사례의 기록들을 저장하며 학생들이 책을 읽는 것을 들으면서 매일의 진행 상황을 평가한다. 이에 더하여, 교사들은 9월, 1월, 5월에 학생들의 독서 수준을 측정하기 위해 표준화된 독서 평가를 이용한다.

실행연구의 연말평가에는 교사들의 설문조사와 인터뷰, 학생들 독서 수준의 전후 비교가 포함된다. 교사들은 균형 잡힌 독서에 대한 열정적인 헌신과 독서 프로그램에 대한 이해, 프로그램을 실행하는 효능감에 대해 알린다. 교사들은 이제는 균형 잡힌 독서를 실행하는 데 있어서 충분한 자료들을 갖게 되었고 전문성 신장 교육에서 배운 전략들을 통해 학생들의 강점과 그들의 요구를 이해하면서 학생 개개인의 요구에 맞춰 학습할 수 있게 한다고 말하였다. 학생 성취도 자료는 교사에 대한 인식을 뒷받침해 준다. 한 학년 동안 독서 수준이 평균 이상인 학생들의 비율이 증가하였다(경제적으로 어려운 학생 비율도 포함). 한 학년이 끝날 때까지 총 학생의 85%에 해당하는 학생의 독서 수준이 평균 이상이었다.

## 7. 경계 확대: 실행연구에 대한 대안적 접근

실행연구를 진행하는 대부분의 학교뿐 아니라 이 책에서도 강조하고 있는 실행연구 접근법은 문제해결 접근법이다. 문제점이 확인되면 그 문제를 더 알아보기 위한 테스트 데이터가 수집되고 문제해결을 위한 활동 계획이 구상된다. 계획을 실행한 후엔 평가 데이터가 수집되는데 이것은 어떤 진행 과정이 있었고 활동 계획에서 어떤 것이 수정되었는지를 알아보기 위함이다. 학교가 고려하기를 바라는 실행연구에 대한 대안적 접근방법들이 있다. 이 접근법은 해석적 실행연구와 비판적 실행연구를 포함한다.

### 해석적 실행연구(Interpretive Action Research)

해석적 실행연구를 진행하는 교사들은 학교에서 발생하는 현상과 그런 현상을 만들어 내는 사람들의 의미를 이해하려고 한다. 학교의 문화를 포함해서 연구되었던 현상의 사례로, 새로운 교육과정을 실행하는 교실과 논쟁이 되는 이슈에 대한 토론이 있는 수업에서 교사와 학생의 상호작용이 있다.

　더 자세한 사례를 위해 새로운 탐구 중심의 과학 프로그램에서 해석 연구를 실행하기로 결정한 교사 집단을 들어보자. 설문은 다음을 포함하고 있다.

1. 탐구 학습 동안 교사는 무엇을 느꼈는가?
2. 탐구 학습 동안 학생은 무엇을 느꼈는가?
3. 교사는 탐구 학습의 결과물을 익히는 것을 어떻게 설명할 것인가?
4. 학생은 탐구 학습의 결과물을 익히는 것을 어떻게 설명할 것인가?

　이 설문에 대한 데이터를 수집하기 위해 해석 연구자들은 아마 탐구 학습을 관찰하고, 교사와 학생들, 학생들끼리의 상호작용 등을 관찰했을 것이다. 뿐만 아니라 교사 연구자들은 아마 탐구 학습을 했던 교사와 학생들의 경험과 탐구 학습으로부터 얻은 결과물을 익히는 것에 대한 그들의 해석을 인터뷰했을 것이다. 연구자들은 아마 다른 참가자들이 서로 같은 학습 활동을 다르게 경험하고, 탐구 학습에 대한 해석도 다르다는 것을 발견했을 것이다. 실행연구에서 확인된 대안적 관점과 해석에 대한 대화를 통해 교사들은 연구가 진행되었던 그 현상에 대한 전체적인 이해를 더 잘 할 수 있다. 그 대화와 결과에 대한 향상된 이해도는 실행을 개선하는 데에 기초가 될 수 있다. 예를 들어, 해석적 연구에 대한 결과를 근거로 한 탐구 학습에 있던 교사들은 아마 그들이 학생들에게 과학적 문제점을 보여주던 방법을 개선했을 것이다.

## 비판적 실행연구(Critical Action Research)

비판적 실행연구는 공정함을 극대화하는 쪽으로 눈을 돌리면서, 이미 확립되어 있던 불공평함을 당연시하는 방법들을 검토하고 이에 대한 이의를 제기한다. 특히 비판적 연구는 불공평함을 만드는 강력한 관계에 대해 검토한다. 불공평함의 원인이 되는 사회, 경제, 정치적인 외부의 힘 역시 조사되고, 그러한 힘의 부정적 효과를 극복하는 방법들이 논해진다. 비판적 연구에 의해 사용되는 중요한 과정은 실천으로, 이것은 실행과 이론을 형성하는 상호적인 순환을 의미한다. 비판적인 실행연구에서 활용(praxis)은 불공평한 대우에서 벗어나게 된 집단이나 개인들을 목표로 하는 계속적인 활동과 반성의 순환을 형성한다.

고등학교의 적성별 학급편성 제도에 대한 비판적 실행연구에 참여하는 교사들은 다음과 같은 비판적 설문들을 만들면서 조사를 시작할 수 있다.

- 적성별 학급편성 제도 형성은 누구의 관심사를 충족시켜 주는가?
- 어떠한 문화적 가치가 적성별 학급편성 제도를 강화시켰는가? 어떠한 문화적 가치가 사라졌는가?
- 현재 적성별 학급편성 제도에 어떠한 권력 관계가 존재하는가?
- 적성별 학급편성 제도가 학교가 속해 있는 지역사회의 사회경제적 현실을 어떻게 반영하는가?
- 적성별 학급편성 제도가 현재 사회의 민족적, 인종적 이슈들을 어떻게 반영하는가?
- 어느 학생이 다양한 학급 중에서 어느 곳에 들어가야 하는지를 누가 결정하는가?
- 적성별 학급편성 제도에서 누가 이익을 얻는가? 누가 불이익을 얻는가?

비판적 실행연구에 참여한 교사들은 반복적으로 데이터를 모으고, 그 데이터의 의미에 대하여 계속하여 대화를 하면서 이러한 질문에 대한 답을 찾는다. 결국, 연구자들은 형평성이 증가한 시스템의 변화에 대한 일련의 질문들에 초점을 맞추기 시작한다.

- 학생들의 교육적인 요구를 가장 잘 충족시키는 방법에 대한 결정에 부모와 학생들을 어떻게 참여시키는가?

- 학생들의 다양한 교육적인 요구를 얽매이지 않는 방법으로 어떻게 충족시킬 수 있을까?
- 학생들을 집단으로 나누는 데 있어서 어떠한 방법이 혜택을 받은 유리한 학생들에게 최소의 이익을 주는가?
- 학생들을 어떠한 집단으로 나누는 것이 민주적인 사회 정의를 촉진시킬까?
- 어떻게 해야 모든 학생들의 성장과 발전을 학교의 의사결정 과정의 중심에 둘 수 있을까?

다시 말해서, 교사들은 대화와 반복적인 데이터 수집을 하면서 이 질문들의 답을 찾기 시작한다. 교사들과 학교 구성원들은 가르침의 변화에 대한 근거로 의사결정, 학생들을 집단으로 나누는 것, 교육과정, 연구 결과 등을 이용하곤 한다. 비판적 실행연구의 효과 기준은 형평성이 의미 있는 방법으로 증대되었는가에 달려있다.

## 8.  실행연구의 공유된 관리방식

> *공동의, 참여의, 민주주의적인 연구 패러다임으로서의 교사들의 실행연구는 지식 민주주의의 지적이고 감성적인 심장이자 영혼이다.*

(Pine, 2009: 27)

초기 학교 개선에 대한 연구와 실행연구의 단점은 개별 학교나 지역의 변화를 어떻게 시작할지에 대한 기술의 부족이었다. 학생들을 위한 공동의 집단적 교육 목표를 추구하는 데 있어서 "개인을 넘어선 조직 수준의 유인"을 성취하는 것은 훌륭하게 들릴 수도 있지만, 어떻게 장학담당자가 그러한 노력을 시작하고 계속 유지할 수 있겠는가?

다음에 나오는 것들은 League of Professional Schools에 소개된 공립학교들의 사례연구를 활용한 설명이다(Allen & Calhoun, 2009). 공유된 관리방식과 학교전체의 교육적 변화 모델은 Georgia, South Carolina, Vermont, Michigan 주와 유럽의 군인가족 교육 관리국에서 조정하여 사용되었다.

### 전제(Premises)

다음에 서술된 세 개의 전제들이 공유된 관리방식의 기초가 된다.

> ➤➤ 소규모 집단 활동 19.1
> ## 학교전체의 실행연구 프로젝트 계획 세우기
>
> 당신의 작은 집단은 먼저 학교의 전후사정을 파악하고 난 후에 학교전체의 실행연구 프로젝트 계획을 위한 뼈대를 구성해야 한다. 실행연구의 중점은 모든 집단 구성원들이 관심을 갖고 있는 것이어야 한다. 실행연구 계획은 실행연구의 1년차 활동이 될 것이다.
>
> 1. 학교에 대한 정보
>    - 학교의 수준이 어떻게 되는가? (고등학교, 중학교, 초등학교)
>    - 학교가 있는 지역사회가 어떤 종류인가? (도시, 교외, 시골)
>    - 학교의 전교생 수는 얼마인가?
>    - 학교의 민족/인종은 무엇인가?, 사회 경제적 지위는 타파되었는가?
> 2. (중점분야가 학교전체의 필요조사를 통해 확인되었다고 가정해 보자) 앞으로 실행연구가 일반적으로 중
>
> 점을 두는 분야는 무엇인가?
> 3. 실행연구의 구체적인 목표는 무엇인가?
> 4. 실행연구에 참여하는 단체들의 차이점은 무엇인가?
> 5. 교사들이 실행연구 목표를 향해 나아가기 위해서 어떠한 전문성 신장 활동을 제공해야 하는가?
> 6. 학교가 실행연구 목표로 나아가는 것을 돕기 위해서 어떠한 종류의 교육과정이 개발되어야 하는가?
> 7. 교사 개개인이 실행연구를 실행하는 것을 도와주기 위해 어떠한 직접적인 지원을 해야 할까?
> 8. 실행연구를 어떻게 평가해야 할까?
>    - (실행연구가 계획된 대로 실행되고, 실행된 대로 계속 개선하도록 확실히 하기 위한) 어떠한 형성평가가 이루어져야 할까?
>    - (첫해의 실행연구의 성공 정도를 결정하고 다음 해에 필요한 수정 사항들을 위해) 어떠한 총괄 평가가 이루어져야 할까?

1. 관리방식에 참여하기를 바라는 학교의 모든 종사자들은 학교전체의 수업 개선에 대한 의견을 수립하는 데 관여할 수 있다.
2. 관리방식에 참여하고 싶지 않은 학교의 종사자들은 학교전체의 수업 개선에 대한 의견을 수립하는 데 참여할 의무가 없다.
3. 일단 학교전체의 수업 개선에 대한 결정이 내려지면, 모든 직원들은 반드시 그 결정을 실행해야 한다.

따라서 의사결정 과정의 한 부분에 참여할지 말지는 개인의 선택에 달려있다. 그러나 일단 결정이 내려지면, 모든 개인들은 협정에 의해 동의된 활동을 반드시 실행해야 한다. 이러한 전제의 실행은 학교가 이 과정에 관심이 있어서 참여한 개개인들을 진전시키는 것을 가능하게 하면서도 관심이 없는 사람들을 구석으로 몰아넣지도 않게 한다. 차후엔 의사결정 과정에 참여하기를 원하지 않던 개인들도 학교전체의 교육활동에 대한 불평을 할 이유가 없어진다. 아마 다음번 이슈나 우려, 주제가 학교전체의 문제로 떠오를 때, 이전의 결정과정에 참여하지 않고 불만을 품었던 사람들은 새 문제에 참여

하려는 생각을 갖게 될 것이다.


## 원칙(Principles)

수업 개선을 위한 공유된 관리방식을 실행하는 원칙은 다음과 같다.

1. *1인 1표의 원칙.* 각각의 대표는 다른 대표들과 같이 동등한 권리와 책임감, 동일한 투표권을 갖는다. 학교운영위원회에서 대표를 맡은 각 교사들은 교장이나 다른 관리자와 공식적인 장학담당자들과 함께 동등한 투표권을 갖는다.

2. *학교의 통제와 책임감의 영역 내에서 학교전체 교육에 대한 제한적 결정의 원칙.* 실행연구와 공유된 관리방식에는 학교생활의 핵심, 즉 교육과정, 교수법, 가르침, 학습법이 수반된다. 결정이 이루어지는 분야는 학교전체적이고 교육적인 부분이어야 한다. 관리업무, 계약, 학교정책위원회, 다른 학교들, 개개인들에게 일어나는 하루하루의 쟁점사안들은 학교전체의 실행연구를 위한 공유된 관리방식에 영향을 미치는 것들이 아니다. 신중함, 결정, 조치가 영향을 미치는 범위는 항상 이 질문에 입각하고 있다: 우리는 학생들의 학습법을 향상시키기 위해서 우리 학교 안에서 무엇을 해야 하지?

3. *정확한 피드백을 위한 소집단 필요성의 원칙.* 규모가 큰 회의에서는 결과적으로 가장 현명하고, 통찰력 있고, 호기심이 큰 사람이 아니라, 가장 자신감 있고, 목소리가 크고 영향력 있는 사람들의 힘이 투입된다. 지적인 담화를 위한 진정한 회의는 소규모이다(이상적으로 7~11명); 그래서 규모가 큰 학교를 관리하는 공유된 관리방식은 반드시 소규모로 운영되어야 한다.


## 운영 모델(Operational Model)

Schmuck과 Runkel(1995)의 연구는 공유된 관리방식, 실행연구, 학교의 개선을 위한 운영 모델의 기준을 제공했고, 이 기준은 개인적인 선택에 의해 1인 1표, 교수법 집중, 소집단의 필요성이라는 원칙에 입각하여 실행되었다. 여기서 논의된 모델은 League of Professional schools에 속한 학교들에서 사용한 복잡하고 다양한 모델들이다(Allen & Calhoun, 2009). 많은 학교들은 모델을 비교하면서 운영해 보고 그들만의 명확한 형태를 가진 모델을 얻는다. 목표는 공유된 관리방식의 특정 모델을 지지하는 것이 아니라 공유된 관리방식과 실행연구의 전제와 원칙을 잘 해내어 목적의식과 공동체의식이 있는 세심한 학교(연구의 중심에 있는 학교)를 만들어 나가는 것에 있다.

**공식 집단들(Formal Groups)**  이 모델에서 공유된 관리방식은 세 개의 집단([그림 19.3] 참고)을 포함한다. *행정위원회*에는 7명에서 11명의 위원이 있으며 이들은 다수의 교사와 장학담당자들로 구성되어 있다. 또한 학부모와 학생 대표들도 포함된다(다른 집단의 대표자들에 대해 더 자세한 정보를 원한다면, Glickman, 1993 참고). 섭외단체(다음 단락에 자세한 설명이 있다) 혹은 학년 대표, 부서 책임자, 단체 대표들이 민주적인 방식으로 교사를 선출할 수 있다. 그들은 일반적으로는 교수단이나 선거 연합에서도 선출될 수 있고 임명될 수 있다. 그들은 적어도 3년간 직책을 맡고, 임기별로 위원회를 사임한다. 교사들은 행정위원회의 의장과 부의장을 맡는다. 교장은 다른 구성원들과 같은 권리와 책임감을 갖는 위원회의 구성원이다. 행정위원회의 책무는 학교전체의 교육적인 개선을 권고하는 조치를 취하고 감시를 하는 것이다. 위원회는 추천을 하지 않는다; 이것은 위원회에서 찬성한 사항이다. 추천은 반드시 학교 내의 대책위원회에서 나와야 한다. 행정위원회는 완전히 부서상의 문제라고 할 수 있는 관리상의 문제, 공동체 사이의 관계, 교육위원회의 정책, 인사 관련 문제 혹은 중요한 안건은 다루지 않는다. 이것은 수업 개선을 제안하는 것에 영향을 주는 일을 수행하고 교수진들은 이 일들을 수행할 합법적인 권력을 가진다. 교육적인 책임감과 행정적인 책임감을 구분하는 것은 학교 자체의 통제를 벗어나는 문제들을 철저하게 조사하려고 하는 상황의 발생을 피하게 해준다.

*섭외단체*들은 공식 집단으로 교사들과 행정위원회 사이에서 학교전체의 교육에 관련된 필요성, 반응, 의견, 아이디어들에 대한 대화가 가능하도록 하는 연결고리 역할을 한다. 섭외단체들은 교육적인 목표를 평가하는 교사들의 아이디어와 의견을 심사하고 제안된 추천들에 반응하는 중요한 부서이다. 예를 들어, 50명의 교사가 있는 학교에는 각각 약 7명의 교사로 구성된 7개의 섭외단체가 있을 수 있다. 알파벳순으로 나열된 모든 교사들의 이름에서 7번째 교사까지는 1번으로 배정된다. 1번에 해당되는 모든 사람들은 1번 섭외단체, 2번의 모든 사람들은 2번 섭외단체 등으로 나눠진다. 이러한 배정 방식으로 각 섭외단체는 다양한 학과와 학년으로 구성된다. 하나의 섭외단체는 전체 학교의 축소판이다. 각각의 단체는 회의 대표를 선출한다. 행정위원회 구성원은 가끔 섭외단체를 불러서 행정위원회에서 검토하고 있는 특정한 권고사항들을 재검토하는 짧은 회의를 열 수도 있고, 특정한 건의사항들에 대한 의견서를 모을 수도 있으며, 다른 섭외단체 회원에게 잠깐 들러서 이야기를 할 수도 있다.

*대책위원회*는 [그림 19.3]에서 볼 수 있는 마지막 단체이다. 지원자들로 이루어진

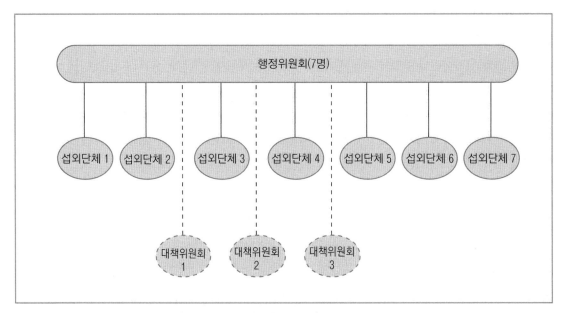

**[그림 19.3]** 실행연구를 위한 공유된 관리방식에 포함된 단체들

이러한 임시 대책위원회들은 행정위원회가 인지하고 있던 학교전체의 교육적인 필요
성들에 대해 모든 섭외단체의 피드백을 얻으려고 하고, 학교전체의 교육법에 대한 기
존 자료들을 재검토한 후에 만들어진다. 그 후에 행정위원회는 다음 3년을 위한 주요
교육적인 논의 분야의 목표를 정한다. 학교전체의 우선사항들은 수업시간 증대, 교육
과정 편성, 학생들의 학습태도 향상, 고등 사고력 지도, 학생들의 학업 성취도 증대, 학
교 교육의 향상, 학교와 교실 분위기 개선, 학생들에게 돌아가는 피드백의 질 향상, 혹
은 성적 향상과 같은 다소 중대한 사항들이다.

일단 행정위원회에서 개선을 위해 필요한 것들을 결정하고 나면, 이 문제에 관심이
있고, 특정 주제를 위해 헌신할 사람들을 자발적으로 뽑아서 임시 대책위원회를 구성
한다. 행정위원회에서는 적어도 한 명의 구성원이 하나의 대책위원회를 맡는다. 하지
만 이들이 대책위원회의 의장을 맡는 것은 아니다. 대책위원회에 자발적으로 모인 구
성원들은 만나서 그 사안에 대해 재검토하고 그들의 의장을 뽑으며 회의 스케줄을 정
하고 학교전체 행정위원회에게 전달할 최종 건의사안을 보고할 마감일을 정한다. 주제
에 따라서, 어떠한 대책위원회는 건의사안을 만들기까지 3주가 넘는 시간 동안 세 번을
만나는 반면에, 다른 대책위원회는 건의사안을 만들기 전까지 5달 동안 매주 만나는 경
우도 있다.

**의사결정 과정(Decision-Making Procedures)** 대책위원회가 건의사안을 발표할 준비가 됐을 때, 이것을 세부분으로 나누어서 보고한다: (1) 목표 (2) 실행 계획(무엇을 끝내는가, 누가 수행하는가, 언제 끝나는가?) (3) 평가(어떻게 실행의 성공을 알 수 있는가?) 행정위원회는 이 권고사안들에 대해 토의하고, 즉시 승인 결정을 하거나(대부분의 의회는 첫 번째 권고사안의 승인을 위해 합의적 투표를 이용한다) 투표가 필수적이지 않다면 다음 회의 때까지 권고사안들을 상정한다. 그 사이에 행정위원회 구성원들은 권고사안에 대해 의논할 수 있으며 각각의 섭외단체들은 전체 교수진에게 받은 조언들을 모은다. 다음 회의에서 두 번째 투표를 한다(대부분의 의회는 상정된 건의사항을 통과시키는 데 2/3 이상의 찬성표를 요구한다). 두 번째 투표로 의회의 전체 교사들이 건의사안을 승인하게 되고 성공적인 실행 기회를 갖는다. 몇몇 사안들은 의회에서 너무 중요하다고 여겨져서 전체 교사, 학부모, 학생들이 최종 결정을 하게 된다.

**실행(Implementation)** 결정이 끝난 이후, 행정위원회(와 대책위원회)는 학교에 승인된 계획을 발표한다. 그 후 대책위원회는 해체되고, 행정위원회는 계획을 실행한다. 학교전체의 계획들을 강화하고 계획들의 결과를 평가하면서 전반적인 실행연구를 감독하는 것은 행정위원회(와 교장)의 책임이 된다.

## 9. 실행연구 관련 추가 고려사항

실행연구를 사용하는 학교들과 함께 한 조사를 통해 교사들의 자질을 향상시키는 새로운 제안이 등장하였다. 첫째, 교사들은 데이터를 모으고 조사하는 데 있어서 기본적인 준비과정을 거쳐야 하는 것이 중요하다. 여기서 말했듯이 모든 교사들이 데이터의 수집 정보와 통계 분석을 연구하는 데 있어서 전문가들이 아니다. 오히려 교사들은 단순한 데이터 수집방법에 대한 여러 가지 수준 높은 접근법들을 배워야 한다. 또한 교사들은 데이터를 재검토하고 요약하며 데이터를 기반으로 한 결론을 도출하는 단순한 방법도 배울 필요가 있다.

둘째, 교사들이나 학생들이 학문적, 사회적, 정서적 위험에 노출되지 않게 하기 위해서 학교 관리단체는 실행연구를 위한 윤리적인 가이드라인을 세워야 한다. 이에 덧붙여 그들이 가이드라인을 확실히 준수하게 하기 위해 연구계획서를 재검토하는 과정을 가져야 한다.

셋째, 실행연구 팀에게 자원이 제공되어야 한다. 실행연구를 계획하고 데이터를 수집, 분석하며 실행연구를 실행하기 위해 연구원이 된 교사들에게 가장 중요한 자원은 시간이다.

마지막으로, 교사들에게 다른 학교 공동체 혹은 다른 학교의 교사들과도 실행연구 조사에 대해 공유할 기회가 주어져야 한다. 실행연구를 공유하게 되면 연구원이 된 교사들이 인정을 받는 기회를 주고, 교사들 사이에서 반성적인 대화를 할 수 있는 기초를 제공하며 다른 교사들에게 자신의 교실과 학교의 교육을 향상시킬 수 있는 아이디어를 주기도 한다.

## 10. 결론: 개발을 위한 초점, 구조, 시간

장학담당자들은 교사들이 교수법에 대한 대화와 토론, 연구, 결정과 행동을 잘 진행하게 하기 위해 초점, 구조, 시간을 제공한다. 초점을 두는 것이 없다면 교사들은 교수법에 대해 토론을 하지 못할 것이다. 왜냐하면 대부분의 학교에서는 토론을 위한 일반적인 기준이 제대로 수용되지 않기 때문이다. 구조가 탄탄하지 않으면 일이 결정되고 실행이 이루어지는 방법에 대한 명백한 장치나 과정, 규칙이 없을 것이다. 시간이 없다면 교사들에게는 학생들을 대신하여 공동체적이고 현명하며 교육적인 결정을 내리는 능력에 대한 기능적이거나 상징적인 표현들도 없을 것이다.

## 성찰과제

Matthews 초등학교에서 진행된 실행연구를 서술해 놓은 내용을 다시 한 번 확인해 보자. Matthews 초등학교의 사례가 실행연구의 첫 해라고 가정해 본다면, 이 활동의 목표는 같은 중점을 두었던 분야에서 두 번째 실행연구를 위한 제안서의 제출을 요구받았을 것이다. 다음의 질문들을 되돌아보자: (1) 다음해의 실행연구를 위해 어떤 목표를 잡아야 하는가? (2) 새로운 목표를 충족시키기 위해 학교에서는 어떠한 향상적인 활동을 해야 하는가? (3) 두 번째 해 동안 실행연구의 과정과 결과를 평가하기 위해 어떠한 데이터를 수집해야 하는가? (4) 향상적인 활동을 실행하고 두 번째 해의 실행연구를 평가하기 위해서 어떠한 자원들이 필요할까?

# 참고문헌

Allen, L., & Calhoun, E. F. (2009). Schoolwide action research: Findings from six years of study. In R. A. Schmuck (Ed.), *Practical action research* (2nd ed.). Thousand Oaks, CA: Corwin Press.

Calhoun, E. F. (2009). Action research for school improvement. In R. A. Schmuck (Ed.), *Practical action research: A collection of articles* (2nd ed.). (pp. 99-108). Thousand Oaks, CA: Corwin Press.

Clauset, K. H., Lick, D. W., & Murphy, C. U. (2008). *Schoolwide action research for professional learning communities: Improving student learning through the whole-faculty study group approach.* Thousand Oaks, CA: Corwin Press.

Corey, S. M. (1953). *Action research to improve school practices.* New York, NY: Teachers College, Columbia University.

Glickman, C. D. (1993). *Renewing America's schools. A guide for school-based action.* San Francisco, Jossey-Bass.

Gordon, S. P. (Ed.). (2008). *Collaborative action research: Developing professional learning communities.* New York, NY: Teachers College Press.

Gordon, S. P., Stiegelbauer, S. M., & Diehl, J. (2008). Characteristics of more and less successful action research programs. In S. P. Gordon (Ed.), *Collaborative action research: Developing professional learning communities* (pp. 79-94). New York, NY: Teachers College Press.

Houser, N. O. (1990). Teacher-researcher: The synthesis of roles for teacher empowerment. *Action in Teacher Education, 12*(2), 55-60.

Hubbard, R. S., & Power, B. M. (1993). *The art of classroom inquiry: A handbook for teacher-researchers.* Portsmouth, NH: Heinemann.

Lewin, K. (1948). *Resolving social conflicts.* New York, NY: Harper and Brothers.

McBee, M. T. (2004). The classroom as laboratory: An exploration of teacher research. *Roeper Review, 27*(1), 52-58.

Pine, G. V. (2009). *Teacher action research: Building knowledge democracies.* Thousand Oaks, CA: Sage Press.

Sagor, R. (2009). Collaborative action research and school improvement: We can't have one without the other. *Journal of Curriculum and Instruction, 3*(1), 7-14.

Sagor, R. (1993). *How to conduct collaborative action research.* Alexandria, VA: Association for Supervision and Curriculum Development.

Schaefer, R. (1967). *The school as the center of inquiry.* New York, NY: Harper and Row.

Schmuck, R. A., & Runkel, P. J. (1994). *The handbook of organizational development in schools and colleges* (4th ed.). Prospect Heights, IL: Waveland Press.

# 제6부

# 장학의 문화적 과업

제6부의 내용은 기술적인 과업을 넘어 장학의 문화적 과업에 대해 다루고 있다. 20장에서는 대안적인 변화이론들을 탐색하고, 지속적으로 발전하고 있는 학교들의 문화에 대해 살펴보며, 개인 수준에서의 변화에 대해 검토한다. 21장에서는 집단에 따른 성취도의 차이, 불평등을 야기하는 사회문화와 문화충돌, 그리고 문화에 민감하게 반응하는 학교가 어떻게 다양한 사회경제적, 민족적, 인종적, 성적 소수자 집단의 평등을 증진시킬 수 있는지에 대해 논의한다. 마지막으로 22장에서는 조직으로서의 학교와 공동체로서의 학교를 서로 비교하고, 진정한 학교 공동체의 속성에 대해 논의하며, 학교가 지역사회와 함께 협력할 것을 주장한다.

# 제20장

# 변화 촉진

**이주연**_한국교육과정평가원 부연구위원

## ➤ 이 장에서 생각해 볼 문제

1. 자신이 알고 있는 학교변화의 실패 사례와 성공 사례에 대해 잠시 생각해 보라. 그 두 변화 시도가 실패하거나 성공하게 된 이유는 무엇인가?

2. 이 책의 저자들은 학교변화에 적용할 수 있는 카오스이론의 일곱 가지 특성에 대해 논의하고 있다. 당신은 이들이 논의하는 각각의 특성을 실제 학교에서 발견한 적이 있는가?

3. 당신은 이 장에서 설명하고 있는 포스트모더니즘의 주장에 동의하는가? 포스트모더니즘의 논의 가운데 동의하지 않는 내용은 무엇인가? 더욱 생각해 볼 필요가 있는 포스트모더니즘의 주장은 무엇인가?

4. 이 장 앞부분의 (1) 카오스이론과 (2) 포스트모던 이론을 후반부의 '교육변화 이론'과 비교해 보라. 이 세 가지 이론에 공통적으로 들어있는 주제는 무엇인가?

5. 자신이 몸담고 있는 교육기관에 새로운 교육혁신이 소개되었던 시점을 돌이켜 보라. 당신은 그 혁신과 관련하여 [그림 20.2]에 설명하고 있는 혁신의 관심단계들을 경험하였는가?

*교육혁신의 이미지는 다른 어떤 것보다 희망이나 좋은 의도에 대해 더욱 많이 이야기한다. 그러나 '좋은 의도로 포장된 지옥으로 가는 길'이라는 말은 교육개혁의 역사를 상당히 적절하게 표현한 격언이다.*

(Sarason, 1990: 129)

세상이 지속적으로 변화하고 있으며 변화의 속도가 점차 빨라지고 있다는 사실은 교육에도 변화가 이루어져야 한다는 것을 의미한다. 학생을 사회에 기여할 수 있는 사회구성원으로 준비시키고, 모든 시민에게 삶, 자유, 행복추구의 기회를 제공하는 사회를 만들려면, 학교는 인구, 문화, 환경, 과학, 기술, 경제의 변화에 따라 변화해야 한다.

그러나 불행하게도 학교를 변화시키려던 대부분의 노력은 학생의 학습능력을 향상시키는 데 실패하였으며, 많은 경우 오히려 더욱 악화시키기도 하였다. 그렇다면 우리는 왜 Sarason(1990)이 언급한 "예측 가능한 교육개혁의 실패"를 계속 경험하게 되는가? Sarason은 그 이유 중의 하나가(학교 안팎의) 변화 시도들이 학교의 문화를 단지 피상적으로만 이해했기 때문이라고 논의한다. 이와 관련하여 Fullan(1997) 또한 교육개혁의 가장 큰 어려움은 교육변화의 복잡성이라고 주장한 바 있다.

어떤 특정 교육정책이나 교육문제를 선택한 다음, 그 문제를 해결하고 생산적인 변화를 가져오게 하는 요인들을 모두 나열해 보자. 그런 다음, 사전에 예측하지 못하였으나 회피할 수 없는 일들을 생각해 보자. 예컨대, 핵심적인 리더가 떠나고, 중요한 연락담당자의 역할이 바뀌고, 새로운 기술이 개발되고, 이민이 증가하고, 경기불황으로 인해 인력시장이 위축되고, 심각한 갈등이 분출되는 것과 같은 상황들 말이다. 결국, 이처럼 예측할 수도 없고 피할 수도 없는 '잡음지수'로서 어떤 새로운 변수가 방정식에 끼어들어왔을 때, 미처 예상하지 못한 열 가지의 복잡한 결과들이 일어나고, 그 열 가지의 결과들은 연달아 또 다른 다양한 반응들을 만들어 낸다(Fullan, 1997: 33).

Evans(1996)는 대부분의 학교변화 시도들이 전통적인 모형, 곧 *합리적-구조적 모형*에 근거하고 있으며, 이것이 대부분의 변화 노력을 실패하게 만든 원인이라고 주장하였다. 이 모형은 조직과 주변 환경을 안정적이고 예측 가능하다고 여기고, 변화를 위한 계획수립 과정을 합리적·객관적·선형적인 과정으로 간주하며, 계획하는 일을 차후 진행될 세부 변화 단계의 청사진으로 고려한다. Evans는 이와 관련하여 다음과 같이 기술하였다.

변화의 청사진이 완전히 새로운 결과물을 목표로 하거나 현재 결과에서 조금 더 나은 정도의 효과성을 요구하고 있는지와 관계없이, 변화의 초점은 보통 조직구조의 변화와 조직의 과업, 역할, 규칙의 변화에 맞춰져 있다. 이런 경우 사실상 거의 대부분의 혁신은 상명하달의 방식으로 이루어지며, 혁신을 보급하고 이를 실행하도록 압력을 가하는 형식으로 진행된다. 이러한 과정에서 "참여"라는 말이 상투적으로 많이 사용되지만, 이는 보통 "주인의식을 가지고" 지시한 대로 "따라 하라"는 것을 의미할 뿐이다. 목표를 이행한다는 것은 전문가가 계획한 그대로 교사들이 따라 한다는 것을 말한다. 이러한 방식의 변화 과정은 사람들에게 설명하고, 설득하고, 훈련하고, 보상하는 절차를 필요로 하는데, 만약 이러한 과정이 소기의 성과를 가져오는 데 실패한다면, 지시하고 요구하고 방침을 세우는 절차까지 필요로 하게 된다(Evans, 1996: 8).

Evans는 이러한 합리적-구조적 모형에 근거하여 이루어지는 변화들은 높은 실패율을 보인다고 주장하였다. 그러면서 그는 교육변화가 실패할 경우 그에 대한 책임을 혁신설계자나 변화 모형 자체에 돌려야 함에도 불구하고, 일반적으로 교사들이 그러한 실패의 비난을 받게 된다고 강조하였다. 이처럼 변화 노력이 반복적으로 실패하게 되면 차후 학교의 변화 역량이 심각하게 저하될 수 있기 때문에 더욱 주의해야 한다. 이에 대해 Evans는 다음과 같이 논의하였다.

교육 분야에서 집단적으로 변화를 시도한 경우는 대부분 실패하게 되는데, 이러한 실패는 분열, 시간낭비, 지원 부족 및 무능, 환멸 등을 가져오게 된다. 교사들이 교육변화와 관련하여 부정적인 실행 경험을 많이 가지고 있을수록, 새로운 혁신적 아이디어가 가지고 있는 장점과 상관없이 변화에 대해 더욱 냉소적이거나 무관심하게 된다(Evans, 1996: 73-74).

반복된 실패 경험은 학교에서 새로운 변화를 시도하려는 초기 단계에서 사람들의 반사적인 저항을 야기할 수 있다.

그렇다면, (1) 오늘날 학생과 사회의 필요를 충족시키기 위해 학교가 변화해야 함에도 불구하고, (2) 대부분의 변화 노력이 실패한다면, 우리는 과연 무엇을 해야 하는가? 이에 대해 변화 전문가들은 지난 수년간 합리적-구조적 접근방식을 넘어서는 대안적인 변화이론을 주장해 왔다. Sarason(1990: 173)은 "만약 현재의 조직 구조를 인정하지 않은 채 새로운 변화를 시도한다거나 변화에 착수하기도 전에 성공할 것을 미리 보장해 줄 것을 요구한다면, 결코 아무것도 변화될 수 없다"고 경고한다. Fullan(1997: 33) 또한 "변화를 위한 전략들이 잘 작동하지 않는 데에는 근본적인 원인이 있다. … 이에 대한 해결방안은 변화라는 것이 원래 예측 불가능한 과정이라고 여기는 것이다"고 강조한다. 이 장의 다음 절에서는 변화에 대한 새로운 접근 방식을 소개할 예정인데, 이때 교육 분야에서의 변화이론뿐만 아니라 카오스이론과 포스트모던 이론에 대해서도 살펴보고자 한다.

## 1. 카오스이론

*카오스이론*은 생물학, 화학, 수학, 기상학, 물리학 등 많은 학문 분야에서 논의되고 있는 이론이다. 혼돈(chaos)에 대한 이 "새로운 과학"은 두 가지를 강조하고 있는데, (1) 혼돈의 시스템 안에 숨겨져 있는 질서에 대한 탐구와 (2) 어떻게 혼돈으로부터 자기-조직화(self-organization)가 생성되는지에 대한 연구(Hayles, 1990; Mason, 2008; Murphy, 2011; Reigelath, 2009)가 그것이다. 카오스이론에는 수많은 개념들이 포함되어 있으나 그 모든 개념이 학교 및 교실 변화와 연관된 것은 아니다. 여기서는 카오스이론 가운데서도 교육변화와 관련된 개념들을 중심으로 살펴볼 것이다.

### 비선형성(Nonlinearity)

선형적인 시스템에서는 단순히 원인과 결과의 인과관계만이 존재한다. 곧 A는 B의 원인이 되고, B는 C의 원인이 되는 식으로 서로 연관된다. 이러한 선형적 시스템은 일련의 도미노와 유사하다. 첫 번째 도미노가 쓰러지면, 첫 번째 도미노는 두 번째 도미노를 쓰러뜨리고, 두 번째 도미노는 세 번째 것을 쓰러뜨리는 방식으로 서로 영향을 미치게 된다.

그러나 카오스 시스템은 *비선형*의 특징을 가지고 있다. 이러한 비선형적 시스템은 볼링을 치는 것과 같다. 볼링공이 볼링핀을 향해 굴러갈 때, 무수히 많은 변수들이 상호작용하며 서로 영향을 미치게 된다. 볼링공이 굴러갈 때의 미세한 차이는 결국 스트라이크(strike)나, 볼링핀이 서로 간격을 두고 남는 스프릿(Split)이나 볼링공이 홈에 빠지는 거터볼(gutter ball)의 형태로 나타난다.

전통적으로 학교변화는 인과관계에 따라 각 단계에서의 노력이 다음 단계에 영향을 미치는 선형적 과정으로 취급되어 왔다. 그러나 학교변화를 위한 계획이 일련의 선형적인 과정으로 수립된다 할지라도, 학교 자체는 선형적인 조직이 아니다. 학교는 비선형적이며 혼돈의 시스템이다. 이러한 현실이 함축하는 바는 학교변화를 사전에 계획한 바대로 진행해 가는 과정이라기보다는 유기체적 과정으로 바라보아야 한다는 것이다.

변화에 대한 은유는 단순한 기계를 조작하는 것이라기보다 복잡한 유기체(예컨대 인간)의 성장과 발달로 비유된다. 복잡한 유기체는 비교적 작은 단계에서 삶을 시작한다. 유기체의 발달을 완벽하게 예측하는 것은 불가능하다. 유기체가 건강하게 성장하기 위해서는 상호의존, 일관성, 다양한 하부조직 간의 균형을 필요로 한다. 결국, 잘 성장한 유기체는 변화하는 환경에 잘 적응하는 경향이 있다. 사실상, 그런 유기체들은 스스로 끊임없이 변화하고 있는 상태, 곧 "무엇인가 되어가고(becoming)" 있는 상태에 있다(Gordon, 1992: 73).

학교가 비선형적 시스템이라는 사실은 변화가 통제될 수 없다는 것을 의미하지 않는다. 학교는 변화의 문화를 조성할 때에야 비로소 변화될 수 있다. 이러한 변화의 문화를 도모하는 교장이라면, Fullan(2009)의 훈계를 유념할 필요가 있다. Fullan은 장학담당자에게 자신이 꿈꾸는 변화가 반드시 이행되어야 한다거나 이행이 가능하다고 확신하지 말 것을 당부하였다. 오히려, 변화에 대한 자신의 아이디어를 학교의 다른 구성원의 아이디어와 서로 교환하고, 학교문화의 많은 변수들을 고려하면서 상호작용할 때, 변화의 방향이 결정될 수 있다고 강조하였다.

## 복잡성(Complexity)

카오스 시스템은 그 형태가 매우 복잡하여 정확하게 측정하는 것이 불가능하거나 혹은 아주 어렵다(Gleick, 2008).

학교가 복잡성을 가지고 있다는 것은, 단지 학교개선 노력의 성공 정도를 학교 효과성에 대한 연구나, 제정해 놓은 성취기준, 또는 표준화된 성취도 평가에 의해 정확하게 측정할 수 없다는 것을 의미한다. 이에 대해 Keedy와 Achilles(1997)는 *단위학교의* 교사들이 다음과 같은 질문을 해야 한다고 주장하였다(Keedy & Achilles, 1997: 116).

1. 왜 변화하기 원하는가?
2. 무엇을 성취하길 원하는가?
3. 어떻게 변화를 진행할 것인가?

우리는 이러한 세 개 질문 이외에 교사들이 네 번째 질문, '우리는 어떻게 성공을 측정할 수 있는가'의 질문을 제기할 필요가 있다고 주장하고자 한다. Keedy와 Achilles는 장학담당자와 교사가 이러한 질문에 대답하기 위해서는 협력적이고 비판적인 탐구과 정을 통해 의견의 일치에 도달해야 한다고 권고하고 있다.

### 나비효과(Butterfly Effect)

이론 기상학자 Edward Lorenz는 오늘 베이징에서 나비의 날갯짓이 다음 달 뉴욕에서 거친 폭풍을 불러일으킬 수 있다고 주장하며 *나비효과*라는 용어를 유명하게 만들었다. 이러한 현상은 전문적인 용어로 *초기 조건에 예민한 의존성(sensitive dependence on initial conditions)*으로도 알려져 있다. 이것은 시스템 한 부분에서 일어난 매우 작고 서로 전혀 상관없는 것처럼 보이는 사건이 다른 부분의 시스템에 막대한 영향을 미친다는 것을 의미한다.

초기 조건에 대한 예민한 의존성이 함축하고 있는 한 가지는 어떠한 카오스 시스템에서도 장기적인 미래를 예측하는 것이 불가능하다는 것이다. 이런 점에서, 나비효과는 학교변화에도 적용된다. 즉, 학교개선 노력에서 장기적인 효과를 예측하는 것은 불가능하다. 이는 공식적으로 학교변화를 위한 계획을 수립할 필요가 없다는 것을 의미하지 않는다. 오히려, 다른 유형의 계획이 필요하다는 것이다. 학교와 같은 카오스 시스템에서는 장기적인 전망(5~10년)을 고려하기보다는 중거리 전망(1~2년)으로 계획을 수립해야 한다. 일반적인 수준의 목표, 폭넓은 가이드라인, 구조적 신축성이 강조될 필요가 있다(Gordon, 1992). 예측 불가능한 시스템에서 공식적으로 계획을 수립하는 일은 "조직의 미션을 성취하기 위해 지속적으로 현명한 의사결정"을 해나가는 것을 목표로, 결과보다는 과정에 더욱 초점을 맞추어야 한다(Patterson, Purkey, & Parker, 1986: 19).

### 프랙탈(Fractals)

프랙탈은 유사한 구조가 다양한 규모에서 나타나는 기하학적인 형태를 의미한다 (Gleick, 2008). 나무의 중간 가지는 그 가지가 나온 더 큰 가지의 모양과 상당히 유사하며, 작은 나뭇가지는 중간 가지의 모양과 상당히 닮아 있다. 이러한 프랙탈의 또 다른 예로는 해안선, 산맥, 구름, 강, 날씨 패턴, 인간의 혈관 시스템 등에서도 찾아볼 수 있다. 복잡한 사회시스템 또한 다양한 규모에서 자기 유사성(self-similarity)을 가지고 있는데, 조직 및 문화의 특정한 패턴이 시스템의 다양한 수준에서 발견된다.

자연에서의 프랙탈과 마찬가지로, 학교도 다양한 규모에서 자기유사성을 가지고 있다. 예컨대, 학교 차원의 교직원 연수, 부서 회의, 교실 수업, 복도에서 이루어지는 교사와 학생 간의 상호작용 등은 모두 유사한 문화적 특성을 나타낸다. 그러므로 학교, 팀, 교실, 개인적 수준에서 이루어지는 반성적 탐구는 교사로 하여금 현재의 학교문화, 변화가 필요한 부분, 개선 방법을 더욱 잘 이해하도록 하는 데 도움이 될 수 있다.

## 피드백 메커니즘(Feedback Mechanisms)

카오스 시스템에서는 어떤 결과물이 또 하나의 투입조건이 되어 시스템에 피드백을 제공하는 *피드백 순환고리(feedback loops)*를 가지고 있다. 피드백은 시스템에 안정성과 동요를 모두 가져올 수 있다. 예컨대, 온도 조절장치는 온도가 안정적으로 유지되도록 하는 피드백 메커니즘을 가지고 있지만, 반대로 마이크는 어떤 소리가 스피커로 출력될 때 갑자기 소리를 증폭시켜 날카로운 파열음을 만들어 내기도 한다(Cleick, 2008). 피드백은 또한 시스템이 더욱 복잡한 수준으로 발전하게 하는 원동력이 되기도 한다. 예컨대, 물리학자 Joseph Ford는 진화(evolution)의 개념을 "피드백을 동반한 혼동"이라고 정의하기도 하였다(Gleick, 1987: 314).

일단 학교를 개선하기 위해 노력하고 있는 중이라면, 변화를 모니터링하고 평가하는 데 있어서 피드백은 무엇보다 중요하다. 따라서 피드백 메커니즘을 만든 다음, 이를 유지해 나갈 필요가 있다. 피드백은 학생의 수행능력에 대한 데이터 수집, 설문조사 결과 분석, 품질관리 서클 개발, 제3자 검토 등의 다양한 형태로 이루어질 수 있다. 이때, 가장 중요한 것은 변화 결과에 대한 유의미한 데이터가 교사에게 실제적으로 도움이 될 수 있도록 해야 한다는 것이다. 교사가 데이터에 근거하여 반성하고 그에 따라 변화의 방향을 재설정할 수 있도록 하는 것이 중요하다.

## 격동(Turbulence)

격동은 시스템의 내부나 외부의 방해로부터 일어날 수 있다. 암반을 만나기 전까지 잔잔하게 흐르던 강을 생각해 보자. 잔잔히 흐르던 강물이 암반을 만나게 되면, 갑자기 동요되고 불안정하게 된다. 격동은 또한 호우로 인해 하천의 물이 범람하게 될 때에도 일어날 수 있다. 시스템이 복잡하면 복잡할수록, 시스템을 불안정하게 만드는 원인도 많아진다. 만약 불안정성이 한계치에 다다르면 변화가 시작되는데, 이러한 갑작스럽고 급진적인 변화는 결국 조직을 재편성하거나 분열시키는 결과로 나타난다.

모든 복잡한 시스템이 이러한 격동을 경험하게 되지만, 조직을 변화시키려는 노력은 격동의 빈도와 강도를 증가시키는 경향이 있다. 그러나 격동이 항상 부정적인 것만은 아니다. 어느 정도의 동요가 없다면, 시스템은 안정적인 상태를 지속적으로 유지하려고 하며 이런 경우 개선은 불가능하게 된다(Gleick, 2008). 그러나 그렇다고 너무 많은 격동이 조직의 외부나 내부로부터 일어나게 되면, 학교변화의 시도는 결국 분열될수 있다. Keedy와 Achilles(1997: 115)는 격동기에 장학담당자와 교사가 지켜야 하는 중요한 학교규범으로써 "협력적이고, 비판적으로 평가하며, 상황에 근거하여 동의하는" *규범적인 합의(normative consensus)*를 만들어 나가길 강조하였다. 저자들은 이러한 규범적 합의(이 책의 전반부에서는 "개인을 넘어선 조직 수준의 유인"이라고 언급함)야말로 변화과정 동안 학교를 결속하게 해주는 중요한 원칙이라고 주장하였다.

## 기이한 유인자(Strange Attractors)

카오스 시스템은 엄밀히 말해 임의적(random)이지는 않다. 오히려, 카오스 시스템은 극도로 복잡하고 예측 불가능하면서도, 특정 매개변수 내에서 어떤 특정한 패턴을 가지고 있다(Gleick, 2008). *기이한 유인자*는 카오스 시스템 안에서 "복잡하게 암호화된 구조"를 의미한다. Hayles(1990)는 이에 대해 다음과 같이 논의하였다.

> 카오스가 복잡하게 구조화된 질서를 가지고 있다는 발견은, 이를 증명할 만한 사례가 무수히 많다는 점에서 더욱 주목할 만하다. 즉, 살쾡이 모피의 리턴에서부터 유행성 홍역의 발생까지, 나일 강의 조수 간만의 차이로부터 정신분열 환자의 안구 운동에 이르기까지 모두 그러하다(Hayles, 1990: 10).

카오스이론은 우리에게 질서와 카오스가 서로 반대의 개념이 아니라는 것을 알려주고 있다. Wheatley(1992: 11)의 말에 따르면, 오히려 질서와 카오스는 "서로의 상을 끝없이 반사해 내는 두 개의 거울"로 간주될 수 있다.

예측 불가능하더라도 학교를 개선하는 어떤 지속적인 패턴을 나타내고 있는 학교에서, 장학담당자와 교사가 기이한 유인자를 만들어 내는 것이 가능한가? 정책 입안자들은 이를 위해 단위학교 중심의 경영, 의사결정의 공유, 학부모 선택권 등과 같이 권한을 위임하는 방식을 시도해 왔다. 그러나 이처럼 권한을 위임하였던 사례들은 결국 학교를 개선하기 위한 패턴을 만들어 내는 데 실패해 왔다. Keedy(1995)에 따르면, 학교 전반에 스며들도록 설계해야 하는 궁극적인 기이한 유인자는 학생중심 학습

(student-centered learning)이어야 한다.

## 2. 포스트모던 이론

*포스트모더니즘(postmodernism)*은 철학, 인식론, 신학, 어학, 심리학, 윤리학, 예술, 건축, 여성학 등 다양한 분야에 영향을 미친 광범위한 이론이다. Atkinson(2002: 74)은 포스트모더니즘의 특징을 다음과 같이 요약하고 있다.

- 확실성 및 문제해결에 대한 저항
- 현실, 지식, 방법에 대한 고정된 관념의 거절
- 복잡성, 부족한 명료성, 다양성의 수용
- 주관성, 모순, 역설의 인정
- 전통적인 철학이나 도덕에 대한 도전
- 가정 및 추정에 대한 의도적인 혼란 야기
- 사고방식의 범위 및 위계에 대한 거부
- 양자택일 방식의 이분법에 대한 붕괴

이러한 내용은 우리로 하여금 포스트모더니즘의 의미와 이를 학교변화에 적용하는 것에 대해서 더욱 깊이 탐구하게 한다.

포스트모더니즘 이론은 아마도 이 이론이 무엇을 반대하고 있는지를 논의함으로써 가장 잘 이해될 수 있다. 포스트모더니즘은 다른 무엇보다도 메타내러티브에 반대하고 있다. Hart(2004: 2)는 *메타내러티브(metanarratives)*를 "모든 인간행동을 지배하고 안내하는 것, 곧 인간 의식에 대한 당연한 우월성, 사회에서 공평한 부의 분배, 안정적인 도덕적 발전"으로 정의하였다. 포스트모더니즘은 모더니즘을 구성하는 이러한 수많은 하위 "○○주의(-isms)"에 대해 반대하는 반(反)모더니즘이다. 포스트모더니즘은 다음의 개념을 포괄하고 있다.

- *반(反)본질주의(antiessentialism)*는 타고난 인간의 본성이란 존재하지 않는다고 주장한다. 우리의 모든 것은 우리 역사와 문화에 의해 형성되어 왔다.
- *반(反)실재주의(antirealism)*에 의하면 인간이 현실이라고 인식하는 것 이외의 현실은 존재하지 않는다. 인간의 언어로는 현실을 대변할 수 없다.

- *반(反)토대주의(antifoundationalism)*는 모든 기초적인 지식이나 신념이 반박 가능하다고 주장한다.
- *반(反)환원주의(antireductionism)*는 부분들을 분석하는 것으로는 전체를 이해하거나 설명할 수 없다고 주장한다.

포스트모더니즘은 비록 개인이나 집단이 그들이 속한 문화에 상당히 영향을 받는다고 할지라도, 문화는 균질하지 않다고 간주한다. 특정 문화에 속해있는 개인이나 집단이라고 할지라도 그 안에는 다양한 관점, 신념, 가치, 흥미, 요구가 여전히 존재한다. 문화들 간의 일반화는 고사하고, 특정 문화 속에서도 일반화는 가치가 없다는 것이다. 따라서 개인 및 집단 간의 차이는 인정되고 존중되어야 한다.

포스트모더니즘은 지식이라는 것이 특정한 시간에 특정한 맥락에서 사회적으로 구성된다고 주장한다. 따라서 지식은 시간의 흐름이나 맥락의 변화에 따라 달라진다. 개인과 집단이 서로 다른 관점을 가지고 있기 때문에, 어떠한 복잡한 현상에 대하여 유일한 진리는 존재하지 않으며, 오히려 다양한 진리들이 존재할 뿐이다. 지식과 마찬가지로, 진리(truth) 또한 변화 조건에 따라 변화할 수 있다.

권력은 포스트모더니즘에서 주요하게 다루고 있는 개념들 가운데 하나이다. 어떤 문화 내에서 권력관계는 상당히 중요하다. 변화를 시도하는 일은 보통 기존의 권력에 대해 도전할 가능성이 크기 때문에, 이러한 권력관계를 잘 인지하고 효과적으로 대응해야 한다. 권력은 보통 겉으로 드러나는 특징을 가지고 있지만, 실제로는 단지 한 사람이나 한 집단만이 권력을 소유하고 있는 것은 아니며, 어떠한 구성원도 권력을 행사할 수 있다.

포스트모더니즘에 따르면 문제를 규정하고 해결하는 방식은 다양하다. 따라서 문제를 해결할 때에는 다양한 집단 및 개인의 아이디어를 수합하는 가운데, 대안적인 관점을 존중하고 절충하는 접근법을 취해야 한다. 포스트모더니즘에서는 조직 내부나 외부의 전문가가 당사자들을 대신하여 문제를 진단하고 해결해 주는 방식을 거부한다. 문화에 따라 맥락, 역할담당자, 정황은 상당히 다양하며 심지어 동일한 문화라 할지라도 상황에 따라 다르므로, 문제를 규정하고 해결하는 데 요구되는 전문지식 또한 특정 문화와 상황에 따라 달라져야 하기 때문이다.

포스트모더니즘에서는 개인적으로 노력하는 것과 서로 협력하는 것, 둘 중 하나의 방법만을 취하는 것은 좋은 방법이 아니라고 믿는다. 오히려 개인적인 노력과 협력적인 노력이 함께 결합될 때에야 가장 좋은 변화의 결과를 가져올 수 있다는 것이다. 그러나 변화는 항상 예측 불가능하여, 실제로 개선을 가져올 수도 있고 그렇지 않을 수도 있다. 개선이 이루어졌을 때에라도 그것은 그 지역(상황)에만 해당하는 변화일 수 있으며, 다른 문화는 물론이거니와 심지어 동일한 문화에서 이루어질 차후의 변화시도에조차 일반화할 수 없다. 더욱이, 변화의 가치는 항상 상대적이다. 어떤 문화에서는 진보되었다고 감지된 변화가 다른 문화에서는 진보로 인지되지 않을 수 있다. 변화에 대한 서로 다른 인식은 동일한 문화 안에도 존재한다.

포스트모더니즘에 대한 많은 비평가들은 포스트모더니즘의 정의가 분명하지 않고, 지나치게 냉소적이며, 때때로 자기 모순적이라고 비판한다. 어떤 사람들은 포스트모더니즘이 모더니즘의 지나친 확대에 대한 반작용으로 나타난 자연스러운 반응이라고 논의하기도 한다. 우리는 포스트모더니즘의 주장에 모두 동의하는 것은 아니지만, 많은 포스트모던의 논평이 교육변화에도 적용될 수 있다고 믿는다. 예를 들어, 포스트모더니즘은 이 장의 앞부분에서 논의한 합리적-구조적 접근법처럼 교육변화와 오래 연관되어 있던 메타내러티브에 의문을 제기한다. 포스트모더니즘은 학교를 개선하기 위해 도입되었던 웅대한 계획들(낙오방지법, 주(州) 차원의 교육과정, 인기 있는 상업적 프로그램)이 혁신 그 자체만으로는 소기의 성과를 가져올 가능성이 적다고 우리에게 경고한다.

포스트모던 관점에서 학교변화를 위한 노력은 지역사회, 학교문화, 그 안의 다양한 관점 등 지역적 맥락에 크게 영향을 받는다. 그러므로 교육변화 과정의 초반부에는 기존의 권력관계와 그의 영향력 등 지역사회 및 학교문화에 대해 서로 협력적으로 연구하는 것이 필요하다. 이러한 연구는 학교와 지역사회에 대한 데이터를 수집하고, 분석하며, 학교변화에 주는 시사점에 대해 함께 반성적으로 대화할 것을 요구한다.

포스트모더니즘은 교사에게 스스로 학습해서 얻은 지식이야말로 사회적으로 구성된 지식이며, 다양한 관점, 가치, 경험을 받아들이고 이를 종합하는 과정에 의해 그러한 지식을 가장 잘 발달시킬 수 있다는 것을 상기시켜 준다. 포스트모던의 관점은 심지어 변화가 필요하다는 것에 대해 모두 합의했을지라도, 학교 안의 다양한 집단과 개인들은 각기 다른 방식으로 그러한 변화를 개념화하기 때문에, 지속적인 대화와 함께 다양한 관점에서 변화과정을 분석하는 작업이 필요하다고 강조한다. 장학담당자와 리더는 변화를 실행하는 동안 개인이나 집단마다 필요로 하는 지원유형이 모두 다르고, 변화가 교실마다 각기 다른 방식으로 실행되며, 뭔가 진전되고 있다고 판단하는 인식 또한 다양하다는 것을 깨달아야 한다. 변화노력의 과정과 결과는 예측 불가능하기 때문에, 교사 및 타인으로부터 지속적으로 피드백을 받을 필요가 있으며, 아마도 이에 따라 지속적으로 변화의 진행과정을 변경해 나갈 필요가 있다.

## 3. 교육변화 이론

지난 몇 년 동안, 학교변화에 대한 새로운 이론들이 교육학 분야에서 많이 나타났다 (Bain, 2007; Evans, 1996; Fullan, 1997, 2002, 2003, 2005, 2007, 2009; Gordon, 2008; Hall & Hord, 2006; Hargreaves & Goodson, 2006; Hargreaves, Lieberman, Fullan, & Hopkins, 1998; Hopkins, 2007; Levin & Fullan, 2008; Senge et al., 2000; Zmuda, Kuklis, & Kline, 2004). 이러한 최근의 많은 이론들은 학교변화의 실제 사례들에 대한 연구에 기초하고 있다. 일반적으로 학교변화 이론 전문가들은 학교변화의 중요 개념들에 대하여 완전하게는 아니더라도 상당부분 동의하고 있다. 다음 절에서는 이러한 몇 가지 개념들에 대해 논의할 것이다. 이런 개념들을 검토해 나갈 때, 최근 나타난 변화이론이 학교변화에 대한 전통적인 이론과 얼마나 다른지 주목해 보라. 또한 최근의 교육변화 이론들을 앞서 기술한 카오스이론 및 포스트모던 이론과도 비교해 보라. 이러한 이론들은 서로 다른 근원을 가지고 있음에도 불구하고 상당히 일치하는 측면이 있다.

### 역량(Capacity)

성공가능성이 높은 중요한 학교변화라고 하더라도 이를 시도하기에는 역량이 부족한 학교들이 여전히 많은 것이 사실이다. 빈약한 의사소통, 낮은 신뢰도, 협동의 부재 등은 변화에 대한 학교의 준비도를 낮추게 하는 전통적인 원인들로 지목되어 왔다. 이러한 문제들은 인간관계, 규범, 실천, 신념, 가정으로 이루어진 복잡한 시스템으로서 *학교문화(school culture)*의 일부분이기도 하다.

학교의 변화능력을 신장하기 위한 첫 번째 조치는 학교공동체의 구성원들이 자신의 학교문화에 대해 연구하고 비평해 보게 하는 것이다. 우리 학교에서 공통적으로 나타나는 수업 방식은 무엇인가? 그러한 수업은 어떠한 신념, 가치, 가정에 근거하고 있는가? 이러한 수업은 교사와 학생에게 어떻게 영향을 미치는가?

자기연구(self-study)의 또 다른 초점은 과거 혹은 현재의 학교변화 노력이 학교문화의 다양한 관점들과 어떻게 상호작용하는가 하는 것이다. 이것을 밝혀내는 일은 교사로 하여금 학교변화가 얼마나 복잡한 일인지 이해하는 데 도움을 줄 수 있다. Stiegelbauer(2008: 122)가 주장한 바에 따르면, "실천이 변화되도록 하는 일은 행동, 기술, 태도, 신념뿐만 아니라 때때로 타인과 함께 일하는 방식도 변화하길 요구한다. 이들 각각의 변화는 그 자체로도 일종의 혁신이지만, 한편으로 변화가 항상 복잡하게 진행되게 만드는 원인이 되기도 한다."Boyd(1992)도 중요한 변화는 학교의 모든 부분에 영향을 미친다고 주장하였다.

> 학교는 복잡한 유기체이다. 학교는 단지 사람들이 머물러 있는 건물이 아니다. 학교를 변화시키기 위해서는, 변화가 조직의 각 영역에 어떠한 영향을 미치는지 알아야 한다. 각각의 부분들은 서로 의존적이며 모든 부분은 다른 부분의 변화에 반응하기 때문이다(Boyd, 1992: 1).

Stiegelbauer와 Boyd가 설명한 변화의 복잡성은 교사가 소속 학교의 변화노력과 문화에 대해 반성적으로 탐구하고 여러 사람들과 대화하며 참여할 때 가장 잘 이해될 수 있다. 학교는 교사가 학교문화 및 변화노력의 복잡성을 더욱 잘 이해할 수 있도록 하는 차원을 넘어서, 다양한 방식으로 교사의 변화역량을 증진시킬 수도 있다. 이때 한 가지 중요한 것은 상호 신뢰를 구축하는 일이다. Allen과 Glickman(1998: 514)은 "신뢰는 말이 아니라 행동에 의해 형성된다"고 강조한다. 교사들의 경우, 변화와 관련된 의사결정 과정을 공유하고, 자신의 의견이 존중되며, 약속이 수행되고, 변화과정에서 지원을 받았을 때, 장학담당자를 신뢰하게 된다. 반대로 장학담당자는 "서로 상호작용할 수 있는 충분한 정보와 기회를 제공하였더니 교사들이 포괄적인 관점으로 학교 및 모든 학생의 관심사를 반영하여 의사결정을 해나가는 것을 볼 때" 교사를 신뢰하게 된다(Allen & Glickman, 1998: 514).

변화에 대한 학교의 준비도를 신장시킬 수 있는 또 다른 방법은 정기적으로 학교 공동체 사람들이 서로 대화할 수 있는 기회를 만드는 것이다. Gordon과 Stiegelbauer, Diehl(2008)은 높은 수준의 변화능력을 가지고 있는 학교들은 소집단 수준이나 단위학교 수준에서 대화할 수 있는 기회를 지속적으로 제공하고 있었다는 사실을 발견하였다. 소집단 수준에서의 대화는 리더십 집단, 학년별 집단, 교과별 집단, 태스크포스 등 다양한 집단에서 일어났다. 학교전체 수준에서의 대화는 소집단에서 논의한 내용을 상위 집단에 보고하는 것과 소집단에서 공유된 정보와 아이디어를 어떻게 단위학교 수준의 변화로 이어갈 수 있을지에 대한 일반적인 토론을 포함한다. Bain(2007)은 이처럼 학교가 의사소통 네트워크를 구축하는 것과 관련하여 다음과 같이 조언하고 있다.

> 네트워크는 협력이 가능하도록 만든다. 네트워크는 학교의 모든 수준에서 피드백이 순조롭게 순환할 수 있도록 하기 때문에, 학교의 통제를 완화시킨다. … [네트워크의 각기 다른 영역에서], 교사는 혼자 수행하는 것이 아니라 교수학습 팀과 함께 협력한다. 개별 교

사가 지속적으로 공식적·비공식적인 전문가 의사소통에 참여하게 함으로써 소규모의 인간관계가 가지는 잠재력이 발현될 수 있도록 팀 단위를 구성한다(Bain, 2007: 55).

전통적인 변화 모델에서는 조직이 변화에 착수하기 이전에 먼저 비전을 개발할 것을 요구한다. 그러나 Fullan(1997)은 비전을 공유하는 것이 성공적인 변화를 이루기 위한 필수적인 조건이라고 할지라도, 비전을 세우는 일이 반드시 변화를 시도하기 이전에 일어날 필요는 없다고 주장한다. "비전은 행위에 선행한다기보다 행동으로부터 나오게 된다"는 것이다(Fullan, 1997: 42). Fullan이 이렇게 말한 근거는 진정한 *공유된 비전(shared vision)*이라는 것이 리더와 교사가 오랜 기간 변화과정에 참여하며 함께 일하는 가운데 형성되기 때문이다. Fullan은 또한 학교 비전이 형성된 이후라고 할지라도, 학교와 변화의 복잡성 때문에 상황의 변화에 따라 지속적으로 비전을 재정립해야 한다고 주장한다.

변화 착수 이전에 비전 구축을 대신할 수 있는 한 가지 대안은 학교공동체가 변화과정의 방향을 안내할 수 있는 어떤 원칙들을 개발하는 것이다. 몇 가지 합의된 원칙들의 예시는 다음과 같다.

- 변화는 리더, 교사, 지역사회 대표들 간의 협력적인 노력의 결과여야 한다.
- 변화는 학교 및 지역사회의 외부에서 이루어진 연구와 내부에서 수집된 데이터에 의해 감지될 수 있어야 한다.
- 변화는 민주적인 거버넌스의 틀 안에서 일어나야 한다.
- 변화는 학교공동체의 학생 및 교직원이 가진 문화적 다양성을 고려하여 시도되어야 한다.
- 변화는 학생의 집단 특성에 따른 성취도 차이를 줄이기 위해 무엇이 필요한지를 고려하여 이루어져야 한다.

물론, 각각의 학교는 자신만의 변화 원칙들을 개발할 필요가 있는데, 이때 변화 원칙을 포괄적인 수준으로 합의해 나가는 것도 상당한 연구와 반성, 대화를 필요로 한다. 그러나 일단 이러한 원칙들이 서로 합의되면, 차후에 시도되는 학교변화에 상당히 영향을 미치게 될 것이다.

이처럼 학교문화 및 변화과정에 대해 연구하면서, 신뢰를 구축하고, 대화에 참여하며, 변화의 원칙을 만들어 가는 일들은 학교가 변화 시도를 *착수(initiating)*할 수 있게 하는 역량을 개발하는 데 도움을 줄 수 있다. 그러나 그러한 역량 개발은 단지 변화과정의 시작일 뿐이다.

## 헌신(Commitment)

교사들이 어떻게 변화에 헌신하게 할 수 있을까? 변화는 교사에게 단지 지시하는 것만으로 이루어지지 않으며, 변화가 착수된 초반부터, 즉 교사가 변화의 영향력을 이해하고 긍정적인 변화결과를 확인하기 전부터 변화에 대한 주인의식을 가지고 헌신하길 기대할 수도 없다(Fullan, 2007). 이에 Nolan(2007)은 교사가 변화에 헌신하도록 하는 방법으로서 "현재의 상태에 대해 질문할 것"을 제안하였다.

> 우리가 왜 현재의 방식으로 가르치고 있으며, 그러한 전략들이 얼마나 효과적인지에 대해 질문하는 것은 변화의 출발점이 될 수 있다. 실행연구 및 데이터에 근거한 의사결정은 현재 상태에 대해 질문을 제기하고 현재 정책과 절차의 효과성을 평가하는 효과적인 도구가 될 수 있다(Nolan, 2007: 6).

Evans(1996: 80) 또한 Nolan의 말에 동의하며 "사람들이 현 상황에 대해 불만족을 느끼고 자신의 관심에 적합한 변화를 찾기 시작할 때, 비로소 변화에 대한 열린 마음을 갖기 시작한다"고 강조하였다.

Fullan(2005)은 무엇보다 교사가 도덕적 목적에 관심을 두도록 하는 것이 학교변화에 헌신하도록 하는 방법이라고 믿었다: "교사가 도덕적 목적을 가지게 될 때, 교사는 학생의 성취를 방해하는 장애물을 제거해 주고 학생 간의 격차를 좁히기 위해 노력하게 된다. 예컨대, 사회적 혜택을 가장 받지 못하는 학생에게 특별한 관심을 기울이며 모든 학생의 소양을 증진시키기 위해 노력하는 것도 하나의 예가 될 수 있다"(Fullan, 2005: 54). Nolan(2007: 5)도 "교사에게 혁신에 헌신할 것을 요구하기보다는 오히려 그러한 변화노력이 학생에게 미치는 잠재적 영향력에 초점을 맞추라"고 충고한다.

비록 교육 혁신이 어떻게 진행되며 그것이 성공할지 그렇지 않을지 미리 알 수 없다고 할지라도, 교사들이 가능한 한 혁신에 대해 많이 알도록 하는 것은 큰 도움이 될 수 있다. 예컨대, 혁신의 근거가 되는 이론, 혁신의 도입에 따라 자신에게 부과되는 책임, 혁신이 학생에게 미치는 잠재적인 이점과 같은 것들 말이다. 마지막으로, 교사가 학교변화에 헌신하기 원한다면, 그러한 변화가 실현 가능한 계획이라는 것을 교사들에게 보여줄 필요가 있다. Evans(1996)는 이에 대해 다음과 같이 논의하였다.

교사가 단지 변화를 실행하기만을 원하기보다 그러한 변화를 성공적으로 해낼 수 있다고
느낄 수 있도록 해야 한다. 교사는 단지 변화가 학생에게 적합하다거나 더 나은 학습 결
과를 가져올 것이라고만 생각하지 말고, 그러한 변화야말로 교사와 학교 차원에서 할 수
있는 가장 실제적인 대안이라고 여길 필요가 있다(Evans, 1996: 85).

교사가 변화에 헌신하도록 하는 과정은 변화의 역량을 구축하는 과정, 곧 탐구하
고 반성하고 대화하는 것과 동일한 절차로 이루어진다. 이러한 탐구 절차는 교사가 변
화에 대해 더욱 잘 이해할 수 있도록 하고, 그러한 변화가 실제로 학교공동체에 최선의
결과를 가져오게 하는 데 중요하다.

## 리더십(Leadership)

학교를 변화시키는 데 있어서 전통적인 상명하달식(top-down)의 리더십은 실패를 초
래하게 하는 원인 중의 하나이다. "리더십이 효과를 나타내기 위해서는 리더십을 조직
전반에 분산시키는 것이 필요하다"(Fullan, 2005: 57). 변화의 리더십을 분배하기 위한
첫 번째 단계는 다수의 교사를 핵심 지도부(core leadership team)로 임명하는 것이다.
이러한 팀은 변화노력을 조정하기도 하고, 이 팀의 부원들은 다른 교사를 지원하는 교
섭담당자로서의 역할을 맡을 수도 있다(Gordon et al., 2008). 시간이 어느 정도 지나
면, 학교의 다른 교사들도 변화노력 과정에서 다양한 리더십의 역할을 발휘할 수 있다.
예컨대, 교사들은 변화노력과 관련하여 실행연구팀, 연구회, 교육과정 개발팀, 수업 지
원팀, 사회 관계팀 등의 리더로 활동할 수 있다.

성공적인 리더는 리더십 역할을 맡길 만한 준비된 교사를 지속적으로 찾는다
(Gordon et al., 2008). Allen과 Glickman(1998: 519)은 변화를 위해 노력하는 학교 리
더들이 "의사결정 과정에서 가장 중요한 것은 리더십을 가진 팀이 아니라 모든 사람
이 의사결정 과정에 참여하는 질(quality)이라는 것을 깨닫게 되었다"고 보고하였다.
Allen과 Glickman이 연구한 성공적인 학교들은 다음과 같은 특징을 보였다.

리더십 팀의 구성원은 더 이상 의사결정자 역할을 하지 않고 모든 사람의 참여 정도를 조
율하는 역할을 수행한다. … 공식적인 소집단이건 임시적인 소집단이건, 원하는 사람들
에게는 특정 쟁점에 대해 논의하고, 행동방침을 정하고, 노력의 결과물을 모니터링할 수
있는 기회를 제공한다(Allen & Glickman, 1998: 520).

## 점진적인 계획수립(Evolutionary Planning)

Fullan(1997)이 언급한 '변화는 여행이지 청사진이 아니다'는 충고는 여기에도 적용된다. 중요한 변화는 구불구불하고 변덕스러운 길을 다니는 *장기적인(long)* 여행과도 같아서, 피할 수도 없고 예측할 수도 없는 많은 장애물을 만나게 된다. 따라서 학교의 복잡성과 변화의 비선형적인 특성은 변화과정에서 점진적으로 계획을 수립할 것을 필요로 한다. 점진적으로 계획을 세우는 일과 관련하여 가장 중요한 요소는 바로 *피드백*이다. 피드백은 사람들이 혁신을 얼마나 잘 이해하고 있는지, 변화과정에 얼마나 많은 사람들이 참여하고 있는지, 실행의 수준이나 학생에 미치는 영향 등을 파악하는 데 유용하다. 따라서 장학담당자와 교사가 변화 여행의 각 단계에서 의사결정을 해나갈 때, 지속적으로 데이터를 수집하고, 반성하고, 대화하는 과정은 상당히 중요하다.

점진적으로 계획을 세우는 일은 상당한 협력을 요구하는 일이기는 하지만, 개별 교사가 자신의 교실에서 그 혁신을 어떻게 실행할지 결정하도록 하는 데에도 영향을 줄수 있다. 교사는 학교 차원에서 시도되고 있는 변화가 자신과 자신의 학생들에게 어떤 의미를 갖는지 파악해야 할 필요가 있다(Fullan, 2007). 즉, 혁신을 그들의 수업, 신념, 교수 스타일과 통합할 필요가 있다는 것이다. 교사는 또한 그러한 혁신이 학생에게 어떠한 영향을 미치는지에 대해 데이터를 수집하고, 그 데이터를 분석하며, 혁신을 적절하게 수정해 나갈 필요가 있다. 따라서 장학담당자는 교사가 교실 수준에서 점진적인 계획을 세울 수 있도록 지원하는 역할을 수행해야 한다. 이 장의 후반부에서는 변화에 대한 개별 교사의 관점에 대해 더욱 자세히 논의할 예정이다.

## 문제해결(Problem Solving)

학교 수준의 변화는 복잡하면서도 예측 불가능하기 때문에, 변화과정에서 다양한 문제들이 발생하게 된다. 따라서 Fullan(1997)은 "문제를 우리의 친구"로 보아야 한다고 강조한다.

'문제를 우리의 친구로 여기라'는 말은 빈정거리는 말처럼 들리기도 하지만, 만약 우리가 쉽게 해결되지 않는 실제적인 문제들을 적극적으로 찾아 대면하지 않는다면, 복잡한 상황에서 효과적으로 반응하는 방식을 개발해낼 수 없다. 따라서 문제는 우리로 하여금 창조적인 해결방안을 찾도록 해주기 때문에 친구가 될 수 있다. 문제는 변화가 더욱 깊어지게도 하고 우리가 더욱 만족하게도 할 수 있다. 따라서 효과적인 조직들은 문제를 회피하기보다 오히려 "문제를 끌어안는" 방법을 취한다(Fullan, 1997: 40).

갈등도 문제와 마찬가지로 성공적인 변화과정에서 필요하다. 사실상, 변화과정에서 갈등이 존재하지 않는 것은 사람들이 혁신에 대하여 무관심하거나 혁신에 대해 저항하고 있다는 신호가 될 수 있기 때문에, 장학담당자는 오히려 이에 대해 우려해야 한다. 16장에서 살펴본 바와 같이, 갈등의 과정에서 정보와 아이디어, 대안들이 만들어지므로, 갈등은 더욱 좋은 의사결정이 이루어지도록 하는 데 중요한 역할을 할 수 있다.

일반적으로 변화에 대한 저항은 극복해야 할 문제로 간주되지만, Fullan(2002)은 변화 리더가 "저항을 재개념화"할 것을 촉구한다. 변화에 저항하는 사람들은 때때로 중요한 쟁점을 제기하곤 하는데, 그러한 쟁점을 다루는 것은 혁신을 더욱 개선하게 해주기 때문이다.

현명한 변화 리더는 저항하는 사람들이 변화에 반대하는 이유를 공론화하고, 사람들로 하여금 변화의 잠재적인 부정적 측면에 대해 조심스럽게 관심을 기울이게 한다. 일단 시도하려는 변화의 결함이나 의도하지 않은 부정적 측면들이 확인되면, 그러한 변화를 시도할 것인지 다시 생각해 보거나 잠재적 문제를 최소화할 수 있는 방법을 찾는 것이 가능하다. 이처럼 변화에 저항하는 사람들을 잘 활용하면 잠재적인 문제를 극복하기 위한 창의적인 해결방안을 찾을 수 있다(Nolan, 2007: 7).

## 지원(Support)

교육변화 이론들은 성공적인 변화를 위해 외부와 내부의 지원이 모두 필요하다고 제안한다. 먼저, 변화 노력과 연관된 학교 네트워크는 다양한 외부 지원의 형태로 제공된다(Gordon, 2008). 그러한 지원의 예는 다음과 같다.

- 지역의 전문가 연수 및 기획 회의
- 학교 밖의 비판적 동료들(critical friend)이 제공해 주는 실제적인 도움
- 단위학교에서는 접근 불가능한 물적 자원
- 데이터 수집 및 데이터 분석 지원
- 학교들이 아이디어, 데이터, 성공경험, 문제, 해결책을 공유할 수 있는 기회
- 전자 정보 검색 및 네트워크 시스템
- 학교의 변화 노력과 결과를 네트워크 외부의 교육자와 공유할 수 있는 지역 회의

학교 내부의 지원으로는 학교공동체의 모든 구성원들에게 혁신에 대해 충분한 정보를 제공하는 것을 들 수 있다. 아울러 변화를 이루기 위해 가장 중요한 자원으로서 충분한 시간도 제공되어야 한다. 변화 노력은 착수, 실행, 지속의 변화단계를 거치게 되는데, 각각의 단계마다 각기 다른 형태의 지원이 요구된다.

Stiegelbauer(2008: 127)에 의하면, 가장 효과적인 지원은 변화를 시도하는 과정에서 형성된 학습관계로부터 탄생하게 된다: "변화의 실행과정에서 모델, 교사, 코치, 멘토, 평가자가 변화의 모든 단계를 함께 할 수 있도록 하며, 나아가 이 사람들이 자신의 장점을 발휘하면서 긍정적으로 협력하도록 지원할 필요가 있다."

한편 변화에 대한 이론들은 변화를 지원할 때 어느 정도의 압력을 동반하는 것도 필요하다고 논의한다. 심지어 교사들이 혁신에 대해 헌신적으로 임할 때라도 말이다 (Fullan, 2007). Nelson(2008) 또한 압력과 지원이 동시에 적용될 때 변화를 가장 잘 촉구할 수 있다는 것을 발견하였다.

## 일관성(Coherence)

일관된 변화를 방해하는 두 가지 중요한 장애물은 과부하와 분열이다. *과부하(overload)*는 학교가 너무 많은 변화를 시도하는 것을 의미하며, *분열(fragmentation)*은 다양한 변화 시도들이 서로 연관되어 있지 않거나 목적이 서로 어긋나는 것을 의미한다(Fullan, 2002). 변화가 일관성 있게 이루어지게 하는 확실한 방법은 많은 변화들 가운데 하나의 변화만을 선택한 후 이것에 대해서는 반드시 변화 노력이 지속될 수 있도록 지원하는 것이다. Bain(2007)은 일관성을 구축할 수 있는 몇 가지 전략을 다음과 같이 제안하였다.

1. *학교수준의 스키마(school-level schema)*. 이는 혁신과 관련된 지식, 신념, 전략의 집합체를 의미한다. 이것은 학교공동체의 모든 구성원들이 혁신의 근간이 되는 이론이나 연구에 대해 잘 알고 혁신과 관련된 공동의 언어를 개발하는 것을 포함한다. 예컨대, 만약 협동학습을 혁신으로 도입하고자 한다면, 모든 교사들은 *긍정적인 상호 의존, 개별적인 책무성, 집단 과정*과 같은 개념에 대해 논의할 수 있어야 한다.

2. *내재된 설계(embedded design)*. 혁신의 특징들이 학교 조직의 중요한 하부조직, 곧 전문성 계발, 학교지원 시스템, 교육과정, 교수, 평가, 기술 등에 모두 스며들어야 한다. 예컨대 협동학습을 교육혁신으로 도입하고자 한다면, 교사의 전문성 연수과정은 협동학습이라는 주제에 대하여 협력적인 학습방법을 사용하는

방식으로 이루어지고, 교육과정은 협동학습을 촉진하도록 구성되며, 학생평가
는 학생의 협력 기술에 대해 평가하는 방식으로 협동학습 아이디어가 학교의 모
든 하부조직에 적용되어야 한다.

3. *규모의 유사성(similarity of scale)*. 혁신에 대한 학교 수준의 스키마는 조직의 모
든 차원에 적용 가능하다. 예컨대, 학생이 숙제로 내준 문제를 풀기 위해 협동학
습의 원칙을 사용하듯이, 교사는 학년이나 부서의 문제를 해결하고자 협동학습
원칙을 적용하며, 학교의 지도부 또한 학교 수준의 문제를 해결하기 위해 동일
한 협동학습의 원칙을 사용할 수 있어야 한다.

Bain(2007)이 논의한 이러한 전략들은 학교변화를 시도할 때 장기적이면서도 집중
적인 관점을 취해야 한다는 것을 강조하는 입장으로서, 학교가 최근 유행하는 흥미로
운 혁신들을 모두 받아들이기보다 제한된 수의 혁신만을 신중하게 선택해서 시도해야
할 필요성에 대해 논의하고 있다.

## 지속적인 개선을 위한 학교문화(School Cultures of Continuous Improvement)

Stiegelbauer(2008: 125)는 "변화의 아젠다는 조직이 수요자의 요구 및 상황의 변화
에 따라 적응할 수 있도록 조직의 역량을 개발하는 것이다. … 목표는 단지 혁신 자체
를 숙달하는 것이 아니라 지속적으로 학습하면서 협동적인 작업 문화를 개발해 나가
는 것"이라고 상기시켜 주고 있다. Stiegelbauer가 언급한 문화적 수준에 도달한 이런
학교를 다른 변화이론에서는 "자기 혁신 학교", "학습하는 학교", "자기 조직 학교" 등
의 다양한 용어로 설명하고 있다. 그런 학교를 무엇이라고 부르든 간에, 우리는 이러한
학교가 내부 및 외부의 환경 변화에 따라 지속적으로 자기 자신을 평가하고, 필요한 변
화가 무엇인지 확인하며, 그런 변화에 대응할 수 있는 역량을 개발해 왔다는 것을 발견
하였다. 물론 그런 학교들이 완벽한 상태에 도달한 것은 아니었다. Abraham Maslow
가 높은 수준의 성취도를 보이는 개인에 대하여 표현한 용어를 차용하자면, 이러한 학
교들은 "자아실현을 완성한(self-actualized)" 학교라기보다는 "자아실현을 하고 있는
(self-actualizing)" 학교라고 할 수 있다.

많은 변화이론들은 지속적으로 개선되고 있는 학교의 문화적 규범들을 확인해 왔
다(Barnett & Mahony, 2006; Eilers & Camacho, 2007; Gordon et al., 2008; Louis,
2007; Mitchell, 1995; Saphier & King, 1985; Senge et al., 2000 참고). [그림 20.1]은 지
속적으로 발전하는 학교에서 발견되는 문화적 규준들을 제시하고 있다.

1. *분산되고 지원적인 리더십*: 리더는 학교공동체의 모든 구성원들이 의사결정에 참여하게 하고, 교사의 리더십을 촉진하며, 직접적으로 지원해 주는 동시에, 외부지원과 동료지원을 조정하는 일을 한다. 이들은 또한 변화과정의 각 단계마다 그에 적합한 다양한 형태의 지원을 제공한다.

2. *전문적인 대화*: 의사소통은 개방적이면서도 솔직하고, 정보를 서로 공유하는 방식으로 이루어진다. 필요할 경우 민감한 쟁점을 제기하기도 하고, 다른 사람의 관점을 이해하기 위해 노력하기도 한다.

3. *신뢰와 확신*: 교사 개인은 지속적으로 변화에 전념하면서 다른 사람들을 신뢰한다. 교사들은 서로에 대해 전문적인 존경을 표한다. 이처럼 서로 신뢰하고 존경하는 태도는 스스로에게나 타인에게 확신을 갖도록 해준다.

4. *비평*: 현재의 실천, 신념, 가치, 가정들을 비판적으로 분석한다. 권력관계와 힘의 불균형에 관한 쟁점도 비평의 대상이 될 수 있다. 문화적인 편견에 대한 논의도 다루어진다.

5. *반성적인 탐구*: 외부의 지식 기반이 탐구된다. 학교문화 및 학생학습과 관련하여 학교 내부의 데이터를 수집하고, 분석하고, 논의한다. 실천과 반성의 순환 과정이 개인 수준, 팀 수준, 학교 수준에서 이루어진다.

6. *생산적인 갈등*: 갈등을 예견하고, 인정하며, 변화의 과정을 개선하기 위해 사용한다. 아울러 의사소통, 탐구, 문제해결 과정을 통하여 갈등을 해결한다.

7. *목적의 통일*: 학교공동체 구성원들은 자신이 직접 가르치는 학생뿐만 아니라 학교의 모든 학생들에게 관심을 가지고 있다. 교사들은 변화에 대한 공동의 관심과 변화과정 동안 지켜야 하는 원칙들에 동의한다. 변화를 위한 노력은 조율되면서도 일관적이다.

8. *중분분석법(incremental approach)*: 학교공동체는 "크게 생각하고 작게 시작한다." 장기적인 목적을 달성하기 위해서는 작은 것에서부터 점차 확대해 나가는 증가적인 접근법을 취하는 것이 좋다. 변화의 상황에 적응하기 위해 점진적으로 계획을 수립한다. 변화는 지속적이고 끝이 없는 과정으로 간주된다.

9. *전문성 계발*: 변화노력을 돕기 위해 다양한 형태의 전문성 계발 방법, 즉 스터디 그룹, 기술 개발, 멘토링, 동료 코칭, 협회 등의 방법이 사용된다.

10. *협조 및 협력*: 가르치는 일을 공론화한다. 교사들은 전략, 자료, 문제, 문제해결 방법을 공유한다. 교사는 새로운 교수방법을 배우기 위해 서로를 관찰하고, 교실 데이터를 수집하며, 피드백을 제공한다. 동료교사들의 협력집단은 공동의 문제를 분석하고, 해결방안을 세우며, 개선 노력의 결과를 평가한다. 전문적인 협력관계는 변화를 지원하는 데 있어서 강력한 자원이 된다.

11. *실험과 위험 감수*: 교사는 새로운 교수방법을 받아들이는 데 개방적이고, 이를 실험해 보도록 격려를 받으며, 설혹 그러한 실험 결과가 성공적이지 않았더라도 이를 개선하기 위한 지원을 제공받는다. 학교환경, 교육과정, 수업 프로그램 등을 개선하려고 노력하는 과정에서, 위험을 감수하는 일은 장려된다. 교사들은 새로운 형태의 전문성 계발과 새로운 리더십 역할을 해 볼 수 있도록 고무된다.

12. *인식, 공유와 기념*: 변화를 위해 노력하는 과정에서, 교사와 관계자들은 열심히 참여하거나 성공적인 결과를 가져온 일에 대해 인정을 받는다. 교사들은 변화와 관련한 자신의 결과물을 다른 사람과 공유한다. 한편, 학교는 변화노력의 결과를 학부모, 지역사회, 외부 교육자와 공유한다. 학교는 특별한 행사를 개최하여 변화가 성공적으로 이루어진 것에 대해 기념하며, 새로운 실천을 반영한 새로운 전통을 세운다.

**[그림 20.1]** 지속적으로 발전하는 학교문화에서 발견되는 규준들

## 4. 개인 수준에서의 변화

이 장의 앞부분에서는 학교문화 및 변화의 관계에 초점을 맞추었다. 그러나 학교문화가 아무리 중요하다고 할지라도, 이러한 학교문화가 개인들로 구성되어 있다는 사실을 잊지 말아야 한다. Hall과 Hord(2006: 7)는 "전체조직은 각각의 구성원들이 변화될 때까지 변화하지 않는다"고 강조한다. 더욱이, 이러한 개인들은 같은 시기에 모두 변화하는 것도 아니다. Hall과 Hord의 말을 다시 인용하자면, "심지어 변화가 조직의 모든 구성원들에게 동시에 소개되었을 때라도, 변화를 이루어 내고, 그러한 변화를 적용하는 데 필요한 기술이나 역량을 개발하는 속도는 사람마다 다르다"(Hall & Hord, 2006: 7). 따라서 학교 차원에서 변화를 시도할 때, 교사를 개별적으로 지원할 필요가 있다. Hall과 Hord(2006)는 Fuller(1969)의 관심 단계에 대한 연구결과를 확대하여 혁신에 대한 관심을 7단계(0~6)로 구분하여 논의하였다. [그림 20.2]에는 이러한 관심의 7단계가 기술되어 있다.

어떠한 시점에서 사람들은 일곱 개의 관심 단계 중 여러 개의 관심을 동시에 가질 수 있으나, 대개 어느 특정 단계에 그들의 특별한 관심이 머무를 때가 많다. 관심 단계는 0단계(가장 낮은 단계)에서부터 6단계(가장 높은 단계)로 발달해 간다. 따라서 교사가 다음의 상위 단계에 관심을 갖도록 하기 위해서는, 현재 그 교사가 가지고 있는 특정 단계에 대한 강력한 관심을 충족시켜 줄 필요가 있다. Hall과 Hord(2006)는 장학담당자나 변화 리더가 혁신과 관련하여 현재 교사들이 어떠한 관심 단계에 머무르고 있는지 알 수 있는 세 가지 방법을 제안하고 있다: (1) 비공식적으로 대화하기, (2) 개방형의 질문지를 사용하여 교사에게 현재 자신의 관심이 무엇인지 적어보게 하기, (2) 35개의 항목으로 구성된 관심 단계 진단 설문지 활용하기가 그것이다. [그림 20.3]에는 각각의 관심 단계에서 논의되는 관심의 표현들을 기술하였다.

일단 교사가 어느 관심 단계에 머무르고 있는지 파악되면, 장학담당자와 변화 리더는 교사의 현재 관심을 잘 다루는 동시에 상위 단계의 관심에도 주의를 기울일 수 있도록 도와주어야 한다. 일단 많은 교사들이 결과에 대한 관심 단계(결과, 협력, 강화 단계)에까지 도달하게 되면, 그 혁신은 성공할 가능성이 더욱 높아지게 된다. 높은 단계의 관심을 가지고 있는 교사야말로 가치 있는 혁신의 가장 좋은 친구이다!

**결과**

| 6 | 강화 | 이 단계의 사람들은 더욱 발전적인 대안을 마련하기 위해 혁신의 방향을 바꾸거나 다른 것으로 대체하는 등 더욱 획기적인 방안을 탐구하는 데 관심을 둔다. 이들은 기존의 학교 혁신안을 수정하거나 새롭게 제시된 대안적 혁신의 개념을 정립하는 데 깊은 관심을 보인다. |
|---|------|------|
| 5 | 협력 | 이 단계의 사람들은 학교 혁신이 실행될 때 다른 교사들과 협력하고 조정하는 데 관심을 가지고 있다. |
| 4 | 결과 | 이 단계의 사람들은 학교 혁신이 자신의 학생들에게 어떠한 영향을 미치게 될 것인지에 관심을 보인다. 이들에게는 학교 혁신이 과연 학생들에게 필요한 조치인지, 학생의 수행이나 역량의 성취를 어떻게 평가하는지, 이 변화가 학생의 성취를 향상시키기 위해 필요한 변화인지가 관심의 초점이다. |

**과업**

| 3 | 운영 | 이 단계의 사람들은 혁신의 절차와 과업, 정보 및 자원을 가장 잘 사용하는 방법에 대해 관심을 가지고 있다. 이들에게는 효율성, 조직화, 관리방안, 스케줄, 소요시간과 관련된 쟁점이 가장 중요한 문제이다. |
|---|------|------|

**자신**

| 2 | 개인 | 이 단계에 있는 사람들은 혁신이 왜 도입되었는지, 혁신이 요구하는 바에 비추어 자신에게 부족한 점은 무엇인지, 혁신을 실행할 때 자신의 역할이 무엇인지 분명하게 알지 못한다. 이들은 조직의 보상구조, 의사결정 과정, 기존의 구조나 비공식적 모임과의 잠재적 갈등과 관련하여 자신의 역할을 분석한다. 프로그램을 실행하는 데 있어서 자신과 동료의 금전적 보상이나 직위가 어떻게 달라질 수 있는지도 관심의 대상이 된다. |
|---|------|------|
| 1 | 정보 | 이 단계의 사람들은 혁신에 대해 대체적으로 알고 있으며, 조금 더 세부적인 것을 배우는 데 관심을 가지고 있다. 이 단계의 사람은 자신이 혁신에 관련되어 있어도 별다른 걱정을 하지 않는다. 사심 없는 태도로 혁신에 대한 실질적인 측면, 예컨대 혁신의 일반적 특징, 효과, 실천에 요구되는 사항 등에 흥미를 보인다. |

**무관심**

| 0 | 지각 | 이 단계의 사람들은 혁신에 참여하는 것에 거의 관심을 기울이지 않는다. |
|---|------|------|

**[그림 20.2]** 혁신에 대한 관심 단계

출처: G. E. Hall & S. M. Hord(2006). *Implementing Change: Patterns, Principles and Potholes*, p. 140. Boston: Allyn & Bacon.

| 관심의 단계 | | 관심의 표현 |
|---|---|---|
| **결과** | | |
| 6 | 강화 | 나는 더 좋은 결과를 가져올 수 있는 아이디어를 가지고 있다. |
| 5 | 협력 | 나는 내가 하고 있는 것과 다른 교사들이 실행하고 있는 것을 통합하는 데 관심이 있다. |
| 4 | 결과 | 그 혁신을 실행하는 것은 나의 학생들에게 어떻게 영향을 미치는가? |
| **과업** | | |
| 3 | 운영 | 나는 자료를 얻는 데 나의 모든 시간을 사용할 것이다. |
| **자신** | | |
| 2 | 개인 | 그 혁신을 사용하는 것이 나에게 어떠한 영향을 미칠까? |
| 1 | 정보 | 나는 그 혁신에 대해 조금 더 알고 싶다. |
| **무관심** | | |
| 0 | 지각 | 나는 그 혁신에 대하여 관심이 없다. |

[그림 20.3] 관심 단계: 혁신에 대한 전형적인 관심의 표현

출처: G. E. Hall & S. M. Hord(2006). *Implementing Change: Patterns, Principles and Potholes*, p.139. Boston: Allyn & Bacon.

## 5. 교수 환경의 변화

만약 지난 수년간 전국에 걸쳐 교육 환경에 대한 문제를 짚고 넘어가지 않았다면, 교육 변화에 대한 토론은 불완전하였을 것이다. 조금도 과장하지 않고, 교수 환경은 최적의 상태가 아니었다. 만약 학교 변화와 관련하여 교수 환경을 개선하는 일이 학교 안팎의 주요 관심사가 아니라면, 지금까지 변화가 가능하다고 논의한 모든 연구들은 사실 큰 가치가 없다.

- 변화를 시도할 때, 관료들이 그래왔던 것처럼 교사를 단지 교육과정을 전달하는 기술자로서 여기거나, 상업적 이윤을 위해 밀폐된(canned) 형태로 출판되는 교

수방법을 사용하게 하거나, 정책 입안자의 지시로 일괄적으로 실시되는 학생평가들을 *지양*하는 대신, 교사를 전문가로 여기고, 그들이 교육과정, 수업, 학생평가에 대해 전문적인 의사결정을 할수 있도록 *추구*할 필요가 있다.

- 교사에게 과도한 업무를 부과하여 학생과 관계를 맺지 못하게 하거나 반성적인 계획수립에 참여하지 못하게 하거나 효과적인 교수를 위한 비판적인 자기성찰을 하지 못하게 하는 것을 *지양*하는 한편, 수업의 질을 향상시키기 위한 필수조건으로서 교사가 할 수 있는 만큼의 업무 부과를 *추구*할 필요가 있다.

- 변화를 이루기 위해서는 구시대적인 학교구조로 인한 교사의 물리적 · 심리적인 고립과 개인주의를 *지양*하는 대신, 전문적인 대화와 협력의 기회를 제공하는 구조나 규범을 *추구*할 필요가 있다.

- 교사에게 규정 및 문서작업을 과도하게 부과하거나 권위주의에 의해 혹사당하게 하는 관료조직의 특성을 *지양*하고, 의사결정을 공유하고, 서로 협력하고, 교사의 리더십을 격려하는 민주적 학교공동체로서의 학교를 *추구*할 필요가 있다.

- 교사를 문제의 일부로 여기거나 자원을 배분할 때 교육 분야에 가장 낮은 우선순위를 부여하는 정책을 *지양*하는 대신, 교사를 해결방안의 일부로서 존귀하게 여기고, 교사에게 학교개선에 필요한 인적 · 물적 자원을 제공하며, 모든 학생들에게 질 높은 교육을 제공하는 정책을 *추구*해야 한다.

- 교직을 최소한의 외적 보상을 주거나 승진 단계가 없는 직업으로 간주하는 것을 *지양*하는 대신 교직을 전문직으로 여기고, 새로운 책임과 적절한 지원, 개선된 인식, 경력에 따라 봉급이 높아지는 직업이 되도록 *추구*해야 한다.

- 다양성이라는 것을 단순히 인종과 상징의 다양함으로 보는 것을 *지양*하고, 권한과 의사결정을 공유하는 것뿐만 아니라 존경과 존엄성을 가치 있게 여기는 안목을 *추구*해야 한다.

오늘날 많은 교사들이 열악한 교수 환경에 있으나, 이러한 교수 환경을 개선하기 위한 많은 노력들이 있는 것 또한 사실이다. 다수의 기업, 관련 시민단체, 정책 입안자들이 외부 조건을 개선하기 위해 노력하고 있으며, 많은 장학담당자들 또한 학교가 민주주의와 탐구, 대화의 중심이 되도록 노력하고 있다. 학교 안팎의 환경을 개선할 수 있는 기회는 이미 열려 있다. 이 기회를 잡아 실질적인 변화를 이끌어 내느냐의 과제만이 우리 앞에 놓여 있을 뿐이다.

## 성찰과제

학생의 학습을 향상하는 데 도움이 될 것이라고 확신할 수 있는 단위학교 수준의 구체적인 수업 혁신들을 생각해 보자. [그림 20.2]은 혁신에 대한 관심을 여섯 개의 수준으로 기술하고 있으며, [그림 20.3]은 각각의 관심 수준에 따른 표현 방식을 제시하고 있다. 혁신과 관련하여 시작 단계인 1단계부터 마지막 6단계까지 각각의 관심 단계에 있는 교사들에게 어떠한 유형의 전문성 계발을 권고할 것인가?

## 참고문헌

Allen, L., & Glickman, C. D.(1998). Restructuring and renewal. In A. Lieberman, M. Fullan, & D. Hopkins (Eds.), *International handbook of educational change* (pp. 505-528). Dordrecht, The Netherlands: Kluwer Academic.

Atkinson, E. (2002). The responsible anarchist: Postmodernism and social change. *British Journal of Sociology of Education*, *23*(1), 73-87.

Bain, A. (2007). *The self-organizing school: Next generation comprehensive school reforms.* Lanham, MD: Rowman and Littlefield Education.

Barnett, B. G., & O'Mahony, G. R. (2006). Developing a culture of reflection: Implications for school improvement. *Reflective Practice*, *7*(4), 499-523.

Boyd, V. (1992). *School context: Bridge or barrier to change?* Austin, TX: Southwest Educational Development Lab.

Eilers, A. M., & Camacho, A. (2007). School culture change in the making: Leadership factors that matter. *Urban Education*, *42*(6), 616-627.

Evans, R. (1996). *The human side of change: Reform, resistance, and the real-life problems of innovation.* San Francisco, CA: Jossey-Bass.

Fullan, M. (1997). The complexity of the change process. In M. Fullan (Ed.), *The challenge of school change.* Arlington Heights, IL: Skylight Professional Development.

Fullan, M. (2002). The change leader. *Educational Leadership*, *59*(8), 16-20.

Fullan, M. (2003). *Change forces with a vengeance.* London: Routledge-Falmer.

Fullan, M. (2005). Eight forces for change. *Journal of Staff Development*, *26*(4), 54-58, 64.

Fullan, M. (2006). The future of educational change: System thinkers in action. *Journal of Educational Change, 7*(3), 113-122.

Fullan, M. (2007). *The new meaning of educational change* (4th ed.). New York, NY: Teachers College Press.

Fullan, M. (Ed.). (2009). *The challenge of change: Start school improvement now!* (2nd ed.). Thousand Oaks, CA: Corwin.

Fuller, F. F. (1969). Concerns of teachers: A developmental conceptualization. *American Educational Research Journal*, *6*(2), 207-266.

Gleick, J. (1987). *Chaos: Making new science.* New York, NY: Penguin Books.

Gleick, J. (2008). *Chaos: Making new science* (rev. ed). New York, NY: Penguin Books.

Gordon, S. P. (1992). Paradigms, transitions, and the new supervision. *Journal of Curriculum and Supervision, 8*(1), 62-76.

Gordon, S. P. (Ed.). (2008). *Collaborating action research: Developing professional learning communities.* New York, NY: Teachers College Press.

Gordon, S. P., Stiegelbauer, S. M., & Diehl, J. (2008). Characteristics of more and less successful action research programs. In S. P. Gordon (Ed.), *Collaborative action research: Developing professional learning communities* (pp. 79-94). New York: NY: Teachers College Press.

Hall, G. E., & Hord, S. M. (2006). *Implementing change: Patterns, principles, and potholes.* Boston, MA: Allyn & Bacon.

Hargreaves, A., & Goodson, I. (2006). Educational change over time? The sustainability and non-sustainability of three decades of secondary school change and continuity. *Educational Administrative Quarterly, 42*(1), 3-41.

Hargreaves, A., Lieberman, A., Fullan, M., & Hopkins, D. (1998). *International handbook of educational change.* Dordrecht, The Netherlands: Kluwer Academic.

Hart, K. (2004). *Postmodernism: A beginner's guide.* Oxford, UK: One World.

Hayles, N. K. (1990). *Chaos bound: Orderly disorder in contemporary literature and society.* Ithaca, NY: Cornell University Press.

Hopkins, D. (2007). *Every school a great school: Realizing the potential of system leadership.* Maidenhead, Berkshire, UK: Open University Press.

Keedy, J. L. (1995). Teacher practical knowledge in restructured high schools. *Journal of Educational Research, 89*(2), 76-89.

Keedy, J. L., & Achilles, C. M. (1997). The need for school-constructed theories in practice in U.S. school restructuring. *Journal of Educational Administration, 35*(2), 102-121.

Levin, B., & Fullan, M. (2008). Learning about system renewal. *Educational Management Administration Leadership, 36*(2), 289-303.

Louis, K. S. (2007). Trust and improvement in schools. *Journal of Educational Change, 8*(1), 1-24.

Mason, M. (2008). Complexity theory and the philosophy of education. *Educational Philosophy and Theory, 40*(1), 4-18.

Mitchell, C. E. (1995). Teachers learning together: Organizational learning in an elementary school. Unpublished doctoral dissertation, University of Saskatchewan, Saskatoon, Saskatchewan, Canada.

Murphy, D. (2011). "Chaos rules" revisited. *International Review of Research in Open and Distance Learning, 12*(7), 116-134.

Nelson, S. (2008). Becoming a critical friend. In S. P. Gordon (Ed.), *Collaborative action research: Developing professional learning communities* (pp. 26-45). New York, NY: Teachers College Press.

Nolan, J. F. (2007). Five basic principles to facilitate change in schools. *Catalyst for Change, 35*(1), 3-8.

Patterson, J. L., Purkey, S. C., & Parker, J. V. (1986). *Productive school systems for a nonrational world.* Alexandria, VA: Association for Supervision and Curriculum Development.

Reigeluth, C. M. (2004, April). *Chaos theory and the sciences of complexity: Foundations for transforming education.* Paper presented at the American Educational Research Association, San Diego, CA.

Saphier, J., & King, M. (1985). Good seeds grow in strong cultures. *Educational Leadership, 42*(6), 67-74.

Sarason, S. B. (1990). *The predictable failure of educational reform*. San Frnacisco, CA: Jossey-Bass.

Senge, P., Cambron-McCabe, N., Lucas, T., Smith, B., Dutton, J., & Kleiner, A. (2000). *Schools that learn: A fifth discipline field book for educators, parents, and everyone who cares about education*. New York, NY: Doubleday.

Stiegelbauer, S. M. (2008). The dimensions of learning: From plans to action. In S. P. Gordon (Ed.), *Collaborative action research: Development professional learning communities* (pp. 112-133). New York, NY: Teacher College Press.

Wheatley, M. J. (1992). *Leadership and the new science: Learning about organization from an orderly universe*. San Francisco, CA: Berrett-Koehler.

Zmuda, A., Kuklis, R., & Kline, E. (2004). *Transforming schools: Creating a culture of continuous improvement*. Alexandria, VA: Association for Supervision and Curriculum Development.

# 제21장

# 다양성 인정

**신혜숙**_ 강원대학교 교육학과 교수

## ➤ 이 장에서 생각해 볼 문제

**1.** Kirsch와 동료들은 우리가 서로 다른 문화집단 간에 더 크게 벌어지고 있는 기술수준의 격차를 좁히기 위한 행동에 나서지 않는다면 "미래 세대에 예측가능하고 대단히 끔찍한 결과"를 초래할 것이라고 내다보았다(Kirsch, Braun, Yamamoto, & Sum, 2007: 7). 이러한 (끔찍한) 결과가 무엇이라 생각하는가?

**2.** 이 장을 읽으면서, 다양한 집단의 학생 간 성취도 격차를 줄이기 위해 학교, 학교공동체 및 사회적 수준에서 어떤 노력이 필요할지 생각해 보라.

**3.** 당신이 경험했거나 관찰한 PK-12 교육과정에서의 문화적 충돌에 대해 고찰해 보라. 당신의 경험과 관찰에 입각해 볼 때, 이 장에서 논의된 문화적 충돌의 원인과 그것이 초래하는 결과가 사실이라 생각하는가?

**4.** 문화적 반응성이 높은 장학담당자나 교사는 그 동료들의 문화적 반응성을 더 높이고, 문화적 반응성이 높은 학교를 만들기 위해 어떤 일을 할 수 있는가?

**5.** 학교차원에서 (1) 다양한 인종, 민족 문화집단의 학생들에 대한 대응대책, (2) 성적 평등, (3) 성적 소수자 학생들에 대한 대응과 관련한 공식 발표문을 작성한다면 각각의 주제에 포함되어야 할 핵심적인 요소는 무엇이라고 생각하는가?

> *민족국가(nation-state)가 직면한 주요한 문제는 다양성을 어떻게 인식하고 합법화할*
> *것인가, 더 나아가 민족국가를 구성하는 다양한 집단들의 목소리와, 경험과 희망을*
> *아우르는 국가적 정체성을 어떻게 만들어 나갈 것인가 하는 것이다. 새로운 국가 정*
> *체성을 구성하는 데 어느 집단이 참여해야 하며, 권력집단이 주변부 집단과 권력을*
> *공유하기 위해 어떤 동기요인이 활용되어야 하는가의 문제 또한 제기되어야 한다.*
> *권력공유는 다양한 구성집단의 문화를 반영하는 민족국가의 핵심적 특징이다.*
>
> (Banks, 2000: 28)

미 국에서 다양성 및 서로 다른 학생집단 간의 성취도 격차가 증대되고 있다는 점을 고려해 본다면, 학교에서 다양성의 문제를 논의하는 것은 매우 중요하고, 그 중요성은 점차 커지고 있다고 할 수 있다. 인간은 성취도 격차를 심화시키는 어떠한 편견과 선입견을 가지고 태어나지 않았다. 이러한 태도는 가르쳐진 것이고, 학교는 미래의 시민들이 서로 다른 문화집단에 소속된 사람들에 대해 서로 다른 태도를 가지도록 가르칠 수 있다. 또한, 다양한 문화집단 학생들의 성취도 저하는 그들이 지배문화 집단의 학생들보다 덜 지적이거나, 학습에 대한 흥미가 덜하기 때문이 아니라 그들의 문화와 미국사회의 전통적 학교교육이 양립하기 힘들기 때문이다. 만약 성취도 격차를 줄이기 위해 학교를 변화시키고, 교수방식을 변화시켜야 한다면, 다양성에 대한 문제를 반영하는 것은 수업 장학이 해야 할 일이 될 것이다.

이 장에서는 경제적, 인종적, 민족적, 성적 소수자와의 관련성 속에서 교수-학습에 대해 검토할 것이다. 우선 전통적인 학교문화와 교수관례가 어떤 방식으로 지배문화 계층이 아닌 학생의 학습을 지체시키는지 검토할 것이고, 이어서 다양한 문화에 대해 보다 반응성이 높도록 학교와 교수방식을 변화시키기 위한 전략을 논의할 것이다.

## 1. 경제, 인종, 민족집단 간 성취도 차이

미국이 모든 사람에 대한 기회의 균등을 옹호하기 위한 노력을 하고 있지만, 다양한 경제, 인종, 민족집단 간 교육의 산출물에 큰 격차가 존재하는 것이 현실이다. 〈표 21.1〉은 경제, 인종집단별로 국가교육향상도평가(NAEP) 읽기, 쓰기, 수학 및 과학영역의 기초수준 이상 성취도 학생의 비율을 제시하고 있다. 경제적 빈곤층과 비교해 보았을 때, 그렇지 않은 학생의 기초수준 이상 비율은 모든 학년 및 내용영역에서 훨씬 높은 수준이다. 흑인 및 라틴계 학생들과 비교해 보았을 때 백인의 기초수준 이상 비율도 매우

〈표 21.1〉 학생집단별 기초수준 이상 비율

| 교과목 | 시험 연도 | 학년 | 학생 전체 | 빈곤층이 아닌 학생 | 빈곤층 학생 | 백인 | 흑인 | 남미 (라티노) |
|---|---|---|---|---|---|---|---|---|
| 읽기 | 2011 | 4 | 67 | 82 | 52 | 78 | 49 | 51 |
| | 2011 | 8 | 76 | 86 | 63 | 85 | 59 | 64 |
| | 2009 | 12 | 74 | 79 | 61 | 81 | 57 | 61 |
| 쓰기 | 2007 | 8 | 88 | 93 | 80 | 93 | 81 | 80 |
| | 2007 | 12 | 82 | 85 | 69 | 86 | 69 | 71 |
| 수학 | 2011 | 4 | 82 | 92 | 72 | 91 | 66 | 72 |
| | 2011 | 8 | 73 | 84 | 59 | 84 | 51 | 61 |
| | 2009 | 12 | 64 | 72 | 45 | 75 | 37 | 45 |
| 과학 | 2009 | 4 | 72 | 86 | 56 | 87 | 47 | 53 |
| | 2011 | 8 | 65 | 80 | 48 | 80 | 37 | 48 |
| | 2009 | 12 | 60 | 68 | 39 | 72 | 29 | 42 |

출처: National Center for Educational Statistics. NAEP Data Explorer, http://nces.ed.gove/nationsreport/NDE

높다(National Center for Education Statistics, n.d.).

빈곤층 비율이 높은 지역에서 고등학교에 입학한 학생들의 고등학교 졸업비율은 60% 이상이며 이는 빈곤층 비율이 낮은 지역의 75%와 대비된다(Swanson, 2004a, 2004b). 백인의 경우 고등학교 입학생의 70~80%가 졸업하는 것에 비해 흑인과 라틴계 학생의 경우 이 비율은 50~69% 수준이다(Amos, 2008; Hoff, 2008; Swanson, 2004a, 2004b). 미국에서 고등학교 미졸업의 영향은 심각하다. 고등학교 중도탈락자는 수익력(earning power)이 졸업자에 비해 훨씬 낮을 뿐만 아니라, 빈곤층으로 생활하고 범죄행위에 연루될 확률 또한 훨씬 높다(Boisjoly, Harris, & Duncan, 1998; Neild, Balfanz, & Herzog, 2007).

수많은 사회경제적 하층집단 및 인종/민족적 소수자 학생들이 부모의 소득, 인종, 혹은 모국어 때문에 실패하는 것―잠재력을 가진 수많은 총명한 어린 학생들의 학습요구를 수용하는 데 실패한 것―이 바로 우리 사회이고, 우리의 학교라는 현실을 모두가 깊이 성찰해야 한다. 이는 당연히 국가의 수치이다. 이를 수치로 생각하는 데 머무를 것이 아니라 우리가 저소득층, 인종/민족적 소수학생들을 교육하는 방식을 변화시키는 것을 긴급한 도덕적 지상명령으로 전환시킬 필요가 있다.

미국 사회에서 가진 자와 가지지 못한 자 사이의 교육적, 경제적 격차가 커짐에 따라, 미국은 점차적으로 다원화된다. 인구통계학적 전망에 따르면 2050년에 이르러 비히스패닉계 백인은 인구의 47%를 점하는 소수층이 될 것이다(Passel & Cohn, 2008). Kirsch와 그 동료들(2007)은 미국의 다원성 증대, 서로 다른 집단 간의 기술수준의 격차 증가, 기술과 세계화로 인한 경제의 변화가 합쳐져 그들이 말하는바 "최악의 상황(perfect storm)"을 맞이하게 될 것이라 경고하고 있다.

이 세 가지 강력한 힘이 합쳐져 미국에 이미 심각한 영향을 주고 있는 파도를 생성하며, 우리는 이미 그 완벽한 폭풍의 가운데 있다. Sebastian Junger의 소설에 묘사된 완벽한 폭풍과 달리, 우리가 맞이하고 있는 폭풍은 그 힘이 더욱 거세질 것이며, 잔잔한 바다는 눈에 보이지 않는다. 우리는 이 폭풍을 타고 넘을 것이라는 희망을 가지기 힘들다. 우리가 현재의 뱃머리 방향을 고수하고, 효과적인 행동을 취하는 데 실패한다면 그 폭풍은 미래 세대에게 다수의 예측가능하고 끔찍한 결과를 가져다줄 것이다. 그 결과는 경제영역을 넘어 우리 사회의 정신과 기풍(ethos)에까지 확장될 것이다(Kirsch et al., 2007: 7).

앞서 언급한 교육에서의 불평등을 해소하기 위한 도덕적 지상명령은 장학담당자와 교사들이 학생집단 간 성취 격차를 해소하기 위한 작업에서 다양성의 문제를 해소해야 하는 주된 이유가 되어야 한다. 우리가 이미 그 바람을 느끼고 있는 저 멀리의 폭풍은 다양성의 문제를 다루어야 하는 또 하나의 자극제(impetus)가 된다.

## 2. 사회 문제인가, 학교 문제인가?

계층주의와 인종주의는 미국의 빈곤층 및 소수인종 다수의 삶의 질에 부정적인 영향을 끼친다. 또한 이러한 부정적인 영향은 이 집단의 교육의 질로까지 확대된다. Rothstein(2004)은 많은 빈곤층과 소수인종 학생들이 공교육 시작 시점에서부터 부족한 임금, 표준 이하의 주거환경, 의료서비스의 부족 등 삶의 불리한 환경에 놓여 있음을 보여주었다. 더욱이, 많은 사회경제적 하층가정의 학생들은 중류층과 상류층 학생들보다 학교 밖 교육기회가 적다. 예를 들어, 중류층과 상류층 학생들은 다양한 책을 접하고, 가족휴가에 여름캠프를 떠나고, 동물원과 박물관을 관람하고, 음악이나 무용 레슨을 받을 가능성이 더 높다. Rothstein(2004)은 사회경제적 하위가정 학생과 그렇지 않은 학생 간 성취도 분산의 절반 이상이 학교 밖 요인, 예컨대 가족의 소득, 주거환경, 의료 및 학교 이외의 교육기회 등으로 설명된다고 주장한다.

연방, 주 및 지역수준에서 미국의 교육정책은 대체적으로 사회에 현존하는 불평등을 강화하는 경향이 있다. 예를 들어 연방법원은 미국의 가장 성공적인 반인종차별구상(desegregation plan)들을 금지시켰다(Goldring, Cohen-Vogel, Smrekar, & Tayler, 2006; Wells, Duran, & White, 2008). 또한 미국의 많은 공립학교들이 말 그대로 100% 소수인종 학생들만으로 구성되어 있다(Frankenberg, Lee, & Orfield, 2003). 미국 전체에서 평균적으로, 지역과 주 수준의 지출을 합쳐 보자면, 주정부는 빈곤층 밀집지역에 그렇지 않은 지역보다 예산을 덜 지출하고 있다(Wiener & Pristoop, 2006). 재정 지원의 불평등은 연방수준에서도 존재한다. 연방정부의 Title I 산출공식은 주의 평균적인 학생 1인당 지출을 고려하기 때문에, 많은 예산을 지출하는 주가 지출규모가 작은 주보다 더 많은 Title I 자금을 지원받게 된다. "순수한 효과(net effect)로 보자면 Title I은 주 간의 불평등을 감소시키기보다는 강화시킨다"(Liu, 2006: 2). 여기에 더하여, 빈곤층 혹은 소수인종 학생이 많은 학교일수록 담당교과를 전공하지 않은 교사의 비율이 높고, 초임교사가 배정받을 확률이 높아지며, 부유층 학생의 비중이 높고 소수계층 학생이 적은 학교보다 교사의 임금이 낮은 경향이 있다(Peske & Haycock, 2006).

교육정책에 반영되어 있는 것과 같이, 저소득층과 소수인종 학생들을 이처럼 불리한 상황에 놓이게 하는 미국 사회의 체계적인 문제에 교육가들은 어떻게 대응해야 할 것인가? 일부 전문가는 미국 사회가 부적절한 주거와 의료, 인종차별, 불평등한 학교 재정 지원 등과 같은 문제에 제대로 대응하지 못할 경우 학교는 결코 성취격차를 좁힐 수 없을 것이라 말한다. 이러한 주장을 하는 전문가들도 이러한 문제에 대해 학교가 일정 역할을 할 수 있을 것이라는 점에는 동의하지만 격차를 초래한 많은 조건들이 이미 학교가 어찌할 수 없는 영역의 문제임을 주장하는 것이다. 다른 일군의 전문가들은 학교가 성취격차 해소의 가교역할을 할 수 있다고 믿는다. 그들은 효과적인 학교 및 학교 개선연구들에 주목하면서 저소득층과 소수인종 위주로 구성된 일부 학교에서(성취격차 해소가) 가능하다면, 모든 학교들이 다 가능하다고 이야기한다. 이러한 주장을 하는 전문가들은 교육가들에게 그들이 통제할 수 없는 사회적 조건은 잊어버리고, 저소득층과 소수인종의 성취도를 향상시키는 것, 그들이 미국 사회에 현존하고 있는 빈곤, 계층주의, 인종주의의 장벽을 극복할 수 있게 준비시키는 것에만 초점을 맞추라고 이야기한다.

저자들의 입장은 PK-12(유초중등교육) 교육가들이 다양한 학생집단에 대한 불공정한 대우의 문제에 대해 이중적 접근방식을 취해야 한다는 것이다. 우선, 장학담당자들과 교사들은 그들 자신의 문화적 정체성을 분명히 확인하고, 그들 자신과는 다른 문화집단과 함께 일할 수 있는 능력을 계발해야 하며, 문화적 반응성이 높은 교실과 학교를 창조해야 한다. 다음으로, 장학담당자들과 교사들은 저소득층과 소수인종 학생들에게 불리하게 작용하는 공공정책을 변화시키기 위한 직접적인 노력을 할 필요가 있다. PK-12 교육가들은 모든 가구가 생활 가능한 임금과 적절한 주거, 기본적인 의료서비스를 보장받을 수 있도록 하기 위한 지역 및 국가 차원의 노력에 동참해야 한다. 거기에 더하여 장학담당자들과 교사들은 인종차별, 불공평한 학교 재정 지원 및 저소득층/소수인종 학생들에게 해가 되는 주 및 국가 차원의 교육정책을 폐지하기 위해 노력해야 한다. 장학담당자들과 교사들만으로 이를 달성하는 것은 불가능하다. 따라서 그들의 변화의 필요성을 절감하고 있는 PK-12 교육가, 대학 교육가, 학부모, 경제인 및 정책 입안자들로 이루어진 연합체의 일부분이 될 필요가 있다. 이 연합체의 구성원들은 일반 대중과 기업, 정치가들에게 변화의 필요성을 교육하고, 국가 및 연방 수준의 새로운 입법을 압박하는 데 도움을 주어야 한다.

지금까지 넓은 시각에서 평등의 문제를 조망하였다. 이하에서는 일부 학생에 대한 불평등한 처우를 유발하는 문화적 충돌 및 문화적 반응성이 높은 교사와 학교가 어떻게 다양성의 문제에 대처할 수 있는지를 포함하여 보다 미시적인 관점에서 교실과 학교에 초점을 맞추어 논의한다.

## 3. 문화적 충돌

저소득층 및 소수인종 학생들은 그들의 문화와 주류문화 간 가치와 이해의 충돌로 인해 학업적 저성취를 보이는 경우가 많다. 대부분 학교의 조직 구조, 규범, 가치, 교육과정, 교수전략, 학생평가 방법이 주류문화 위주로 구성된다. 게다가, 다양한 문화집단의 학생 수가 증가하는 데도 불구하고 백인 교장과 교사의 수는 학생구성에 비해 볼 때 매우 많은 상태로 계속 유지되고 있다(Chamberlain, 2005; Saifer & Barton, 2007).

이러한 문제는 부분적으로 이런 저런 집단은 "덜 학문적인", "덜 동기화된" 혹은 부모들이 자녀의 교육에 대해 "덜 관심을 가지는" 집단이라는 사회경제적 하위집단에 대한 무신경한 선입견에 기인한다. 그러나 사회경제적 하위집단 및 소수인종집단 학생에게 가해진 피해의 많은 부분은 보다 미묘하여 포착하기 어렵고, 또한 많은 경우 그들이 어떤 행위를 하는지 의식하지도 못하는 선의를 가진 교육가들에 의해 행해진다(Carlisle, Jackson, & George, 2006). 많은 경우 진짜 문제는 특정 집단의 문화적 규범을 이해하지 못하는 교육가들에게 있다. 예를 들어, Valenzuela(1999)는 'Educación'이라는 개념이 멕시코계 미국 문화의 중요한 부분이라는 점을 지적한다.

'Educación'은 영어의 동계어(cognate)보다 개념적으로 더 광범위한 용어이다. 이는 자식들에게 도덕적, 사회적, 개인적 책임을 심어주는 가족의 역할을 의미하며, 모든 다른 학습의 기초로 작용한다. 비록 학업적 측면에서의 정규교육을 포함하는 개념이기는 하지만, 'Educación'은 여기에 개인이 타인의 존엄과 개성을 존중하는 사회적 세계에서의 역량을 더한 개념이다(Valenzuela, 1999: 23).

멕시코계 미국인 학생을 가르치는 데 있어서 'Educación'의 한 가지 함의는 교사가 배려 및 학생과의 상호적 관계맺음 능력을 개발하고, 학생 간에도 이러한 관계맺음을 촉진할 필요가 있다는 점이다. 멕시코계 미국인 학생과 거리를 유지하고, 그들을 서로 교류하지 않도록 하고, 학업적 경쟁을 강조하는 교사는 그들을 위해하고 있는 것이다. Valenzuela(1999)는 다음과 같이 말한다.

교사들이 자신의 학생들에게 상호적 관계를 증진시킬 수 있는 기회를 주지 않을 때, 그 교사들은 동시에 이들 어린 학생들 대부분이 받아들이고 있는 교육의 개념 자체를 무력화시키고 있는 것이다. 그(교육의) 개념이 철저히 멕시코 문화에 기반하고 있으므로, 교육을 부정하는 것은 멕시코인들의 문화 또한 부정하는 것으로 귀결된다(Valenzuela, 1999: 23).

Delpit(2006)은 2학년 흑인 학생인 Marti가 쓰고 소리 내어 읽은 소설에 대한 백인 교사의 반응에 관한 이야기를 통해 학생의 문화를 이해하지 못하는 교사에 대한 또 다른 예를 들고 있다(Delpit, 2006: 169).

Marti: "Once upon a time, there was an old lady, and this old lady **ain't had no sense.**"

Teacher(interrupting): "Marti that sounds like the beginning of a wonderful story, but could you tell me how you would say it in Standard English?"

Marti(head down, thinking for a minute, softly said): "There was an old lady who didn't have any sense."

Marti (hand on hip, raised voice): "But this lady ain't had no sense!"

이 이야기 속의 교사는 2학년 학생인 Marti가 표준 영어를 이해하지 못하고 있다는 사실을 인식하지 못하고, 교사의 관점에서 일방적으로 학생의 현재 표현방식을 보다 정교화하게 하라는 요구를 하고 있다. 문화적 규범을 이해하지 못하게 되면 빈곤층 및 소수인종 학생들의 능력을 과소평가하게 되고, 결과적으로 그 학생들에게 제공되는 교수의 수준을 낮추게 된다. 즉, 기본적인 기능에 집중하고, 훈련과 연습을 강조하며, 그 학생들이 실제로 완벽하게 학습할 역량을 가지고 있는 상위수준의 기술을 개발할 기회를 박탈하게 된다(Bae, Halloway, Li, & Bempechat, 2008).

다른 유형의 문화적 충돌은 주류문화에 의한 저소득, 소수인종 학생들의 행동에 대한 오해에서 비롯된다. 사회경제적 하위층과 소수인종 학생들은 교육에 대해 관심이 없다고 여겨지는 경우가 많다. 그러나 Valenzuela(1999)가 지적하듯, 학교가 이러한 학생들에게 그들의 문화는 가치 없다는 메시지를 전달하고 있으며, 또한 주류문화를 받아들이고 그들의 문화를 거부하기를 요구하고 있다. Valenzuela는 많은 소수계 학생들이 관심 없어 하는 것은 *교육(education)*이 아니라 그들이 현재 받고 있는 *형태의 학교교육(type of schooling)*이라고 주장한다. 따라서 사회경제적 하위층과 소수인종 학생들의 행동은 그들이 받고 있는 취급에 대한 대응방식(Bensimon, 2007; Garcia & Dominguez, 1997) 혹은 주류문화에 의한 자신들의 문화 파괴에 대한 저항방식(Valenzuela, 1999)이라고 볼 수 있다.

서로 다른 의사소통 방식은 종종 문화적 충돌을 야기하기도 한다. *고맥락 문화(high-context culture)* 집단의 학생들은 어떤 상황의 맥락을 묘사하는 데 많은 시간을 필요로 하고, 많은 경우 이야기(story)의 형태로 이를 묘사한다. 반면, 주류문화의 교사들은 *저맥락(low-context) 문화*를 가진 경우가 많다. 그들은 직접적이고 명시적인 메시지를 선호하고, 고맥락 문화집단으로부터의 메시지를 산만하고 혼란스럽게 여긴다. 고맥락 문화집단의 학생들은 교사들로부터 정정을 받게 되고, 그들의 의사소통 방식을 열등한 것으로 여기게 되고, 학급에서의 상호작용으로부터 이탈하게 된다(Chamberlain, 2005; Milner & Ford, 2007). 유럽계 미국인들은 다른 형태보다는 문자화된 의사소통을 가치 있게 여기는 경향이 있다. 반면 다른 많은 문화집단의 사람들은 구두 의사소통에 더 큰 가치를 부여한다. 또한 유럽계 미국인들은 주제 위주의 선형적인 내러티브를 선호하는 반면 몇몇 소수문화집단은 비선형적이고 상황을 옮겨가며 나누는 일화적인(episodic) 내러티브를 선호한다(Chamberlain, 2005; Delpit, 2006). 문제는 유럽계 미국인 교사가 일화적인 스타일로 쓰인 이야기를 그들의 주제중심적 이야기보다 열등한 것이라고 인식할 때 발생한다.

문화적 차이로 인해 많은 저소득 및 소수인종 학생들을 특수교육 대상학생이라고 잘못 진단되고, 그 결과 저소득 및 소수인종 학생들은 특수교육 프로그램 대상자로 의뢰되는 경향이 크다. 반대로, 저소득 및 소수인종 학생을 영재교육 대상자로 진단하지 못하여, 이들 계층은 영재교육 프로그램에 의뢰되는 비율이 낮다(De Valenzuela,

Copeland, Qi, & Park, 2006; Fiedler et al., 2008; Milner & Ford, 2007). Banks(2000: 38)는 특수교육 배정과 관련된 개념들은 주류문화에 의해 사회적으로 구성된 것이라 주장한다: "인종, 정신지체, 영재성에 관한 범주를 결정할 때, 영향력 있는 개인 및 집단이 그 범주와 특성을 구성하고 기존의 위계에 이익이 되는 보상과 특권을 배포하게 된다". Banks(2000)는 또한 그들의 문화와 공동체 내에서 유능한 것으로 판단된 개인이 종종 학교에서는 정신적으로 지체된 것으로 낙인찍히기도 함을 언급한다. 거듭 말하지만, 사회경제적 하위층과 소수인종 학생들은 영재 및 재능자 프로그램에서 심각하게 과소 반영(underrepresented)되어 있다.

Banks(2000)는 중산층 백인 부모들이 체제에 대한 자신들의 지식과 정치적 힘을 그들의 자녀가 영재 및 재능자 프로그램에 배정되는 데 도움을 주도록 활용한다고 믿는다. 이러한 프로그램들은 일반적으로 더 좋은 교사, 작은 교실규모, 보다 지적인(학습) 내용을 가지고 있다. 동시에, 많은 사회경제적 하위층과 소수인종 학생들은 지적인 활동이 상대적으로 적은 하위트랙 프로그램에 배정된다. Banks(2000)가 묘사한 바와 같이, "하위트랙 수업을 받는 학생들은 낮은 수준의 교수, 훈련과 연습, 고차적인 내용의 부족 등으로 특징지어진다"(Banks, 2000: 37).

Chamberlain(2005)에 따르면, 주류문화의 많은 교사들은 장애로 인한 저성취와 문화적 충돌로 인한 저성취를 구분하지 못한다. Chamberlain은 다양한(문화집단의) 학생들이 편향된 검사, 검사도구를 학습할 수 있는 기회의 부족, 시험 보는 기술의 부족, 문화적으로 부적절한 검사 규준(norm), 적절한 데이터 수집의 실패 및 자료의 부정확한 해석 등으로 인해 특수교육 혹은 하위트랙 프로그램 대상자로 진단받게 되는 과정을 잘 묘사하고 있다.

많은 학교에서 교육과정이 다양한 문화와 충돌한다. 이는 교육과정이 주로 유럽중심의 중산층 위주로 구성되어 있기 때문이다. 다른 문화가 교육과정에 반영되어 있지 않다면, 비주류 문화의 학생들은(학업에) 성공하기 위해 그들의 문화를 무시하고 유럽중심의 내용을 학습해야만 한다.

유럽중심의 교육과정을 학습하도록 강요됨에 내재된 문화적 충돌은 이(異)문화 학생들에게 엄청나게 불리하게 작용한다. 사회경제적 하위층 및 소수인종 학생들은 그들의 문화로부터 매우 많은 지식자산을 가지고 학교에 오게 된다. 이 지식은 그들의 문화 안에서 지원망이 제공하는 자원으로부터 비롯되고, 개인 간의 상호작용을 통해 평가된 것이다(Dworin, 2006; Moll, Amanti, Neff, & González, 1992; Rios-Aguilar, 2010; Risko & Walker-Dalhouse, 2007; Stritikus, 2006). 그러나 학교의 유일한 교육과정이 유럽중심적인 것이라면, 학생의 문화에 내재한 지식자산은 그 학생의 학교학습과는 관계없는 것이 되어 버린다. 더 나아가 유럽중심의 교육과정을 가진 학교에서 비유럽 문화집단처럼 보이는 학생 개인 혹은 집단은 교육과정으로부터 배제되거나 교육과정에 잘못 반영 (misrepresented)되게 되며, 따라서 비유럽계 문화집단의 학생들은 교육과정을(자신과) 연계시키는 것이 어려워진다. 이를 두고 Valenzuela(1999: 175)는 "학생들의 기술, 지식, 문화적 배경에 입각하여 만들어지지 못한 현존하는 교육과정의 실패"라고 말한다.

지금까지 우리가 논의한 모든 것들―선입견, 문화적 규범에 대한 오해, 학생 행동에 대한 잘못된 해석, (특수교육) 과대의뢰와 잘못된 진단, 유럽중심, 중산층 위주 교육과정―이 사회경제적 하위층 및 소수인종 학생들을 교육하기 위한 모델의 결함에 기여한다. 주류문화는 사회경제적 하위층 및 소수인종 학생들의 문화를 지속적으로 발전시켜야 할 자산으로 보기보다는 극복해야 할 결함으로 간주한다. 이로 인해 많은 학교들이 Valenzuela(1999)가 지칭하는바 "배제적 학교교육(subtractive schooling)"을 실시하고 있다; 그러한 학교들은 사회경제적 하위층 및 소수인종 학생들의 문화뿐만이 아니라 그들 문화의 일부인 사회적 자본까지 배제시켜 버린다.

배제적 학교교육의 하나의 예로서, 영어가 모국어가 아닌 학생들을 이중언어 학생이 아닌 영어 사용자로 전환시키는 것을 목표로 삼고 있는 것을 들 수 있다. 이러한 학생들은 영어 유창성에 제한이 있는(limited English proficiency) 학생들로 분류된다. 그들이 사용하는 스페인어는 영어로 대체되어야 할 결함으로 간주된다(Stritikus, 2006). 배제적 학교교육의 다른 예로 사회경제적 하위층 및 소수인종 학생들을 별도의 트랙 혹은 능력집단으로 분리시키는 것을 들 수 있다. 사회경제적 하위층 및 소수인종 학생들 중 고성취 학생들은 동일한 문화집단의 저성취 학생과 문화자본 및 학습전략 등에서 공유할 수 있는 것들이 있다. 그러나 고성취 학생과 저성취 학생이 수준별 반편성 등으로 인해 분리된다면 동료관계가 형성될 수 없고, 사회적 자본 또한 공유될 수 없게 된다.

주류문화의 수많은 교육가들이 사회경제적 하위층 및 소수인종의 문화를 더 깊이 이해하고 보다 문화적으로 수용적이게 되는 방법을 학습하는 데 실패한 이유는 무엇인가? 한 가지 원인으로 대부분의 교사교육, 리더십 교육 프로그램 및 전문성 계발 교육이 문화적 이해를 적절히 다루지 않고 있는 점을 들 수 있다(Batt, 2008). 또 다른 이유는 주류문화의 교육가들과 사회경제적 하위층 및 소수인종 학생들의 가족 및 공동체 간 상호작용이 매우 낮은 수준이라는 점을 들 수 있다. 주류문화의 교사들은(비주류) 학생들과 같은 지역에 거주하지 않고, 학교 밖에서 그들의 가족을 방문하지도 않는다. 비주류 학생들의 교사들은 심각한 행동적 혹은 학업적 문제가 발생할 경우에만 그들의 부모와 연락하는 경우가 많다.

학교의 교육과정과 교수방식을 어떻게 하면 보다 문화적으로 수용적으로 만들 것인가에 대해 학부모 및 공동체 구성원과 협력하는 경우는 거의 없다. 교육가들이 사회경제적 하위층 및 소수인종 학부모들이 자식의 교육에 관여하지 않는다고 비판하는 경우가 많지만, 사실 학교측에서 미팅을 위한 시간이나 장소를 비현실적으로 잡거나, 교정적 접근을 고수하거나, 권력전술 및 전문용어 사용 등을 통해 대화를 조종하거나 하는 등의 방식으로 학부모 참여에 대해 장벽을 치는 경우가 많다. 이러한 장벽으로 인해 자녀의 학교에 관여하고자 노력하는 사회경제적 하위층 및 소수인종 학부모들은 쉽게 환멸을 느끼고 활력을 잃어버리게 된다(De Gaetano, 2007; Garcia & Dominguez, 1997).

## 4. 문화적으로 수용적인 수업

문화적 다양성을 가진 학생들을 성공적으로 가르치는 수업은 *문화적으로 수용적이다*. Ladson-Billings(2009)는 문화적으로 수용적인 수업은 일련의 신념으로부터 출발한다고 말하고 있다.

> 문화적으로 유관한(relevant) 방법을 사용하는 교사가 누구인지는 그들이 자신과 타인을 바라보는 방식을 통해 알 수 있다. 그들은 그들의 수업을 기술이라기보다는 예술로 생각한다. 그들은 일부에게 실패가 불가피하다고 생각하기보다 모든 학생들이 성공할 수 있다고 믿는다. 그들은 자신을 공동체의 일부라 생각하고, 수업을 공동체에 되돌려주는 것이라 생각한다. 그들은 학생들의 지역, 국가, 인종, 문화 및 국제적 정체성 간 관계맺음을 도와준다. … 그들은 지식이 지속적으로 재생산되며, 교사와 학생들에 의해 동일하게 공유되는 것이라 믿는다. 그들은 교육과정의 내용을 비판적으로 바라보며, 그것에 대해 열정을 가지고 있다(Ladson-Billings, 2009: 28).

문화적으로 수용적인 교사는 모든 학생들을 있는 그대로 받아들인다. 그러나 동시에 모든 학생들의 학습을 도와야 한다는 책임감을 받아들인다. 여기서 학습(learning)은 기초적인 지식 및 기술과 동시에 비판적, 창의적 사고를 발달시키는 것을 의미한다. 수용적 교사는 학생들이 학업적 성공을 선택할 수 있도록 도와준다. 어떻게 이것이 가능한가? 핵심은 모든 학생에 대한 진정한 배려(caring)에 기초한 관계형성이다. 배려는 관심(concern)으로 이어지고, 이는 관계를 발전시키고자 하는 노력으로 이어진다(Haward, 2002). 관계형성의 중요한 부분은 개인적 주의 기울이기(attention)이다. 이는 교실 밖의 비학업적인 문제에 대한 주의를 포함한다. 관계형성은 또한 다문화 학생들을 개인이자 동시에 특정 문화의 일원으로 취급하는 것을 포함한다(Brown, 2004; Brown, 2007; Cartledge & Kourea, 2008; Delpit, 2006; Ladson-Billings, 2009; Kidd, Sanchez, & Thorp, 2007; Richards, Brown, & Forde, 2007).

문화적으로 수용적인 교사의 학급은 다문화적이고, 언어적 다양성이 인정되고 수업에도 도입되며 동시에 주류문화가 사용하는 언어코드 또한 가르쳐진다(Bernhard, Diaz, & Allgood, 2005). 주 사용언어가 영어가 아닌 학생의 경우 언어적 다양성은 이중언어 교육을 의미하는 것으로, 학생들은 영어 말하기 능력을 개발시키면서 동시에 자신의 주 언어로 교육과정을 이수한다. 목표는 학생의 주 언어를 영어로 바꾸는 것이 아니라 이중언어 능력을 키우는 것이다. 보다 넓은 의미에서, 문화적으로 수용적인 교사는 표준적 지식을 가르치면서 동시에 주류문화가 가치롭게 생각하지 않는 지식도 인정한다; 그들은 학생 개개인의 문화를 온전히 보존하면서 동시에 학문적 수월성을 추구하기 위해 노력한다(Ladson-Billings, 2009).

문화적으로 수용적인 교사는 자신의 학생들과 학생들의 가족과 공동체에 대해 그들이 할 수 있는 한 최대한 많이 학습하고, 그들이 학습한 것을 수업에 활용한다(Saifer & Barton, 2007; Villegas & Lucas, 2007). 이러한 배움의 일부는 학교 공동체의 성인 구성원과의 대화를 통해 이루어진다. Delpit(2006)은 다음과 같이 말한다.

> 빈곤층 및 유색인종 학생을 위한 적절한 교육은 그들의 문화를 공유하는 성인과의 협의를 통해서만 구안될 수 있다. 흑인 학부모, 유색인종 교사, 빈곤층들은 어떤 교육이 그들의 자녀들에게 가장 도움이 되는지에 대한 논의에 충분히 참여하도록 해야 한다(Delpit, 2006: 45).

수용적인 교사는 또한 학생들이 그들 자신, 가족 및 공동체에 대한 지식을 공유할 경우 그것으로부터 배운다. 교사는(이렇게 습득된) 지식을 학생들의 세상의 일부가 되기 위해 사용한다(Ladson-Billings, 2009; Michael & Young, 2006).

문화적으로 수용적인 교사들은 사회경제적 하위층 및 소수인종 학생들을 가르칠 때 *자산에 기초한*(assets-based) 접근방식을 취한다. 이는 앞서 묘사한 결손적 접근(deficit approach)과 정반대 방식이다. 자산적 접근방식에서는 학생들이 소유한 지식을 포함하여 학생이 이미 가지고 있는 강점에 기초해 교수학습이 이루어진다. 다수의 사회경제적 하위층 및 소수인종 학생들의 자산은 그들의 문화로부터 습득된 것이기 때문에, 교수학습은 의도적으로 그 문화와 통합된다; 학생들의 전통과 실생활 경험이 교육과정의 일부가 된다(Ladson-Billings, 2009). 학습은 교실, 학교, 가정 및 공동체 수준에서 학생들의 문화와 연결된다(Saifer & Barton, 2007). Ladson-Billings(1995a)는 지식의 원천으로서 부모를 강조하고 흑인 문화를 긍정하기 위해 한 교사가 만든 "예술가 혹은 거주하는 기술자(craftsperson-in-residence)" 프로그램을 묘사하면서 이러한 연결의 예를 제시하고 있다. (이 프로그램에서) 부모들은 그들이 전문성을 보유한 영역에 대한 세미나를 개최하기 위해 교실을 방문하였다. 학생들은 해당 주제에 대한 지식을 확장하기 위한 리서치를 수행하면서 이 세미나에 대한 추수활동을 하였다.

자산에 기초한 교육의 또 다른 부분은 학생들이 학문적 성공을 위한 잠재력을 가지고 있다는 점을 스스로 인식하도록 돕는 것이다. 학생들은 그들이 잠재력이 있는 것으로 대우받을 경우 그 잠재력을 알아낼 가능성이 더 높아진다(Michael & Young, 2005). 문화적으로 수용적인 교사들은 그들이 총명하고 유능한 학생들과 함께하고 있다는 점을 분명히 한다. Ladson-Billings(1995b)는 그녀가 관찰한 수용적 교사들이 사용하는 기술들을 공유하고 있다. 하나의 예를 들자면, 각 학생에게 각자의 전문영역이 무엇인지 질문하고, 그 영역에서의 교실 전문가가 되며, 해당 주제에 대해 발표하거나 해당 영역에 어려움을 겪고 있는 학생들을 보조해 주도록 한다. 다른 예를 살펴보면, 교사는 미래가 매우 불확실한 학생들이 교실에서의 지적 리더가 되도록 조력하였다. 즉, 교사들은 이 학생들에게 토론이나 조사, 현실에 대한 학생들의 비평 등의 활동에 리더가 되도록 하였다. 이와 같은 전략의 목적은 사회경제적 하위층 및 소수인종 학생들에 대한 모욕(denigration)을 중단하고 실패에 대한 자기충족적 예언을 그만하도록 하여 그들에게 학업적 성공을 선택할 기회를 제공하는 것이다(Ladson-Billings, 2009).

문화적으로 수용적인 교사들의 다른 특징은 배려하고 협력하는 교실 분위기를 만든다는 것이며, 이는 학생이 속한 가족과 공동체의 신념과 가치를 반영한다(Michael & Young, 2005). 수용적 교사가 가르치는 교실의 학생은 그들이 하나의 확장된 가족의 일원이라고 느끼게 되며, 그 속에서 교사는 학생을 보살피고 학생들은 서로서로를 보살펴야 함을 배운다(Brown, 2004). 이러한 배려하는 분위기는 상당한 정도의 협력학습으로 나타난다. Ladson-Billings(1995b)는 이를 다음과 같이 묘사하고 있다.

학급에서의 사회적 관계를 공고히 하기 위해, 교사들은 함께(collaboratively) 학습하고, 서로 가르쳐 주고, 다른 학생들의 학업적 성공에 책임감을 가질 것 등을 장려하였다. 이러한 함께하는 교실의 구성은 협동학습(cooperative learning)의 구성과 반드시 같지는 않다. 대신, 교사들은 동료와의 협력에 있어 형식적 및 비형식적 협력을 조합하여 사용하였다. 한 교사는 각 학생을 다른 학생과 짝지어주는 Buddy System을 사용하였다. Buddy

는 서로 상대방의 숙제와 학급과제를 체크하였다. Buddy들은 서로 시험 준비를 하며 퀴즈를 내고, 자기 짝이 결석하면 전화를 걸어 이유를 확인하고 빠진 수업을 보충하는 것을 도와줄 책임을 가졌다. 교사들은 한 사람의 성공이 모두의 성공이고, 한 사람의 실패는 모두의 실패임을 강조하기 위해 이러한 호혜적이고 상호적인 기풍을 사용하였다. 이러한 감정은 한 교사의 말로 확인할 수 있다. "우리는 가족이다. 우리는 바로 우리의 생존이 달려있다고 생각하고 서로를 보살펴야만 한다"(Ladson-Billings, 1995b: 481).

문화적으로 수용적인 교사는 광범위한 지원과 적극적 자기주장을 결합한다. 수용적인 교사는 명확한 행동 및 학업수행에서의 지침을 개발하고, 이를 엄격하게 실행하기 위해 학생들과 협동한다(Saifer & Barton, 2007). 학생들은 기대를 충족시켜야 할 책임을 가지지만 존중과 존엄으로 대우받아야 한다(Howard, 2002). 수용적인 교사는 학생들과 논쟁하지 않고 학생들이 동료들 앞에서 모욕을 느끼지 않도록 "탈출구"를 제공함으로써 학생들과의 권력싸움을 피한다(Brown, 2004). 수용적인 교사들은 학생들이 성공을 선택하도록 설득하기 위한 다양한 기술을 사용하지만, 결코 결손적(deficit) 언어를 사용하지 않는다.

Ladson-Billings(1995b)는 문화적 수용성이 있는 교사들이 학생들에게 성공에 대한 책무성을 부여하기 위해 어떻게 하는지를 다음과 같이 묘사하고 있다.

학생들은 교실에서 실패를 선택하도록 허용되지 않았다. 교사는 학생들이 높은 지적 수준의 활동을 하도록 부추기고, 성가시게 잔소리하고, 귀찮게 하고, 꼬드겼다. 학생들에 대한 교사들의 담화에서 없는 한 가지는 "결손의 언어(language of lacking)"였다. 학생들은 결코 한부모가정의 아이라거나, 복지수급 대상자라거나 혹은 심리검사가 필요하다는 등으로 언급되지 않았다. 대신, 교사들은 교사 자신의 부족함과 한계, 그들이 학생들의 성공을 위해 어떻게 변화해야 하는지에 대해 이야기하였다(Ladson-Billings, 1995b: 479).

문화적으로 수용적인 교사들의 마지막 특징은 그들이 가르치는 방식이 본질적으로 변혁적(transformational)이라는 점이다. 수용적인 교사들은 인종이나 문화와 관련된 이슈들에 대해 눈감지 않는다. 그들은 학생들로 하여금 현실의 문제를 비판하도록, 어떻게 편견과 차별에 대응할지를 학습하도록, 변화를 일으키기 위해 일하도록 독려한다(Ladson-Billings, 2009). 이러한 작업의 핵심은 교실 안에 있을 수도 교실 밖에 있을 수도 있다. 교실 안에서 교사와 학생은 학교 교육과정, 그들이 사용하는 교재, 혹은 학습이 평가되는 방식에 대해 함께 비판하고, 교육과정과 교수방식을 바꾸기 위해 함께 활동할 수도 있다. 교실 밖에서 교사와 학생은 편견과 차별로 인해 발생한 공동체—혹은 보다 큰 사회—의 문제가 무엇인지를 확인하고, 이를 해결하기 위해 함께 활동할 수도 있다. 변혁적으로 접근한다는 것이 교사가 주류문화에서 사용되는 양식들이나 사회에 현존하는 권력관계의 현실을 무시하는 것을 의미하지는 않는다. 문화적으로 수용적인 교사들은 사회경제적 하위층과 소수인종 학생들이 성공하기 위해 주류문화의 양식을 학습해야 하고, 현실을 변화시키기 위해 현존하는 권력관계를 이해해야 한다는 점을 알고 있다(Delpit, 2006).

## 5. 문화적으로 수용적인 학교

다양한 집단을 대상으로 하는 학교에서 문화적으로 수용적인 교사가 몇 명 존재한다는 것은 충분하지 않다. 목표는 문화적으로 반응하는 '학교'를 만드는 것이다. 이 절에서는 문화적으로 반응하는 학교를 만드는 데 중요한 세 가지 과정을 논의하고자 한다. 그것은 교사 발달과 학교 발달, 가정과 공동체의 협력이다.

### 교사 발달(Teacher Development)

문화적으로 수용적이고자 하는 학교의 목표는 학교 공동체의 구성원들이 상호문화적 민감성(intercultural sensitivity)을 갖도록 하는 것이다. 민감성은 교사가 가지고 있거나 가지고 있지 않은 개념이 아니라, 민감성의 발달 단계를 높여가는 것이다. Cushner, McClelland와 Safford(2009)는 Bennett(1993)이 최초로 발견한 상호문화적 민감성의 단계를 여섯 가지로 구분하였다.

1. *부정(Denial)*. 부정의 단계에 있는 개인들은 진정한 문화적 차이를 바라볼 수 없고, 자신의 문화와 고정관념에 갇혀서, 다른 문화의 사람들을 차별하고 가끔 다른 사람들이 정신적으로나 사회적으로 뒤떨어졌다고 인식한다.
2. *방어(Defense)*. 이 단계에 있는 개인들은 문화적 차이를 일부 인식하지만, 다른 문화의 부정적인 속성을 먼저 생각한다. 이들은 문화적 차이를 다룰 수 없어서 방어적이 되며, 우리와 다른 사람이라는 태도를 취한다. 방어 단계의 사람들은 자신의 문화를 우월하게 생각하고, 타인의 문화를 나쁘다고 생각한다.
3. *최소화(minimization)*. 이 단계는 "색맹(colorblind)" 단계로서 대부분의 교사들

이 최소화 단계에 있다. 이 단계의 개인들은 전통적 음식, 음악, 여가 문화 등의 문화적 차이의 겉면을 인식한다. 그러나 모든 것이 비슷하다고 믿는다. 그들은 모든 사람들이 기본 가치관, 요구, 동기가 같으며, "우리 모두는 인생에서 모두 같은 것을 추구한다"고 생각한다.

4. *수용(Acceptance)*. 이 단계의 사람들은 다른 문화는 다른 가치와 행동을 추구한다는 것을 받아들이며, 자신들과 다른 가치와 행동이 나쁘다고 간주하지 않는다. 문화적 차이는 우세한 문화에 대하여 존속 가능한 대안이라고 생각한다. 수용 단계의 사람들은 다른 문화를 수용하지만 다른 문화와 함께 효과적으로 일할 수 있는 기술이 여전히 발달되지 않았다.

5. *적응(Adaptation)*. 이 단계의 사람들은 자신의 문화적 참조 프레임에서 다른 프레임으로 전환이 가능하다. 이들은 다른 문화의 관점을 통하여 사람들과 상황을 이해할 수 있다. 이를 통하여 다른 문화의 사람들에게 보다 잘 공감할 수 있고, 타인의 문화와 보다 잘 소통(communicate)할 수 있다. 적응 단계에 있는 교사들은 다른 문화 출신의 학생들에 대한 기대와 상호작용, 반응을 적절하게 변화시킬 수 있도록 자신의 교수법을 수정할 수 있다.

6. *통합(integration)*. 이 단계는 다수의 참조 프레임을 내면화하는 단계이다. 이 단계의 사람들은 두 문화, 또는 다문화적이며, 그들의 정체성은 한 문화에 매여 있지 않다. 이들은 자신들이 인식한 다수의 문화에 비슷하게 편안함을 느끼며, 이질적인 문화집단을 중재할 수 있다. 통합 단계에 도달한 교사들은 문화 간 다리(bridge)를 놓기 위하여 협력해야 한다.

상호문화적 민감성의 하위 세 단계(부정, 방어, 최소화)는 *자기민족중심(ethnocentric)* 단계로 분류되며, 상위 세 단계(수용, 적응, 통합)는 *문화상대주의(ethnorelative)* 단계로 분류된다. 위에서 언급된 것처럼, 대부분의 교사들은 최소화 단계에 있으므로, 자기민족중심적이다. 그러므로 교사 발달은 교사들이 문화상대주의로 변화하도록 하는 것이다.

Guerra와 Nelson(2008)은 교사들을 문화적으로 유능하게 발달시키는 4단계 모형을 제시하였다. 1단계에서 교사들은 인종과 민족, 사회경제적 지위에 따라 구분된 다양한 학생 자료를 분석한다. 이 자료에는 시험점수, 훈육 의뢰(discipline referrals), 특수교육 배치, 영재교육 프로그램, 수업 성적, 유급 비율, 학부모 참여, 대학합격 등의 정보가 포함된다. 교사들의 자료 분석 결과, 사회경제적 배경이 낮고, 소수인종이나 소수민족의 경우는 교육 서비스를 잘 받지 못한다는 불평등의 유형이 나타나게 된다. 자료에는 학생 및 교사의 이름이 포함되지 않으므로 교사들은 방어적으로 되지 않는다. Guerra

와 Nelson(2008)은 교사들이 자료의 패턴을 논의할 때 서로 다른 반응을 보일 것이라고 예측하였다. 일부는 성취도의 차이를 불러오는 학교교육에서의 불평등을 인식할 것이고, 다른 교사들은 학생이나 학부모를 비난할 것이다. 1단계에서 교사들은 문화적으로 반응하는 교사들이 그러한 불평등을 어떻게 극복하는지를 읽고 토론함으로써 불평등에 대처하는(address) 전략들을 배우게 될 것이다. 어떤 교사들은 성공사례에 동기화될 것이고, 다른 교사들은 그것을 무시할 것이다(Guerra & Nelson, 2008).

2단계에서 교사들의 변화에 대한 준비도는 문화의 영향과 문화적 충돌을 보여주기 위한 시뮬레이션에 참가하게 함으로써 측정된다. 시뮬레이션에 참가한 이후 교사들은 세션을 브리핑하면서 자신들의 경험에 대해 논의한다. 진행자(facilitator)는 교사들의 행동을 자세히 관찰하여 어떤 교사들이 문화적 차이를 인식하고 받아들이는지를 살핀다. 1단계에서의 학생 자료와 성공 스토리, 2단계에서 시뮬레이션에 대한 교사들의 반응을 바탕으로, 문화적 숙달성(proficiency)에 대한 보다 높은 수준의 작업이 준비된 교사들에게는 3단계와 4단계에 참여하도록 제안한다. 높은 단계 작업이 준비되지 않은 교사들에게는 1단계와 2단계 활동을 추가적으로 제공하여, 이후에 3단계와 4단계의 준비를 돕고 참여할 수 있도록 한다(Guerra & Nelson, 2008).

3단계에서 교사들은 그들이 속한 문화가 어떠한 가치와 신념, 기대 등을 포함하고, 그들의 수업방식에도 영향을 주는지를 배운다. 또한 교사들은 학생들의 문화에 대하여 배우고, 전통적인 학교는 지배적인 문화를 모든 학생들에게 전달하려고 하며(transmit), 그에 따른 문화적 충격이 낮은 사회경제적 배경을 가진 학생이나 소수인종/소수민족 학생에게 부정적인 영향을 미친다는 것을 배운다. 3단계에서의 학습활동은 책으로 공부하고, 비디오를 분석하고, 시뮬레이션을 하고, 공동체 행사에 참여하는 것 등으로 구성된다. 이 단계의 초점은 일회성으로 참석하는 데 있는 것이 아니라 계속 연습해야 한다는 것이다(Guerra & Nelson, 2008).

4단계에서 교사들은 1단계에서 분석한 동일한 학생 자료를 다시 분석한다. 그러나 이번에는 자료를 민족과 사회경제적 지위로 구분하는 것에서 나아가, 개별 교사, 학년, 학과(department)에 따라 자료를 다시 나눈다. 이를 통해 교사는 자신의 학급이나 수업 팀(instructional team)에 존재하는 불평등의 유형을 알아내게 된다. 교사들은 불평등한 수업활동(practice)을 밝히기 위하여 학생이나 학부모를 대상으로 설문조사나 면담을 실시할 수도 있다. 자료 수집, 분석과 함께, 교사들은 문헌 분석과 비디오 분석을 지속적으로 수행하여 문화적 충격의 부정적인 효과와 낮은 사회경제적 배경의 학생과 소수민족/소수인종 학생들에게 부족한 수업(teaching)에 대하여 배우게 된다. 4단계에서의 활동은 가끔 교사들의 인지적 불일치(6장 참고)를 일으키게 되고, 이를 통해 교사들은 다양한 문화(다문화)에 대한 자신의 관점을 재구조화하여 교수학습에 대하여 부족한 접근(deficit approach)에서 자산 기반(assets-based) 접근으로 전환하게 된다 (Guerra & Nelson, 2008).


## 학교 발달(School Development)

문화적으로 수용적인 교사들은 문화적으로 수용적인 학교의 중심이다. 그러나 공동체로서 학교는 다양성에 접근하는 데 있어서 매우 중요한 역할을 가진다. 학교 발달을 위한 제안점은 다음과 같다.

- 학교차원의 문화적 수용성에 대한 헌신은 Madsen과 Mabokela(2005)가 명명한 *조직 정체성(organizational identity)*을 확립하여 복잡한 다양성에 집중하고, 다양한 문화를 수용하도록 해야 한다. 이들에 따르면, "조직 정체성은 한 조직을 다른 조직과 구분하는 중심적이면서 지속적인 특성에 대한 조직 구성원의 집단적 이해로 정의된다"(Madsen & Mabokela, 2005: 120). 문화적으로 수용적인 학교라는 조직 정체성을 가진 학교가 반드시 그러한 상태에 다다를 필요는 없다. 그러나 그것은 조직 내외 모든 사람들에게 문화적 수용성이 목표이며, 이해관계자가 그 목표에 대한 진행사항을 점검하도록 제안한다.
- 학교는 소수민족/소수인종의 교사를 보다 채용할 필요가 있다. 특히 흑인 학생이 많은 학교는 흑인 교사를, 라틴계 학생이 많은 학교는 라틴계 교사를, ESL 학생이 많은 학교는 이중언어 및 다언어(multilingual) 교사를 더욱 더 채용해야 한다.
- 사회경제적 배경이 낮은 학생들이나 소수인종/소수민족 학생들의 비율이 높은 학교는 교사를 채용할 때, 문화적 수용성을 가르친 교사 교육 프로그램 출신 교사, 가르칠 내용을 전공한 교사, 전반적으로 자질이 높은 교사를 주로 채용해야 한다.
- 사회경제적 배경이 낮은 학생들이나 소수인종/소수민족 학생들의 비율이 높은 학교의 구성원들은 학교의 다양한 문화에 집중하여 끊임없이 학생들과 학생의 가족 및 공동체에 대해 학습해야 한다(Michael & Young, 2005). 이러한 학습과정은 다양한 문화에 대해 잘 알고 있는 네트워크(장학담당자와 교사, 학부모, 다른 공동체 구성원)에 의해 촉진될 수 있다.
- 학교는 다양한 학생들의 언어와 문화적 배경을 아우르는 포용적인(inclusive) 교육과정을 개발해야 한다(Chamberlain, 2005). 교육과정은 변환(transformation)

과 사회적 행동 접근(social action approach)을 모두 반영해야 한다(Banks, 2010). *변환적 접근*에서 학생들은 교육과정 내용을 그들의 다양한 집단의 관점에서 바라본다. *사회 행동적 접근*에서 학생들은 다양성과 관련된 사회적 이슈에 대한 행동을 검증한다(18장 참고). 변환과 사회적 행동 교육과정의 다양한(rich) 내용에 기본적인 기술이 함께 포함되어야 한다.

- 학교의 모든 구성원들은 진정한 배려를 바탕으로 어른들과 학생들, 학생들 간의 상보적인(nurturing) 학교 환경을 발전시키려고 노력해야 한다. 이러한 상호 발전적인 환경은 모든 학생들에게 높은 기대를 보여줌으로써 가능해진다(Valenzulela, 1999).

- 능력별 반편성은 폐지되어야 한다. 이를 통해, 사회경제적 배경이 낮은 학생들과 소수인종/소수민족 학생들이, 기존에 하위 능력반에 속해 있어서 받을 수 없었던 수준 높은 수업을 받을 수 있을 것이다. 능력별 반편성을 폐지함으로써 가난하고 소수인종/소수민족 학생들 중 성취도가 높은 학생들이 비슷한 배경의 성취도가 낮은 학생들과 교류하고, 그들에게 자신들의 지식과 학습 전략을 나누어 줄 수 있기 때문이다.

- 학교는 인프라를 구축하여 다른 문화 집단 출신의 어른들(학습 지도자, 교사, 학부모)이 정기적으로 소통하고, 학교를 더욱 문화적으로 수용적인 곳으로 만드는 데 협력하도록 할 필요가 있다.

- 학생평가 방식이 보다 문화적으로 수용적이어야 한다. 평가를 담당하는 교육자들은 규준지향 평가만을 활용하기보다는, 문화적으로 편향된 평가를 지양하고, 능력 부족으로 인한 저성취와 문화적 부조화로 인한 저성취를 구분하고, 문화적으로 민감한 다양한 평가 방식을 활용하기 위하여 학습해야 한다. 학생평가는 진단과 처방에서 학생을 대변하는 것으로 전환되어야 한다(Chamberlain, 2005).

- 학교의 궁극적인 목표는 학교의 모든 기능(operation)에 문화적 지식을 융합하는 것이다. 문화적 수용성은 학교 문화의 일부로서 제도화되어야 한다(Lindsay, Robert, & Campbell Jones, 2005). 학교 공동체의 새로운 구성원은 학교의 다양성에 대한 헌신 및 문화적 수용성 활동에 참여하여야 한다.

## 가족과 공동체의 협력(Collaboration with Families and Community)

문화적으로 수용적인 학교의 세 번째 주요 요소는 학생의 가정 및 공동체와 협력하는 것이다. 첫째, 무엇보다, 장학담당자와 교사는 학생의 교육에 있어서 학부모를 가장 중요한 파트너로 인식해야 한다. 학교는 학부모를 단순히 방문자가 아닌 학교의 구성원으로 인식해야 한다. 학교는 장학담당자와 교사가 학부모와 함께 학부모의 관심사에 대해 논의할 수 있도록 구성되어야 한다. 개별 면담 또는 집단 면담을 위해서, 학부모들이 교육자들과 면담하는 데 있어서의 어려운 점, 예를 들어 스케줄, 배차(transportation) 문제, 육아(child-care) 문제 등을 극복할 수 있는 전략을 개발해야 한다(Lee & Bowen, 2006). 면담 중에 학부모들은 비슷한 공헌을 하는 것으로 인식되어야 한다. 학부모의 말하는(communication) 스타일, 문화적 가치, 자녀양육 활동은 존중되어야 한다.

학부모는 학교 리더십의 일부가 되어야 한다. 그들은 학교 리더십 이사회 및 중요한 위원회나 태스크 포스의 주요 임무를 부여받아야 한다. 리더십 역할을 하는 학부모는 다른 학부모와의 연계 역할을 수행할 수 있다. 또한 학부모들은 그들의 경험이나 관심사, 시간적 여유(available time)에 따라 다양한 교육적 역할을 부여받을 수 있다.

흥미로운 개념으로, 다른 학부모와 학교, 공동체의 권익을 위하여 학부모들에 의해 운영되는 학교 기반(school-based) 학부모 센터가 있다. 이 센터는 학교의 고유 공간이고, 예산으로 운영되며, 대부분의 업무가 학부모 지원자들에 의해 수행된다. 이 센터는 학부모 교육 강좌, 학교와 학부모의 대화를 위한 포럼, 학생 서비스, 또는 공동체를 위한 문화적 행사를 제공할 수 있다. 학부모 센터는 학교와 학부모, 공동체 간의 다리 역할을 수행할 수 있다.

다양한 배경의 학생들이 있는 학교는 학부모의 가정 외에도 학교가 서비스를 제공하는 공동체의 다른 구성원들과도 협력할 필요가 있다. 다양한 문화의 공동체 구성원은 학교 자문단(school advisory group)에 소속되어, 초청 교사가 되어 학생들에게 역할 모델로서 기능할 수 있다. 서비스 학습과 사회적 활동으로 학생들은 공동체 발달에 직접적으로 참여할 수 있다. 학교는 공동체 구성원들에게 다양한 인적 서비스를 제공할 수 있는 공동체 협력(assistance)의 중심이 될 수 있다. 또한 학교는 공동체 대변인이나 프로그램과 제휴를 맺음으로써 보다 넓은 교육 및 인적 서비스 네트워크의 일원이 될 수 있다(22장 참고).

학교 발달에 대한 앞선 논의에서 조직 정체성을 문화적으로 수용적인 학교로 형성하는 Madsen과 Mabokela(2005)의 아이디어에 대해 논의하였다. 조직 정체성에 대한 작업은 상호작용적으로 이루어지는데, 학교는 학교 조직이 어떤 유형이 되면 좋을지를 계획하고, 공동체는 학교의 실제 활동에 대한 피드백을 제공하며, 학교는 다시 공동체의 피드백에 따라 활동을 조율한다. 이러한 과정을 통하여 학교는 끊임없이 다양한 문화의 공동체와 교류한다.

## 6. 양성 평등

전통적인 학교는 여학생들에게 성희롱이나 성차별의 가능성이 있는 *성별 불평등*을 조장한다. 많은 교재와 교육과정 자료에 여자들은 도움이 필요하고, 수동적이며 남자들에게 종속된다고 묘사되어 있다. 전통적인 교실에서 교사들은 여학생들보다 남학생들과 보다 상호작용을 많이 하며, 남학생들이 교실의 논의를 주도하는 경향이 강하다. 여학생들은 스스로 문제를 해결하지 못한다고 믿으며, 도움이 되는 피드백을 덜 받는다고 생각한다. 그러므로 여학생들은 가끔 교실에서 "투명 학생"이 된다(Bauer, 2000). 많은 여학생들은 학교에서 모종의 성희롱을 경험하지만, 성희롱을 신고했을 때 도움을 받기가 어려운 경우가 종종 있다(Fry, 2003; Ormerod, Collinsworth, & Perry, 2008).

학교에서 여학생들이 동등하지 않게 취급받는 것은 매우 부정적인 결과를 야기한다. Gruber와 Fineran(2007)은 중학교나 고등학교 여학생들이 성희롱을 경험한 경우, 낮은 자아존중감(self-esteem), 허약한 정신 및 신체 건강, 높은 수준의 트라우마 증상을 보이며, 고등학생이 중학생보다 모든 영역에서 더 심각한 수준이라 밝혔다. 여학생의 자신감은 종종 사춘기 초기에 급격하게 떨어진다(Mullen & Tuten, 2004; Kommer, 2006). Mullen과 Tuten(2004)에 의하면 "회복 탄력성, 낙관성, 호기심, 모험심 모두가 떨어진다. … 이러한 10대 청소년들은 수동적이고, 자신을 신뢰하지 않으며(self-conscious), 자아존중감이 낮고, 외적으로 매력적으로 보이고 싶어 하고, 목표 의식이 낮다"(Mullen & Tuten, 2004: 294). 더 나쁜 것은, 전통적인 학교에서 남녀 불평등 문제를 다루고자 하는 교사들은 다른 교사들이나 학부모들의 적의를 경험하기도 한다는 것이다(Fry, 2003).

남녀 불평등의 피해를 보는 것은 주로 여학생들이지만, 남학생들도 역시 이에 영향을 받는다. 예를 들어, 남학생들은 보충 읽기교육을 받거나, 훈육 대상이 되거나, 특수교육 대상자가 되거나, 정학 및 퇴학을 당하거나, 학교를 자퇴할 확률이 더 높다(Talyor & Lorimer, 2003; Kommer, 2006). "남학생들이 중요한 교육적 성과에 여학생들보다 뒤떨어지는 것을 '조용한 성 격차'라고 부른다"(Dee, 2007: 531). 더구나 최근에 남학생들이 보다 사회화되어 부적절한 감정을 숨기고 있으나, 남학생들도 여학생들과 마찬가지로 자아존중감과 관련하여 같은 문제를 가지고 있는 것으로 알려지고 있다(Kommer, 2006). 그렇다면 전통적인 학교에서 남학생들 역시 제대로 교육받지 못하고 있다는 것이 된다(Kommer, 2006).

학교에서 성별 이슈를 다루는 목적은 "남학생과 여학생을 똑같이 취급하기 위한 것이 아니라, 성별에 따른 특별한 요구에 집중하기 위해서이다"(Kommer, 2006: 250). 장학담당자가 양성 평등을 다루기 위해서 처음 해야 할 일은 남녀 불평등으로 인한 결과를 논의하는 기회를 만드는 것이다. 성별 이슈에 대한 연구나 다른 읽기자료가 정보를 제공할 수도 있다. Fry(2003)는 목표와 가이드라인, 성공사례(benchmark)를 포함하는 성평등 계획을 개발해야 한다고 제안한다. 학교마다 성평등 계획이 다르겠지만, 몇 가지 필수적인 것은 순서가 있다. 예를 들어, 모든 학교에서 어떤 형태로든 성희롱을 없애야 한다.

Sanders와 Cotton Nelson(2004)은 양성 평등을 위하여 노력하는 교사들이 포함된 과정을 묘사하였다. 첫 번째 과정으로 종일(all-day) 워크숍에서 교사들은 여학생들의 저성취 관련 자료를 제공받고, 그들의 교실에서 관찰되는 성별 관련 문제점들을 논의한다. 첫 번째 워크숍 이후 교사들은 정기적으로 반일(half-day) 워크숍에서 성 고정관념이나 교사의 기대, 다른 성별 간의 상호 역동적 관계, 교육과정에 나타난 성적 편향 등의 주제에 관해 논의한다. 워크숍 중간에는 교사들이 다양한 학습활동에 참여한다. 그들은 공공장소나 인기 있는 대중매체에서 성별 이슈가 어떻게 다루어지고 있는지 관찰하고, 그들의 교실과 학교에서 성별 편향이 있는지 조사한다. 교사들은 또한 성별과 관련된 실험을 실시하여, 성별 편향에 대하여 가르치고, 교실을 보다 평등하게 만들기 위한 새로운 전략을 시도하여 이를 동료교사에게 관찰하도록 한다. 다음 워크숍에서 교사들은 자신이 수집한 자료를 가져와서 학습활동을 다른 교사들과 공유한다. Sanders와 Cotton Nelson(2004)은 이러한 과정을 통하여 교사들이 성별 편향이 사회와 학교, 자신들의 교실에도 존재한다는 것을 깨닫게 된다고 한다. 워크숍에서 교사들은 양성 평등을 증진하는 지식과 기술을 습득한다.

Kommer(2006)는 양성 평등을 이루는 또 다른 전략을 제안하였는데, 경쟁적인 활동과 협력적인 활동의 균형을 맞추는 일, 학생 집단을 구성할 때 성별을 고려하는 일, 동등하게 반응할 수 있는 기회를 주는 일, 성별 모델을 교실에 초대하는 일, 성별에 무관한 학습 환경을 만드는 일이 그것이다. 교사들이 양성 평등을 증진하기 위하여 할 수 있는 중요한 일은, 남학생들과 여학생들이 남녀 불평등에 대해 함께 이야기하고, 남녀 불평등이 자신과 다른 학생들에게 어떤 영향을 미치는지, 교실과 학교에서 양성 평등을 증진하기 위하여 교사들과 함께 어떻게 노력할 수 있는지에 대하여 토론할 수 있는 기회를 주는 것이다.

## 7. 성적 소수자를 위한 평등

다음의 통계치를 보라.

● 미국 학생들의 약 10%가 동성애자이다(Weiler, 2003).

● 게이와 레즈비언 학생들의 80% 이상이 언어적으로 학대받고 있다. 90% 학생이 반동성애자 발언(remark)을 들었으며, 이러한 발언의 사분의 일은 교직원에 의한 것이다(Glimps, 2005; Whelan, 2006).

● 게이와 레즈비언 청소년의 20%가 신체적 공격을 받았다(Whelan, 2006).

● 학교에서 게이와 레즈비언 학생들이 학대를 받은 사건의 삼분의 일 이상의 경우, 어른들이 그것을 목격하였으나 도움을 주지 않았다(Birkett, Espelage, & Koenig, 2009; Weiler, 2003).

● 게이와 레즈비언의 거의 삼분의 이 이상이 학교에서 불안함을 느낀다고 응답하였다(Birkett et al., 2009; Weiler, 2003; Goodenow, Szalacha, & Westheimer, 2006)

● 잦은 학대를 보고한 학생들의 평균 성적은 다른 학생들보다 10점 이상 낮았다(Whelan, 2006).

● 게이와 레즈비언 청소년이 자살할 확률은 그렇지 않은 학생들보다 2~3배 높았다. 이 중 30%는 성 정체성에 대한 문제가 자살의 중요한 원인이었다(Hansen, 2007; van Wormer & McKinney, 2003).

Payne(2007)은 대부분의 학교는 이성애가 정상적인 것으로 인정된다고 주장한다. 이는 인기와 집단 소속감이 이성애적인 기준으로 이해된다는 의미이다. 이성애적일 것이라는 기대에 부합되지 않는 경우 조롱과 가십의 대상이 되며 고립된다. 또한 Payne(2007: 77)은 "현재의 학교 활동은 학교의 이성애적인 구조를 확인하고, 이를 규준으로 공고히 하고자 한다"고 주장하였다. Payne은 학교의 치어 리더, 졸업파티의 왕과 여왕, "가장 귀여운 커플"을 선발하는 의식(ritual)이 이성애적 인기와 힘을 관습적으로 지지하는 예시라는 것을 지적하였다. 많은 교육자들은 레즈비언이나 게이, 양성애자, 트랜스젠더(LGBT: Lesbian, Gay, Bisexual, Transgender) 학생들에 대한 학대를 무시하거나, 이러한 성적 소수자들을 비웃는 일에 동참함으로써 학교의 이성애적 특성을 지지한다. 성적 소수자인 교사들까지도 LGBT 학생들이 학대받는 것에 침묵한다

(van Wormer & McKinney, 2003).

성적 소수자 학생들이 학교에서 어떤 대우를 받는지는 이들 학생들에게 심각한 딜레마이다.

많은 사람들의 본능은 그들의 정체성을 숨기는 것이며, 이것은 그들의 혼란과 소외, 자기 의심을 심화시킨다. 반면 정체성을 밝힌 LGBT 청소년들은 폭력의 위험성, 괴롭힘, 편견, 차별, 낙인찍힘 등의 위험에 직면한다(Weiler, 2003: 11).

스트레스와 지원의 부족은 결국 LGBT 학생들의 희생을 가져온다.

성 정체성을 숨기거나 드러내는 것과 관련된 스트레스는 성적 소수자 학생들을 정신 건강이나 신체적, 교육적 문제를 일으킬 수 있는 위험에 빠뜨린다. 학교에서 살아남는 것이 가장 중요한 문제이기 때문에, LGBT 학생들은 학업 및 학습 문제를 경험한다(Weiler, 2003: 11).

그러한 문제들은 이성애적 학생들에 비하여, 결석이 잦고, 학교 활동의 참여 정도가 낮으며, 성적이 더 낮고, 자퇴 비율이 높은 것 등이다(Birkett et al., 2009; Glimps, 2005; Hansen, 2007; Walls, Kane, & Wisneski, 2009; Weiler, 2003; Whelan, 2006).

학대로 인한 성적 소수자 학생의 문제는 학업적인 문제보다 훨씬 심각하다. LGBT 학생들은 음주, 마약 남용, 불안한 성적 관계(섹스)와 같은 고위험 문제행동을 할 가능성이 높다(Espelage, Aragon, Birkett, & Koenig, 2008; Glimps, 2005; van Wormer & McKinney, 2003). LGBT 학생들이 그러한 위험한 비행행동을 하는 것은 그들이 성적 소수자이기 때문이 아니라, 그들이 학대를 당하기 때문이다(Glimps, 2005). 많은 성적 소수자 학생들은 집이 없는데, 이는 성적 지향 때문에 부모에게 집으로부터 쫓겨나기 때문이다(van Wormer & McKinney, 2003; Weiler, 2003). 앞에서 언급된 대로, 레즈비언과 게이 학생들의 자살 비율이 이성애적 학생들에 비하여 훨씬 높다(Hansen, 2007; van Wormer & McKinney, 2003; Goodenow et al., 2006).

많은 학교에서 LGBT 학생들에 대한 편견과 차별에 대하여 아무런 조치를 하지 않으며, 더욱이 그러한 편견과 차별에 공헌한다는 사실은 학교가 성적 소수자와 이성애 학생들 모두를 잘못 가르친다는 것을 의미한다. Grayson(1987)은 실재를 다음과 같이 논의하였다.

학교 공무원이 또래의 학대와 폭력으로부터 보호해 주지 못하는 것은 학교에서의 게이와 레즈비언에 대한 증오로 말미암은 피해의 오직 일부분일 뿐이다. 호모포비아는 모든 학생들의 조화롭고 결속력 있는 다원적 사회에서 인내심 있고 인정 많은 구성원으로 자라는 것을 저해한다. 레즈비언과 게이에 대한 편견을 인정한다는 것은 특권 집단의 권위를 인정하는 것이며 다른 이들에 대한 편견과 차별을 정당화해 주는 것이다. 이는 엄격한 성역할 행동을 강화하고, 침묵을 강요하며, 잘못된 정보로 인해 정확한 정보와 사실을 무시하도록 한다(Grayson, 1987: 136).

학교는 성적 소수자 학생들을 보호하고 지지하는 학교 정책을 수립함으로써 LGBT 학생들의 평등을 촉진할 수 있다(Goodenow et al., 2006; Hansen, 2007; Mayberry, 2010; Walls et al., 2010). 이러한 정책은 LGBT 학생들의 학대를 금지할 뿐 아니라, 학교 공동체의 존중받는 구성원으로서의 권리를 지지해야 한다. 또한 이 정책은 학생과 교사, 학부모, 공동체에 보급되어야 한다. 이는 정책의 필요성에 대한 정보를 공유하고, LGBT 학생들에 대한 잘못된 정보를 배제하기 위한 공적인 회의를 통해 이루어질 수 있다.

다른 소외된 학생들의 평등을 도모하기 위한 전문성 계발(professional development) 프로그램에서 자기 인식을 높이는 것은 교사들이 성적 소수자 학생들과 함께 공부하는 데에 큰 도움을 준다. 장학담당자는 Van Den Bergh와 Crisp(2004)가 제안한 과정을 진행함으로써 교사들이 자기 인식을 개발하도록 도울 수 있다. 그 과정은 다섯 단계로 구성되어 있다(Van Den Bergh & Crisp, 2004: 227).

1. 자기 자신의 성적 지향의 개발, 영향, 경험의 측면에서 성적 지향에 대하여 스스로 성찰하라.
2. 이전에 LGBT 사람들과 개인적으로나 직업과 관련해 만났던 경험을 기억하라.
3. LGBT 사람들에 대한 반응이 긍정적인 경험인지 부정적인 경험인지 평가하라.
4. 잠재적 이성애주의이나 호모포비아에 대한 인식을 발전시키기 위하여 LGBT 사람들에 대한 반응의 인지적, 정의적, 행동적 요소를 스스로 평가하라.
5. LGBT 개인과 문화에 대한 이해를 높이기 위한 개인적, 전문적 활동에 참여하라.

개인적 발달에 참여하는 것 외에, 장학담당자와 교사들은 (1) 학교의 차별금지 정책에 위배되는 학교정책, (2) 학교풍토, (3) 학생 훈육, (4) 교육과정, (5) 교사 활동(practice), (6) 학교와 공공장소에서의 상호작용, (7) 학생의 성취도 등의 다양한 교육 측면에서 불평등을 야기하는 여러 면에 대하여 공동으로 연구할 필요가 있다. 교사들은 이들 영역의 자료를 수집하여, 발전의 초점을 찾아내는 분석을 수행할 수 있다.

일단 문제 영역이 발견되면, LGBT 학생들의 평등을 증진시킬 수 있는 다양한 전략이 활용될 수 있다. 특정한 학교의 요구에 따라 다음의 전략이 평등을 증진시킬 수 있을 것이다.

- 학교 안정 및 왕따 금지(antibullying) 프로그램은 공교육의 추세이다. 만약 한 학교에서 이런 프로그램 중 하나가 시작되었을 때, 성적 소수자 학생들의 보호는 가장 중요한 특징이 될 것이다. 교사와 학부모 모두 이 프로그램의 설계와 실행에 참여해야 한다. 이 프로그램은 학생들에게 LGBT 학생들을 존중하여 대할 필요가 있다는 것을 가르치고, 성적 소수자 학생들을 대하는 학생들과 어른들의 행동을 모니터하는 것을 포함해야 한다. LGBT 학생들에 대한 학대가 발생하게 되면, 어른들은 즉각 피해자와 가해자의 중재를 실시할 필요가 있다.

- 교육과정을 개혁해야 한다. 이성애적인 것이 우월하고 성족 소수자는 열등하다고 가르치는 교육과정을 개정해야 한다. 그렇게 하는 한 가지 방법은 LGBT 사람들이 긍정적인 시선을 받는 문학작품을 소개하는 것이다. 다양한 분야에서 중요한 공헌을 했던 성적 소수자들의 일과 삶은 이와 관련되는 과목에 포함시킬 수 있을 것이다. 편견과 차별의 사례 연구도 주류문화에서 LGBT 개인들을 어떻게 대하는지를 비판하기 위해 활용될 수 있다. 심화수업은 게이 연구에 초점을 두거나, 성적 소수자들의 학대에 대항하는 사회 운동에 학생을 참여시킬 수 있다.

- 교사들은 자신들의 수업에 LGBT 학생들이 보다 참여할 수 있도록, LGBT 학생들에 대한 편견이나 차별을 보다 잘 예방할 수 있도록 교육활동을 변화시키기 위해 서로 협력할 수 있다. 이러한 협력에는 포용적인(inclusive) 수업 계획을 함께 하기, 다른 교사들의 수업을 관찰하기, 성적 소수자 학생들을 어떻게 잘 지원할 수 있을지 대화하기 등이 있다.

- 학교는 성적 소수자를 위한 성인 대변인(advocate)이나 대변인 팀을 지명할 수 있다. 대변인이나 팀은 LGBT 학생들과 직접적으로 작업하여, 성적 소수자 학생들에게 외부의 자원(resource)이나 지원 집단을 추천하거나, LGBT 학생들과 학교 내의 성인들 간의 연결점이 되기도 하고, 성적 소수자 학생들의 학교생활을 개선할 수 있는 정책이나 실행의 변화를 촉구할 수 있다(Goodenow et al., 2006).

- 학교는 LGBT 학생들을 위한 학교 내 지원 집단을 신설할 수 있다. 예를 들어 게

이-스트레잇 연합 클럽은 성적 소수자 학생들을 위한 지원을 제공할 뿐만 아니라, LGBT 학생들과 주류문화 학생들(일반 학생들) 간의 상호 문화 이해를 증진시킬 수 있다(Goodenow et al., 2006; Walls et al., 2010).

## 8. 지배적 패턴

지금까지 학교에서의 (1) 경제적, 민족적, 인종적 소수자, (2) 남녀 불평등, (3) 성적 소수자에 대한 논의는 서로 다른 문헌을 바탕으로 하고 있지만, 이들 사이에 지배적인 패턴이 존재한다. 다양한 문화의 학생들이 직면하는 이러한 문제점의 많은 부분은 그들의 문화와 주류문화 사이의 문화적 충돌에 기인한다. 이러한 문화적 충돌은 이해의 부족이나 문화적 차이에 대응하는 능력의 부족에 기인한다.

앞으로 나아가기 위해서는, 주류문화의 구성원들이 그들의 문화, 타 문화, 문화적 충격, 다문화 집단에 대한 문화적 충격의 부정적인 효과에 대하여 배울 필요가 있다. 이러한 학습은 특히 교사가 참여하였을 때 이루어지는데, 타 문화에 대한 자신의 신념과 맞지 않는(incongruent) 자료를 접하고 자료를 반영하고, 자료의 의미에 대하여 동료와 대화를 하고, 다문화 집단이 받는 대우를 변화시키기 위하여 헌신했을 때, 그 결과로 이러한 학습이 이루어진다. 실험적 학습을 통하여 얻어진 새로운 지식은 새로운 태도를 형성하고, 이것은 다시 다문화 집단을 대변하는 활동을 유도한다.

## 9. 장학의 기술적 과업과 문화적 수용성의 통합

다양성을 수용하는 우리의 논의는 장학의 기술적 과업과 문화적 과업이 분리될 수 없다는 것을 보여주는 좋은 기회이다. 오히려, 기술적 과업은 문화적 과업을 완수하는 데 도구(vehicle)로 활용될 수 있다. 모든 다섯 가지 기술적 과업(직접 지원, 집단 발달, 전문성 신장, 교육과정 개발, 실행연구)은 다양성을 수용하기 위하여 활용될 수 있다.

*실행연구(action research)*는 장학의 다른 기술적 과업을 다양성을 다루는 종합적인 프로그램에 포함시키는 것이다. 실행연구 과정의 초반에는 교사들이 다양한 학생집단 간의 성취도 차이, 문화적 충돌, 다양한 학생 집단에 대한 문화적 충격의 부정적인 효과에 대한 자료를 수집할 수 있다. 실행연구 프로젝트의 각 단계에서 *집단 발달*의 과제가 수행되지만, 특히 다양성에 접근하는 실행연구의 초기 단계에서 매우 중요하다. 이

과정의 초기에 교사들은 다문화 학생들에 대한 학교교육의 부정적 효과에 대해 비판적인 토론에 참여하여 현재의 상황(status quo)을 유지하는 데 있어서 자신들의 역할에 직면한다. 이러한 집단 토론은 과업과 개인적인 역할 간의 균형을 맞추는 것, 문제행동을 다루는 것, 갈등을 건설적인 방식으로 처리하는 것, 소집단 및 대집단 의사결정을 진행하는 과정을 필요로 한다.

일단 교사들이 다양성 문제에 헌신하기로 결정하고, 다양한 영역 중에서 관심 주제를 결정하고 나면, 행동 계획을 수립한다. *전문성 신장*을 통하여 교사들은 도움이 필요한 문화적으로 다양한 학생을 대할 수 있는 지식과 기술, 전략을 개발한다. 교육과정 개발은 교사들이 현재의 상황을 비판하고 문화적으로 수용적이고 사회적 행동을 알려주는 *교육과정을 개발*하는 단계이다. *직접적 지원(direct assistance)*은 교사들이 임상장학, 동료 코칭, 시범수업, 멘토링 등의 문화적으로 수용적인 수업을 적용하는 것을 돕는다.

일정 기간 동안 행동계획을 실행하고 나서 교사들은 행동계획이 학교와 다양한 집단에 어떤 영향을 주었는지 평가하고, 학교의 문화적 수용성을 증진시키기 위해 미래 행동을 계획할 수 있는 자료를 수집함으로써 실행연구를 계속할 수 있다. 요약하면, 장학의 기술적 과업은 그 자체로 수업(instruction)을 개선하는 데 매우 효과적인 과정이지만, 동시에 다양성에 접근하는 보다 넓은 문화적 과업에도 공헌할 수 있다.

## 성찰과제

당신이 익숙한 학교를 기반으로 하자. 문화적 다양성에 접근하기 위해 학교가 시행할 수 있는 "중요한 10가지" 행동은 무엇인가? 당신이 이 활동을 완수하는 데 생각해 볼 수 있는 문화적 범주는 사회경제적 지위, 성별, 성적 지향 등이다. "중요한 10가지" 행동은 정책을 수립하고, 구조를 구안하고, 과정을 개발하고, 전문성 계발을 제공하고, 교육과정을 설계하고, 학생들을 평가하고, 학생들을 집단화하고, 교사의 활동을 개선하고, 학부모와 일하고, 공동체와 협력하는 것 등과 관련이 있을 것이다. 10가지 행동을 보다 자세히 기술하자.

## 참고문헌

Amos, J. (2008). *Dropouts, diplomas, and dollars: U.S. high schools and the nation's economy.* Washington, DC: Alliance for Excellent Education.

Bae, S., Halloway, S. D., Li, J., & Bempechat, J. (2008). Mexican-American students' perceptions of teachers' expectations: Do perceptions differ depending on student achievement levels? *The Urban Review, 40*(2), 210-225.

Banks, J. A. (1998). Approaches to multicultural curriculum reform. *Multicultural Leader, 1*(2), 1-3.

Banks, J. A. (2000). The social construction of differences and the quest for educational equality. In R. S. Brandt (Ed.), *Education in a new era* (pp. 21-45). Alexandria, VA: Association for Supervision and Curriculum Development.

Banks, J. A. (2010). Approaches to multicultural curriculum reform. In J. A. Banks & C. A. Banks (Eds.), *Multicultural education: Issues and prospects* (7th ed.). (233-256). Hoboken, NJ: Wiley.

Batt, E. G. (2008). Teachers' perceptions of ELL education: Potential solutions to overcome the greatest challenges. *Multicultural Education, 15*(3), 39-43.

Bauer, K. S. (2000). Promoting gender equity in schools. *Contemporary Education, 71*(2), 22-25.

Bennett, M. J. (1993). Towards ethnorelativism: A developmental model of intercultural sensitivity. In M. Paige (Ed.), *Cross-cultural orientation* (pp. 27-69). Lanham MD: University Press of America.

Bensimon, E. M. (2007). The underestimated significance of practitioner knowledge in the scholarship on student success. *The Review of Higher Education, 30*(4), 441-469.

Bernhard, J. K., Diaz, C. F., & Allgood, I. (2005). Research-based teacher education for multicultural contexts. *Intercultural Education, 16*(3), 263-277.

Birkett, M., Espelage, D. L., & Koenig, B. (2009). LGB and questioning students in schools: The moderating effects of homophobic bullying and school climate on negative outcomes. *Journal of Youth and Adolescence, 38*(7), 989-1000.

Boisjoly, J., Harris, K., & Duncan, G. (1998). Initial welfare spells: Trends, events, and duration. *Social Service Review, 72*(4), 466-492.

Brown, D. F. (2004). Urban teachers' professed classroom management strategies: Reflections of culturally responsive teaching. *Urban Education, 39*(3), 266-289.

Brown, M. R. (2007). Educating all students: Creating culturally responsive teachers, classrooms, and schools. *Intervention in School and Clinic, 43*(1), 57-52.

Carlisle, L. R., Jackson, B. W., & George, A. (2006). Principles of social justice education: The social justice education in schools project. *Equity and Excellence in Education, 39*(1), 55-64.

Cartledge, G., & Kourea, L. (2008). Culturally responsive classrooms for culturally diverse students with and at risk for disabilities. *Exceptional Children, 74*(3), 351-371.

Chamberlain, S. P. (2005). Recognizing and responding to cultural differences in the education of culturally and linguistically diverse learners. *Intervention in School and Clinic, 40*(4), 195-211.

Cushner, K., McClelland, A., & Safford, P. (2009). *Human diversity in education: An integrative approach* (6th ed.). New York: McGraw-Hill.

De Gaetano, Y. (2007). The role of culture in engaging Latino parents' involvement in school. *Urban Education, 42*(2), 145-162.

De Valenzuela, J. S., Copeland, S. R., Qi, C. H., & Park, M. (2006). Examining educational equity: Revisiting the disproportionate representation of minority students in special education. *Exceptional Children, 72*(4), 425-441.

Dee, T. S. (2007). Teachers and the gender gaps in student achievement. *The Journal of Human Resources, 42*(3), 528-554.

Delpit, L. (2006). *Other people's children: Cultural conflict in the classroom.* New York, NY: New Press.

Delpit, L. (1988). The silenced dialogue: Power and pedagogy in educating other people's children. *Harvard Educational Review,* August 1988, *58*(3).

Dworin, J. E. (2006). The families stories project: Using funds of knowledge for writing. *The Reading Teachers, 59,* 510-520.

Espelage, D. L., Aragon, S. R., Birkett, M., & Koenig, B. W. (2008). Homophobic teasing, psychological outcomes, and sexual orientation among high school students: What influence do parents and schools have? *School Psychology Review, 37*(2), 202-216.

Fiedler, C. R., Chiang, B., Van Haren, B., Jorgensen, J., Halberg, S., & Boreson, L. (2008). Culturally responsive practices in schools. *Teaching Exceptional Children, 40*(5), 52-59.

Frankenberg, E., Lee, C., & Orfield, G. (2003). *A multicultural society with segregated schools: Are we losing the dream?* Cambridge, MA: Harvard University, The Civil Rights Project.

Fry, S. W. (2003). Bite like a flea and keep them scratching: Steps to gender equity in America's schools. *Multicultural Education, 11*(1), 11-16.

Garcia, S. B., & Dominguez, L. (1997). Cultural contexts that influence learning and academic performance. *Academic Difficulties, 6*(3), 621-655.

Glimps, B. J. (2005). Students who are gay, lesbian, bisexual, or transgender. *Current Issues in Education, 8*(16). Retrieved from http://cie.ed.asu.edu/volume8/number16

Goldring, E., Cohen-Vogel, L., Smrekar, C., & Taylor, C. (2006). Schooling closer to home: Desegregation policy and neighborhood contexts. *American Journal of Education, 112*(3), 335-362.

Goodenow, C., Szalacha, L., & Westheimer, K. (2006). School support groups, other school factors, and the safety of sexual minority adolescents. *Psychology in the Schools, 43*(5), 573-589.

Grayson, D. A. (1987). Emerging equity issues related to homosexuality in education. *Peabody Journal of Education, 64*(4), 132-145.

Gruber, J. E., & Fineran, S. (2007). The impact of bullying and sexual harassment on middle and high school girls. *Violence Against Women, 13*(6), 627-643.

Guerra, P. L., & Nelson, S. W. (2008). Cultural proficiency: Begin by developing awareness and assessing readiness. *Journal of Staff Development, 29*(1), 67-68.

Hansen, A. L. (2007). School-based support for GLBT students: A review of three levels of research. *Psychology in Schools, 44*(8), 839-848.

Hoff, D. J. (2008). States to face uniform rules on grad data. *Education Week, 27*(32), 1, 21.

Howard, T. C. (2002). Hearing footsteps in the dark: African American students' description of effective teachers. *Journal of Education for Students Placed at Risk, 7*(4), 425-444.

Kidd, J. K., Sanchez, S. Y., & Thorp, E. K. (2007). Defining moments: Developing culturally responsive dispositions and teaching practices in early childhood preservice teachers. *Teaching and Teacher Education, 24,* 316-329.

Kirsch, L., Braun, H., Yamamoto, K., & Sum, A. (2007). *America's perfect storm: Three forces changing our nation's future.* Princeton, NJ: Educational Testing Service.

Kommer, D. (2006). Boys and girls together: A case for creating gender-friendly middle school classrooms. *The Clearing House, 79*(6), 247-251.

Ladson-Billings, G. (1995a). But that's just good teaching! The case for culturally relevant pedagogy. *Theory into Practice, 34*(3), 159-165.

Ladson-Billings, G. (1995b). Toward a theory of culturally relevant pedagogy. *American*

*Educational Research Journal, 32*(3), 465-491.

Ladson-Billings, G. (2009). *The dreamkeepers: Successful teachers of African American children.* San Francisco, CA: Jossey-Bass.

Lee, J. S., & Bowen, N. K. (2006). Parent involvement, cultural capital, and the achievement gap among elementary school children. *American Educational Research Journal, 42*(2), 193-218.

Lindsey, R. B., Roberts, L. M., & Campbell Jones, F. (2005). *The culturally proficient school: An implementation guide for school leaders.* Thousand Oaks, CA: Corwin Press.

Liu, G. (2006). How the federal government makes rich states richer. In *Funding gaps* (pp. 2-4). Washington, DC: Education Trust. Retrieved from www.edtrust.org

Madsen, J. A., & Mabokela, R. O. (2005). *Culturally relevant schools: Creating positive workplace relationships and preventing intergroup difference.* New York, NY: Routledge.

Mayberry, M. (2006). School reform efforts for lesbian, gay, bisexual, and transgendered students. *The Clearing House: A Journal of Educational Strategies, Issues, and Ideas, 76*(6), 262-264,

Michael, C. N., & Young, N. D. (2005). *Seeking meaningful school reform: Characteristics of inspired schools.* (ERIC ED 490 677).

Milner, H. R., & Ford, D. Y. (2007). Cultural considerations in the underrepresentation of culturally diverse elementary students in gifted education. *Roeper Review, 29*(3), 166-173.

Moll, L. C., Amanti, C., Neff, D., & González, N. (1992). Funds of knowledge for teaching: Using a qualitative approach to connect homes and classrooms. *Theory into Practice, 3*(2), 132-141.

Mullen, C. A., & Tuten, E. M. (2004). A case study of adolescent female leadership: Exploring the "light" of change. *Journal of Educational Thought, 38*(3), 287-313.

National Center for Education Statistics. (n.d.). *NAEP Data Explorer.* Retrieved from http://nces.ed.gov/nationsreportcard/NDE

Neild, R. C., Balfanz, R., & Herzog, L. (2007). An early warning system. *Educational Leadership, 65*(2), 28-33.

Ormerod, A. J., Collinsworth, L. L., & Perry, L. A. (2008). Critical climate: Relations among sexual harassment, climate, and outcomes for high school girls and boys. *Psychology of Women Quarterly, 32*(2), 113-125.

Passel, J. S., & Cohn, D. (2008). *U.S. population projections: 2005-2050.* Washington, DC: Pew Research Center. Retrieved from http://pewsocialtrends.org/pubs/703/population-projections-united-states

Payne, E. C. (2007). Heterosexism, perfection, and popularity: Young lesbians' experiences of the high school social scene. *Educational Studies, 41*(1), 60-79.

Peske, H. G., & Haycock, K. (2006). *Teacher inequality: How poor and minority students are shortchanged on teacher quality.* Washington, DC: Education Trust. Retrieved from www.edtrust.org

Richards, H. V., Brown, A. F., & Forde, T. B. (2007). Addressing diversity in schools: Culturally responsive pedagogy. *Teaching exceptional Children, 39*(3), 64-68.

Rios-Aguilar, C. (2010). Measuring funds of knowledge: Contributions to Latina/o students academic and nonacademic outcomes. *Teachers College Record, 112,* 2209-2257.

Risko, V. J., & Walke-Dalhouse, D. (2007). Tapping students' cultural funds of knowledge to address the achievement gap. *The Reading Teacher, 61,* 98-100.

Rothstein, R. (2004). *Class and schools.* New York, NY: Teachers College Press.

Saifer, S., & Barton, R. (2007). Promoting culturally responsive standards-based teaching. *Principal Leadership, 8*(1), 24-28.

Sanders, J., & Cotton Nelson, S. (2004). Closing gender gaps in science. *Educational Leadership, 62*(3), 74-77.

Stritikus, T. T. (2006). Making meaning matter: A look at instructional practice in additive and subtractive contexts. *Bilingual Research Journal, 30*(1), 219-227.

Swanson, C. B. (2004a). *Projections of 2003-04 high school graduates: Supplemental analyses based on findings from* Who graduates? Who doesn't? Washington, DC: Urban Institute.

Swanson, C. B. (2004b). *Who graduates? Who doesn't? A statistical portrait of public high school graduation, class of 2001.* Washington, DC: Urban Institute.

Taylor, D., & Lorimer, M. (2003). Helping gays succeed: Which research-based strategies curb negative trends now facing boys? *Educational Leadership, 60*(4), 68-70.

Valenzuela, A. (1999). *Subtractive schooling: U.S. Mexican youth and the politics of caring.* Albany: State University of New York Press.

Van Den Bergh, N., & Cristp, C. (2004). Defining culturally competent practice with sexual minorities: Implications for social work education and practice. *Journal of Social Work Education, 40*(2), 221-238.

Van Wormer, K., & McKinney, R. (2003). What schools can do to help gay/lesbian/bisexual youth: A harm reduction approach. *Adolescence, 38,* 409-420.

Villegas, A. M., & Lucas, T. (2007). The culturally responsive teacher. *Educational Leadership, 64*(6), 28-33.

Walls, N. E., Kane, S. B., & Wisneski, H. (2010). Gay-straight alliances and school experiences of sexual minority youth. *Youth and Society, 41*(3), 307-332.

Weiler, E. M. (2003). Making school safe for sexual minority students. *Principal Leadership (Middle School Ed.), 4*(4), 11-13.

Wells, A. S., Duran, J., & White, T. (2008). Refusing to leave desegregation behind: From graduates of racially diverse schools to the Supreme Court. *Teachers College Record, 110*(12), 2532-2570.

Whelan, D. L. (2006). out and ignored. *School Library Journal, 52*(1), 46-50.

Wiener, R., & Pristoop, E. (2006). How states shortchange the districts that need the most help. In *Funding gaps 2006.* Washington, DC: Education Trust. Retrieved from www.edtrust.org

# 제22장

# 공동체 형성

**이주연**_한국교육과정평가원 부연구위원

## ➤ 이 장에서 생각해 볼 문제

1. 당신은 학교가 조직에 가깝다고 생각하는가 아니면 공동체에 더욱 가깝다고 생각하는가?

2. 민주주의를 *위한(for)* 교육과 민주주의를 *통한(through)* 교육의 차이를 생각해 보자.

3. 이러한 원칙들이 학교에 점차 확대 적용된다면, 학생의 삶과 학습이 어떻게 개선되겠는가?

4. 전국 대다수의 학교에는 전문적 학습공동체 모임이 있다. 만약 당신이 그런 학교 중의 하나를 잘 알고 있다면, 이 장에서 논의된 전문적 학습공동체의 여섯 가지 특징이 그 학교에 어느 정도 스며들어 있다고 생각하는가? 그 학교가 학습공동체로서의 특성을 가지고 있는지 알려주는 지표는 무엇인가?

5. 이 장의 후반부에 제시된 '보다 큰 사회공동체의 참여' 부분을 읽을 때, 세 가지 참여 유형(학교중심 및 학교연계 지역봉사 활동, 지역사회 개발, 학습 환경으로서의 지역사회) 간의 관련성을 찾아보라.

Sergiovanni(2007)를 비롯한 학자들은 학교를 조직(organizations)으로 여기기보다 공동체(communities)로 바라볼 것을 제안해 왔다. 조직은 한 방향의 의사소통, 명령계통의 의사결정, 업무의 분화, 위계적 장학, 공식적인 규칙과 규정의 특징을 가지고 있는 것으로 잘 알려져 있다(Scribner, Cockrell, Cockrell, & Valentine, 1999: 135). 조직의 리더는 조직원들이 무엇을 해야 하는지 결정한 다음, 리더가 원하는 것을 조직원이 하였을 때 그에 따른 대가를 제공하는 방식으로 협상하여 그들의 협력을 얻어낸다. 조직에서는 규정을 준수하면 보상을 받고, 규정을 어기면 징계를 받게 된다. 따라서 조직의 개인들은 물물교환 방식과 개인적 이해관계로 서로 연결되어 있다(Sergiovanni, 2007). 이러한 전통적인 조직이론은 효율성과 생산성을 강조하는 공장 모델과도 밀접하게 연관된다.

카네기 학점제를 사용하는 관료주의 이론과 현대의 학교 시스템이 채택하고 있는 전문화(specialization)는 결국 학교가 공장이 되게 하였는데, 학생들은 이러한 공장에서 경제를 살릴 노동자로서의 채비를 마친 생산품이 된다. 그러나 이처럼 조직이론을 학교에 적용할 때의 문제점은, 학생은 학교의 생산품이 아니며, 그들은 보통 부품조립 라인의 자동차처럼 자신에게 제공된 문화에 수동적으로만 반응하지 않는다는 것이다. 많은 학생들은 이러한 공장 모델에서 불합격품이 되거나 이류 상품으로 밀려나면서 도중에 실패해 버린다(Martin & MacNeil, 2007).

반면, 공동체에서의 인간관계는 조직과 달리 공유된 정체성, 신념, 가치, 목표에 근거하고 있다. 공동체의 구성원들은 타인과 공동체를 위해 상호 헌신한다(Hord, 2008). Sergiovanni(1999)는 공동체의 특징을 다음과 같이 조직과 비교하여 설명하였다.

조직에서의 생활과 공동체에서의 생활은 질적으로나 유형에 있어서 상당한 차이가 있다. 공동체에서 우리는 자신과 비슷한 관심을 가지고 있는 타인들과 사회적 관계를 맺게 된다. 반면, 조직에서의 인간관계는 타인이 이미 구성해 놓은 것으로, 계층, 역할, 역할기대의 시스템에 적합하게 이루어진다. 물론 공동체 또한 통제와 관련된 쟁점에 당면하기도 하지만, 외부의 통제보다는 공동체의 규준이나 목적, 가치, 전문적 사회화, 협력, 독립성에 더욱 의존하는 특성을 보인다(Sergiovanni, 1999: 119).

물론, 단지 학교를 조직이 아닌 공동체로 간주하는 것이 모든 학교의 문제를 해결해 주는 마법의 묘약은 아니다. 이러한 첫 번째 이유는 모든 공동체가 좋은 공동체는 아니기 때문이다. 일부 공동체는 배타적이고, 근시안적이며, 편향적인 특성을 가지고 있기도 하다. 이러한 공동체는 시간이 지날수록 내부에 갈등이 일어나고, 일이 제대로 되지 않거나 더 악화되기도 한다. Shields와 Seltzer(1997: 415)는 "많은 학교들은 Sergiovanni가 말한 감성적이고 규범적인 공동체라기보다 갈등과 차이가 존재하는 세상의 축소판과 같다"고 지적하였다. 그러나 그들은 이러한 현실의 문제들의 경우 교사들이 서로의 차이점과 공통점을 발견하고, 민주적이고 포용적인 공동체를 만들며, 다양성 안(within)에서 통합을 이루고자 노력할 때 해결될 수 있다고 믿었다.

Furman(1998) 또한 전통적인 공동체 개념과 현대사회의 포스트모던 개념 간에는 차이가 존재한다고 경고하며, 학교를 공동체로 바라보는 논의에 대해 또 다른 주의를 요구하고 있다. 첫째, 혼란스럽고 분절되어 있는 포스트모던 사회에서 전통적인 통합(unity)이 가능한지에 대해 의구심을 가졌다. 둘째, 포스트모더니즘 사회에서는 동질성을 강조하는 공동체의 소속감을 거부하고 있는데, 이는 공동체라는 개념이 잘못된 경계와 배제를 가져오기 때문이라고 주장하였다. 따라서 Furman은 공동체의 개념이 다양한 문화와 신념, 가치에 대한 인식을 포괄하고 있다면, 공동체와 포스트모더니즘은 서로 조화될 수 있다고 믿었다.

> 포스트모던 공동체는 다양성을 가진 공동체이다. 이러한 공동체는 존경, 정의, 감사의 마음으로 타인을 수용하는 윤리와 다양성 안에서 평화적으로 협조하는 일에 관심을 두고 있다. 포스트모던 공동체의 개념은 글로벌 공동체가 서로 연결되고 의존적인 그물망을 형성하고 있는 현상에 대한 메타포로부터 착안되었다. 이러한 공동체는 구성원들이 소속감, 타인에 대한 신뢰, 안정감을 느끼게 하는 과정을 통해 성장한다(Furman, 1998: 312).

모더니즘과 포스트모더니즘을 주장하는 사람들은 공동체가 무엇인지 그 개념을 잘 확립한다면 비로소 학교를 공동체라 칭할 수 있다고 주장한다. 우리는 그동안의 수많은 현장연구 경험과 우수 학교에 대한 연구결과에 근거하여, 완전하게 잘 기능하고 있는 학교공동체의 특성을 (1) 민주주의, (2) 도덕적 원칙, (3) 전문적 학습, (4) 탐구, (5) 보다 큰 사회공동체로의 참여의 다섯 가지로 제안하고자 한다. 이 장에서는 이러한 각각의 특성에 대해 살펴볼 것이다.

## 1. 민주적 공동체

학교가 민주적 공동체가 되어야 하는 데에는 적어도 다음과 같은 세 가지 확실한 이유가 있다. 첫째, 미국의 공립학교가 존재하는 가장 중요한 이유는 교양과 책임감이 있는 시민으로 학생을 준비시킴으로써 민주주의를 유지하기 위해서이다(Martin & Chiodo, 2007; Schultz, 2007). 둘째, 민주적인 방식으로 운영해 나갈 때, 학교는 더욱 원활하게 기능하고 발전할 수 있다. 셋째, 민주적인 공동체에서 학생은 전통적인 학교의 학생보다 더 높은 수준의 학업성취를 경험하게 된다(Flanagan, Cumsille, Gill, & Gallay, 2007).

먼저, Goodlad(2004)는 민주주의에 입각하여 교육하는 것은 민주주의 사회를 지속하기 위해 중요하다고 주장하였다.

> 민주주의 사회에서 학교교육은 매우 중요하며 다른 사회에서의 학교교육과 상당한 차이가 있다. 우리 사회의 많은 기관들 가운데 공립학교야말로 민주주의의 사회적 · 정치적 아이디어와 민주주의를 낳은 이상(ideals)에 청소년을 입문시키는 가장 적합한 곳이라고 할 수 있다. 따라서 건국 당시부터 지금까지 많은 지식인들은 민주주의 사회를 만들고 유지하는 데 있어서 공교육이 중요하면서도 핵심적인 역할을 할 것이라고 지속적으로 주장해 왔다(Goodlad, 2004: 19).

John Dewey는 Goodlad가 앞서 언급한 지식인 중의 한 사람이다. Dewey(1916: 93)는 "민주주의는 정부의 형태 그 이상을 의미한다. 즉, 민주주의는 근본적으로 타인과 관계를 맺는 삶의 방식이요 상호 의사소통을 하는 경험이다"라고 기록하였다. 다시 말하자면, 민주주의라는 것은 공동체 구성원들의 사회적 관계에 대한 논의라는 것이다. 시민들은 다른 사람의 행동이 자신에게 어떻게 영향을 미치는지뿐만 아니라 자신의 행동이 다른 사람에게 어떠한 영향을 미치는지도 알아야 한다. 진정한 민주주의에서, 시민들은 타인의 경험과 가치, 필요를 이해하기 위해 노력하며, 자신의 이익과 타인의 이익 사이의 균형을 잘 유지해 나간다(Bleazby, 2006; Rhoads, 1998). 따라서 Dewey는 단지 학생이 민주적인 삶을 살 수 있도록 준비시키는 것뿐만 아니라 학교공동체에서 민주주의를 '경험'하게 할 필요가 있다고 믿었다.

만약 학교가 민주주의를 장려하려면 다음의 사항을 실천할 필요가 있다.

● 개개인을 소중히 여기며 존중하고, 학교공동체의 모든 구성원의 행복(well-being)을 증진시킬 것

- 모든 소수집단의 사람을 잘 이해하고, 신속하게 반응하며, 공평하게 대할 것
- 학교공동체의 모든 구성원(교사, 학생, 학부모를 포함하여)이 의사결정 과정에 참여하도록 하고, 그들이 참여하는 의사결정의 범위를 확대할 것
- 양방향의 의사소통, 아이디어의 자유로운 흐름, 논쟁적인 쟁점에 대해 개방적 토론을 권장할 것
- 힘의 관계, 학교구조, 교육과정, 수업에 대해 비판적인 반성과 비평을 장려하고 공익을 위한 변화를 허용할 것
- 협동적인 일이나 협력적 리더십을 장려할 것
- 선택의 자유를 허용할 것
- 시민 참여의 가치를 수용하고 다른 사람을 도울 것

둘째, 민주적인 학교는 민주적인 사회를 유지하는 데 도움이 될 뿐만 아니라 전통적인 학교보다 더욱 원활하게 기능하며 학교를 발전하게 한다. Mallory와 Reavis(2007)에 따르면, "민주주의 원칙에 따라 학교문화를 조성하는 일은 지속적으로 학교를 개선해 나가는 데 있어서 매우 중요하다"(Mallory & Reavis, 2007: 10). 학교의 발전은 교사의 권한부여, 교사 리더십, 협동, 협력관계, 반성적 대화, 교사 선택을 포함한 많은 변수들과 관련되어 있는데(Gordon, Stiegelbauer, & Diehl, 2008), 이런 일들은 교장이나 소수의 지도부에서 의사결정을 하는 학교보다 민주적 공동체인 학교에서 더욱 빈번하게 일어난다.

최근의 학문적 논의에서 강조하는 것처럼, 민주주의와 공동체의 개념은 진정한 리더십이라는 것이 리더 한 명의 의사결정에 의존하는 것이 아니라 공식적·비공식적인 리더들과 다수의 개인들 간의 상호작용 결과라는 논의와 맥을 같이한다(Harris, 2008; Scribner, Sawyer, Watson, & Myers, 2007; Spillane, 2005). Scribner과 동료들(2007)은 "많은 사람들이 협력적인 대화와 상호 의존적인 활동에 참여하여 의사결정을 해나가길" 제안하였는데(Scribner et al., 2007: 70), 이러한 리더십은 Dewey(1916)가 주장한 관계적 민주주의보다는 Sergiovanni(2007)가 논의한 공동체에서의 리더십에 더욱 가깝다.

셋째, 민주주의는 단지 사람을 관리하는 방법이나 다른 사람과 관계를 맺는 방법이라기보다는 학생이 어떻게 학습하는지에 대한 이론이기도 하다. 민주적으로 교육하는 학교에서 학생들은 다음과 같은 것을 경험하게 된다(Glickman, 1998: 18).

- 어떤 기술이나 내용을 학습할 때, 문제나 아이디어, 자료, 타인을 더욱 적극적으

로 대하게 된다.

● 개인이든 소집단이든 교사가 학생에게 제공하는 선택의 폭이 넓다.

● 학생들은 유목적적이고 지적이며 생산적인 태도로 수업에 임함으로써, 또래, 교사, 학부모, 학교공동체에 대해 더욱 책임을 가지게 된다.

● 자신이 배운 바를 다른 학생이나 교사, 부모, 공동체의 구성원들과 공유한다.

● 자신이 배운 것으로 그들의 공동체에 어떻게 기여할지 결정한다.

● (학교 밖으로부터 인적 · 물적) 자원을 지원받은 것에 대해 책임감을 가지고, 자신들이 배운 것을 어떻게 적용하며 발전시킬 수 있을지 생각한다.

● 자신이 알고 있는 것과 할 수 있는 것을 공개적으로 보여주고, 이에 대해 타인의 피드백을 받는다.

● 진취적인 자세를 가지고 개인적으로나 소집단으로 협동하면서 서로에게서 배운다.

오랜 종단 연구에 의하면, 사회 · 경제적, 인종적, 민족적인 지위와 상관없이, 민주적 공동체에서 학습한 학생은 다양한 영역에서 다른 학생들보다 더욱 높은 학업 성취를 보인 것으로 나타났다(Bleazby, 2006; Darling-Hammond, 1997; Flanagan et al., 2007; Joyce, Wolf, & Calhoun, 1993; Meier, 1995; Newmann, Marks, & Gamoran, 1995).

## 2. 도덕적 공동체[1]

도덕적 공동체는 구성원 모두의 행복과 성장, 발달을 위해 노력하는 공동체이다. 학생을 사회에 기여할 준비가 된 도덕적인 사람으로 성장시키기 위해서는 건강한 학교풍토를 조성해야 한다. 이런 학교풍토를 조성하기 위해서는 일련의 도덕적 원칙들을 필요로 하는데, 이런 도덕적 원칙들을 적용하고 충실히 지켰을 때 비로소 도덕적 공동체를 구축할 수 있다. 여기서는 이러한 몇 가지 도덕적 원칙들을 제안하고자 한다.

### 돌봄(Care)

돌봄이 있는 학교에서, 성인들은 학생에게 개방적이고 수용적이다. 그들은 학생과 편

---

1) Stephen P. Gordon(2001). The Good School. *Florida Educational Leadership. 1*(2), pp. 13-15에서 인용함.

안하게 대화하고, 학생의 이야기를 신중하게 경청하며, 학생이 학교 안팎에서 어떻게 지내는지 잘 알고 있다. 성인들은 학생의 경험, 관심, 행동을 이해하기 위해 학생의 입장에서 생각하려고 노력하고, 학생의 필요에 반응하며, 그들이 최선을 다하도록 이끌고, 성취도를 높이기 위해 시간과 에너지를 투자한다. 돌봄은 상호적인 것이기 때문에, 만약 학생이 자신이 돌봄을 받고 있다는 사실을 잘 모르거나 돌봄을 받아들이지 않거나 이에 반응하지 않는다면, 그러한 돌봄은 완전하다고 볼 수 없다(Noddings, 2005, 2010). Schussler와 Collins(2006)에 따르면, 학생들은 성공 기회를 얻고, 존중받으며, 교사나 다른 학생들과 긍정적인 관계를 맺고 있어 학교에 소속되어 있다고 느끼고, 학교가 그들을 수용하고 가족과 같은 분위기를 제공할 때, 자신이 학교로부터 돌봄을 받고 있다고 느끼는 것으로 나타났다.

Noddings(2005, 2010)는 교사가 단지 학생을 돌보는 것뿐만 아니라 학생이 타인을 돌보는 역량을 개발할 수 있도록 지원해야 한다고 주장한다. 이러한 일은 *모델링(modeling)*으로부터 시작된다. 교사는 단지 학생에게 다른 사람을 잘 돌봐 주라고 말하는 것으로 그쳐서는 안 되며, 학생들에게 직접 돌봄의 행위를 보여줄 필요가 있다. 돌봄을 가르치기 위한 두 번째 방법은 개방적이고 양방향적인 *대화(dialogue)*를 하는 것이다. 학생들이 대화에 참여할 수 있도록 유도하면, 그들은 서로 소통하면서 함께 의사결정하거나 문제해결을 위해 지지해 주는 능력을 개발할 수 있다. 학생에게 돌봄을 가르치는 세 번째 방법은 돌봄의 기술과 태도를 개발할 수 있는 *연습(practice)*의 기회를 제공하는 것이다. 마지막으로, 교사는 학생이 "더 나은 자기 자신"을 발견하고 스스로 더 나은 사람이 될 수 있도록 격려하는 방식으로 *확신(confirmation)*을 주어야 한다(Noddings, 2005, 2010).

돌봄의 학교공동체에서 교사가 학생을 잘 보살피고 학생이 타인을 잘 돌보도록 하는 것이 가장 중요한 일이라고 할지라도, 돌봄의 원칙은 학생을 넘어서 학교와 관계된 모든 사람들에게 적용되어야 한다. 돌봄 공동체에서, 학교의 리더, 교사, 학생, 학부모는 모두 돌봄을 제공하는 사람인 동시에 돌봄의 수혜자가 되어야 한다.

## 총체성(Wholeness)

학생을 진정으로 돌본다는 것은 결국 학생의 성장과 관계된 어느 한 측면도 다른 측면들과 분리될 수는 없다는 것을 보여준다. 도덕적 학교는 학생이 인지적, 신체적, 정서적, 창의적, 사회적, 도덕적으로 조화롭게 발달할 수 있도록 노력한다(Oser, Althof & Higgins-D'Alessandro, 2008). 이 모든 영역에서의 성장은 단지 학생을 전인적인 인간으로 발달하게 하기 위해 필요할 뿐만 아니라, 학습의 상이한 영역들이 상호작용하면서 서로 영향을 미치기 때문에도 중요하다. 어느 한 영역에서의 성장은 다른 영역에서의 성장으로 인해 향상될 수 있기 때문이다. 총체성의 원칙은 또한 학교공동체의 성인 구성원들에게도 적용된다. 예컨대, 학교는 학생뿐만 아니라 교사의 전문적 성장, 신체적 · 정서적 행복, 창조적, 사회적, 도덕적 발달에도 관심을 가질 필요가 있다.

## 연계성(Connectedness)

학교는 학생의 삶이 자연스럽게 학습과 연계되는 것을 방해하는 인위적 장애물을 제거할 의무가 있다. 예를 들어, 학생에게 제공되는 교육은 그들의 현재뿐만 아니라 미래와도 관련되어야 하며, 어떤 한 가지에 초점을 맞춘 나머지 다른 것을 희생하지 않도록 해야 한다. 학생이 학습하는 영역도 서로 연계되어야 하며, 교실 세상은 학교 밖의 지역사회, 국가, 세계 공동체의 생활과도 연계될 필요가 있다(National Commission on Service Learning, 2002; Simons & Clearly, 2006). 연계성의 원칙은 또한 학교공동체의 구성원이 단지 하나의 역할만을 수행하도록 제한하지 말 것을 강조한다. 교장, 교사, 학생은 비록 다른 수준과 다른 목적을 가지고 있다고 하더라도 그들 모두 리더십을 발휘하고, 가르치고, 배우는 일에 참여해야 한다.

## 포괄성(Inclusion)

또 하나의 도덕적 원칙으로서 포괄성은 평등(equality)과 형평성(equity)에 대한 신념을 모두 아우르는 개념이다. 포괄성은 먼저 평등으로부터 시작한다. 모든 학생은 인간으로서, 그리고 학교공동체의 구성원으로서 평등한 가치를 지니고 있다. 평등에 대한 신념은 공동체에서의 형평성으로 이어진다. 신체적, 인지적, 정서적, 사회적으로 어려움이 있는 사람들에게는 그들이 필요로 하는 도움을 제공해 주어야 한다. 학생이 공동체를 이탈하지 않고 학생으로서나 추후 성인으로서 충족된 삶을 영위할 수 있도록, 필요한 모든 조치와 지원을 아끼지 말아야 한다. 도덕적 학교는 다양한 문화의 모든 학생, 즉 사회경제적 수준이 낮은 학생, 인종적 · 민족적 소수자, 이민자, 비영어권 국가의 학생, 성적 소수자 등 모두를 포용할 수 있어야 한다(Flanagan et al., 2007; Glanz, 2010).

## 정의(Justice)

사회 정의(social justice)에 대해 가르치는 일도 도덕적 원칙의 일환이다. 왜냐하면 정의에 대한 교육을 실시함으로써 가르치는 일과 배우는 일을 모두 활성화시킬 수 있기 때문이다. 정의라는 개념은 교사가 효과적인 수업에 대한 책임을 다하도록 하는 측면과 학생이 학습에 책임을 갖도록 하는 측면을 모두 가지고 있다. 그러나 교육적 맥락에서 책임이라는 것은 단순히 보상과 처벌을 내리는 것이 아니라 다른 사람이 수행한 것에 대해 피드백을 제공하고 앞으로 그러한 수행이 더욱 개선될 수 있도록 도와주는 것을 의미한다.

학교공동체의 구성원을 공평하고 일관되게 대하는 것이 바로 정의의 핵심이다. 교사가 학생과 함께 있어주는 것만으로 학생이 사회에서 당면할지 모르는 불평등에 대해 어느 정도 대응할 수 있다. 교사는 정의에 대한 모델링을 통해 학생들에게 다른 사람을 공평하게 대하는 방법을 가르칠 수 있다(Schultz, 2008). 정의에 대한 교육을 반복적으로 실시하면, 학생은 모든 영역에서 학습 동기가 높아지고, 결국에는 더욱 정의로운 사회를 구현할 수 있게 된다. 정의는 또한 학교공동체의 모든 성인들에게도 적용되어야 한다. 공정하게 대우를 받는 성인은 학생을 공정하게 다루는 방법을 더욱 잘 배울 수 있다. 따라서 교사를 정의롭게 대하는 것이야말로 학생에게 정의를 가르치는 최선의 방법이라고 할 수 있다.

## 평화(Peace)

학생의 비행행동은 장학담당자와 교사가 보고하는 중요한 학교 문제들 가운데 하나이다. 특히 비행행동은 다른 학생들의 학습권리를 방해한다는 점에서 골칫거리가 되기도 한다. 더욱 심각한 문제는, 최근 들어 학생 간의 폭력이 무섭게 증가하고 있는 것이다(Akiba, 2008). 이러한 문제에 대한 한 가지 접근방식은 "효과적으로 학생을 훈육하는 것"을 강조하던 학교를 "평화"의 학교로 변화시키는 것이다. 이렇게 되기 위해서는 장학담당자, 교사, 학생이 모두 의사소통, 협동, 갈등관리 기술을 향상시켜야 하며, 자기 자신을 단지 리더나 교사, 학생이 아니라 치유자나 평화중재자로 여기는 새로운 자아개념을 개발해야 한다. 학교에서 힐링이나 평화중재의 기술을 배울 시간이 부족하다고 주장하는 사람들도 있으나, 우리는 그들에게 학교공동체에서 비행행동이 증가하는 것을 고려한다면 그러한 학습이 무엇보다 시급하다고 강조한다.

## 자유(Freedom)

학습은 꿈을 꾸고, 탐구하고, 위험을 감수하고, 실수로부터 배우는 자유가 수반될 때에야 가능하다. 교사가 전문가로 성장하기 위해서 자유를 필요로 하듯이 학생 또한 자신의 잠재력을 최대한 발현하기 위해서는 자유가 필요하다. 물론 학생과 교사는 서로 발달 단계가 다르기 때문에, 자유에 반응하는 역량 또한 다르다. 따라서 몇몇 사람들은 처음에는 선택권을 제한하여 제시한 다음 천천히 자유의 범위를 확대할 필요가 있다고 논의한다. 그럼에도 불구하고, 학교가 이를 위해 노력하는 *지향성(directionality)*을 가지고 있는 것은 중요하다. 학교공동체는 모든 구성원에게 그들이 무엇을 배우며, 어떻게 배울 것인지, 배운 것을 어떻게 증명할 것인지 선택할 수 있는 자유를 점차 확대해 주어야 한다(Dooner, Mandzuk, & Clifton, 2008). 학교 개혁을 외부 통제와 동일시하는 사람들은 이러한 원칙을 받아들이는 것을 특히 어려워한다.

## 신뢰(Trust)

학교공동체가 돌봄, 총체성, 연계성, 포괄성, 정의, 평화, 자유를 위해 지속적으로 노력한다면, 공동체의 구성원들은 서로를 더욱 신뢰하게 된다. 신뢰는 다른 원칙들을 충실히 실행했을 때 얻을 수 있는 결과인 동시에, 이러한 원칙들이 장기적으로 뿌리내리는데 필요한 원칙이기도 하다. 진정한 학습은 단지 지식과 기술을 전달하는 데 있는 것이 아니라 근본적으로 개인적인 인간관계에 근거하여 이루어지며, 신뢰는 그러한 인간관계가 구축되었을 때 형성된다(Hord, 2008). 이 모든 것이 중요하지만, 좋은 학교에서는 개인에 대한 신뢰 외에 다른 유형의 신뢰도 발견된다는 점에서 주목해 볼 필요가 있다. 학교가 중요시하는 도덕적 원칙들에 대한 신뢰가 바로 그런 유형의 신뢰이다. 이는 이러한 도덕적 원칙들이 충실하게 지켜진다면 더 나은 교육과 학생의 더욱 성취된 삶, 더 나은 미래 사회의 결과로 나타날 것이라는 믿음을 의미한다.

## 권한부여(Empowerment)

도덕적 원칙의 하나로서 권한부여는 학교공동체 구성원이 자기 자신과 관련된 의사결정 과정에 참여하는 것을 의미하기도 하지만, 다른 한편으로는 이러한 정의를 넘어설 필요가 있다. 권한부여는 교사와 학생이 자아실현에 방해가 되는 가정, 규준, 역할, 인간관계를 변화시키는 것을 의미하기도 한다. 권한을 부여한다는 것은 단지 리더십이나 교수학습과 관련된 의사결정에 대한 참여를 이끌어 내는 것뿐만 아니라 효과적인 의사결정에 필요한 정보와 기술을 획득하는 것도 포함한다. 결국, 권한부여는 교사와 학생이 학교공동체의 *다른* 구성원의 권한부여를 촉진하는 데 노력을 기울여야 한다는 것을 의미한다.

## 3. 전문적 학습공동체

Hord와 Sommers(2008)는 *전문적 학습공동체(professional learning communities: PLCs)*를 "지속적으로 집단 학습에 참여함으로써 학생의 학습을 증진하기 위해 서로 노력하는 전문가 공동체"로 정의하였다. 전문적 학습공동체의 구체적인 특징에 대한 논의는 다양하지만(DuFour, 2005; DuFour, Eaker, & DuFour, 2005; Servage, 2008; Hipp, Huffman, Pankake, & Oliver, 2007; Hord & Sommers, 2008; Louis, Kruse, & Marks, 1996; Stoll, Bolam, McMahon, Wallace, & Thomas, 2006), 대부분의 논의는 다음의 여섯 가지 특징을 포함하고 있다.

1. *공유된 신념, 가치, 규준.* 전문적 학습공동체에서 교사들은 학교의 목적뿐만 아니라 학생과 학습방법에 대한 관점, 학습과정에서 리더와 교사, 학생, 부모의 역할에 대해 분명한 합의에 도달한다(Hipp et al., 2007). "가치와 규준을 확실히 공유하고 집단적으로 이를 강화하면 교사가 목표로 한 바를 성취할 가능성이 높아진다"(Louis et al., 1996: 181).

2. *분산되고 지원적인 리더십.* 21장에서 논의한 유형의 리더십이 변화를 촉진하고 전문적 학습공동체를 활성화하는 과정에 필요하다는 주장은 당연하다. Hord와 Sommers(2008)는 전문적 학습공동체에 두 가지 유형의 지원, 즉 (a) 구조적인 지원(회의 시간, 일할 장소, 물적 자원)과 (b) 관계적인 지원(교사의 개방성, 정직, 존경, 돌봄의 촉진)이 제공되어야 한다고 기술하였다. 장학담당자는 학교공동체의 교사 및 관계자들과 의사결정을 공유하고, "모든 교직원의 리더십 잠재력 개발"을 목표로 학교 전역으로 리더십을 분산해야 한다(DuFour et al., 2005: 23).

3. *집단학습.* 집단학습이 필요한 이유는 교사 개인 혼자서 새로운 지식이나 기술을 배우는 것만으로 학교전체 학생들의 학습을 증진시키는 데 충분하지 않기 때문이다(Hord, 2008). 집단학습은 교사들로 하여금 동일한 학습 과정에 함께 참여하게 하는 작업이다(Dufour et al., 2005; Giles & Hargreaves, 2006; Hipp et al.,

2007). 집단학습의 과정은 교사가 학생, 교수, 학습에 대해 대화하는 것으로부터 시작된다. 학교공동체는 개선이 필요한 영역을 선택하고, 이를 개선하기 위해서 교사가 무엇을 배워야 하는지 결정하며, 집단학습에 대해 계획한다. 이러한 집단학습은 새로운 기술과 전략을 시도해 보고, 새로운 실천이 가져온 결과에 대해 토론하며, 이를 어떻게 개선할 수 있는지 결정하는 과정으로 이루어진다(Hord & Sommers, 2008).

4. *수업의 탈사유화(deprivatization)*. 가르치는 일에 대한 전통적 개념 중의 하나는 가르치는 일이 사적인(private) 행동이라는 것이다. 교실은 다른 교사들에게 개방되어 있지 않다. 이와 같은 수업의 사유화는 교사가 수업에 대한 도움을 서로 제공하지 못하게 방해한다. 그러나 탈사유화된 학교에서, 교사는 여러 가지 이유들, 예컨대, 수업을 관찰하고 데이터를 수집하여 피드백을 제공해 주거나, 서로에게서 새로운 아이디어를 찾거나, 팀티칭을 하기 위해 다른 교실을 방문한다. 탈사유화의 또 다른 측면은 교사가 가르치는 일과 관련한 문제를 다른 교사들과 토론하며 이를 어떻게 해결할 수 있을지 아이디어를 공유하는 것도 포함한다.

5. *학생 학습에 대한 초점*. DuFour(2005)는 전문적 학습공동체가 다음의 세 가지 중요한 질문을 강조하고 있다고 논의한다(DuFour, 2005: 33).

   ● 학생 개개인이 무엇을 학습하기 원하는가?
   ● 학생들이 그것을 배우고 있다는 것을 어떻게 알 수 있는가?
   ● 학생이 학습과정에서 어려움에 직면하였을 때 어떻게 반응할 것인가?

   전문적 학습공동체에서 관심의 초점은 단지 흥미롭게 보이는 테크닉이나 활동에 있는 것이 아니라 학생의 인지적 발달과 그들이 지속적으로 학습에 참여하도록 하는 데 있다(Louis et al., 1996). 전문적 학습공동체에서는 학생의 학습요구를 확인하고, 교사가 교수방식을 변경할 수 있도록 피드백을 제공하며, 학생들이 잘 배우고 있는지 확인하기 위해 지속적으로 형성평가를 실시하는 데 관심을 둔다. 아울러, "문제해결을 위해 협력하는 교사들이 학생평가 결과를 쉽게 접할 수 있으며 이를 서로 공유한다."(DuFour et al., 2005: 22).

6. *협력*. 앞서 2장에서는 교사들이 어떻게 "달걀 꾸러미(egg crate)"와 같이 교실이 서로 단절되어 있는 전통적인 단일학급학교(one-room school) 구조에서 학교생활의 대부분 시간을 교실에 머물러 있으며, 다른 성인들과 접촉하지 못하게 되는지에 대해 기술하였다. 전문적 학습공동체는 교사들이 고립으로부터 벗어나 서로 정보와 전문성을 공유하고, 교육과정을 개발하고 수업자료를 만들고 학

생의 학습결과를 평가하기 위해 협력하며, 문제를 해결하기 위해 서로 참여하는 방식으로 동료를 지원한다(Giles & Hargreaves, 2006; Hipp et al., 2008; Louis, Kruse, & Marks, 1996).

많은 연구들은 전문적 학습공동체가 가져오는 결과들을 긍정적으로 평가하고 있다. 기존의 선행연구들을 검토한 Vescio, Ross와 Adams(2008)는 전문적 학습공동체가 교사로 하여금 더욱 학생에게 관심을 가지게 하고, 교수문화를 개선하며, 학생의 성취도까지 향상하게 하였다는 것을 발견하였다. 그러나 일부 연구자들은 전문적 학습공동체와 관련하여 주의할 사항에 대해 충고하기도 하였다. 예컨대, Scribner와 Hager, Warne(2002)는 전문적 학습공동체는 공유된 정체성 이외에 교사에게 개별적인 정체성을 유지하도록 하여 어느 정도의 전문적 자율성을 허락해야 한다고 강조하였다. 이들이 주장한 바에 따르면, "교사에게 자율성을 부여한다고 하여 교사가 전문적 공동체에 참여하고 소속되는 것을 방해하는 것은 아니다"(Scribner & Hager & Warne, 2002: 70). 이러한 주장은 학교공동체의 목표와 교사 개인의 필요를 다루는 데 있어서 무엇보다 균형을 유지하는 것이 중요하다는 것을 강조한다.

## 4. 탐구공동체

일부 학자들이 탐구공동체를 단지 반성적 대화를 하는 것과 동일시한다고 하더라도, 우리는 다음 [그림 22.1]에서 제시한 바와 같이 조금 더 큰 관점을 취하고자 한다. 만약 [그림 22.1]의 과정이 19장에서 기술한 실행연구의 일반적인 과정과 상당히 유사하다고 생각한다면, 사실 그것이 맞는 말이다. 그러나 탐구의 순환과정은 실행연구보다 더욱 다양한 방식으로 사용될 수 있다. 예컨대, 탐구의 순환과정은 소규모의 임상 장학이나 동료 코칭에 사용될 수 있다(15장 참고). 수업 관찰에 들어가기에 앞서 참가자들은 관심을 가지고 살펴볼 주제를 선택하고, 수업 관찰 이후에 실시되는 회의에서는 수업 관찰 중 수집한 데이터를 근거로 반성적 대화를 하며 수업이 개선될 수 있도록 돕는다. 한편 탐구의 순환과정은 교육과정을 개발하는 것과 같은 더욱 큰 규모의 일에도 사용될 수 있다(18장 참고). 교사가 교육과정이 학생에게 어떤 영향을 미쳤는지 데이터를 수집하고, 데이터의 의미에 대해 반성적으로 대화하며, 그에 따라 새로운 교육과정을 설계하는 행동을 취하였을 때, 더욱 큰 규모의 탐구 순환과정이 적용될 수 있다. 탐구의 순환관계를 장학의 문화적 과업에 적용한 사례도 살펴볼 수 있다. 이러한 사례

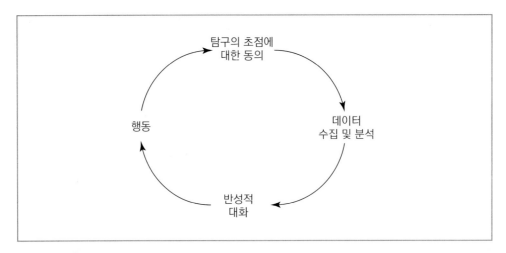

**[그림 22.1]** 탐구의 순환

는 교사가 데이터를 분석하여 성취 목표와의 간극을 확인하고, 학교문화 및 수업방식의 변화를 통해 어떻게 그러한 간극을 좁힐 수 있는지 반성적으로 대화하며, 이러한 방식이 문화적으로 뿌리내리게 하는 형평성(equity) 강화 프로그램에서 찾아볼 수 있다(21장 참고). 요컨대, 탐구의 순환관계는 단지 실행연구와 관련된 장학 업무에만 적용될 수 있는 것이 아니라 장학의 기술적이거나 문화적인 과업과도 통합될 수 있다.

*데이터 수집과 분석*은 탐구가 체계적으로 이루어지게 하기 위한 핵심적 과정이지만, 데이터라는 단어는 많은 교사에게 부정적인 반응을 불러일으키곤 한다. 따라서 Earl과 Katz(2006)는 교사가 자신의 수업을 개선하기 위해서는 일상적인 노력의 하나로 데이터를 더욱 편안하게 사용할 것을 촉구한다.

데이터의 사용을 교사의 직관이나 교육 철학, 개인적 경험을 폄하하는 기계적이고 기술적인 과정으로 여길 필요가 없다. 사실, 데이터를 현명하게 사용하면, 개인적인 관점이 도출되기도 하고, 체계적인 방법으로 아이디어를 포착하여 조직할 수 있으며, 정보를 의미 있는 행동으로 변화시킬 수도 있다. … 따라서 데이터를 사용하는 일을 지속적인 분석과 통찰, 새로운 학습, 실천의 변화에 이르게 하는 과정의 일부분으로 여기는 것이 필요하다(Earl & Katz, 2006: 14-15).

또한 Earl과 Katz(2006)는 교사의 데이터 사용을 촉진할 수 있는 방법들을 제안하고 있다. 예컨대, 교사가 데이터를 다룰 수 있는 기회를 만들거나, 변화가 시급하다는 주장에 힘을 실어주기 위해 데이터를 이용하거나, 탐구할 시간을 제공하거나, 비평을 위해 외부의 비판적 동료들에게 도움을 요청하거나, 데이터에 근거하여 수업을 개선하도록 지원하는 것들이 이에 포함된다.

데이터를 분석하는 일은 교사가 학생학습, 학생평가, 평등, 학교공동체의 관계에 대해 이야기할 때 *반성적 대화*를 하게 하는 기초자료가 된다. 이러한 반성적 대화는 교사 개인에 초점을 맞추어 교실 내 수업을 평가하도록 도와주거나, 또는 학습공동체로서 단위학교에 초점을 맞추어 집단적으로 비평하는 방식으로 이루어질 수 있다. 시간이 흐르게 되면, 이러한 반성적 대화는 학교공동체의 모든 구성원을 위한 지식 및 지원 네트워크를 형성하게 된다(Gordon, 2008; Hipp et al., 2008; Smith-Maddox, 1999).

탐구 순환관계의 마지막 단계는 교수학습의 개선을 위해 *행동*을 취하는 것이다. 탐구공동체에서, 이러한 행동은 데이터를 수집·분석하고, 반성적인 대화를 하는 과정을 통해 만들어지며, 그러한 행동 자체는 또 다른 탐구 순환과정의 새로운 주제가 된다.

탐구 공동체인 학교에서 교사가 탐구의 순환과정을 학생에게도 알려준다면, 교실은 탐구하는 센터가 될 수 있다. 어떤 문제나 쟁점이 제시되었을 때, 학생들은 데이터를 수집하거나 분석하고, 대안을 제시하거나 방어하기도 하며, 아이디어를 확장하거나 통합하고, 문제나 쟁점을 해결하기 위한 행동을 취하기도 한다(Hord, 2008). 탐구공동체는 학생의 인지 및 초인지 기술을 촉진하고(Brown & Campione, 1994), 학생이 학습 공동체에서 사회적 책임을 가진 구성원이 되는 법을 배우게 함으로써, 서로 도움을 주고받을 수 있도록 동기를 부여한다(Brown & Campione, 1994; Elbers, 2003; Garrison & Arbaugh, 2007).

## 5. 보다 큰 사회공동체로의 참여

학생들은 신체적, 정서적, 사회적 필요를 가지고 학교에 오며, 만약 이러한 필요들이 적절하게 다루어지지 않으면 학습에 큰 영향을 미치게 된다. 이처럼 학생에게 필요한 것들의 상당수는 그들의 가정과 지역사회가 요구하는 필요와 함께 나타난다(Anderson-Butcher, Stetler, & Midle, 2006). 따라서 이러한 필요를 충족시키기 위해서는 학교가 가정 및 지역사회와 함께 협력하는 것이 중요하다. 더욱이 지역사회는 유의미한 학습이 일어날 수 있게 하는 지식의 원천이자 풍부한 학습 환경이 될 수 있다. 지금까지 수업 장학의 분야는 지역사회 개발과 학교 개발, 학생의 학습 간의 관계라든지, 지역사회 기반 학습이 가지는 잠재력에 대해 별다른 관심을 기울이지 않았었다. 그러나 최근 장학은 교수학습을 향상하기 위해 교실을 넘어 외부와 협력할 필요성을 강조하고 있다. 장학의 범위는 학교-지역사회 간의 협력을 활성화하는 것과 같이 더욱 확장될 필요가 있다는 것이다. 여기서 우리는 보다 큰 사회공동체에 참여하는 세 가지 측면, 즉 학교중심 및 학교연계 지역봉사 활동, 지역사회 개발, 학습 환경으로서의 지역사회에 대해 논의하고자 한다.

## 학교중심 및 학교연계 지역봉사 활동
(School-Based and School-Linked Community Service)

Dryfoos(1994: 142)는 완전서비스학교(full-service school)를 "아동, 청소년, 가족의 필요를 충족하는 데 도움이 되는 교육적, 의료적, 사회적, 복지 서비스를 통합한 학교"로 정의한다. 학생, 가족, 지역사회 구성원에게 서비스에는 다음과 같은 것들이 포함된다.

- 지역사회의 새로운 구성원을 환영하고 적응하도록 돕기
- 음식, 의류, 학용품과 같이 기본적으로 필요한 것들을 무상이나 저렴한 가격으로 제공하기
- 주말이나 공휴일, 방학기간 동안 식사 제공하기
- 건강검진 및 기본적인 의료서비스 제공하기
- 치과 진료 서비스
- 안과 서비스
- 정신건강 서비스
- 약물남용 치료
- 부모의 자녀 양육
- 성인 교육
- 부모 교육
- 지역사회 역량 강화 프로그램
- 사회 복지
- 유아기/유치원 교육
- 보육
- 가족 부양 프로그램

Lawson(1999)은 지역사회의 다양한 조직들이 앞서 목록으로 제시한 서비스를 제공하기 위해 학교와 함께 협력해야 한다고 주장하였다. "협력은 필요하다. 협력은 상호 의존적인 관계를 돌아보게도 하고 증진시키기도 한다. 학교, 지역사회 단체, 주민조직, 종교기관들은 서로 의존한다. 하나의 기관이 성공하면 다른 기관의 결과물도 좋아지고, 한 기관에서 실패하게 되면 다른 기관들도 이에 영향을 받게 된다"(Lawson, 1999: 19). Lawson은 지역사회의 다양한 조직들이 협력하였을 때 자신들이 얻게 되는 이익에 대해 알려줌으로써, 서로 협력하도록 동기를 부여할 수 있다고 강조하였다(Santiago, Ferrara, & Blank, 2010 참고).

## 지역사회 개발(Community Development)

지역사회 개발 접근은 학교가 모든 구성원의 성장과 발달을 책임질 수 있는 더욱 큰 생태계의 한 부분이라는 아이디어로부터 시작한다(Hiatt-Michael, 2006). 학교는 지속적으로 더욱 큰 교육적 환경인 지역사회에 영향을 미치기도 하고 또 그로부터 영향을 받기도 하기 때문에, 생태계의 모든 구성원들이 성장하고 발달할 수 있도록 지역사회의 노력과 학교의 노력을 통합해야 한다. Timpane과 Reich(1997)는 이와 관련하여 다음과 같이 기술하였다.

지역사회 개발은 학교를 분리되고 독립된 기관으로 여기기보다 학습자의 웰빙을 지원하기 위해 지역사회의 다른 기관들과 잘 호환하는 기관으로 간주하며 학교의 핵심적 정체성을 변화시킨다. 지역사회 개발은 학교가 단지 학교건물 안에 있는 학생들의 학습요구에만 관심을 두기보다는 지역사회 전반의 학습 요구를 고려하고 반응하게 한다(Timpane & Reich, 1997: 466).

지역사회가 전반적으로 건강하면 학교의 발전과 학생의 학습도 영향을 받기 때문에(Lawson, Claiborne, Hardiman, Austin, & Surko, 2007), 장학담당자와 교사, 학생이 모두 "경제적, 사회적, 문화적, 환경적 상황"을 개선하기 위해 지역사회 개발에 참여할 필요가 있다(Christenson, Fendley, & Robinson, 1989: 14). 학교가 지역사회 개발에 참여하는 두 가지 방법에는 (1) 학교의 개발 및 학생의 학습을 지역사회 개발과 직접 연계하는 방법과 (2) 지역사회의 다른 단체 및 조직들과 함께 지역사회 개발에 참여하도록 조정하는 방법이 있다.

## 학습 환경으로서 지역사회(The Community as a Learning Environment)

Arrington과 Moore(2001: 56)에 따르면, "학생의 학습경험이 의도적으로 학교의 담장을 넘어 지역사회 및 세계로 확대해 나가도록 할 때, 우리는 학생에게 학업 성취 향상을 위한 동기를 부여하게 된다." 이처럼 학생을 지역사회나 더 큰 단위의 사회와 연계하는 학습모델에는 봉사활동 학습모델, 지역기반 학습모델, 민주적 학습모델이 있다.

**봉사활동 학습(Service Learning)** 봉사활동 학습모델은 교육과정을 지역사회의 봉사활동과 통합하여 실행하는 것을 의미하는데, 이는 봉사활동이 학문적 학습을 수반할 때에야 가능해진다. 봉사활동 학습모델에서, 학생은 지역사회의 쟁점들을 분석하고, 봉사할 프로젝트를 선택하고, 활동을 계획한 다음, 이를 수행하며, 이에 대해 개인적으로나 집단적으로 반성하는 과정을 경험하게 된다(Arrington & Moore, 2001; Flanagan et al., 2007). 이러한 봉사활동 학습은 특정 교과의 내용에 국한되지 않으며, 종종 다양한 교과의 내용이 통합되어 활용되기도 한다.

**지역기반 학습(Place-Based Learning)** 지역기반 학습모델은 지역 환경을 학습이 일어나는 맥락으로 바라보는 사회적, 문화적, 자연적 관점이다(Smith, 2007). Smith(2002)는 지역기반 학습이 일어나는 한 장면을 다음과 같이 묘사하고 있다.

> Environment 중학교의 학생들이 Brookside의 습지대를 방문한다고 할 때 … 그들이 지난 1년 동안 채집하며 작성한 물의 표본과 대형 무척추동물의 목록은 Portland 환경국에서 나온 보고서에 일부 반영되었다. 이 프로젝트는 간접적인 경험보다는 직접적으로 세상을 알아가도록 하는 데 관심을 두고 있다. 물은 차갑고, 진흙은 미끄럽다. 두 마리의 거위가 목을 쭉 뻗어 자신의 영역을 지나가려는 다른 거위를 위협하는 것을 발견했을 때, 한 학급의 모든 아이들이 숨죽이며 이를 지켜본다(Smith, 2002: 31).

지역기반 학습에서, 학생은 지식을 소비하기보다 지식을 생산해 내고, 교사는 가르치는 사람이라기보다는 공동학습자나 안내자가 되며, 학생은 인위적인 문제가 아닌 실제 사회의 문제를 해결하게 된다(Smith, 2002; Powers, 2004).

**민주적 학습(Democratic Learning)** 민주적 학습모델은 학생이 자신의 개인적 관심사를 더욱 큰 세상이나 공공선에 대한 관심과 통합하도록 요구한다. 학생은 종종 인종, 민족, 계급, 성, 또는 이 밖의 다양한 쟁점들을 다루며 공통 주제를 결정한다. 민주적 학습에 참여하는 학생들은 전쟁과 평화, 환경, 가정과 같은 심각한 사회적 쟁점에 초점을 맞추어 문제를 제기하는 경향이 있다. 학생이 이러한 쟁점을 탐구해 나갈 때, 그들은 엄정한 학문의 학습과정에 참여하고, 높은 수준의 인지적 기술을 보이며, 상호 존중하는 모습을 나타내는 가운데 공동체를 구축하게 된다(Beane, 2002; Marri, 2005).

## 6. 다섯 가지 속성, 하나의 공동체

학교공동체가 가지고 있는 다섯 가지 속성 간의 관계는 [그림 22.2]로 나타낼 수 있다. 각각의 속성이 서로 다르다 할지라도, 다섯 가지 속성들은 서로 상당히 중첩되어 있거나 상호작용하는 부분이 있다. 예컨대, 다섯 가지 속성 중 민주주의 속성은 다른 속성들과 연관되어 있다. 역사적으로 민주적인 속성은 단지 중요한 규율로 규정되기보다는 오히려 도덕적 원칙(두 번째 속성)에 근거하고 있는 하나의 삶의 방식으로 간주되어 왔다. 또한 만약 민주적 리더십이 발휘되고 교사들이 민주적 방식으로 일을 한다면, 전문적 학습(세 번째 속성)은 더욱 잘 실행될 수 있다. 탐구하는 것(네 번째 속성) 또한 민주적 환경의 개방성과 자유를 필요로 한다. 마지막으로, 만약 학교와 지역사회의 관계자

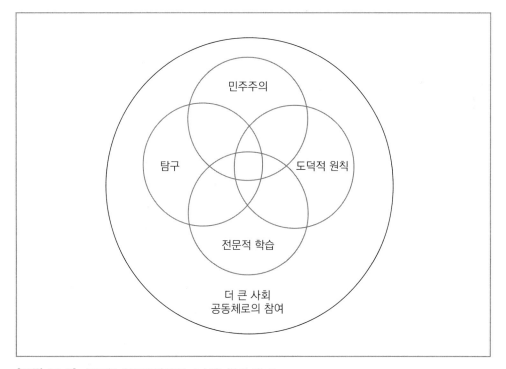

[그림 22.2] 진정한 학교공동체의 속성들 간의 관계

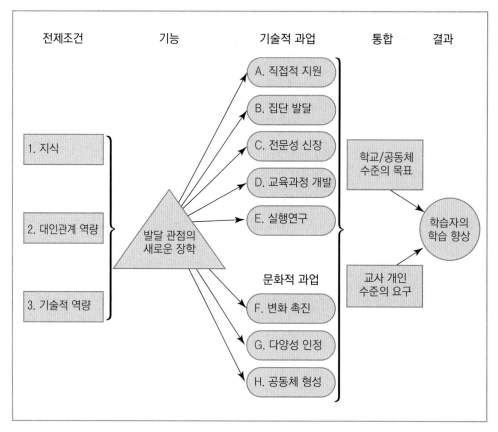

[그림 22.3] 장학과 성공적 학교

들이 학교 및 지역사회의 발달에 대해 민주적으로 의사결정을 해나간다면, 학교-지역
사회 참여(다섯 번째 속성)는 가장 잘 이루어질 수 있다. 이러한 특성은 공동체의 다른
속성에도 동일하게 적용된다. 진정한 공동체에서 이들 각각의 속성은 다른 속성들에
영향을 미치며 서로 지지한다.

# 7. 결론

이 책은 무엇보다도 목적, 희망, 성장에 대한 아이디어와 모든 학생의 발달에 관한 내
용을 담고 있다. [그림 22.3]은 지속적으로 교수-학습의 질을 향상시키기 위해 노력하는
학교의 지식, 교수법, 기술적 과업, 문화적 과업에 대해 정리하여 보여주고 있다.

　역량을 갖추었어도 분명한 목적이 없으면 결국 변화의 방향을 잃어버리게 되며, 반대로 목적은 있으나 이를 실행할 역량이 없을 경우 비효율성과 좌절을 가져오게 된다. 독자 여러분이 어떠한 위치에서 수업 리더십을 발휘하든 간에, 자신이 속한 학교 및 지역사회의 교육이 더욱 일관성 있고 조화롭게 이루어지도록 기여할 것이라고 믿어 의심치 않는다. 결국, 믿는 바를 실천하는 것, 이것은 우리가 교육자가 되기로 선택한 가장 큰 이유일 것이다.

## 성찰과제

이 장에서 논의한 진정한 학교공동체의 다섯 가지 속성(민주주의, 도덕적 원칙, 전문적 학습, 탐구, 보다 큰 사회공동체로의 참여) 가운데 두 가지 속성을 선택해 보자. (1) 두 가지 속성이 공통적으로 가지고 있는 중요한 요소는 무엇인가, (2) 첫 번째 속성에는 있으나 두 번째 속성에는 없는 특성은 무엇인가, (3) 두 번째 속성에는 있으나 첫 번째 속성에는 없는 특성은 무엇인가? 당신의 생각을 기록하기 위해 벤다이어그램을 사용해 보자.

## 참고문헌

Akiba, M. (2008). Predictors of student fear of school violence: A Comparative study of eighth graders in 33 countries. *School Effectiveness and School Improvement, 19*(1), 51-72.

Anderson-Butcher, D., Stetler, G., & Midle, T. (2006). A case for expanded school-community partnerships in support of positive youth development. *Children and Schools, 23*(3), 155-163.

Arrington, H. J., & Moore, S. D. (2001). Infusing service learning into instruction. *Middle School Journal, 32*(4), 55-60.

Beane, J. A. (2002). Beyond self-interest: A democratic core curriculum. *Educational Leadership, 59*(7), 25-28.

Bleazby, J. (2006). Autonomy, democratic community, and citizenship in philosophy for children: Dewey and philosophy for children's rejection of the individual/community dualism. *Analytic Teaching, 26*(1), 30-52.

Brown, A. L., & Campione, J. C. (1994) Guided discovery in a community of learners. In K. McGilly (Ed.), *Classroom lessons: Integrating cognitive theory and classroom practice*(pp. 229-270). Cambridge, MA: MIT Press.

Christenson, J. A., Fendley, K., & Robinson, J. W. (1989). Community development. In J. A. Christenson & J. W. Robinson (Eds.), *Community development in perspective* (pp. 3-25). Ames: Iowa State University Press.

Darling-Hammond, L. (1997). *The right to learn: A blueprint for creating school that work.* San Francisco, CA: Jossey-Bass.

Dewey, J. (1916). *Democracy and education.* New York, NY: Macmillan.

Dooner, A., Mandzuk, D., & Clifton, R. A. (2008). Stages of collaboration and the realities of professional learning communities. *Teaching and Teacher Education, 24*, 564-574.

Dryfoos, J. G. (1994). *Full-service schools. San Francisco.* CA: Jossey-Bass.

DuFour, R. (2005). What is a professional learning community? In R. DuFour, R. Eaker, & R. DuFour (Eds.), *On common ground: The power of professional learning communities.* Bloomington, IN: National Educational Service.

DuFour, R., Eaker, R., & DuFour, R. (2005). Recurring themes of professional learning communities and the assumptions they challenge. In R. DuFour, R. Eaker, & R. DuFour (Eds.), *On common ground: The power of professional learning communities.* Bloomington, IN: National Educational Service.

Earl, L. M., & Katz, S. (2006). *Leading schools in a data-rich world: Harnessing data for school improvement.* Thousand Oaks, CA: Corwin Press.

Elbers, E. (2003). Classroom interaction as reflection: Learning and teaching mathematics in a community of inquiry. *Educational Studies in Mathematics, 54*, 77-99.

Flanagan, C., Cumsille, P., Gill, S., & Gallay, L. (2007). School and community climates and civic commitment: Patterns for ethnic minority and majority student. *Journal of Educational Psychology, 99*(2), 421-431.

Furman, G. C. (1998). Postmodernism and community in schools: Unraveling the paradox. *Education Administration Quarterly, 34*, 298-328.

Garrison, D. R., & Arbaugh, J. B. (2007). Researching the community of inquiry framework: Review, issues, and future directions. *The Internet and Higher Education, 10*(3), 157-172.

Giles, C., & Hargreaves, A. (2006). The sustainability of innovative schools as learning organizations and professional learning communities during standardized reform. *Educational Administration Quarterly, 42*(1), 124-156.

Glanz, J. (2010). Justice and caring: Power, politics, and ethics in strategic leadership. *International Studies in Educational Administration, 38*(1), 66-86.

Glickman, C. D. (1998). Revolution, education, and the practice of democracy. *The Educational Forum, 63*, 16-22.

Goodlad, S. J. (2004). Democracy, schools, and the agenda. *Kappa Delta Pi Record, 41*(1), 17-20.

Gordon, S. P. (2008). Dialogic reflective inquiry: Integrative function of instructional supervision. *Catalyst for Change, 35*(2), 4-11.

Gordon, S. P., Stiegelbauer, S. M., & Diehl, J. (2008). Characteristics of more and less successful action research programs. In S. P. Gordon (Ed.), *Collaborative action research: Developing professional learning communities* (pp. 79-94). New York, NY: Teachers College Press.

Harris, A. (2008). Distributed leadership: According to evidence. *Journal of Educational Administration, 46*(2), 172-188.

Hiatt-Michael, D. (2006). Reflections and directions on research related to family community involvement in schooling. *The School Community Journal, 16*(1), 7-30.

Hipp, K. K., Huffman, J. B., Pankake, A. M., & Olivier, D. F. (2008). Sustaining professional learning communities: Case studies. *Journal of Educational Change, 9*, 173-195.

Hord, S. M. (2008). Evolution of the professional learning community. *Journal of Staff Development, 29*(3), 10-13.

Hord, S. M., & Sommers, W. A. (2008). *Leading professional learning communities.* Thousand

Oaks, CA: Corwin Press.

Joyce, B. J., Wolf, J., & Calhoun, E. (1993). *The self-renewing school*. Alexandria, VA: Association for Supervision and Curriculum Development.

Lawson, H. A. (1999). Two new mental models for schools and their implications for principals's roles, responsibilities, and preparation. *NASSP Bulletin, 83*(8), 8-27.

Lawson, H. A., Claiborne, H., Hardiman, E., Autins, S., & Surko, M. (2007). Deriving theories of change from successful community development partnerships for youths: Implications for school improvement. *American Journal of Education, 114*(1), 1-40.

Louis, K. S., Kruse, S. D., & Marks, H. M. (1996). Schoolwide professional community. In F. M. Newmann & Associates (Eds.), *Authentic achievement: Restructuring schools for intellectual quality* (pp. 179-203). San Francisco, CA: Jossey-Bass.

Mallory, B. J., & Reavis, C. A. (2007). Planning for school improvement: Closing the gap of culture with democratic principles. *Educational Planning, 16*(2), 8-18.

Marri, A. R. (2005). Building a framework for classroom-based multicultural democratic education: Learning from three skilled teachers. *Teachers College Record, 107*(5), 1036-1059.

Martin, G., & MacNeil, A. (2007). School as community versus school as factory. Retrieved from http://cnx.org/content/m14666/1.3.

Martin, L. A., & Chiodo, J. J. (2007). Good citizenship: What students in rural schools have to say about it. *Theory and Research in Social Education, 35*(1), 112-134.

Meier, D. (1995). *The power of their ideas: Lessons for America from a small school in Harlem*. Boston, MA: Beacon Press.

National Commission on Service Learning. (2002). *Learning in deed*. Battle Creek, MI: W. K. Kellogg Foundation and the John Glenn Institute for Public Service. (Available from the W. K. Kellogg Foundation, (800) 819-9997, wkkford@iserv.net).

Newmann, F. M., Marks, H. M., & Gamoran, A. (1995). Authentic pedagogy: Standard that boost student performance. *Issues in Restructuring Schools, 8*, 1-11.

Noddings, N. (2010). Moral education in an age of globalization. *Educational Philosophy and Theory, 42*(4), 390-396.

Noddings, N. (2005). *The challenge to care in schools: An alternative approach to education* (2nd ed.). New York, NY: Teachers College Press.

Oser, F. K., Althof, W., & Higgins-D'Alessandro, A. (2008). The just community approach to moral education: System change or individual change? *Journal of Moral Education, 37*(3), 395-415.

Powers, A. L. (2004). An evaluation of four place-based education programs. *The Journal of Environmental Education, 35*(4), 17-32.

Rhoads, R. A. (1998). In the service of citizenship: A study of student improvement in community service. *The Journal of Higher Education, 69*(3), 277-297.

Santiago, E., Ferrara, J., & Blank, M. (2010). A full-service school fulfills its promise. In M. Scherer (Ed.), *Keeping the whole child healthy and safe: Reflections on best practices in learning, teaching, and leadership*. Alexandria, VA: ASCD.

Schultz, B. (2007). Not satisfied with stupid Band-Aids: A portrait of a justice-oriented, democratic curriculum serving a disadvantaged neighborhood. *Equity and Excellence in Education, 40*(1), 166-176.

Schultz, B. (2008). Strategizing sustaining, and supporting justice-oriented teaching. *Democracy and Education, 17*(3), 8-19.

Schussler, D. L., & Collins, A. (2006). An empirical exploration of the who, what, and how of school care. *Teachers College Record, 108*, 1460-1495.

Scribner, J. P., Cockrell, K. S., Cockrell, D. H., & Valentine, J. W. (1999). Creating professional communities in schools through organizational learning: An evaluation of a school improvement process. *Educational Adminstration Quarterly, 35*(1), 130-160.

Scribner, J. P., Hager, D. R., & Warne, T. R. (2002). The paradox of professional community: Tales from two high schools. *Educational Administration Quarterly, 38*(1), 45-76.

Scribner, J. P., Sawyer, R. K., Watson, S. T., & Myers, V. L. (2007). Teacher teams and distributed leadership: A study of group discourse and collaboration. *Educational Administration Quarterly, 43*(1), 67-100.

Sergiovanni, T. J. (2007). Changing our theory of schooling. In T. J. Sergiovanni: (Ed.), *Rethinking leadership: A collection of article* (2nd ed.). (pp. 101-111). Thousand Oaks, CA: Corwin Press.

Sergiovanni, T. J. (1999). Changing our theory of schooling. In T. J. Sergiovanni (Ed.), *Rethinking leadership: A collection of articles.* Arlington Heights, IL: Skylight Training and Publishing.

Servage, L. (2008). Critical and transformative practices in professional learning communities. *Teacher Education Quarterly, 35*(1), 63-77.

Shields, C. M., & Seltzer, P. A. (1997). Complexities and paradoxes of community: Toward a more useful conceptualization of community. *Educational Administration Quarterly, 33*, 413-439.

Simons, L., & Cleary, B. (2006). The influence of service learning on students' personal and social development. *College Teaching, 54*(4), 307-319.

Smith, G. A. (2007). Place-based education: Breaking through the constraining regularities of public-school. *Environmental Education Research, 13*(2), 189-207

Smith, G. A. (2002). Going local. *Educational Leadership, 60*(1), 30-33.

Smith-Maddox, R. (1999). An inquiry-based reform effort: Creating the conditions for reculturing and restructuring schools. *The Urban Review, 31*, 283-304.

Spillane, J. P. (2005). Distributed leadership. *The Educational Forum, 69*(2), 143-150.

Stoll, L., Bolam, R., McMahon, A., Wallace, M., & Thomas, S. (2006). Professional learning communities: A review of the literature. *Journal of Educational Change, 7*(4), 221-258.

Timpane, M., & Reich, B. (1997). Revitalizing the ecosystem for youth. *Phi Delta Kappan, 78*, 464-470.

Vescio, V., Ross, D., & Adams, A. (2008). A review of research on the impact of professional learning communities on teaching practice and student learning. *Teaching and Teacher Education, 24*, 80-91. Retrieved from www.sciencedirect.com.

# 교육철학 진단 질문지
## (Educational Philosophy Q-Sort)

아래 20개의 문장은 공교육 시스템에 대해 기술하고 있으며, 교육의 목적, 지식의 본질, 교사의 역할, 교육과정의 목적 등 네 개 영역으로 분류되어 있습니다. 각 영역에는 다섯 개의 문장이 있는데 본인의 신념에 부합하는 순위에 따라 5점부터 1점까지 점수를 부여해 주십시오. 순위에 따른 점수를 매긴 후, 평가 가이드에 따라 당신의 교육철학을 확인해 보시기 바랍니다.

## 1. 교육의 목적(Aims)

( ) A.  사회의 발전과 개선; 변화를 위한 교육

( ) B.  민주적인 사회 생활의 촉진; 창의적인 자기계발 촉진

( ) C.  합리적인 인간의 계발; 체계화되어 있는 가치 있는 지식들의 전달을 통한 지성 계발

( ) D.  활동적인 시민의 양성; 사회적 문해 교육과 시민 참여, 정치적 책임감 부여

( ) E.  개인의 인지적 성장의 촉진; 인류 발전과 혜택에 기여할 유능한 인재 양성

## 2. 지식(Knowledge)

( ) A. 사회의 문제들을 찾아내고 개선하는 데 필요한 기술과 주제에 집중; 현재와 미래 사회에 초점을 맞춤

( ) B. 지속가능한 과거의 연구, 사실, 보편적 진리에 초점을 맞춤

( ) C. 평등, 자유, 인간 생활을 민주주의와 시민권 개념을 중심으로 다루는 미래지향적 논의와 공공 이념의 개선에 초점을 맞춤

( ) D. 성장과 발전에 초점; 삶과 학습의 과정에 초점을 맞춤; 적극적이고 적절한 교육

( ) E. 필수 기술과 학문에 초점을 맞춤; 각 교과의 개념과 원리의 숙련

## 3. 교사의 역할(Teacher's Role)

( ) A. 교사는 사회 변화를 위한 민주주의의 장을 마련하는 중요한 지성인이다. 교사는 학생들이 지식이 어떻게 형성되고 확산되는지에 대해 질문하도록 허용하고 격려한다.

( ) B. 교사는 사회의 개혁과 개선을 위한 대리인의 역할을 수행한다. 교사는 학생들이 인류가 직면한 문제들을 알도록 도와준다.

( ) C. 교사는 소크라테스의 문답법을 통해 학생들이 이성적으로 생각할 수 있도록 돕는다. 교사는 명백한 전통적 가치들을 가르친다.

( ) D. 교사는 문제 해결과 과학적인 질문에 대한 안내자이다.

( ) E. 교사는 교과나 전문적 내용에 대한 권위 있는 전문가이다.

## 4. 교육과정(Curriculum)

( ) A. 교육과정은 전통적인 교과와 자료 분석에 중점을 두며, 오랫동안 변함이 없다.

( ) B. 교육과정은 본인과 사회의 권한 배분에 관련된 사회 비평 및 사회적 변화에 중점을 둔다.

( ) C. 교육과정은 필수적인 능력(읽기, 쓰기, 셈하기)과 주요 과목(언어, 과학, 역사, 수학, 외국어)에 중점을 둔다.

( ) D. 교육과정은 국가적인 차원뿐만 아니라 국제적인 수준에서 사회적, 경제

적, 정치적 문제들의 현재와 미래를 분석하는 데 중점을 둔다.

( ) E.  교육과정은 학생들의 관심사에 중점을 둔다. 인류의 문제를 해결하는 방법을 다루며, 교과는 문제 해결을 위해 서로 밀접하게 연계되어 있다.

## 평가 가이드

질문에 대해 응답을 마쳤으면, 당신이 각 문장에 부여한 숫자들을 아래 평가 가이드의 (Rating Guide for the Educational Philosophy Q-Sort) 빈칸에 적어 보세요. 당신이 가장 동의하는 교육 철학을 가려내기 위해 세로 칸(columns)의 숫자를 더해 보세요. 영역별 문장들은 주요 교육 철학의 견해를 표현하고 있어서 합계 점수는 당신이 각 교육 철학에 동의하는 수준을 의미합니다.

| 교육 철학 | 항존주의 | 본질주의 | 진보주의 | 재건주의 | 비판 이론 |
|---|---|---|---|---|---|
| 교육의 목적 | C | E | B | A | D |
| 지식 | B | E | D | A | C |
| 교사의 역할 | C | E | D | B | A |
| 교육과정 | A | C | E | D | B |
| 합계 | | | | | |

## 평가결과 이해하기(Making Sense of Your Ratings)

다음 표는 당신의 신념과 가장 일치하는 교육 철학에 대한 설명입니다. 교육 신념이 하나의 교육 철학과 일치되는 경우는 매우 드물고, 두 개 이상의 교육 철학이 결합되어 나타나는 경우가 대부분입니다. 당신의 교육 철학에 대해 살펴보시기 바랍니다.

교육 철학의 특징

| 교육철학 | 철학적 배경 | 교육의 목적 | 지식 | 교사의 역할 | 종합적 교육과정 | 관련 교육과정 추세 |
|---|---|---|---|---|---|---|
| 항존주의 (Perennialism) | 실재주의 (Realism) | 합리적인 사람들을 교육하고 지성인 육성 | 과거와 영구적인 학문에 집중; 사실과 시대를 초월한 지식의 숙달 | 교사는 학생들이 이성적으로 생각할 수 있도록 돕는 역할; 소크라테스의 문답법과 구술 전달에 기초하여, 전통적 가치에 대해 명확하게 가르침. | 전통적 주제, 읽고 쓰는 능력과 분석, 변하지 않는 교과교육 과정 | 양서(great books); 전통적 교과교육(파이데이아) 제안(Paideia proposal) – Hutchins, Adler |
| 본질주의 (Essentialism) | 이상주의 (Idealism), 실재주의 (Realism) | 개인의 지적 성장을 촉진하고 유능한 사람을 교육 | 꼭 필요한 기술과 학문; 개념과 원리 숙달 | 교사는 본인의 분야에서 전문가이다; 전통적 가치에 대해 명확하게 가르친다. | 필수 능력(읽기, 쓰기, 신수)과 주요 과목 (영어, 수학, 과학, 역사, 외국어) | 기초의 회복; 우수 교육 – Bagley, Bestor, Bennett |
| 진보주의 (Progressivism) | 실용주의 (Pragmatism) | 민주주의와 사회적 삶 증진/촉진 | 지식은 성장과 발전을 가져오며, 배우는 삶 지향. 적극적이며 흥미 있는 학습에 집중 | 교사는 문제 해결과 과학적 질문에 대한 안내자 | 학생의 관심사를 바탕으로 인간사와 문제들에 대한 작용을 포함하며 여러 교과가 서로 밀접하게 관련됨; 활동들과 프로젝트 중심 | 실용적 교육과정; 인본주의적 교육(humanistic education); 대체/대안적이며 자유로운 수업 – Dewey, Beane |
| 재건주의 (Reconstructionism) | 실용주의 (Pragmatism) | 변화와 사회 개혁을 위한 사회와 교육의 발전 및 재건/부흥 | 사회 문제를 파악하고 개선하는 데 필요한 기술과 주제; 배움은 활동적/적극적이며, 현재 및 미래 사회와 관련되어 있음 | 교사는 변화와 개혁의 대리인 역할을 수행; 프로젝트 관리자와 연구 구조에서 지도자로서 학생들이 인류가 당면한 문제들에 대해 이해하도록 조력 | 사회과학과 사회적 연구에 대한 강조; 사회적, 경제적, 정치적 문제들을 조사하고 현재와 미래의 주제에 관심 | 교육 평등, 문화적 다원성, 국제 교육, 미래교육 – Counts, Grants, & Sleeter |
| 비판 이론 (Critical Theory) | 맑시즘 (Marxism) | 현재 상태와 강력한 인재자에 대한 도전과 억제 해체; 시민들이 사회적 정의를 위해 정치적으로 행동할 수 있도록 교육 | 세상이 어떤 식으로 특정 인재에게 권리를 주며 다른 사람들은 배제하는지에 대해 집중; 인종, 계급, 성별, 성, (무)능력, 정치에 대한 이해 | 교사는 양심적으로 행동하며, 학생들과 함께 세상의 변화를 통한 문제 해결을 도모하는 사회적 대리인 | 교사가 비평/비판과 행동에 대한 사회적 기준을 제공 | 사회봉사 학습, 적극적 사회 활동, 대체 교육 프로그램 – Freire, Apple, Giroux |

출처: Bernard Badiali(2005), Standards for Supervision of Curriculum Development. In S. P. Gordon(Ed.), *Standards for Instructional Supervision*(pp. 171-191). Larchmont, NY: Eye on Education.

# 네 가지 장학의 접근법에서 활용되는 대인관계 행동 방식의 검토
## (Review of Interpersonal Behavior in the Four Supervisory Approaches)

다음은 발달 장학에 활용되는 네 가지 장학 접근법에 대한 요약과 비교입니다. 대학원생들과 장학담당자들이 역할극(role play)으로 여러 가지 접근법들을 실습하는 동안 이 요약본을 유용하게 활용하시기 바랍니다.

| 지시적 통제형 | 지시적 정보제공형 |
|---|---|
| 1. 문제를 제시한다.<br>2. 문제에 대한 교사의 의견을 묻는다.<br>3. 교사가 문제를 어떻게 인식하는지 이해하기 위해 경청한다.<br>4. 해결 방법을 머릿속으로 구상한다.<br>5. 교사에게 해결 방법을 얘기한다.<br>6. 해결 방법에 대한 교사의 의견을 묻는다.<br>7. 예상 반응/행동을 수정하고 구체화한다.<br>8. 예상 반응/행동을 요약하고 추가사항과 추수행동을 설명한다. | 1. 문제를 파악한다.<br>2. 문제에 대한 교사의 의견을 묻는다.<br>3. 교사가 문제를 어떻게 인식하는지 이해하기 위해 경청한다.<br>4. 2~3가지 정도의 대안을 머릿속으로 구상한다.<br>5. 대안들을 교사에게 제시한다.<br>6. 각 대안에 대한 교사의 관점을 묻는다.<br>7. 대안을 수정하고 최종안을 구조화한다.<br>8. 교사에게 대안 중에서 하나를 선택할 것을 부탁한다.<br>9. 교사가 취해야 할 구체적인 행동과 추가사항 및 추수행동을 기술한다.<br>10. 예상 반응/행동을 요약한다. |
| **협력형** | **비지시형** |
| 1. 교사가 문제를 어떻게 인식하고 있는지 묻는다.<br>2. 교사가 문제를 어떻게 인식하고 있는지 이해하기 위해 경청한다.<br>3. 교사의 문제 인식에 대해 확인한다.<br>4. 자신의 문제 인식을 설명하되, 가능하다면 교사의 문제 인식을 바탕으로 자신의 의견을 만든다.<br>5. 교사가 자신의 문제 인식을 잘 이해하고 있는지 확인한다.<br>6. 가능한 해결 방안을 교환하고(교사가 먼저 해결 방안을 제안 후, 가능하다면 교사의 의견을 바탕으로 의견을 발전시킨다). 공동으로 각 대안의 결과에 대해 고려해 본다.<br>7. 발생 가능한 갈등과 충돌을 이해한다.<br>8. 상호 동의할 수 있는 방안을 협의한다.<br>9. 추수행동을 포함하여 취해야 할 구체적인 행동에 대해 동의한다.<br>10. 최종안을 요약한다. | 1. 교사가 문제를 어떻게 파악하는지 경청한다.<br>2. 교사의 초기 문제 묘사를 말로 표현해 본다.<br>3. 추가적인 정보가 있는지 조사한다.<br>4. 교사가 문제의 다양한 측면을 고려/반영할 수 있도록 격려한다.<br>5. 교사의 말을 끊임없이 재구성해 보도록 한다.<br>6. 교사에게 가능한 대안을 묻는다.<br>7. 교사에게 각 대안들의 예상되는 결과를 고려해볼 것을 요청한다.<br>8. 교사에게 해결 방안과 구체적 행동을 결정할 것을 요청한다.<br>9. 교사에게 행동의 (시간적인) 스케줄과 계획의 기준을 정하도록 요청한다.<br>10. 교사의 계획을 요약한다. |

# 찾아보기

## 기타

| 역자 약력 |

**정제영**  이화여자대학교 교육학과 교수(1장, 2장)
서울대학교 교육학 박사(교육행정 전공)

**강태훈**  성신여자대학교 교육학과 교수(13장, 14장)
University of Wisconsin-Madison, Ph.D
(교육심리-양적연구방법론 전공)

**김성기**  협성대학교 교양교직학부 교수(5장, 6장)
서울대학교 교육학 박사(교육행정 전공)

**김왕준**  경인교육대학교 교육학과 교수(7장, 8장)
Michigan State University, Ph.D(교육정책 전공)

**류성창**  국민대학교 교육학과 교수(18장, 19장)
Harvard University, Ed.D(교육철학 전공)

**박주형**  경인교육대학교 교육학과 교수(16장, 17장)
Florida State University, Ph.D(교육행정 전공)

**신혜숙**  강원대학교 교육학과 교수(12장, 21장)
University of California, Los Angeles, Ph.D
(교육평가 및 연구방법론 전공)

**이주연**  한국교육과정평가원 부연구위원(20장, 22장)
이화여자대학교 교육학 박사(교육과정 전공)

**이희숙**  강남대학교 교육학과 교수(9장, 10장)
서울대학교 교육학 박사(교육행정 전공)

**정성수**  대구교육대학교 교육학과 교수(3장, 4장)
서울대학교 교육학 박사(교육행정 전공)

**주현준**  대구교육대학교 교육학과 교수(4장)
서울대학교 교육학 박사(교육행정 전공)

**홍창남**  부산대학교 교육학과 교수(11장, 15장)
서울대학교 교육학 박사(교육행정 전공)

# 장학과 수업 리더십, 9판

SuperVision and Instructional Leadership:
A Developmental Approach, 9/E

**발행일** 2016년 3월 1일 초판 발행

**저자** Carl D. Glickman • Stephen P. Gordon • Jovita M. Ross-Gordon

**역자** 정제영 • 강태훈 • 김성기 • 김왕준 • 류성창 • 박주형 • 신혜숙 • 이주연 • 이희숙 • 정성수 • 주현준 • 홍창남

**발행인** 홍진기 | **발행처** 아카데미프레스 | **주소** 413-756 경기도 파주시 문발동 출판정보산업단지 507-9

**전화** 031-947-7389 | **팩스** 031-947-7698 | **이메일** info@academypress.co.kr

**웹사이트** www.academypress.co.kr | **출판등록** 2003. 6. 18 제406-2011-000131호

**ISBN** 978-89-97544-75-2  93370

**값 25,000원**